漢字의 과거 현재 미래

崔南圭, 袁曉鵬, 徐眞賢, 金洪臣, 劉磊磊, 郝建愛, 葉鑫琼 편저

신아사

목차

Ⅰ 문자학 이론

Ⅱ 한자의 과거: 고문자

Ⅲ 한자의 현재와 미래

들어가는 말

그동안 대학 교수로 재직하며 줄곧 문자학 강의도 하고, 고문자에 상당한 시간을 할애하였다. 강단에서 문자학을 강의 할 때마다 대학생에게 필요한 교재에 대해 상당한 고민을 해왔다. 교재선택은 참으로 쉽지 않은 일이었고, 학생들의 수준에 맞추기도 쉽지 않았다. 이러한 고민은 역시나 현재까지도 진행형이다. 3000여 년의 역사를 지닌 한자는 긴 세월 동안 축적되어 온 대량의 문화유산으로 총체적으로 망라하여 적절한 교재로 편집하기란 결코 쉽지 않다.

문자는 자형 구조를 연구하는 것도 중요하지만 어떻게 썼느냐 또한 매우 중요한 문제이다. 중국 한나라 때는 관리나 백성들의 공문이나 상주문에 글자를 잘못 쓴 것이 있으면, 곧바로 검거하여 그 죄를 탄핵하기도 하였다.《설문해자》의 허신은 지금은 비록 법률 규정은 있지만 엄격한 시험을 치르지 않고, 문자학은 있지만 연구는 하지 않아, 사람들이 문자학이라는 학문에 대한 이해가 부족해진지 오래되었다고 한탄하였다.

한자 문화권에서는 글자를 제대로 쓰는 일을 매우 중요시하였다. 그래서 긴 세월동안 무수히 많은 뛰어난 서예가들을 배출하였다. 한자의 매력은 어떻게 정확하게 쓰고 아름답게 예술로 표현해 내는 것이기도 하다. 한자를 서예작품으로써 예술적으로 표현하고 우리 생활에 어떻게 이용하느냐 또한 매우 중요한 문자학 연구의 한 갈래이다.

매번 강의를 할 때마다 학생들에게 적어도 싸인펜 이상의 굵은 필기도구와 붓 펜을 준비하도록 하였다. 눈으로만 보지 말고 고인들의 자취를 느낄 수 있도록 그대로 따라 쓰도록 하였다. 이는 한자의 매력을 스스로 체험하도록 하기 위한 것이었다.

그러나 이러한 목적을 동시에 만족할 수 있는 즉, 문자학 이론과 붓글씨의 예술까지 알 수 있게 하는 만족스러운 교재를 선택하기란 쉽지 않다. 문자학 이론은 대학원 이상의 전문적인 분야를 공부하는 학생들에게는 한 학기 또는 일 년 동안 집중적으로 갑골문이나 금문을 각 편들을 선택하여 강독할 수 있겠지만, 대학부 교육은 전반적인 교육이 필요하기 때문에 교재 선택에 더욱 신중을 기해야 한다.

대만 고궁박물관 지하 기념품 가게에서《趣味的甲骨金文(재미있는 갑골문과 금문)(2013)》(游慶國 주편, 國立故宮博物院)이라는 책을 발견하였다. 이 책에서는 갑골문에서 명대까지 유명한 고문자 자료와 유명한 서예가의 작품 중의 자형들을 역사적인 순서로 나열하고 있다. 물론 문자적 해석 부분은 학자마다 다소 의견을 달리하는 부분들이 있지만, 적어도 유명한 서예 작품들의 자형을 역사적 순서로 나열하고 있어 서예 작품의 학습에 기본적인 자료를 제공해 주고 있다. 본 책은 이 책에서 나열하고 있는 고문자 자료와 유명인의 서예 작품들을 각 자형들을 학습하기 위한 기본적인 학습 자료로 이용하기로 하였다. 그러나 '재미있는 갑골문과 금문'은 단지 문자와 서예에 관심을 유발시키기 위한 목적으로 편집되어진 책이기 때문에 문자학에 대한 설명이 턱없이 부족하다. 따라서 본 책에서는 역대 학습에 필요한 서예작품을 추가하여 각 시대의 서체의 특징을 직접적으로 인식하도록 구성하였다.

문자학 공부는 동한 허신이 지은《설문해자》가 가장 기본이 되는 이론서라 할 수 있다. 본 책은 "재미있는 갑골문과 금문"에 실린 각 자형을 가장 기본 자료로 하고, 각 자에《설문해자》의 설명을 추가하여《설문해자》에 대한 이해와 더불어 설문해자의 문자학적인 설명을 이해하는데 도움이 되게 하고자 하였다.《설문해자》가 9353자의 올림자를 소전체로 한 이유는 소전체가 현재에서 과거를 연결하는 징검다리 역할을 하기 때문이다. 따라서《설문해자》가 자체가 곧 문자의 고문자와 현대 문자를 잇는 교량적 역할을 하기 때문에 문자학은《설문해자》를 가장 중심에 두지 않으면 안 된다.

본 책은 또한 갑골문과 금문 중 해당되는 자의 용법을 이해하기 위하여 갑골문·금문과 초죽서에서 보이는 문장이 있다면 이를 인용하여 실질적으로 사용되는 의미를 파악할 수 있게 하였다. 그래야만 고문자에서의 실질적인 쓰임을 알 수 있다.

본 책『설문해자-한자의 역사』는 ≪설문해자≫를 중심으로 한자를 역사적 관점으로 살펴보고자 하였다. 갑골문에서 현대 간체자까지 총체적으로 살펴 현대 사회에서 탄생하여 사용되는 신생회의자까지 살펴보고자 하였다. 나아가 간체자의 구조 원리와 간체자의 장단점, 이에 따른 현대 간체자에 대한 중국인의 인식까지도 간략하게 살펴보았다. 갑골문에서 예서체 이전까지가 문자학에서 '과거'에 해당될 것이고, 예서체부터 현재 사용되고 있는 간체자까지가 '현재'에 해당될 것이며, 신생문자는 현재 사용하는 문자임과 동시에 중국 미래문자에 대한 동향일 것이다. 한국에서도 중국 신생문자의 영향을 받아 어느 영화사의 상호명이 '宩'자이다. 이 자는 편방이 '宀'이고 소리부가 '집'인 형성자로써 음이 '집'이고 '家'의 의미로 쓰인다.

문자학을 배우는 목적 중에 하나는 문자라는 매개체를 통해 고대문화와 문명의 이해하는 것이다. 특히 상형적인 한자는 더욱 그렇다. 고대문자의 유래를 알게 된다면 중국 고전적古典籍의 한자를 이해하는데 많은 도움이 된다. 또한 '한자는 어렵다'는 인식은 한자 내부에 포함되어 있는 비밀을 찾아가며 '한자는 재미있는 것'으로 변화 시킬 수 있다.

한자는 3000여년의 역사를 연결하는 링크(LINK)이다. 과거의 문명을 연결하는 한자의 고리를 이해하지 못한다면 한자 문화권의 역사를 제대로 연결하여 파악할 수 없다. 한자는 갑골문으로부터 지금까지의 문명을 연결해주는 '고리열쇠'이자 한자의 문명의 자산이기도 하며 큰 가치이기도 하다.

한자는 고사성어가 많다. 고사성어는 한자가 가진 긴 역사의 축약이기도 하다. 그래서 본 책은 인터넷 사이트를 참고하여 해당 한자가 포함된 상용되는 한자와 각 자들에 포함된 고사 성어를 소개하여 생활한자를 이해하는데 도움이 되게 하고자 하였다.

이외에도 3000년의 오랜 역사의 고문자 자적을 실질적으로 느낄 수 있게 중요한 작품의 일부분을 소개하였다. 이를 통해 학생들이 관심을 갖고, 실질적으로 옛 고인들의 아름다운 서예 작품의 맛을 조금이나마 느낄 수 있게 하였다.

책을 쓸 때마다 느끼는 것이지만 참 부족한 점이 많다. 그리고 세월이 좀 더 나에게 주어진다면 좋은 책을 내보고 싶다는 생각을 가지게 된다. 세월은 기다려주지 않으니, 이제는 몸도 이전보다 피곤함을 더 느낀다. 그래서 시간이 될 때마다, 욕구가 있을 때마다 지금까지의 사고를 정리하는 것도 나쁘지 않다는 생각을 했다. 이 교재 역시 그 중의 일부로, 부족한 점이 있으면 언제든지 말씀해 주시면 시정하겠다.

2022년 7월

全州 訓詁樓에서

○ 문자 풀이 일러두기

- ≪설문해자≫의 판본은 청나라 동치同治 12년 진창치陳昌治가 '손성연孫星衍이 중간重刊한 송나라 각본인 大徐本(서현徐鉉)을 다시 간행한 판본'을 기본 자료로 삼기로 한다.
- 현대중국어 음과 우리말 해석은 탕가경湯可敬의《설문해자금석說文解字今釋》(岳麓書社, 2001)을 참고하기로 한다.

- [자형표字形表]는 游慶國 주편,《趣味的甲骨·金文》(臺灣國立故宮博物院, 2013)을 참고하기로 한다.

- 허신의《설문해자》시기에는 아직 갑골문, 금문과 같은 고문자 자료가 없거나 풍부하지 않았기 때문에 설명이 잘못된 부분이 있다. 그러므로 고문자자료를 이용한 설명은 차후《설문해자》의 전체역주를 통해 살펴보기로 하고, 이 책에서 별도로 설명하지 않기로 한다.

-《설문해자》중의 각종 용어나 본문이 사용하고 있는 문자 설명용어는 아래와 같다.

'凡○之屬皆從○'은 ≪설문해자≫의 부수에 대한 설명으로, 본문은 '이른 바 ○부에 속하는 자는 모두 부수 ○를 따른다'로 해석하기로 한다.

각 부수 문자 설명 뒤 '文○, 重○'은《설문해자》에서 설명하고 있는 부수에 속하는 문자文字의 수량과 중문重文의 수량을 가리킨다. '文○重○'을 본문은 '○자는 모두 ○자가 있고, 중문이 ○자 있다'로 해석하기로 한다.

'형성자'는 '의미부 ○와 소리부 ○로 이루어진 형성자이다'로 번역할 수 있다.

'상형자'는 '○의 모양이다, ○형상이다'로 번역할 수 있다.

'회의자'는 '의미부 ○와(과) 의미부 ○로 이루어진 회의자이다'로 번역할 수 있다.

'고문古文'은 '○자의 고문은 ○자이다. ○자의 고문은 ○로 쓴다'로 번역할 수 있다.

'일설一說'은 '일설에는 ○라 보기도 한다'로 번역할 수 있다.

'반절음反切音'운 '반절음은 ○·○이다'로 번역할 수 있다.

'독약讀若'은 '음은 ○와 같다'로 번역할 수 있다.

'역성亦聲'은 '회의겸형성會意兼形聲'을 가리키기도 한다. '○은 또한 소리부이기도 하다'로 번역할 수 있다.

'혹체或體'는 '혹체는 ○라고 쓰기도 한다. 혹은 ○로 쓰기도 한다'로 번역할 수 있다.

- 연문衍文이나 오자誤字는 부호 '( )'를 사용하여 표시하고, 탈문은 부호 '[ ]'을 사용하여 표시하기로 한다.
- '초문初文'은 '동일 한자의 처음 쓰여진 글자'를 가리킨다. 파생되기 이전의 문자 형태이다.
- '속체俗體'는 혹은 '속자俗字라고도 한다. '정식 자체와는 다른 세간에서 두루 쓰이는 문자' 형태를 가리킨다.
- '자건字件'은 혹은 '자부字部' 혹은 '자부字符'라고도 한다. 협의적 면에서 '편방偏旁'에 가까우나, 광의적으로 문자 중 각각의 요소를 가리킨다. 필획보다 큰 단위이다. 편방은 일반적으로 왼쪽 획인 편偏과 오른쪽 획인 방旁을 단위로 하지만, 자건은 위치와 상관없이 모든 문자의 요소를 가리킨다. 부수는 각 자부들의 약속한 공통적 분모를 가리킨다.
- '예정隸定'은 고문자를 정서(해서楷書)로 옮긴 것을 말한다.

- 각종 고문자의 자료는 '소학당小學堂(http://xiaoxue.iis.sinica.edu.tw)'을 참고하기로 한다. '소학당'은 아래의 자서字書들을 참고하고 있다.

• 漢語大字典(遠東圖書公司)
• 漢語大字典(建宏出版社)
• 康熙字典(中華書局)
• 中文大辭典(中華學術院)

- 說文解字(中華書局)
- 說文解字詁林正補合編(鼎文書局)
- 說文新證(藝文印書館)
- 說文新證(福建人民出版社)
- 新校互註宋本廣韻(增訂本)(上海辭書出版社)
- 金文編(中華書局)
- 金文詁林(香港中文大學)
- 金文詁林補(中央研究院)
- 殷周金文集成引得(中華書局)
- 新金文編(作家出版社)
- 甲骨文編(中華書局)
- 甲骨文字詁林(吉林大學)
- 甲骨文字集釋(中央研究院)
- 殷墟甲骨刻辭類纂(吉林大學)
- 新甲骨文編(福建人民出版社)
- 甲骨文字編(中華書局)
- 楚系簡帛文字編(增訂本)(湖北教育出版社)
- 睡虎地秦簡文字編(文物出版社)
- 秦簡牘文字編(福建人民出版社)
- 戰國古文字典 : 戰國古文聲系(中華書局)
- 傳抄古文字編(綫裝書局)
- 秦漢魏晉篆隸字形表(四川辭書版社)

- 이외에도 고문자의 설명은 컴퓨터 사이트 '漢語多功能字庫'(http://humanum.arts.cuhk.edu.hk)를 참고하기로 한다.

- 해당문자가 포함된 한문 단어나 성어는 '네이버-한자자전'을 주로 이용하기로 한다.

Ⅰ. 문자학

1. ≪설문해자說文解字≫란

(1) ≪설문해자說文解字≫의 가치

≪설문해자≫는 중국 동한東漢 허신許愼(약 58―약147)이 지은 문자학 이론서이자 최초의 문자 자전이다. 허신은 자가 숙중叔重이고 동한 여남汝南 소릉召陵(지금의 하남성河南省 언성현郾城縣)사람으로 태위남각제주太尉南閣祭酒 등의 관직을 역임하였다.

≪설문해자≫는 한자의 자형구조에 따라 크게 '文'과 '字'로 나누었다. 이것은 '說文解字'에서의 '文'과 '字'를 가리키는 것으로 '文'은 독체자獨體字를 지칭하고 '字'는 합체자合體字를 지칭한다. 그러므로 '說文解字'는 더 이상 나눌 수 없는 독체자를 설명하고, 둘 이상으로 나눌 수 있는 합체자를 해체해서 문자의 구조를 설명한 중국 고문자 자전이다.

≪설문해자≫는 9353개의 한자 하나하나에 대해 본래의 글자모양·뜻·발음을 종합적으로 해설한 중국 최초의 자전이다. 또한 중문重文(고문古文·주문籒文 등 이체자) 1,163개를 수록하고 있으며, 소전小篆을 올림자로 제시하여 한자의 고문자 초기의 모양과 뜻 그리고 독음讀音에 대해 종합적으로 해설하고 있다. 이로 인해, 한자의 자형字形을 연구하는 문자학文字學, 자음字音을 연구하는 성운학聲韻學, 자의字義를 연구하는 훈고학訓詁學, 유가儒家 경전經傳을 연구하는 경학經學 등 다양한 분야에서 모두 필독서로 손꼽히고 있다. 그 가운데 중국의 전통적인 학문분야, 특히 중국어학中國語學 분야에서는 경전經典으로 꼽힐 정도로 그 가치를 인정받고 있다. 따라서 ≪설문해자≫는 중국학 연구의 폭넓은 바탕이자 정수라 할 수 있다.

중국의 동한東漢시대 허신許愼이 필생의 노력을 기울여 저술한 이 책은 아직 한국에는 널리 알려지지 않았지만 중국에서는 경전에 버금가는 대우를 받고 있다.

청淸대 학자 왕명성王鳴盛은 ≪설문해자정의說文解字正義·序≫에서 "설문해자는 천하에 으뜸가는 책이다"라고 칭송하면서 "천하의 책을 두루 다 읽었다 하더라도 설문해자를 읽지 않았다면 그것은 책을 읽지 않은 것과 같다. 그러나 설문해자에 능통하다면 나머지 책을 다 읽지 않는다 하더라도 그 사람을 통유通儒, 즉 석학碩學이라 하지 않을 수 없다."[1]라고 하였다. 이는 다소 과장된 표현이지만 ≪설문해자≫의 가치와 중요성을 충분히 엿볼 수 있는 부분이다.

≪설문해자≫가 이와 같이 높은 평가를 받는 이유는, 이 책이 동한東漢 이전의 중국 문자학文字學, 즉 한자학漢字學의 연구성과를 집대성하였을 뿐만 아니라, 고대의 유가 경전, 제자백가서諸子百家書를 비롯한 ≪설문해자≫ 이전의 다양한 문헌들을 해독하는 데 있어 그 어떤 책보다 훌륭한 길잡이가 되어준 천고의 명작이기 때문이다. ≪≪설문해자≫≫는 오늘날까지 약 1,900여 년간 중국 문자학을 대표하는 저서로 손꼽히고 있다. ≪유림열전儒林列傳≫에 따르면, 동한東漢의 대학자 마융馬融은 허신의 학문을 높이 추앙하였고, 당시 사람들 역시 "오경五經에 관해서 허신과 짝이 될 만한 사람이 없다."[2]라고 할 정도였다.

≪설문해자≫는 허신의 필생의 심혈이 담긴 저작이자 허신 스스로가 일구어 낸 학문의 결정체이다. 허신이 이 책의 초고를 완성한 것은 동한 화제和帝 때인 서기 100년 정월이었고, 그의 아들 허충許沖에게 명하여 이 책을 조정에 바친 것은 안제安帝 때인 121년 9월이었으므로 책을 수정·보완하는 데에만 약 22년의 시간이 걸렸다. 허신이 스승 가규賈逵에게서 처음 경전을 배운 때로부터 계산하면 무려 40여 년의 정성과 노력을 기울인 셈이다.

허신이 살았던 동한시대 사람들은 문자란 부모와 자식사이에 직접 전해지는 것이기 때문에 글자의 모양이나 의미에 변화가 있을 수가 없다고 생각하였다. 따라서 그들은 당시 일반적으로 통용되던 예서隸書가 바로 창힐倉頡이 창조한 한자 그대로의 원형이라고 믿었다. 또한 글자의 표준형태가 확립되지 않은 예서의 글자형태에 근거하여 문자를 해설함으로써, 황당할 정도의 심한오류가 빚어졌음은 물론이고, 이 오류투성이

---

1) 王鳴盛 ≪說文解字正義·序≫: "說文爲天下第一種書. 讀遍天下書, 不讀說文, 猶不讀也. 但能通說文, 餘書皆未讀, 不可謂非通儒也."

2) "五經無雙許叔重."

의 문자해설이 경전해석에까지 적용되기에 이르렀다.

예를 들면, '虫'자는 벌레모양을 본떠 만든 상형象形문자로 갑골문은  으로 쓰고, 금문은  으로 쓴다. 그런데 당시 사람들은 예서를 참조하여 '中'자의 수직선을 구부린 것이라고 잘못 해석하였다. '斗'자는 용량을 나타내는 용기의 모양을 형상화한 상형 문자로 갑골문은 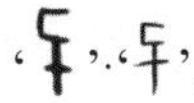 로 쓰고 금문은 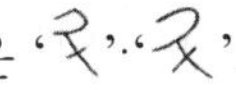 로 쓴다. 그런데 당시 사람들은 '十'을 가지고 있다는 뜻의 회의會意문자로 잘못 해설하는 오류를 범하였다. 이 때문에 허신은 ≪설문해자≫를 저작하여 한자漢字 하나하나 그 자체字體의 표준을 확립하고 글자의 구조를 올바로 해석함과 동시에 글자 각각의 본래의 뜻과 본래의 음을 밝혀, 경전의 해석이나 일상생활에서의 의사소통을 정확하고 원활하게 하고자 하였단 것이다.

≪설문해자≫는 한자漢字의 부수部首를 창안하였다.

≪설문해자≫는 중국 동한(東漢)시대 이전에 이룩한 한자학의 연구 성과를 집대성한 것이다. 그 규모면에 있어 올림자로 수록된 글자 수의 방대함은 물론이고,[3] 각 글자의 다양한 형태, 수록된 글자의 배열방법, 그리고 연구 성과의 종합성 등에 있어 매우 획기적이다. ≪설문해자≫에 수록된 올림자의 수는 정문正文이 9,353자이고 글자의 음과 뜻은 같으나 자형이 다른 이체자異體字를 지칭하는 '중문重文'이 1,163자로, 도합 10,519자이다. 이는 당시 대표적인 한자교육 교재였던 양웅楊雄의 ≪훈찬편訓纂篇≫에 수록된 글자 수가 5,340자인 것과 비교하면 실로 대단한 규모라고 할 수 있다.

그러나 이처럼 방대한 양의 문자를 한 권의 저서 안에 조리정연하게 배열하고 수록한다는 것은 결코 간단한 문제가 아니다. 이에 허신은 모든 한자의 구성요소를 분석·정리하여 그들의 공통요소를 도출해냈다. 그는 한자의 부수部首를 창안하여 그 부수에 따라 모든 한자를 분류·수록하였다. 그가 창안한 부수분류법은 지금까지도 한자자전字典이나 중국어사전 편찬에 가장 보편적으로 사용되고 있다. ≪설문해자≫의 부수는 '一'부部로부터 '해亥'부까지 540개가 설정되어 있는데 이 부수 설정의 원칙은 다음의 몇 가지로 요약된다.

첫째, 한자를 구성하는 가장 기본적인 구성요소인 '자소字素'가 동일한 글자들은 그 자소를 부수로 설정하였다.

---

3) '올림자'를 혹은 '표제자標題字'라 하기도 한다.

둘째, 자소가 둘 이상이면서 각각의 자소가 모두 부수가 될 수 있으나, 이들 둘 이상의 자소가 그대로 합쳐져서 다른 글자의 자소가 되는 경우에는 이 합쳐진 자소를 독립시켜 부수로 삼았다. 예를 들면 '각珏'자는 원래 '玉'부에 배열할 수 있으나 '반班', '𤦡복' 등의 글자가 있기 때문에 '珏'을 독립된 부수로 설정한 것과 같은 경우이다.

셋째, 원래는 같은 글자이지만 그 구조가 서로 다르고 또 그 각각의 글자에서 파생된 글자가 있을 경우, 그 유래를 밝히기 위해 그 각각의 글자를 부수로 설정했다. 예를 들어 '儿(사람 인, rén)'[4]은 원래 '人'자의 고문古文인데 '儿'을 자소로 삼은 글자들이 있기 때문에 별도로 부수로 설정한 것이다.

다음 단계에 들어서면, 이렇게 설정된 540개 부수의 상호간 배열순서는 어떻게 결정되었을까 하는 의문에 도달하게 된다. 후대의 한자자전漢字字典이나 중국어사전들은 대부분 부수의 필획筆劃 수에 따라 그 순서를 정하여 글자검색이 편리하도록 배열하고 있다. 그러나 허신은 부수의 배열을 '一'부에서부터 시작하여 ①자형이 비슷한 것끼리 서로 이어지게 하고, ②뜻이 서로 연관되도록 배열하여 글자검색과 기억이 모두 편리하도록 하였다. 물론 지금의 시각으로 바라보면 이와 같은 부수분류의 원칙과 부수배열의 순서에 불합리한 부분이 없는 것은 아니다. 그러나 이 작업이 약 1,900여 년 전에 처음 시도되었고, 또 허신 개인에 의해 창안된 것임을 고려하면 그의 공적은 높이 평가되어야 마땅할 것이다.

마지막으로, 같은 부수에 속하는 문자들의 상호 간 배열 순서를 어떻게 결정하였는가의 문제가 남는다. 현재 통용되는 자전과 사전들은 글자 자체字體의 필획 수에 따라 그 순서를 정하고 있다. 그러나 허신이 표준자형으로 선정한 소전체小篆體는 지금 우리가 사용하고 있는 해서楷書처럼 필획의 수가 명확하게 고정되어 있지 않았기 때문에 필획을 기준으로 순서를 정할 수 없었을 것이다. 이 문제에 대해서 허신이 스스로 언급한 바는 없으나 실제 ≪설문해자≫에 배열된 순서를 귀납적으로 정리·분석하여 도출한 배열원칙은 대략 다음과 같다. 첫째, 동류끼리 모아서 배열하였다. 둘째, 글자의 뜻이 서로 연관성이 있는 순서로 배열하였다. 셋째, 회의자會意字는 해당 글자의 뜻을 취한 편방偏旁의 경중輕重을 가리되 부수로 설정되어 있는 쪽을 우선적으로 배열하였다.

4) ≪說文解字≫: "儿. 仁人也. 古文奇字人也. 象形."('儿'자는 '어진 사람'의 뜻이다. '人'자의 고문古文과 기자奇字이다. 상형자이다.)

≪설문해자≫는 자형字形을 총망라하였다.

허신은 그 당시 자신이 볼 수 있었던 한자의 자형을 모두 ≪설문해자≫에 수록하였다. 수록된 자형의 종류는 소전小篆을 비롯하여 주문籒文, 고문古文, 기자奇字, 혹체자或體字, 속자俗字 및 기타 이체자異體字 등이 있다. '소전'은 승상 이사李斯가 진시황에게 건의하여 중거부령中車府令 조고趙高와 태사령太史令 호무경胡毋敬 등과 함께 '대전大篆' 즉 주문籒文을 위주로 문자를 정리하였는데, 일부 글자의 필획을 줄이거나 자형을 약간 고쳐서 완성한 표준 자체를 말한다. '주문'은 주周나라 선왕宣王 때 태사太史 주籒가 ≪대전大篆≫ 15편을 썼는데 이 책에 쓰인 자체를 가리킨다. '고문古文'은 벽중서壁中書에 사용된 자체를 말하는데, '벽중서'는 한漢 무제武帝 때에 노魯 공왕恭王이 자신의 정원庭院을 확장하기 위해 공자 생가生家를 허물다가 그 곳 벽 속에서 나왔다는 책으로 ≪예기禮記≫·≪상서尙書≫·≪춘추春秋≫·≪논어論語≫·≪효경孝經≫ 등이다. '기자'는 실제는 '고문'이면서 글자의 구조가 특이한 것을 말하는데, 허신이 ≪설문해자≫에서 실제로 '기자'라고 밝힌 것은 '창倉'·'인儿'·'탁涿'·'무無' 등의 네 글자뿐이다. 그리고 '혹체자'는 허신이 ≪설문해자≫에서 중문重文의 글자형태와 구조를 해설하면서 '혹종或從'이라는 표현을 사용한 글자를 지칭한다. '속자'는 허신이 ≪설문해자≫에서 '금자今字'라고 지칭한 것을 포함되는데, 이는 그 당시 세속에서 사용한 자체를 말한다. 이외에 이체자異體字는 한나라 황실의 동관東觀에 소장되어 있던 서적에 기록된 글자들로, 앞서 거론된 자체들과는 구별되는 또 다른 자체인데, 여기에는 진秦나라 때의 석각문石刻文도 포함된다.

후세 사람들은 1918년 '주음부호注音符號'가 공포·시행되기 이전까지 대부분 반절법反切法으로 한자의 발음(즉 자음)을 표기하였고, 그 이후에는 주음부호 또는 로마자로 한자의 발음을 표기하는 '한어병음방안漢語拼音方案'을 사용하고 있다. 반면 ≪설문해자≫는 직접 표기법과 간접 표기법의 두 가지 방법으로 글자의 발음을 표기하고 있다. 직접 표기법은 '독약讀若'의 형식으로 발음을 표기한 경우인데, 약 800여 자에 대해 이런 형식을 사용하고 있다. 간접 표기법은 주로 성훈법聲訓法을 사용하거나 해성자諧聲字의 소리부(성부聲符)로 유추할 수 있는 것 등을 말한다.

≪설문해자≫는 제목에서도 알 수 있듯이 문자에 대한 해설을 주요내용으로 하고 있다. 한자의 자형字形·자음字音·자의字義 세 가지 측면을 정확하게 밝혀내는 것은 결코 쉬운 일이 아니다. 시대, 지역, 사람에 따라 각각의 주장과 견해에 상당한 격차가 존재하기 마련이다. 이 때문에 허신은 한자의 자형·자음·자의에 대한 자신의 해설을

뒷받침하거나 보충하기 위해 멀리는 황제黃帝시대부터 가깝게는 '허신'의 시대에 이르기까지 수많은 학자들의 학설을 인용함과 동시에, 유가儒家경전과 제자백가諸子百家의 책들을 비롯하여 속어俗語나 방언方言 및 율령律令은 물론 고시古詩까지 인용하고 있다. 이런 경우, 그는 대부분 저자의 성명과 서명, 편명 그리고 기타 출처를 직접 밝히고 있다.

허신은 앞에서 열거한 여러 가지 해설방식 이외에, '일왈一日'·'일운一云'·'혹왈或日'·'우왈又日' 등의 형식으로 자신의 해설을 보충하였다. 이에 대해 허신이 직접 언급한 바는 없지만, 이와 같은 표현이 사용된 예를 귀납적으로 분석해 보면, 대개는 허신 자신의 의견과는 다르지만 참고 자료로서 가치가 있거나 나름대로 타당성이 있는 주장에 대해 하나의 이설로 병존시킨 경우이다. 이 밖에 ≪설문해자≫에는 여타의 설명 없이 '궐闕'이라고 명시해둔 부분이 있는데, 이것은 허신 자신이 도저히 구명해 낼 수가 없거나 알아내지 못한 부분에 대해 해설을 하지 않고 그대로 비워둔 것이다. 여기에서 우리는 자기가 모르는 것에 대해 함부로 사리에 맞지 않는 주장을 하는 대신, 아무런 언급을 가하지 않고 조용히 후진을 기다리는 허신의 학자로서의 훌륭한 태도를 엿볼 수 있다.

≪설문해자≫는 옛 문헌의 올바른 해석에 있어 필수불가결한 효용가치가 있다. 여러 가지 측면에서 다양한 효용가치를 논할 수 있지만 가장 중요한 것은 갑골문甲骨文, 금문金文과 같은 고문자古文字에 대한 고증과 해석의 교량 역할 뿐만 아니라, 유가경전과 선진시대의 제자백가서를 비롯한 상고시대의 문헌해독에 더할 나위 없이 좋은 길잡이가 된다는 점이라 생각된다.

일례로, 경전 가운데 으뜸으로 꼽히는 ≪논어·학이편學而≫을 해석함에 있어, 주자朱子는 ≪논어집주論語集註≫에서 '습習'자를 "습習은 새가 여러 번 반복하여 나는 연습을 한다는 뜻이다"[5]라고 하였고, '효孝'자에 대해서는 "부모님을 잘 섬기는 것이 효이다."[6]라고 해설하였으며, '온慍'자에 대해서는 "온은 노기를 띤다는 뜻이다."[7]라고 해설하였다. 그런데 ≪설문해자≫를 살펴보면 '習', '孝', '慍'이 그와 동일한 해석과 순서로 출현하고 있다. 이로 미루어 볼 때, 주자 역시 경전해석에 ≪설문해자≫를 참고하였음을 알 수 있다. 또 대표적인 경전 주석서인 ≪십삼경주소본十三經注疏本≫의 ≪논어≫편에서 하안何晏은 '慍'자에 대해 "온慍은 '화내다'라는 뜻이다"고 풀이하였는데,

5) ≪說文解字≫: "習, 數飛也. 从羽从白."
6) ≪說文解字≫: "孝, 善事父母者. 从老省从子. 子承老也."
7) ≪說文解字≫: "慍. 怒也. 从心, 昷聲."

이것은 ≪설문해자≫의 뜻풀이와 완전히 일치한다. 그리고 형병邢昺은 '왈曰'자에 대해 ≪설문해자≫를 인용하여 "왈曰은 ≪설문해자≫에 따르면 어조사이다. 의미부'口'와 소리부 '乙'로 이루어진 형성자이다."[8]라고 풀이하였다. 이와 같이 일부 예문만 살펴보아도 ≪설문해자≫가 경전해독에 얼마나 널리 이용되었고, 또 얼마나 필수불가결한 도구인지 짐작할 수 있을 것이다.

한 사람의 학자가 평생의 열과 성을 기울여 '후대에 길이 읽힐 수 있고, 또 그 효용가치를 내내 인정받을 수 있는 저서'를 펴낸다는 것은 결코 간단한 일이 아니다. 더구나 허신이 살았던 당시의 여건에서 한 개인이 이처럼 방대하고 다양한 자료를 모아 연구·분석·정리하고, 다시 수정에 수정을 거듭하여 이런 역작을 저술했다는 것은 실로 대단한 일이 아닐 수 없다.

(2) 육서六書

≪설문해자≫의 문자해설 체제는 소전체小篆體를 올림자로 맨 앞에 내세운 다음 그 글자의 뜻을 해설하고, 그리고 다시 자형의 구조를 해설하는 순서를 기본골격으로 하고 있다. 이와 같은 기본골격을 토대로, 경우에 따라 발음을 설명하기도 하고 다른 학자들의 학설이나 참고자료, 예시문이나 이체자의 구조 해설 등을 덧붙이는 형식으로 되어 있다. 이렇게 간략한 해설 형식을 갖추고 있음에도 불구하고 『설문해자』가 비길 바 없이 높은 평가를 받는 주된 이유는 자의字義·자형字形·자음字音이라는 세 가지 요소를 종합적으로 연구·정리하면서 그 각각의 본원本源, 즉 본의本義·본형本形·본음本音을 구명하고자 한 데 있다.

먼저 '자의'에 대해 살펴보면, 한자는 글자 하나가 여러 가지 뜻을 나타내지만 그 가운데 본의는 하나뿐이다. 그러므로 본의가 구명되고 나면, 여기에서 파생되거나 발전되어 나온 인신의引伸義나, 글자의 자음에 의탁하여 생겨난 가차의假借義도 쉽게 찾아낼 수 있다. 허신은 여러 가지 방법으로 본의를 구명하였는데, 대부분 자형과 자음에 근거하였다. 그리고 한자의 자형에 대해서도 '자의'와 마찬가지로 그 본래의 모양, 즉 본형을 구명하고자 하였다. 한자의 본형을 구명하는 작업과 밀접한 관계가 있는 것이 바로 한자의 조자造字 방법이다. 허신은 ≪설문해자≫<서敍>」에서 그 당시까지 명칭만 전해지던 한자의 조자법칙인 '육서六書', 즉 상형象形·지사指事·형성形聲·회의會意·전주轉注·가차假借에 대한 정의를 내렸다. 그는 육서의 각 명칭 아래에 먼저 네 글자씩

8) ≪說文解字≫: "詞也. 从口, 乙聲. 亦象口气出也."

두 구절로 정의를 내린 다음, 각각 두 개의 예시 글자를 제시하였다. 비록 허신 이후 지금까지 수많은 학자들이 이에 대해 나름대로 내린 정의들로 인해 이설異說이 분분한 상태이지만, 현재까지도 허신의 정의가 그 기본이 되고 있다.

현재까지의 연구결과에 의하면, 한자의 조자법칙인 '육서'의 명칭은 유흠劉歆의 ≪칠략七略≫에서 처음 언급되었으나, 그에 대한 정의는 허신에 의해 최초로 이루어졌다. 그러나 주의해야 할 점은 한자의 조자법칙이 먼저 확정된 다음 이 법칙에 따라 한자가 만들어진 것이 아니라, 한漢나라 시대에 이르러 이미 만들어져 있는 한자 하나하나의 조자법칙을 분석하여 귀납적인 방법으로 도출한 결과라는 점이다. 육서의 명칭은 약간씩 다르다. 반고班固와 정중鄭衆은 육서에 대한 항목만 나열하고 있을 뿐 각각의 개념정의는 하지 않았다.

班固 ≪漢書·藝文志≫: 1 象形, 2 象事, 3 象意, 4 象聲, 5 轉注, 6 假借
鄭衆 ≪周禮解詁≫: 1 象形, 4 處事, 2 會意, 6 諧聲, 3 轉注, 5 假借
許愼 ≪說文解字·叙≫: 2 指事, 1 象形, 4 形聲, 3 會意, 5 轉注, 6 假借

≪설문해자≫는 9,353자를 자형의 변화가 비교적 적은 '소전小篆'을 표준 자형으로 삼아 한자의 원래의 형체인 본형本形을 탐구한 것이다. 이는 ≪설문해자≫의 〈서叙〉에서 "소전을 나열하고 이를 고문이나 주문과 연계시켜 놓았다."[9]라고 한 언급에서 확인할 수 있다.

≪설문해자≫는 최초로 한자의 구조원칙인 '六書'에 대해 설명하였다. 그러나 현대 문자 학자들은 '가차假借'의 예시문자와 '전주轉注'에 대한 설명에 대해, 그 문제점을 제시하고 새로운 한자의 구조원칙을 제시하기도 하였다.

9) ≪說文解字·叙≫: "今敍篆文, 合以古籀."

명칭	정 의	예시
지사 指事	보기만 하면 알 수 있고, 자세히 살피면 그 뜻을 찾아낼 수 있는 조자법. (視而可識, 察而見義)	刃 血 上 下
상형 象形	사물의 모양을 그림으로 그리되, 그 사물의 형체를 따라 필획을 휘고 꺾어서 그려내는 조자법.(畫成其物, 隨體詰詘[10])	日 月
형성 形聲	사물의 성질과 종류에 따라 의부義符(名)를 확정하고, 여기에 다시 만들려는 글자와 독음이 같거나 근사한 글자를 선택한 다음 이 두 글자를 결합하여 만드는 조자법.(以事爲名, 取譬相成)	江 河
회의 會意	사리事理로 연관되는 두 개 이상의 자소字素를 조합하여 문자를 만들되, 그 자소의 뜻을 합쳐서 새로운 뜻을 나타내게 하는 조자법.(比類合誼, 以見指撝[11])	武(武) 信(信)
전주 轉注	동일한 자소字素를 部首로 내세운 다음에 같은 字義 서로 사용하는 조자법.(建類一首, 同意相受)	考(考) 老(老)
가차 假借	본래 그 말에 해당하는 글자가 없는 상황에서 그 뜻을 나타내는 글자를 새로 만들지 않고, 이 말과 독음이 같거나 비슷한 글자를 빌려 그 말의 뜻을 표기하게 하는 조자법.(本無其字, 依聲託事)	令(令) 長(長)

≪설문해자≫의 육서에 대한 현대학자의 정의는 허신의 그것과 다르다. 대만 현대학자 용우순龍宇純이 ≪중국문자학≫에서 정리한 내용을 간략하게 요약하면 아래와 같다.[12] ≪중국문자학≫의 육서에 대한 정의는 중국문자의 특징을 잘 고려한 정의라고 할 수 있다. 특히 전주에 대한 내용이 ≪설문해자≫와 상이하다. 상형은 순수하게 형태를 그리는 것이고, 회의는 순수하게 의미를 나타내는 것이고, 가차는 순수하게 음을 표시하는 자이다. 지사는 일종의 약속된 기호(부호)이다. 형성자와 전주자의 차이는 형성자는 소리부와 의미부가 동시에 결합된 것인 반면 전주는 소리가 먼저 기준이 되었고, 나중에 의미를 표시하는 부분이 추가된 것이라는 것에 있다.

명칭	象形 (純粹表形) 순수표형	會意 (純粹表意) 순수표의	假借 (純粹表音) 순수표음	兼表音義 음의를 겸함		指事 純粹約定 순수약정
				形聲	轉注	
정의	擄物寫形 目寓可明	表事達意 心會乃悉	有語無字 依音標識	依類爲名 取譬相成	音爲本體 增文示誼	形義音三 無所取焉
예문	日月山水	上下武信	苟且, 然而	江河議論	祐娶祼媒	五六七八

10) '힐굴(詰詘)'은 '佶屈(jíqū)'과 같은 뜻으로 '구불구불한 모양'는 뜻이다.
11) '지휘(指撝, zhǐ huī)'는 '指揮'와 같은 뜻으로 '가리키다'는 뜻이다.
12) 龍宇純 ≪中國文字學≫, 127 쪽

위 도표의 내용을 설명하면 아래와 같다.

상형은 순수하게 형태를 표현한 것으로 '물체에 따라 형태를 그리고, 눈으로 확인하면 바로 알 수 있는 자'이다. 그러한 예문으로는 '日'·'月'·'山'·'水'가 있다.

회의는 순수하게 의미를 표현하는 것으로, '사건과 의미를 표현해 내고, 마음으로 그 의미를 헤아리면 자세히 알 수 있는 자'이다. 예문으로는 '上'·'下'·'武'·'信'이 있다.

가차는 순수하게 음성을 이용하는 것으로 '말은 있지만 문자가 없어서 음을 근거로 하여 문자로 표지한 것'이다. '苟'·'且'·'然'·'而' 등이 있다.

형성과 전주는 모두 음과 의를 나타내는 자字들을 결합한 방식이다. 형성은 '그 종류에 따라 부수를 정하고 음성이 비슷한 자를 선택해서 서로 조합하여 만들어진 자'이다. 예문으로 '江'·'河'·'議'·'論'등이 있다. 전주는 '음을 근간으로 삼고 의미를 표시하는 문자를 추가하여 뜻'을 나타낸다. 예문으로는 '祐'·'娶'·'祼(강신제 관, guàn)'·'婐(정숙할 와, wǒ)'가 있다.

지사는 순수한 약속기호로 형태·음·의미 세 가지 모두를 취하는 경우는 없다. 예문으로는 '五'·'六'·'七'·'八'이 있다.

이에 대해서는 ≪중국문자학≫의 '육서에 대한 정의'를 참고할 만하다.

≪설문해자≫의 중요판본이자 후세에 가장 큰 영향을 남긴 것은 대서본大徐本과 소서본小徐本이다. 대서본大徐本은 남당南唐의 서현徐鉉(916—991)이 송宋나라 태종太宗의 칙명으로 교정·간행한 ≪설문해자≫30권을 가리키고, 소서본은 남당의 서개徐鍇(920-974)가 교정·해설한 ≪설문계전說文繫傳≫40권을 가리킨다. 이는 서현徐鉉·서개徐鍇 두 형제가 모두 소학小學에 정통하여 ≪설문해자≫를 연구하였을 뿐만 아니라 다시 교정·간행하였는데 형인 서현을 '대서'라 하고 아우인 서개를 '소서'라 하였으며, 이들이 교정·간행한 ≪설문해자≫를 각각 '대서본大徐本'·'소서본小徐本'이라 하였다. 서현의 대서본 ≪설문해자≫와 서개의 소서본 ≪설문해자≫, 즉 ≪설문계전≫은 ≪설문해자≫의 자체字體 연구 성과에 기여하였고, '대서본'은 ≪설문해자≫가 후세에 전해지는데 있어 큰 공적을 남겼다.

서현의 대서본 ≪설문해자≫와 서개의 소서본인 ≪설문계전≫이 교정·간행된 이후로부터 청淸대에 이르기까지의 800여 년 동안 ≪설문해자≫연구에서 두드러진 성과를 이룩한 인물이 없었을 뿐만 아니라 중국문자학 영역에서도 이렇다 할 업적이 없었다. 그러나 청대에 이르러 고증학이 크게 발전하면서 특히 소학小學분야의 연구가 성황을 이루었고, 그 업적 또한 획기적이었다. 이러한 조류 속에서 허신의 ≪설문해자≫에 대한 연구는 하나의 풍조로 자리매김하게 되었다. 청대에 ≪설문해자≫에 대한 연구가 얼마나 활발하였고 또 얼마나 많은 사람들이 연구에 참가하였으며, 그 성과가 얼마나 컸는지는 1928년과 1932년에 정복보丁福保가 편찬한 ≪설문해자고림정편說文解字詁林正編≫과 ≪설문해자고림보유說文解字詁林補遺≫에 명확하게 드러나 있다. ≪설문해자≫를 연구한 수많은 연구자들 가운데 단옥재段玉裁·계복桂馥·주준성朱駿聲·왕균王筠 등 네 사람을 일컬어 ≪설문해자≫연구의 사대가四大家라고 칭한다. 단옥재의 ≪설문해자주說文解字注≫, 계복의 ≪설문해자의증說文解字義證≫, 왕균의 ≪설문구두說文句讀≫는 허신의 진의를 밝혀내는 것을 주된 목표로 삼았고, 주준성의 ≪설문통훈정성說文通訓定聲≫은 ≪설문해자주說文解字注≫의 '일단一端'을 취하여 그것을 확대·재생산한 것이라고 할 수 있다. 이들 가운데 그 당시로부터 지금에 이르기 까지 완정한 규모와 체계를 갖춘 연구서로서, ≪설문해자≫연구에 가장 큰 영향을 끼친 것은 단옥재[13)]의 ≪설문해자주≫이다.

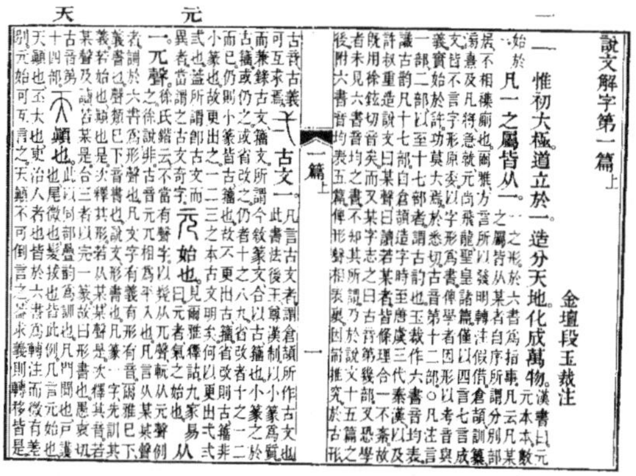

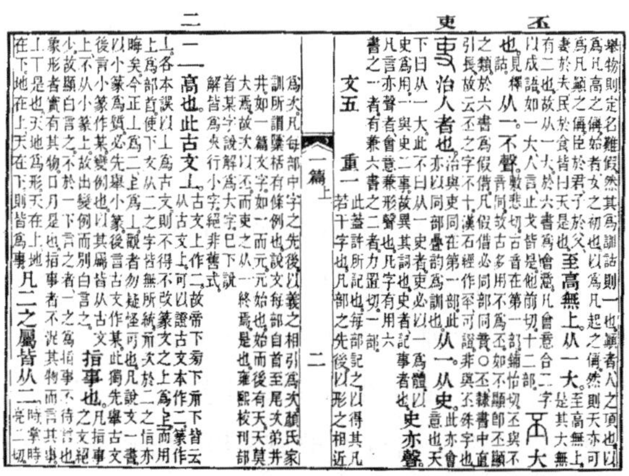

청清 단옥재段玉裁
≪說文解字注≫의 일부

13) 단옥재(1735~1815)는 자字가 약응若膺이고 호號가 무당懋堂이며, 강소성江蘇省 금단金壇 사람이다.

(3) ≪설문해자≫의 서문序文

현존하는 ≪설문해자≫는 모두 허신許愼의 이 <자서自敍>와 그의 아들 허충許沖이 안제安帝에게 이 책을 받치면서 올린 표문表文을 각각 제 15권의 상하 또는 권 29와 권 30으로 분류하여 책의 맨 뒤에 덧붙이고 있다. ≪설문해자≫에 대한 이해를 돕기 위하여 살펴보기로 한다.

古者庖犧氏之王天下也，仰則觀象於天，俯則觀法於地，視鳥獸之文與地之宜；近取諸身，遠取諸物，於是始作≪易≫·八卦，以垂憲象．及神農氏，結繩爲治，而統其事，庶業其緐，飾僞萌生．黃帝之史倉頡，見鳥獸蹏迒之迹，知分理之可相別異也，初造書契．百工以乂，萬品以察，蓋取諸夬．"夬，揚於王庭．" 言文者，宣教明化於王者朝庭，君子所以施祿及下，居德則忌也．

상고시대에 복희씨伏犧氏가 천하를 다스릴 때 위로 우러러서는 하늘의 현상(天象) 즉 일월성신日月星辰의 운행을 관측하고, 아래로 굽어보아서는 대지의 분포分布와 모양을 살폈으며, 조수鳥獸의 무늬 즉 형상과 대지의 지맥을 관찰하였다. 또 가깝게는 자신의 몸에서 형상을 취하고 멀게는 자연사물에서 형상을 취하여 이를 기초로 하여 처음으로 ≪역경≫과 팔괘를 창조하였으며, 괘상卦象을 이용하여 인간사의 길흉과 득실을 나타내었다. 신농씨神農氏 시대에 이르러서는 결승기사結繩記事의 방법을 사용하여 사회를 다스리고 그 당시의 일을 기록하였는데, (시대의 진보에 따라) 일의 종류와 각종 사물들이 나날이 많아지고 복잡해지자, 교묘하게 꾸미고 숨기고 속이는 일들이 생기기 시작하였다. (황제黃帝 때에 이르러) 황제의 사관 즉 기사관記事官 창힐倉頡이 조수의 발자국을 관찰하였는데, 그 무늬들 간에 차이가 존재하고 이에 따라 어떤 조수인지 판별할 수 있음을 깨닫게 되었다. 이를 토대로 비로소 문자를 창제하기 시작하였다. (문자가 사회에 보급·사용된 이후) 이로 인하여 "모든 관리들의 업무가 두루 잘 처리되었고, 온갖 일과 사물들이 모두 명확해졌다." 창힐이 문자를 창제한 취지는 아마도 ≪쾌괘夬卦≫에서 취한 듯하다. ≪쾌괘≫에 이르길 "신하는 마땅히 군왕을 잘 보좌하여 왕의 덕치德治가 제대로 시행될 수 있도록 해야 한다."라고 하였다. 이는 창힐이 문자를 창제한 목적은 곧 교화와 정령政令을 선양하고 풍속과 도덕을 창도하여 군왕의 시정施政을 돕기 위한 것으로, 군왕은 (문자로써) 천하 백성들에게 은택(작록)을 내려주고, 신하와 백성들은 (문자로써 덕을 쌓아) 스스로가 태만함에 안주하지 않도록 경계해야 함을 말하는 것이다.

倉頡之初作書，蓋依類象形，故謂之文．其後形聲相益，卽謂之字．文者，物象之本；字者，言孳乳而寖多也．著於竹帛謂之書，書者，如也．以迄五帝三王之世，改易殊體，封于泰山者，七十有二代，靡有同焉．

창힐이 처음 문자를 만들 때에는 대체적으로 사물의 유별類別에 따라 그 독특한 형상을 그려내었기 때문에 이를 '문文'이라 한다. 그 뒤에 형부形符와 성부聲符가 서로 보충·결합하였는데, 이것을 '자字'라 한다. 따라서 '문'이란 사물 형상의 본래의 면목이고, '자'는 ('문'과 '문'이 서로 결합하여) 끊임없이 증식하는 현상이다. 죽간이나 비단에 새기거나 쓰는 것을 '서書'라고 하는데, '서'는 객관사물을 있는 그대로 똑 같이 그려낸다는 뜻이다. 문자는 오제五帝·삼왕三王의 오랜 시간을 거쳐 오는 동안 필획筆劃이나 자체에 변화가 있거나 고친 부분들이 있었다. 이 때문에 태산에 제단을 쌓아 천신에게 제사를 올린 72대의 군주가 남긴 석각의 자체가 각기 다 다른 것이다.

周禮：八歲入小學，保氏教國子，先以六書．一曰指事；指事者，視而可識，察而見意，上下是也．二曰象形；象形者，畫成其物，隨體詰詘，日月是也．三曰形聲；形聲者，以事爲名，取譬相成，江河是也．四曰會意；會意者，比類合誼，以見指撝，武信是也．五曰轉注；轉注者，建類一首，同意相受，考老是也．六曰假借；假借者，本無其字，依聲託事，令長是也．

(주나라의 제도에 의하면) 8세가 되면 소학에 입학하였는데, 학관 보씨가 공·경·대부의 자제들에게 '육서'를 우선으로 가르쳤다. 그 첫째는 지사이다. 지사는 보기만 하면 알 수 있고 자세히 살펴보면 그 뜻을 찾아낼 수 있는 것으로, '上'·'下' 두 글자가 바로 여기에 해당된다. 둘째는 상형이다. 상형은 사물의 모양을 그림으로 그려내는데 그 사물의 형체를 따라 필획을 휘고 꺾어서 그려내는 것으로, '日'·'月' 두 글자가 여기에 해당된다. 셋째는 형성이다. 형성은 사물의 성질과 종류에 따라 한 글자(의미부)를 확정하고, 여기에 다시 만들고자 하는 글자와 독음이 같거나 근사한 글자를 선택한 다음, 이 두 글자를 조합하여 만드는 것으로 '江'·'河' 두 글자가 바로 여기에 해당된다. 넷째는 회의이다. 회의는 사리事理로 연관되는 두 개 이상의 자소字素를 조합하여 문자를 만드는데 그 자소의 뜻만을 합쳐서 새로운 뜻을 나타내게 하는 것으로, '武'·'信' 두 글자가 여기에 해당된다. 다섯째는 전주이다. 전주는 동일한 자소를 부수로 내세운

다음, 같은 자의字義를 서로 주고받는 것, 즉 동일한 부수 내에서 서로의 뜻을 풀이하는 것으로 '考'·'老' 두 글자가 여기에 해당된다. 여섯째는 가차이다. 가차는 본래 그 말에 해당하는 글자가 없는 상황에서 독음이 같은 글자를 빌려 그 말을 표기하게 한 것으로, '令'·'長' 두 글자가 여기에 해당된다.

及宣王太史籒, 著大篆十五篇, 與古文或異. 至孔子書六經, 左丘明述≪春秋傳≫, 皆以古文, 厥意可得而說. 其後諸侯力政, 不統於王, 惡禮樂之害己, 而皆去其典籍. 分爲七國, 田疇異晦, 車涂異軌, 律令異灋, 衣冠異制, 言語異聲, 文字異形.

주나라 선왕 때에 이르러, 태사 주籒라는 사람이 ≪대전≫ 15편을 저술하였는데, 자체가 '고문古文'과는 간혹 다른 것이 있었다. 공자가 '육경六經'을 저술·정리하고, 좌구명左丘明이 ≪춘추전≫을 저술할 때까지 여전히 '고문'을 사용하고 있었기 때문에, '고문'의 자형구조와 자의를 그런대로 충분히 설명할 수가 있었다. 그러나 그 뒤에는 각국의 제후들이 무력으로 서로 정벌을 감행하면서 주나라 天子의 통제를 받지 않고 예악禮樂이 자기에게 방해가 되는 것을 싫어하여, 모두 그 전장典章문헌들을 폐기하여 내버렸다. 중국이 일곱 개의 나라로 나누어지면서 전지田地의 면적 계산단위가 달라지고 수레의 폭과 도로의 폭이 서로 달라졌으며, 법률 제도와 정령이 달라지고 의관衣冠의 형식이 달라졌으며, 말소리의 발음이 달라지고 문자의 자형이 달라졌다.

秦始皇帝初兼天下, 丞相李斯乃奏同之, 罷其不與秦文合者. 斯作≪倉頡篇≫, 中車府令趙高作≪爰歷篇≫, 太史令胡毋敬作≪博學篇≫, 皆取史籒≪大篆≫, 或頗省改, 所謂小篆者也. 是時, 秦燒滅經書, 滌除舊典, 大發隷卒興役戍, 官獄職務繁, 初有隷書, 以趣約易, 而古文由此絶矣.

진시황이 처음 천하를 통일하자, 승상 이사가 곧 전국의 문자를 통일하되 진나라의 문자와 형체가 다른 것은 없애버릴 것을 상소하였다. 이에 이사가 ≪창힐편≫을 짓고 중거부령 조고가 ≪원력편≫을 지었으며 태사령 호무경이 ≪박학편≫을 지었는데, 모두 사주 ≪대전≫의 자체를 취하였다. 어떤 것은 중첩된 일부 필획을 줄이거나 자형을 고친 것도 있는데, 이것이 바로 소전이다. 이때의 진나라 조정은 경서를 모두 불태워 없애고 옛 전적을 모두 없애 버렸으며, 대대적으로 하급관리와 군사를 징발하고 노역과 수역戍役을 크게 일으키면서 조정과 관아官衙, 옥사의 공무가 번잡해졌다. 이로 인해 예서가 생겨나게 되었는데, 이로써 '자체의 간략함과 용이함'이라는 현실적 수요에 적응하게 되었고, 이때로부터 더 이상 '고문古文'은 통용되지 않았다.

自爾秦書有八體 : 一曰大篆, 二曰小篆, 三曰刻符, 四曰蟲書, 五曰摹印, 六曰署書, 七曰殳書, 八曰隸書.

이로부터 진 나라에는 여덟 종의 자체가 있게 되었다. 첫째는 대전, 둘째는 소전, 셋째는 각부, 넷째는 충서[14], 다섯째는 모인[15], 여섯째는 서서[16], 일곱째는 수서[17], 여덟째는 예서이다.

漢興, 有艸書. 尉律: 學僮十七已上, 始試, 諷籒書九千字, 乃得爲吏. 又以八體試之. 郡移太史并課, 最者, 以爲尚書史. 書或不正, 輒擧劾之. 今雖有尉律不課, 小學不修, 莫達其說久矣.

한나라가 건국되자 초서가 생겨났다. 한나라 정위廷尉의 법률 규정은 다음과 같다. 학동은 17세 이상이 되면 시험에 응시할 수 있는데, 9천 자를 외우고 그 의미를 이해하고 쓸 수 있어야 하급 기사관記事官이 될 수 있었다. 그런 다음, 다시 진秦의 여덟 가지 자체로 시험을 보았다. 합격자들을 군현郡縣에서 조정의 태사령太史令에게 보내 다시 시험을 치르게 하였다. 그 중 성적이 가장 우수한 사람은 상서령사尙書令史 즉 추요처樞要處의 비서로 등용하였다. 만약 (관리나 백성들이 올린) 공문이나 상주문에 어쩌다 글자를 잘못 쓴 것이 있으면, 상서사尙書史가 즉시 검거하여 그 죄를 탄핵하였다. 지금은 정위廷尉의 법률규정은 남아있지만 엄격한 시험을 치르지 않고, 소학小學(문자학)은 존재하고 있지만 연구를 하지않아, 사람들이 소학이라는 학문을 잘 알지 못한 지가 오래되었다.

孝宣時, 召通倉頡讀者, 張敞從受之. 凉州刺史杜業, 沛人爰禮, 講學大夫秦近, 亦能言之. 孝平時, 徵禮等百餘人, 令說文字未央廷中, 目禮爲小

14) '蟲書'는 전서의 변체의 하나로, '조충서鳥蟲書'라고도 하는데, 글자 필획의 시작 부분이나 끝맺는 부분을 새나 벌레의 모양으로 쓴 자체이기 때문에 이런 이름이 붙여진 것이다.

15) '摹印' 전서의 한 변체로, 옥새玉璽 등의 각종 인장에 새긴 자체이다.

16) 고대에 편액匾額·봉함封緘·방문榜文 등에 쓰이는 자체를 '署書'라고 하였다.

17) '殳書'란 모든 병기에 새겼던 자체를 말한다. 이 역시 소전의 한 변체에 속하나, 비교적 간략하고 투박하여 예서와 비슷한 면이 있다.

學元士. 黃門侍郎楊雄, 采以作≪訓纂篇≫. 凡≪倉頡≫已下十四篇, 凡五千三百四十字, 群書所載, 略存之矣.

한나라 선제 때에 칙명으로 ≪창힐편≫의 고문자를 정확하게 알고 해독할 수 있는 사람을 초빙하여, 장창으로 하여금 이 사람에게서 학문을 전수받도록 하였다. 그 후에 양주자사 두업杜業과 패현 사람 원례爰禮, 강학대부 진근秦近 등도 고문자를 해독할 수 있었다. 한 나라 평제 때에는 원례 등 100여 명의 학자들을 초빙하여 그들로 하여금 미앙궁에서 문자를 해설하도록 하였는데 원례를 '소학원사'로 삼았다. 황문시랑 양웅楊雄이 여러 사람들의 해설을 모아서 ≪훈찬편≫을 편찬하였다. ≪훈찬편≫은 ≪창힐편≫이후의 14종 자서를 종합하여 모두 5,340자를 수록하였는데, 그 당시 각종서적에 기재되어있던 문자들은 대부분 이 책에 수록되어 있다.

及亡新居攝, 使大司空甄豐等校文書之部, 自以爲應制作, 頗改定古文. 時有六書: 一曰古文, 孔子壁中書也. 二曰奇字, 卽古文而異者也. 三曰篆書, 卽小篆, 秦始皇帝使下杜人程邈所作也. 四曰佐書, 卽秦隸書. 五曰繆篆, 所以摹印也. 六曰鳥蟲書, 所目書幡信也.

한 나라를 찬탈하고 신나라를 세운 왕망이 섭정하던 때에, 왕망은 대사공 견풍甄豐 등에게 문자 부류部類의 전적들을 교정하게 하고, 자기 스스로를 황제만이 할 수 있는 예禮의 제정制定과 음악창작에 온 힘을 다 하고 있다고 표방하면서 일부 '고문'을 고쳤다. 그 당시에는 여섯 가지의 자체가 있었다. 첫째, '고문'이라하는 것인데, 이것은 공자 생가의 허물어진 벽 속에서 나왔다는 책들, 즉 벽중서에 쓰인 자체이다. 둘째, '기자'라고 하는 것인데, 이것은 '고문'인데 그 형체가 기이한 것이다. 셋째, '전서'라고 하는 것인데, 바로 소전이다. 넷째, '좌서'라고 하는 것인데 진나라의 예서를 가리킨다. 이는 진시황이 하두下杜 사람 정막程邈에게 만들도록 한 것이다. 다섯째, '무전'이라고 하는 것인데 인장에 새기는 자체이다. 여섯째, '조충서'라고 하는 것인데 깃발이나 부절에 쓰는 자체이다.

壁中書者, 魯恭王壞孔子宅, 而得≪禮記≫·≪尙書≫·≪春秋≫·≪論語≫·≪孝經≫; 又, 北平侯張蒼獻≪春秋左氏傳≫. 郡國亦往往於山川得鼎彝, 其銘卽前代之古文, 皆自相似. 雖叵復見遠流, 其詳可得略說也.

벽중서는 노魯 나라 공왕이 공자의 생가를 헐 때, 그곳의 허물어진 벽 속에서 얻은 ≪예禮記≫·≪상서≫·≪춘추≫·≪논어≫·≪효경≫ 등을 말한다. 이 밖에 북평후 장창張蒼이 헌상한 ≪춘추좌씨전≫이 있다. 전국의 군현과 제후국들도 종종 그 지역의 산이나 하천에서 각종 종정과 이기들을 얻곤 했다. 거기에 새겨진 명문은 전대前代의 고문자였는데, 이들 전적과 이기에 쓰여 있는 문자들이 서로 비슷하였다. 이로써 비록 아득한 옛날의 고문자가 변화해 온 전모를 다시 볼 수는 없지만, 선진시대 고문자에 대한 여러 정황들을 대략적으로 설명할 수 있게 되었다.

而世人大共非訾. 以爲好奇者也, 故詭更正文, 鄉壁虛造不可知之書, 變亂常行, 以燿於世. 諸生競說字解經, 諠稱秦之隸書, 爲倉頡時書, 云 : "父子相傳, 何得改易!" 乃猥曰 : "馬頭人爲長, 人持十爲斗, 虫者屈中也." 廷尉說律, 至以字斷法 : "苛人受錢, 苛之字止句也." 若此者甚衆, 皆不合孔氏古文, 謬於史籀.

그런데도 그 당시 사람들은 입을 모아 이 '古文'을 부정하고 비방하였다. 그들은 기이한 것을 좋아하는 사람들이 고의로 정체자正體字를 함부로 고치고, 집안에 들어앉아서 제멋대로 아무 근거도 없이 이해할 수 없는 이상한 문자를 만들어 일상적으로 통용되는 '예서'를 바꾸고 뒤헝클어 놓고 나서, 그것을 세상에 뽐내려고 한다고 생각하였다. 그리고 당시 연구자들은 경쟁적으로 문자를 해설하고 경전을 주석하여 진나라의 예서가 바로 창힐 당시의 문자라는 거짓 주장을 펼치면서, "문자는 부자지간에 입과 귀로 전해지는 것인데 어떻게 고치고 바꿀 수 있단 말인가?"라고 주장하였다. 이에 함부로 "말대가리(馬頭)에 사람 '人'이 덧붙여진 것이 '長'자이고, 사람(人)이 '十'을 들고 있는 것이 '斗'자이며, '中'자의 수직선을 구부린 것이 '虫'자이다."라고하며 문자를 곡해하여 해설하였다. 또한 법령을 집행하는 관리는 법률을 해설하는데 있어, 자형의 억지분석에 근거하여 판결을 내리는 지경에까지 이르렀다. 예를 들어, '피고를 협박하여 금품을 갈취하는 것을 금지한다.'는 뜻의 '가인수전苛人受錢'에서의 '苛(매울 가, kē)'의 자형이 '止'와 '句'로 구성되어 있다하여, 글자의 뜻을 '止句'로 해석한 경우이다. 이와 같이 잘못된 해석들이 매우 많았는데, 이들 해석은 공자 생가의 담 벽에서 나온 '古文'과도 부합되지 않을 뿐더러 ≪사주편≫의 대전과도 어긋난다.

俗儒啚夫, 翫其所習, 蔽所希聞, 不見通學, 未嘗覩字例之條, 怪舊埶而善野言, 以其所知爲祕妙, 究洞聖人之微恉. 又見≪倉頡篇≫中'幼子承詔',

因號: "古帝之所作也, 其辭有神僊之術焉." 其迷誤不諭, 豈不悖哉!

용속한 학자들이나 지식이 천박한 사람들은 자기들이 익히 알고 있는 것만을 탐닉하여, 자주 들어보지 못한 고문자에 대해서는 몽매하여 모르는데다가 학문에 통달한 석학들을 만나 본 적도 없고, 한자의 조자 법칙이나 구조에 대해서도 일찍이 보고 배운 적이 없었다. 그들은 옛 전적 즉 '고문'경전을 괴이한 것이라 생각하고 황당무계한 속설을 훌륭한 것이라고 여기면서 자신들이 알고 있는 것만이 오묘한 진리라고 간주하여, 자신들이야말로 성인의 깊은 뜻을 모두 다 탐구하여 깨달은 자들이라고 생각하였다. 또 ≪창힐편≫ 가운데 "유자승조幼子承詔"라는 구절을 보고, "≪창힐편≫은 상고시대의 황제가 지은 것으로 글자와 행간에 신선의 법술이 있다."라고 하였다. 이처럼 황당무계한 주장에 미혹되어 깨닫지 못하니, 어찌 사리에 어긋난다고 하지 않을 수 있으랴!

≪書≫曰: "予欲觀古人之象." 言必遵修舊文而不穿鑿. 孔子曰: "吾猶及史之闕文, 今亡矣夫." 蓋非其不知而不問, 人用己私, 是非無正, 巧說衺辭, 使天下學者疑.

≪상서尚書·우서虞書·고요모皐陶謨≫에 "나(순임금)는 고인들이 그려 만든 의관의 형상을 보고 싶다."라고 하였다. 이는 새로운 제도를 제정함에 있어서는 반드시 지난날의 화문을 이어 받고 끝까지 탐구하되 견강부회하지 말아야 함을 말하는 것이다. 공자가 말하기를, "나는 그래도 사서史書에서 의심스러운 점이 있어 공란으로 비워 둔 '궐문闕文'을 볼 수 있었지만, 지금 사람들은 이런 정신을 지니고 있지 않구나!"라고 하였다. 이는 아마도 모르면서 묻지도 않고, 자기의 사견으로 비판하여 옳고 그름의 표준이 없게 하며, 교묘한 말과 궤변으로 천하의 배우는 사람들을 의혹에 빠지게 하는 현상을 비판한 것일 것이다.

蓋文字者, 經藝之本, 王政之始, 前人所以垂後, 後人所以識古. 故曰: "本立而道生", "知天下之至嘖而不可亂也".

대저 문자라는 것은 경經·사史·자子·집集 등 모든 전적의 근본이요, 왕도 정치를 펼치는 토대이다. 전대의 사람들은 이를 통해 자기의 경험과 지식을 후대 사람들에게 전해주고, 후대 사람들은 이를 통해 고대古代의 역사歷史를 알게 된다. 그런 까닭에 "기본이 확립되어야 '道'가 생겨난다."고 하고, 또 "천하의 가장 심오한 도리를 깨달아야 혼란에 빠지지 않게 된다."라고 하는 것이다.

今敘篆文, 合以古籒, 博采通人, 至於小大, 信而有證, 稽譔其說. 將以理羣類, 解謬誤, 曉學者, 達神恉. 分別部居, 不相雜廁也. 萬物咸覩, 靡不兼載. 厥誼不昭, 爰明以諭. 其偁≪易≫孟氏, ≪書≫孔氏, ≪詩≫毛氏, ≪禮≫, ≪周官≫, ≪春秋≫左氏, ≪論語≫, ≪孝經≫, 皆古文也. 其於所不知, 蓋闕如也.

지금 여기 ≪설문해자≫에서는 먼저 소전을 순서대로 열거하고, 이것을 '고문', '주문'과 결합 ·참조하였다. 그리고 학문이 깊고 넓은 전문가들의 주장을 널리 채택하되, 크고 작은 모든 주장에 대해 진실하고 믿을 수 있으면서 확실한 증거가 있는 경우, 그것을 다시 고찰하여 그 문자에 대한 해설을 기술하였다. 이 책을 통해 문자가 나타낼 수 있는 모든 사물을 부류별로 총괄·정리하고, 문자에 대한 잘못된 해석을 분석·풀이하여 배우는 사람들로 하여금 문자의 본 모습을 분명하게 알고, 조자造字의 신묘한 뜻을 깨우쳐서 통달하도록 하였다. 수록한 모든 글자들은 부류에 따라 분류하고, 이것을 다시 부수별로 나누어 배열하되 서로 뒤섞이지 않도록 하였다. 온갖 사물과 온갖 일들을 모두 이 책에서 찾아 볼 수 있으며, 완벽하게 수록되지 않은 것이 없다. 그 중 자형이나 자음, 자의가 불분명한 것은 참고할 수 있는 자료들을 인용하여 비교·설명하였다. 여기에서 거명된 서적은 맹희孟喜의 ≪역경≫, 공안국孔安國의 ≪상서≫, 모형毛亨의 ≪시경≫, ≪의례≫, ≪주례≫, 좌구명左丘明의 ≪춘추≫, ≪논어≫, ≪효경≫ 등인데, 모두 '고문' 판본이다. 그리고 모르는 것에 대해서는 해설하지 않고 공란으로 비워두었다.

≪설문해자≫의 후서後敘

此十四篇, 五百四十部也. 九千三百五十三文, 重一千一百六十三, 解說凡十三萬三千四百四十一字. 其建首也, 立一爲耑. 方以類聚, 物以羣分. 同牽條屬, 共理相貫. 雜而不越, 據形系聯. 引而申之, 以究萬原. 畢終於亥, 知化窮冥.

본 책 ≪설문해자≫는 모두 14편으로, 540개의 부수에 소전체 정문正文 9,353개 글자와 중문重文 1,163개 글자가 수록되어 있고, 이들에 대한 해설이 모두 133,441개 글자로 되어 있다. 이 책에서는 부수를 만들어 내세웠는데, '一'을 그 첫 시작으로 하였다. 한자의 배열 순서는 사물의 부류가 같으면 동류로 함께 모으고, 물품은 무리에 따라 다르게 분류하였다. 동일한 가지에 난 여러 잎들이 하나로 연이어져 있듯이, 공통의 뜻을 가진 문자들을 일관되게 연이어 놓았다. 부수와 그 동일 부수 내의 글자들을 순서에 따라 배열하되, 그 각각의 경계를 벗어나거나 뒤섞이지 않게 한 것은 자형에 근거하여 체계적으로 순서를 정하여 배열하였기 때문이다. 이것은 '一'의 자형에서부터 540개의 자형으로 확대 적용하였는데, 이를 통해 모든 한자의 본원을 거슬러 올라가 끝까지 탐구할 수 있도록 하였다. 이 책이 '亥'부에서 끝을 맺은 것은 사람들로 하여금 文字의 무궁한 변화와 심오한 자형 구조를 알게 하기 위함이다.

于時大漢, 聖德熙明, 承天稽唐, 敷崇殷中. 遐邇被澤, 渥衍沛滂. 廣業甄微, 學士知方. 探嘖索隱, 厥誼可傳.

지금 이 위대한 한나라는 성왕聖王의 덕행이 밝게 빛나는데, 광무제光武帝 때에 이르러 천명을 받들어 모시고, 당요唐堯의 사적을 궁구하여 널리 숭고한 도덕정치를 베풀고 4계절과 24절기를 제정하였다. 원근의 사방이 모두 한나라 황제의 은혜를 입으니, 그 은혜가 광대하고 광활한 조수와 하류같이 지극히 크고 지극히 성대하다. 황실에서 학술연구를 크게 일으켜 확대하고, 경전을 비롯한 모든 학문의 심원하고 오묘한 뜻을 이해하는 인재를 육성하였던 까닭에 학자들이 나아갈 방향을 알게 되었다. 따라서 지금이 바로 학문의 오묘하고 심대한 뜻을 탐구할 좋은 시기이고, 이로써 문자의 올바른 뜻이 후세에 전해질 수 있게 되었다.

粤在永元，困頓之年，孟陬之月，朔日甲申.

(이 책을 쓰기 시작한 때는) 한 화제和帝 영원永元 12년 경자년庚子年 정월 초하루 갑신일이다.

曾曾小子，祖自炎神. 縉雲相黃，共承高辛. 太岳佐夏，呂叔作藩，俾侯于許，世祚遺靈. 自彼徂召，宅此汝瀕.

여러 대를 걸쳐 먼 먼 허 씨의 후예인 나(小子)의 선조는 염제炎帝 신농씨神農氏로부터 시작되었다. 신농씨의 후예 진운 씨縉雲氏는 황제를 도왔고, 나의 먼 조상 공공씨共工氏는 고신高辛 임금을 받들었다. 공공共工의 종손 태악太岳은 하夏의 우禹 임금을 보좌하였고, 태악의 후예 여숙呂叔은 주나라 무왕武王의 번병藩屏이 되어 주나라의 왕조를 보위하여 주나라 무왕武王이 여숙呂叔을 허許 지역에 후작侯爵으로 분봉하였다. 이로부터 나의 선조들은 세세대대로 봉록을 계속 이어왔으며, 아름답고 훌륭한 품덕을 후손들에게 남겨주었다. 먼 훗날 나의 조상은 다시 허許 지역에서 여남군汝南郡 소릉현召陵縣으로 옮겼고, 이로부터 줄곧 이곳 여수汝水의 강가에서 거주하였다.

竊卬景行，敢涉聖門. 其弘如何，節彼南山. 欲罷不能，旣竭愚才. 惜道之味，聞疑載疑. 演贊其志，次列微辭. 知此者稀，儻昭所尤，庶有達者，理而董之.

내 남 몰래 높은 산을 우러러 보며 대로를 걷는 것과 같은 마음으로 감히 신성한 성인의 학문의 전당에 발을 들여놓았다. 그 전당이 얼마나 크던지, 마치 저 종남산처럼 높고 험준하였다. 중간에 멈추고자 하였으나 멈출 수가 없어서 오로지 나의 우둔한 재능을 다할 뿐이었다. 그러나 애석하게도 학문의 정수를 제대로 꿰뚫어 통달하지 못하였기에, 의심스러운 것을 듣기만 하면 곧바로 그 의심스러운 점을 기록하여 두었다. 그리고는 먼저 이미 알고 있는 지식으로 조자의 주지를 유추하여 해설하고, 그 다음에 차례대로 나의 부족한 의견을 서술하였다. 나 자신이 문자학에 대해 아는 것이 적어 이 졸저에 두드러진 잘못이 드러날 것인 바, 이 분야에 통달한 전문가들이 이를 잘 연구하여 바로 잡아주기 바란다.

2. 형성자의 소리부와 복성모複聲母

형성자 중 같은 소리부가 같은 형성자의 음성이 다르게 나는 현상을 참고하여 한자의 상고음에 복성모複聲母가 있음을 주장한다. 먼저 스웨덴의 한학자 高本漢(Karlgren, 1889-1978)은 다량의 복성모를 음가로 표시하였다. 예를 들어, 우리가 쉽게 접할 수 있는 *s-詞頭로는 아래와 같은 경우가 있다.

吏 ljəg　　　使 s-ljəg
屢 ljug　　　數 s-ljug

복성모는 바로 생긴 것이 아니라 대부분은 의미 분화에 따라 기존의 어근語根에 어두語頭를 붙여 새로운 음이 되어 복성모가 생긴다. 상고한어上古漢語에는 *순음+l(r)-, *설근음+l(r)-, *마찰음 s+l(r)- 이라는 복성모가 존재한다. 복성모는 갑골문과 금문 동원자同源字들의 음운 변화를 고찰하는데 중요한 근거가 된다.

상고음을 재구하는 방법 중 하나가 한자의 형성자(해성자諧聲字)의 소리부를 분석하는 것이다. 형성자는 글자의 의미를 나타내는 의미부와 글자의 개략적인 독음을 나타내는 소리부로 구성되어 있다. 즉, '城'·'誠'·'盛'에서 '成'은 소리부이고 '土'·'言'·'皿'은 의부이다. 형성자는 이미 갑골문에서도 큰 비율을 차지하고 있었으며 상당수의 가차자假借字들도 나중에 의부가 첨가되어 형성자가 되었다.

원칙적으로 동일한 성부를 가진 글자들은 그 글자가 만들어진 시기에는 음이 같았거나 비슷하여 동일한 성부를 취한 것이다. 현대의 음으로는 다르게 읽히는 자들은 글자들이 만들어진 후에 변화가 일어났기 때문이다. '我(나 아, wǒ)'·'俄(갑자기 아, é)'·'義(옳을 의, yì)'·'儀(거동 의, yí)'는 모두 '我'를 성부로 하는 글자들로 현대 표준어에서는 다르게 읽히지만 이들 글자들이 만들어진 당시에는 같은 음이었음에 틀림없다.

≪시경詩經≫ 등의 압운자를 귀납해서도 해성자의 성부와 독음이 서로 부합한다는 결론을 얻을 수 있는데, 이는 성부가 같으면 독음도 반드시 같다는 이치에 의한 것이다. 따라서 청나라의 단옥재段玉裁는 '동성필동부同聲必同部'[18]라는 법칙으로 귀납하였다.

그런데 형성자 중 동일한 성부를 지닌 글자들이 2가지 음으로 읽힌는 경우가 상당히 많다. 대표적인 예가 바로 '풍風'과 '람嵐'이다.

18) "성부가 같으면 반드시 같은 운부이다."

'風'과 '嵐'은 모두 '凡'을 소리부로 취하는 글자인데, 성모는 [p]와 [l]로 서로 다르다. '風(风)'은 현대 중국의 표준어인 북경어로는 'fēng'[fəŋ]이라고 읽지만, 실제로 중국어 음운사에서 순음脣音이 중순음重脣音([p], [p^h], [b], [m])과 경순음輕脣音([f], [f^h], [v], [ɱ])으로 분화된 것은 대략 당 중엽(8 ~ 9세기) 이후의 일이고, 상고음에는 중순음 밖에 없었다. 따라서 원래 '風'의 성모는 [f]가 아니라 [p]였다. '嵐(岚)'은 현대 북경어로는 'lán'[lan]이라고 읽지만, 고대 중국어에는 운미韻尾가 [m]인 음절도 있었으며, 원-명대에 이르러 운미가 [n]으로 변한 것이다. 따라서 원래 '嵐'의 음가는 한국 한자음과 비슷한 [lam]이었다. 해성자의 이러한 현상에 근거한다면, 원래 상고음에는 [pl] 등의 복성모가 존재하였으며 후대에 [p]와 [l]로 분화되었다고 볼 수 있다.

'路'의 소리부인 '各'은 현재 '각'으로만 읽지만 고음은 초성이 [k]가 아니라 [kl]일 가능성이 많다. 이외에도 소리부가 '과果'인 글자들 중에는 '라裸'·'라倮'가 있고, '루婁'를 소리부로 하는 글자들 중에 '구屨'가 있는 것으로 보아 [kl]의 복성모가 존재했음을 짐작해볼 수 있다. 또한 '吏'자를 ≪설문해자≫는 '一'과 '史'로 이루어진 자이며 '史'는 또한 소리부이기도 하다라 하였다.[19] 따라서 '吏'자는 상고음이 복성모 [SL]일 가능성이 높다. 이와 같은 이유로, '來-麥'자의 관계나 '禮-豊'도 관계도 복성모 [ml]·[pl]로 설명할 수 있다.

또한 일부 연면사連綿詞를 통하여 복성모의 현상을 알 수 있다. 당대唐代 초기 소설 ≪유선굴遊仙窟≫ "玉體逶迤, 人間小匹"[20] 구절 중의 '위이逶迤(wēiyí)'는 연면사이다. '逶迤'는 '逶蛇'·'委蛇'·'威夷'로도 쓴다. 연면사는 'AB' 중 'A'와 'B'가 쌍성이나 첩운, 혹은 동시에 쌍성과 첩운의 음운적 관계로 이어진 단순사이다. '逶迤(wēiyí)'는 음이 쌍성첩운 관계이기 때문에 '逶蛇'와 '委蛇' 중 '蛇'자 역시 앞 '委'자와 음성적으로 밀접한 관계이어야 옳다. 따라서 '蛇'자는 현재음인 'shé'와는 완전히 같지 않았을 것이다.

≪설문해자≫는 '它'자에 대하여 "它, 살모사. '虫'자 중 꼬리부분이 긴 모양이며, 구부러진 몸체와 꼬리부분이 위로 휘어져 형태로 이루어진 자이다. 옛날 옛적 초가지붕을 짓고 살던 시기에 뱀의 피해를 두려워하였기 때문에 '뱀 만나지 않았나요?'[21]라고 서로 안부를 물었다. 혹은 '虫'자를 써서 '蛇'로 쓴다."[22]라 하였다. '它'와 '蛇'는

---

19) ≪說文解字≫: "(吏), 治人者也. 从一, 从史, 史亦聲."

20) 우아하고 아름다운 자태는 천하에 능히 이 아가씨와 견줄만한 사람이 없다. '逶迤(wēiyí)'는 '구불구불 멀리 이어진 모양'이나 '멀고 긴 모양'이다.

21) 갑골문에 "亡它?"라는 문장이 자주 보인다.

22) ≪說文≫: "(它), 虫也. 从虫而長, 象冤曲垂尾形. 上古艸居患它, 故相問無它乎. (蛇), 它或从虫."

같은 자이다. 고문자에서 '它'와 '也'자는 모두 뱀의 형상이다. 갑골문에 '它'자는 ''·''로 쓰고, '也'자는 ''·''으로 쓴다.[23] '它'자 중의 '宀'의 머리부분이 와전된 것이고, '匕'는 몸통과 꼬리부분이 변한 것이다. '它'자가 후에 '기타'라는 의미로 가차되어 쓰이기 때문에 '虫'을 추가하여 '蛇'로 쓴다. '有它'나 '無它'의 구절과 같이 원래 '(뱀과 같은) 그것의 피해가 있었는가 없었는가' 뜻에서 '它'가 대사의 의미로 쓰이게 되었다. '其他'의 '它'라는 의미에서 점점 제 3인칭 대사로 쓰이게 되었고, 현대중국어에서는 '他(她)'자로 쓰이게 되었다. '他'자가 제 3인칭 대사로 쓰이기 시작한 때는 당대 이후이다.

예서는 자부 '它'는 '也'로 쓰기도 하여 '蛇'자는 '虵'로 쓴다. 또한 '也'와 '它'는 고음이 서로 같기 때문에 자주 혼용하여 쓴다. 아래 '也'가 소리부인 문자의 음은 모두 '설음'이나 '영성모零聲母'이다.

> 迆(비스듬할 이, yǐ,yí), 匜(주전자 이, yí), 衪(흙탕물 야, yè, 施(베풀 시, shī),
> 弛(늦출 이, chí), 馳(달릴 치, chí), 地(땅 지, dì,de̊,di), 阤(무너질 타(이), duò,zhì)

따라서 '蛇'자의 음은 적어도 복건성 민어 방언의 음 [sie]·[yɛ]와 유사한 발음이어야 한다. 따라서 '逶蛇'·'委蛇' 중의 '蛇'자는 'yí'로 읽어야 옳다.

---

23) '也'자의 형태를 혹은 '虫'자로 보기도 한다.

3. 표의 문자의 모의성과 문자의 분화

표의문자는 표음문자와는 달리 고대 문자에서는 상형 방법을 이용하여 주로 전달 의미를 표현해 낸다. 그러나 물체의 다양성과 제 2차원적인 사고에 관한 내용은 상형으로 표현해 내기 어렵다. 또한 시대의 발전에 따른 다양한 의미 전달을 위하여 파생派生문자의 분화 형상이 생겨났다. 상형 표의로 표현해내기 어려운 경우에는 일반적으로 가차假借 방법을 주로 이용하고, 시대 발전에 따른 파생문자의 발생은 대부분 전주轉注 방법을 이용하여 분화하게 되었다.

아래에서는 상형문자의 표의 모호성에 따른 문자의 분화 현상을 몇 가지 예를 들어 설명하기로 한다.

(1) 구별을 위해 의부意符를 추가하는 경우

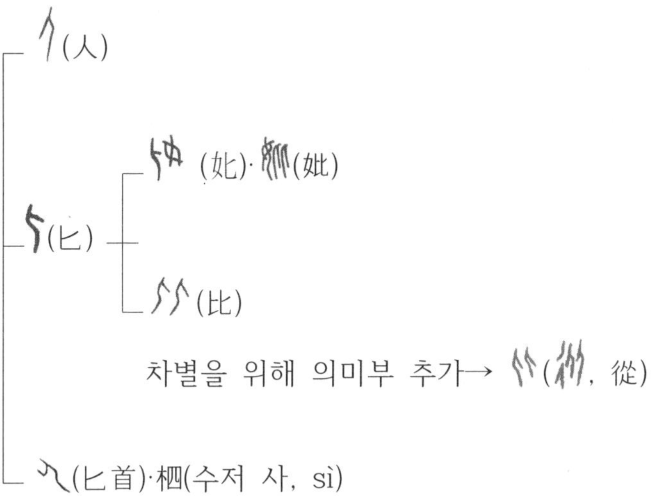

‘(人)’·‘(妣)’·‘(匕首)’는 물체가 유사하기 때문에 상형된 그 형태 역시 그 형태가 매우 유사하다. 따라서 문자의 상호 혼동을 피하기 위하여 여자와 관련된 형태는 ‘女’나 ‘匕’를 추가하여 ‘妣’·‘㚸’나 ‘比’로 쓰게 되었다. ‘匕’자의 고문은 여인이 몸을 구부리고 다소곳이 서 있는 모습이다.[24] ‘比’자는 하나는 ‘妣’의 의미로, 하나는 ‘따르

24) ≪說文解字≫: “匕, 相與比叙也. 从反人. 匕, 亦所以用比(匕)取飯. 一名柶.”(‘匕’자는 서로 비교하여 나열하는 것이다. 사람이 반대 방향으로 서 있는 모습이다. 또한 匕를 사용하여 식사를 하는 것으로 ‘柶(수저 사, si)’의 뜻이다.)

다'·'견주다'라는 파생 의미로 쓰이게 되었다. 파생된 '比'자는 '(从)'자와 혼동을 피하기 위하여 '从'자는 '辵'을 추가하여 '(從)'으로 쓴다. 숟가락이라는 의미의 '匕'자는 갑골문 금문 이후에는 '人'자와 구별이 되고, '妣'자 등이 분화되었기 때문에 자신의 고유형태를 다소 유지하게 되었다. 후에 더욱 차별성을 위하여 소리부인 '是'를 추가하여 '匙(숟가락 시, chí,shi)'·'堤'로 쓰게 되었다.[25] '비수'라는 뜻은 비수가 '숟가락' 모양과 비슷하기 때문에 붙여진 뜻이다.

(2) 가차자로 쓰인 후, 본래의 의미를 표현하기 위해 의미부를 추가하는 경우

① (北)－(背)
② 且－祖
③ 然－燃
④ 云－雲
⑤ 尤－肬· 疣(사마귀 우, yóu)
⑥ 亦－腋(겨드랑이 액, yè)
⑦ 乃－奶
⑧ 而－髵(갈기 일어설 이, ér)

(3) 의미를 구체화를 위한 의미부 추가

① (冉)-髯(구레나룻 염, rán)
② 亢(목 항, gāng·kàng·háng)-肮(목구멍 항, āng)[26]

'亢'자를 갑골문은 ''·''으로 쓰고, 금문은 ''·''으로 쓴다.

③ 交-絞(꼴 교, jiǎo)
④ 冎(뼈 발라낼 과, guǎ)-骨

'(冎)'자는 원래 뼈의 형상이다. 후에 '肉'을 추가하여 '骨'자로 쓰게 되었다.

---

25) ≪說文解字≫: "(匙), 匕也. 从匕, 是聲."('匙'는 '숟가락(匕)'의 의미. 의미부 '匕'와 소리부 '是'로 이루어진 형성자이다.)

26) ≪說文解字≫: "(亢), 人頸也. 从大省, 象頸脈形. (頏), 亢或从頁."

(4) 파생어의 의한 의미부 추가하는 경우

① 女
- 여인
- 순종의 의미-如
- 물 건너에 있는 그녀-汝

② 
- 正
- 征
- 政 기

③ 左-佐(도울 좌, zuǒ)

④ 右-佑(도울 우, yòu), 祐

⑤ 白-伯(맏 백, bó,bái)

(5) 상형자가 소리부 추가하여 형성자가 된 경우

① -'齵(이 바르지 못할 우, yú)'

'齵'자는 의미부'齒'와 소리부'禺(원숭이 우, yú)'로 이루어진 형성자.

② -'鼻(코 비, bí)'

'鼻'자는 의미부'自'와 소리부'畀(줄 비, bì)'로 이루어진 형성자.

'自'자가 허사 혹은 자신이라는 의미로 쓰이게 되자, 새로운 형성자 '鼻' 자가 만들어지게 되었다.

(6) 상형자가 형성자로 변하는 경우

① -聞

''자는 귀를 쫑긋 세우는 말을 경청하는 모습이다. 후에 의미부'耳'와 소리부'門'으로 이루어진 형성자로 분화되었다.

② -望(朢)

''자는 사람이 높은 대에 올라 멀리 바라보는 형상이다. 후에 '눈(目)' 모양이 '臣'으로 변하였고, 다시 소리부 '亡'으로 변하여 형성자가 되었다.

4. 한자의 수량

한자의 발생 중 표의 부분 추가로 인한 문자의 분화는 이체자가 생기게 된 가장 중요한 원인이 되었고 한자 수의 증가에 직접적인 원인이 되기도 하였다.

지금까지 은허에서 출토된 갑골문 편수는 대략 15만 편에 달하며 문자의 수는 전체 1백만 자에 달한다고 한다. 사용되어진 자수는 모두 4500여 자이며 그 가운데 현재까지 판독된 문자는 모두 약 1500여 자가 넘는다.

갑골문의 자수는 ≪갑골문편甲骨文編≫을 통하여 대략적으로 알 수 있다. 1965년에 손해파孫海波 등이 참여하여 정편正編 '1723'자와 부록 문자 등을 포함하여 모두 4672자가 수록된 ≪甲骨文編≫을 출간하였다. 또한 유쇠劉釗 등이 2014년에 ≪新甲骨文編(增訂本)≫(福建人民出版社)을 편찬 출판하였는데, 정편에 '2350'자와 부록 '1204'자 등을 수록하였다. 따라서 갑골문 당시 약 4500 여자 이상이 사용되었던 것으로 보인다.

금문의 문자수는 용경容庚 ≪금문편金文編≫을 통하여 대략적으로 알 수 있는데, 금문 시대 당시 약 4000여 자 이상이 사용되었던 것으로 보인다. ≪금문편≫은 1924년 초고를 완성하고 1925년 제1판을 출간하였다. 올림자 1382와 부록 924자를 수록하고 있는데 현재는 이 초판을 구해보기 어렵다. ≪금문편≫은 금문학에 새로운 이정표를 세웠다. 초판이 나오자 금석학계 뿐만 아니라, 서예가와 전각들에게 대단한 환영을 받게 되었다. 중앙연구원역사연구소中央研究院歷史語言研究所는 용경에게 증정본增訂本을 편찬하도록 청하여 초판이 출간된 지 14년 만에 제2판이 1939년에 출판되었다. 따라서 제2판 ≪금문편≫은 20년대에서 30년대 전후의 금문연구성과의 축적물이라고 할 수 있다. 제2판의 올림자는 모두 1804자로 초판보다 무려 422자를 증보增補하고 있다. 제1판과 제2판의 ≪금문편≫은 1896에서 1938년까지의 약 40년간의 연구 성과물이라 할 수 있다. 제3판 ≪금문편≫은 1959년에 출간되는데 이는 제2판이 출간되고 20년만이다. 그러나 증가된 正字 숫자상으로만 본다면 90여개이다. 422개의 제2판이나 526개의 제4판의 증정본에 비한다면 매우 적은 숫자라 할 수 있다. 그러나 제3판 ≪금문편≫은 ≪금문고림金文詁林≫ 등의 저본底本으로 사용되는 등 상당히 세인의 주목을 받았다. 1985년에 제3판을 수정하여 제4판이 출간하였다. 1983년 3월 6일에 제4판이 출판되기 이전에 용경이 사망하자 그의 제자 장진림張振林과 마국권馬國權이 그의 책을 모방하고 보충하여 출판하였다.

위의 각 판본에서 언급한 문자의 숫자를 표를 이용하여 알기 쉽게 표시하면 아래와 같다.

	第一版(1925)	第二版(1939)	第三版(1959)	第四版(1985)
正文	1382	1804	1894	2420
附錄	924	1165	1199	1351 (610+741)
'正文'증가수		422	90	26

통계에 의하면, 1000개의 한자를 인식하고 있는 사람은 중국 현대 문서의 약 92%는 습독할 수 있고, 2000자는 약 98% 이상, 3000자는 약 99% 이상을 읽을 수 있다 하였다.

중국 역사상 현재까지 출현한 한자의 수는 약 8만 여 자 가량 되는 것으로 보고 있다.(6만 여 자라는 주장도 있다.) 이중 대다수는 이체자이거나 혹은 한정적으로 사용하는 자들이다. 동한 허신의 ≪설문해자≫는 최초의 중국문자 자전이다. ≪설문해자≫는 현재 중국의 문자를 공식적으로 기록한 최초의 문서이다. 이 자전은 모두 9353자를 수록하고 있다. 이후 남조南朝 시기의 고야왕顧野王 ≪옥편玉篇≫은 16917字를 수록하고, ≪옥편≫의 수정본인 ≪대광익회옥편大廣益會玉篇≫이 22726자를 수록하고 있다. 송대宋代에 관방에서 편찬한 ≪유편類篇≫은 모두 31319를 수록하고 있고, 송 나라에서 편찬한 ≪집운集韻≫은 모두 53525자를 수록하고 있다. 청淸 나라의 ≪강희자전康熙字典≫은 47035자를 수록하고, 현대의 일본 ≪대한화자전大漢和字典≫은 48902자, 현대 대만의 ≪중문대자전中文大字典≫은 모두 49905자를 수록하고 있다. 20세기 이후 출판한 현대 자전 중 ≪중화자해中華字海≫가 모두 85000자를 수록하고 있고, 중국 ≪한어대자전漢語大字典≫(1989년 출판)이 54678자, 일본 ≪대한화사전大漢和辭典≫(2003年)이 약 50000여 자, 대만의 ≪이체자자전異體字字典≫(2004年)이 106230여 자, 한국의 ≪한한대사전漢韓大辭典≫(2008年)이 53667자를 수록하고 있다.

Ⅱ. 한자의 과거: 고문자

(1) 숫자

숫자數字는 개수를 기억하기 위하여 해당하는 숫자를 어떤 물체에 새기거나 혹은 새끼줄을 꼬아서 표시하는 것에서 유래되었다.

‘一’에서 ‘四’까지의 숫자는 각각 물체의 개수로 표시하였으나, ‘五’에서 ‘十’까지는 만약에 필획으로 해당 숫자를 표시하다면 개수가 너무 많기 때문에, ‘五’자와 같이 가로와 세로획을 교차하는 숫자의 중앙을 표시하거나 혹은 음성이 비슷한 다른 자를 차용하여 썼다.

문명이 발전한 후, 가로 획으로 ‘一’, ‘二’, ‘三’ 표시로 문자를 기록하면 쉽게 혼용되거나 위조를 할 수 있기 때문에 ‘壹(한 일, yī)’·‘貳(두 이, èr)’·‘參(석 삼, sān)’·‘肆(방자할 사, sì)’·‘伍(대오 오, wǔ)’·‘陸(뭍 륙, liù)’·‘柒(漆, 일곱 칠, qī)’·‘捌(깨뜨릴 팔, bā)’·‘玖(옥돌 구, jiǔ)’·‘拾(주울 습, shí)’의 한자를 빌려 썼다.

이 중 ‘一-壹’·‘三-參’·‘四-肆’·‘六-陸’·‘七-柒’·‘八-捌’·‘九-玖’와 ‘十-拾’은 가차(假借)의 관계이며, ‘二-貳’와 ‘五-伍’는 전주轉注 관계이다.

갑골문과 금문에서는 수사數詞로 쓰인다.

“余一人亡(無)囚(禍).”(≪合集≫41027) 나는 재난을 당하지 않을까요?

“易(賜)女(汝)鬯一卣.”≪大盂鼎≫ 너에게 울창주 한 통을 하사한다.

“才(在)三月.”(≪合集≫37494) 삼월에

“隹(唯)三年五月.”≪頌鼎≫ 왕 삼년 오월에

“王令周公子明保尹三事四方.”≪令方彝≫

왕은 주나라 공자 명보明保에게 조정의 관원과 사방四方을 다스리도록 하였다.

“尞(燎)于東, 五犬五羊.”(≪合集≫14316)

동방에서 다섯 마리의 개와 다섯 마리의 양을 희생물로 사용하여 요제를 지낼까요?

"㞢(侑)于父丁犬百羊百."(≪合集≫32698)

부정에게 백마리의 개와 백마리의 양을 희생물로 사용하여 유제를 지낼까요?

"今㫗(春)王収(共)人五千正(征)土方."(≪合集≫6409)

이번 봄에 왕은 5천 명의 군사를 징집하여 토방土方을 정벌할까요?

"孚(俘)人萬三千八十一人."≪盂鼎≫ 만 3천 81명을 포로로 잡았다.

"貝廿朋."≪效尊≫ 20 묶음의 화패.

"隻(獲)麋八十八兕一豕三十㞢(有)二."(≪合集≫10350)

고라니 88마리, 돼지 코뿔소 한 마리, 돼지 32마리를 잡았다.

① 일반숫자

【一(한 일, yī) 壹(한 일, yī)】

[說文] : "一(一), 惟初太始, 道立於一, 造分天地, 化成萬物. 弌(弌), 古文一."

一. 처음 태초가 시작했을 때 도는 하나(일)에서 세워졌고 천지가 분리되어 만물이 되었다. '一'자의 고문은 '弌'로 쓴다.

[說文] : '壹(壹), "壹, 專壹也. 从壺, 吉聲."

壹. 오로지 하나. 의미부 '壺'와 소리부 '吉'로 이루어진 형성자이다.

一						
	商 甲骨文	西周 大盂鼎	西周 散氏盤	戰國 郭店楚簡	秦 雲夢睡虎地秦簡	西漢 馬王堆帛書

	漢 敦煌漢簡	西漢 乙瑛碑	東晉 十七帖(上野本)	唐 孫過庭 書譜	唐 懷素 自序帖	唐 歐陽詢 九成宮醴泉銘

위의 자형 중 '弌'자는 ≪설문해자≫의 고문과 같은 형태로 '一'은 너무 간단하기 때문에 '弋'이나 혹은 '戈'를 추가하여 쓴 형태이다. 진대秦代에는 '壹'·'壹'≪雲夢睡虎地秦簡≫등으로 쓴다. '壹(壹)'자는 전국戰國 시대 상앙량商鞅量 진秦나라 금문은 '壹'로 쓴다. 원래는 뚜껑이 꽉 닫혀 있어 공기가 새어나가지 않은 형상이다. 가운데 '吉'은

소리부이다. '오로지 하나'라는 뜻은 후에 의미가 확대된 것이다.

"灋(法)度量，則不壹，歉疑者，皆明壹之."(≪商鞅量≫)

도량을 법화 시켜, 이른바 통일되지 않아 의심나는 부분을 모두 명확하게 통일하여 하나로 하였다.

[일부一部] [일반一般] [일반一半] [일정一定] [건곤일척乾坤一擲][27] [남가일몽南柯一夢] [군계일학群鷄一鶴] [천재일우千載一遇]

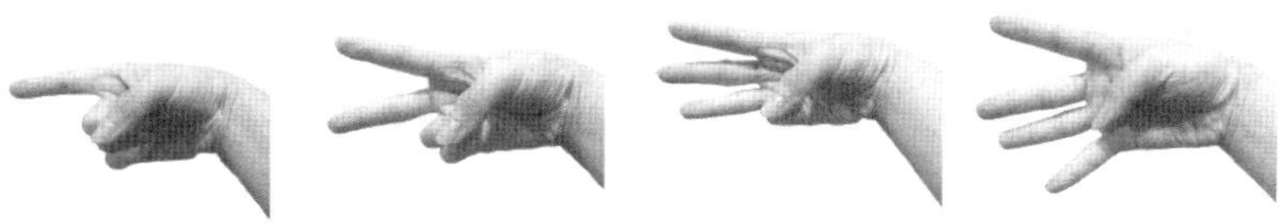

손가락의 숫자 표시

【二(두 이 èr) 貳(두 이, èr)】

[說文]: "二(二), 地之數也. 从偶一, 弌(弌), 古文."

二, 음(땅)의 숫자이다. 두 개의 '一'이 합쳐져 이루어진 자이다. 고문은 '弌'로 쓴다.

[說文]: "貳(貳), 副·益也. 从貝, 弍聲. 弍, 古文二."

貳. 다음에 해당되는 위치이고, 거듭 증가하다. 의미부 '貝'와 소리부 '弍'로 이루어진 형성자이다. 고문은 '弍'로 쓴다.

二	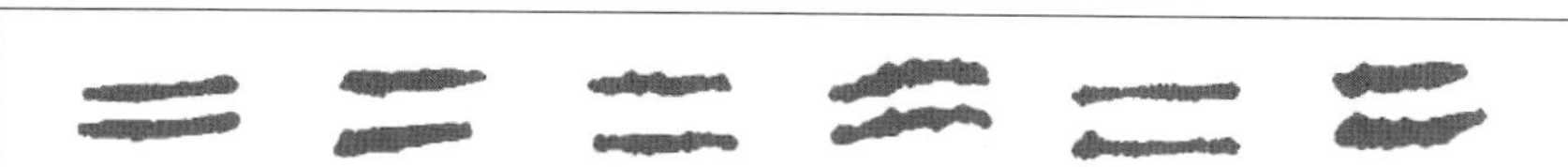					
	商 甲骨文	西周 大盂鼎	西周 散氏盤	戰國 包山楚簡	西漢 群臣上醻刻石	西漢 馬王堆帛書
	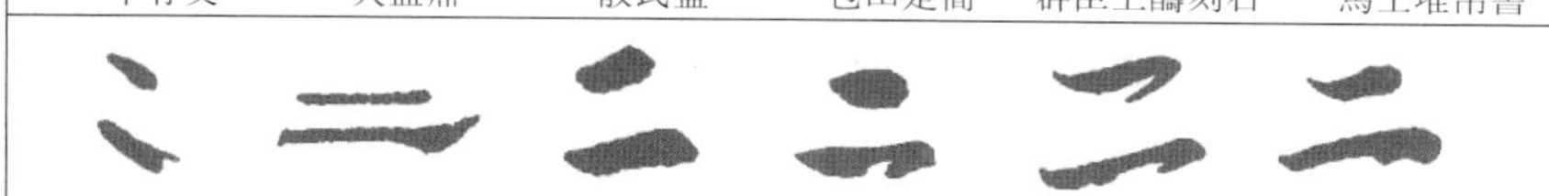					
	西漢 銀雀山竹簡	東漢 禮器碑	東晉王羲之 十七帖(上野本)	隋智永 眞草千字文	東晉王羲之 喪亂帖	隋智永 眞草千字文

27) 하늘이냐 땅이냐를 한 번 던져서 결정決定한다. 운명運命과 흥망興亡을 걸고 단판으로 승부勝負나 성패를 겨루다. 또는 오직 이 한번에 흥망성쇠興亡盛衰가 걸려 있다.

전국戰國시기의 금문은 ‘’≪𢿿𡲀君扁壺≫로 쓰기도 하고, 전국초죽서戰國楚竹書 중 ≪郭店楚簡≫은 ‘’·‘’로 쓴다.

‘貳’자는 ‘貣’자에 ‘二’자를 추가한 자이다. ‘(貳)’자를 금문은 ‘’≪琱生簋≫·‘’ ≪中山王壺≫로 쓴다.

“公宕其参, 女(汝)則宕其貳.”(≪琱生簋≫)
공은 삼을 차지하고 당신은 이를 차지하도록 한다.

[이중과세二重課稅] [이율배반二律背反] [일석一石二鳥][28] [이성지합二姓之合][29]

【三(석 삼, sān) 參(간여할 참, cān,cēn,shēn)】

[說文]: “三, 天地人之道也. 从三數. , 古文三从弋.”

三. 천지인의 도. 세 개의 숫자로 이루어진 자이다. ‘三’자의 고문은 자부 ‘弋’을 써서 ‘弎’로 쓴다.

[說文]: “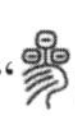(參). 商星也. 从晶, 㐱聲. 參, (曑)或省.”

參. ‘商星(心宿三星)’의 별자리이다. 의미부 ‘晶’과 소리부 ‘㐱’으로 이루어진 형성자이다. ‘參’자를 혹은 생략하여 ‘曑’으로 쓰기도 한다.

三	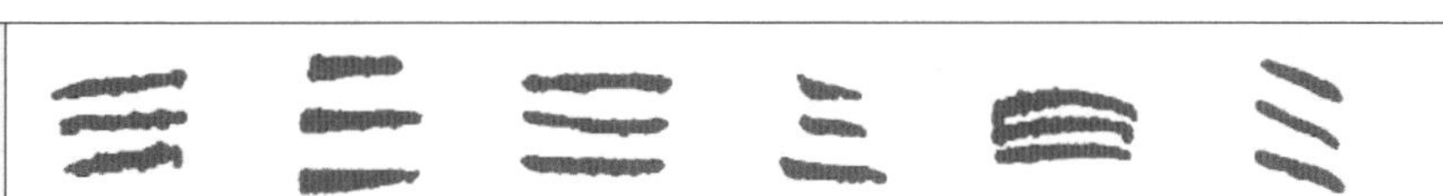					
	商 甲骨文	西周 大盂鼎	西周 散氏盤	春秋 侯馬盟書	戰國 包山楚簡	秦 雲夢睡虎地秦簡

	西漢 馬王堆帛書	東漢 曹全碑	東晉王羲之 十七帖(上野本)	唐孫過庭 書譜	東晉王羲之 集字聖教序	唐歐陽詢 九成宮醴泉銘

초죽서 중에는 ‘三’자는 ‘’(≪上博楚簡·孔子詩論≫)으로 쓰기도 한다.

‘(參)’자를 금문은 ‘’(≪曶鼎≫)·‘’(≪梁上官鼎≫)으로 쓴다. 고문은 원래 삼

28) ‘일거양득一擧兩得’. ‘일전쌍조一箭雙鵰’.
29) 성이 다른 남자男子와 여자女子가 혼인婚姻을 하다.

성(三星, 오리온·전갈·독수리자리)이 머리 위에서 빛을 발하는 형상이다.

[삼복三伏] [조삼모사朝三暮四] [삼고초려三顧草廬][30] [군자삼락君子三樂][31] [장삼이사張三李四]

【四(넉 사, sì) 肆(방자할 사, sì)】

[說文] : "(四), 陰數也. 象四分之形. (兕), 古文四. 亖, 籀文四."

四. 음을 나타내는 숫자이다. 네 개로 나누는 형상이다. '四'자의 고문은 '兕'로 쓴다. 주문은 '亖'로 쓴다.

[說文] : "(肆), 㣇, 極陳也. 从長, 隶聲. (镾), 或从髟."

肆. 극에 달하다. 의미부 '長'과 소리부 '隶'로 이루어진 형성자이다. 혹은 자부 '髟'를 사용하여 '镾'로 쓰기도 한다."

四						
	商 甲骨文	西周 大盂鼎	西周 散氏盤	戰國 中山王方壺	戰國 郭店楚簡	秦 睡虎地秦簡

	西漢 馬王堆帛書	東漢 史晨後碑	吳 皇象 急就章	東晉王羲之 淳化閣帖	東晉王羲之 集字聖教序	唐歐陽詢 九成宮醴泉銘

''의 형태를 참고하여 이 문자의 초기 형태를 '숨을 쉬다'는 '呬'로 보고 있으나, 사실상 ''자는 가운데 두 획을 변화를 주기 위하여 세로 획 형태로 쓴 것이다. 금문은 '四'자를 ''·''·''·'' 등으로 쓰기도 하는데, 모두 ''의 변형이다. 전국 초죽서는 ''로 쓰기도 한다.

'四'자의 가차자로 '(肆)'자를 쓴다.

30) '군신수어君臣水魚'. '수어지교水魚之交'. '수어지친水魚之親'. '어수지친魚水之親'. '유어유수猶魚有水'. '초려삼고草廬三顧'.

31) 군자君子의 세 가지 즐거움. 부모父母가 다 살아 계시고 형제兄弟가 무고無故한 것, 하늘과 사람에게 부끄러워할 것이 없는 것, 천하天下의 영재를 모아 가르치는 것. ≪孟子·盡心上≫: "君子有三樂, 而王天下不與存焉. 父母俱存, 兄弟無故, 一樂也. 仰不愧于天, 俯不怍于人, 二樂也. 得天下英才而教育之, 三樂也."

"王易(賜)無曩馬亖(四)匹." ≪無曩簋≫

왕은 무기에게 말 네 필을 하사하였다.

[사촌四寸] [사덕四德] [사서四書] [조삼모사朝三暮四] [장삼이사張三李四] [문방사우文房四友]

【五(다섯 오, wŭ)】

[說文] : "(五), 五行也. 从二. 陰陽在天地間交午也. (乄), 古文五省."

五. 수水, 화火, 목木, 금金, 토土 다섯 가지 물질이다. 천지를 표시하는 '二' 사이에 음양이 상호 교차하는 형상이다. 五자를 생략하여 '乄'로 쓰기도 한다.

[說文] : "(伍), 相參伍也. 从人, 从五."

伍. 삼삼오오 사람이 서로 섞여 있는 형상이다. '人'과 '五'로 이루어진 회의자이다.

五						
	商 甲骨文	西周 曶鼎	西周 史頌簋	春秋 侯馬盟書	戰國 包山楚簡	秦 睡虎地秦簡

	西漢 馬王堆帛書	東漢 禮器碑	西晉 索靖 出師頌	東晉王羲之 淳化閣帖	東晉王羲之 集字聖敎序	唐歐陽詢 九成宮醴泉銘

갑골문에서 '五'자를 '亖'나 '乂'로 쓴다. 다섯 개로 쓰거나 물건이 서로 교차하는 모습이다.

[오장육부五臟六腑][32] [오리무중五里霧中] [삼삼오오三三五五] [오십보백보五十步百步] [삼강오륜三綱五倫][33]

---

32) 오장, 다섯 가지 내장內臟: 간장肝臟, 폐장肺臟, 심장心臟, 비장脾臟, 신장腎臟. 육부: 담膽、위胃、대장大腸、소장小腸、삼초三焦、방광膀胱의 여섯 가지 뱃속의 기관.

33) 유교儒敎 도덕道德의 바탕이 되는 강령綱領과 인륜人倫. 군위신강君爲臣綱, 부위부강夫爲婦綱, 부위자강父爲子綱. 군신유의君臣有義, 부자유친父子有親, 부부유별夫婦有別, 장유유서長幼有序, 붕우유신朋友有信.

【六(여섯 륙, liù,lù) 陸(뭍 륙, lù,liù)】

[說文] : "(六), ≪易≫之數, 陰變於六, 正於八. 从入, 从八."

六. ≪주역≫의 숫자이다. '六'은 음의 변수이고, '八'은 음의 정수이다. '入'과 '八'로 이루어진 자이다.

[說文] : "(陸), 高平地. 从𨸏, 从坴, 坴亦聲. (𨻶), 籒文陸."

陸. 높고 평평한 땅이다. '𨸏'와 '坴'으로 이루어진 자이며, '坴'은 또한 소리부이기도 한다. 주문籒文은 '𨻶'으로 쓴다.

六						
	商 甲骨文	西周 曶鼎	西周 㝬鐘	春秋 金文	戰國 包山楚簡	西漢 銀雀山竹簡
	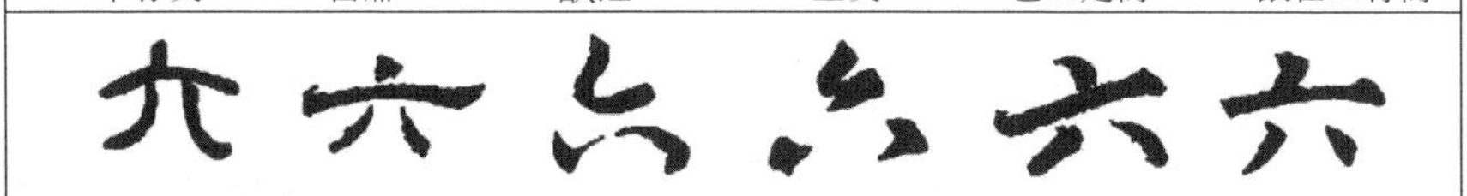					
	秦 睡虎地秦簡	東漢 乙英碑	吳 皇象 急就章	東晉王羲之 集字聖教序	唐 陸柬之 文賦	唐歐陽詢 九成宮醴泉銘

금문은 '陸'자를 ''·''으로 쓴다. ''자는 집의 형상으로 '廬(오두막집 려 lú)'의 초기 형태라고 설명하기도 한다.

[육하원칙六何原則] [삼십육계三十六計]

【七(일곱 칠, qī) 柒(일곱 칠, qī) 漆(옻 칠, qī)】

[說文] : "(七), 陽之正也. 从一, 微陰从中衺出也."

七. 양의 정수正數. '一'과 미세한 음기가 가운데를 뚫고 나오는 모양이다.

[說文] : "(漆), 水. 出右扶風杜陵岐山, 東入渭. 一曰入洛, 从水, 桼聲."

柒(漆, 옻 칠, qī)'. 하천의 이름. 우측 부풍扶風 두릉杜陵 기산岐山에서 흘러 동쪽 위수渭水로 흘러들어가는 강 이름. 혹은 낙수洛水로 흘러 들어간다고 하기도 한다. 의미부'水'와 소리부'桼'로 이루어진 형성자이다.

七						
	商 甲骨文	西周 曶鼎	戰國 信陽楚簡	戰國 包山楚簡	秦 睡虎地秦簡	西漢 馬王堆帛書

	東漢 袁安碑	東漢 史晨前碑	吳 皇象 急就章	東晉王羲之 十七帖(三井本)	東晉王羲之 興福寺斷碑	隋 蘇孝慈墓誌

혹은 ‘七’자를 원래 ‘단절하다’는 ‘切’의 형상이라 설명하기도 한다. ≪설문해자≫는 ‘(切)’자에 대하여 “‘切’은 ‘자르다’의 의미이다. 의미부 ‘刀’와 소리부 ‘七’로 이루어진 형성자이다.”34)라 하였다. 고문자 중에서 ‘七’자는 가로획이 길고 세로획이 짧으며, ‘十’자는 세로획이 길고 가로획이 짧은 것으로 구별할 수 있다. 금문의 ‘十’자는 가로획을 점으로 표시하기도 한다.

‘(桼(옻 칠, qī,qiē)’자에 대해서는 “수액樹液이다. 옻칠할 수 있는 물질이다. 수액이 나무에서 떨어지는 모습을 형상화한 상형자이다.”35)라 하였다. ‘漆’자의 초기 형태는 원래 ‘桼’과 같으나 후에 ‘水’자를 추가하여 ‘漆’로 쓰게 되었다.

[칠순七旬] [칠전팔기七顚八起] [칠종팔금七縱八擒]

【八(여덟 팔, bā,bá)】

[說文] : “)((八), 別也. 象分別相背之形.”

八. 나누다. 나누어져 서로 등을 지고 있는 형상이다.

八	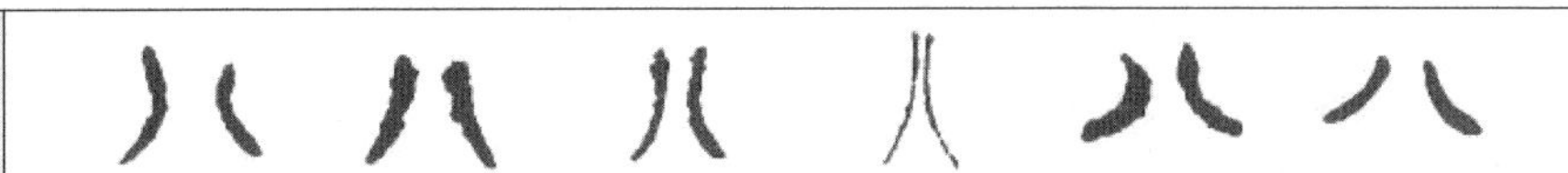					
	商 甲骨文	西周 令方彝	西周 金文	春秋 金文	戰國 包山楚簡	秦 睡虎地秦簡

34) “切, 刌也. 从刀, 七聲.”
35) “木汁, 可以髹物. 象形, 桼如水滴而下.”

西漢 馬王堆帛書	東漢 禮器碑	吳 皇象 急就章	西晉索靖 月儀帖	唐褚遂良 哀冊	隋智永 眞草千字文

고문자 '八'은 '分'자의 초문이다. '分'자는 '刀'와 '八'로 이루어진 자이다. '八'은 또한 소리부이기도 하다. '分'자를 갑골문은 ' '으로 쓰고 금문은 ' '으로 쓴다. 칼로 물건을 둘로 나누는 모양이다.

'捌(, 깨뜨릴 팔, bā)'자는 '八'자 대신 쓰기도 하지만 ≪설문해자≫에 보이지 않는다. '捌'자는 혹은 '朳(고무래 팔, bā)'자로 쓰기도 한다. '朳'은 농기구 '고루래'이다. '捌'은 동사로 '깨드리다'·'쳐부수다'의 뜻이다.

[십중팔구十中八九] [사통팔달四通八達]

【九(아홉 구, jiǔ) 玖(옥돌 구, jiǔ)】

[說文] : " (九), 陽之變也. 象其屈曲究盡之形."

九, 양의 변수이다. 굴곡이 심한 형상이다.

[說文] : " (玖), 石之次玉黑色者. 从玉, 久聲."

玖. 검은 색의 옥 돌. 의미부 '玉'과 소리부 '久'로 이루어진 형성자이다.

九

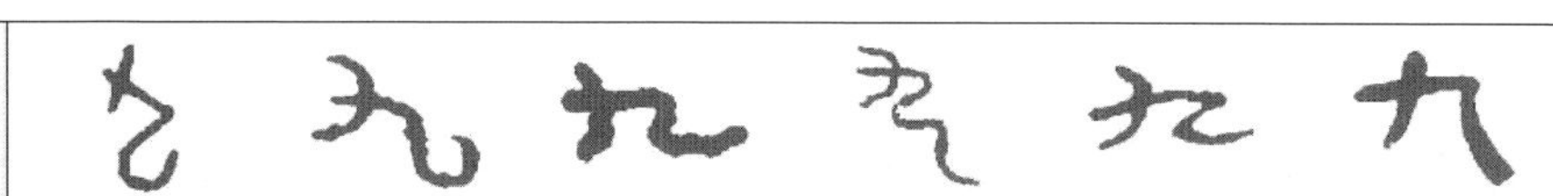

商 甲骨文	商 戍嗣子鼎	西周 散氏盤	春秋 金文	戰國 包山楚簡	秦 睡虎地秦簡

西漢 馬王堆帛書	東漢 史晨前碑	東晉王羲之 澄淸堂帖	隋智永 眞草千字文	東晉王羲之 蘭亭敍	唐 歐陽詢 九成宮醴泉銘

고문자 '九'는 '肘(팔꿈치 주 zhǒu)'의 초문이라고도 한다. '肘'자에 대하여 ≪설문해자≫는 "팔꿈치의 마디. '肉'과 '寸'으로 이루어진 자이다. '寸'은 팔목의 맥 집는 곳을

가리킨다."36)라 하였다. '肘'자를 갑골문은 ''으로 쓰고, 초죽서는 ''으로 쓴다. '九'자 대신 '玖'자를 쓰기도 한다.

[구중궁궐九重宮闕] [구우일모九牛一毛][37] [구곡간장九曲肝腸] [구절양장九折羊腸][38]

【十(열 십, shí) 拾(주울 습, shí,shě,shè) 什(열 사람 십, shí,shén)】

[說文] : "(十), 數之具也. 一為東西, 丨為南北, 則四方中央備矣."

十. 모두 갖추어진 숫자이다. '一'은 동서 방향을 가리키고, '丨'은 남북 방향을 가리키는 것으로 사방의 모든 것이 중앙에 모이는 형상이다.

[說文] : "(拾), 掇也. 从手, 合聲."

拾. 줍다. 의미부 '手'와 소리부 '合'으로 이루어진 형성자이다.

[說文] : "(什), 相什保也. 从人, 十."

什. 열 가구 혹은 열 사람의 단위. '人'과 '十'으로 이루어진 회의자이다.

十						
	商 甲骨文	西周 大盂鼎	西周 虢季子白盤	戰國 中山王鼎	戰國 郭店楚簡	秦 睡虎地秦簡
	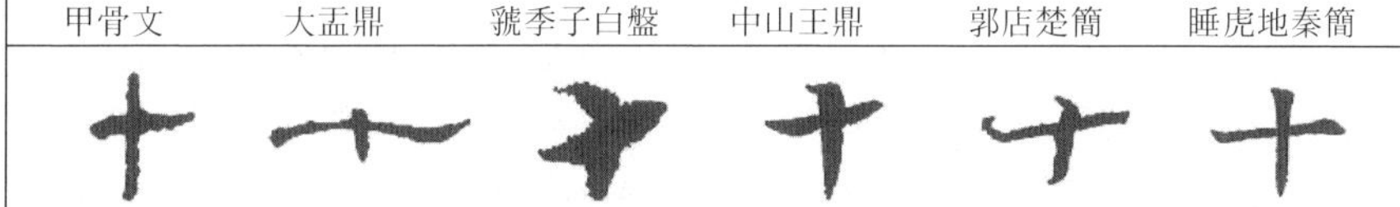					
	西漢 馬王堆帛書	東漢 曹全碑	西晉索靖 月儀帖	東晉王羲之 十七帖	東晉王羲之 興福寺斷碑	隋 美人董氏墓誌

'十'자를 '什'이나 '拾'으로 쓴다.

[십벌지목十伐之木][39] [십시일반十匙一飯][40] [권불십년權不十年][41]

36) ≪說文解字≫: "肘. 臂節也. 从肉, 从寸. 寸, 手寸口也."
37) '대해일속大海一粟'. '대해일적大海一滴'. '조족지혈鳥足之血'. '창해일속滄海一粟'. '창해일적滄海一滴'.
38) 아홉 번 꺾어진 양의 창자. 꼬불꼬불한 험한 길. 세상世上이 복잡複雜하여 살아가기 어렵다.
39) 열 번 찍어 아니 넘어가는 나무가 없다. '積塵成山'.
40) 열 사람이 한 술씩 보태면 한 사람 먹을 분량分量이 된다.
41) 권세權勢는 10년을 넘지 못한다.

【百(일백 백, bǎi,bó)】

[說文] : "(百), 十十也. 从一, 白. 數, 十百為一貫, 相章也. (百), 古文百从自."

百. 십의 열 배이다. '一'과 '白'으로 이루어진 자이다. 개수 중 열 개의 백, 즉 천을 한 관貫이라 한다. 이렇게 숫자로 표시하여 서로 명확히 구별하였다. 고문은 자부 '自'를 써서 '百'으로 쓴다.

[說文] : "(白), 西方色也. 陰用事, 物色白. 从入合二. 二, 陰數. (皁), 古文白."

白. 서쪽의 색깔. 음습한 곳에 들어가는 물체는 색깔이 쉽게 퇴색하여 하얀색으로 변색한다. '入'자에 '二'가 포함되어 있는 형태이다. '二'는 음수이다. 고문은 '皁'로 쓴다.

百						
	甲 甲骨文	西周 令方彝	西周 令簋	戰國 中山王鼎	戰國 包山楚簡	秦 睡虎地秦簡
	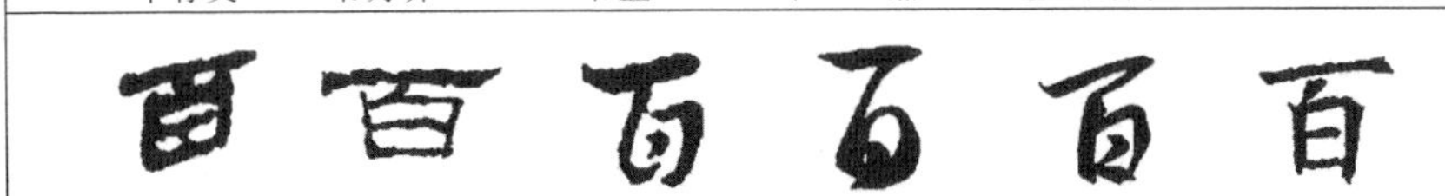					
	西漢 馬王堆帛書	東漢 史晨前碑	吳 皇象 急就章	隋 智永 眞草千字文	東晉王羲之 孔侍中帖	隋 蘇孝慈墓誌

'百'자는 '一'과 '白'으로 이루어진 자이다. '白'는 소리부이기도 하다. ≪설문해자≫는 '白'자를 회의자로 보고 있으나, '白'자는 사람 손의 拇指(엄지손가락) 모양을 본떠 만든 자가 아닌가 한다. '엄지손가락'은 손가락 중 첫 번째이기 때문에 후에 '伯仲'이나 '王伯'의 '伯'이라는 의미로 쓰이기도 한다. 그래서 '百'자는 '一'과 엄지모양의 '白'을 합친 자이다.

'百'자의 구성 요소 '白'은 의미를 나타내기도 하지만 '백'이라는 소리를 나타내기도 한다. 문자의 구성 요소(字部, 字符)가 소리와 의미를 동시에 나타내는 것은 문자학에서 '역성亦聲'이라 하고, 이러한 문자를 '회의겸형성자會意兼形聲'字라 한다.

[백성百姓] [백화점百貨店] [백제百濟] [백년하청百年河淸][42] [백척간두百尺竿頭] [백년가약百年佳約] [백년대계百年大計] [백척간두진일보百尺竿頭進一步][43]

42) 백 년을 기다린다 해도 황하黃河의 흐린 물은 맑아지지 않는다. '부지하세월不知何歲月'. '천년일청千年一淸'. '하청난사河淸難俟'. '황하천년일청黃河千年一淸'.

43) 백 자나 되는 높은 장대 위에 다달아 또 한걸음 더 나아간다는 뜻이다. 이미 할 수 있는 일을 다했지만 또 한 걸음 더 노력하여 위로 향하다.

【千(일천 천, qiān)】

[說文] : "𠦃(千), 十百也. 从十, 从人."

千. 십의 백배이다. '十'과 '人'으로 이루어진 회의자이다.

千

商	西周	西周	古璽	戰國	秦
大盂鼎	散氏盤			長沙子彈庫楚帛書	睡虎地秦簡

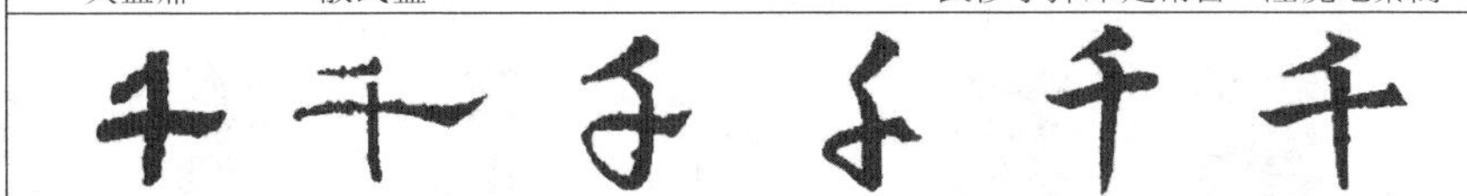

西漢	東漢	吳皇象	隋 智永	唐 歐陽詢	隋
馬王堆帛書	禮器碑側	急就章	眞草千字文	行書千字文	太僕卿元公墓誌

혹은 '千'자의 고문자를 '人'과 '一'로 이루어진 자이며, '人'은 또한 음성을 표시하는 '역성亦聲'으로 보기도 한다. '仟'으로 쓰기도 한다.

[천재일우千載一遇][44] [일확천금一攫千金] [천려일득千慮一得] [천려일실千慮一失][45]

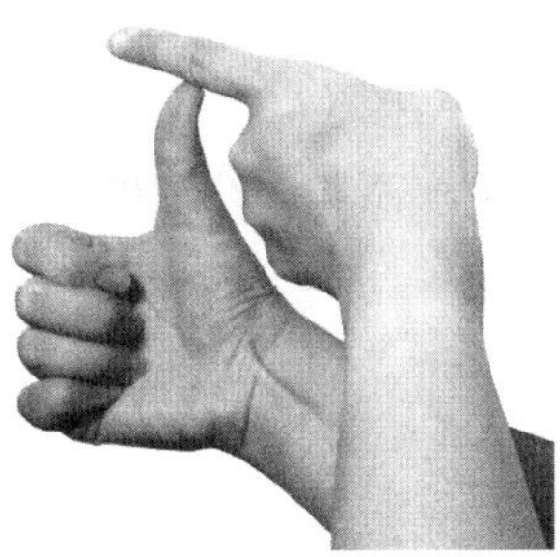

44) '천세일시千歲一時'. '천재일시千載一時'.

45) 천 가지 생각 가운데 한 가지 실책失策. 지혜智慧로운 사람이라도 많은 생각을 하다 보면 하나쯤은 실수失手가 있을 수 있다. 여러 번 생각하여 신중愼重하고 조심스럽게 한 일에도 때로는 실수失手가 있다.

【萬(일만 만, wàn)】

[說文] : “(萬), 蟲也. 从禸, 象形.”

萬. 곤충이다. ‘禸(세모창 구, róu)’는 다리를 형상이며, 상형문자이다.

萬						
	商 甲骨文	西周 大克鼎	西周 史頌簋	春秋 王孫遺者鐘	戰國 郭店楚簡	秦 睡虎地秦簡
		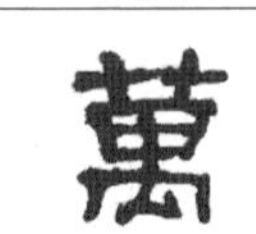	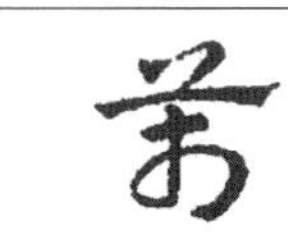	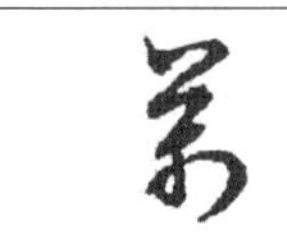		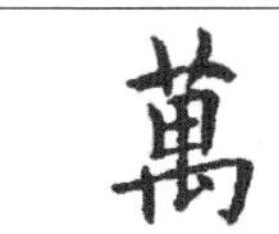
	西漢 馬王堆帛書	東漢 史晨後碑	吳皇象 急就章	東晉王羲之 淳化閣帖	東晉王羲之 蘭亭敍	唐歐陽詢 九成宮醴泉銘

‘萬’자는 고문자는 전갈의 모양을 본 떠 만든 자이다. ‘萬’이 숫자로 빌려 쓰게 되자 후에 다시 ‘虫’을 추가하여 ‘蠆(전갈 채, chài,tà)’가 만들어지게 되었다. 금문은 또한 ‘’·‘’으로 쓰기도 한다. 전국戰國 문자에서는 ‘土’를 추가하여 ‘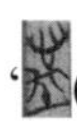(蠆)’으로 쓰기도 한다. 금문에서는 오랜 세월이나 만방萬邦이라는 의미로 쓰인다.

“萬年保我萬邦.” ≪盠方尊≫

대대손손 우리나라 만방을 보호해 주기를 기원한다.

[뇌급만방賴及萬方][46]

‘萬’은 전갈의 형상이다.

46) 만방萬方이 극極히 넓으나 어진 덕德이 고루 미치게 되다.

② 合文

두 개 혹은 두 개 이상의 자를 한 자로 표현하는 형태를 가리킨다. 숫자 이외에도 '上下'는 '二'로 쓰고 '상제上帝'는 '帝'로 쓰기도 한다. 중문重文은 한 자가 두 번 중첩되어 사용되는 현상을 가리킨다. 일반적으로 문자 아래에 부호 '='를 사용한다. 예를 들어, '孫孫'은 '孫='으로 쓴다. 아래는 숫자의 합문이다.

【卄(스물 입, niàn,rù)】

[說文] : "(廿), 二十并也. 古文省."

廿. 두 개의 十 자를 함께 쓴 형태이다. 전국戰國시기 고문에서는 이러한 생략된 형태로 쓴다.

卄					

商 甲骨文	西周 大盂鼎	西周 㝬鐘	春秋 金文	戰國 包山楚簡	秦 睡虎地秦簡
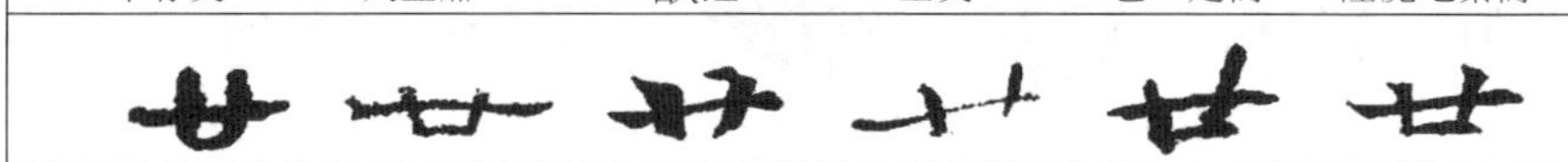					
西漢 馬王堆帛書	東漢 張景造土牛碑	東晉王羲之 十七帖	唐 懷素 自序帖	王羲之 興福寺斷碑	北魏 司馬顯姿墓誌

"貞廿牛." (≪合集≫1975)

점을 쳐 묻습니다. 20마리 소로 할까요?

"隹(唯)廿又二年四月." ≪庚嬴鼎≫

왕 22년 4월

【卅(서른 삽, sà)】

[說文] : "(卅), 三十并也. 古文省."

卅. 세 개의 十 자를 함께 쓴 형태이다. 전국시기 고문에서는 (세 개의 '十'자를 합친) 생략된 형태로 쓴다.

卅	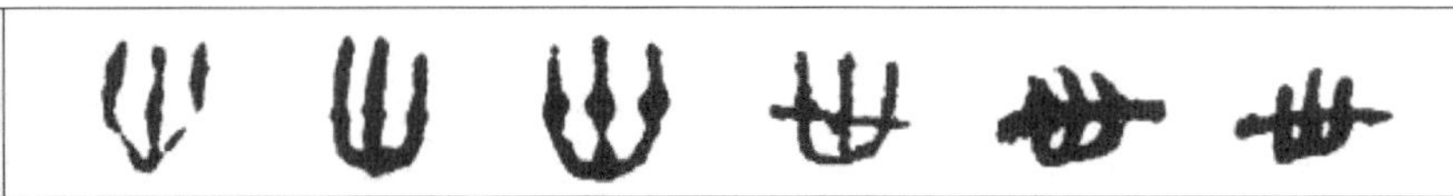					
	商 甲骨文	西周 曶鼎	西周 毛公鼎	春秋 金文	戰國 包山漢簡	秦 睡虎地秦簡

	西漢 馬王堆帛書	東漢 韓仁銘	漢 居延楚簡	吳 皇象 急就章	東晉王羲之 淳化閣帖	唐 歐陽通 泉男生墓誌

금문에서 '止'자는 ''로 쓰고, '世'자는 ''로 쓴다. '卅'자와는 아랫부분이 서로 다르다. '三十'年이 1世이다.

【卌(마흔 십, xì)】

'卌'자는 ≪설문해자≫에 보이지 않는 자이다.

卌	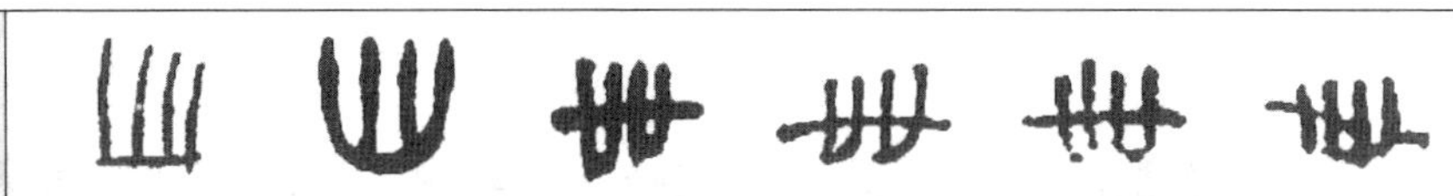					
	商 甲骨文	西周 曶鼎	秦 睡虎地秦簡	西漢 銀雀山竹簡	漢 金文	漢 居延漢簡
	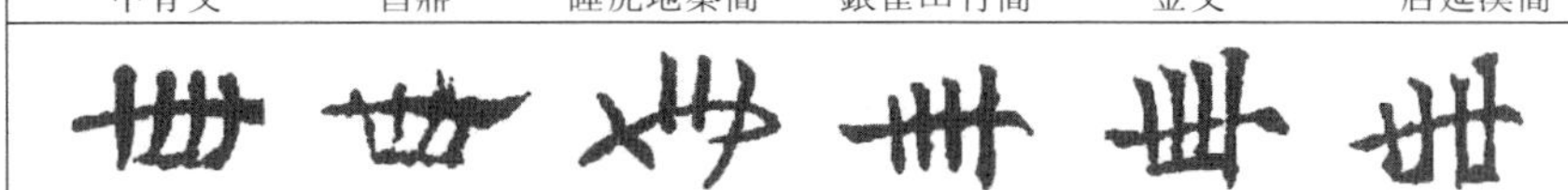					
	漢 武威漢簡	東漢 禮器碑側	東晉王羲之 澄淸堂帖	唐王知敬 李靖碑	唐歐陽通 泉男生墓誌	唐殷玄祚 契苾明碑

갑골문에서 '五十'은 '', '六十'은 '', '七十'은 '', '八十'은 '', '九十'은 ''로 쓴다.

"狐卌." (≪合集≫37450)

여우를 40마리 잡다.

"卌四年, 攻大(太)行." ≪睡虎地秦簡·編年紀≫

44년 (한韓나라) 태항을 공격하다.

(2) 간지자

아래에서는 간지자干支字 십간十干과 십이지十二支에 관한 내용을 살펴보기로 한다. 간지자의 유래는 학자마다 의견이 매우 분분하지만 모두 가차되어 쓰인다.

간지자는 갑골문이나 금문에서 대부분 날짜나 선공先公의 이름이나 조상의 시호(묘호廟號)를 가리킨다.

"乍(作)父甲尊彝." ≪乍父甲鼎≫
부갑父甲에게 제사지낼 때 사용할 존귀한 이기를 만들다.

"乙酉卜, 又(侑)歲于祖乙, 不雨." (≪屯南≫4286)
을유일에 점을 칩니다. 조을에게 유제와 세제를 지내면 비가 내리지 않을까요?

"唯王九月辰才(在)乙卯." ≪散氏盤≫
주나라 여왕厲王 구월, 시기는 을묘일에.

"才(在)且(祖)乙宗." (≪合集≫34050)
선조 을乙의 종묘에서

"乍(作)父乙尊彝." ≪乍父乙鼎≫
부을父乙에게 제사드릴 때 사용할 제기를 만들다.

【甲(첫째 천간 갑, jiǎ)】

[說文] : "(甲), 東方之孟. 陽气萌動. 从木戴孚甲之象. 一曰人頭宜為甲, 甲象人頭. , 古文甲, 始於十, 見於千, 成於木之象."

甲. 五方(동서남북과 중앙) 중 처음에 속하는 동방에 위치한다. 갑은 양기가 싹터 움직이는 봄에 해당된다. 초목 이삭이 땅에서 나올 때 씨앗 껍질이 머리 위에 놓여 있는 형상이다. 혹은 갑자는 사람 머리 두개골의 형상으로 사람의 머리를 본떠 만든 문자라 하였다. 甲자의 고문은 로 쓴다. 고문 甲자는 十에서 시작되어 중간에 千자를 쓰고 마지막 木을 쓴 형상이다.

甲	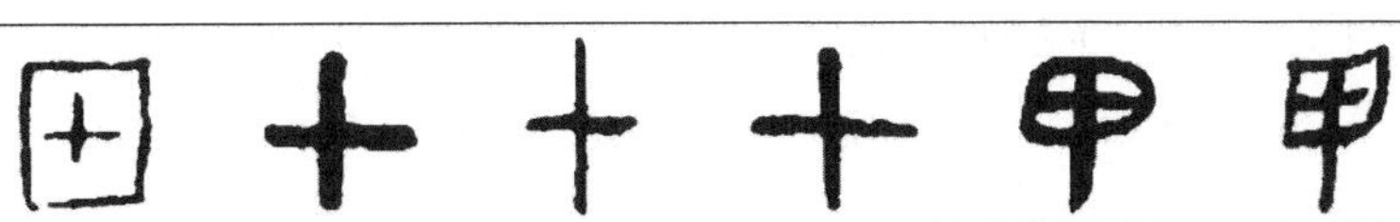					
	甲 甲骨文	西周 利簋	西周 召尊	春秋 侯馬盟書	秦 睡虎地秦簡	西漢 銀雀山竹簡

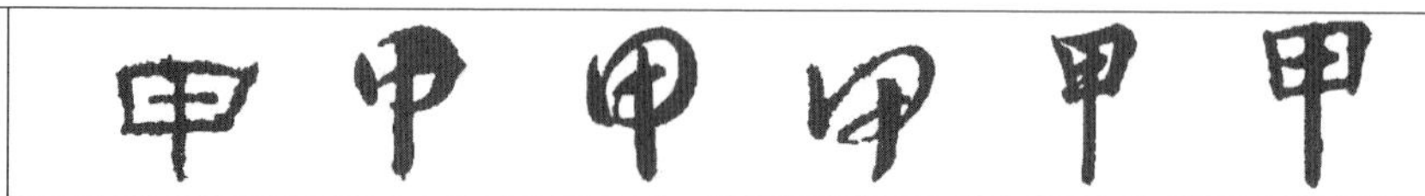

東漢 西嶽華山廟碑	隋智永 關中本千字文	隋智永 眞草千字文	唐 孫過庭 草書千字文	唐 歐陽詢 行書千字文	唐 歐陽詢 皇甫誕碑

갑골문은 '甲'자를 '⊞'이나 혹은 '十', '丨'로 쓰며, 금문은 '十'이나 '⊕'으로 쓴다. '甲'자의 유래는 껍질이 있는 새싹의 모양, 사람의 두개골 모양, 투구를 쓴 모양, 갑옷의 모양, 껍질이 벌어진 과일의 모양 등 매우 다양한 주장이 있다.

[갑골문자甲骨文字] [둔갑遁甲][47] [축회갑祝回甲] [진갑進甲][48] [갑론을박甲論乙駁] [갑남을녀甲男乙女]

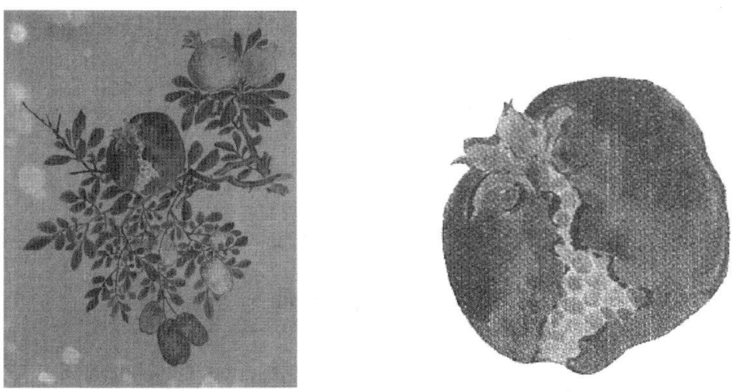

明 花果册, 棗子石榴(대추와 석류) 대만국립고궁박물관 소장

위의 그림 중 벌어진 석류와 같은 과일의 형상이 '甲'자의 근원이라고 주장하기도 한다.

【乙(두 번째 간지 을, yǐ)】

[說文] : "(乙), 象春艸木冤曲而出, 陰氣尚彊, 其出乙乙也. 與丨同意, 乙承甲, 象人頸."

乙. 봄에 초목이 땅을 비집고 나오는 형상. 새싹은 땅의 음기가 강하여 구불구불 힘겹게

47) 재주를 부려 변신變身하는 술법術法.
48) 환갑還甲보다 한 해 더 나아간 해. 62세.

나오는 모양이다. 'ㅣ'과 같이 '뚫다'의 의미이다. 乙은 머리를 나타내는 甲을 이어받은 것으로 사람의 목을 의미한다.

乙						
	商 甲骨文	西周 令方彝	西周 散氏盤	春秋 侯馬盟書	戰國 包山楚簡	秦 睡虎地秦簡

	西漢 馬王堆帛書	東漢 乙瑛碑	東漢 韓仁銘	東晉 爨寶子碑	北魏 元演墓誌	唐陸柬之 文賦

고문자 '乙'자의 근원을 새싹을 땅을 뚫고 나오는 모양 이외에도 새의 모양, 문장 부호의 형상이라고 주장하기도 한다.

[노갑을이怒甲移乙] [을야지람乙夜之覽][49]

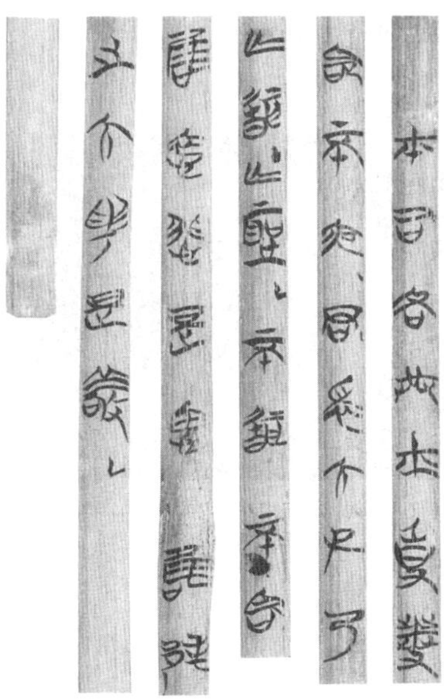

≪上海博物館藏戰國楚竹書(二)≫ 중의 ≪昔者君老≫ 제4간의 그림이다. 세 번째 줄의 '聖'자와 마지막 '敬'자 다음에 문장 부호는 '乙'의 형태와 유사하다.

물 위의 원앙

49) 천자天子의 독서讀書. 천자天子가 정무政務를 끝내고 취침하기 전 열 시경에 독서讀書를 한다.

【丙(남녘 병, bǐng)】

[說文] : "丙, 位南方, 萬物成炳然. 陰气初起, 陽气將虧, 从一入冂. 一者, 陽也. 丙承乙, 象人肩."

丙. 남방의 위치에 해당된다. 만물이 활발하게 성장하는 모양이다. 음기가 일어나고 양기가 점차 누그러지는 때이다. '一'·'入'과 '冂'로 이루어진 자이다. '一'은 양기를 나타낸다. 丙은 乙을 이어받은 것으로 사람의 어깨에 해당된다.

丙	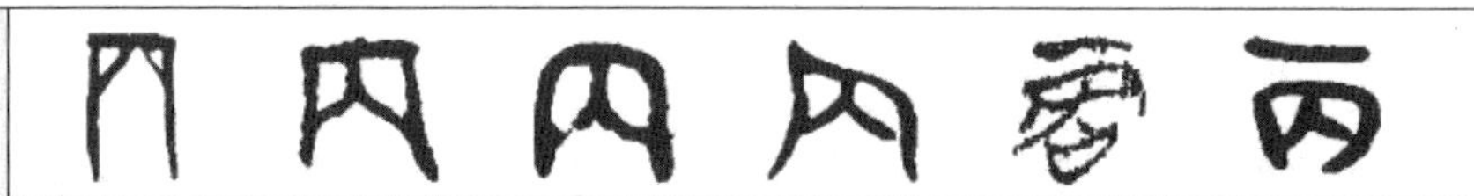					
	商 甲骨文	西周 何尊	西周 金文	春秋 侯馬盟書	戰國 包山楚簡	秦 睡虎地秦簡
	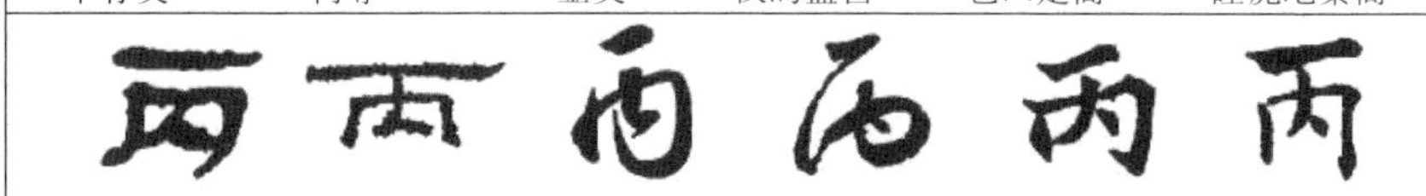					
	西漢 馬王堆帛書	東漢 張景造土牛碑	隋智永 眞草千字文	唐懷素 草書千字文	北魏 元瓢墓誌	唐褚遂良 倪寬傳贊

고문자 '丙'은 침대의 모양이나 물고기의 꼬리 형상으로 설명하기도 한다.

[병자호란丙子胡亂][50] [병인양요丙寅洋擾][51] [병사방계丙舍傍啓][52]

한대漢代 받침대가 있는 옥의 만든 필통筆筒

금붕어

50) 조선朝鮮 인조仁祖 14(1636)년 병자년丙子年에 청淸나라가 우리나라를 침노侵擄한 난리亂離.

51) 홍선興宣 대원군大院君의 천주교天主敎 탄압彈壓으로 고종高宗 3년(1866)에 프랑스 함대艦隊가 강화도江華島를 침범侵犯한 사건事件.

52) 병사丙舍 곁에 통로通路를 열어 궁전宮殿 내를 출입出入하는 사람들의 편리便利를 도모圖謀한다.

【丁(넷째 천간 정, dīng,zhēng)】

[說文] : "↑(丁), 夏時萬物皆丁實. 象形. 丁承丙, 象人心."

丁. 여름에 만물이 튼튼하고 왕성하게 자라는 모양을 나타낸다. 상형자이다. 丁은 丙을 이어받은 것으로 사람을 심장을 나타낸다.

丁						
	商 甲骨文	商 金文	西周 虢季子白盤	春秋 金文	戰國 包山楚簡	秦 睡虎地秦簡

	西漢 馬王堆帛書	漢 武威漢簡	隋智永 眞草千字文	唐孫過庭 書譜	唐 歐陽 行書千字文	北魏 張猛龍碑

고문자 '丁'자는 '못(釘)'이나 혹은 '단추'의 모양을 본떠 만든 자라고 설명하기도 한다.

[병정兵丁] [솔정率丁][53] [정녕丁寧][54] [목불식정目不識丁] [포정해우庖丁解牛] [고고영정孤苦零丁] [55]

모자의 옥이 박힌 장식물

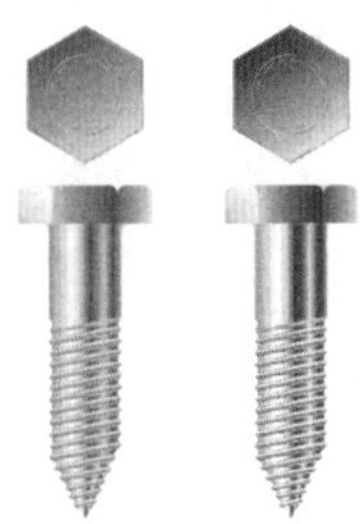

나사 못

53) 제 밑에 거느리고 부리는 사람

54) 추측推測컨대, 틀림없이.

55) 가난하게 되어 남의 도움 없이 고생하다.

【戊(다섯째 천간 무, wù)】

[說文] : "(戊), 中宮也, 象六甲五龍相拘絞也. 戊承丁, 象人脅."

戊. 한 중앙의 위치하는 자리이다. 六甲(甲子·甲戌·甲申·甲午·甲寅) 중에서 五龍(黃龍·白龍·黑龍·靑龍·赤龍)이 서로 어우러져 있는 형상. 戊는 丁을 이어받은 것으로 옆구리에 해당된다.

戊

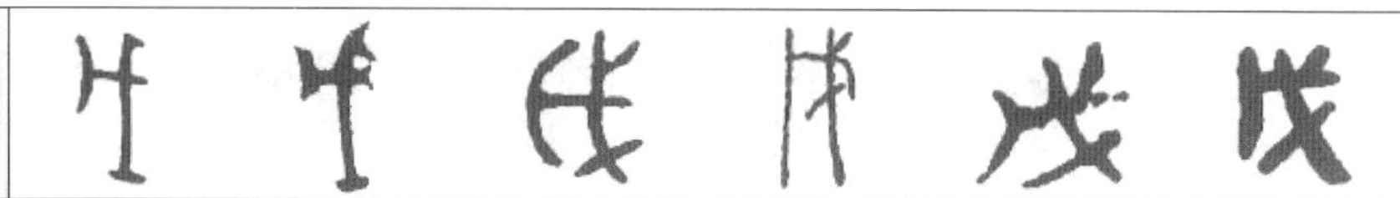

商 甲骨文	商 金文	西周 史墻盤	古璽	戰國 包山楚簡	秦 睡虎地秦簡

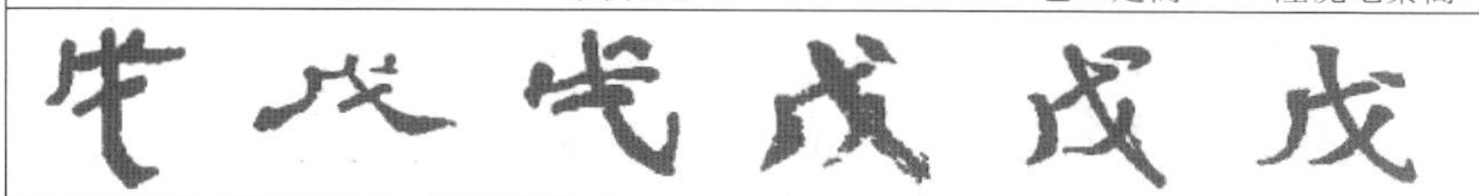

西漢 馬王堆帛書	東漢 史晨後碑	漢 居延漢簡	唐顔眞卿 祭姪文稿	唐顔眞卿 祭伯文稿	隋 美人董氏墓誌

고문자 '戊'는 '도끼(斧鉞)'나 혹은 '창극(槍戟)' 모양을 본떠 만든 자이다. '戊'자와 형태가 비슷한 자로 '戌(개 술, xū)'·'戍(지킬 수, shù)'와 '戎(병기 융, róng)' 등이 있다. 모두 병기와 관련이 있는 문자이다.

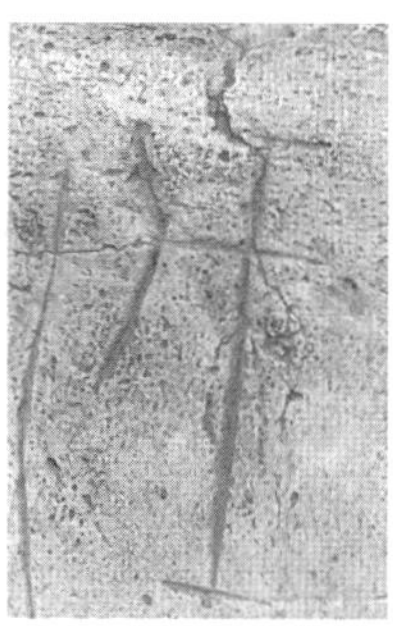

갑골문 '戊'

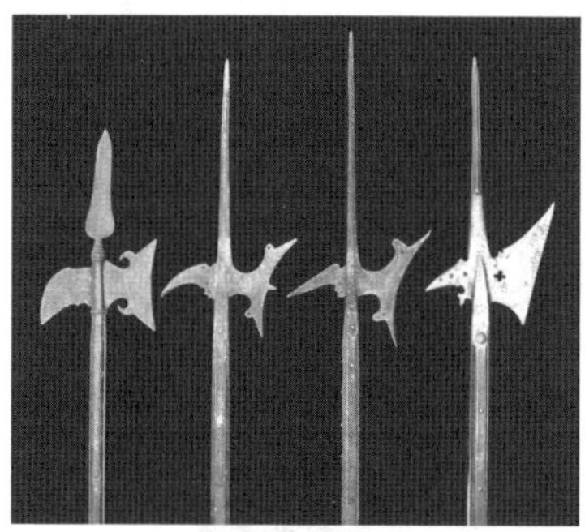

고대 창

[무오사화戊午士禍][56]

56) 조선朝鮮 연산군燕山君 4(1498)년 유자광의 무리인 훈구파가 성종실록成宗實錄에 실린 사초 조의제문으로 사림파를 모함謀陷하여 이미 죽은 김 종직의 관을 파헤쳐 그 목을 베고, 김일손 등을 죽인 당쟁.

【己(자기 기, jǐ)】

[說文] : “己(己), 中宮也. 象萬物辟藏詘形也. 己承戊, 象人腹, 𢀒, 古文己.”

己. 중앙에 위치하는 자리다. 만물이 땅 속에 묻혀 굴곡이 있는 형상이다. 己는 戊를 이어받은 것으로 사람의 배에 해당된다. '己'자의 고문은 '𢀒'으로 쓴다.

己

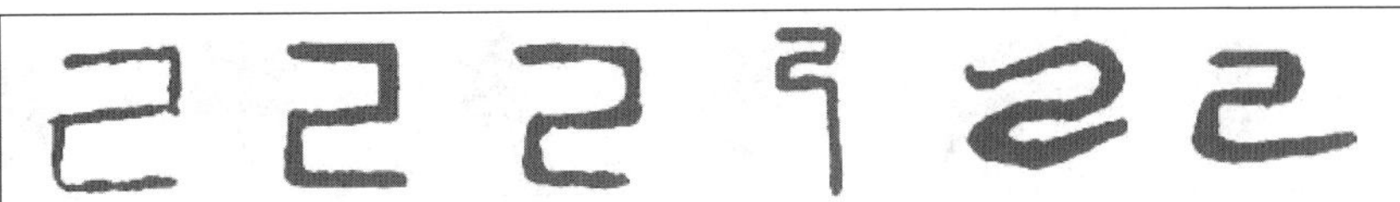

商 甲骨文	商 金文	西周 金文	古璽	戰國 包山楚簡	秦 睡虎地秦簡

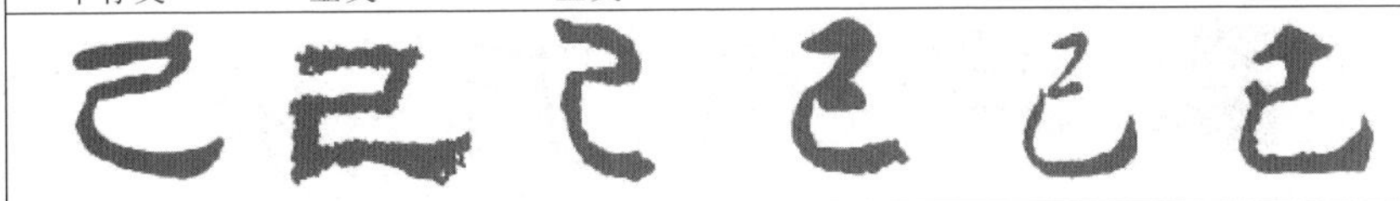

西漢 銀雀山竹簡	東漢 張遷碑	東晉王羲之 淳化閣帖	隋智永 關中本千字文	東晉王羲之 蘭亭敍	唐歐陽詢 皇甫誕碑

고문자 '己'자는 옷감 천을 짜는 기기의 형상이나 실을 감는 실타래 혹은 연 얼레의 모양을 본떠 만든 자로 설명하기도 한다.

[이기심利己心] [지기지우知己之友] [극기복례克己復禮] [지피지기知彼知己]

고대의 베틀

방패연과 얼레

【庚(일곱째 천간 경, gēng)】

[說文] : “(庚), 位西方, 象秋時萬物庚庚有實也. 庚承己, 象人臍.”

庚. 방위 서쪽을 나타낸다. 가을에 만물이 견실하게 자란 열매의 모양을 본떠 만든 자이다. 庚은 己 다음의 해당되는 자로 사람의 배꼽에 해당된다.

庚	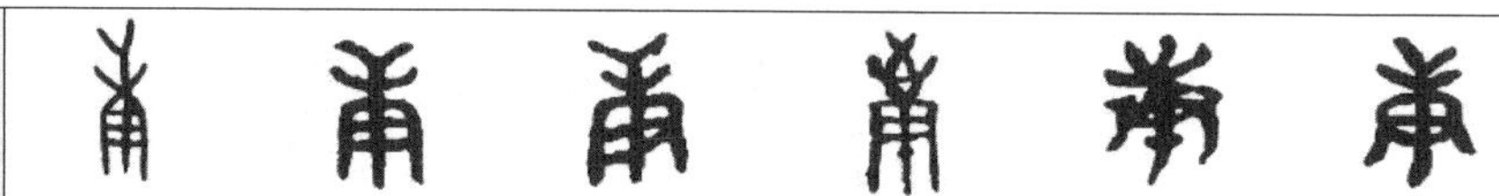					
	商 甲骨文	商 金文	西周 金文	古璽	戰國 包山楚簡	秦 睡虎地秦簡
	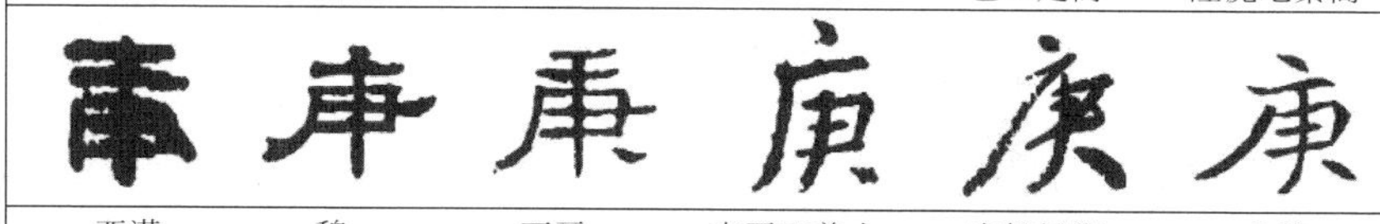					
	西漢 馬王堆帛書	魏 正始石經	西晉 荀岳墓	東晉王羲之 興福寺斷碑	唐顏眞卿 祭姪文稿	北魏 司馬昞墓誌

작은 북이나 손으로 가지고 노는 작은 북의 일종인 ‘땡땡이’의 형상이라 하거나 혹은 탈곡을 할 때 사용하는 작대기의 모양이라 설명하기도 한다.

[경술국치庚戌國恥][57]

中國 淸나라 ≪鬪彩十二子燈籠尊≫ 술병 도자기 그림 중의 일부(臺灣故宮博物館所藏)

땡땡이(拔浪鼓)

57) 국권피탈國權被奪을 경술년庚戌年) 당한 나라의 수치羞恥라는 뜻.

【辛(매울 신, xīn)】

[說文] : “辛(辛), 秋時萬物成而孰. 金剛味辛, 辛痛即泣出. 从一, 从辛. 辛, 辠也. 辛承庚, 象人股.”

‘辛’. 가을에 만물이 익는다. 또한 쇠(金)의 강함을 상징한다. 맛이 맵고 고통스러우니 눈물이 나는 것이다. ‘一’과 ‘辛’로 이루어진 자이다. ‘辛(허물 건, qiān)’은 ‘辠(죄)’의 뜻이다. ‘辛’은 ‘庚’을 이어받으며, 사람의 정강이에 해당된다.

辛	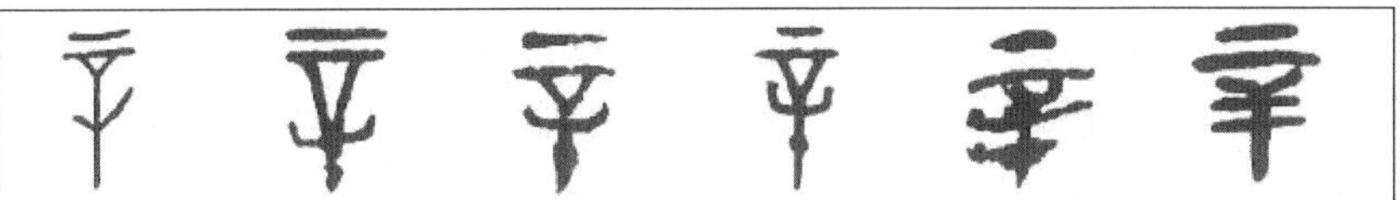					
	商 甲骨文	商 金文	西周 金文	古璽	戰國 包山楚簡	秦 睡虎地秦簡

	西漢 馬王堆帛書	東漢 乙瑛碑	漢 武威漢簡	唐玄宗 鶺鴒頌	北魏 充華嬪盧氏墓誌	唐歐陽通 道因法師碑

고문자 ‘辛’은 노예의 얼굴에 상처를 내는 형벌을 가할 때 사용하는 ‘곡도曲刀’의 형상이다. ‘辠(허물 죄, zuì)’와 ‘宰(재상 재, zǎi)’자는 모두 ‘辛’의 의미와 관련이 있다.

[간신艱辛] [신고辛苦] [신랄辛辣] [간난신고艱難辛苦] [천신만고千辛萬苦] [입립개신고粒粒皆辛苦] [산신酸辛][58)]

고대古代의 곡도曲刀

58) 맵고 시다. 삶의 괴로움을 비유.

【壬(아홉째 천간 임, rén)】

[說文] : "𡈼(壬), 位北方也. 陰極陽生, 故≪易≫曰'龍戰于野.' 戰者, 接也. 象人褢妊之形. 承亥壬以子, 生之敘也. 與巫同意. 壬承辛, 象人脛, 脛, 任體也."

壬. 북쪽에 해당된다. 이때는 음기가 극성을 이루고 양기가 생겨나기 시작한다. ≪주역≫은 '양기의 용이 음기인 들과 교접하다'라 하였다. '전戰'이란 '교접하다'는 뜻이다. '임壬'자는 사람이 임신을 한 형상이다. 아들(子)이 지지地支의 해亥와 천가天幹의 임壬을 이어받아 태어난 것이다. ('壬'자는 '工'에 임신하였음을 표시하는 '一'을 추가하여 만든 자이다.) '壬'자의 구조는 '工'에 '从'을 추가한 방식과 같다. 壬은 辛을 계승한 것으로 사람의 정강이(脛)에 해당된다. '脛'은 사람의 전체를 받쳐주는 역할을 한다.

壬	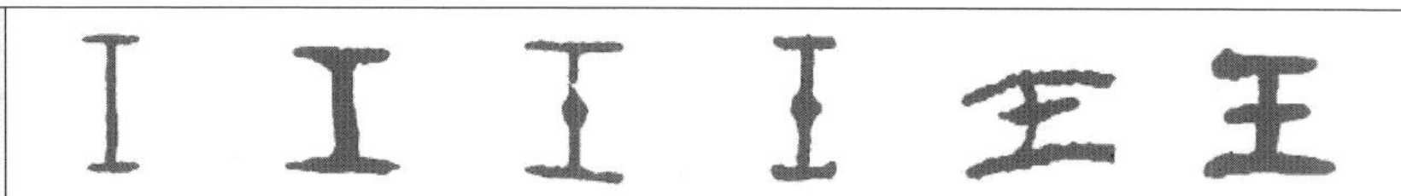					
	商 甲骨文	商 金文	西周 金文	古璽	戰國 包山楚簡	秦 睡虎地秦簡
	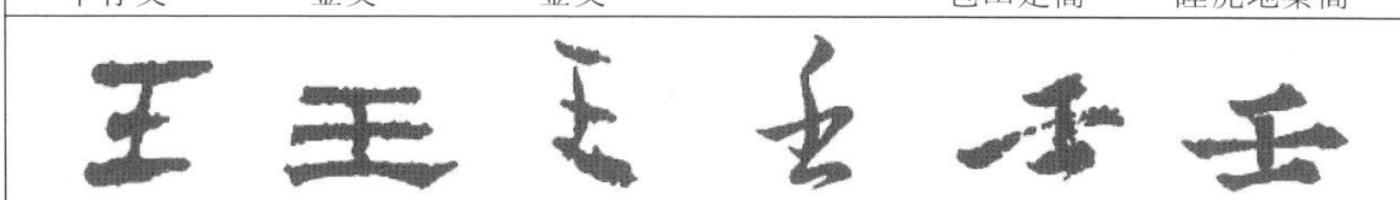					
	西漢 馬王堆帛書	東漢 乙瑛碑	漢 居延漢簡	草韻辨體	唐顔眞卿 祭姪文稿	唐歐陽通 泉男生墓誌

'壬'자는 혹은 짐을 메는 '멜대'나 베틀을 모양을 본 떠 만든 자로 보기도 한다. '𡈼'자 중간 점을 베를 짤 때 실 사이를 왔다갔다하는 북의 형상으로 보기도 한다.

[임진왜란壬辰倭亂]

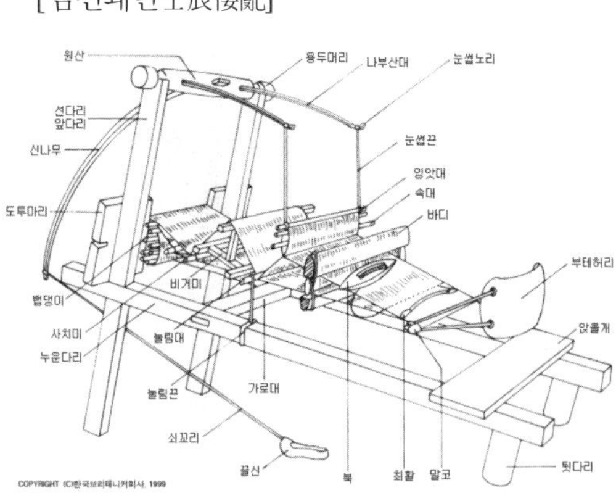

베틀과 북

배추를 담아 멜대(扁擔)에 메고 팔러 가는 농부의 모습

【癸(열째 천간 계, guǐ)】

[說文] : "(癸), 冬時水土平, 可揆度也. 象水從四方流入地中之形. 癸承壬, 象人足.

癸, 籒文从癶, 从矢."

癸. 겨울에 해당되고, 이때에는 수분과 토양이 모두 평정할 때로 헤아려 측도할 수 있다. 물이 사방으로부터 중앙으로 유입되는 모습이다. 癸는 壬 다음에 속하며, 사람으로 말한다면 '다리(足)'에 해당하고. 주문은 '癶(등질 발, bō)'과 '矢'로 이루어진 '癸'자로 쓴다.

癸		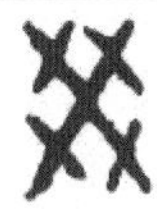				
	商 甲骨文	商 戉嗣子鼎	西周 金文	春秋 金文	春秋 侯馬盟書	秦 睡虎地秦簡
		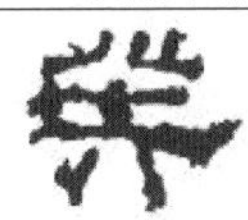			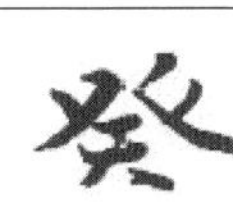	
	西漢 馬王堆帛書	東漢 史晨前碑	王勃詩序	草韻辨體	東晉王羲之 蘭亭敍	北魏 元貞墓誌

고문자 '癸'자는 어떤 모양을 본떠 만든 문자인지 확실히 알 수가 없다. 가지가 달린 무기라고 하거나, 나무 막대를 교차시켜 만든 자, 혹은 점을 칠 때 손가락에 끼는 풀이나 나무의 모양이라고 주장하기도 한다.

【子(아들 자, zǐ,zi)】

[說文] : "(子), 十一月陽气動, 萬物滋, 人以為偁. 象形. (孚), 古文子, 从巛, 象髮也.

(𢀈), 籒文子, 囟有髮.臂.脛在几上也."

子. 十一月을 대표한다. 양기가 움직이기 시작하고 만물이 자생하기 시작한다. '子'을 사용하여 사람을 지칭한다. 이 자는 상형자이다. 고문은 두발을 뜻하는 '巛'을 써서 '孚'로 쓰고, 주문은 '𢀈'로 쓴다. '囟(정수리 신, xìn,xín)'에 머리가 있고, 팔과 정강이가 걸상 위에 걸쳐 있는 모습이다.

子						
	商 甲骨文	商 小臣艅犧尊	西周 史頌簋	春秋 侯馬盟書	戰國 包山楚簡	秦 睡虎地秦簡

	西漢 馬王堆帛書	東漢 乙英碑	西晉索靖 月儀帖	東晉王羲之 十七帖	東晉王羲之 興福寺斷碑	隋 蘇孝慈墓誌

고문자 '子'는 강보襁褓에 싸인 어린 아이의 모습이다. 띠는 '쥐'를 상징한다.

[자식子息] [유전자遺傳子] [손자孫子] [골자骨子] [군자삼락君子三樂] [부전자전父傳子傳] [매처학자梅妻鶴子][59]

강보에 싸인 어린 아이

임포의 은둔 생활

【丑(소 축, chǒu)】

[說文] : "(丑), 紐也. 十二月, 萬物動, 用事. 象手之形. 時加丑, 亦擧手時也."

丑. 묶다(紐). 12월은 만물이 활동을 시작하는 시기이니 농사일을 시작하는 시기이다. 손의 모양을 본떠 만든 상형자이다. 축시丑時가 되면 사람이 손을 들어 일을 하는 때이다.

丑						
	商 甲骨文	西周 令簋	西周 金文	春秋 侯馬盟書	戰國 包山楚簡	秦 睡虎地秦簡

59) 매화梅花를 아내로 삼고 학을 자식(子息)으로 삼는다. 송대宋代 시인 임포林逋가 항주杭州 고산孤山에 은거할 때의 생활.

<table>
<tr><td rowspan="2"></td><td colspan="6"></td></tr>
<tr><td>西漢
馬王堆帛書</td><td>東漢
武氏祠石闕銘</td><td>漢
敦煌漢簡</td><td>明
戴明說</td><td>東晉王羲之
蘭亭敍</td><td>北魏
顯祖嬪侯骨氏墓誌</td></tr>
</table>

'丑'자는 손톱이 달린 손가락의 형상이다. 띠는 '소(牛)'를 상징한다.

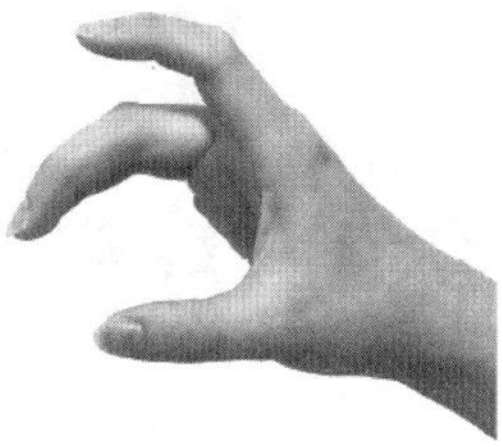

손톱이 있는 손가락

【寅(셋째 지지 인, yín)】

[說文] : "[illegible](寅), 髕也. 正月陽氣動, 去黃泉欲上出, 陰尚強, 象宀不達, 髕寅於下也. [illegible], 古文寅."

寅. 배척하다(擯). 정월에 음기가 발동하여 지하의 황천을 벗어나 위로 올라가려 하나, 아직 강한 음기가 덮고 있어 위로 올라가지 못하도록 한다. 그래서 기운이 아직 지하에 남아 있는 형상이다. 고문은 '[illegible]'로 쓴다.

<table>
<tr><td rowspan="4">寅</td><td colspan="6">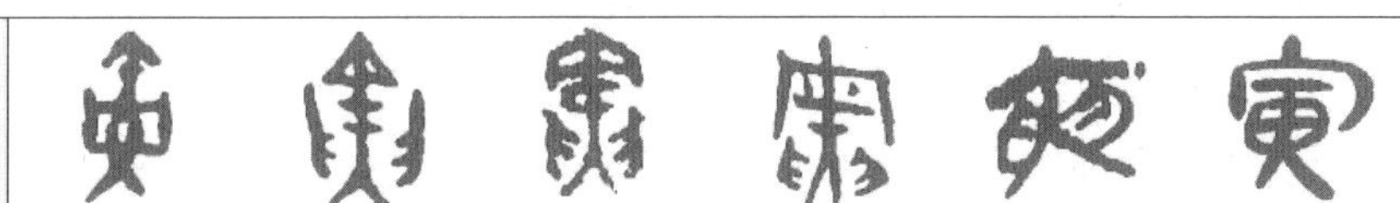</td></tr>
<tr><td>商
甲骨文</td><td>西周
金文</td><td>西周
金文</td><td>春秋
侯馬盟書</td><td>戰國
包山楚簡</td><td>秦
睡虎地秦簡</td></tr>
<tr><td colspan="6">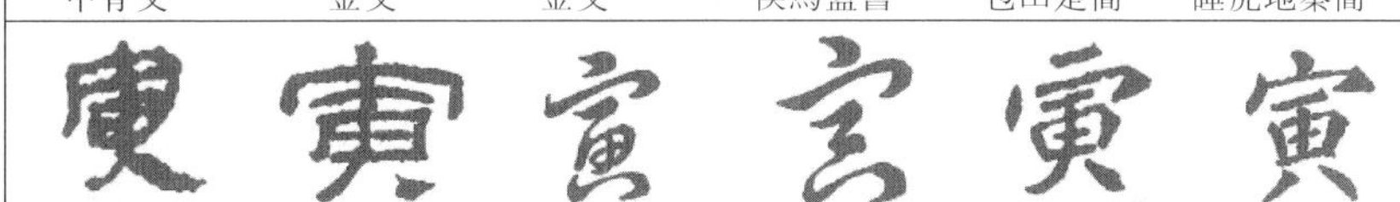</td></tr>
<tr><td>西漢
馬王堆帛書</td><td>東漢
乙英碑</td><td>草韻辨體</td><td>草韻辨體</td><td>北魏
寇臻墓誌</td><td>唐顏眞卿
郭虛己墓誌</td></tr>
</table>

고문자의 유래에 대하여 확실히 알 수가 없다. 손으로 화살을 들어 제사를 지내는 모습이 아닌가한다. ≪서경書經·순전舜典≫은 "夙夜惟寅, 直哉惟清."60)라 하여 '공경하다'는 의미로 쓰인다. 호랑이띠를 상징한다.

60) ≪서경書經·순전舜典≫: "이른 새벽부터 늦도록 오직 공경하며, 공고 깨끗하게 일하여 한다."

【卯(넷째 지지 묘, mǎo)】

[說文] : "(卯), 冒也. 二月萬物冒地而出, 象開門之形. 故二月為天門. , 古文卯."

卯. 무릅쓰다. 2월에 만물이 땅을 뚫고 나온다는 뜻이다. 문을 열고 나오는 형상이다. 그래서 2월을 천문天門이라 한다. 고문은 '丣'로 쓴다.

卯	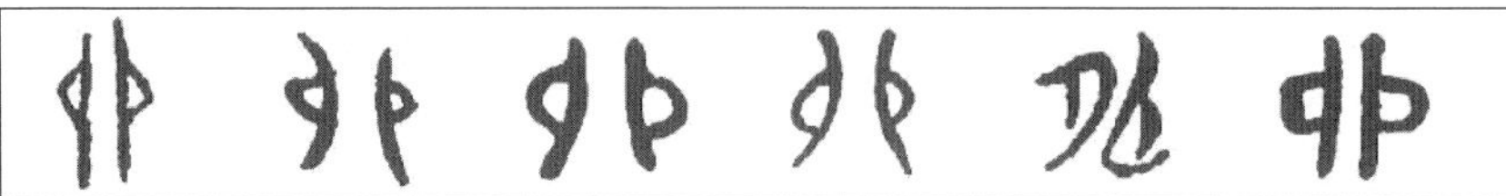					
	商 甲骨文	西周 金文	西周 金文	春秋 侯馬盟書	戰國 包山楚簡	秦 睡虎地秦簡

	西漢 馬王堆帛書	東漢 史晨前碑	漢 居延漢簡	草韻辨體	東晉王羲之	隋 蘇孝慈墓誌

고문자의 유래에 대하여 잘 알 수 없는 자이다. 칼로 자린 두 물체의 모습이나, '劉(살육하다)'의 초문이라 하기도 한다. 갑골문 중 "卯牛.(제사에 지낸 소를 칼로 자르다.)"라는 구절은 소를 죽인다는 '劉牛'·'殺牛'의 뜻이다. '卯'는 '토끼' 띠를 상징한다.

【辰(지지 진{날 신}, chén)】

[說文] : "(辰), 震也. 三月陽气動, 雷電振, 民農時也. 物皆生. 从乙·匕, 象芒達, 厂聲也. 辰, 房星, 天時也. 从二. 二, 古文上字. 𠨑, 古文辰."

辰. 진동하다. 3월에 양기가 진동하고 천둥번개가 진동하니 농사일을 시작할 때이다. 만물이 모두 성장하는 때이다. '乙'·'匕(化)'는 새싹이 자라 이삭이 된다는 뜻의 의미부이고, '厂'는 소리부이다. '辰'은 28숙 중 '방성房星'에 해당되며, 천시天時는 농사일을 시작할 때라는 뜻이다. '二'는 고문 중의 '上'이다. 고문은 '𠨑'로 쓴다.

辰						
	商 甲骨文	西周 大盂鼎	西周 令方鼎	西周 金文	戰國 包山楚簡	秦 睡虎地秦簡

	西漢 馬王堆帛書	東漢 西嶽華山廟碑	隋智永 關中本千字文	唐懷素 草書千字文	唐懷素 草書千字文	北宋米芾 蜀素帖

고문자 '辰'은 '대합조개(蜄)'의 형상이다. 후에 地支로 가차되어 사용되었다. '농사를 짓다'의 '農'자를 ''·''으로 쓰고, 금문은 ''·''으로 쓴다. '조개(辰)'로 칼을 대신하여 논에 자란 농작물을 자르는 뜻이다. '용(龍)' 띠를 상징한다.

[임진왜란壬辰倭亂] [진간辰刻][61] [일월성신日月星辰] [진수열장辰宿列張][62] [낙락신성落落辰星]

【巳(여섯째 지지 사, sì)】

[說文] : "(巳), 已也. 四月陽气巳出, 陰气巳藏, 萬物見, 成文章, 故巳為蛇. 象形."

巳. 이미(巳). 4월에 양기가 이미 나오니 음기가 감추어지게 되고, 만물이 모두 나타나게 되어 화려한 색채를 띠게 되는 것이다. 따라서 '巳'는 뱀(蛇)의 형상이다.

巳	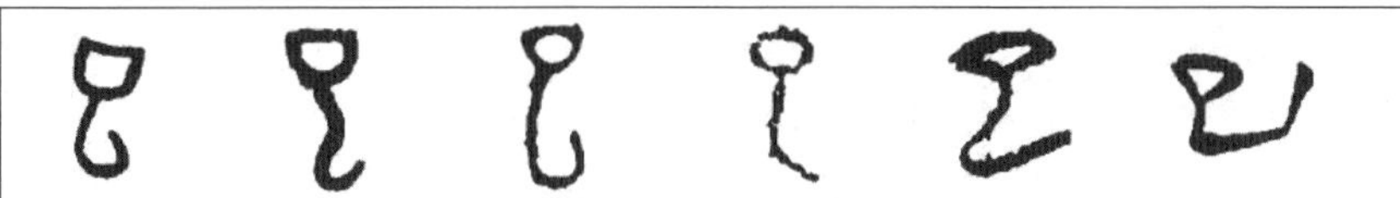					
	商 甲骨文	西周 大盂鼎	西周 毛公鼎	春秋 金文	戰國 包山楚簡	秦 睡虎地秦簡

	西漢 銀雀山竹簡	魏 正始石經	唐懷素 自敍帖	平安公海 風信帖	東晉王羲之 樂毅論	隋 美人董氏墓誌

'巳'자의 고문자는 태아의 모습이고, 뱀(蛇)의 형상이라고 한다. 뱀과 같이 무서운 포충류 동물을 신성화한 고대 토템 사상을 반영하고 있는 것으로 보인다. '祀(제사 사, sì)'자는 '巳(蛇)'를 '신성스럽게 모신다'는 뜻이다.

한편 '它'자는 '蛇'자는 같은 이체자이다. '它'자를 갑골문은 ''로 쓰고, 금문은 ''·''로 쓴다. 모두 뱀의 형상이다. 고대 문자에서 '巳'자와 '它'자는 원래 같은 자이었으나, 하나는 가차자 지지地支나 제사의 의미인 '巳'·'祀'로 분화되었고, 하나는 원래의 형상 그대로 동물을 나타내는 '它'나 '蛇'로 쓰인 것이 아닌가한다.

61) 시간. 시각

62) 성좌(星座)가 해, 달과 같이 하늘에 넓게 벌려져 있다.

'巳'는 뱀띠를 상징한다.

[을사조약乙巳條約][63]

【午(일곱째 지지 오, wǔ)】

[說文] : "(午), 牾也. 五月陰氣午逆陽, 冒地而出. 此予(與)矢同意."

午. 거역하다. 5월에 음기가 양기를 거슬러 땅에서 솟아오는 때이다. 이 자는 '矢'자와 같이 물질을 뚫는다는 뜻이다.

午						
	商 甲骨文	商 金文	西周 金文	春秋 侯馬盟書	戰國 包山楚簡	秦 睡虎地秦簡
	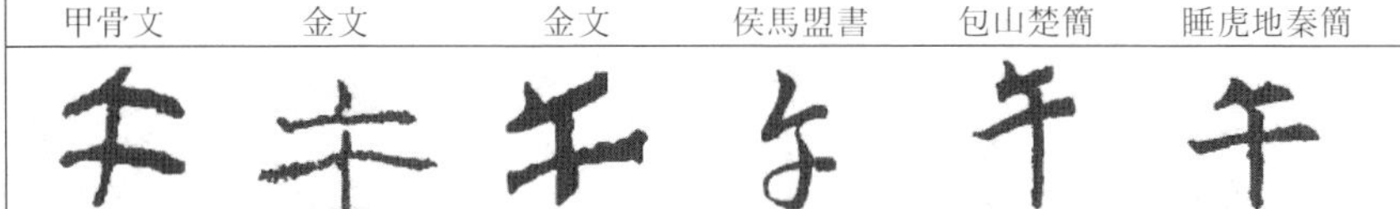					
	西漢 馬王堆帛書	東漢 石門頌	漢 居延漢簡	草韻辨體	唐 史記殘卷	唐褚遂良 孟法師碑

'午'자는 말의 고삐 모양을 본떠 만든 자라고 하기도 하나, '저구(杵臼, 절굿공이와 절구통)'의 절굿공이(杵)의 모양이 아닌가한다. '午'는 말띠를 상징한다.

[오후午後] [오전午前] [단오端午] [오찬午餐]

절구와 공이

63) 1905년 일본이 한국韓國의 외교권外交權을 박탈剝奪하기 위해 한국韓國 정부政府를 강압强壓하여 체결締結한 조약條約.

【未(아닐 미, wèi)】

[說文] : "⿻(未), 味也. 六月滋味也. 五行, 木老於未, 象木重枝葉也."

未. 맛. 유월은 만물이 자라나 맛이 드는 때이다. 오행(金木水火土) 다섯 가지 물질 중 '木'은 미월未月에 성숙하게 되는 것이다. '未'자는 또한 겹겹의 나무 가지 형상이다.

未	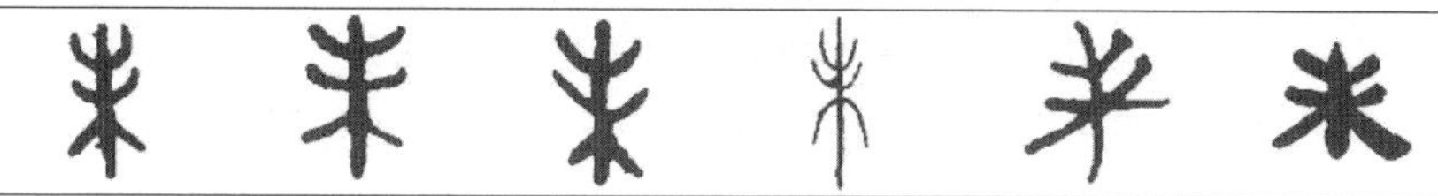					
	商 甲骨文	西周 利簋	西周 金文	戰國 中山王鼎	戰國 包山楚簡	秦 睡虎地秦簡
	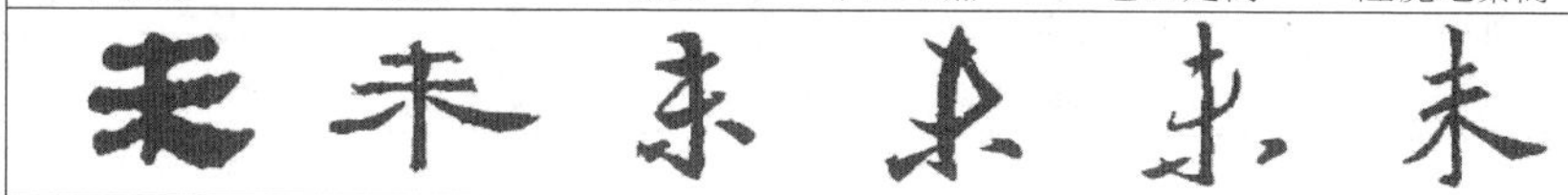					
	西漢 馬王堆帛書	東漢 孔宙碑	吳皇象 急就章	東晉王羲之 二謝帖	東晉王羲之 集字聖教序	唐 樊興碑

고문자 '未'자를 혹은 가지에 가려 햇빛이 보이지 않는 모습이라 하여 '昧(어두울 매, mèi)'의 초문으로 보기도 한다. 나무 가지가 겹겹이 자랐으나 아직 가지를 치지 않은 모습이 아닌가한다. 후에는 부정의 의미로 쓰이기도 한다. '未'는 양띠를 상징한다.

[미흡未洽] [미래未來] [미만未滿] [미숙未熟] [미증유未曾有] [희대미문稀代未聞]

나뭇가지 가려진 햇빛

【申(아홉째 지지 신, shēn)】

[說文] : “(申), 神也. 七月, 陰气成, 體自申束. 从臼, 自持也. 吏臣餔時聽事, 申旦政也. , 古文申. , 籒文申.”

申. 신령. 7월에 음기가 형성되어 그 자체가 펼쳐졌다 오그라들었다한다. 의미부‘臼’는 스스로 장악할 수 있음을 의미한다. 관리가 저녁 식사를 할 무렵 다음 날 아침 해야 할 정무(政務)를 미리 계획하는 것이다. 고문은 ‘𤰈’로 쓰고 주문은 ‘𦥔’로 쓴다.

申						
	商 甲骨文	西周 令方鼎	西周 大克鼎	古璽	戰國 包山楚簡	秦 睡虎地秦簡

	西漢 馬王堆帛書	東漢 禮器碑陰	吳皇象 急就章	西晉 杜預	唐顔眞卿 祭姪文稿	唐歐陽詢 史事帖

‘申’은 번개(電)의 모습이다. 후에 ‘雨’를 추가하여 ‘電’자가 되었다. ‘申’은 원숭이띠를 상징한다.

번개(雷) 모양의 무늬의 ≪雷紋簋≫(대만고궁박물관 소장)

[신청申請] [신고申告] [내신內申][64] [신신당부申申當付] [삼령오신三令五申][65]

---

64) 어떤 문제問題나 의견意見을 갖추어서 공개公開하지 않고 상급上級 기관機關에 보고하다.
65) 세 번 호령(號令)하고 다섯 번 거듭 일러준다.

【酉(닭 유, yǒu)】

[說文] : “(酉), 就也. 八月黍成, 可為酎酒. 象古文酉之形. , 古文酉, 从卯. 卯為春門, 萬物已出. 酉為秋門, 萬物已入. 一, 閉門象也.”

酉. 성숙하다. 8월에 오곡이 성숙하니 술을 담을 수 있다. 술통(酉)의 모양이다. 고문은 ‘丣’로 쓴다. 의미부 ‘卯’는 봄의 문을 상징하고 만물이 이미 성장하였음을 뜻하고, ‘酉’는 가을의 문으로 만물이 들어가는 뜻이다. ‘一’은 문을 닫는 모양이다.

酉	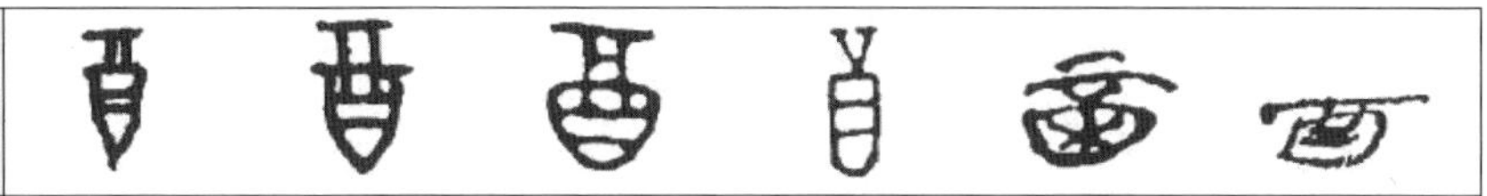					
	商 甲骨文	商 金文	西周 金文	古璽	戰國 包山楚簡	漢 居延漢簡
	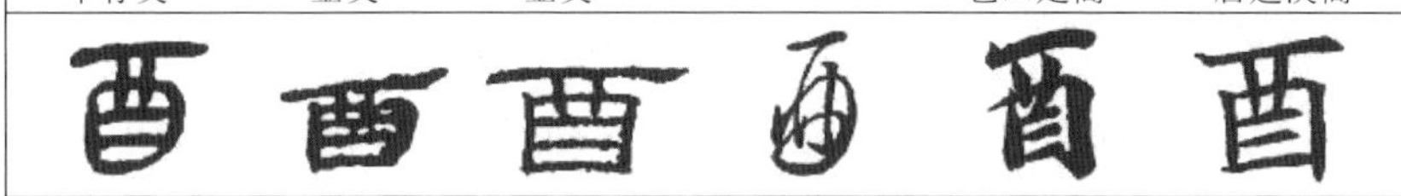					
	秦 睡虎地秦簡	漢 居延漢簡	東漢 乙瑛碑	唐懷素 聲母帖	唐玄宗 鶺鴒頌	隋 蘇孝慈墓誌

‘酉’자는 원래 ‘酒’자의 초문이다. 닭띠를 상징한다.

[을유재란乙酉再亂][66)]

【戌(개 술, xū,qù)】

[說文] : “(戌), 滅也. 九月陽氣微, 萬物畢成, 陽下入地也. 五行, 土生於戊, 盛於戌, 从戊含一.”

戌. ‘소멸하다’의 뜻이다. 9월에 양기가 미약하고 만물은 이미 성숙하였으며 양기가 아래로 내려가는 때이다. 金, 木, 水, 火, 土 중 土가 戊(무)에 위치하고, 9월인 술월은 만물이 성숙하게 되는 것이다. ‘戊’가 ‘一’를 품고 있는 모습이다.

戌	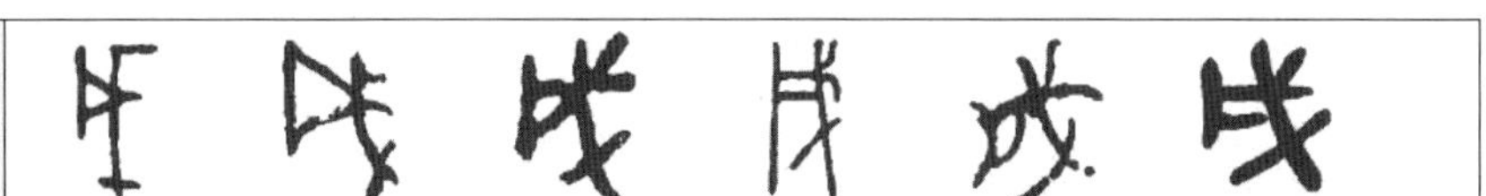					
	商 甲骨文	西周 何尊	西周 金文	古	戰國 包山楚簡	秦 睡虎地秦簡

66) 임진왜란壬辰倭亂 뒤의 재란. 조선朝鮮 14대 선조宣祖 30년(1597) 정월에 한 번 패한 왜군倭軍 카토오 키요마사 군의 14만 대군大軍이 병력兵力을 이끌고 다시 쳐들어온 난리亂離.

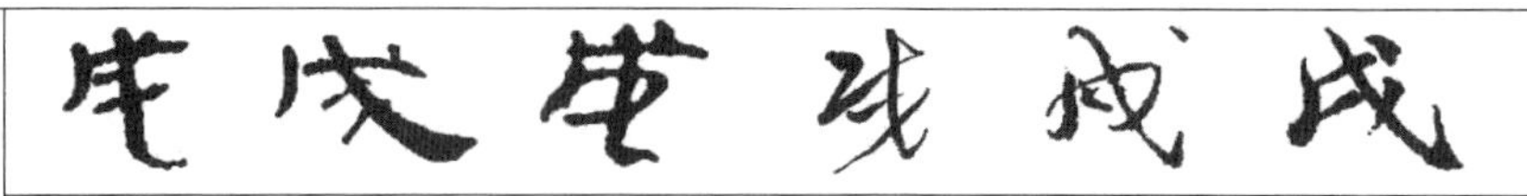

西漢 馬王堆帛書	東漢 曹全碑	漢 敦煌漢簡	明 王烽	北宋 蔡襄	唐 寫經 春秋左傳昭公

고문 '戌'자는 '창 끝에 도끼의 모양의 날'이 달린 무기의 모습이다. 개 띠를 상징한다.

【亥(돼지 해, hài)】

[說文] : "(亥), 荄也. 十月微陽起, 接盛陰. 从二, 二, 古文上字, 一人男, 一人女也. 从乙, 象裹子咳咳之形. , 古文. 亥為豕, 與豕同, 亥而生子, 復從一起."

亥. 물뿌리. 10월에 양기가 미세하게 일어나 강한 음기를 만난다. 의미부 '二'를 쓴다. '二'는 '上'자의 고문이다. ''는 한 명의 남자와 한명의 여자이다. '乙'은 어린이를 품에 안으니 '크크' 소리를 내는 모양이다. 고문은 ''로 쓴다. '亥'는 돼지를 상징하며, 돼지의 형상이다. '亥'는 아이를 낳으니, 만물은 다시 하나(一)부터 시작되는 것이다.

亥

商 甲骨文	西周 令方鼎	西周 虢季子白盤	春秋 侯馬盟書	戰國 包山楚簡	秦 睡虎地秦簡

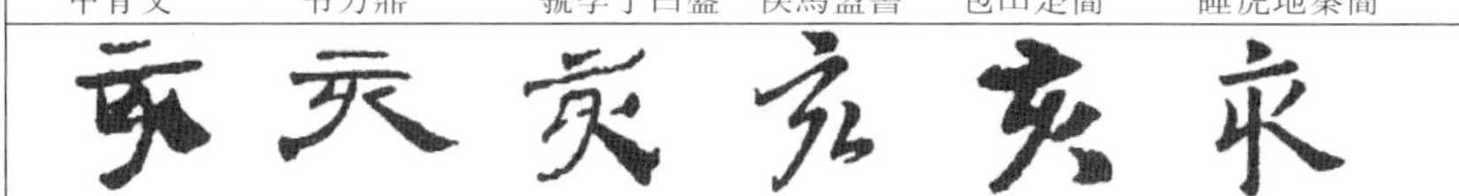

西漢 馬王堆帛書	東漢 曹全碑	漢 居延漢簡	草韻辨體	北魏 張玄墓誌	唐歐陽詢 九成宮醴泉銘

'亥'는 돼지의 모양이고, 돼지띠를 상징한다.

[호해胡亥][67]

67) 중국 진秦나라의 2세. 시황제始皇帝의 둘째 아들. 시황제가 죽자 이사李斯·조고趙高 등이 맏아들인 부소扶蘇를 죽이고 호해를 황제黃帝로 삼았다. 후에 조고에게 살해되다.

'도끼(鉞)' 날이 달린 창

돼지모양의 술잔(豕尊) 商代後期

○ 갑골문과 갑골문의 서예작품

갑골문자는 귀갑龜甲과 짐승의 뼈에 새겨진 문자가 가장 많기 때문에 총체적으로 갑골문이라 한다. 이는 기원전 13세기에서 기원전 11세기까지 중국 은상시기에 사용되어진 문자이다. 갑골문은 1899년 겨울 북경 국자감國子監 왕의영王懿榮이 병을 고치기 위해 한약방에서 조제 해 용골龍骨이라고 불리우는 짐승의 뼈를 친구인 유악劉顎과 함께 살펴보다가 고대의 한자임을 인식하게 되었다. 이후 유악劉顎은 갑골문의 최초의 저서 ≪철운장귀鐵雲藏龜≫를 편찬하게 되었다.

갑골문이 발견된 곳은 하남성河南省 안양시安陽市 소둔촌小屯村이다. 이곳은 상나라 19대 왕인 반경盤庚이 도읍을 정하고 나라이름을 은殷이라 한 곳이다. 또한 마지막 주왕紂王이 멸망하기 까지 273년간 8대 12왕이 통치한 은나라의 수도이며 은허殷墟이다.

지금까지 은허에서 출토된 갑골문 편수는 대략 15만편에 달하며, 문자의 수는 전체 1백만 자에 달한다고 한다. 사용되어진 자수는 모두 4500여 자이며, 그 가운데 현재까지 읽어서 판독된 문자는 모두 약 1500여 자가 넘는다. 갑골문은 매우 성숙된 문자로써 갑골문보다 훨씬 이전에 이미 문자가 발생하였다는 것을 알 수 있다.

갑골문은 혹은 갑골각사甲骨刻辭, 정인문자貞人文字, 은허서계殷墟書契, 은허복사殷墟卜辭 등으로 불리기도 한다. 갑골문의 내용은 매우 다양하여 역대 은상 왕조의 각종 활동 및 미래에 대한 희망과 농사의 생산 등을 자세히 기록하고 있다. 그 내용은 대략 제사祭祀, 천시天時, 농사農事, 정벌征伐, 각종 왕의 일, 예언 등이다. 은왕은 왕실의 편안함과 농사의 풍년, 사냥 등 국가의 태평성대를 기원하는 것이 주목적이며 조상신과 자연신에 대한 숭배로 그 목적을 달성하고자 하였다.

점치는 과정은 일반적으로 먼저 글씨를 새기는 갑골의 반대편에 송곳으로 구멍을 낸 후 불을 지지면 반대편에 균열이 생기게 되며, 이 균열을 보고 점술사인 정인貞人이나 왕이 이 균열을 근거로 하여 길흉을 판단하게 된다. 그 후 신에게 물었던 내용과 점괘를 균열이 생긴 갑골의 주위 공간에 새겨 넣는다.

갑골문은 일정한 격식과 구조가 있다. 갑골문의 형식은 일반적으로 전사前辭(서사序辭), 문사問辭(명사命辭), 점사占辭, 험사驗辭 등으로 되어 있다. 전사는 점을 친 날짜와 장소 그리고 정인貞人의 이름에 대한 기록이고, 문사는 신에게 점을 쳐 물은 내용이고, 점사는 점을 친 결과나 길흉의 예언에 대한 기록이고, 험사는 일이 발생한 수 그 결과가 맞았는지 틀렸는지 등의 내용을 기록하는 것이다.

갑골문이 발견되고 갑골문의 연구에 큰 성과를 거둔 학자 네 명이 있다. 이들을 일반적으로 갑골학甲骨學 사대가四大家라 한다. 이들을 갑골사당甲骨四堂이라고도 하며, 설당雪堂 라진옥羅振玉, 관당觀堂 왕국유王國維, 정당鼎堂 곽말약郭沫若, 언당彦堂 동작빈董作賓이다. 갑골문의 역사는 약 270년이나 되기 때문에 갑골문도 각각의 시기로 세분화된다. 동작빈은 갑골문의 특징에 따라 ≪갑골문단대연구례甲骨文斷代研究例≫에서 갑골문의 시대를 모두 다섯 시기로 나누었다. 제 1기는 반경盤庚·소신小辛·소을小乙·무정武丁의 시기로 약 100년, 제 2기는 조경祖庚과 조갑祖甲의 시기로 약 40년, 제 3기는 늠신廩辛과 강정康丁 시기로 약 14년, 제 4기는 무을武乙과 문정文丁 시기로 약 17년, 제 5기는 제을帝乙과 제신帝辛 시기로 약 89년의 기간이다.

갑골문은 칼을 사용하여 뼈에 새겨진 문자이기 때문에 붓을 사용한 문자와는 매우 다르다. 가로와 세로가 기본적으로 직선으로 날카로우면서도 강건한 갑골문 필획의 기본적인 미감을 형성하고 있으나 이외에도 무겁고 가볍고, 빠르고 느림, 굵고 가는 필획이 조화롭게 반복적으로 사용되어 갑골문은 고유한 서예적 특징을 지니고 있다. 갑골문은 꾸밈이 적은 질박하고 자연스러운 원시 문화의 정치를 풍겨주는 서예 작품으로 서예가들이 애호하는 서체 중의 하나이다.

본 저서에서 인용하고 있는 갑골문 중 ≪합집合集≫은 ≪갑골문합집甲骨文合集≫[68]을 ≪둔남屯南≫은 ≪소둔남지갑골小屯南地甲骨≫을 ≪영국英國≫은 ≪영국소장갑골집英國所藏甲骨集≫을 ≪동경東京≫은 ≪동경대학동양문화연구소장갑골문자東京大學東洋文化研究所藏甲骨文字≫를 ≪회특懷特≫은 ≪회특씨소장갑골문집懷特氏等所藏甲骨文集≫[69]을 가리킨다.

다음은 갑골편 ≪합집≫'12870甲+12870乙'과 ≪합집≫ '10405正反', ≪합집≫ '10406正反'이다. '10405正反'과 '10406正反'은 같은 내용이기 때문에 '10406正反'의 설명은 생략하기로 한다.

68) ≪갑골문합집甲骨文合集≫은 곽말약이 주편하고 호후선胡厚宣이 총편집을 맡아 중국사회과학연구소中國社會科學院研究所에서 1972부터 1982년까지 중화서국에서 출판한 갑골문 자료 회편匯編이다. 모두 13책으로 되어있다. ≪합집≫은 탁본 등 모두 41956 편片을 수록하고 있으며, 내용은 '계급과 국가'·'사회생산'·'사상문화'와 '기타'로 크게 네 가지로 분류하고, 다시 21개의 내용으로 세분하였다. 이 책은 적어도 1980년까지 발견된 갑골문의 각종 탁본과 모본摹本들을 총망라하고 있기 때문에 갑골문 연구에 매우 큰 도움이 되고 있다.

69) Oracle bones from the White and other collections. Canada: Hunter Rose Company.(許進雄, 1977년)

1 ≪合集≫‘12870甲+12870乙’,[70)]

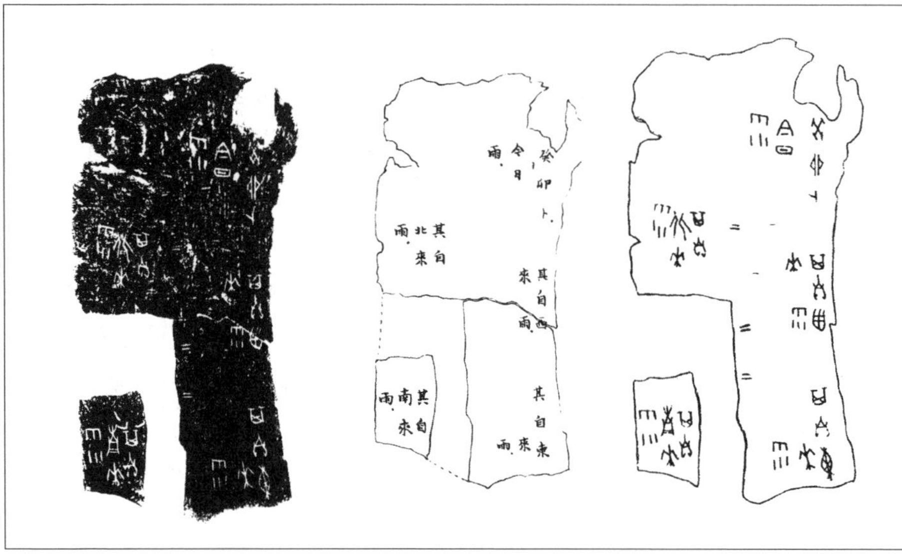

癸卯卜, 今日雨?

계묘일에 점을 쳐 묻습니다. 오늘 비가 올까요?

其自東來雨?

동쪽에서 오는 비 일까요?

其自南來雨?

남쪽에서 오는 비 일까요?

其自西來雨?

서쪽에서 오는 비 일까요?

其自北來雨?

북쪽에서 오는 비 일까요?

[설명]

① ‘令’자의 윗부분은 입모양이 아래로 향한 모습이고, 아래 ‘-’은 입에서 입김이 나오는 형상이다. 입으로 말을 하여 곧바로 명령을 내린다는 뜻이다.

70) 甲骨文 모사摹寫는 王宇信의 ≪精萃釋譯≫, 233片 참고. 본 갑골편은 ‘12870甲’과 ‘12870乙’을 합한 내용이다. ‘12870乙’은 “其自北來雨?” 구절이고 나머지는 ‘12870甲’의 내용이다.

② '自'자는 사람의 코의 모양이다. 갑골문은 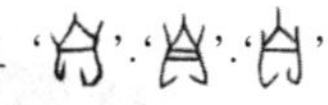 등으로 쓰고, 금문은  등으로 쓴다. '……로부터'라는 뜻이다.
③ '雨'자는 동사의 용법으로 현대중국어 '下雨'의 의미와 같다.
④ '來'는 원래 '밀(小麥)'의 형상이고 '麥'은 '보리(大麥)'의 형상이다. '來'자가 '오다'라는 가차자로 쓰이자, '麥'자에 '小'자와 '大'를 써서 보리와 밀을 지칭하게 되었다. '來'자를 갑골문은 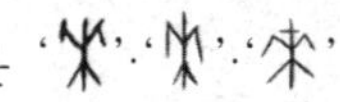 등으로 쓰고, 금문은  등으로 쓴다. '麥'은  등으로 쓰고, 금문은 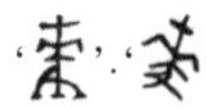 등으로 쓴다.
⑤ '東'자는 '대낭(탁랑橐囊)' 즉 주머니의 형상이다. 일반적으로 설명하는 동쪽 산 위의 나무에 걸려 있는 태양이라는 주장은 설득력이 없다. 후에 방향을 표시하는 가차자로 쓰인다.
⑥ '西'자는 '棲(살 서, qī,xī)'자의 본자이다. 후에 동서남북을 가리키는 방향을 표시하는 가차자로 쓰인다.

새집, '棲'자의 유래

⑦ '南'자는 걸어 넣고 두들겨 연주하는 악기의 형상이다. 윗부분의 '十'은 악기를 걸어 걸기 위해 묶는 새끼줄이다. 후에 방향을 나타내는 가차자로 쓰인다.
⑧ '北'자는 '背(등 배, bèi,bēi)'자의 초문이다. 두 사람이 등을 지고 서로 앉아있는 형상이다. 후에 '배신하다'라는 의미로 확대되어 쓰이고, 동서남북의 방향을 표시하는 가차자로 쓰인다.
⑨ '其'자는 '箕(키 기, jī)'의 본자이다. 후에 장래의 추측을 나타내는 어기사語氣詞의 용법으로 쓰인다.[71] '其'자가 부사의 용법으로 쓰이는 경우엔 부정사否定詞 뒤에 주로 오나 부정사 뒤에 오는 경우도 있다.

71) 張玉金, ≪甲骨文虛詞詞典≫, 140 쪽: "副詞, 表示疑問語氣."

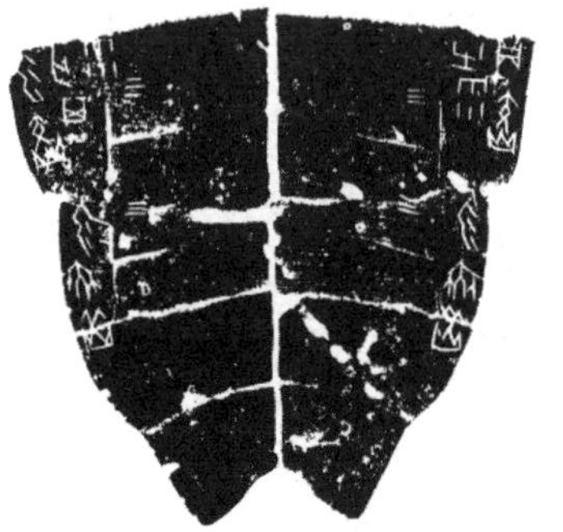

12842正

1. ≪合集≫ '12842正'

貞: 烄, 㞢雨.

점을 쳐 묻습니다. 사람을 불살라 교제烄祭를 지내면 비가 올까요?

勿烄, 亡其雨.

사람을 불살라 교제烄祭를 지내지 않으며 비가 오지 않을까요?

勿舞岳.

산 신령께 무제舞祭를 지내지 말까요?

勿舞岳.

산 신령께 무제를 지내지 말까요?

⑨ '烄'자는 '火'와 '交'로 이루어진 자이다. '交'는 또한 음을 표시하여 '교'라고 읽는다. 불 위에 사람을 묶어 놓고 태우는 형상으로 제사의 일종이다.
⑩ '㞢'자는 '有'자와 같은 자이다.
⑪ '勿'자는 '物(만물 물, wù)'자의 본자이다. 후에 '없다'·'하지마라'라는 부정사의 가차자로 쓰인다.

고대문자에서 '無'자는 '舞'자와 같은 자이다. '無'자는 원래 무당이 기우제 등을 지낼 때 손에 물질을 들고 춤추는 모습이다. '無'자가 후에 가차자로 '없다'라는 의미로 쓰이자 다리 모양의 '舛'를 추가하여 '舞'자로 쓰게 되었다. 갑골문은 ''·''·''·''으로 쓰고, 금문은 ''(作册般甗)·'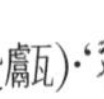'(髮鐘)·''(南宮乎鐘) 등으로 쓴다.

⑫ ‘岳(큰 산 악, yuè)’자는 갑골문에서 ‘’·‘’·‘’ 등으로 쓴다. ‘岳’은 ‘嶽’자와 같은 자이다. ≪설문해자≫는 ‘岳’자의 고문을 ‘’으로 쓰고 “‘嶽’자의 고문은 ‘岳’자로 쓰고, 높은 산의 모양이다”[72]라 하였다.

주머니(橐囊)

키(箕)

춤 舞

갑골문의 ‘勿’자

악기 白玉磬

72) ≪설문해자≫: “岳，古文象高形”

2. ≪合集≫ '10405 正反' 73)

'10405 正'

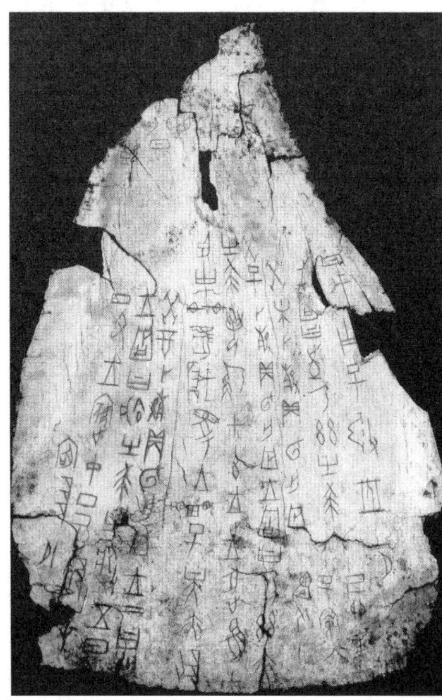

73) ≪卜辭通纂≫, '第 735 片', 157 쪽.

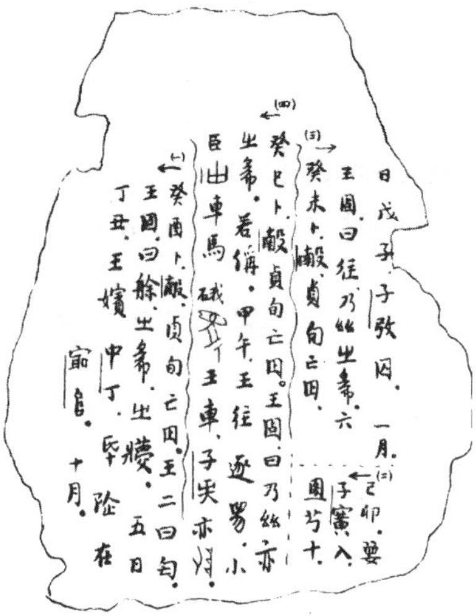

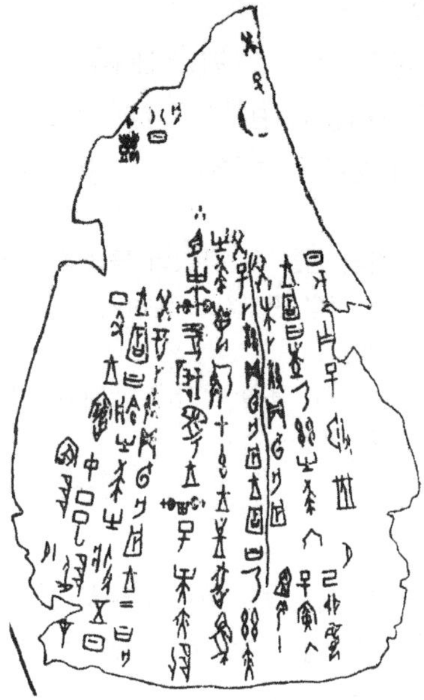

(1)

癸酉卜，㱿①貞: 旬亡𡆥(禍)②. 王二曰亡.

王𠕁(占)③曰: 艅(俞)④. 㞢(有)希㞢(有)𤸦(痛)⑤.

五日丁丑, 王嬪⑥中丁, 㕟(蹶)陰(仄)⑦在㡧(庭)阜⑧. 𠁁(十月). 二. 二告.

계유에 각㱿이 점을 쳐 묻습니다. 앞으로 십일 이내에 재난이 없을까요?
상나라 왕이 계속해서 두 번째 물었다. 재앙이 없을까요?[74] 그런데 직접보고 판단하기를 아! 재앙이 있고 불길한 꿈을 꾸어 앓게 될 것이라 하였다.
점을 치고 난 후 5일 정축일에 왕이 중정中丁에게 빈제賓祭를 지낼 때 정원의 언덕에서 넘어졌다. 이는 십 월에 기록한 것이고, 두 번째 점을 쳤다.

(2)

己卯媚子寅入⑨. 宜羌十.[75]

기묘일에 미족媚族 자황子寅이 공납하여 온 갑골이다. 강족 열 명을 희생물로 받쳐 의제宜祭를 지내다.

---

74) 王宇信은 "王二曰匄" 구절을 "商王也跟着二次問: 沒有吧?"로 해석하였다. 1515 쪽.

75) 본 구절은 점사占辭가 아니라, 골면骨面에 새긴 기사각사記事刻辭이다.

(3)
癸未卜，㱿貞：旬亡𡆥(禍).
王固(占)曰：往.⑩ 乃兹㞢希.
六日戊子子弦(彈)死.⑪ 肙(一月).[76]

계미에 점을 쳐 각㱿이 묻습니다. 앞으로 십일 내에 재난이 없을까요?
왕이 직접 판단하고 말하기를 도망이라는 사건이 발생할 것이다. 이는 재난이 있을 징조이다.
점을 치고 육일 무자戊子 일에 상왕의 아들 자탄子弦(彈)이 죽었다. 이는 일월에 기록한 것이다.

(4)
癸巳卜，㱿貞：旬亡𡆥(禍).
王固(占)曰：乃兹亦㞢(有)希(祟). 若偁⑫.
甲午王往逐兕，㞢(小臣)叶⑬車馬，硪⑭. 馭王車子央⑮亦墜.

계사일에 정인貞人 각㱿이 점을 쳐 묻습니다. 십일 이내에 재화가 없겠습니까?
상왕이 직접보고 판단하기를 이번에 재앙이 있을 것이라 하였다.
점을 칠 때의 내용과 같은 결과가 발생하였다.
갑오 일에 王이 외뿔들소를 사냥할 때, 소신小臣이 마차를 타고 옆에서 도와주고 있었는데, 그 마차가 바위에 부딪쳐 넘어졌다. 왕의 마차를 몰 때 왕의 자제子弟 자앙子央이 또한 추락하였다.

[설명]

① '㱿': 음은 què으로 추정되며, 무정武丁시대의 정인貞人이다. 이 자를 '㱿(껍질 각; qiào,ké)'자로 보기도 한다. '㱿'자를 혹은 '𣪊'으로 예정하기도 한다. 이 자는 ≪설문해자≫에도 보이고, 후에 '苦角切'로 음을 표시하기도 한다. 이 자의 음을 또는 '雀(참새 작, què)'으로 읽기도 한다.[77] 따라서 이 자를 '작' 혹은 '각'으로 읽을 수 있다.

② '亡𡆥(禍)': '亡𡆥'은 '무화無禍'로 읽는다. '亡'자를 갑골문은 일반적으로 ''이나 '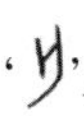'으로 쓰고 '無'자와 통한다. '𡆥'자는 '咼'의 초문으로 '재화災禍'의 '禍'로

76) 釋文은 胡厚宣 主編 ≪甲骨文合集釋文≫을 참고함.
77) 王宇信 主編, ≪甲骨文精粹釋譯≫(2004)의 1443쪽.

읽는다.[78] 혹은 이 자를 '구咎'로 읽기도 한다.

③ '⿴囗占(占)': '⿴囗占'자는 '占(점칠 점, zhān)'으로 읽고, 복조卜兆를 '관찰한 후 판단하다'는 의미이다. 이 자를 혹은 '마'·'稽'나 '占'자로 읽기도 한다.[79]

④ '舿(俞)': '舿'자는 발어사로 ≪상서尙書≫의 '俞(점점 유, yú)'자의 용법과 같다. 음을 'yú'로 읽을 때는 허락을 나타내는 감탄사의 용법으로 쓰인다.

⑤ '㞢(有)希㞢(有)𤺺(痡)': '㞢希'을 '유이有希'로 읽기도 하고, 혹은 '유수有祟'로 읽기도 한다. '귀신이 해코지하다'의 의미이다. '希'자의 음은 'nǐ'나 'yì'이고, '털이 긴 짐승'·'·멧돼지'·'살쾡이'의 뜻이다. 서중서徐中舒는 ≪갑골문자전甲骨文字典≫에서 ''·'殺'·'蔡' 등 세자의 고음이 비슷하기 때문에 서로 통한다고 하면서, '殺'자로 보고 있다.[80] ''자는 혹은 '祟(빌미 수, suì)'로 예정하기도 한다. 구석규裘錫圭는 '求'로 예정하고 '咎'로 읽는다. 본문에서는 '祟'로 읽기로 한다. ≪복사통찬卜辭通纂, 통찬≫은 '㞢希㞢𤺺'을 '유수유부有祟有痡'로 읽는다고 하였다. '𤺺'자를 '痡(앓을 부, fū)'로 읽는 것으로 보아 '𤺺'자의 소리부를 '父'로 보고 있는 것으로 보인다.

⑥ '嬪':≪갑골문정췌석역甲骨文精萃釋譯, 정췌≫는 '嬪(아내 빈, pín)'자를 '賓'으로 석문하였다.[81]

⑦ '𣦼(蹶)⿰阝企(仄)': '𣦼⿰阝企'은 '궐측蹶仄'으로 읽는다. '⿰阝企'자는 '仄'자의 이체자이다.[82] '𣦼'자는 '蹶(넘어질 궐, jué) 혹은 '巳(祀)'로 읽기도 한다.

⑧ '⿱宀⿰阝口(庭)阜': '⿱宀⿰阝口阜'은 '정부庭阜'로 읽는다. 정원의 언덕을 가리킨다. 혹은 지명으로 보기도 한다.

⑨ '媚子寅': '미자황媚子寅'을 ≪정췌精萃≫는 '귀족미자황貴族媚子黃'으로 번역하고 있고, ≪통찬通纂≫은 '子寅'을 인명으로 설명하고 있으나 '媚'자에 대해서는 아무런 설명이 없다. 전후문맥으로 고려하여 미족媚族인 자황子黃이라는 사람으로 해석하기로 한다.

⑩ '往': '往'자는 의미부'之(止)'와 소리부'王'으로 이루어진 자이다. ≪설문해자≫는 '徃'자에 대하여 "'가다'의 의미. 의미부'彳'과 소리부'㞷'로 이루어진 형성자. 고문은 의미부 '辵'인 '𨒈'으로 쓴다."[83]라 하였다.

⑪ '乃玆': '乃玆'는 '내금乃今'과 같은 의미이다. 즉 '乃'자는 '卽'의 의미이고, '玆'

---

78) ≪甲骨文字典≫, 27 쪽.

79) ≪甲骨文今譯類檢≫, 13 쪽.

80) ≪甲骨文字典≫, 328쪽; 1055 쪽, 참고.

81) ≪甲骨文精萃釋譯≫, 1515 쪽 참고.

82) ≪甲骨卜辭通纂≫, 158 쪽 참고.

83) ≪설문해자≫: "之也. 从彳, 㞷聲. 𨒈, 古文从辵."

는 '今'의 의미이다. 현대중국어로 '지금(如今)'의 의미이다.[84]

'弜'을 혹은 '彈(탄알 탄, tán,dàn)'자로 읽기도 한다.[85]

⑫ '若偁': '약칭若偁'에 관한 해석은 의견이 분분하다. 본문은 '若'자는 '如'자로, '偁'자는 '稱(일컫을 칭, chēng)'자로 해석하여, '점을 칠 때의 내용과 같았다'로 풀이하기로 한다. '若偁'을 험사驗辭로 보기도 하나 전후 문맥으로 보아 점사占辭로 보는 것이 옳겠다.[86]

⑬ '叶': '叶'자를 ≪통찬≫은 '古'로 석문하고 小臣의 이름으로 보고 있다. 혹은 '甾(꿩 치, zāi)'로 예정하기도 한다. 그러나 '古'자와 달리 ''로 쓰고 있기 때문에 본문에서는 '叶(화합할 협, xié,yè)'자로 석문하고, '협조하다'는 의미로 해석하기로 한다. 만약에 '叶'자를 소신小臣의 이름으로 이해한다면 "小臣叶車馬硪."[87]로 읽을 수 있다.

⑭ '硪': '硪(바위 아; é), 바위에 부딪혀 넘어지다'의 의미이다.

⑮ '子央': '자앙子央'은 상왕商王의 자제子弟이다.

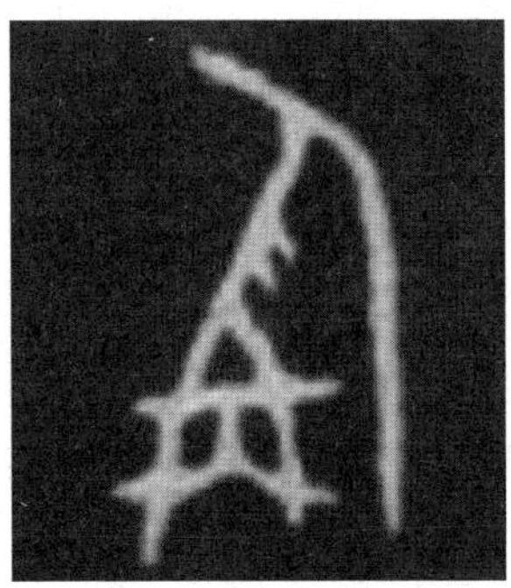

金文 '偁'

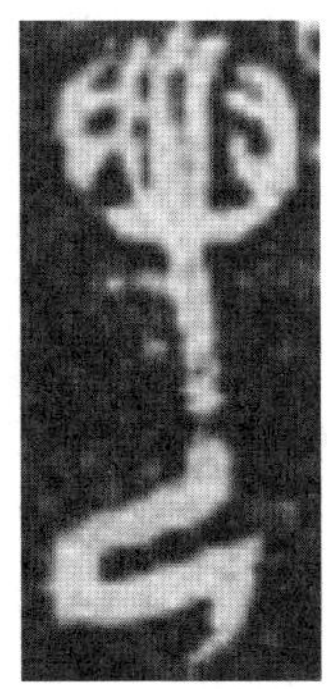

金文 '若'

84) 張玉金, ≪甲骨文虛詞詞典≫, 137 쪽.

85) 彭邦炯, ≪甲骨文醫學資料釋文考釋與硏究≫, 859片, 159 쪽.

86) 張玉金, ≪甲骨文虛詞詞典≫, 137 쪽. "此語應當屬於占辭, 意思是如占卜時所講的."

87) "소신小臣 협叶의 차마車馬가 바위에 부딪치다."

‘10405 反’[88)]

摹片 211（反）

片形 211（反）

‘10405 反’

(1) 癸亥卜，㱿貞：旬亡𡆥(禍).

王固(占)[曰]：[㞢(有)][希(崇)]其亦㞢(有)來艱[①].

五日丁卯子□殲[②]. 不死.

(2) 王固(占)曰：乃若偁.

(3) 王固(占)曰：㞢(有)希. 八日庚戌㞢(有)各(格)[③]云(雲)自東□(面)母.

昃亦㞢(有)出虹自北㱃(飮)[④]于河. □月.[89)]

88) ≪合集≫ ‘10405正反’과 ‘10406正反’의 내용이 같기 때문에 문자를 상호 비교할 수 있다.

89) 우리말 해석은 王宇信≪甲骨文精粹釋譯≫, 211-212片 참고.

(1) 계해일에 각𣪘이 점을 쳐 묻습니다. 십 일 이내에 재앙이 없을까요? 왕이 점괘를 보고 말하였다. 재앙이 있고 또한 어려운 일이 있을 것이다.

오일 후 정묘일에 상왕의 아들 (古)가 의식이 혼미해지나 죽지는 않는다.

(2) 점을 칠 때의 내용과 같은 결과가 발생하였다.

(3) 상왕이 직접보고 판단하기를 이번에 재앙이 있을 것이다 하였다.

팔일 후 경술일에 동쪽 면모(面)母로부터 구름이 몰려올 것이고, 태양이 기울 무렵에 북쪽으로부터 무지개가 뜨고, 그 무지개는 황하黃河의 물을 마시는 형상일 것이다. □月.

[설명]

① '艱': ''자는 '艱(어려울 간, jiān)'이나 혹은 '嬉(즐길 희, xī)'자로 석문하기도 한다.[90] ≪설문해자≫는 '(艱)'자에 대하여 "땅을 일구기 힘들다는 뜻이다. 의미부'堇'과 소리부'艮'으로 이루어진 자이다. 주문은 '喜'를 써서 '(囏)'자로 쓰기도 한다."라 하였다.[91] 갑골문에서 '화환禍患'·'화난禍難'의 의미로 쓰인다.

② '𣧋': 왕우신王宇信 ≪석역釋譯≫은 '𣧋'자의 음은 '明'이고, "혼미해져 보이지 않다"[92]는 의미로 해석하였다.[93] 그러나 팽방형彭邦炯 ≪의학자료醫學資料≫는 '사명死命'이나 '명사命死'의 합문으로 본 구절은 "아들 古는 본래 죽을병에 걸렸으나 죽지 않았다"의 뜻이라 하였다.[94]

③ '各(格)': '各'자는 '格'으로 읽는다. 다음 구절의 '出'자와 반의어로 '내려오다'의 뜻이다.

④ '畬(飮)': '畬(飮)'자를 갑골문은 일반적으로 '·····'으로 쓰고[95], 금문은 ''으로 쓰기도 한다.[96]

---

90) ≪甲骨文字典≫, 1464 쪽, '艱'자 참고.

91) ≪說文解字≫: "艱, 土難治也. 从堇, 艮聲. (囏), 籀文艱从喜."

92) "昏冥看不見."

93) 王宇信 ≪譯釋≫, '211反', 1516 쪽.

94) 彭邦炯≪醫學資料≫, '859片', 159 쪽. "子古本來該死而沒有死."

95) ≪甲骨文編≫, 369 쪽.

96) ≪金文編≫, 623 쪽. 1003 쪽.

3. ≪合集≫'10406 正反'

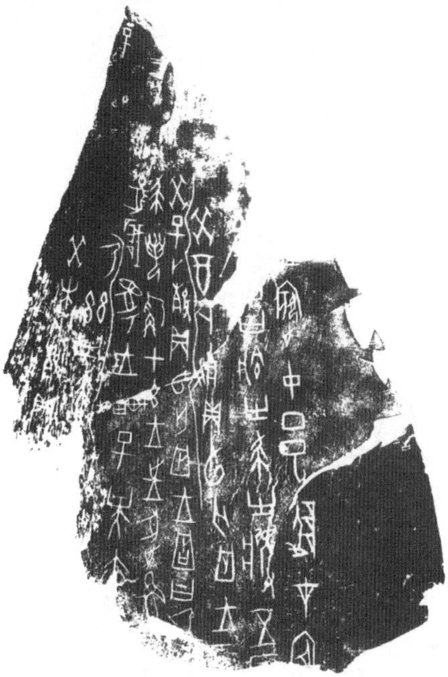

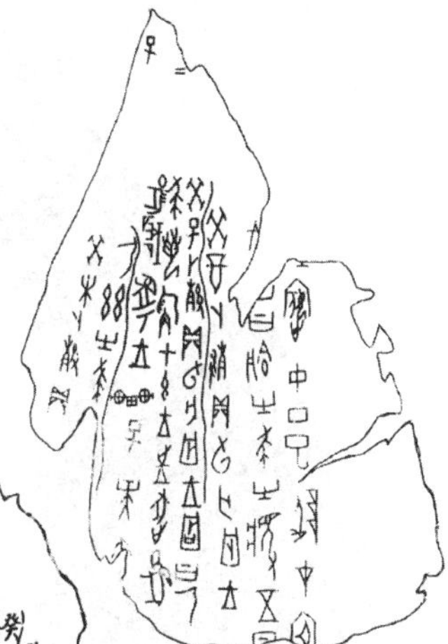

摹片 212 (正)

片形 212 (正)

正

(1)

癸酉卜, 㱿貞: 旬亡𡆥(禍). 王二曰匄(亡). 王𡆥(占)曰: 艅. 㞢(有)希㞢(有)𤸫(痡). 五日丁丑, 王嬪中丁, 厥(蹶)[97]险(仄)在𡧊(庭)阜. 十月(十月). 二. 二告.

(2) 癸未卜, 㱿貞: 旬亡𡆥(禍). 王𡆥(占)曰: 往. 乃丝(兹)㞢(有)希(祟). 六日戊子子弜(彈)死. 一月.

(3) 癸巳卜, 㱿貞: 旬亡𡆥(禍). 王𡆥(占)曰: 乃兹亦㞢(有)希(祟). 若偁, 甲午王往逐兕, 𦣻(小臣)叶車馬, 硪. 馭王車[98]子央亦墜.

(4) 癸巳.

97) 胡厚宣 ≪釋文≫은 '厥'자를 '巳'로 예정하고 있다.

98) 胡厚宣 ≪釋文≫은 '車'자를 ''로 석문하였다.

≪合集≫'10406 反'

摹片 212 (反)

片形 212 (反)

反

(1) 癸亥卜, 散貞: 旬亡囚(禍). 王固(占)曰: 㞢(有)希(祟). 其亦㞢(有)來艱. 五日丁卯子殲. 不死.

(2) 王固(占(曰: 㞢(有)希(祟). 八日庚戌㞢(有)各(格)雲自東(面)母. 昃亦㞢(有)虹自北㱃(飲)于河.

(3) 인체

본 내용에서는 사람과 관련이 있는 한자에 대하여 살펴보도록 한다.

【人(사람 인, rén)】

[說文] : "(人), 天地之性最貴者也. 此籒文, 象臂脛之形."

人. 천지에 존재하는 생명체 중 가장 존귀한 자이다. 이 자는 주문에 해당된다. 팔과 다리의 형태를 그린 것이다.

人						
	商 甲骨文	西周 大盂鼎	戰國 包山楚簡	西周 散氏盤	春秋 侯馬盟書	秦 睡虎地秦簡

	西漢 銀雀山竹簡	東漢 史晨後碑	東晉王羲之 十七帖	唐懷素 自敍帖	東晉王羲之 集字聖敎序	隋 蘇孝慈墓誌

≪宋高宗書孝經, 馬和之繪圖冊≫ 중 일부(사람이 서있는 모습)

'人'자는 '夷'자의 가차자로 쓰이기도 한다.

"伐十人."(≪屯南≫2343) 열 명을 베다.

“歲三羌三小宰.”(≪合集≫0400)

강족 세 사람과 우리의 갇힌 작은 양을 사용하여 세제를 지낼까요?

“王正(征)人方.”(≪英≫2524) 왕이 동이족을 정벌하다.[99]

“㚏(夙)夕㽙(召)我一人㞶(蒸)亖(四)方”≪大盂鼎≫

이른 새벽부터 저녁 늦게까지 내 자신의 통치를 보좌하여야만 한다.[100]

[인사유명人死有名] [안하무인眼下無人][101] [선부인先夫人][102] [영부인令夫人][103]

【匕(비수 비, bǐ), 妣(죽은 어미 비, bǐ)】

[說文] : “(匕), 相與比敘也. 从反人. 匕, 亦所以用比取飯. 一名柶.”

匕. 서로 비교하여 서술하다. 사람이 반대 방향으로 서있는 형상이다. ‘匕’자를 사람이 이를 사용하는 밥을 먹을 용구인 ‘柶(수저 사, sì)’의 모양이라고도 한다.[104]

[說文] : “(妣), 歿母也. 从女, 比聲. (𡚱), 籒文妣省.”

妣. 돌아가신 어미. 의미부 ‘女’와 소리부 ‘比’로 이루어진 형성자이다. 주문은 생략하여 ‘𡚱’로 쓴다.

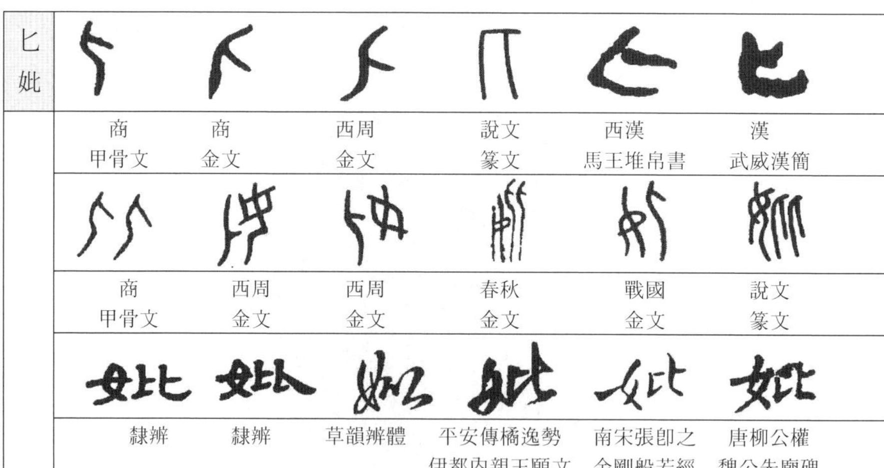

99) ‘人’자는 ‘夷’자의 가차자로 쓰인다.

100) ‘余一人’은 천자天子 자신을 가리킨다.

101) ‘방약무인傍若無人’. ‘안중무인眼中無人’. ‘오만불손傲慢不遜’.

102) 돌아가신 남의 어머니.

103) 신분이 높은 사람의 아내를 높여 부르는 말.

104) ‘비수匕首’는 양날을 가진 단검으로 가장 일반적인 암기이다. ‘비수’도 일종의 기구이다.

고문자 ‘匕’자는 ‘수저의 모양’ 혹은 ‘여인이 무릎을 앞으로 내밀고 앉아 있는 모습’이라고 주장하기도 한다. 이 자는 여인이 공손하게 앉자 있는 모습이 아닌가한다. ‘人’자는 왼쪽을 향하여 서있는 형상이고, ‘匕’는 오른쪽을 향하여 앉아 있는 모습이다. 형태적으로 ‘匕’와 ‘人’의 구별이 쉽지 않기 때문에, 후에 ‘女’를 추가하여 ‘妣’로 쓰고, 두 명 이상의 여인의 모습을 표현하기 위하여 ‘匕’를 추가하여 ‘比’로 쓰거나, ‘比’자는 여인과 관련된 자이기 때문에 ‘女’를 추가하여 ‘妣(어미 비, bǐ)’로 쓰게 되었다. ‘比’자는 또한 여자들이 함께 앉아 있기 상호 비교할 수 있어 ‘비교하다’라는 의미로 파생되어 쓰인다.

고문자 ‘匕’자는 ‘수저’의 형상과 비슷하기 때문에 한대漢代 이후에 잘못 해석한 것으로 보인다. ‘’자는 원래 또한 수저라는 의미로 쓰였으나, ‘匕’자와 혼동하기 쉽기 때문에, 소리부 ‘是’를 추가하여 ‘匙(숟가락 시, chí,shi)’자로 쓰게 되었다.

금문은 ‘妣’자를 ‘’·‘’로 쓴다.

“且(祖)匕(妣)父母.”≪父辛卣≫ 돌아가신 선조先祖와 부모.

[조비祖妣][105] [선비先妣] [고비考妣][106] [고서비동考西妣東][107] [현비顯妣][108]

【比(견줄 비, bǐ,bì)】

[說文]: “(比), 密也. 二人為从, 反从為比. 𠤎, 古文比.”

比. 친밀하다’의 뜻이다. 두 사람이 함께 가는 모습이다. ‘从’자와 ‘比’자는 사람의 서 있는 모습이 반대 방향이다. 고문은 ‘’로 쓴다.

比	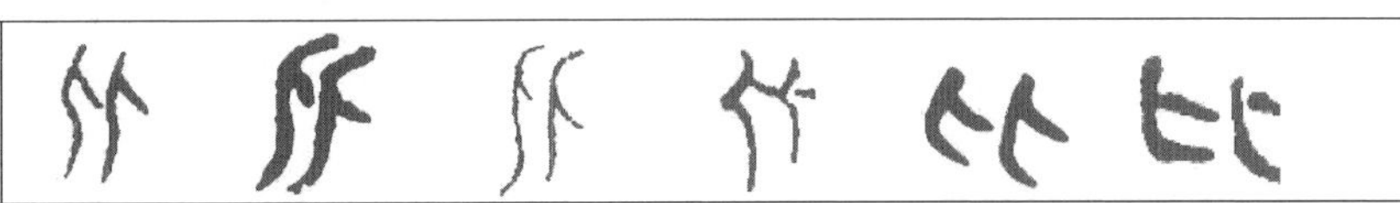					
	商 甲骨文	西周 金文	西周 金文	戰國 包山楚簡	秦 睡虎地秦簡	西漢 銀雀山竹簡

105) 돌아가신 할머니.
106) 돌아간 아버지와 어머니.
107) 제사祭祀 지낼 때, 아버지 신위神位는 서쪽, 어머니 신위神位는 동쪽에 모시다.
108) 축문祝文이나 신주神主에서 돌아간 어머니를 이르는 말.

漢 敦煌漢簡	東漢 史晨前碑	吳 皇象 急就章	隋智永 關中本千字文	東晉王羲之 集字聖教序	隋 太僕卿元公墓誌

'比'자와 '从'자와의 상호 구별을 위하여 후에 '辵'을 추가하여 '從'자로 쓴다.

[비구오덕比丘五德][109][비옥가봉比屋可封][110] [比之於木同根異枝비지어목동근이지][111]

【从(從)(좇을 종, cóng)】

[說文] : "(从), 相聽也.[112] 从二人."

从. 서로 좇다. 두 개의 '人'으로 이루어진 자이다.

[說文] : "(從), 隨行也. 从辵·从, 从亦聲."

從. 따르다. '辵'과 '从'으로 이루어진 회의자이다. '从'은 또한 소리부이기도 하다.

从

商 甲骨文	商 甲骨文	商 金文	戰國 郭店楚簡	漢印

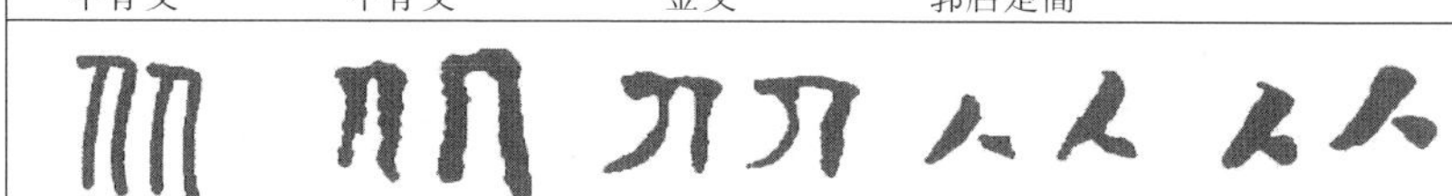

說文篆文	東晉 朱曼妻薛買地劵	清 鄭簠	清 朱奋	清 何紹基

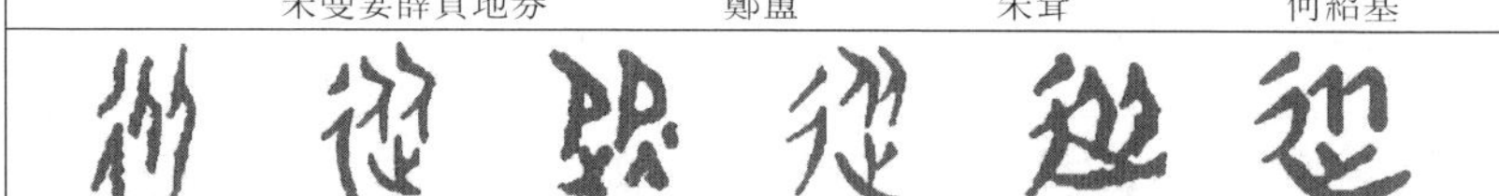

商 甲骨文	西周 金文	西周 散氏盤	春秋 侯馬盟書	戰國 包山楚簡	秦 睡虎地秦簡

109) 비구가 갖추어야 할 다섯 가지 덕. 포마怖魔(마귀를 두렵게 하다), 걸사乞士(사유 재산을 모아두지 않고 걸식하며 살아가는 것), 정계淨戒, 정명淨命, 파악破惡 등.

110) 집마다 가히 표창할 만한 인물이 많다는 뜻. 백성이 모두 성인의 덕에 교화되어 어진 사람이 많음을 이르는 말.

111) 이를 나무에 비기면 같은 뿌리에서 뻗은 가지. '比之於水同源異流비지어수동원이류', 이를 물에다 비기면 같은 수원에서 갈린 다른 흐름. '同源異流'. '同源異派'.

112) '相聽'은 '相從'과 같은 뜻이다.

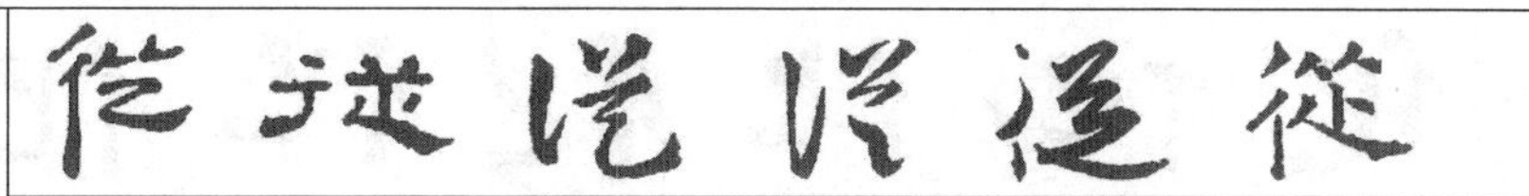

西漢	東漢	吳皇象	東晉王羲之	東晉王珣	唐
銀雀山竹簡	史晨前碑	急就章	十七帖	伯遠帖	昭仁寺碑

단옥재段玉裁 ≪설문해자주說文解字注≫는 "'从'자는 지금의 '從'자와 같은 자이다. '從'자가 쓰이게 되자 '从'자를 쓰지 않게 되었다. ……≪설문해자≫에서 '从某'라고 쓰는 구절은 대서본은 '从'으로 쓰지만, 소서본은 '從'자로 쓴다."하였고, 서호徐灝≪설문해자전說文解字箋≫은 "'从'과 '從'은 古今字이며, '말을 따르다(相聽)'는 '좇다(相從)'의 의미와 같다."라 하였다. ≪옥편玉篇≫은 "'从'자는 현재는 '從'자로 쓴다."라 하였다.[113] 초기 갑골문과 금문에서 '从'자와 '比'자는 사실상 같은 자이다. 후에 분화되어 '비교하다'의 의미와 '따르다'의 의미로 각각 쓰이게 되었고, '따르다'는 문자의 형태 구별을 위하여 '辶'을 추가하여 '從'로 쓰게 되었다.

[종전從前] [종사從事] [복종服從] [종업원從業員] [면종복배面從腹背][114] [여필종부女必從夫] [유유상종類類相從]

【化(될 화, huà,huā)】

[說文]: "𠤎(化), 教行也. 从匕, 从人, 匕亦聲."

化. '교화하여 선한 행동하도록 하다'라는 뜻이다. '匕'와 '人'로 이루어진 회의자이며, '匕' 또한 소리부이기도 하다.

化

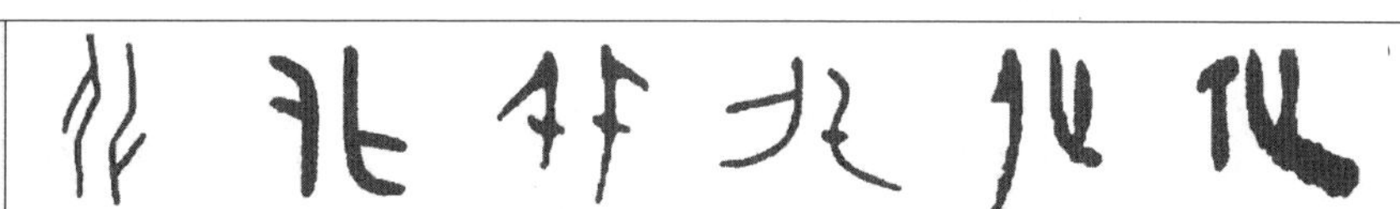

商	西周	春秋	戰國	戰國	西漢
甲骨文	金文	侯馬盟書	金文	郭店楚簡	馬王堆帛書

113) 段玉裁≪注≫: "从者, 今之從字, 行而从廢矣. ……許書凡云: '从某', 大徐作'从', 小徐作'從'." 徐灝箋: "从·從古今字, 相聽猶相從." ≪玉篇·从部≫: "从, 今作從."

114) '구밀복검口蜜腹劍'. '구유밀복유검口有蜜腹有劍'. '동상각몽同床各夢'. '동상이몽同床異夢'. '면종후언面從後言'. '사시이비似是而非'. '사이비似而非'. '사이비자似而非者'. '소리장도笑裏藏刀'. '소면호笑面虎'. '소중유검笑中有劍'. '양두구육羊頭狗肉'. '양봉음위陽奉陰違'. '양질호피羊質虎皮', '양의 몸에 호랑이 가죽을 걸치다라는 뜻으로, 겉모습은 화려하지만 내실이 빈약함 또는 본질이 바뀌지 않는 한 변하지 않음을 비유'.

西漢 銀雀山竹簡	東漢 史晨前碑	隋智永 關中本千字文	唐孫過庭 書譜	東晉王羲之 蘭亭敍	唐褚遂良 孟法師碑

한 사람은 똑바로 서 있고, 한 사람은 반대로 누워있는 모습이다. '변화를 주다'나 '조화를 이루다'의 파생어 의미로 쓰인다. 갑골문에서는 '禍(재화 화, huò)'의 가차자로 쓰이기도 한다. 금문은 ''으로 쓰기도 한다. 초죽서楚竹書에서는 '禍'의 가차자로 쓰이기도 한다.

"中子化用保楚王, 用正(征)梠(莒)." ≪中子化盤≫
중자화는 초왕을 도와 여莒 나라를 정벌하다.
"化(禍)莫大乎不智(知)足." ≪郭店楚簡·老子甲≫
족함을 모르는 것보다 더 큰 화는 없다.

[변화變化] [강화强化] [악화惡化] [귤화위지橘化爲枳][115)]

【北(背)(등 배, bèi,bēi)】

[說文] : "(北), 菲也. 从二人相背."
北. 서로 어긋나다. 두 사람이 서로 등을 대로 있는 모습이다.

[說文] : "(背), 脊也. 从肉, 北聲."
背, 등골. 의미부 '肉'과 소리부 '北'으로 이루어진 형성자이다.

北

商 甲骨文	西周 大克鼎	西周 金文	古璽	戰國 包山楚簡	秦 睡虎地秦簡

西漢 銀雀山竹簡	東漢 史晨前碑	東晉王羲之 澄淸堂帖	唐孫過庭 書譜	東晉王羲之 興福寺斷碑	北魏 元顯儁墓誌

115) 강남江南의 귤을 강북江北에 옮겨 심으면 탱자가 된다. 사람도 장소場所나 환경環境에 따라 완전完全히 달라진다. '강남귤화위지江南橘化爲枳.'

‘北’자는 원래 ‘背(등 배, bèi, bēi)’자의 초문이다. 동서남북이 방향을 표시하는 뜻으로 가차되어 쓰이자, ‘月(肉)’을 추가하여 ‘背’로 쓴다.

“癸亥卜，今日雨. 其自西來雨，其自東來雨，其自北來雨，其自南來雨.”(≪合集≫12870甲)
점을 쳐 묻습니다. 오늘 비가 올까요? 서쪽으로부터 오는 비 일까요? 동쪽으로부터 오는 비 일까요? 북쪽으로부터 오는 비 일까요? 남쪽으로부터 오는 비 일까요?

“庚寅貞王其征北方.”(≪屯南≫1066)
경인일에 점을 칩니다. 왕이 북방을 장차 정벌할까요?

“北土受年，吉.”(≪合集≫36975)
북쪽 땅이 풍년이 들고, 길하다.

“南宮乎入右善夫山入門，立中廷，北鄕(嚮).”≪善夫山鼎≫
남궁호은 선부산膳夫山을 도와 문으로 들어와 내실 중앙에서 북향을 향해 섰다.

[남남북녀南男北女] [태산북두泰山北斗][116] [남귤북지南橘北枳][117] [배경背景] [위배違背] [배반背反] [배수진背水陣] [이율배반二律背反][118]

【大(큰 대, dà,dài)】

[說文]：“大(大), 天大·地大·人亦大, 故大象人形.”

大. 하늘과 땅과 사람 모두가 크기 때문에, ‘大’자는 사람의 형상으로 표현하였다.

大	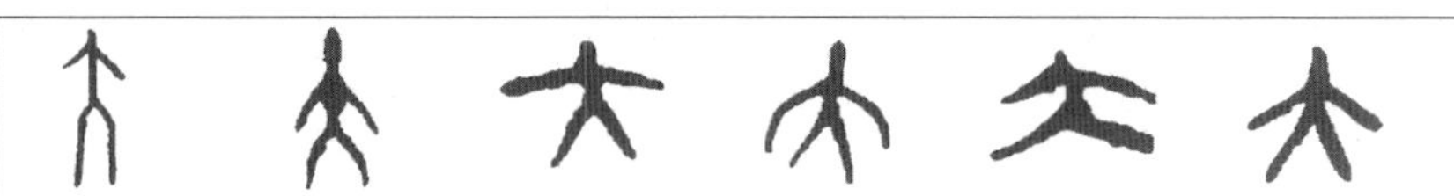					
	商 甲骨文	商 戍嗣子鼎	西周 散氏盤	春秋 侯馬盟書	戰國 包山楚簡	秦 睡虎地秦簡

	西漢 銀雀山竹簡	東漢 史晨前碑	西晉索靖 月儀帖	東晉王羲之 十七帖	東晉王羲之 淳化閣帖	隋 太僕卿元公墓誌

116) 중국 제일의 명산인 태산泰山과 북두성北斗星이다. 학문學問이나 예술藝術 분야分野의 대가大家. ‘산두山斗’. ‘태두泰斗’.
117) ‘강남귤화위지江南橘化爲枳’, ‘귤화위지橘化爲枳’.
118) ‘모순矛盾’. ‘자가당착自家撞着’. ‘자기모순自己矛盾’.

갑골문과 금문에서 '大'와 '太'는 같은 의미로 쓰인다. '大乙'은 '太乙'이고, 관명官名인 '大保'와 '大師'는 '太保'와 '太師'로 읽는다.

[천광자어대川廣者魚大][119] [가가대소呵呵大笑]

【夫(지아비 부, fū)】

[說文] : "(夫), 丈夫也. 从大, 一以象簪也. 周制以八寸為尺, 十尺為丈, 人長八尺, 故曰丈夫."

夫. 성인남자이다. '大'와 '一'로 이루어진 자이며, '一'은 '비녀'의 형상이다. 주나라 제도에 '8촌'이 '1척'이고, '10척'이 '1장'이다. 사람의 키가 '8척'이며 주나라 제도의 '1장'에 해당되기 때문에 '장부'라 한다.

夫	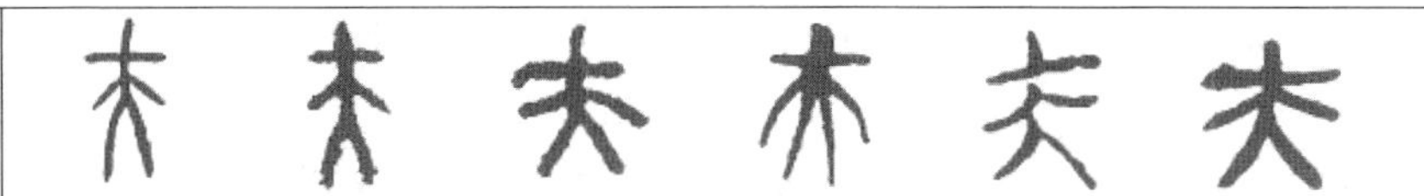					
	商 甲骨文	西周 大盂鼎	西周 散氏盤	春秋 侯馬盟書	戰國 郭店楚簡	秦 睡虎地秦簡
	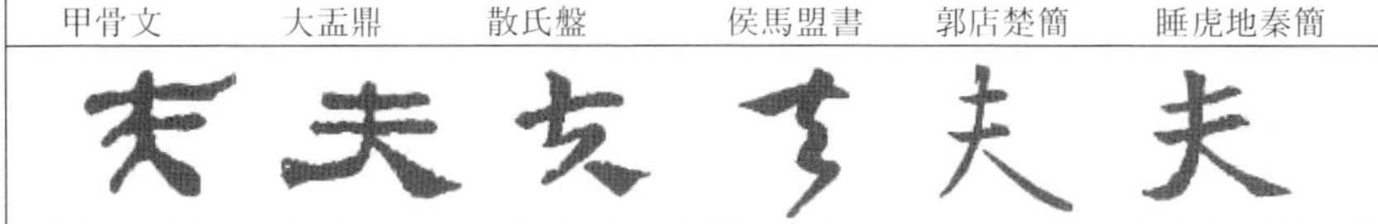					
	西漢 銀雀山竹簡	東漢 史晨前碑	吳皇象 急就章	唐孫過庭 書譜	東晉王羲之 蘭亭敍	北魏 司馬顯姿墓誌

성인이 머리에 관을 쓰고 비녀를 쓴 형상이다. '성인남자'라는 의미이외에 조사의 용법으로 가차되어 쓰인다.

[부부夫婦] [공부工夫] [부인夫人] [필부필부匹夫匹婦][120] [어부지리漁父之利][121]

119) 하천이 넓어야 큰 고기가 모여 들다.

120) 평범平凡한 남자男子와 평범平凡한 여자女子.

121) '견토지쟁犬兎之爭'. '견토지쟁犬兎之爭'. '방휼지쟁蚌鷸之爭'. '어부지리漁父之利'. '어옹지리漁翁之利'. '어인득리漁人得利'. '어인지리漁人之利'. '전부지공田夫之功'. '중국에 한자로韓子盧라는 매우 빠른 개가 동곽준東郭逡이라는 재빠른 토끼를 뒤쫓았다가 마침내 둘 다 지쳐서 죽고 말았는데, 때마침 이를 발견한 전부田夫가 힘들이지 않고 둘 다 얻었다는 고사.

≪宋高宗書孝經馬和之繪圖≫冊의 ≪諫諍章書≫ 중 일부(비녀를 꽂은 성인남자의 모습)

【天(하늘 천, tiān)】

[說文]：“(天), 顚也. 至高无上, 从一·大.”

天, 꼭대기이다. 가장 높다는 뜻이다. ‘一’과 ‘大’로 이루어진 자이다.

天						
	商 甲骨文	西周 大盂鼎	西周 史頌簋	戰國 中山王鼎	戰國 郭店楚簡	秦 睡虎地秦簡
	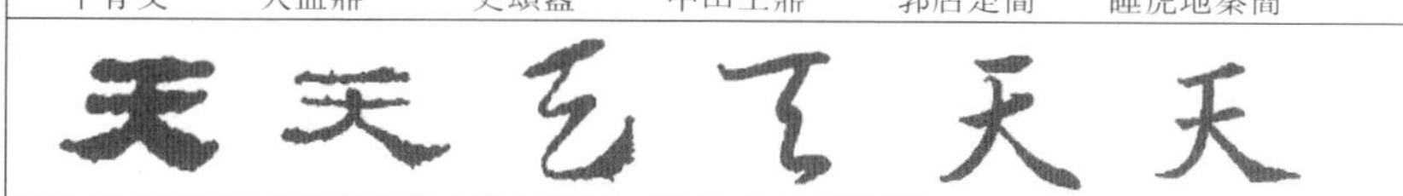					
	西漢 馬王堆帛書	東漢 史晨前碑	西晉索靖 月儀帖	唐孫過庭 書譜	東晉王羲之 蘭亭敍	隋 蘇孝慈墓誌

‘天’자의 초문은 ‘顚(꼭대기 전, diān)’이고, 꼭대기의 의미이다. 고문자에서 머리 위라는 뜻으로 상면에 ‘一’을 추가하거나 혹은 검은 점을 추가하여 썼다. 갑골문은 ‘’으로 쓰고, 금문은 ‘’으로 쓰기도 한다.

“庚辰[卜]，王弗疾朕(天).”(≪合集≫20975)

우리나라 상왕은 자신의 머리가 아프지 않을까요.

"朕皇祖受天命," ≪秦公𣪘≫

우리나라 선조는 천명을 받들었다.

[천수天壽] [지천명知天命][122] [천고마비天高馬肥] [불구대천不俱戴天][123] [파천황破天荒][124]

【光(빛 광, guāng)】

[說文] : "(光), 明也. 从火在人上, 光明意也. , 古文. , 古文."

光. 밝다. 불(火)이 사람 머리 위에 있는 형상이다. '밝고 환하다(光明)'의 뜻이다. 고문은 '𤏫'이나 '炗'으로 쓴다.

光

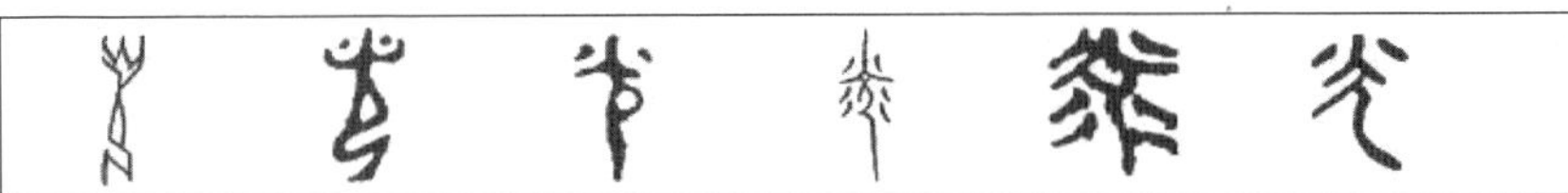

商 甲骨文	商 金文	西周 毛公鼎	金文 中山王鼎	戰國 包山楚簡	秦 睡虎地秦簡

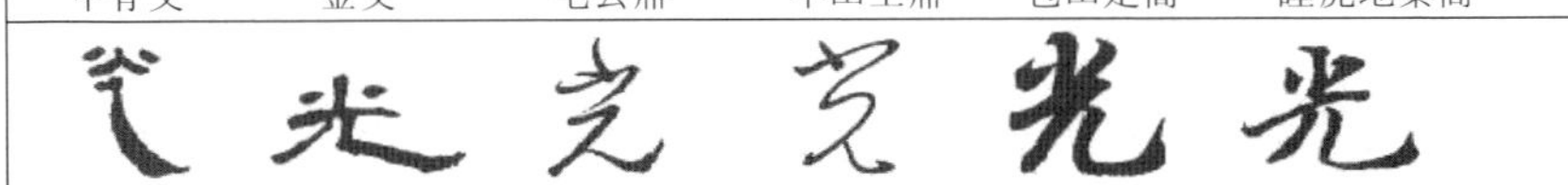

西漢 馬王堆帛書	西漢 曹全碑	東晉王羲之 興福寺斷碑	東晉 王珉	唐玄宗 鶺鴒頌	北魏 金光明經卷二

꿇어앉은 사람(卩) 머리 위에 불꽃이 있는 형상으로 '신령'이나 '밝고 훤하다'라는 뜻이다. 금문은 ''으로 쓰기도 하고, 혹은 '女'를 써서 ''으로 쓰기도 한다.

"敢對揚武公不(丕)顯耿光." ≪禹鼎≫

기꺼이 무공의 혁혁하고 빛나신 업적을 찬양하다.

[관광觀光] [영광榮光] [광음光陰] [괄구마광刮垢磨光][125] [광명정대光明正大] [극구광음隙駒光陰][126]

122) 나이 50세. 50세에 드디어 천명天命을 알게 된다는 나이.

123) '불구대천지수不俱戴天之讐'. '견원지간犬猿之間'. '대천지수戴天之讐'. '대천지원수戴天之怨讐'. '불공대천不共戴天'. '불공대천지수不共戴天之讐'. '빙탄불상용氷炭不相容'. '빙탄지간氷炭之間'.

124) 천지개벽天地開闢 이전의 혼돈한 상태狀態를 깨뜨려 연다. 이제까지 아무도 하지 않은 일을 행하다. 진사進士에 급제及第한 사람.

125) 때를 벗기고 닦아 광채光彩를 낸다. 사람의 결점缺點을 고치고 장점長點을 발휘發揮하게 하다.

126) 흘러가는 세월歲月의 빠름은 달려가는 말을 문틈으로 보는 것과 같다. 인생人生의 덧없고 짧다.

【先(먼저 선, xiān)】

[說文] : "(先), 前進也. 从儿, 从之."

先. 전진하다. '儿'과 '之'로 이루어진 회의자이다.

先	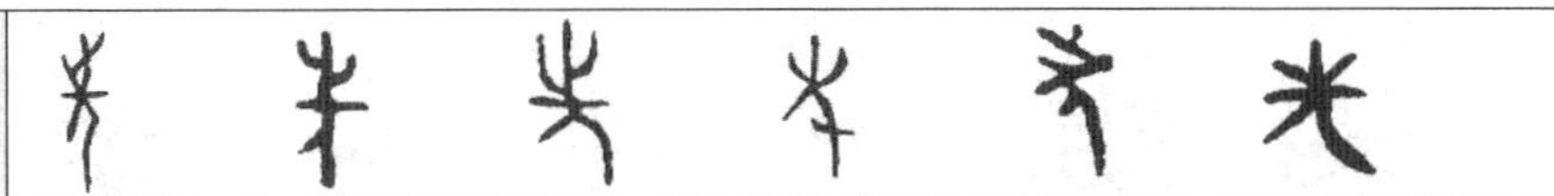					
	商 甲骨文	西周 大盂鼎	西周 㝬簋	春秋 侯馬盟書	戰國 郭店楚簡	秦 睡虎地秦簡

	西漢 馬王堆帛書	東漢 史晨前碑	東晉王羲之 喪亂帖	唐孫過庭 書譜	唐陸柬之 文賦	隋 蘇孝慈墓誌

'之'는 '止(趾, 발지, zhǐ)'와 같은 자이다. 고문자 '先'은 사람(人) 앞에 발자국(止)이 있는 형상으로 '앞에 가다'라는 뜻이다. 후에 '선지先知'나 '선각先覺'이라는 의미로 쓰이게 되었다.

"惟王亥先又(侑)."(≪合集≫34291)
먼저 왕해王亥에게 유제를 드리다.
"折首五百, 執訊五十, 是以先行." ≪虢季子白盤≫
500명의 머리를 베고 50명을 포로로 잡아 앞장서서 먼저 돌아오다.

[于先우선][127] [우선優先][128] [선조先祖] [선배先輩]

【愛(사랑 애, ài)】

[說文] : "(愛), 行皃. 从夊, 㤅聲."

愛. 은혜를 베푸는 모습이다. 의미부 '夊'와 소리부 '㤅'로 이루어진 형성자이다.

[說文] : "(㤅), 惠也. 从心, 旡聲. , 古文."

㤅. 사랑하다. 의미부 '心'와 소리부 '旡(목멜 기, jì)'로 이루어진 형성자이다. 고문은 '𢟪'로 쓴다."

127) 무엇보다도 먼저.
128) 다른 것보다 앞서다.

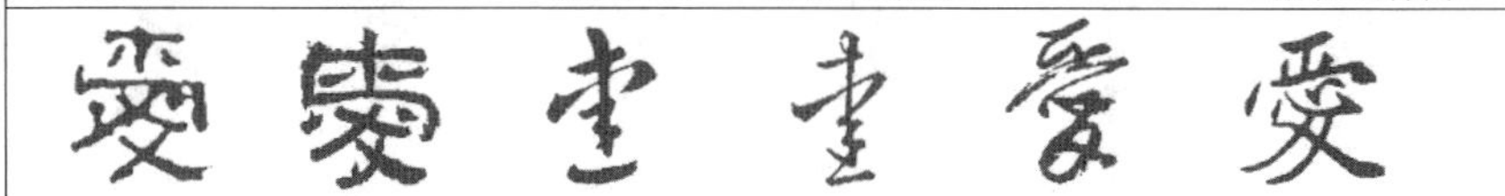

愛					
春秋 妾子蚉壺	戰國 中山王方壺	戰國 郭店楚簡	秦 睡虎地秦簡	說文篆文	西漢 銀雀山竹簡
東漢 武氏祠畫像題字	東漢西狹頌	東漢 張芝	東晉王羲之 十七帖	唐顔眞卿 祭姪文稿	隋唐 房山雲居寺石經

‘愛’와 ‘㤅’는 같은 자이다. ‘旡’자는 ‘旣(이미 기, jì)’와 같은 의미로 쓰인다. ‘(旣)’ 자를 갑골문은 ‘’로 쓰고, 금문은 ‘’로 쓴다. 음식을 다 먹고 고개를 돌려 나가려고 하는 모습이다. ‘㤅’는 ‘고개를 돌려 보고 싶은 사람을 기다리거나 보는 모습’이고 ‘愛’는 ‘고개를 돌려 좋아하는 그를 향해 가는 마음’을 형상화한 것이다. ≪수호지진간睡虎地秦簡≫에서는 ‘止’가 추가되어 ‘愛’로 쓴다.

[영애令愛] [우애友愛] [애국愛國] [감당지애甘棠之愛][129] [애지중지愛之重之] [경천애인敬天愛人] [지독지애舐犢之愛][130]

【兄(맏 형, xiōng)】

[說文] : “(兄), 長也. 从儿, 从口.”

兄. ‘큰 사람’이라는 뜻이다. ‘儿’과 ‘口’로 이루어진 회의자이다.

兄					
商 甲骨文	西周 令簋	西周 金文	春秋 侯馬盟書	戰國 郭店楚簡	秦 睡虎地秦簡

129) 선정善政을 베푼 인재人材를 사모思慕하는 마음이 간절懇切함을 비유. 주周나라의 소공召公이 베푼 선정에 백성百姓들이 감동感動하여 그가 쉬어 갔다는 팥배나무를 소중하게 받들었다고 한다.

130) 지독지정舐犢之情. 어미 소가 송아지를 핥아 주는 사랑. 부모父母의 자식子息에 대한 사랑.

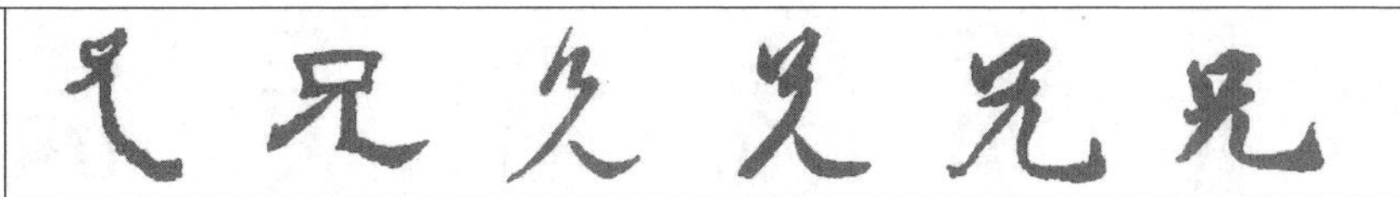

西漢 馬王堆帛書	魏 正始石經	東晉 王獻之	隋智永 眞草千字文	唐顔眞卿 祭伯文稿	唐寫經 春秋左傳昭公

고문자 '兄'은 '머리가 큰 사람'의 모습이다. 후에 나보다 큰 사람인 '형'이라는 뜻으로 쓰인다. 혹은 '사람이 기원하는 모습'인 '祝'자의 초문이라는 주장도 있다. 일반적으로 제사는 집안에서 큰 장자가 주관하기 때문에 후에 '형'이라는 의미로 파생된 것으로 본다. 금문에서는 '貺(줄 황, kuàng)'자의 가차자로 쓰이기도 한다.

"丁丑卜，㞢(侑)兄甲."(≪合集≫2870)
정축일에 점을 칩니다. 형 갑에게 유제侑祭를 지낼까요?
"用樂嘉賓父䛪(兄)及我倗友."≪王孫遺者鐘≫
그럼으로써 귀빈과 백숙伯叔과 형제들과 친구와 모두를 즐겁게 하고자 한다.
"令乍(作)冊折兄(貺)望土于相侯."≪作冊折方彝≫
작책作冊 절折로 하여금 망지望地의 땅을 상후相侯에게 하사하도록 하였다.

[아형雅兄][131) [인형仁兄][132) [대형大兄][133) [난형난제難兄難弟][134) [결의형제結義兄弟]

【長(길 장, cháng,zhǎng)】

[說文]："(長), 久遠也. 从兀, 从匕. 兀者, 高遠意也. 久則變化. 亾聲. 者倒亾也. , 古文長. , 亦古文長."

長. 오래되고 멀다. '兀(우뚝할 올, wù,wū)'과 '匕'로 이루어진 회의자이다. '兀'은 멀다는 뜻이다. 오래 되어야 변한다는 의미이다. 소리부는 '亾'이다. ''은 '亾'자가 거꾸로 된 형상이다. 고문은 '𠑷'이나 '镸'으로 쓴다.

131) 남자男子 친구끼리 상대자相對者를 높여 부르는 말.
132) 벗에 대한 높임말, 친구親舊끼리 상대편相對便을 대접待接하여 부르는 인칭人稱 대명사代名詞.
133) 친구親舊 간에 편지便紙할 때 벗을 높이어 쓰는 말.
134) '난위형난위제難爲兄難爲弟'.

長						

	商 甲骨文	西周 史墻盤	西周 金文	戰國 中山王鼎	古璽	秦 睡虎地秦簡

	西漢 馬王堆帛書	東漢 禮器碑	吳皇象 急就章	唐孫過庭 書譜	東晉王羲之 蘭亭敍	唐歐陽詢 溫彦博碑

고문자 '長'은 '머리가 길게 자란 모습'이다. 후에 '크다'·'나보다 윗사람' 등의 의미로 쓰인다. ≪중산왕정中山王鼎≫의 자형은 '立'를 추가하여 쓴다.

"文武長剌烈. ≪史牆盤≫

주나라 문왕과 무왕은 영원하고 훌륭한 업적을 닦으셨다.

[장관長官] [성장成長] [총장總長] [회장會長] [절장보단絕長補短][135] [알묘조장揠苗助長] [교학상장教學相長]

【老(늙은이 노, lǎo)】

[說文] : "(老), 考也. 七十日老. 从人·毛·匕. 言須髮變白也."

老, 나이든 사람이다. 나이 칠십세를 '老'라 한다. '人'·'毛'와 '匕'로 이루어진 자이다. 수염과 모발이 하얗게 변한 것을 말한다.

老						
	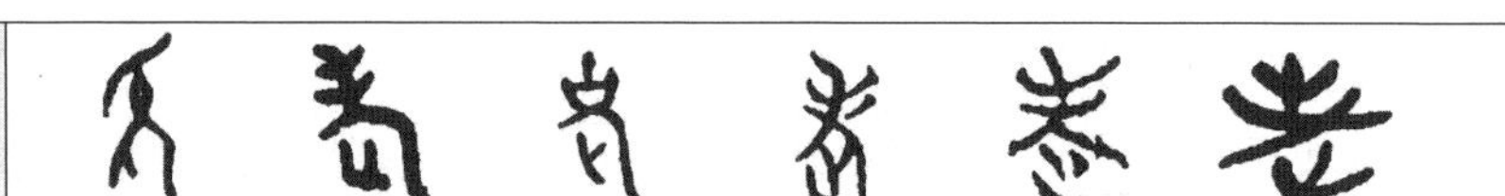					
	商 甲骨文	春秋 金文	春秋 金文	春秋 侯馬盟書	戰國 包山楚簡	秦 睡虎地秦簡
	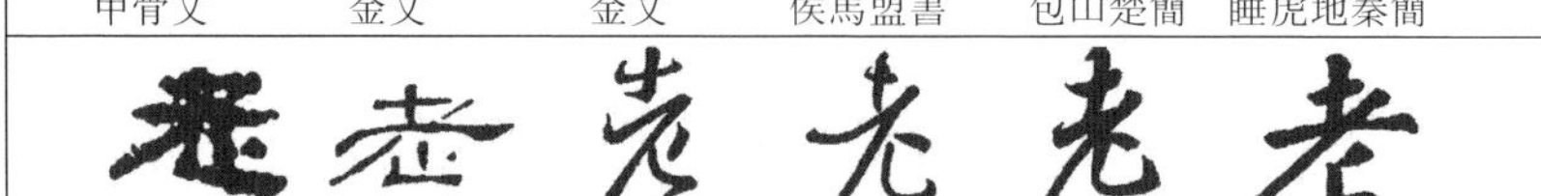					
	漢 武威漢簡	東漢 曹全碑	王羲之 十七帖	孫過庭 書譜	王羲之 蘭亭序	智永 關中本千字文

135) 긴 것을 잘라서 짧은 것을 보충하다. 부족한 것을 보충하다. '절장보단截長補短'.

갑골문의 '老'자는 노인이 지팡이에 의지한 모습이다. 금문에서는 윗부분이 '毛'이고, 지팡이 부분이 '匕(止)'나 혹은 '丂'로 변하였다. '匕'로 변하는 것은 '老'자이고 '丂'로 변한 것은 '考'자가 된 것이다. 갑골문은 ''·''로 쓰기도 한다.

"天子不忘其又(有)勛, 使其老簸(策)賞中(仲)父." ≪中山王方壺≫

천자는 그 공로를 잊지 않고 대신大臣을 파견하여 중부仲父(相邦 賙)를 책명으로 하사하다.

"卿乍厥老(考)尊彝." ≪卿卣≫

경은 부친을 위하여 존귀한 이기彝器를 만들다.

[원노元老] [노련老鍊] [남녀노소男女老少] [해로동혈偕老同穴][136]

【考(상고할 고, kǎo)】

[說文] : "(考), 老也. 从老省, 丂聲."

考, 늙다. 의미부 '老'의 생략형과 소리부 '丂'로 이루어진 형성자이다.

'考'는 뜻은 '부친'이다. 서주 초기에 '老'자가 '연로하다(年老)'나 '부친'이라는 뜻으로 쓰이기 때문에 이를 구별하기 위하여 '丂'자를 추가하여 '考'자로 쓰게 되었다. 금문에서는 '皇考'·'壽考'·'文考'·'祖考' 등이 부친이라는 뜻으로 쓰인다.

"其用追孝于皇考己白(伯)." ≪兮仲鐘≫

이 종을 이용하여 이미 작고하신 부친 이백己伯에게 효경하고자 한다.

---

136) 부부夫婦가 한평생을 같이 지내며 같이 늙고 죽어서는 같이 무덤에 묻힌다. '백년해로百年偕老'.

[고려考慮] [사고思考] [재고再考] [참고參考] [조고祖考] [왕고王考][137] [선고先考][138]

【亢(목 항, gàng)】

[說文] : “(亢), 人頸也. 从大省, 象頸脈形. 頏, 亢或从頁.”

亢. 사람의 목이다. ‘大’자의 생략형과 목의 동맥의 모양인 ‘几’로 이루어진 자이다. ‘亢’의 혹체는 ‘頁’을 사용하여 ‘頏’으로 쓴다.

亢	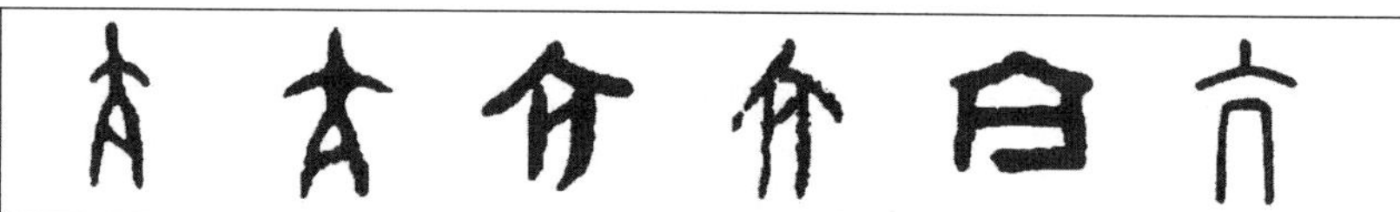					
	商 甲骨文	西周 令方鼎	秦 睡虎地秦簡	西漢 馬王堆帛書	漢印	說文篆文
	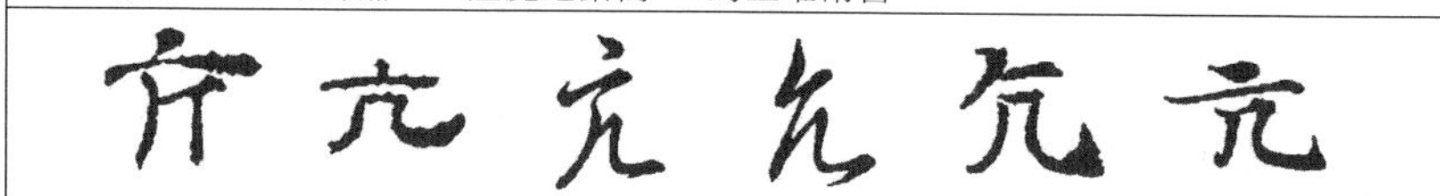					
	東漢 西嶽華山廟碑	東漢 子游殘碑	草韻辨體	草韻辨體	唐 昭仁寺碑	唐 南華眞經

‘亢’자는 ‘頏(목 항, háng)’자의 초문이다. 금문은 ‘’·‘’으로 쓰기도 한다. 금문에서는 인명 이외에 ‘衡’자의 가차자로 쓰인다.

“赤市(韍)幽亢(衡).” ≪趞簋≫

적색의 폐슬과 짙은 검은 색의 띠를 하사하다.

[항룡유회亢龍有悔][139]

【立(설 립, lì)】

[說文] : “(立), 住也. 从大, 立一之上.”

立. 서있다. ‘大’가 땅을 표시하는 ‘一’ 위에 서 있다는 회의자이다.

137) 조고祖考와 왕고王考는 모두 돌아가신 할아버지를 가리킨다.

138) 돌아가신 아버지.

139) 항룡은 하늘에 오른 용이다. 전체적으로 하늘에 오른 용은 뉘우침이 있다는 뜻이다. 하늘 끝까지 올라간 용이 더 올라갈 데가 없어 다시 내려올 수밖에 없듯이, 부귀富貴가 극에 이르면 몰락沒落할 위험危險이 있음을 경계警戒하는 말이다.

立						
	商 甲骨文	西周 金文	西周 史頌簋	戰國 中山王方壺	戰國 郭店楚簡	秦 睡虎地秦簡
	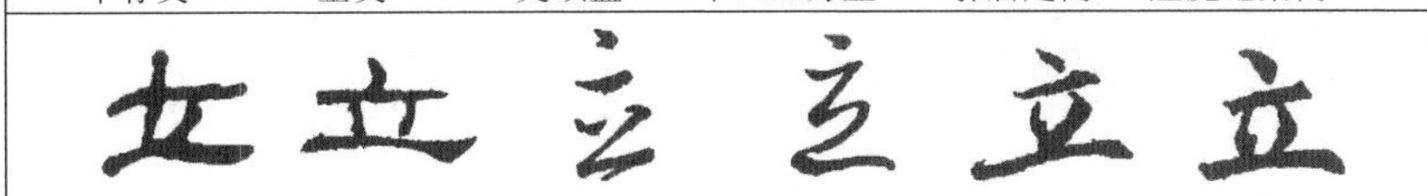					
	西漢 銀雀山竹簡	東漢 禮器碑	東晉王羲之 十七帖	唐孫過庭 書譜	唐陸柬之 賦	唐歐陽詢 皇甫誕碑

'立'자는 원래 '大'로 쓴다. 금문은 ''·'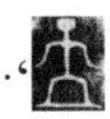'으로 쓰기도 한다.

"入門, 立中廷." ≪善夫山鼎≫
　문안으로 들어가 내실 중앙에 서다.

[입춘대길立春大吉] [고립무원孤立無援] [학립군계鶴立群鷄] [불립문자不立文字][140)]

【並(竝, 아우를 병, bìng)】

[說文] : "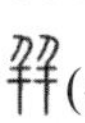(并), 相從也. 从从, 幵(평평할 견 jiān)聲. 一曰从持二為并."

并. 서로 따라가다. 의미부 '从'과 소리부 '幵'로 이루어진 형성자이다. 또는 '从'이 '二'를 들고 있는 것이 '并'이라 하기도 한다.

並 (竝)						
	商 甲骨文	商 金文	西周 金文	春秋 侯馬盟書	戰國 中山王方壺	秦 睡虎地秦簡
	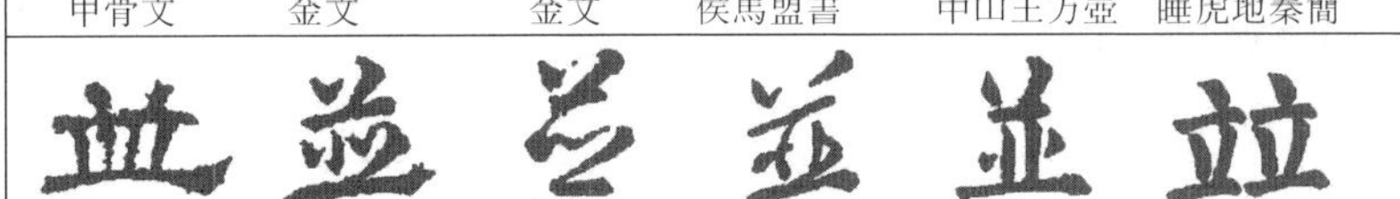					
	東漢 曹全碑陰	吳皇象 急就章	隋智永 關中本千字文	唐顔眞卿 祭伯文稿	唐歐陽詢 九成宮醴泉銘	唐歐陽詢 顔氏家廟碑

140) 문자文字에 의하여 교教를 세우는 것이 아니다. 이심전심以心傳心과 함께 선종禪宗의 처지處地를 나타내는 오도悟道의 방법.

‘并’자는 ‘倂’자와 같은 자이다. ‘并’자는 ‘並’·‘竝’자의 간체자이다.
두 사람이 정면으로 서있는 모습이다. ‘병렬竝列’·‘並排’ 등의 뜻이 있다.

[합병合倂] [병합倂(竝)合] [합병증合倂症] [청탁병탄淸濁倂呑][141] [폭주병진輻輳(湊)并臻][142]

【鬥(鬬, 싸움 투, dòu,dǒu)】

[說文] : “(鬥), 兩士相對, 兵杖在後, 象鬥之形.”

鬬. 두 사람이 서로 맞잡고 있는 모습으로 뒤에 무기를 가지고 서로 싸우는 형상이다.

鬥				
	商 甲骨文	商 甲骨文	說文篆文	淸 何紹基

‘鬥’자는 혹은 ‘鬪’·‘鬭’로 쓰기도 하고, 간체자는 ‘斗’로 쓴다.
≪설문해자≫는 다투는 사람이 뒤에 무기를 지니고 있는 형상이라 하였다. 갑골문은 두 사람이 서로 맞잡고 싸우는 형상이지만, 뒤에 무기를 가지고 있는 모습은 아니다. 갑골문에서는 지명 ‘郖(나루터 이름 두, dōu)’자의 가차자로 쓰인다.

“貞朕芻于鬥(郖).”(≪合集≫152正)
우리는 두지郖地에서 꼴을 벨까요?

[투쟁鬪爭] [곤수유투困獸猶鬪][143] [투혼鬪魂] [고군분투孤軍奮鬪] [악전고투惡戰苦鬪] [이전투구泥田鬪狗]

---

141) 맑은 것과 탁한 것을 함께 삼킨다. 선악善惡을 가리지 않고, 있는 그대로 받아들이다. 도량度量이 크다. ‘폭주병진輻湊并臻’, ‘수레의 바퀴통에 바퀴살 모이듯 한다는 뜻’. 많이 몰려듦을 이르는 말. ‘湊’는 ‘輳’로도 쓴다.

142) 수레바퀴의 살이 바퀴통에 모이듯 한다. 한곳으로 많이 몰려들다.

143) 위급危急한 경우에는 짐승일지라도 적을 향해 싸우려 덤빈다. 궁지窮地에 빠지면 약한 자가 도리어 강한 자를 해칠 수 있다. ‘궁구막추窮寇莫追’. ‘궁구물박窮寇勿迫’. ‘궁구물추窮寇勿追’. ‘궁서막추窮鼠莫追’. ‘궁서설묘窮鼠囓(齧)猫’.

【衆(무리 중, zhòng,zhōng)】

[說文] : “(眾), 多也, 从㐺·目, 眾意.”

衆. 많은 사람이 모여있다. ‘㐺’과 ‘目’으로 이루어진 회의자이다. 대중이라는 뜻이다.

衆						

	商 甲骨文	西周 金文	西周 曶鼎	春秋 侯馬盟書	戰國 郭店楚簡	秦 睡虎地秦簡

	西漢 銀雀山竹簡	東漢 武氏祠畫像題字	吳皇象 急就章	唐孫過庭 書譜	東晉王羲之 集字聖教序	隋 蘇孝慈墓誌

갑골문은 ‘태양(日)’이 뜨자 노동일을 하기 위하여 많은 사람이 모이는 모습이다. 혹은 자부 ‘日’을 ‘口’자로 이해하고 ‘대중의 의견’이라는 뜻으로 해석하기도 한다. 갑골문에서는 하층계급의 민중이라는 뜻으로 쓰인다.

“[王]大令眾人曰: 協田, 其[受]年.”(≪合集≫1)

대대적으로 민중에게 명령을 내려 농경지를 협동 경작하면 풍년이 들것이다.

“匡眾氒(厥)臣廿夫, 寇曶禾十秭.”≪曶鼎≫

광匡의 하인과 신하 20여 명이 물曶의 벼 열 자秭를 빼앗아갔다.

[공중公衆] [대중大衆] [민중民衆] [군중群衆] [염화시중拈花示衆][144] [출중出衆] [중과부적衆寡不敵][145]

【祖(조상 조, zǔ) 且(또 차, qiě,jū)】

[說文] : “(祖), 始廟也. 从示, 且聲.”

祖. 처음 봉해진 군왕이 만든 사당이다. 의미부 ‘示’와 소리부 ‘且’로 이루어진 형성자이다.

[說文] : “(且), 薦也. 从几, 足有二横, 一其下地也.”

144) ‘교외별전教外別傳’. ‘불립문자不立文字’. ‘심심상인心心相印’. ‘염화미소拈華微笑’. ‘이심전심 以心傳心’.
145) ‘과부적중寡不敵衆’.

且. 물건을 받치는 받침대이다. ‘几’로 이루어져 있다. ‘几(안석 궤, jǐ)’의 다리 부분에 두 개의 가로획이 있다. ‘一’은 기물 아래의 땅을 가리킨다.

且	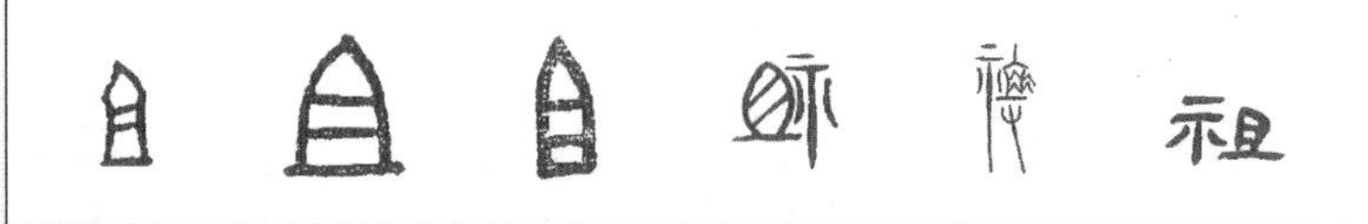					
	商 甲骨文	西周 大盂鼎	西周 豆閉簋	春秋 金文	戰國 中山王鼎	秦 睡虎地秦簡
	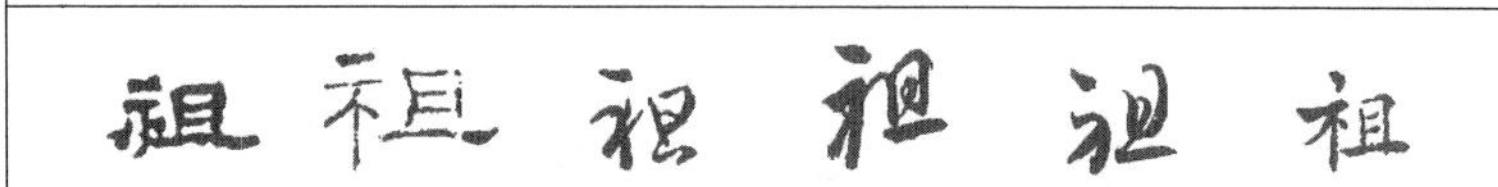					
	漢 居延漢簡	東漢 禮器碑	東晉王羲之 十七帖	東晉 王獻之	唐賀知章 孝經	唐褚遂良 倪寬傳贊

‘且’자는 ‘祖’자의 초문이다. 갑골문이나 금문에서는 모두 ‘祖’자를 ‘且’로 쓰지만, 후에 ‘示’를 추가하여 썼다. ‘且’자를 ≪설문해자≫는 ‘받침대’라고 설명하고 있으나, ‘남성의 성기’·‘위패의 모양’나 혹은 ‘제사를 지낼 때 사용하는 고기를 담은 도마(俎)’ 등 그 유래에 대해서는 의견이 분분하다. ‘且’자가 ‘祖’자의 의미로 주로 쓰이는 것으로 보아 ‘도마’라는 주장이 설득력이 있어 보인다.

‘祖’자는 금문은 ‘祖’자를 ‘’로 쓰기도 한다. 고문에서 ‘且’자는 주로 ‘祖’자로 가차되어 쓰이고, 후에는 접속사의 용법으로 쓰인다.

“卬(御)于且(祖)丁.” (≪合集≫371正)
선조 정에게 어제御祭를 드릴까요?
“用亯(享)以孝于我皇且(祖)文考.” ≪王子午鼎≫
이를 이용하여 제사 드려 나의 돌아가신 훌륭한 선조께 효도하고자 한다.
“以祭我皇祖.” ≪緣書缶≫
이로써 나의 돌아가신 선조께 제사를 드리고자 한다.
“克劑(翦)楚師, 且復略我邊城.” ≪詛楚文·湫淵≫
초나라 군사를 능히 소멸시켜 우리나라 변방의 성읍城邑을 순시하였다.

[선조先祖] [조모祖母] [현조玄祖][146)]

146) 오대조五代祖. 고조高祖의 어버이,

【乃(이에 내, nǎi)】

[說文] : “(乃), 曳詞之難也.[147] 象气之出難. (𢎗), 古文乃. (𠄎), 籒文乃.”

乃. 말하기가 어려운 상태이다. 말을 해내기가 어려운 모양이다. 고문은 ‘𢎗’으로 쓰고, 주문은 ‘𠄎’로 쓴다.

乃						
	商 甲骨文	西周 大盂鼎	西周 毛公鼎	西周 金文	戰國 郭店楚簡	秦 睡虎地秦簡
	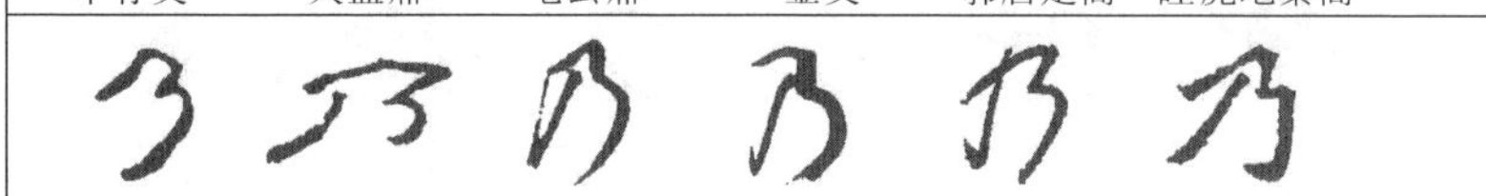					
	西漢 馬王堆帛書	東漢 禮器碑	東晉王羲之 十七帖	唐孫過庭 書譜	東晉王獻之	北魏 元緒墓地

≪설문해자≫는 ‘말할 때의 기운’으로 설명하고 있다. 이 자에 대해서는 의견이 학자마다 분분하다. 옆에서 바라본 부녀의 가슴 모양으로, 혹은 ‘奶(嬭)’자의 초문初文으로[148] 혹은 ‘扔(당길 잉, rēng)’자의 초문으로 보기도 한다. 고문자에서는 어기조사나 대사로 쓰인다.

“乃擇吉金.” ≪般殷鼎≫

이에 질 좋은 청동을 택하다.

“令女(汝)盂井(型)乃嗣且(祖)南公.” ≪大盂鼎≫

너 대우에게 명령하노니 너의 조상인 남공을 본받도록 하여라.

“王曰: 大(太)保, 隹(唯)乃明乃心, 享于乃辟.” ≪克罍≫

왕이 태보에게 말하였다. 오직 너는 너의 마음을 밝고 지혜롭게 하여 너의 군주를 받들도록 하라.

“噩侯馭方內(納)壺于王, 乃(迺)祼之.” ≪噩侯鼎≫

악후어방噩侯馭方은 왕이 하사한 술병을 받들고 이에 곧祼祭를 지냈다.

[인내천人乃天] [종내終乃][149] [내부乃父][150] [내무내문乃武乃文][151] [시가내이試可乃已][152]

147) ‘예사曳詞’는 ‘申詞’의 뜻이다. ‘말을 하다’는 의미이다.
148) ≪甲骨文字典≫: “象婦女乳房側面形, 爲奶(通作嬭)之初文”, 500 쪽.
149) 마침내
150) 그 아버지. 그 아버지가 아들에게 ‘네 아비’, 또는 ‘이 아비’라는 뜻으로 자기自己를 가리켜 일컫는 말.
151) 문무文武를 아울러 갖추다. 임금의 덕을 높이고 기리는 말.

【女(여자 녀, nǚ)】

[說文] : "(女), 婦人也. 象形. 王育說."

女. 부녀이다. 상형자이다. 왕육의 주장이다.

女						
	商 甲骨文	西周 大盂鼎	西周 毛公鼎	春秋 侯馬盟書	戰國 郭店楚簡	秦 睡虎地秦簡
	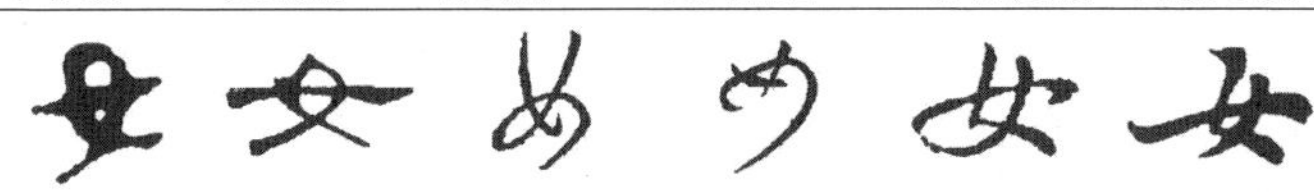					
	西漢 馬王堆帛書	東漢 曹全碑	東晉王獻之	唐懷素 聖母帖	唐顏眞卿 祭伯文稿	梁 出家受菩薩戒法

금문은 ' '·' '로 쓰기도 한다. 여인이 두 손을 앞으로 가지런히 모아 앉아있는 모양이다. 갑골문에서 '母'자와 구별 없이 쓰며, 혹은 부정사 '毋'나 대사 '汝' 혹은 '如'자의 가차자로 쓰인다.

"司女(母)戊." ≪司母戊方鼎≫

사모무司母戊.

"今我唯令女(汝)二人." ≪夨令方彝≫

지금 나는 너희 두 사람에게 명령하다.

"臨事之紀, 誓(愼)冬(終)女(如)忖(始), 此亡敗事矣." ≪郭店楚簡·老子甲≫

일을 할 때 끝을 시작같이 신중하게 하는 준칙이 있기 때문에 실패하지 않는다.

[갑남을녀甲男乙女] [여필종부女必從夫] [선남선녀善男善女]

【如(같을 여, rú)】

[說文] : "(如), 从隨也. 从女, 从口."

如. '따르다'의 뜻이다. '女'와 '口'로 이루어진 회의자이다.

152) 먼저 능能·불능不能을 시험試驗하고 취사取捨하는 일.

<table>
<tr><td>如</td><td colspan="6">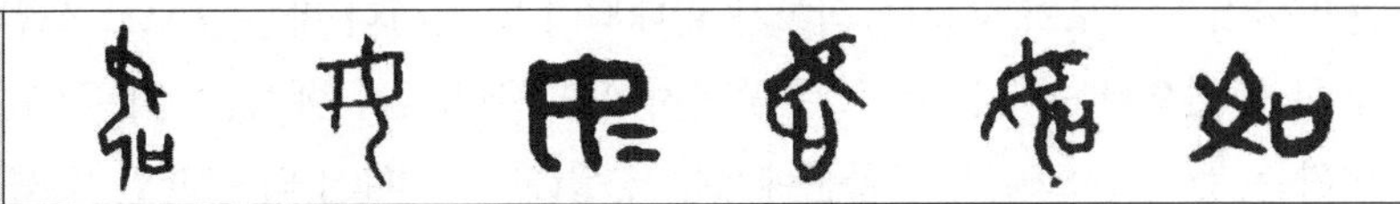</td></tr>
<tr><td></td><td>商
甲骨文</td><td>戰國
臾尊</td><td>古璽</td><td>戰國
郭店楚簡</td><td>戰國
石鼓文</td><td>秦
睡虎地秦簡</td></tr>
<tr><td></td><td colspan="6"></td></tr>
<tr><td></td><td>西漢
馬王堆帛書</td><td>東漢
魯峻碑</td><td>東晉王羲之
卄九日帖</td><td>唐懷素
自敘帖</td><td>東晉王羲之
平安帖</td><td>隋智永
眞草千字文</td></tr>
</table>

'如'자는 본래 '순종하다'는 뜻이다. 처음에는 '女'자를 가차하여 '如'의 뜻으로 쓰였으나 후에 '口'를 추가하여 '如'로 쓴다.

"一日不見, 如三秋兮." ≪詩·王風·采葛≫
하루 보지 않음이 마치 세 가을을 지낸 것 같네.

[여전如前] [결여缺如] [여차如此] [여간如干][153] [견금여석見金如石] [위여누란危如累卵][154]

【好(좋을 호, hǎo,hào)】

[說文] : "(好), 美也. 从女·子."

好. 아름답다. '女'와 '子'로 이루어진 회의자.

<table>
<tr><td>好</td><td colspan="6">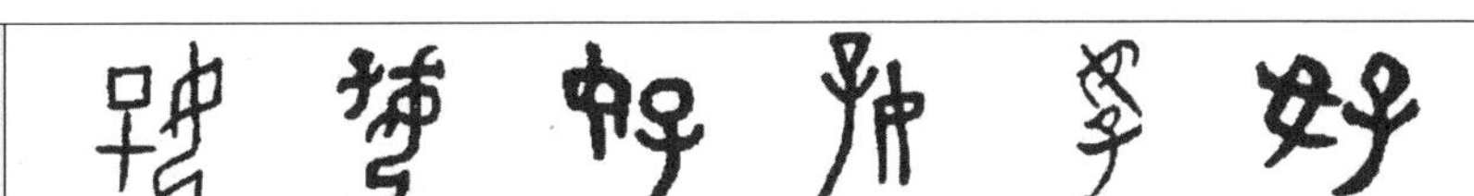</td></tr>
<tr><td></td><td>商
甲骨文</td><td>商
婦好甗</td><td>西周
盧鐘</td><td>戰國
金文</td><td>戰國
郭店楚簡</td><td>秦
睡虎地秦簡</td></tr>
<tr><td></td><td colspan="6">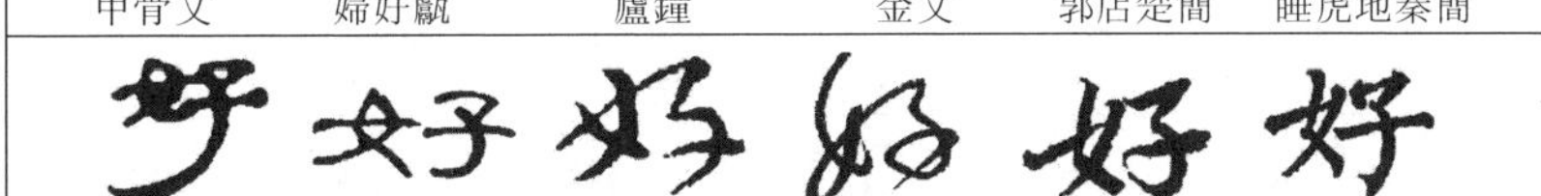</td></tr>
<tr><td></td><td>西漢
銀雀山竹簡</td><td>東漢
曹全碑</td><td>西晉索靖
月儀帖</td><td>唐懷素
自敘帖</td><td>唐陸柬之
文賦</td><td>唐柳公權
神策軍碑</td></tr>
</table>

153) 얼마되지 않다. 조금. 보통.
154) '누기累碁'. '누란지세累卵之勢'. '누란지위累卵之危'. '백척간두百尺竿頭'. '소미지급燒眉之急'. '연미지액燃眉之厄'. '일촉즉발一觸卽發'. '초미지급焦眉之急'. '초미지액焦眉之厄'. '풍전등촉風前燈燭'. '풍전등화風前燈火'.

여인이 아이를 돌보기 때문에 의미가 확대되어 '아름답다'라는 뜻으로 쓰인다. 혹은 남녀가 함께 있으니 좋다는 뜻으로 풀이하기도 한다. 금문에서는 '가빈嘉賓'(훌륭한 손님)이라는 뜻으로 쓰이고, 갑골문에서는 상왕商王 무정武丁의 왕후인 '婦好'의 이름으로 쓰인다. 또는 '孝'자의 가차자로 쓰여 '제사를 모시다(享)'는 뜻으로 쓰인다.

"我好青(靜)而民自正." ≪郭店楚簡·老子甲≫
내가 고요함을 좋아하니 백성이 저절로 단정해지게 된다.
"婦好娩." (≪合集≫154)
부호婦好가 분만分娩하다.
"用濼(樂)好賓." ≪虘鐘≫
이를 이용하여 귀빈을 즐겁게 하고자 한다.
"用好(孝)宗朝(廟)." ≪羌伯簋≫
이를 사용하여 종묘에서 정성을 다하여 경건하게 제사를 지내고자 한다.

[선호選好] [호전好戰] [호전好轉] [호조好調][155] [호사다마好事多魔] [호의호식好衣好食] [물실호기勿失好機]

【母(어미 모, mǔ)】

[說文] : "(母), 牧也. 从女, 象褱子形. 一曰象乳子也."
母, 자녀에게 젖을 먹여 기르다. '女'와 아이를 안은 형태로 이루어진 자이다. 혹은 '아이에게 젖을 먹이는 모양'이라 하기도 한다.

母	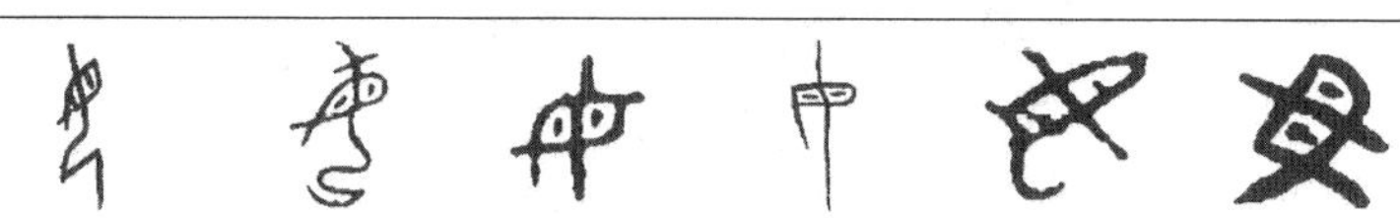					
	商 甲骨文	商 金文	西周 史頌簋	戰國 中山王鼎	戰國 包山楚簡	秦 睡虎地秦簡

	漢 居延漢簡	東漢 史晨前碑	東晉王羲之 十七帖	唐孫過庭 書譜	東晉王羲之 姨母帖	唐懷素 圭峰禪師碑

155) 사물事物의 사정이나 상태, 경기景氣 등이 좋아지다.

원래는 '女'자와 '毋'자가 구별이 없었으나, 후에 부녀의 젖을 뜻하는 두 점을 추가하여 '毋'자가 쓰이게 되었다. 또한 윗부분에 부녀의 장식품을 뜻하는 자건을 추가하여 '每'자가 쓰이게 되었다. 고문에서는 부정사 '毋'의 가차자로 쓰이기도 한다.

"莫智(知)其亘〈亟(極)〉可以又(有)或(國), 又(有)或(國)之毋."(≪郭店楚簡·老子乙≫

극복해야 할 것이 없게 되어야 만이 나라를 가질 수 있고, 나라를 잘 다스릴 수 있는 모체를 가지고 있어야 장구할 수 있다.

"毋(毋)富而喬(驕), 毋(毋)眾而囂."≪中山王鼎≫

부귀하다고 교만하지 말고, 대중과 함께 하되 소란하지 말라.

[학부모學父母] [맹모삼천孟母三遷][156]

【兒(아이 아, ér,ní)】

[說文] : "(兒), 孺子也. 从儿, 象小兒頭囟未合."

兒. 어린아이. '儿'과 '어린아이의 정수리가 아직 아물지 않은 모양'으로 이루어진 자이다.

兒	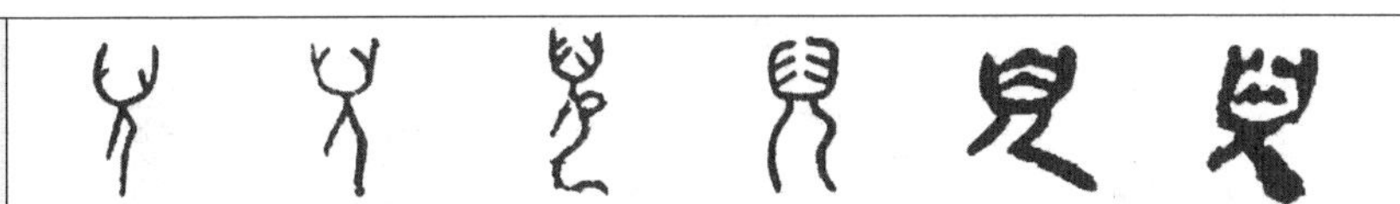					
	商 甲骨文	商 金文	春秋 金文	說文篆文	秦 睡虎地秦簡	西漢 馬王堆帛書
	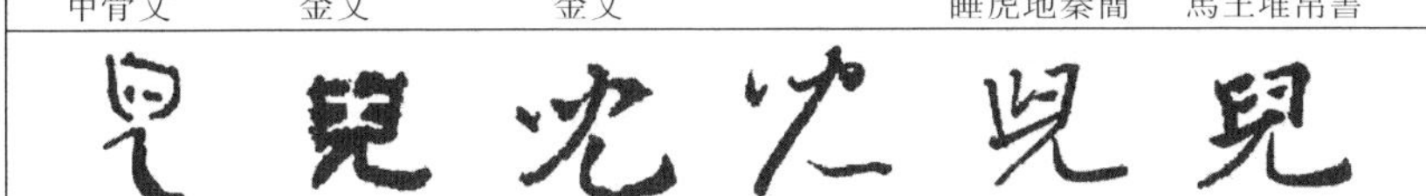					
	西漢 銀雀山竹簡	東漢 魯峻碑陰	吳皇象 急就章	唐懷素 草書千字文	東晉王羲之 喪亂帖	唐褚遂良 倪寬傳贊

'兒'자에 대해서는 '어린아이의 총각 모양(臼)' 혹은 '어린아이가 입을 짝 벌리고 울 때 보이는 치아의 모양' 등 의견이 분분하다.

156) '맹모삼천지교孟母三遷之教'. '삼사교三徙教'.

갑골문과 금문에서 인명이나 지명으로 쓰인다.[157] 금문 ≪沇兒鐘≫ “沇兒”나 ≪庚兒鼎≫ “郤王之子庚兒” 중의 ‘兒’자를 접미어(詞綴)의 용법으로 보기도 하나 연구가 필요하다. “郤王之子庚兒”의 구절은 ‘도왕郤王의 아들 경아庚兒’로 해석하여 실사實詞로 볼 수 있다.

[아동兒童] [미아迷兒] [영아嬰兒] [돈아豚兒][158] [남아수독오거서男兒須讀五車書][159] [걸아득금乞兒得錦][160] [읍아수유泣兒授乳][161]

【育(毓, 기를 육, yù)】

[說文] : “(育), 養子使作善也. 从𠫓, 肉聲. ≪虞書≫曰: ‘教育子.’ 毓, 育或从每.”

育. 아이를 가르쳐 착한 일을 하도록 하다. 의미부 ‘𠫓’와 소리부 ‘肉’으로 이루어진 형성자이다. ≪우서虞書·요전堯典≫에서는 ‘아이를 교육하다’라 하였다. 혹은 ‘每’자를 써서 ‘毓’으로 쓴다.

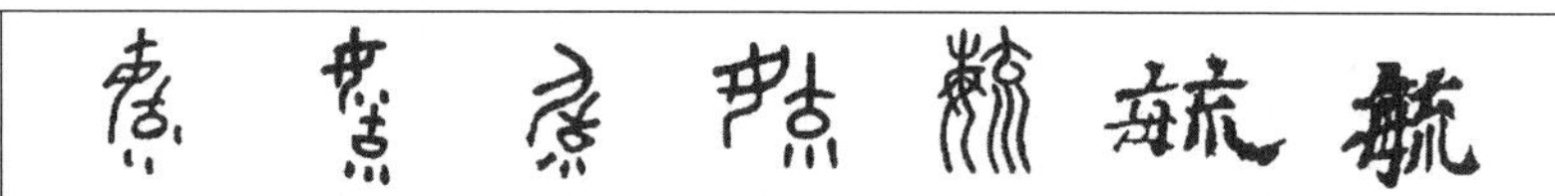

育	商 甲骨文	商 金文	西周 史牆盤	西周 金文	說文或體	東漢 史晨前碑	北魏 元虔墓誌

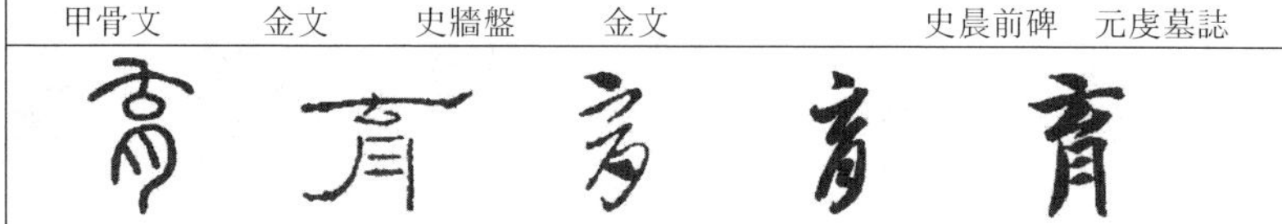

說文篆文	東漢 禮器碑	西晉索靖	隋智永 眞草千字文	隋智永 眞草千字文

‘毓’자는 회의자이고, ‘育’은 형성자이다.

157) “令兒.”(≪合集≫3399)(아에게 명령하다.) “呼兒.(≪合集≫3400)(아에게 명령하다.)

158) 어리석고 철이 없는 아이. 남에게 자기의 아들을 낮추어 부르는 겸손어.

159) <백학사모옥柏學士茅屋> 두보杜甫
碧山學士焚銀魚(벽산학사분은어), 白馬却走深岩居(백마각주심암거).
古人已用三冬足(고인기용삼동족), 年少今開萬卷餘(연소금개만권여).
晴雲萬戶團傾蓋(청운만호단경개), 秋水浮階溜决渠(추수부계유혈거).
富貴必從勤苦得(부귀필종근고득), 男兒須讀五車書(남아수독오거서).
청산에 살던 학사 은대銀帶를 불사른 뒤, 백마 타고 깊은 산 동굴 속으로 들어가.
옛사람처럼 겨울 석 달 오롯하게 책을 읽어, 어릴 때부터 읽은 책이 만 권을 넘었다네.
집 밖에는 수천 채 지붕 같은 구름 있고, 불어난 가을 강물 빠르게 흘러가네.
부귀영화 반드시 힘들게 일해 얻어야 하고, 사내라면 읽은 책 다섯 수레는 넘어야지.

160) 거지가 비단을 얻다. 제 분수分數에 넘치는 일을 지나치게 자랑하다.

161) 우는 아이에게 젖을 준다. 무엇이든 자기가 요구要求해야 얻을 수 있다.

'毓'자는 갑골문이나 금문은 '여인(女, 母, 人)이 아이를 낳고 있는 형상'이다. ''은 아이가 엄마 배속에서 머리부터 나오는 모습이고, 점은 양수를 형상이다. 금문 ≪䀇卣(毓祖丁卣)≫(≪集成≫'5396')에서는 '后'의 의미로 쓰인다.

"处(咎)山易(賜)釐4用乍(作)毓(后)且(祖)丁隮(尊)." ≪䀇卣(毓祖丁卣)≫
구산咎山이 리釐에게 하사하자 후조后祖인 정丁에게 제사드릴 이기를 만들다.
"毓(育)文王王姒聖孫, 隮(登)于大服, 廣成氒(厥)工." ≪班簋≫
문왕의 후비后妃의 훌륭한 손자를 양육하였고, 중요한 관직에 까지 오르게 되었고, 큰 공을 쌓을 수 있었다.

[교육教育] [교육청教育廳] [부생아신모육오신父生我身母育吾身] [앙사부육仰事俯育][162]

【身(몸 신, shēn,yuán)】

[說文] : "(身), 躳也. 象人之身. 从人, 厂聲."

身. 몸이다. 사람의 신체 모양이다. 의미부 '人'과 소리부 '厂(yè)'로 이루어진 형성자이다.

身					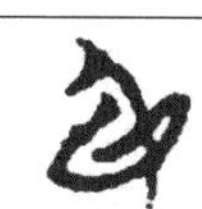	
	商 甲骨文	西周 金文	西周 㝬簋	春秋 侯馬盟書	戰國 郭店楚簡	秦 睡虎地秦簡

	西漢 馬王堆帛書	東漢 朝侯小子殘碑	吳皇象 急就章	唐孫過庭 書譜	東晉王羲之 興福寺斷碑	隋 孟顯達碑

≪설문해자≫의 형성자의 설명은 옳지 않다. 갑골문과 금문의 '身'자는 배가 불룩하게 나온 신체의 모습이다. 금문은 '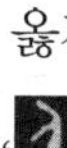'으로 쓰기도 한다.

"貞: 王疾身, 隹(維)匕(妣)己害." (≪合集≫822正)
상왕이 배가 아픈데, 비기妣己가 해코지 하는 것일까요?
"干(捍)害(禦)王身, 乍(作)爪牙." ≪師克盨≫
주나라 왕을 보호하고 호위를 맡아 관리하도록 하라.

162) 위로는 부모父母를 섬기고 아래로는 처자妻子를 보살피다.

[신체身體] [분골쇄신粉骨碎身][163] [만신창이滿身瘡痍] [살신성인殺身成仁] [입신양명立身揚名]

【若(같을 약, 반야 야, ruò,rě)】

[說文] : "(若), 擇菜也. 从艸·右. 右, 手也. 一曰杜若, 香艸."

若. 풀을 뜯다. '艸'와 '右'로 이루어진 회의자이다. '右'은 '손'의 형상이다. 혹은 향기 나는 풀 '두약杜若'이라 한다.

若	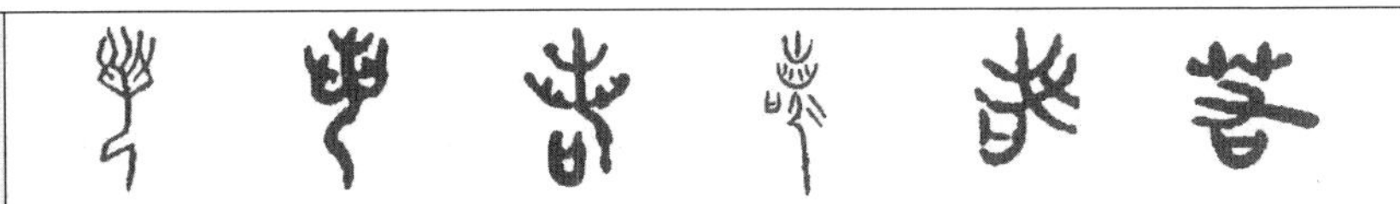					
	商 甲骨文	西周 大盂鼎	西周 金文	戰國 中山王鼎	戰國 郭店楚簡	秦 睡虎地秦簡

	西漢 馬王堆帛書	東漢 史晨前碑	東晉王羲之 集字聖教序	唐懷素 自敘帖	唐褚遂良 枯樹賦	隋智永 眞草千字文

≪설문해자≫의 설명과는 달리 갑골문과 금문은 부녀가 앉아 손으로 머리를 손질하는 형상이다. '손질하다'는 의미에서 '순하다'·'순종하다'·'허락하다'는 뜻으로 확대되어 쓰이기 때문에 '諾(대답할 낙, nuò)'자와 같은 뜻으로 쓰인다. 금문은 ''·''·''으로 쓰기도 한다.

"王若曰." (≪合集≫32156)

왕이 다음과 같이 말하였다.

"〔王〕若曰: 曶! 令女(汝)更(賡)乃且(祖)考(司)卜事." ≪舀鼎(曶鼎)≫

왕이 다음과 같이 말하였다. "물! 너의 조부祖父와 망부亡父가 주관하였던 점복占卜 일을 계승하라.

"隹(雖)又(有)死辠(罪)及參(三)世, 亡(無)不若(諾)." ≪中山王鼎≫

그대의 죄가 자손 삼대를 멸한 죄라 할지라도 사면하지 않을 수 없다.[164]

---

163) '견마지로犬馬之勞'. '견마지심犬馬之心'. '구마지심狗馬之心'. '분골粉骨'. '분골쇄신碎骨粉身'. '분신쇄골粉身碎骨'. '쇄골분신碎骨粉身'. '쇄신碎身'. '쇄신분골碎身粉骨'. '진충갈력盡忠竭力'.

164) '若'은 '諾'으로 읽고 '사면하다'의 뜻이다.

[만약萬若] [약간若干] [방약무인傍若無人][165] [명약관화明若觀火][166] [태연자약泰然自若] [문정약시門庭若市][167]

【妻(아내 처, qī,qì)】

[說文] : “(妻), 婦與夫齊者也. 从女, 从屮, 从又. 又, 持事, 妻職也. (䢔), 古文妻从𡿭·女. 𡿭, 古文貴字.”

妻. 부인. 남편과 상등한 사람. ‘女’·‘屮’·‘又’로 이루어진 회의자이다. ‘又’는 ‘일은 하다’라는 의미를 나타낸다. 일은 부녀가 담당하는 일이다. 고문은 ‘𡿭’와 ‘女’를 써서 ‘䢔’로 쓴다. ‘𡿭’은 ‘貴’자의 고문이다.

갑골문은 손으로 여인의 머리채를 잡아당기는 형상이다. 노예사회에서 이족을 정벌하고 여인을 잡아다가 노비를 삼은 내용을 표현하고 있다. 혹은 여자를 보쌈하던 풍속의 표현이라고 주장하기도 한다. 금문은 ‘’·‘’로 쓰기도 한다.

“貞㞢(侑)于示壬妻匕(妣)庚宰.”(≪合集≫938)

시임示壬의 처妻 비경妣庚에게 우리에 갇힌 양을 사용하여 유제侑祭를 지낼까요?

“其妻子用亯(享)考(孝)于弔(叔)皮父.”≪叔皮父簋≫

그의 처와 아들은 이를 사용하여 숙피보叔皮父에게 향연을 베풀어 공경을 표하고자 한다.

[처가妻家] [애처가愛妻家] [조강지처糟糠之妻] [매처학자梅妻鶴子][168]

---

165) ‘안중무인眼中無人’. ‘안하무인眼下無人’. ‘오만불손傲慢不遜’.

166) ‘관화觀火’. ‘불문가지不問可知’.

167) ‘문전성시門前成市’. ‘문전약시門前若市’.

【妥(온당할 타, tuǒ)】[169]【綏(편안할 수, suí)】

[說文] : "綏(綏), 車中把也. 从糸, 从妥."

綏. 수레 손잡이 줄. '糸'와 '妥'로 이루어진 회의자이다.

妥

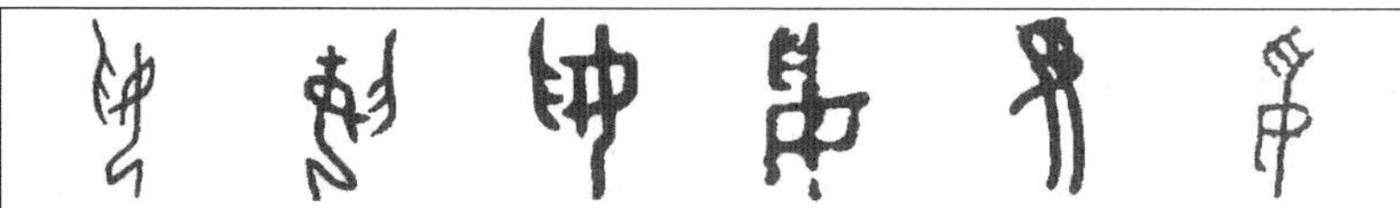

商	商	西周	西周	戰國	古璽
甲骨文	子妥鼎	沈子它簋	蔡姞簋	隨縣曾侯乙編鐘	

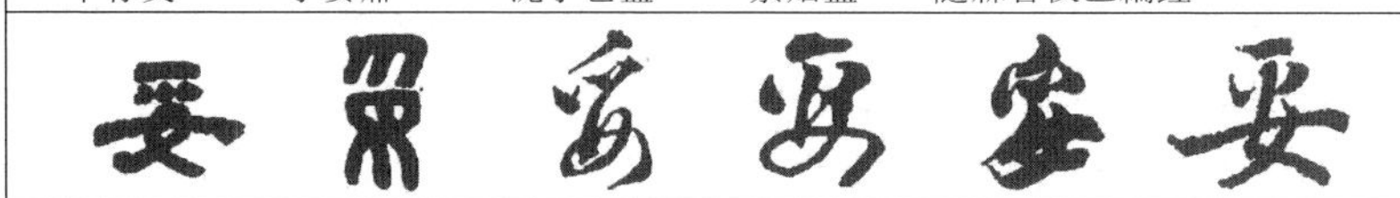

淸	漢印	淸	淸	淸	唐陸柬之
鄧石如		王文治	何紹基	趙之謙	文賦

'妥'자는 '綏'자의 초문이다. '妥'자는 갑골문과 금문에서 '爪'와 '女'로 이루어진 자이다. 여자를 손으로 누르고 있는 모습 혹은 여자를 붙잡아 오는 모습이다. '孚(俘)'자는 남자아이를 붙잡은 포로로 삼는 모습이다. '妥'자는 후에 '糸'를 추가하여 '綏'로 쓴다.

≪爾雅≫에서는 "'妥'·'安'과 '按'은 '머무르다(止)'의 뜻이다."[170]라 하였다. '손으로 무릎을 꿇고 있는 여인을 누르는' 뜻에서, '안정되다'·'평온하다'의 뜻으로 확대되었다. 금문에서는 '綏(편안할 수, suí)'로 읽고, '기원하다'는 뜻으로 쓰인다.

"用妥(綏)公唯壽." ≪沈子它簋蓋≫

이를 사용하여 공이 장수하기를 기원하다.

[수정綏靖][171]

【口(입 구, kǒu)】

[說文] : "ㅂ(口), 人所以言食也. 象形."

口. 사람이 이른바 말을 하거나 음식물을 먹는 곳이다. 상형자이다.

---

168) 매화梅花를 아내로 삼고, 학을 아들로 삼다. '처매자학妻梅子鶴'. 송宋 나라 시인 임포林逋가 항주杭州 고산孤山에서 지낸 청아한 생활을 가리킴.

169) ≪설문해자≫에는 보이지 않는다.

170) ≪爾雅≫: "妥·安·按, 止也."

171) 나라와 백성百姓을 편안便安하게 하다. '靖(편안할 정, jing)'.

口						
	商 甲骨文	西周 金文	戰國 郭店楚簡	秦 睡虎地秦簡	西漢 馬王堆帛書	說文篆文
	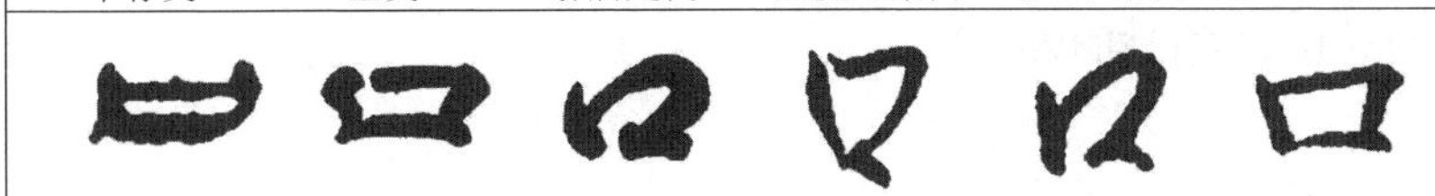					
	漢 居延漢簡	唐玄宗 石臺孝經	隋智永 眞草千字文	唐孫過庭 書譜	東晉王羲之 集字聖敎序	唐 樊興碑

'口'자는 입의 모양을 형상화한 것이다.

"貞疾口."(≪合集≫13642)

점을 칩니다. 입이 병이 날까요?

"王口(曰): 𢍉文武帝乙宜."≪四祀邲其卣≫

왕이 말하였다. 상왕 제을帝乙에게 풍성한 음식을 바쳐 제사를 지낼지어라.[172]

[가구家口] [구밀복검口蜜腹劍][173] [유구무언有口無言] [구상유취口尙乳臭][174]

【曰(가로 왈, yuē)】

[說文] : "𠙵(曰), 詞也. 从口, 乙聲, 亦象口气出也."

曰, 어조사이다. 의미부 '口'와 소리부 '乙'로 이루어진 형성자이다. 또한 입에서 김이 나오는 모습이다.

曰	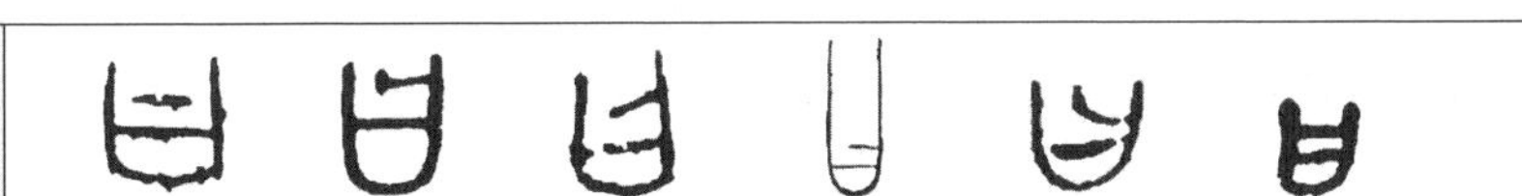					
	商 甲骨文	西周 大盂鼎	西周 毛公鼎	戰國 中山王鼎	戰國 郭店楚簡	秦 睡虎地秦簡
	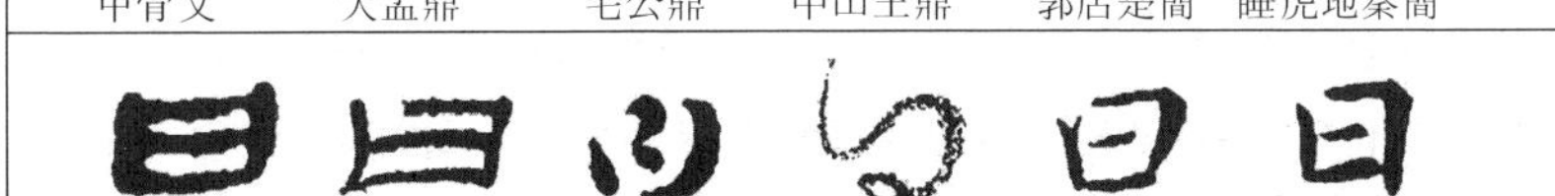					
	西漢 馬王堆帛書	東漢 乙瑛碑	隋智永 關中本千字文	唐懷素 自敍帖	唐褚遂良 枯樹賦	唐歐陽詢 九成宮醴泉銘

172) '宜'는 제사에 바치는 '음식물'이다. '𢍉'은 '바치다'라는 뜻이다.
173) '구유밀복유검口有蜜腹有劍'.
174) 입에서 아직 젖내가 난다. '황구유취黃口乳臭'.

≪설문해자≫는 의미부 ‘口’와 소리부 ‘乙’로 이루어진 형성자로 보고 있다. 갑골문이나 금문 중 ‘曰’자는 ‘口’에 입김을 표시하는 부호가 추가된 지사자이다.

[왈가왈부曰可曰否] [호왈백만號曰百萬][175] [공자왈맹자왈孔子曰孟子曰] [타인지연왈리왈률他人之宴曰梨曰栗][176]

【今(이제 금, jīn)】

[說文] : “今, 是時也. 从亼, 从乀. 乀, 古文及.”

今. 지금 이때. ‘亼’과 ‘乀’로 이루어진 회의자이다. ‘乀’자는 ‘及’자의 고문이다.

<table>
<tr><td rowspan="4">今</td><td colspan="6"></td></tr>
<tr><td>商
甲骨文</td><td>西周
大盂鼎</td><td>西周
毛公鼎</td><td>春秋
侯馬盟書</td><td>秦
睡虎地秦簡</td><td>秦
嶧山刻石</td></tr>
<tr><td colspan="6">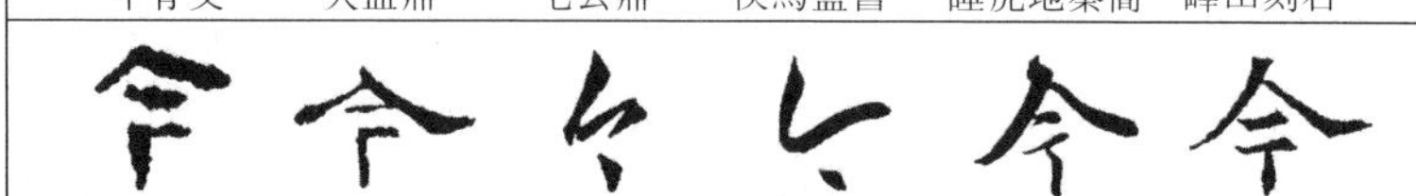</td></tr>
<tr><td>西漢
馬王堆帛書</td><td>東漢
西嶽華山廟碑</td><td>東晉王羲之
十七帖</td><td>唐孫過庭
書譜</td><td>東晉王羲之
蘭亭序</td><td>隋
蘇孝慈墓誌</td></tr>
</table>

≪설문해자≫는 회의자로 보고 있다. ‘亼’와 ‘一’와 이루어진 자로 ‘吟(읊을 음, yín)’자의 초문이 아닌가 한다. 즉 ‘신음하다’·‘읊다’라는 뜻이다. 혹은 ‘鈴(방울 령, líng)’에 추가 달려있는 형상으로 보기도 한다. ‘종을 울려 명령을 발포하는 때’라 해서, ‘지금’·‘그때’라는 뜻이다. 혹은 ‘입안에 음식을 물고 막 먹는 모양’이라고 주장하기도 하고, ‘말을 조심하라’는 뜻에서 ‘입이 거꾸로 한 모습(‘曰’자가 거꾸로 한 형태) ’이라고 하기도 한다.

“其自今日，孫孫子子母(毋)□望(忘)白(伯)休.” ≪縣妃簋≫

지금부터 자자손손 공백公伯의 훌륭함을 잃지 않도록 하여라.

“今我赦女(汝).” ≪訓匜≫

지금 내가 그대를 사면하노라.

---

175) 말로는 백만이다. 실상實相은 얼마 안 된다.

176) 남의 잔치에 배 놓아라 밤 놓아라 한다. 남의 일에 공연히 쓸데없는 참견參見을 한다.

[지금只今] [작금昨今] [고금古今] [금석지감今昔之感][177] [박고지금博古知今][178] [今始初聞] [금시작비今是作非][179]

【令(영 령, lìng,lǐng)】

[說文] : “(令), 發號也. 从亼·卪.”

令. 명령을 내리다. ‘亼’과 ‘卪’으로 이루어진 회의자이다.

令	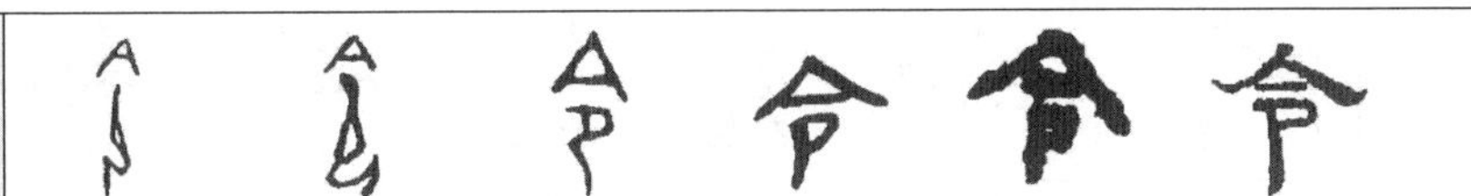					
	商 甲骨文	商 金文	西周 大克鼎	秦睡虎地秦簡	西漢 馬王堆帛書	東漢 北海相景君碑
	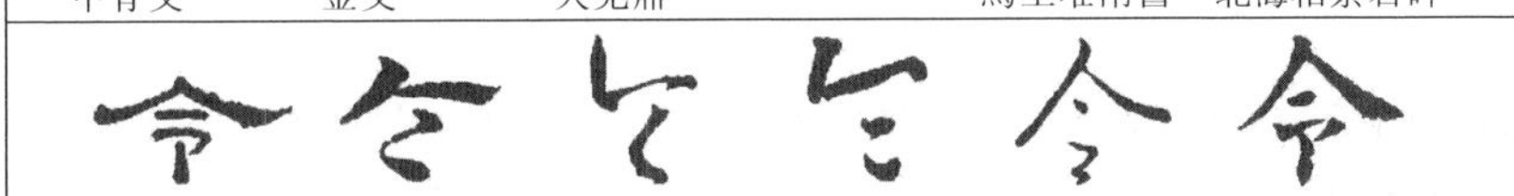					
	東漢 張景造土牛碑	吳 皇象 急就章	東晉王羲之 淳化閣帖	唐懷素 草書千字文	東晉王羲之 集字聖教序	唐歐陽詢 九成宮醴泉銘

갑골문이나 금문에서는 ‘令’자는 ‘命’자와 같은 자이다. 후에 분화되었다. 꿇어 앉아 명령을 듣는 모습이다.

“辛亥卜, 內貞今一月, 帝令雨.” (≪合集≫14295)

신해일에 내가 점을 쳐 묻습니다. 올해 일월에 상제가 비를 오도록 할까요?

“乙酉卜, 王令卬(禦)方.” (≪合集≫20451)

을유일에 점을 칩니다. 왕이 방국方國을 지키도록 명령할까요?

“通彔(祿)永令(命).” ≪頌鼎≫

온전한 복록과 영원한 수명을 기원하다.

[명령命令] [영장令狀] [사령관司令官] [영애令愛] [영랑令郞][180] [영양令孃][181] [영교令嬌] [교언영색巧言令色]

---

177) 지금과 옛날의 차이差異가 매우 심하여 느껴지는 감정.
178) 널리 옛일을 알면 오늘날의 일도 알게 됨.
179) 오늘은 옳고 어제는 그르다. 과거過去의 잘못을 지금에 와서야 비로소 깨닫다.
180) 다른 사람의 아들을 높임 말.
181) ‘남의 딸’을 높임말.

【命(목숨 명, mìng)】

[說文] : “(命), 使也. 从口, 从令.”

命. 시키다. ‘口’와 ‘令’으로 이루어진 회의자이다.

命						
	西周 毛公鼎	西周 金文	春秋 秦公簋	春秋 侯馬盟書	戰國 郭店楚簡	秦 睡虎地秦簡

	西漢 銀雀山竹簡	東漢 史晨前碑	吳 皇象 急就章	東晉王羲之 省別帖	王羲之 興福寺斷碑	隋智永 眞草千字文

고문에서 ‘令’과 ‘命’은 같은 자이다. 후에 ‘令’자에 ‘口’을 추가하여 구두로 명령을 내림을 나타낸다.

“天命之謂性.” ≪禮記·中庸≫ 하늘이 내려 준 것을 본성이라 한다.

“命伐南尸(夷).” ≪競卣≫ 남이족을 토벌하도로 하여라.

“命女(汝)赤市·朱黃(衡)·玄衣·黹屯(純)·䜌(鑾)旂.” ≪即𣪘≫

당신에게 붉은 색 폐슬·황색의 띠·검은 색의 옷·수놓은 비단과 방울 달린 깃발을 하사하노라.

“用祈医(侯)氏永命萬年.” ≪𪒠鎛≫

이를 사용하여 후씨의 만년동안 영원히 장수하시기를 기원하다.

[운명運命] [생명生命] [명령命令] [임명任命] [지천명知天命] [가인박명佳人薄命][182)]
[명재경각命在頃刻]

【甘(달 감, gān)】

[說文] : “(甘), 美也. 从口含一. 一, 道也.”

甘. ‘맛있는 맛’. ‘口’에 ‘一’이 포함되어 있는 회의자이다. ‘一’은 ‘맛(味道)’을 표시한다.

182) ‘미인박명美人薄命’. ‘홍안박명紅顔薄命’.

甘						

商 甲骨文	古璽	春秋 侯馬盟書	戰國 包山楚簡	漢 金文	說文篆文

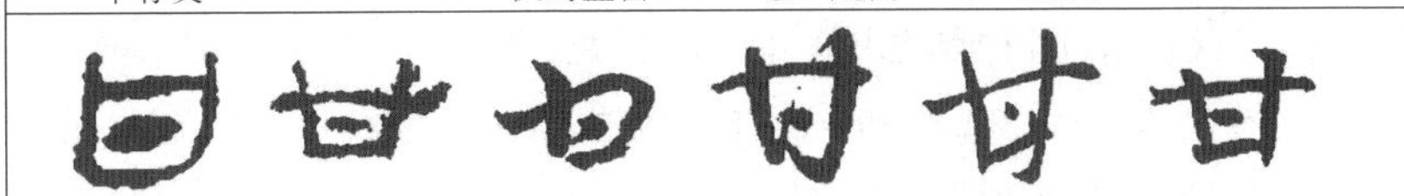

西漢 馬王堆帛書	東漢 西狹頌	吳 皇象 急就章	唐 懷素 草書千字文	東晉王羲之 淳化閣帖	北魏 元熙墓誌

'甘'자는 입 안에 맛있는 음식물(一)을 물고 있는 형상이다. 지사자이다.

[감로甘露] [감수甘受] [감초甘草] [감차甘茶]183) [고진감래苦盡甘來] [감언이설甘言利說] [감탄고토甘呑苦吐]

【舌(혀 설, shé)】

[說文] : "舌(舌). 在口, 所以言也, 別味也. 从干, 从口, 干亦聲."

舌. 입, 말하는 기관이다. 입은 맛을 구별하는 곳이다. '干'과 '口'로 이루어진 자이며, '干'은 또한 소리부이다.

舌						

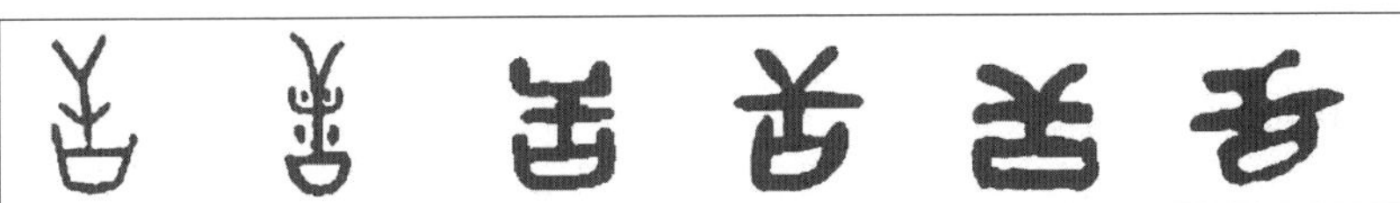

商 甲骨文	西周 舌鼎	戰國 古陶	秦 睡虎地秦簡	漢印	西漢 馬王堆帛書

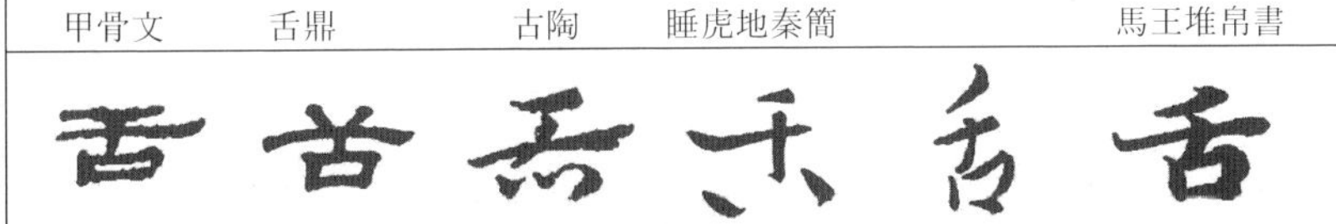

漢 武威漢簡	隸辨	吳 皇象 急就章	北宋黃庭堅 廉頗藺相如傳	東晉王羲之 集字聖教序	唐 閻紫錄儀

갑골문과 금문 중의 '舌'자는 '입에 혀가 나와 있는 형상'이다. 점들은 침액을 표시한다. 혹은 목탁의 추가 진동하는 형상이라고도 한다. '舌'자를 '舌'·'舌'로 쓰기도 한다.

183) 단술.

[작설차雀舌茶] [독설毒舌] [설전舌戰] [사불급설駟不及舌][184] [금설폐구金舌蔽口][185]

【欠(하품 흠, qiàn)】

[說文]：“(欠), 張口气悟也.[186] 象气从人上出之形.”

欠. 입을 열고 하품을 하여 입김을 앞으로 품어내는 형상이다. '입김(气)'이 '사람(人)'의 위쪽으로 내뱉어지는 형상이다.

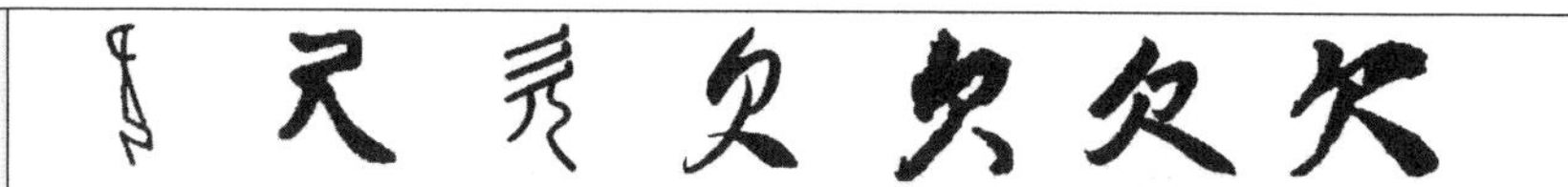

欠						
商 甲骨文	漢 一號墓竹簡	說文篆文	北宋米芾	明 文徵明	元趙孟頫 玄妙觀三門記	唐 諸經要集

갑골문에서는 인명으로 쓰인다.

“(欠)來, 不其來.”(≪合集≫914反)

흠이 올까요, 오지 않을까요?

[흠결欠缺] [결점欠點]

【牙(어금니 아, yá)】

[說文]：“(牙), 牡(壯)齒也. 象上下相錯之形. (𤘗), 古文牙.”

牙. 큰 이빨. 위아래 이빨이 상호 교차하여 있는 모습이다. 고문은 '𤘗'로 쓴다.

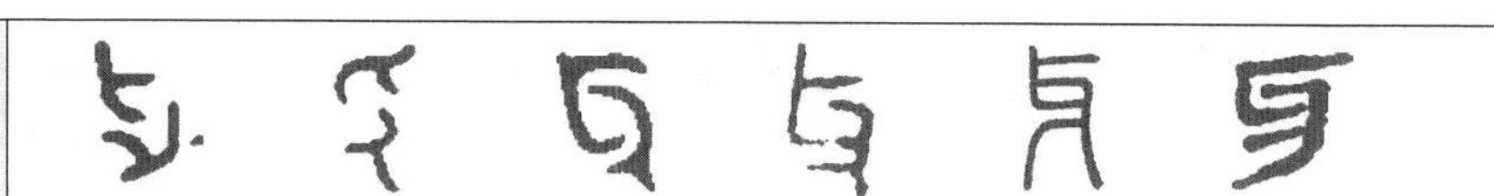

牙					
西周 㾓壺	西周 師克盤	西周 輿敖簋	春秋 金文	說文篆文	西漢 銀雀山竹簡

184) '구시화문口是禍門'. '구화지문口禍之門'.
185) 귀중貴重한 말을 할 수 있는 입을 다물고 혀를 놀리지 않는다. 침묵沈默하다. '금설폐구金舌閉口'.
186) '悟'는 '펴지다'의 뜻이다.

西漢 馬王堆帛書	隸辨	吳 皇象 急就章	漢朗詠集	唐褚遂良 枯樹賦	唐 昭仁寺碑

‘舀’자의 고문 중에 ‘𠚕’은 ‘치아’의 형상이다. ‘牙’는 짐승의 이빨과 같이 앞으로 뻗어 나온 이빨이나 어금니이고, ‘齒’는 입안에 고르게 나있는 ‘이’이다. ‘與’자는 ‘舁’와 ‘牙(与)’로 이루어진 자이다. ‘牙’는 또한 소리부이기도 하다. 따라서 서로 통가자로 쓰인다.

“干(捍)害(禦)王身, 乍(作)爪牙.” ≪師克盨≫

왕을 경계하도록 하고 호위를 맡아 관리하도록 하라.

[치아齒牙] [사아象牙] [백아절현伯牙絕絃] [백아파금伯牙破琴] [상아탑象牙塔] [아성牙城][187)]

【齒(이 치, chǐ)】

[說文] : “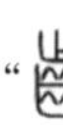(齒), 口齗骨也. 象口齒之形. 止聲. (𠚕), 古文齒字.”

齒. 입안의 이빨. ‘𠚕’은 입안의 이빨의 형상. 소리부는 ‘止’이다. 고문은 ‘𠚕’로 쓴다.

齒

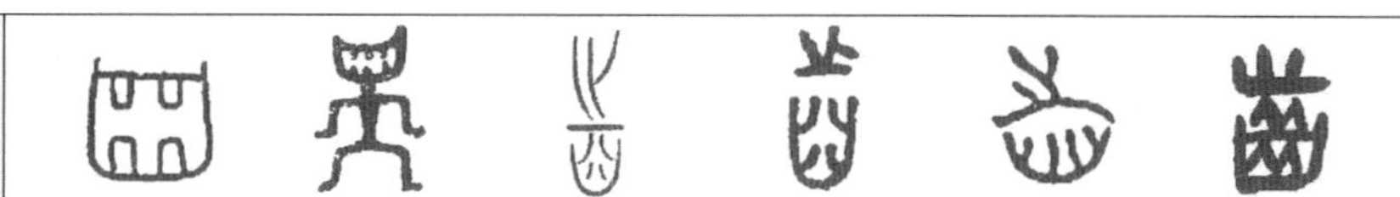

商 甲骨文	商 齒父己鬲	戰國 中山王方壺	古璽	戰國 信陽楚簡	秦 睡虎地秦簡

西漢 馬王堆帛書	唐玄宗 石臺孝經	唐顔眞卿 爭座位稿	北宋蘇軾 中山松醪賦	北宋 黃庭堅	唐歐陽通 道因法師碑

전국戰國 ≪중상왕방호中山王方壺≫의 ‘齒’자는 의미부 ‘𠚕’와 소리부 ‘止’로 이루어진 형성자이다. 금문은 또한 ‘’·‘’로도 쓰고, ‘연령’이라는 의미로 사용된다.

187) 주장主將이 거처居處하는 성. 어느 부류部類의 세력勢力이 자리잡고 있는 가장 중요重要한 근거지.

“帚(婦)好弗疾齒.”(≪合集≫773甲) 부호는 이가 아프지 않을까요?

“而還(退)與者(諸)医(侯)齒張(長)於會(會)同.”≪中山王方壺≫

물러나와 제후들과는 작위나 연령의 순서에 따라 회동하였다.

“牆(將)與盧(吾)君竝立於𠯑(世), 齒張(長)於會(會)同”≪中山王方壺≫

나의 군주와 함께 이 세상에 존립하고 제후들과 연장자 순으로 회맹을 하다.

[백치白齒] [순망치한脣亡齒寒][188] [단순호치丹脣皓齒][189] [절치부심切齒腐心][190]

【齲(충치 우, yǔ)】

[說文] : “(齲), 齒不正也. 从齒, 禹聲.”

齲. 이가 정상적이지 않다. 의미부 ‘齒’와 소리부 ‘禹’로 이루어진 형성자이다.

齲		
	商 甲骨文	商 甲骨文

‘齲’자는 이가 바르지 못하거나 덧니가 나다 등의 뜻이다.

【而(말 이을 이, ér)】

[說文] : “(而), 頰毛也. 象毛之形. ≪周禮≫曰: ‘作其鱗之而.’”

而. 턱 밑의 수염. 수염의 모양이다. ≪주례≫에서는 ‘그의 비늘과 수염(而)을 흔들다.’ 라 하였다.

188) ‘고장난명孤掌難鳴’. ‘독불장군獨不將軍’. ‘독장난명獨掌難鳴’. ‘보거상의輔車相依’. ‘순치보거脣齒輔車’. ‘순치지국脣齒之國’. ‘鳥之兩翼조지양익’.

189) ‘주순호치朱脣皓齒’.

190) 이를 갈고 마음을 썩이다. 대단히 분憤하게 여기고 마음을 썩이다.

而	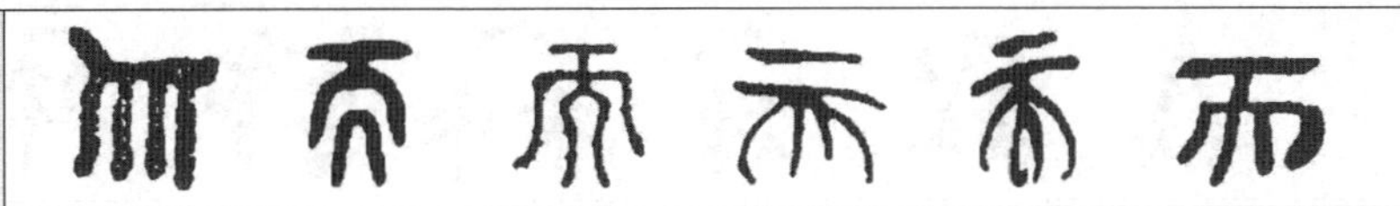					
	商 甲骨文	西周 眞敖簋	戰國 石鼓文	春秋 侯馬盟書	戰國 包山楚簡	秦 睡虎地秦簡
	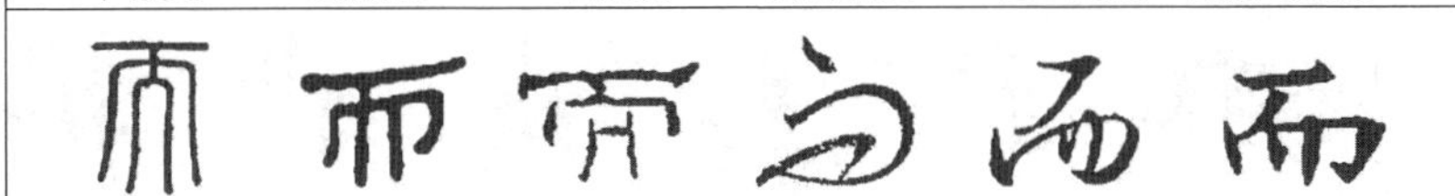					
	秦 嶧山刻石	西漢 銀雀山竹簡	東漢 禮器碑	唐懷素 自敍帖	東晉王羲之 集字聖敎序	元公夫人 姬氏墓誌

‘而’는 원래 ‘턱 밑의 수염’의 모습이다. ‘髵(耏, 구레나룻 이, nài)’자의 초문이다. 대사의 ‘爾’자나 접속사 ‘而’자로 가차되어 쓰인다. 금문은 ‘’로 쓰기도 한다. 갑골문에서는 ‘胹(삶을 이, ér)’이나 ‘陑(땅 이름 이, ér)’의 가차자로 쓰인다.

“貞而(胹)匕(妣)壬.”(≪合集≫10989正)
비임妣壬에게 삶은 음식을 제물로 올려 제사를 지낼까요?
“[翌]辛巳尞(尞)于而(陑)朁.”(≪合集≫15588)
다음 신사일에 이陑와 임朁 땅에서 요제를 지낼까요.
“女(汝)不彖(惰), 夙夜宦執而(爾)政事.” ≪叔尸鐘≫
너는 게을리 하지 말고 밤낮을 가리지 말고 열심히 너의 정무를 이행하도록 하라.

[학이시습지불역열호學而時習之不亦說乎] [사이불학즉태思而不學則殆] [이립而立] [갈이천정渴而穿井][191] [수욕정이풍부지樹欲靜而風不止][192]

【冄(冉, 나아갈 염, rǎn)】

[說文]: “冄, 毛冄冄也. 象形.”

冉. 털이 너덜너덜 밑으로 늘어진 모양. 상형자이다.

191) 목이 말라야 비로소 샘을 판다. 미리 준비準備를 하지 않고 있다가 일이 지나간 뒤에는 아무리 서둘러 봐도 아무 소용이 없다. 자기自己가 급해야 서둘러서 일을 하다.

192) 나무는 고요하게 있고 싶어 하나 바람은 그치지 않아 움직이게 한다. ‘자욕양이친부대子欲養而親不待’ 구절과 대구를 이룬다. 자식이 어버이를 봉양하고자 하나 어버이는 이미 돌아가 이 세상에 없음을 말한다.

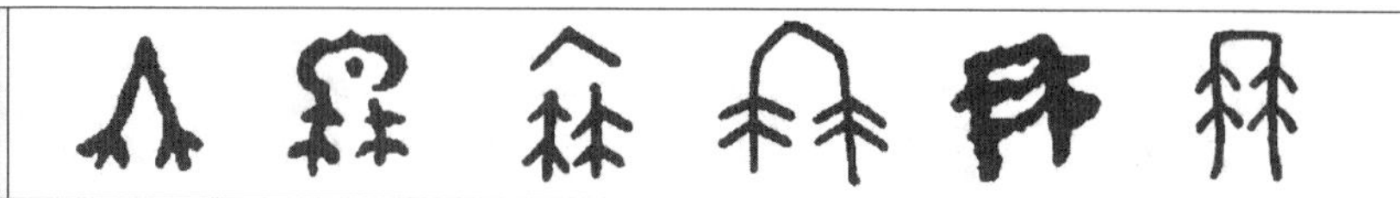

冉					
商 甲骨文	西周 金文	西周 金文	春秋 金文	西漢 馬王堆帛書	說文篆文

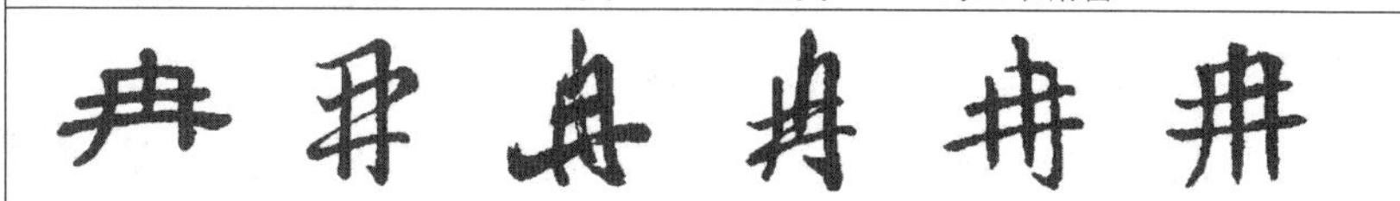

隸辨	草韻辨體	北宋 米芾	淸 翁方綱	東晉王羲之 乞飯帖	隋 蘇孝慈墓誌

‘冄冄’은 부드러운 털이 밑으로 늘어 트려진 모양이다. ‘冄’자와 ‘冉’자는 같은 자이다. ‘冉冉’은 후에 ‘점점’이라는 뜻으로도 쓰인다.

“柔條紛冉冉，葉落何翩翩.”（曹植，≪美女篇≫）
부드러운 가지는 하늘거려 어지럽게 늘어져 있고, 떨어지는 잎사귀는 어찌 그리 가볍게 날리는가.
“老冉冉其將至兮，恐脩名之不立.”（屈原，≪離騷≫）
늙어 점점 이 지경에 이르니, 아마도 이 세상에 이름 남기긴 어렵겠네.

【自(스스로 자, zì) 鼻(코 비, bí)】

[說文] : “(自), 鼻也. 象鼻形. (沓), 古文自.”
自. 코이다. 코의 형상이다. 고문은 ‘沓’로 쓴다.

[說文] : “(鼻), 引气自畀也. 从自·畀.”
鼻. 기운을 마셔 스스로 공급해 주는 곳이다. ‘自’와 ‘畀(줄 비, bì)’로 이루어진 자이다.

自					
商 甲骨文	西周 令鼎	西周 散氏盤	春秋 侯馬盟書	戰國 郭店楚簡	秦 睡虎地秦簡

西漢 馬王堆帛書	東漢 禮器碑	西晉陸機 平復帖	隋智永 關中本千字文	東晉王羲之 哀禍帖	北魏 司馬顯姿墓誌

'自'자는 갑골문에 명사 '코'·'자신'이나 전치사의 용법으로 쓰인다. '鼻'자는 의미부 '自'와 소리부'畀'로 이루어진 형성자이다. 초죽서는 ''·''로 쓴다.

"貞㞢(有)疾自隹(唯)㞢(有)孻(蚩). 貞㞢(有)疾自不隹(唯)㞢(有)孻(蚩)."(≪合集≫11506正)
점을 칩니다. 코가 질병이 있는데 화가 있을까요? 점을 칩니다. 코가 질병이 있는데 화가 없을까요?

"叀王自正(征)"(≪合集≫24951) 왕이 친히 정복하다.

"辛酉卜, 尹貞, 王步自商亡(無)災."(≪合集≫24228)
신유일에 윤이 점을 칩니다. 왕이 상에서 출정하면 재난이 없을까요?

[자체自體] [자아自我] [유유자적悠悠自適] [자가당착自家撞着][193] [자포자기自暴自棄] [등고자비登高自卑][194] [비조鼻祖] [비염鼻炎] [오비체수참척吾鼻涕垂三尺] [오비삼척吾鼻三尺] [아비규환阿鼻叫喚] [수호충비睡虎衝鼻][195]

【耳(귀 이, ěr)】

[說文] : "(耳), 主聽也. 象形."

耳. 듣는 것을 주관하는 곳이다. 상형자이다.

耳						
	商 甲骨文	西周 金文	古璽	戰國 包山楚簡	戰國 郭店楚簡	秦 睡虎地秦簡
	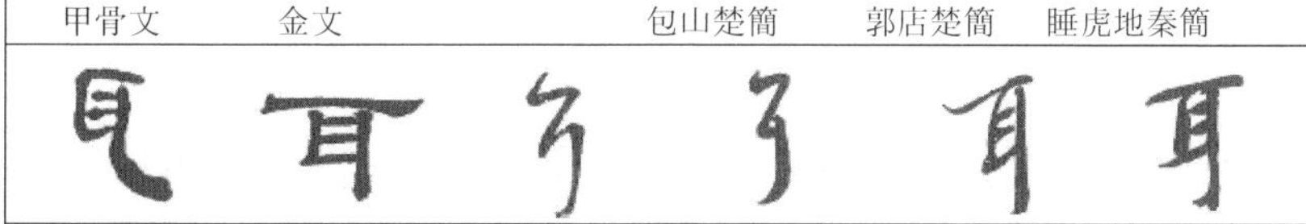					
	西漢 銀雀山竹簡	魏 正始石經	齊 王慈	唐孫過庭 書譜	唐陸柬之 文賦	隋智永 眞草千字文

193) '모순당착矛盾撞着'. '이율배반二律背反'. '자기모순自己矛盾'. '당착撞着'은 '서로 맞부딪친다'는 뜻으로 '앞뒤가 서로 맞지 아니하다'·'모순되다'의 뜻이다.

194) '등고자비登高自卑', '높은 곳에 올라가려면 낮은 곳에서부터 오른다', '일을 하는데는 반드시 차례를 밟아야 한다'·'천리 길도 한 걸음부터'·지위가 높아질수록 스스로를 낮춘다.

195) 자는 범의 코를 찌른다. 가만히 있는 사람을 건드려서 화禍를 스스로 불러들이다.

금문은 ''로 쓰기도 한다. 귀의 모양이다. 갑골문에서는 "疾耳(귀가 아프다)"와 같이 귀의 뜻 혹은 인명이나 방국명으로 쓰인다. 후에는 어기조사로도 쓰인다.

"偃之言是也, 前言戲之耳." (≪論語·陽貨≫)
언偃의 말이 옳다. 앞의 말은 농담을 한 것이다.
耳目鼻口手足六者, 心之所遠也. (≪郭店楚簡·五行≫
이목비구수족 등 여섯은 마음이 이들을 다스린다.

[이비인후과耳鼻咽喉科] [중이염中耳炎][196)]

【聞】(들을 문, wén)

[說文] : ", 知聞也. 从耳, 門聲. (聒), 古文从昏."

聞. 소리를 알아듣다. 의미부 '耳'와 소리부 '門'으로 이루어진 형성자이다. 고문은 '昏'을 사용하여 '聒'로 쓴다.

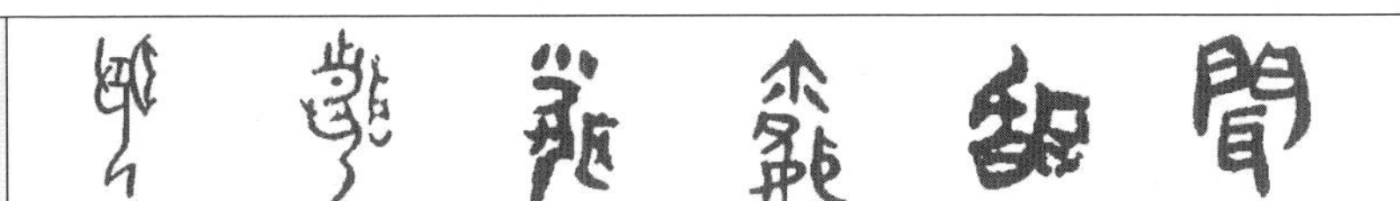

聞					
商 甲骨文	西周 利簋	西周 大盂鼎	春秋 侯馬盟書	戰國 郭店楚簡	秦 睡虎地秦簡

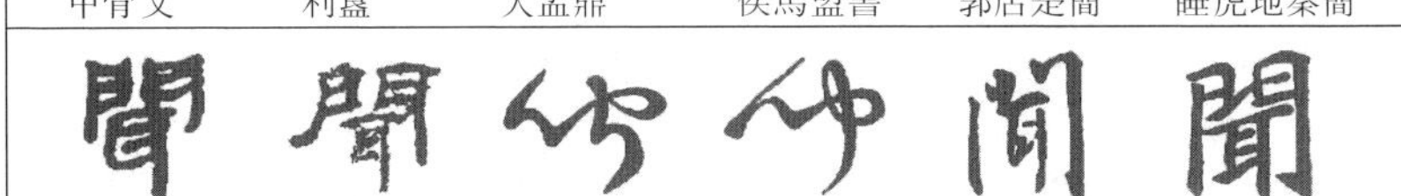

西漢 銀雀山竹簡	東漢 乙瑛碑	東漢 崔瑗	唐懷素 自敍帖	東晉王羲之 集字聖教序	隋唐 房山雲居寺石經

'(聒)'자는 의미부 '耳'와 소리부 '昏'로 이루어진 형성자이다. 따라서 '昏'이나 '婚'자의 가차자로 쓰이기도 한다.

갑골문은 사람이 꿇어앉아 귀를 가리고 소리를 경청하는 모습이다.

"庚子卜, 永, 貞匕(妣)己聞. 貞匕(妣)己弗聞." (≪合集≫2422)
경자일에 영이 점을 칩니다. 비가 이미 들었을까요? 비가 이미 듣지 않았을까요?
"寡人聞之." ≪中山王鼎≫ 과인은 그것을 들었다.
"唯乃智(知)余非庸又(有)聞(昏), 女(汝)母(毋)敢妄(荒)寍(寧)." ≪毛公鼎≫

196) 중이中耳에 생기는 염증

이에 너는 나의 우매함과 잘못함을 알 수 있도록 인도해주고, 너는 또한 감히 경거망동하거나 안일함을 추구하지 말라.

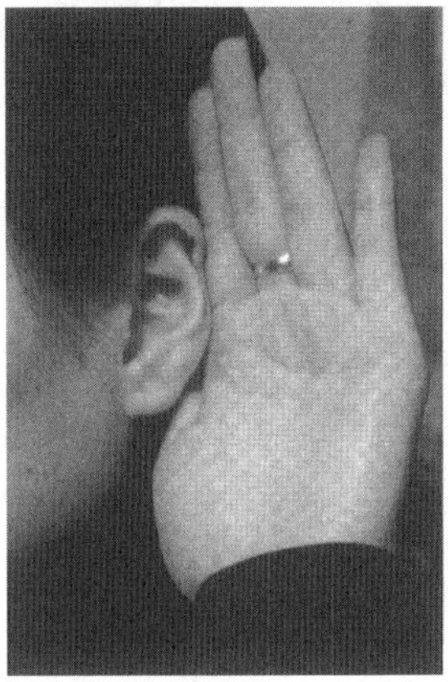

明 宣宗 ≪畵壽星≫ 중의 일부(臺灣故宮博物館 소장)

[신문新聞] [소문所聞] [견문見聞] [전대미문前代未聞] [조문도석사가의早聞道夕死可矣] [문일지십聞一知十]

【目(눈 목, mù)】

[說文] : "(目), 人眼. 象形. 重童子也. 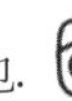(𡇢), 古文目."

目. 사람의 눈이다. 상형자이다. 가운데 두 획을 중첩해서 그린 것은 눈동자를 나타낸다. 고문은 '𡇢'로 쓴다.

目	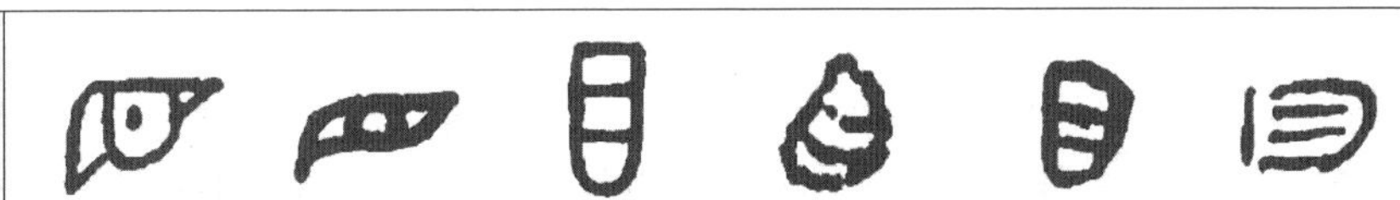					
	商 甲骨文	西周 金文	古璽 包山楚簡	戰國 睡虎地秦簡	秦 銀雀山竹簡	西漢

	東漢 武氏祠畫像題字	東晉王羲之 十七帖	唐孫過庭 書譜	唐懷素 自敍帖	東晉王羲之 蘭亭敍	隋唐 房山雲居寺石經

'目'은 눈의 모양이다.

"㞢(有)疒目其延. 㞢(有)疒目不延." (≪合集≫13620正)

눈이 질환이 생겼는데 오래 갈까요? 눈이 질환이 생겼는데 오래 가지 않을까요?

"貞乎(呼)目𢀛方." (≪合集≫6195)

목으로 하여금 공방𢀛方을 시찰하도록 할까요?

"耳目䏌明衰." ≪郭店楚簡·唐虞之道≫

귀와 눈의 총명함이 쇠하다.

[목표目標] [괄목상대刮目相對][197] [목불식정目不識丁] [서시빈목西施矉目][198]

【臣】(신하 신, chén)

[說文] : "(臣), 牽也, 事君也. 象屈服之形."

臣. 거느려지는 사람이다. 임금을 모시는 사람이다. 굴복하는 형상이다.

臣						
	商 甲骨文	金文 小臣艅犧尊	西周 毛公鼎	戰國 中山王鼎	戰國 包山楚簡	秦 泰山刻石
	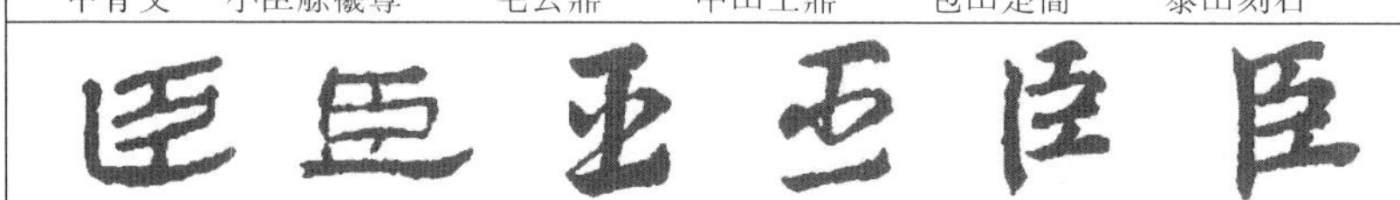					
	西漢 銀雀山竹簡	東漢 史晨前碑	吳皇象 急就章	隋智永 關中本千字文	東晉王羲之 興福寺斷碑	唐褚遂良 倪寬傳贊

'目'자는 눈의 모양이 가로로 누운 형태라면, '臣'자는 눈을 세로로 세운 형상이다. 무릎을 꿇고 눈을 부릅뜨고 상관자를 조심스럽게 바라보는 모습이다. '臣'자는 원래 '눈을 부릅뜬 형상'인데 노예라는 의미로 쓰이게 되자 '瞋(부릅뜰 진, chēn)'자가 그 의미를 대신하게 되었다. 갑골문과 금문에서는 노예의 의미로 쓰인다.

"貞州臣㞢(有)逃." (≪合集≫849正)

주州 지역의 노예가 도망갈까요?

---

197) '일진월보日進月步'. '일취월장日就月將'.

198) 월越나라의 미인美人 서시西施가 눈을 찌푸린 것을 아름답게 본 못난 여자가 그 흉내를 내고 다녀 더욱 싫게 보였다는 고사. '서시빈목西施矉目'.

"姜商(賞)令貝十朋, 臣十家." ≪令簋≫

강은 영에게 화폐 10 묶음과 가복家僕 10 가구를 하사하였다.

[공신功臣] [사신使臣] [고굉지신股肱之臣][199] [군신수어君臣水魚][200]

호인상胡人像(대만고궁박물관 소장)

【眉(눈썹 미, méi)】

[說文] : "(眉), 目上毛也. 从目, 象眉之形, 上象頟理也."

眉. 눈 위의 눈썹이다. '目'과 눈썹의 모양으로 이루어진 자이다. 위는 이마의 모양이다.

眉	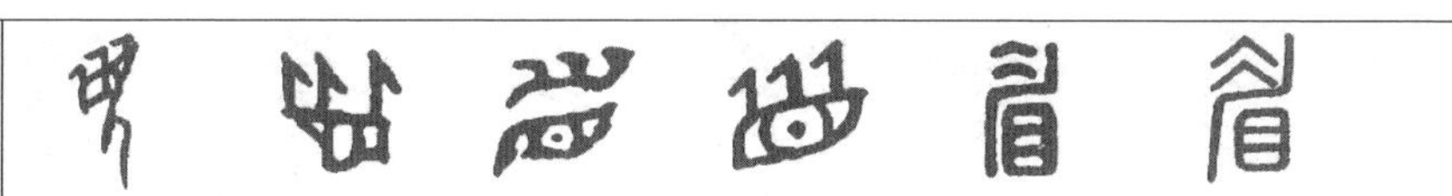					
	商 甲骨文	商 甲骨文	西周 金文	西周 金文	漢印	說文篆文
	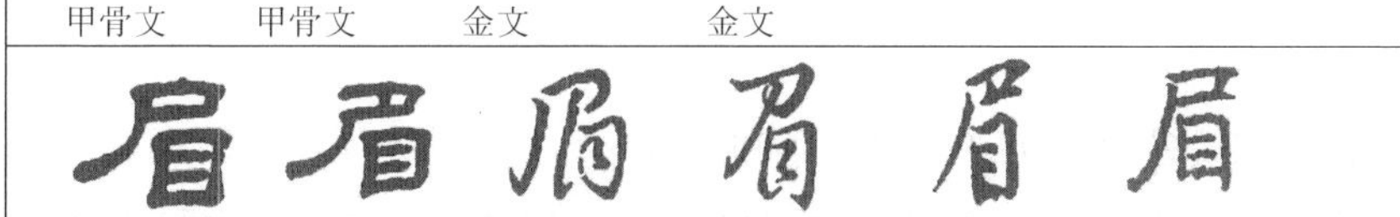					
	隸辨	隸辨	東晉王羲之 十七帖	草韻辨體	北宋黃庭堅 王史二墓誌	唐 昭仁寺碑

'眉'자는 눈과 눈썹의 모습이다. 갑골문에서는 '하루내내'의 뜻인 '彌(두루 미, mí)'의

199) 다리와 팔뚝에 비길 만한 신하. '고굉股肱'. '고장지신股掌之臣'. '굉려肱膂'.

200) 임금과 신하는 물과 물고기같다. 떨어질 수 없는 친밀親密한 관계.

가차자로 쓰이고, 금문에서는 '眉壽'가 장수라는 의미로 쓰인다. 갑골문은 '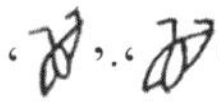'로 쓰기도 하고, 금문은 ''로 쓰기도 한다.

"丝(茲)雨眉(彌)日." (≪合集≫27931) 이 비는 종일토록 올까요?

"用妥(綏)眉(彌)彔(祿)." ≪國書鼎≫

이 정을 사용하여 장수와 봉록을 내려주기를 기원하다.[201]

[미간眉間] [수미愁眉][202] [백미白眉][203] [초미焦眉][204] [초미지급焦眉之急][205]

【首】(머리 수, shǒu)

[說文] : "(首), 百同, 古文百也. 巛象髮, 謂之鬊, 鬊即巛也."

𦣻(首). '百'자와 같은 자이며, '百'자의 고문이다. '巛'은 '머리(髮)'의 모양이고, '헝클어진 머리의 모양(鬊)'을 가리킨다. '鬊(헝클어질 순, cún)'자는 '巛'자와 같은 자이다.

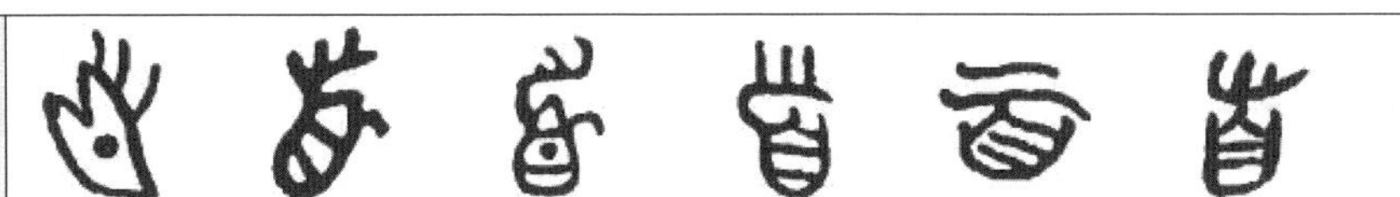

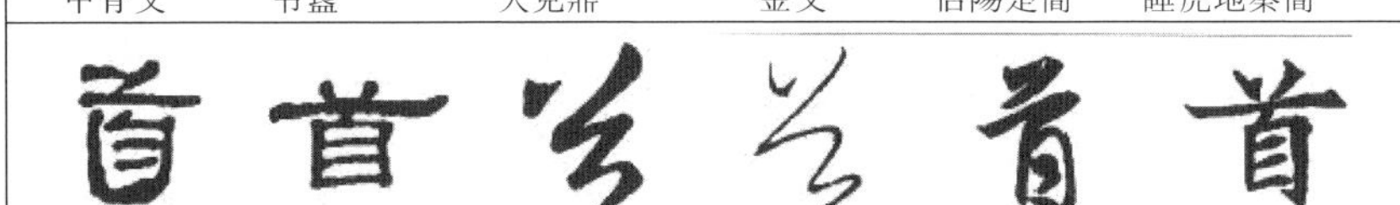

首					
商 甲骨文	西周 令簋	西周 大克鼎	西周 金文	戰國 信陽楚簡	秦 睡虎地秦簡
西漢 銀雀山竹簡	東漢 史晨前碑	東晉 王敦	唐懷素 自敍帖	東晉王羲之 上亂帖	隋 美人董氏墓誌

'百'는 사람의 머리이고, '巛'은 두발이다.

갑골문에 "王疾首.(왕이 머리가 아프다)"라는 문장이 보이고, 금문에서는 "稽首(머리를 조아리다)"라는 낱말이 자주 쓰인다.

201) '妥(綏)'은 '평안을 내려주기를 기원하다'의 뜻인 '降'의 의미이다.
202) 근심에 잠긴 기색.
203) '백미白眉'는 중국 촉蜀나라 마량馬良의 5형제 중 흰 눈썹이 섞인 '양良'의 재주가 가장 뛰어나다는 말에서 유래됨. 여럿 중에서 가장 뛰어난 사람이나 물건.
204) 눈썹에 불이 붙다. 매우 위급危急함을 비유.
205) '소미지급燒眉之急'

"折首五百." ≪虢季子白盤≫ 오백 사람의 머리를 베다.

"遹拜首(手)䭫首." ≪遹簋≫

亹遹은 손을 머리에 대고 큰 절을 하고 머리를 땅에 조아리다.

"拜手稽首, (≪尚書·周書·召誥≫)

손을 머리에 대고 큰 절로 땅에 조아리다.

[수도권首都圈] [수긍首肯] [수구초심首丘初心][206] [호사수구狐死首丘] [학수고대鶴首苦待] [수서양단首鼠兩端][207]

【頁】(머리 혈, yè)

[說文]: "(頁), 頭也. 从百, 从儿. 古文䭫首如此."

頁. 머리이다. '百'과 '儿'로 이루어진 회의자이다. '百'의 고문 '䭫'은 '머리를 조아리다'는 뜻의 '䭫首'의 '百(首)'자와 같다.

首							
	商 甲骨文	西周 金文	說文篆文	東漢 曹全碑陰	淸 吳昌碩	淸 朱耷	淸 趙之謙

'卩'과 '首'로 이루어진 자이다. 사람이 꿇어앉아 있는 모습이다. 소전체에서는 두발이 생략되었다.

"卯拜手頁手(首)." ≪卯毁蓋≫

묘는 두 손을 모아 큰 절로 땅에 조아리다.[208]

206) '여우는 죽을 때 구릉을 향해 머리를 두고 초심으로 돌아간다'라는 뜻이다. '근본을 잊지 않는다', '죽어서라도 고향 땅에 묻히고 싶어하는 마음'.

207) '수서양단首鼠兩端'은 '구멍 속에서 목을 내민 쥐가 나갈까 말까 망설인다'는 뜻이다. '거취를 결정하지 못하고 망설이는 모양', '어느 쪽으로도 붙지 않고 양다리를 걸치는 것'을 말한다.

208) '拜手䭫首'와 같은 뜻이다.

【面】(낯 면, miàn)

[說文] : "(面), 顔前也. 从百, 象人面形."

面. 얼굴의 앞부분이다. 의미부 '百'와 사람 얼굴 모양인 '口'으로 이루어진 자이다.

面	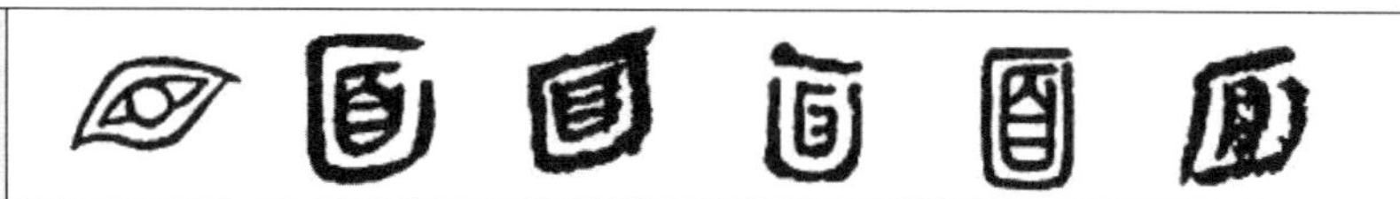					
	商 甲骨文	秦 睡虎地秦簡	西漢 馬王堆帛書	西漢 銀雀山竹簡	說文篆文	漢 居延漢簡
	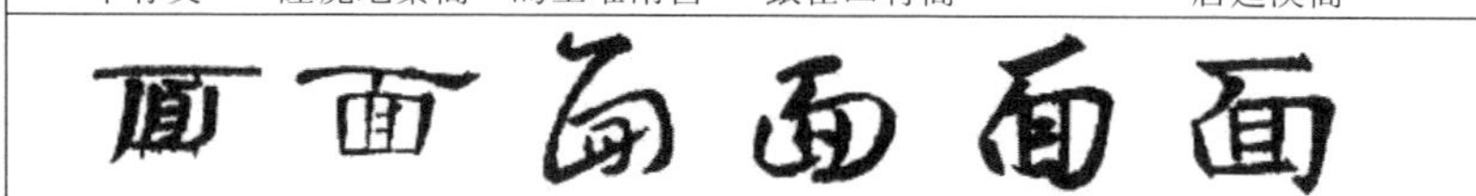					
	漢 武威漢簡	東漢 曹全碑	東晉王羲之 十七帖	隋智永 關中本千字文	東晉王羲之 二謝帖	隋 太僕卿元公墓誌

고문자 '(面)' 자 중 외곽은 얼굴이고, 가운데는 '눈(目)'의 형상이다.

고문자 '首'·'頁'·'面'자는 모두 사람의 머리와 관련이 있다. '首'자는 머리 부분을 특히 부각하였으며, '頁'자는 머리 부분에 다리(儿)가 추가된 모습이고, '面'은 얼굴에 '눈'이 추가된 형상이다. 금문에서 '(顔)'자는 소리부 '彦'과 의미부 '面'으로 쓴다.[209] '顔'자의 주문은 '(頮)'은로 쓴다.

[측면側面] [국면局面] [면접面接] [면종복배面從腹背] [사면초가四面楚歌] [면장우피面張牛皮][210] [파안대소破顔大笑] [강안强顔][211]

【見】(볼 견{나타날 현}, jiàn,xiàn)

[說文] : "(見), 視也. 从儿, 从目."

見. 보다. '儿'과 '目'로 이루어진 회의자이다.

見						
	商 甲骨文	西周 金文	西周 𤔲簋	春秋 侯馬盟書	戰國 郭店楚簡	秦 睡虎地秦簡

209) ≪說文≫: "眉目之閒也. 从頁, 彦聲. 頮, 籀文."(눈썹과 눈썹 사이를 가리킨다. '頁'과 소리부 '彦'으로 이루어진 자이다. 주문은 '頮'로 쓴다.)

210) 얼굴에 쇠가죽을 발랐다. 몹시 뻔뻔스럽다. '후안무치厚顔無恥'.

211) 얼굴 가죽이 두껍다. 부끄러움을 모르다.

西漢 銀雀山竹簡	東漢 史晨前碑	東漢 張芝	隋智永 眞草千字文	東晉王羲之 集字聖敎序	隋 美人董氏墓誌

고문자에서 '見'과 '視'자는 형태가 서로 다른 것이 아닌가 한다. 갑골문은 '見'자를 '' · ''으로 쓰고, 금문은 '' · ''으로 쓰고, 초간은 '' · ''으로 쓴다. 아랫부분이 꿇어앉아 가까운 것을 바라보는 형상이다. '視'자를 갑골문은 '' · ''로 쓰고, 금문은 '' · ''로 쓰며, 초간은 '' · ''로 쓴다. 사람이 서서 멀리 바라보고 있는 모습이다. 후에 두 자의 구별이 쉽지 않기 때문에 '視'자는 소리부 '示'를 추가하여 썼다. ≪설문해자≫는 '(視)'자의 고문을 의미부 '目'과 소리부 '示'로 이루어진 '(眎)'로 쓰거나, 의미부 '目'과 소리부 '氐(근본 저, dī,dǐ)'인 '(眂)'로 쓴다.[212] 금문에서는 '覲(뵐 근, jìn)'의 가차자로 쓰이기도 한다.

"眉敖者膚卓事(使)見(覲)于王." ≪九年衛鼎(九年裘衛鼎)≫
미오眉敖 자부탁者膚卓은 사신을 파견하여 왕을 조견하다.

[의견意見] [발견發見] [견해見解] [편견偏見] [견금여석見金如石] [견리사의見利思義] [견문발검見蚊拔劍][213] [축록자불견산逐鹿者不見山][214] [무시無視] [감시監視] [시각視角] [백안시白眼視] [정중시성井中視星] [도외시度外視][215]

【望(바랄 망, wàng)】

[說文] : "(望), 出亡在外, 望其還也. 从亡, 朢省聲."
望. 외지에 나가 돌아오기를 바라다. '亡'과 '朢'의 생략형이 소리부로 이루어진 자이다.

---

212) ≪說文≫: "瞻也. 从見示. 眎, 古文視. 眂, 亦古文視."
213) '노승발검怒蠅拔劍'.
214) 사슴을 쫓는 자는 산을 보지 않는다. 명예名譽나 욕심慾心에 사로잡힌 사람은 도리道理를 저버리거나 눈앞의 위험危險을 돌보지 않는다. '확금자부견인攫金者不見人 , 축록자불견산逐鹿者不見山.'
215) 안중眼中에 두지 아니하고 무시無視하다. 문제問題삼지 않다.

望	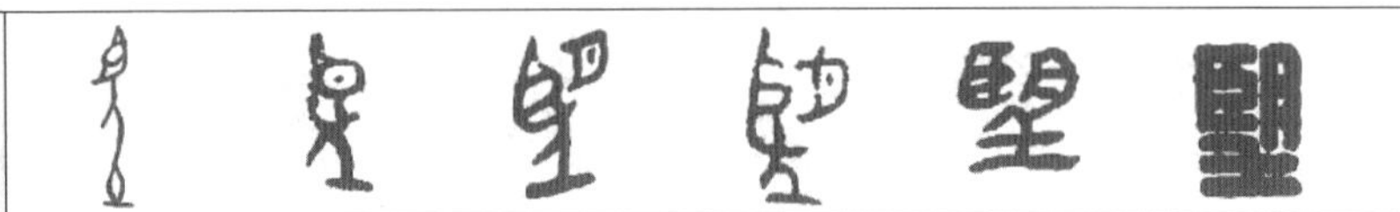					
	商 甲骨文	西周 金文	西周 金文	西周 金文	秦 睡虎地秦簡	漢印
	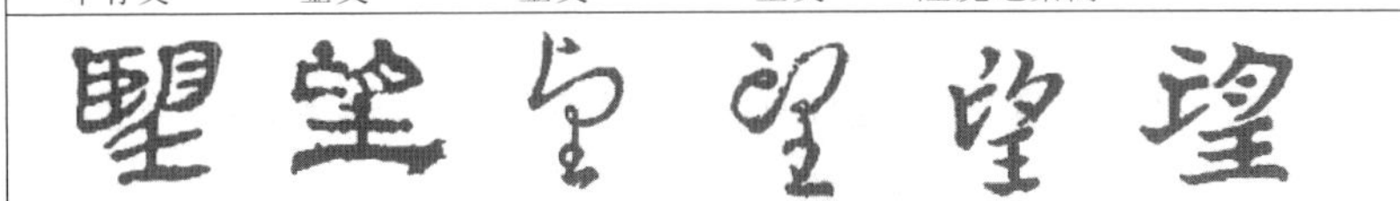					
	西漢 銀雀山竹簡	東漢 西嶽華山廟碑	東晉王羲之 二王帖	唐高宗 李勣碑	唐褚遂良 哀冊	北魏 憑季華墓誌

‘望’·‘朢’과 ‘𦣠’자는 모두 같은 자이다. 갑골문은 사람이 눈을 들어 멀리 바라보는 형상이다. 후에 ‘눈(目)’이 ‘臣’으로 와전되었고, 후에 또한 음성을 표현해내기 위해서 ‘臣’과 비슷한 형태인 ‘亡’으로 바꾸었다. 후에 ‘멀리 쳐다보는 것’을 나타내기 위하여 다시 ‘月’을 추가하였다. 따라서 ‘望’자는 원래 회의문자에서 상형문자로 변한 자이다.

[전망展望] [희망希望] [실망失望] [절망絕望] [망운지정望雲之情][216] [득롱망촉得隴望蜀][217]

송宋 마원馬遠 ≪仙岩坐月≫
(대만 고궁박물관 소장)

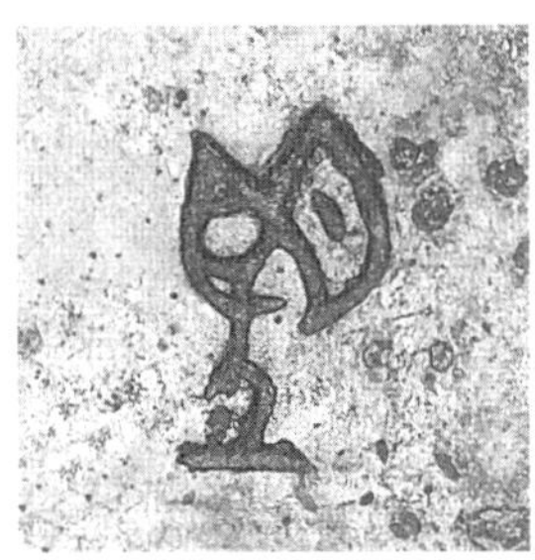

서주西周 ≪縣改簋≫ 중 ‘望’자

216) 구름을 바라보며 그리워한다. 타향他鄕에서 고향故鄕에 계신 부모父母를 생각하다.
217) 농隴나라를 얻고 나니 촉蜀나라를 갖고 싶어하다. 인간人間의 욕심欲心은 한이 없다. ‘평롱망촉平隴望蜀’

【囟(정수리 신, xìn,xín)】

[說文] : “(攫金者不见人，逐鹿者不见山), 頭會匘(두뇌뇌, nǎo)蓋也. 象形. , 或从肉·宰. 𦥑, 古文囟字.”

囟. 두개골이 합쳐지는 곳이며, 대뇌를 덮는 뼈이다. 상형자이다. 혹체는 ‘肉’과 ‘宰’로 이루어진 ‘膟’으로 쓰며, 고문은 ‘𦥑’으로 쓴다.

囟					
	商 甲骨文	長囟盉	古陶	戰國 傷公 三體石經	戰國 包山楚簡

	說文古文	說文	說文或體	說文	

‘囟’은 정수리 형상이다. 아래는 ‘fontanel(숫구멍, 정문, 천문)’이 있는 자리이다.

[신혈囟血][218] [신문囟門][219]

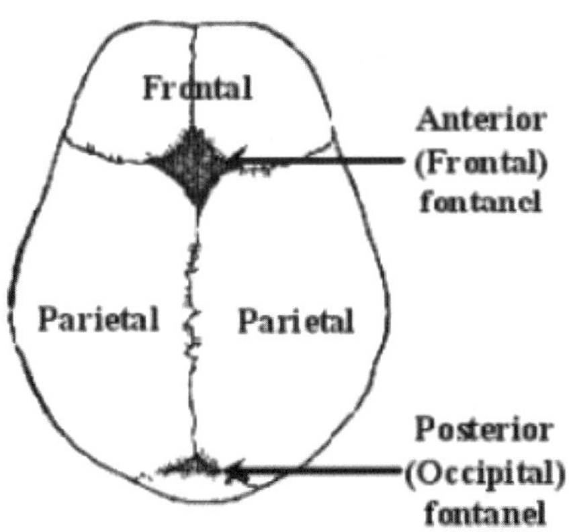

위에서 본 두개골의 모양

218) 숫구멍.
219) 정수리.

【孔(구멍 공, kǒng)】

[說文] : "(孔), 通也. 从乙, 从子. 乙, 請子之候鳥也. 乙至而得子, 嘉美之也. 古人名嘉, 字子孔."

孔. 통달하다. '乙'과 '子'로 이루어진 회의자이다. '乙'은 새끼를 데리고 계절에 따라 이동하는 철새를 가리킨다. 철새가 올 때 득남을 하면 가장 아름다운 일이다. 그래서 고인들은 이름을 '嘉'라 하고, 자字를 '子孔'이라 한다.

'囟'과 '孔'은 모두 두개골을 의미하나, '囟'은 상형문자이고 '孔'자는 두 개골 중 '정수리'를 표시하는 '乙'로 이루어진 회의자이다. 정수리가 비어 있기 때문에 '비어있다(空)'는 의미, 또는 구멍이 크기 때문에 '크다(大)'라는 의미로도 쓰이며, 구멍이 있으면 다른 곳과 통하기 때문에 '통하다(通)'는 의미로도 쓰인다.

"孔德." ≪師訇鼎≫ 매우 위대한 덕德.

[공자천주孔子穿珠][220)] [공자왈맹자왈孔子日孟子日][221)]

【右(오른쪽 우, yòu) 又(오른손 우, yòu) 㞢】

[說文] : "右, 手口相助也. 从口, 从又."

右. 돕다. '口'와 '又'로 이루어진 회의자이다.

[說文] : "(又). 手也. 象形. 三指者, 手之列多, 略不過三也."

又. 손이다. 상형자이다. 자형은 세 손가락만을 썼다. '手'와 관련된 대부분의 문자들은 세 손가락만을 썼다.

---

220) 공자孔子가 구슬을 꿴다. 어진 사람도 남에게 배울 점이 있다.
221) 공맹孔孟의 책만을 읽으며 실행은 하지 않으면서 공리공론空理空論만 일삼음.

右 又	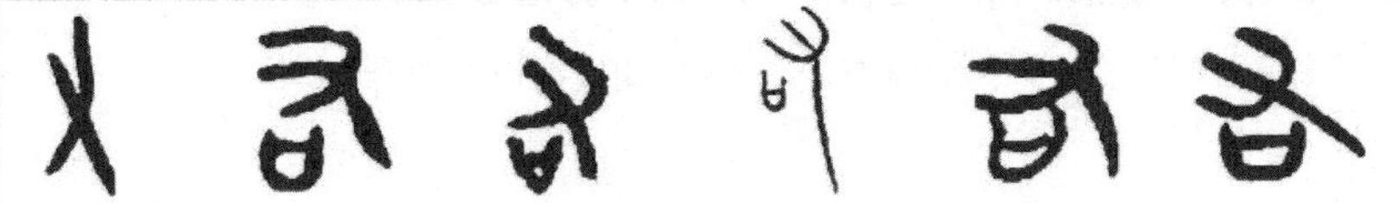					
	商 甲骨文	西周 令方彝	西周 散氏盤	戰國 中山王鼎	戰國 郭店楚簡	秦 睡虎地秦簡
	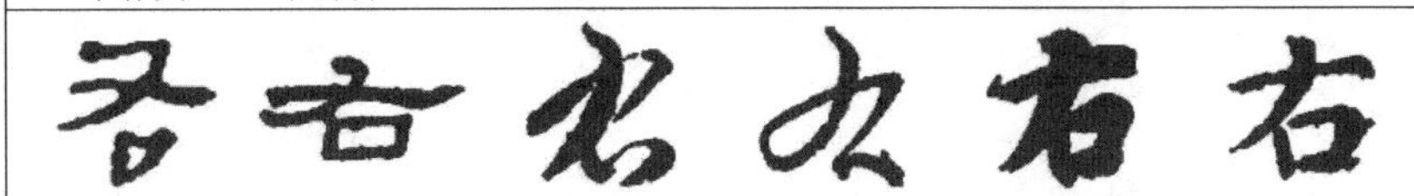					
	西漢 銀雀山竹簡	東漢 史晨後碑	隋智永 眞草千字文	唐孫過庭 書譜	東晉王羲之 蘭亭敍	隋智永 關中本千字文

갑골문에서는 오른손이라는 뜻은 '又'자를 썼다. 후에 '口'를 추가하여 '右'로 쓴다. ≪설문해자≫ 설명 중 '돕다(助)'라는 의미는 파생어 '佑'에 대한 설명이다. '又'자는 고문자에서 주로 '有'의 의미로 쓰이고, 후에 '또'·'다시'라는 가차자로 쓰이게 된다. 갑골문에서 '有'나 '又'의 뜻으로 '㞢'자를 쓴다. 예를 들어, "㞢求" 구절과 "亡(無)求"의 구절이 정반정문正反貞文으로 쓰이고, 갑골문 중에 "其㞢雨"이나 "其㞢風"의 구절이 자주 쓰이는 것으로 보아 '有'의 의미로 쓰이는 것을 알 수 있다. 또한 "旬㞢二日"[222]·"九旬㞢一日"[223]·"俘十㞢五人"[224]·"十㞢六人"[225]·"禽(擒)鹿十五㞢六"[226] 구절 중의 '㞢'자는 "旬又二日"[227]·"俘十又五人"[228] 구절 중의 '又'자의 용법과 같다. 이외에도 '㞢'자는 '侑'의 제명으로 쓰인다. 갑골문은 ''·''·''·''로 쓰고, 금문은 ''·''로 쓴다. '止(之)'자를 갑골문은 ''·''·''·''로 쓰고, 금문은 ''·''·''로 쓰는 것과는 다르다. ≪설문해자≫는 '㞢(之)'자에 대하여 "'자라다'의 의미이다. '屮'의 단계를 넘어 가지와 줄기가 점점 자라나와 새싹의 모양이 된 것을 말한다. '一'은 땅의 모양이다"[229]라 하였다.

"尃(輔)右(佑)先王." ≪師訇簋≫ 선왕을 도와주고 보필하다.

222) 12일.
223) 91일.
224) 포로 15인.
225) 16인.
226) 사슴 15마리와 또한 6마리를 잡다.
227) 12일.
228) 포로 15사람.
229) ≪說文≫: "㞢(之), 出也. 象艸過屮, 枝莖益大有所之. 一者, 地也."

“天亡又(佑)王.” ≪天亡簋≫ 천망이 왕을 보좌하다.

“琅九㞢(又)百.” ≪子黃尊≫ 구슬 낭琅이 구백 개가 있다.

[우익右翼] [우경화右傾化] [극우極右][230] [좌보우필左輔右弼] [좌포우해左脯右醢][231]

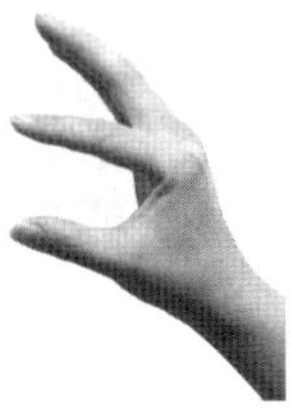

右(又)

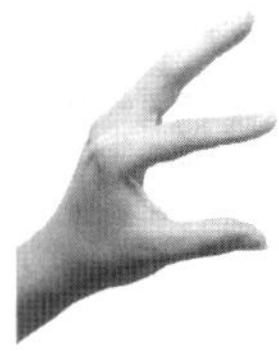

左(ナ)

【左】(왼 좌, zuǒ) ナ】

[說文] : “, 手相左助也. 从ナ·工.”

左. 손으로 서로 도와주다. ‘ナ’와 ‘工’으로 이루어진 자이다.

[說文] : “(ナ), 手也. 象形.”

ナ. 왼손이다. 상형자이다.

左 ナ	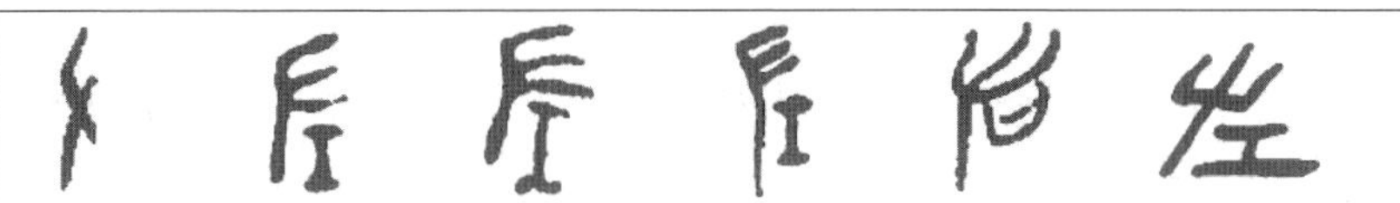					
	商 甲骨文	西周 金文	西周 虢季子白盤	春秋 金文	戰國 郭店楚簡	秦 睡虎地秦簡
	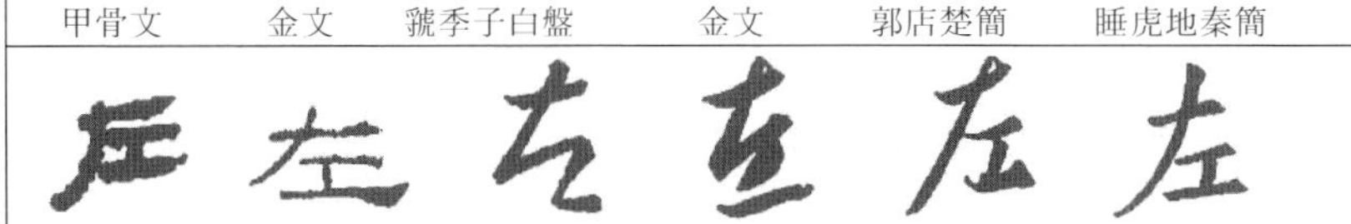					
	西漢 馬王堆帛書	東漢 禮器碑側	東晉王羲之 十七帖	隋智永 眞草千字文	東晉王羲之 蘭亭敍	隋 蘇孝慈墓誌

≪설문해자≫의 ‘左’자에 대한 설명은 ‘佐’자에 대한 설명이다. ‘左’자를 갑골문에서는 ‘ナ’로 쓴다. 후에 ‘工’을 추가하여 ‘左’로 쓴다. 초간에서는 ‘ナ’에 혹은 ‘口’를 추가하여 쓰기도 한다.

230) 극단적인 우익 사상이나 당파을 가리킴.

231) 육포肉脯는 왼쪽에 식해食醢는 오른쪽에 차리다.

“是用左(佐)王.” ≪虢季子白盤≫ 이로서 왕을 보좌하다.

[좌파左派] [좌익左翼] [좌고우면左顧右眄][232]

【友(벗 우, yǒu)】

[說文] : “, 同志為友. 从二又, 相交友也. (㕛), 古文友. (䎘), 亦古文友.”

友. 뜻을 같이 하는 벗이다. 두 개의 ‘又’로 이루어진 자로, 서로 교우하다는 뜻이다. 고문은 ‘㕛’나 ‘䎘’로 쓴다.

友						
	商 甲骨文	西周 令方鼎	西周 史頌鼎	春秋 侯馬盟書	戰國 郭店楚簡	秦 睡虎地秦簡
	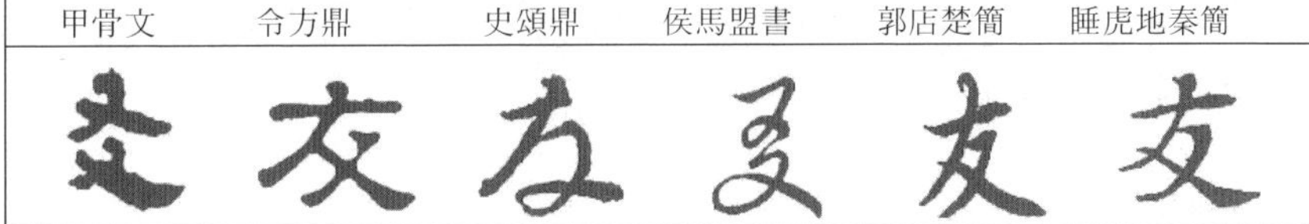					
	西漢 馬王堆帛書	東漢 熹平石經	唐顏眞卿 爭座位稿	草韻辨體	唐歐陽詢 行書千字文	唐 簿夫人墓誌

‘友’자는 두 손을 서로 마주 잡은 형상이다. 원래는 동사 ‘돕다’라는 의미로 쓰였으나, 후에 친구라는 ‘朋友’의 뜻으로 쓰이게 되었다.

“𠂇(左)右于乃寮(僚)㠯(以)乃友事.” ≪令方彝≫

나를 도와 너의 동료와 우관友官을 돕는 일을 처리하도록 하여라.

“用卿(饗)朋友.” ≪趞曹鼎≫

이를 사용하여 벗과 향연을 베풀고자 한다.

“友(柔)弱勝強.” ≪馬王堆·老子甲本≫ 유약함이 강함을 이긴다.

[우정友情] [붕우朋友] [막역지우莫逆之友] [지기지우知己之友] [죽마고우竹馬故友] [문방사우文房四友]

---

232) 왼쪽을 둘러보고 오른쪽을 짝눈으로 자세仔細히 살핀다. 무슨 일에 얼른 결정決定을 짓지 못하다.

【手】(손 수, shǒu)

[說文] : “, 拳也. 象形. , 古文手.”

手. 주먹 손이다. 상형자이다. 고문은 ‘𠦃’로 쓴다.

手	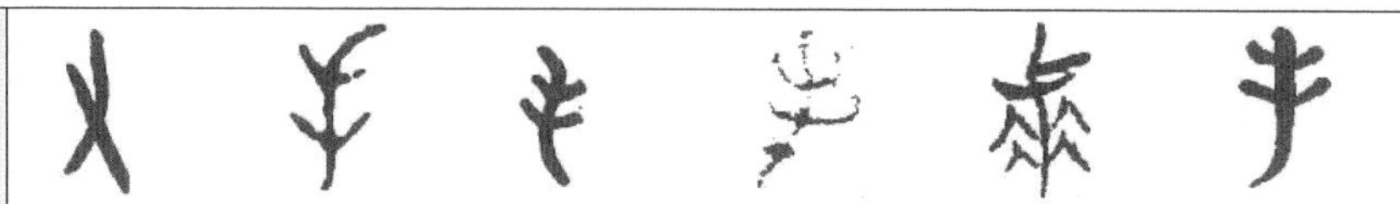					
	商 甲骨文	西周 金文	戰國 不綏簋	戰國 陶彙	戰國 郭店楚簡	秦 睡虎地秦簡

	西漢 馬王堆帛書	漢 武威漢簡	吳皇象 急就章	隋智永 眞草千字文	唐歐陽詢 行書千字文	隋唐 房山雲居寺石經

고문자 ‘手’는 손의 모양을 본떠 만든 상형자이다. 금문에서는 “배수계수拜手䭫首”라는 말이 자주 쓰인다.

“曶拜手䭫首.” ≪曶壺蓋≫
물이 두 손을 머리에 대고 땅에 머리를 조아려 절을 하다.
“卯拜手頁(䭫)手(首).” ≪卯蓋≫
묘가 두 손을 머리에 대고 땅에 머리를 조아려 절을 하다.
“傑(桀)·受(紂)·幽·萬(厲)殍(戮)死於人手.” ≪上博竹書七·君人何必安哉甲本≫
桀·紂·幽·厲 왕들은 사람의 손에 죽임을 당했다.

[수단手段] [수첩手帖] [착수着手] [실수失手] [수수방관袖手旁觀] [수불석권手不釋卷][233] [속수무책束手無策] [자수성가自手成家]

【巴】(땅 이름 파, bā)

[說文] : “巴, 蟲也. 或曰食象蛇. 象形.”

巴. 파충류 중의 하나이다. 혹은 코끼리를 먹는 뱀이다. 상형자이다.

233) ‘주경야독수불석권晝耕夜讀手不釋卷’.

巴	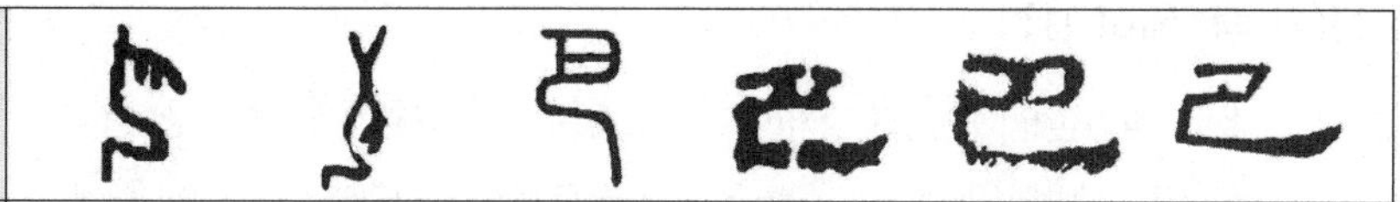					
	商 甲骨文	商 甲骨文	說文篆文	漢 武威漢簡	西漢 楊量買山地記	東漢 曹全碑

	吳皇象 急就章	東晉 王獻之	平安傳藤原行成 關戶本和漢朗詠集	劉宋 龍顏碑	隋 太傅卿元公墓誌	唐顏眞卿 郭虛己墓誌

장병린章炳麟의 ≪문시文始≫는 ≪산해경山海經≫의 "파사巴蛇는 코끼리를 먹고, 삼 년이 되어서 뼈를 토해낸다."[234]라는 문장을 참고하여 큰 뱀이라는 '파사巴蛇'가 원래의 뜻이라 하였다.

혹은 '손바닥(巴掌)'을 앞으로 내밀고 있는 모습이 아닌가한다. 후에 '근접하다'·'기어오르다'라는 의미로 확대되어 쓰인다.

> "天色已晚, 又遇着風雨, 前不巴村, 後不着店, 怎生是好?" (元 王曄≪桃花女≫)
> 날은 이미 어둡고 비바람을 치고, 앞으로는 촌락인 없고 뒤에도 가게가 없으니 어쩌면 좋단 말인가?
>
> "行了半日, 巴過山嶺頭, 早看見嶺腳邊一個酒店……, 前後都是草房."
> (≪水滸傳≫36회)
> (宋江 등은) 반나절을 걸어 산봉우리를 기어올라 넘어서자 재 넘어 옆으로 벌써 한 주점이 보기 시작하였고, ……그 옆으로는 모두 초가집들이 있었다.

[미파尾巴][235) [파결巴結][236) [서구라파西歐羅巴][237)

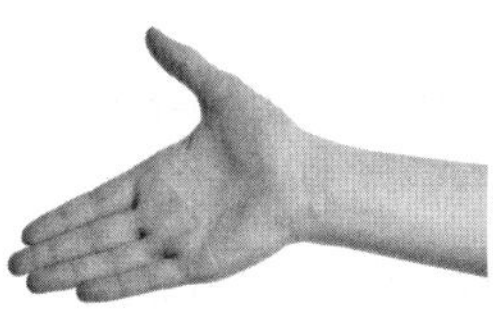

'巴', 손바닥.

234) ≪山海經≫: "巴蛇食象, 三歲而出其骨."
235) 꼬리.
236) 아첨하다.
237) 서유럽.

【白】(흰 백, bái)【伯】

[說文] : “白, 西方色也. 陰用事, 物色白. 从入合二. 二, 陰數. [illegible], 古文白.”

白. 서쪽 지방의 색깔이다. 어두운 곳에서 물체를 처리하면 그 색깔이 쉽게 하얗게 퇴색하게 된다. 자형은 ‘入’과 ‘二’로 이루어진 자이다. ‘二’는 음의 숫자이다. 고문은 ‘[illegible]’자로 쓴다.

[說文] : “伯, 長也. 从人, 白聲.”

伯. 맏이이다. 의미부 ‘人’과 소리부 ‘白’으로 이루어진 형성자이다.

白						
	商 甲骨文	西周 大盂鼎	西周 虢季子白盤	春秋 侯馬盟書	戰國 包山楚簡	秦 睡虎地秦簡
	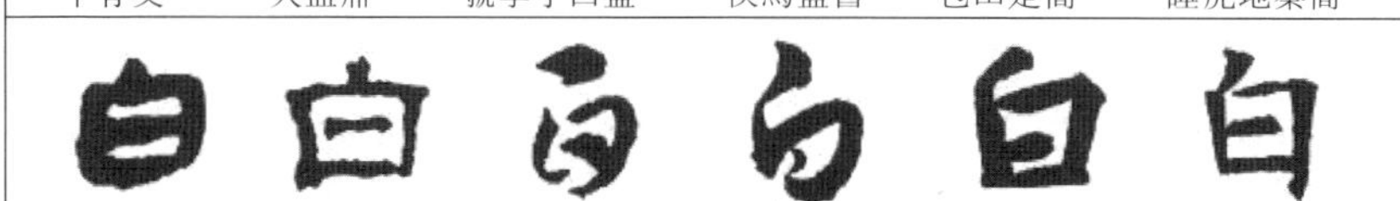					
	西漢 馬王堆帛書	東漢 白石神君碑	西晉索靖 月儀帖	東晉王羲之 七月帖	東晉王羲之 何如帖	隋 太僕卿元公墓誌
伯	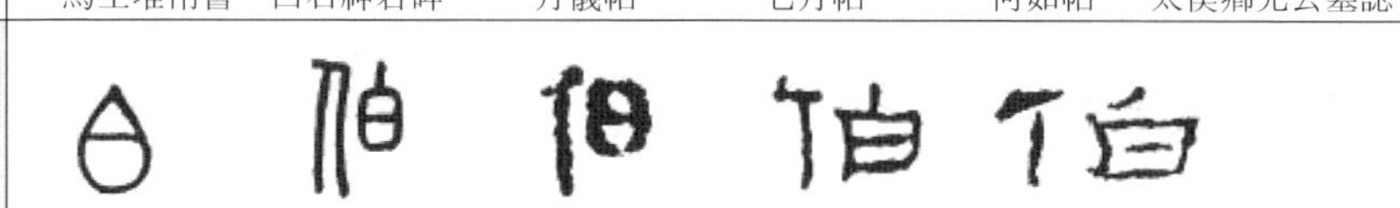					
	商 甲骨文	說文篆文	西漢 馬王堆帛書	漢 居延漢簡	東漢 禮器碑陰	
	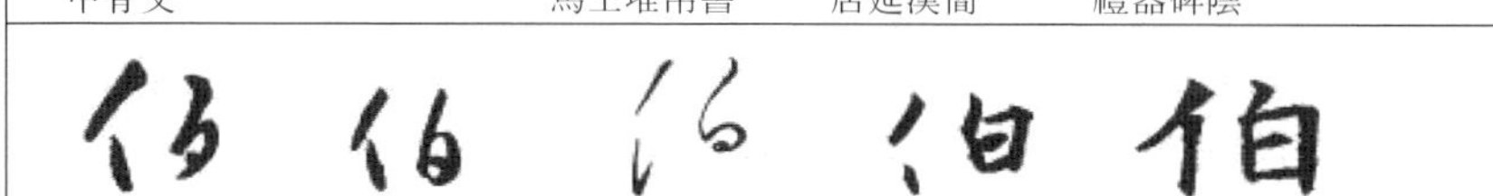					
	東晉王羲之 淳化閣帖	唐孫過庭 書譜	唐懷素 白敍帖	東晉王珣 伯遠帖	隋 蘇孝慈墓誌	

고문자 ‘白’자의 유래에 대해서는 적어도 아래 두 가지로 구분된다.

첫째, ‘日’과 ‘丿’로 이루어진 자로, 태양이 솟아올라 빛을 발하는 형상이다. 빛이 있으면 천지가 하얗게 밝아진다는 뜻이다.

둘째, ‘伯’자의 초문으로 사람의 ‘엄지’의 형상이다. 엄지는 ‘최고’라는 상징이기 때문에 ‘伯(우두머리 백, bó,bǎi)’의 뜻으로 쓰인다.

갑골문과 금문에서 ‘伯’의 뜻을 모두 ‘白’자로 쓴다. 따라서 두 번째 주장을 따를만하다.

후에는 ‘白色’의 가차자로 쓰인다.

"公賞乍(作)冊大白馬." ≪作冊大方鼎≫

공은 작책대에게 하얀 색 말을 하사하였다.

"易(賜)尸(夷)罰(嗣)王臣十又三白(伯)." ≪大盂鼎≫

또한 이족의 왕신 십삼 명 관리를 하사한다.

"白(百)里轉鬻五羊." (≪郭店簡·窮達以時≫8)

백리해百里奚는 (진秦나라 목공穆公을 위해) 양 다섯 마리의 가죽을 팔았다.

[단백질蛋白質] [백로白露][238] [고백告白] [백수白壽][239] [백미白眉] [백골난망白骨難忘][240]

【尤】(더욱 우, yóu)

[說文] : "⺈(尤), 異也. 从乙, 又聲."

尤. 같지 않다. 의미부 '乙'과 소리부 '又'로 이루어진 형성자이다.

尤	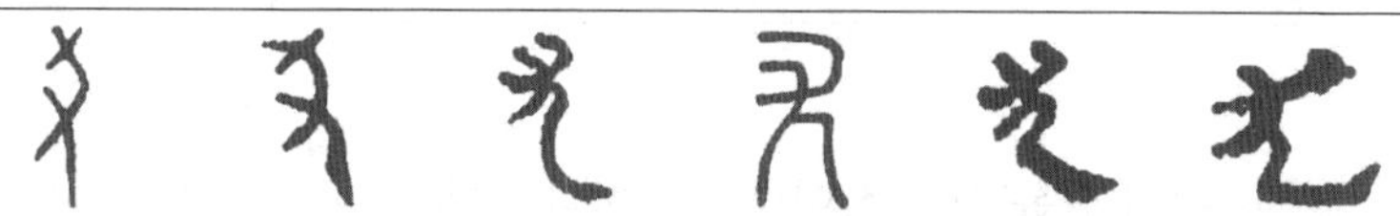					
	商 甲骨文	西周 金文	西周 毛公鼎	春秋 侯馬盟書	西漢 馬王堆帛書	漢 居延漢簡
	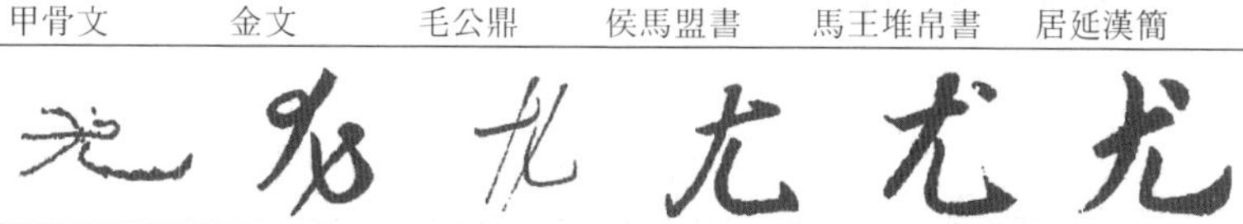					
	東漢 石門頌	唐孫過庭 書譜	唐懷素 自敍帖	東晉王羲之 集字聖教序	唐陸柬之 文賦	唐歐陽詢 九成宮醴泉銘

고문자 '尤'자는 '肬(사마귀우, yóu)'나 '疣(사마귀 우, yóu)'자의 초문이다. '又'와 '乙'로 이루어진 자로 '乙'은 '사마귀'나 '솟아난 혹'을 가리킨다. '又'는 또한 소리부 역할을 한다. 갑골문에서 "無尤"[241]와 같이 '잘못되다'는 뜻으로 쓰인다.

후에 '지나치다'나 '더우기'라는 가차자로 쓰인다.

[건우愆尤][242] [우극尤隙][243] [우극尤極][244] [수원숙우誰怨孰尤][245] [원천우인怨天尤人]

238) 처서와 추분 사이.
239) 백百에서 일一을 빼면 99세가 된다.
240) '각골난망刻骨難忘'. '결초보은結草報恩'.
241) "탈이 없다."
242) 잘못.
243) 틈이 생겨 사이가 나빠지다.

[불원천불우인不怨天不尤人] 246)[우이효지尤而效之]247)

【爪】(손톱 조, zhǎo,zhuǎ)

[說文] : "爪(爪), 丮(丮)也. 覆手曰爪, 象形."

爪. 손톱으로 물건을 잡다. 손바닥이 아래를 향하게 하는 것이 '爪'이다. 상형자이다.248)

爪

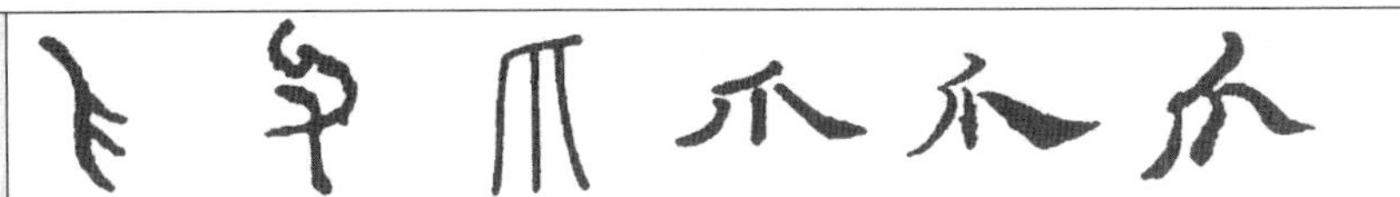

商 甲骨文	西周 金文	說文篆文	隸辨	明 宋克	明 黃道周

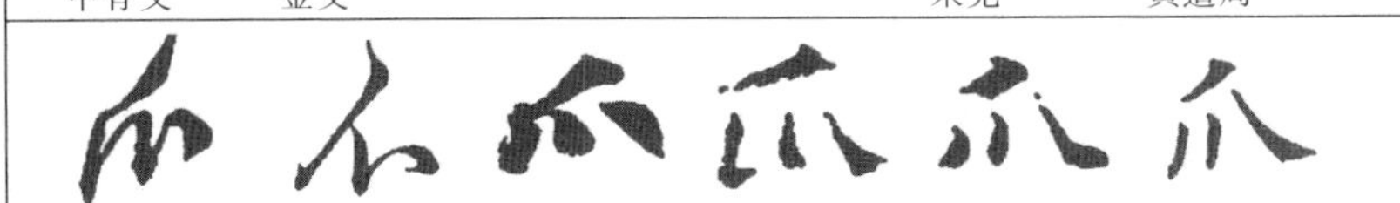

清 何紹基	草韻辨體	清 趙之謙	北魏 元熙墓誌	北魏 妙法蓮華經普門品	唐 昭仁寺碑

고문자 '爪'자는 '새 발톱'의 형상이라고도 한다. 금문은 '', ''로 쓰기도 하며, 자부는 '爫' 형태로 쓰인다.

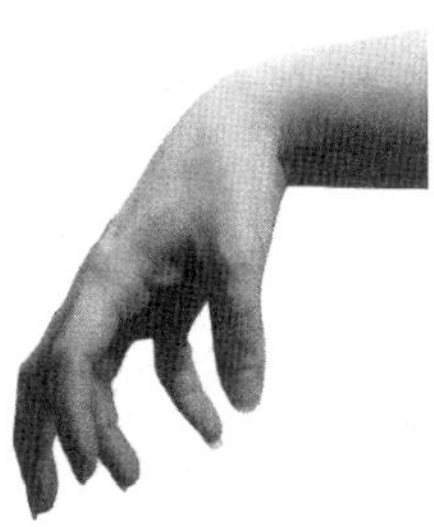

'爪'자의 형상

"干(捍)害(禦)王身, 乍(作)爪牙." ≪師克盨≫

왕의 몸을 가까이서 보호하고 근신 무신武臣(爪牙)를 지냈다.

"以為己腹心·股肱·爪牙." (≪左傳·成公十二年≫)

자신의 심복이고 오른팔이고 근신 무신으로 여겼다.

[설니홍조雪泥鴻爪]249) [조아지사爪牙之士]250)

---

244) 더욱 심하게.

245) 누구를 원망하고 탓할 수가 없다.

246) ≪論語·憲問≫: "不怨天, 不尤人, 下學而上達, 知我者其天乎!"

247) 남의 그릇됨을 나무라면서도 자기自己가 또한 비행을 저지르다.

248) '丮'자는 '丮(잡을 극, jǐ)'과 같은 자이다.

249) 기러기가 눈이 녹은 진창 위에 남긴 발톱 자국. 얼마 안 가서 그 자국이 지워지고, 또 기러기가 날아간 방향方向을 알 수 없다는 뜻. 흔적이 남지 않거나 간 곳을 모른다. 인생의 덧없음이나 희미한 옛 추억. 蘇東坡 ≪和子由澠池懷舊≫의 한 구절.

250) 발톱이나 어금니 같은 선비. 짐승에게 있어 발톱과 어금니가 적으로부터 제 몸을 보호保護할 때에 아주 긴요緊要하듯이, 국가國家를 다스리는 데 꼭 필요하고 중요한 신하.

화자유민지회구和子由澠池懷舊 　　　소식蘇軾

인생도처지하사人生到處知何似, 응사비홍답설니應似飛鴻踏雪泥.
니상우연류지조泥上偶然留指爪, 홍비나부계동서鴻飛那復計東西.
노승이사성신탑老僧已死成新塔, 괴벽무유견구제壞壁無由見舊題.
왕일기구환기부往日崎嶇還記否, 노장인곤건려시路長人困蹇驢嘶.

인생은 어디를 가나 무엇과 같은지 아는가?
날아가던 기러기가 눈밭을 밟는 것과 같다네.
진흙 위에 우연히 발자국을 남겼을 뿐
기러기가 날아가면 다시 동서를 어찌 알리요.
늙은 스님은 이미 죽어 불탑 새로 만들었고
벽은 무너져 옛날 적어놓은 시 찾을 길 없네.
지난날 힘들었던 일 아직 기억하는지,
길은 멀고 사람은 지쳤는데 나귀는 절뚝대며 울어댔었지.

【及】(미칠 급, jí)

[說文] : “(及), 逮也. 从又, 从人. , 古文及, ≪秦刻石≫及如此. (弓), 亦古文及, (遘), 亦古文及.”

及. 붙잡다. ‘又’와 ‘人’으로 이루어진 회의자이다. 고문은 ‘’으로 쓰는데, ≪진각석≫이 ‘及’자를 이와 같이 쓴다. 고문은 또한 ‘弓’나 ‘遘’로도 쓴다.

及	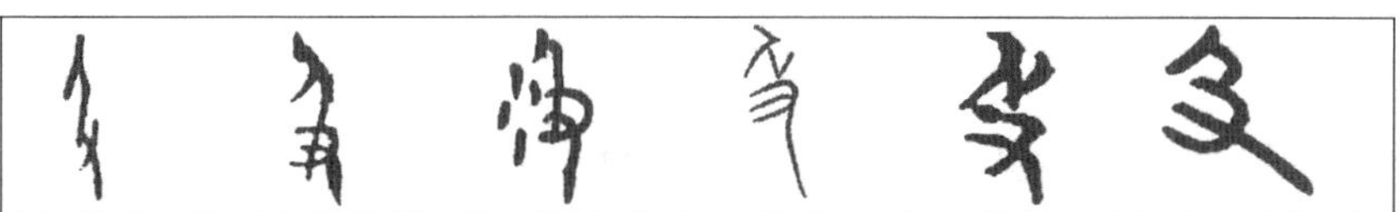					
	商 甲骨文	西周 金文	西周 毛公鼎	戰國 中山王鼎	春秋 侯馬盟書	秦 睡虎地秦簡
	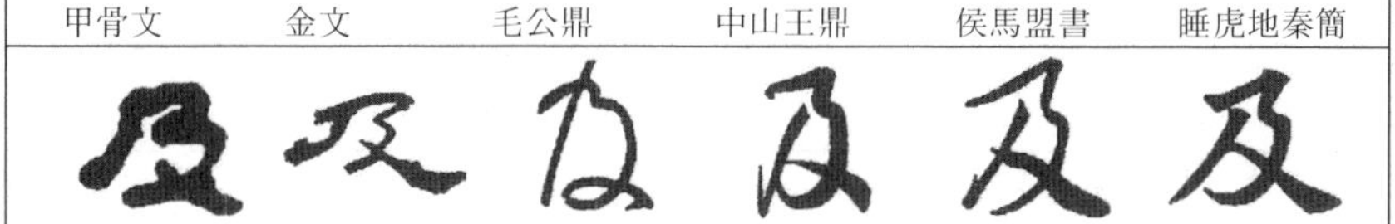					
	西漢 馬王堆帛書	東漢 孔宙碑	東漢 張芝	唐孫過庭 書譜	東晉王羲之 蘭亭敍	隋唐 房山雲居寺石經

‘及’자는 원래 ‘붙잡다’라는 뜻이나, 후에 허사虛詞의 용법으로 가차되어 쓰이기도 한다.

“貞乎(呼)追羌, 及.”(≪合集≫490)
강인을 추적하도록 하면 붙잡을까요?
“貞弗其及今夕雨.”(≪合集≫12160)
오늘 저녁 무렵이 되면 비가 올까요?
“乙卯, 王令保及殷東或(國)五侯.”≪保卣≫
을묘일에 왕은 보로 하여금 이미 평정한 동쪽 나라의 다섯 제후들을 순시토록 하였다.
“隹(雖)有死辠(罪), 及參(三)世, 亡不赦.”≪中山王鼎≫
비록 죽을죄를 지었다할지라도 삼대에 이르면 사면을 해주지 않은 자가 없었다.
“隹(惟)尹(伊)躳(尹)及康(湯), 咸又(有)一悳(德).”(≪上博竹書一·緇衣≫ 3간) 이윤과 탕은 모두 한결같은 덕을 지녔다.

[언급言及] [소급溯及][251] [급기야及其也][252] [과유불급過猶不及] [사불급설駟不及舌][253]

【共】(함께 공, gòng) 【廾】

[說文] : “(共), 同也. 从廿·廾(収). (𢀜), 古文共.”

共. 서로 함께하다. ‘廿’과 ‘廾’로 이루어진 자이다. 고문은 ‘𢀜’으로 쓴다.

共					
		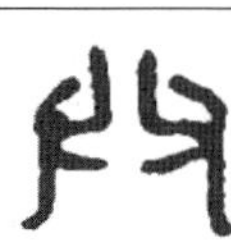			
	商 甲骨文	西周 金文	西周 金文	西周 金文	說文篆文
			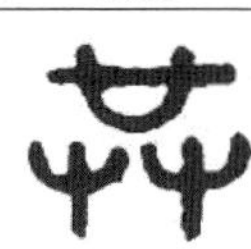		
	商 甲骨文	商 金文	古璽	戰國 郭店楚簡	秦 睡虎地秦簡

251) 지나간 일에까지 거슬러 올라가서 미치게 하다.
252) 마침내. 필경에는. 마지막에는.
253) ‘구시화문口是禍門’. ‘구화지문口禍之門’.

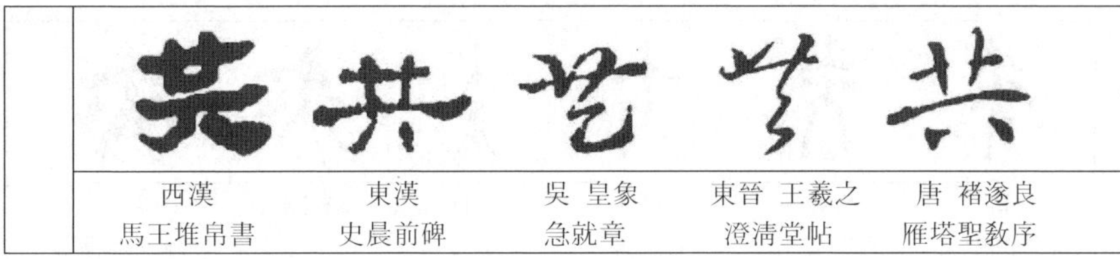

'廾'자는 '共'과 '拱(두 손 맞잡을 공, gǒng)'과 같은 자이다. 두 손으로 물건을 들고 있는 모습이다. 후에 '손'을 표시하는 '手'가 추가되어 '拱'으로 쓴다. 혹은 '두 손을 모은 공손한 모양'이라는 뜻에서 '供(공손 공, gōng)'·'龔(공손할 공, gōng)'자의 초문으로 보기도 한다. 금문은 ''으로 쓰기도 하고, 초죽서는 ''으로 쓴다.

"女(汝)敬共辥(予)命." ≪叔夷鐘≫

너는 공경하게 명령을 받들도록 하라.

"≪寺(詩)≫員(云): 情(竫)共尒立(位), 好氏(是)貞(正)植(直)." ≪郭店楚簡·緇衣≫

≪시경.소아.소명≫에 이르기를 "그대의 직위를 조용히 하고 공손히 하며, 정직한 사람을 좋아하라"라 하였다.

[공동共同] [공조共助] [공통共通] [불공대천지수不共戴天之讎] [불공대천不共戴天] [천인공노天人共怒] [공존공영共存共榮]

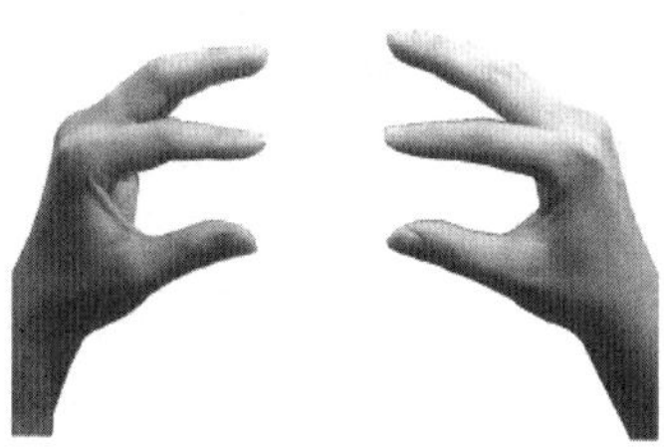

'共'자의 형상

【亦(또 역, yì) 腋(겨드랑이 액, yè)】

[說文] : "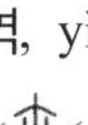(亦), 人之臂亦也. 从大, 象兩亦之形."

亦. 사람의 겨드랑이이다. '大'와 '八'로 이루어진 자이다. '八'은 겨드랑이가 사람의 팔 아래에 있음을 나타낸다.

亦

商 甲骨文	西周 金文	西周 毛公鼎	春秋 金文	戰國 郭店楚簡	秦 睡虎地秦簡

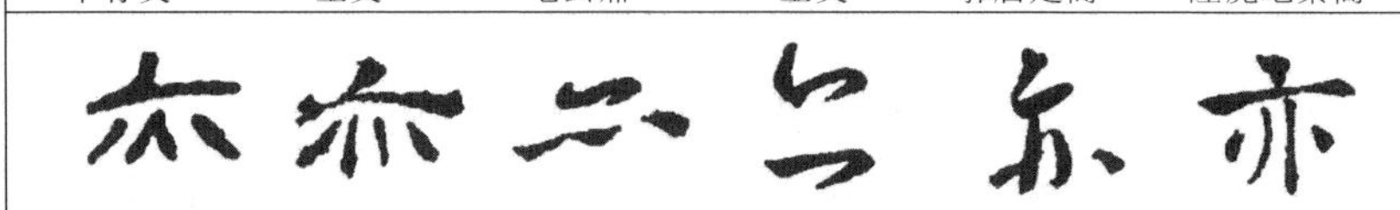

西漢 銀雀山竹簡	東漢 西嶽華山廟碑	西晉 索靖 月儀帖	東晉 王羲之 十七帖	北宋 蔡襄	唐 褚遂良 倪寬傳贊

≪설문해자≫에는 '腋'자가 보이지 않는다. '腋'자는 의미부'肉'과 소리부'夜'로 이루어진 형성자이다. '夜'자는 의미부 '亦'과 소리부 '夕'로 이루어진 형성자이다.

'亦'자는 '腋(겨드랑이 액, yè)'자의 초문이다. '두 점(八)'은 겨드랑이를 표시한다. 혹은 '八'을 겨드랑이에 맺힌 땀이라 하여 '液(진 액, yè)'의 초문이라고 주장하기도 한다. '腋'자는 후에 생겨난 자이다.

"癸巳卜，爭貞：今一月雨. 王占曰：丙雨，旬壬寅雨，甲辰亦雨."（≪合集≫12487正）

계사일 정인 쟁爭이 점을 쳐 묻습니다. 오는 1월에 비가 올까요? 왕이 점괘를 보고 말했다. 병일에 비가 오고, 십일이 지난 임인 일에 비가 오고, 갑신 일에 또한 비가 온다."

"天子亦弗忘公上父誅(胡)德." ≪師訊鼎≫

천자는 또한 공의 상부上父의 큰 덕을 잊지 않으셨다.

[역시亦是] [학이시습지불역열호學而時習之不亦說乎] [유붕자원방래불역락호有朋自遠方來不亦樂乎] [차역此亦][254] [도역유도盜亦有道][255] [궁인지사번역파비窮人之事飜亦破鼻][256]

【止(발지, zhǐ) 趾(발지, zhǐ)】

[說文]："止(止), 下基也. 象艸木出有址, 故以止爲足."

止. 아래의 기초라는 뜻이다. 초목이 자라나는 가장 근본이 되는 부분의 모습이다. 그래서 사람의 다리를 표시한다.

254) 또한.
255) 도둑에게도 도둑으로서의 도리道理가 있다.
256) 궁한 사람의 일은 자빠져도 코를 깬다. 재수財數가 나쁜 사람은 하는 일마다 운수運數가 없다.

止	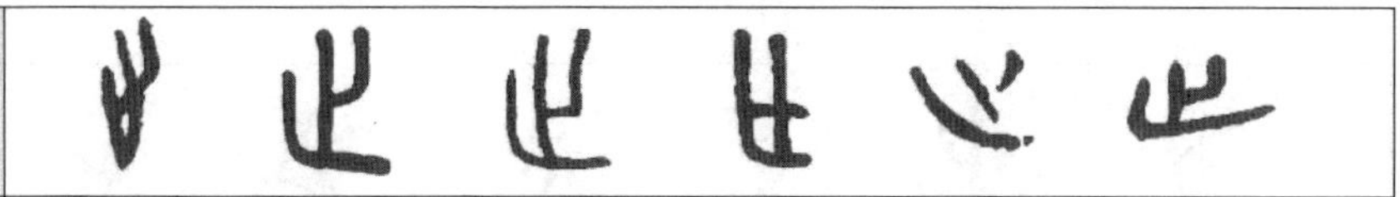					
	商 甲骨文	戰國 古伯簋	戰國 石鼓文	古璽	戰國 郭店楚簡	秦 睡虎地秦簡

	西漢 銀雀山竹簡	東漢 曹全碑	隋智永 眞草千字文	唐懷素 草書千字文	唐顔眞卿 蔡明遠帖	隋 太僕卿元公墓誌

'止'자는 사람의 발가락 형상이다. 문자의 자건字件 중 '止'·'少'·'夊'와 '⺗'은 모두 발가락 '趾'의 형상이다. 자건 '止'를 사용한 문자는 '步()'·'夅(, 내릴 강, xiáng)'·'陟(, 오를 척, zhì)'·'降(, 내릴 강,항 jiàng,xiáng)'·'韋(방위 위, wéi)'·'舛(, 어그러질 천, chuǎn)'·'出'과 '各()' 자 등이 있다. 금문은 ''·''로 쓰기도 한다. 후에는 '그치다'는 의미로 확대되어 쓰인다.

"貞疾止(趾)."(≪合集≫13685正) 발가락이 병이 날까요?
"亦既又(有), 夫亦牆(將)智(知)止."(≪郭店楚簡·老子甲≫)
이미 명분이 생기게 되었다면, 또한 장차 그칠 것을 알아야 한다.

[폐지廢地] [금지禁止] [정지停止] [저지沮止] [수욕정이풍부지樹欲靜而風不止][257] [명경지수明鏡止水][258] [지어지선止於至善][259] [행동거지行動擧止]

【之(갈지, zhī)】

[說文] : "屮(之), 出也. 象艸過屮, 枝莖益大, 有所之.一者, 地也."

之. 자라나다. 초목이 땅 위에서 솟아나 뿌리가지가 점점 커 가는 모양으로, 이른바 점점

257) 나무가 조용히 있고자 하나, 바람이 그치지 않는다. 자식子息이 부모父母님을 공양供養하고 싶어도 부모父母님이 별세하여 세상에 계시지 않는다.

258) 맑은 거울과 고요한 물. 사념이 전혀 없는 깨끗한 마음을 비유.

259) 지극至極히 선善한 경지境地에 이르러 움직이지 않는다. 사람은 최고最高의 선善에 도달到達하여 그 상태狀態를 유지維持하는 것을 이상理想으로 한다. '지어지선'은 '명명덕明明德', '친민親民'과 함께 ≪대학≫의 3강령 중의 하나이다.

자라는 모양이다. '一'은 땅을 의미한다.

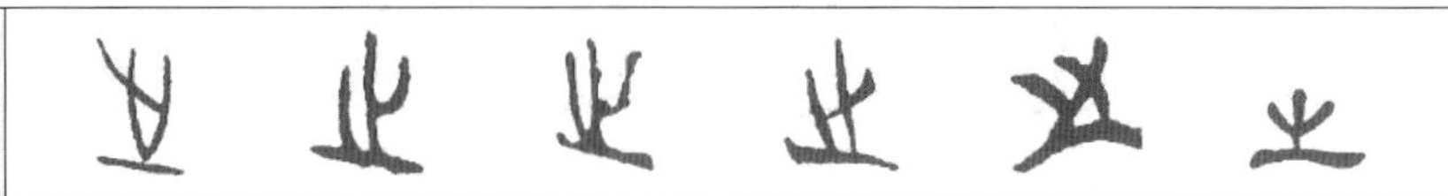

之					
商 甲骨文	西周 金文	西周 毛公鼎	春秋 侯馬盟書	戰國 包山楚簡	秦 睡虎地秦簡

西漢 馬王堆帛書	東漢 乙瑛碑	西漢 索靖 月儀帖	東晉 王羲之 十七帖	東晉 王羲之 蘭亭序	隋 蘇孝慈墓誌

'之'와 '止'자는 비슷하나, 출발점 땅을 표시하는 '一'이 있는 자는 '之'이고, 없는 자는 '止'자 이다. '一'은 종종 땅을 나타낸다. 예를 들어, '至'자는 '一'과 '矢'로 이루어진 자이다. 갑골문에서 "之日"·"之夕" 중의 '之'는 대사 '此'의 뜻이다. 또한 고문자에서는 현대중국어의 '的'·'所'의 용법과 같이 쓰인다.

"子子孫其永用之." ≪君夫簋≫ 자자손손 이 이기彝器를 사용할지어라.

"夫古之聖王" ≪中山王壺≫ 옛날 성왕은

"蔡公子果之用." ≪蔡公子果戈≫

채공자과蔡公子果가 이른바 사용하는 창.

"弜(强)爲之名曰大." ≪郭店楚簡·老子甲≫

이를 억지로 大(크다)라 명명하기로 한다.

[우중지又重之][260] [사제지간師弟之間] [새옹지마塞翁之馬][261] [곤포지교管鮑之交][262] [낭중지추囊中之錐] [경국지색傾國之色]

【足(발 족, zú) 疋(발 소, shū)】

[說文] : "(足), 人之足也, 在下. 从止·口."

足. 사람의 다리 형상이다. 아래에 있다. '止'와 '口'로 이루어진 자이다.

260) 더욱이. 뿐만 아니라.

261) '반화위복反禍爲福'. '새옹득실塞翁得失'. '새옹위복塞翁爲福'. '새옹화복塞翁禍福'. '전화위복轉禍爲福'. '화전위복禍轉爲福'.

262) 관중과 포숙아의 사귐. '고산유수高山流水'나 '교칠지교膠漆之交'의 뜻과 같다. '교칠지교'는 아교풀로 붙이고 그 위에 옻칠을 하면 서로 떨어지지 않고 벗겨지지도 않는다.

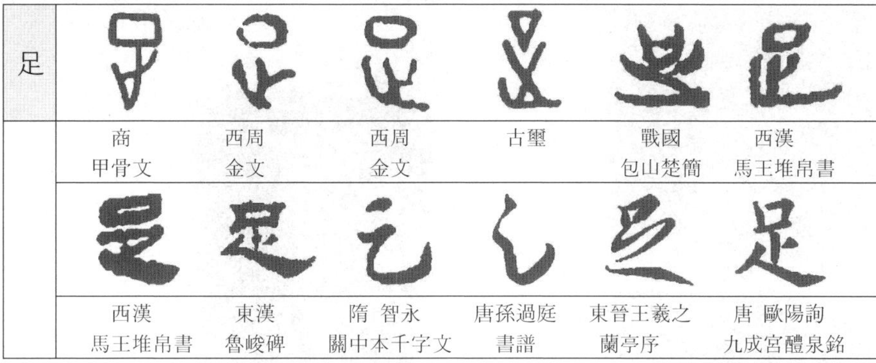

고문자에서 ‘足’자는 ‘疋’자와 같은 자이다. 후에 ‘口’와 ‘止’의 형태를 써서 ‘疋’자와 구별하여 ‘足’자로 쓴다. 갑골문 ‘正(·)’자는 자건 ‘口’와 ‘止’로 이루어진 자이기 때문에 ‘○’와 ‘止’로 이루어진 ‘足’자와 형태가 비슷하다. 주의해서 구별해야 한다. ‘足’자를 갑골문은 ‘ ’으로 쓰기도 하고, 금문은 ‘ ’으로 쓰기도 하며, 초죽서는 ‘ ’으로 쓰기도 한다.

고문자에서 ‘疋’자는 ‘胥’·‘疏’·‘雎’의 가차자로 쓰이기도 한다.

“疾疋.”(≪合集≫775反) 발이 병나다.

“令女(汝)疋(胥)周師.”≪免簋≫ 너는 주나라 군대를 보조하도록 하라.

“古(故)不可得而新(親), 亦不可得而疋(疏).”≪郭店楚簡·老子甲≫
그런고로 친하게 할 수도 없고, 멀리할 수도 없다.

“關疋(雎)以色俞(喻)於豊(禮).”≪上博竹書一·孔子詩論≫
시경 관저는 남녀의 애정이 예의로 전환됨을 말한다.

“耳·目·鼻·口·手·足六者, 心之役也.”≪郭店楚簡·五行≫
귀, 눈, 코, 입, 손, 다리는 여섯은 마음이 부리는 것이다.

“大臣之不親也, 則忠敬不足.”≪上博竹書一·緇衣≫
대신이 친절하지 않으면 충성과 존경이 부족하게 된다.

[부족不足] [만족滿足] [충족充足] [풍족豐足] [동족방뇨凍足放尿][263] [사족蛇足] [공곡족음空谷足音][264] [안분지족安分知足][265]

263) 언 발에 오줌 누기다. 잠시暫時의 효력效力이 있을 뿐이다.
264) 아무 것도 없는 골짜기에 울리는 사람의 발자국 소리. 적적할 때 사람이 찾아오는 것을 기뻐하는 마음을 나타내는 말. 자기와 같은 의견이나 학설을 들었을 때의 기쁨을 비유하는 말.

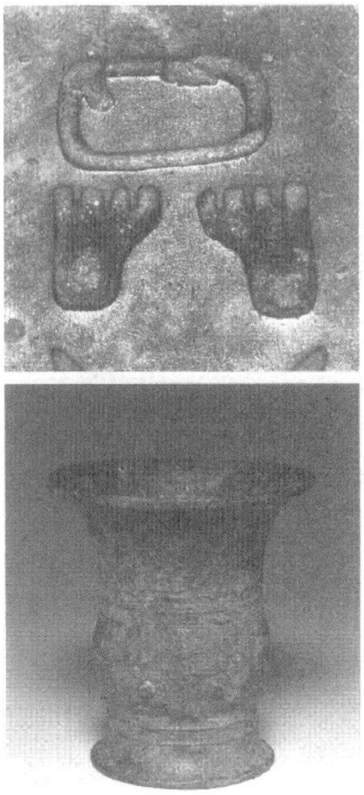

商 正作龍母尊(05809)

【企(꾀할 기, qǐ)】

[說文] : “(企), 擧踵也. 从人, 止聲. , 古文企从足.”

企. 발꿈치를 들다. 의미부‘人’과 소리부‘止’로 이루어진 형성자이다. ‘企’자의 고문은 자부 ‘足’을 써서 ‘𧻚’로 쓴다.

企						
	商 甲骨文	商 甲骨文	說文篆文	隸辨	唐 玄宗 石臺孝經	東晉王羲之 澄清堂

	唐孫過庭 書譜	草韻辨體	南宋 范成大	東晉 王羲之 淳化閣帖	北宋 曾布	唐 昭仁寺碑

265) ‘안빈낙도安貧樂道’.

'企'자는 '人'이 '止'위에 서 있는 형상이다. 금문은 ''·''로 쓰기도 한다. 갑골문에서는 지명으로 쓰인다.

"癸酉卜, 田企東隻(獲)." (≪合集≫19369)

계유일에 점을 칩니다. 기企 지역 동쪽에서 사냥을 잡을 수 있을까요?

[기업企業] [기대企待] [기획企劃] [학기鶴企]266)

'펭귄'은 중국어로 '기아企鵝'라 한다. 펭귄은 마치 발꿈치를 들고 서 있는 모습의 거위(鵝)과에 속하는 새이기 때문이다.

【正(바를 정, zhèng,zhēng) 征(칠 정, zhēng)】

[說文] : "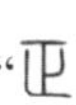(正), 是也. 从止, 一以止. 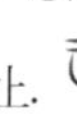, 古文正, 从二, 二, 古上字. , 古文正, 从一足, 足者, 亦止也."

正. 곧다. 자부 '止'는 '一' 위에 '멈추어 있다(止)'는 뜻이다. 고문은 자부 '二'를 써서 '(疋)'로 쓴다. '二'은 '上'자의 고문자이다. 고문을 '一'과 '足'을 써서 '疋'으로도 쓴다. '足'은 '그치다'는 뜻이다.

正						
	商 甲骨文	商 金文	西周 毛公鼎	古璽	戰國 郭店楚簡	秦 睡虎地秦簡

266) 학처럼 고개를 빼고 발돋움하여 바라본다. 간절懇切히 바라다.

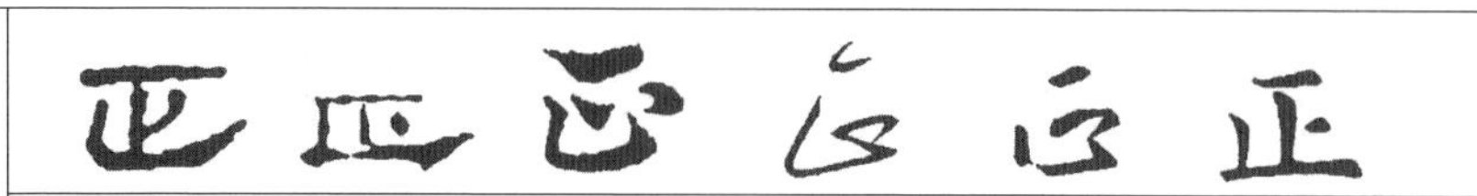

西漢 銀雀山竹簡	東漢 子游殘碑	吳 皇象 急就章	唐懷素 自敘帖	東晉王羲之 集字聖敎序	唐 歐陽修 九成宮醴泉銘

갑골문은 '正'자를 ''·''·''으로 쓰고, 금문은 ''·'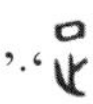'로 쓴다. '성城을 행하여 나아가는 형상'이다. '口'는 성을 표시하고 '止'는 발(趾)을 표시한다. 후에 파생 의미로 '정복하다'라는 '征'의 뜻으로 쓰이거나, 혹은 '정직하다'는 의미의 가차자로 쓰인다. 후에 '攴'를 추가하여 '政'의 의미로 확대되어 쓰인다.

혹은 갑골문의 '正'자를 '止'와 소리부 '丁(口)'으로 이루어진 '征'자의 초문으로 설명하기도 한다. '丁(口)'은 뜻과 음성을 동시에 나타나는데 이는 '성城'의 뜻이다.

"土方征于我東啚(鄙)."(≪合集≫6057正)

토방이 우리나라 변방지역을 정벌하였다.

"陳公子弔(叔)原父乍(作)旅甗, 用征用行."≪陳公子甗≫

진공자 숙원보는 멀리 출정을 할 때 사용할 시루를 만들어, 정벌하거나 행군을 할 때 사용코자 한다.

"隹(唯)王征(正)月初吉."≪夷伯簋≫ 왕 정월 초길에.

"天令(命)禹敷土·隓(墮)山·濬川, 迺(乃)差地埶(設)征(徵)."≪豳公盨≫

하늘은 우왕으로 하여금 천하의 땅을 정비정리하여 행정구역을 나누고 산을 개간하고 하천을 뚫어 물길이 통하도록 하며, 각 지역의 토지를 형편에 따라 각기 다른 부세를 거두어 들이도록 하였다.

"可以行帀(師), 征邦."≪上博竹書三·周易≫

군대를 일으켜 나라를 정벌할 수 있다.

[정확正確] [엄정嚴正] [개정안改正案] [정직正直] [부정부패不正腐敗] [사필귀정事必歸正][267] [공명정대公明正大] [교왕과정矯枉過正][268]

---

267) '사불범정邪不犯正'.

268) 구부러진 것을 바로잡으려다 너무 곧게 되다. 잘못을 바로 고치려다 지나쳐 오히려 나쁜 결과結果를 가져오다. 어떤 일이 극極과 극인 모양을 말하다.

【此(이 차, cǐ)】

[說文] : “(此), 止也. 从止, 从匕. 匕, 相比次也.”

此. 그치다. ‘止’와 ‘匕’로 이루어진 회의자이다. ‘匕’는 ‘서로 비교하여 나열하다’는 뜻이다.

此

商	西周	西周	春秋	戰國	秦
甲骨文	金文	金文	侯馬盟書	郭店楚簡	睡虎地秦簡

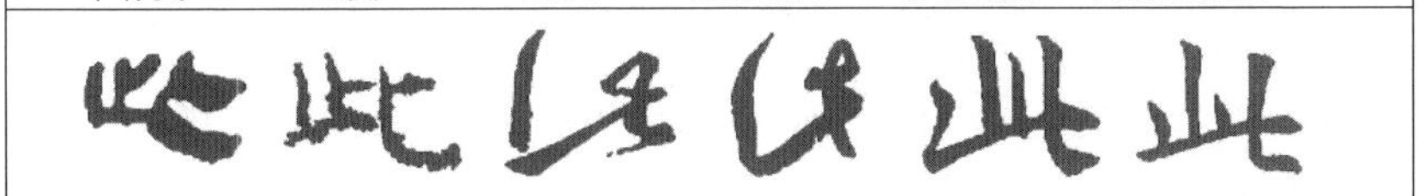

西漢	東漢	東晉 王羲之	唐 孫過庭	東晉王羲之	隋
馬王堆帛書	封龍山頌	十七帖	書譜	蘭亭序	美人董氏墓誌

‘此’ 중 ‘匕’는 ‘사람’이라는 뜻이다. 갑골문은 ‘止’와 ‘人’으로 이루어진 자이다. ‘此’자는 ‘사람이 머무는 그 곳’, ‘그 곳에 존재하다’라는 뜻이다. 후에는 대사인 ‘這’의 의미로 가차되어 쓰이고, ‘彼’의 상대적 개념으로 쓰인다.

“此其萬年無疆.” ≪此鼎≫ 차는 만년 동안 만수무강하기를 기원하다.
“此易言而難行.” ≪中山王鼎≫
이는 말은 쉬어도 행동으로 옮기기는 어렵다.
“此之胃(謂)也.” ≪郭店簡·五行≫ 이를 말하는 것이다.

[어차피於此彼] [여차如此] [차후此後] [재차일거在此一擧][269] [차일피일此日(月)彼日]

【步(걸음 보, bù)】

[說文] : “(步), 行也, 从止·少相背.”

步. 앞으로 나아가다. ‘止’와 ‘少’이 서로 등을 마주하고 있는 형상이다.

269) 한번으로 담판談判을 짓는다. 단 한 번의 거사擧事로 흥하거나 망亡하거나 끝장을 내다.

步	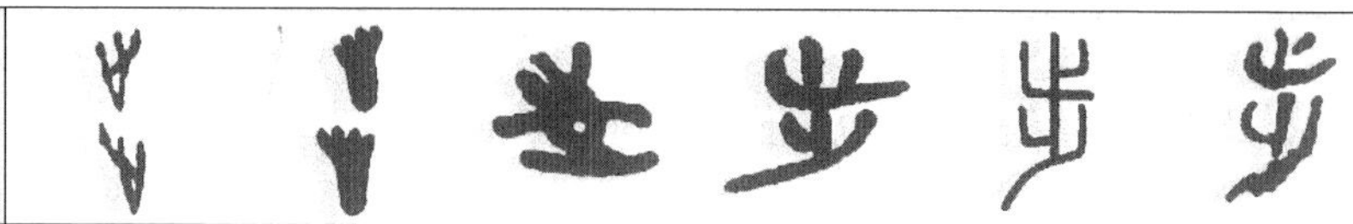					
	商 甲骨文	商 金文	楚 帛書	秦 睡虎地秦簡	說文篆文	秦 睡虎地秦簡
	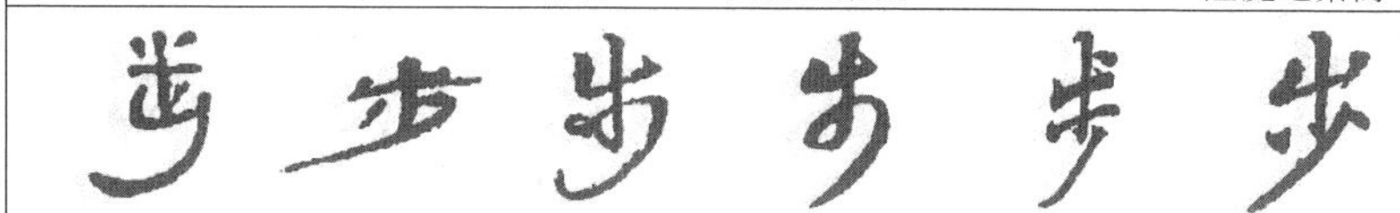					
	西漢 銀雀山竹簡	漢 燉煌漢簡	吳 皇象 急就章	隋 智永 千字文	唐 歐陽詢 史事帖	隋 智永 千字文

'步'자는 두 개의 '止'로 이루어진 자이다. 앞뒤로 두 발이 놓여 있는 형상이다. '나아가다', '오르다'의 뜻이다.

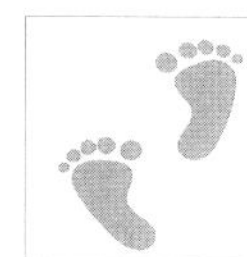

"今日勿步." (≪合集≫17154) 오늘 걸어가지 말까요?

"王其步伐尸(夷)." (≪合集≫6461正)

왕은 장차 도보로 가서 이족을 정벌할까요?

"越翼日癸巳, 王朝步自周, 于征伐商." (≪尚書·武成≫)

그 다음날 계사일에 왕은 아침에 주나라에서 걸어서 출발하여 상을 정벌하려 갔다.

[양보讓步] [진보進步] [초보初步] [답보踏步][270] [한단학보邯鄲學(之)步][271] [오십보백보五十步百步] [일진월보日進月步]

【交(사귈 교, jiāo)】

[說文] : "亣(交), 交脛也. 从大, 象交形."

交. 정강이를 서로 교차하고 있는 형상이다. '大'와 다리를 꼬고 있는 형상의 'ㄨ'로 이루어진 자이다.

交	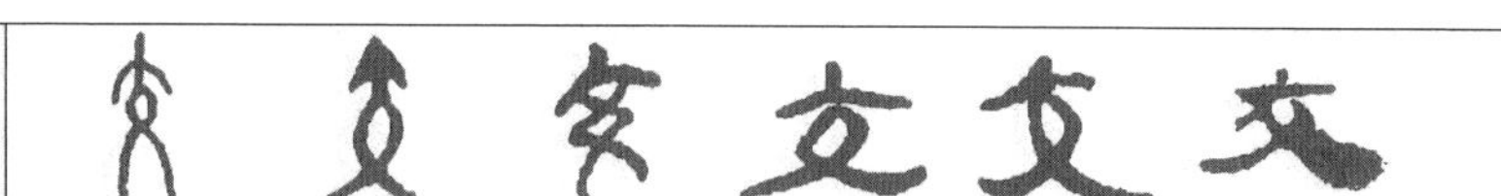					
	商 甲骨文	西周 金文	西周 郭店楚簡	秦 睡虎地秦簡	西漢 銀雀山竹簡	東漢 孔宙碑

270) 제자리에 서서 하는 걸음. 제자리걸음.

271) 한단邯鄲에서 걸음걸이를 배운다. 자기自己의 본분本分을 버리고 함부로 남의 흉내를 내다가 두 가지다 잃다. 연나라의 한 청년이 한단에 가서 그 곳 걸음걸이를 배우려 했으나 오히려 본래의 걸음걸이도 잊어버려 기어서 돌아왔다고 한다.

東漢 孔宙碑	東漢 沈府君神道闕	唐 孫過庭 草書千字文	唐 懷素 草書千字文	唐 歐陽詢 史事帖	唐 李壽墓誌

혹은 '交'자를 '絞(새끼꼴 교, jiǎo)'의 초문으로 해석하기도 한다. 갑골문은 ''로 쓰기도 하고, 금문은 ''로 쓰기도 하며, 초죽서는 ''로 쓴다.

"同方而交, 㠯(以)道者也. 不同方而交, 㠯(以)古(故)者也."
≪上博竹書一·性情論≫
뜻이 같은 사람이 서로 교류를 하는 것은 도를 위한 것이고, 뜻이 같지 않으면서도 교류하는 것은 특별한 목적이 있어서이다.

[교체交替] [교섭交涉] [교통交通] [외교外交] [관포지교管鮑之交] [금란지교金蘭之交][272] [수어지교水魚之交]

【走(달릴 주, zǒu)】

[說文] : "(走), 趨也. 从夭·止, 夭止者, 屈也."

走. 달리다. '夭'와 '止'로 이루어진 회의자이다. '夭'와 '止'는 빨리 달려 다리가 구부러진 형태를 나타낸다.

走	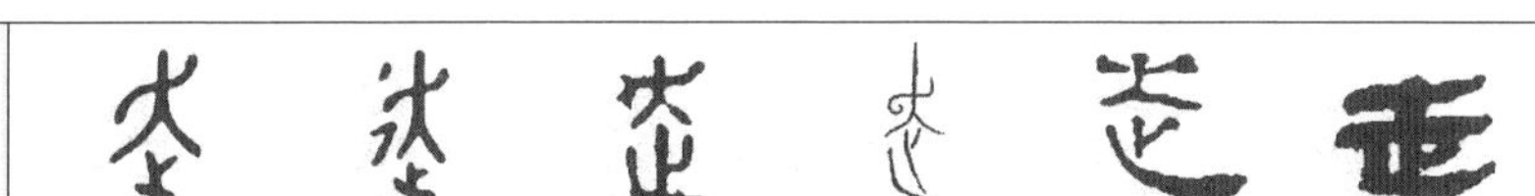					
	西周 大盂鼎	西周 井侯簋	戰國 石鼓文	戰國 中山王鼎	西漢 銀雀山竹簡	西漢 馬王堆帛書

	西漢 馬王堆帛書	東漢 淮源廟碑	吳 皇象 急就章	唐 懷素 自敍帖	元 鮮于樞	唐 顔眞卿 干祿字書

'走'자는 두 팔을 휘저으며 뛰어가는 모양이다. 갑골문은 ''·''으로 쓴다.[273]

272) 쇠처럼 굳고 난처럼 향기가 배어나오는 사귐. 지란지교芝蘭之交.

273) ≪설문해자≫에서는 '夭'라 하였다. 이는 '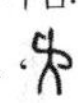'자가 와전된 형태다.

후에 '彳'·'止'나 혹은 '辵'을 추가하여 쓰기도 한다.

"貞: 王往(走)𢦏(災)." (≪合集≫17230)

점을 쳐 묻습니다. 왕이 주走 지방으로 가면 재난이 있을까요?

[주행走行] [질주疾走] [도주逃走] [동분서주東奔西走] [주마간화走馬看花] [야반도주夜半逃走] [교토사주구팽狡兔死走狗烹]

【奔(달릴 분; bēn)】

[說文] : "(奔), 走也. 从夭, 賁省聲. 與走同意, 俱从夭."

奔. 빨리 달리다. 의미부 '夭'와 '賁(클 분, bēn)'자의 생략된 부분이 소리부 '卉' 자로 이루어진 형성자이다. '走'자의 의미와 같고, 모두 의미부 '夭'가 있다.

奔

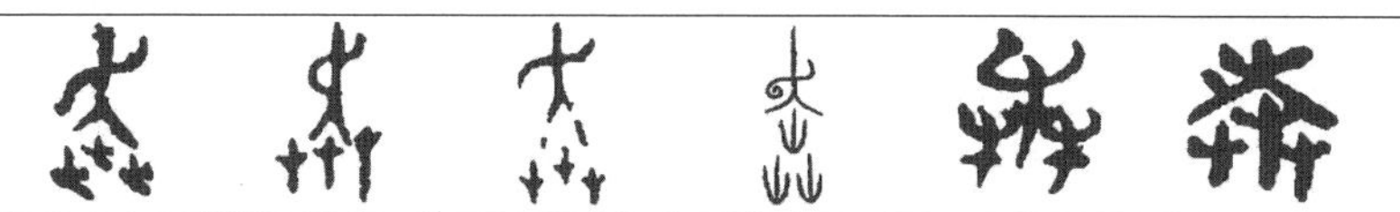

西周 大盂鼎	西周 大克鼎	西周 金文	戰國 中山王鼎	戰國 包山楚簡	秦 睡虎地秦簡

西漢 銀雀山竹簡	西晉 黃帝三臨辟雍碑	唐孫過庭 書譜	唐懷素 自敘帖	東晉王羲之 二謝帖	唐 昭仁寺碑

'奔'자는 손을 흔들고 급히 앞으로 뛰어가는 형상이다. '夭'와 세 개의 '止'로 이루어져 있다. '止'가 후에 '屮'로 와전되었다.

"克奔走上下帝無冬(終)令于有周, 追考(孝)對, 不敢彖." ≪簋(周公簋·邢侯簋·榮作周公簋)≫

능히 주실周室에게 내려지는 상제上帝와 하제下帝와 같은 모든 신의 명령에 따라 분주히 노력하며, 효행을 잘 실천하고, 감히 실수가 없도록 노력하고자 한다.

[분주奔走] [분망奔忙] [광분狂奔] [동분서주東奔西走] [분주불가奔走不暇]

【心(마음 심, xīn)】

[說文] : "⼼(心), 人心. 土藏, 在身之中. 象形, 博士說以為火藏."

心. 사람의 심장이다. 오행 중 '土'에 속하는 장기이다. 신체 중 가운데에 있는 부분이다. 상형문자이다. 박사는 '火'에 속하는 장기라 하였다.

心	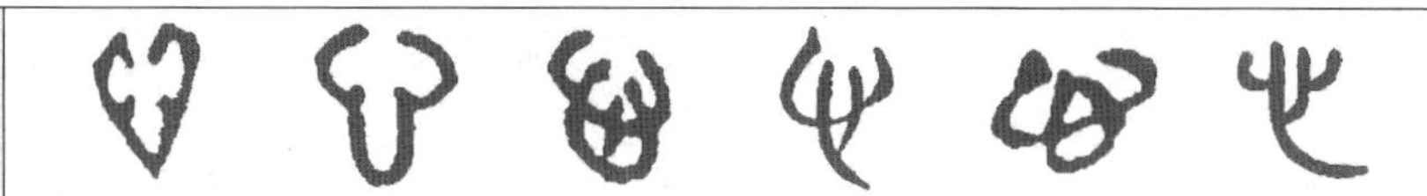					
	商 甲骨文	西周 史牆盤	西周 散氏盤	春秋 侯馬盟書	戰國 包山楚簡	秦 睡虎地秦簡
	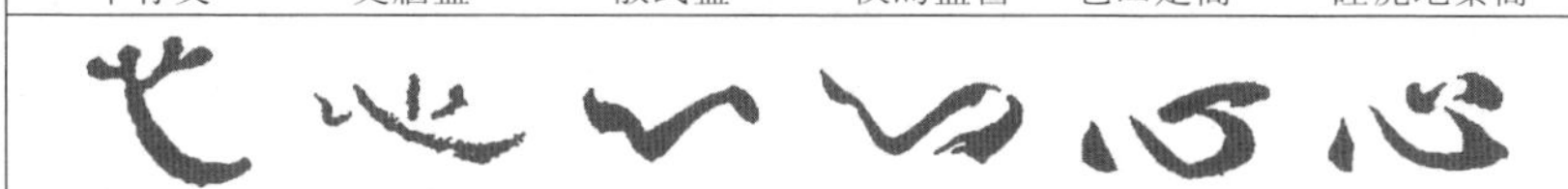					
	西漢 銀雀山竹簡	東漢 石門頌	東晉 王羲之 孔侍中帖	唐孫過庭 書譜	王羲之 喪亂帖	隋 智永 眞草本千字文

'心'자는 갑골문에서 '심沁'자로 가차되어 쓰인다.

"丙戌卜, 爭貞, 王㞢(有)心正(征)." (≪合集≫6928)
병술 일에 쟁이 점을 칩니다. 왕은 마음적으로 정벌하고자 합니까?
"貞涉心狩." (≪合集≫14022) 심수沁水를 건너 사냥을 할까요?
"不(丕)顯朕皇考, 克粦明氒(厥)心." ≪逑編鐘≫
혁혁하신 나의 돌아가신 부친께서는 능히 그 사상을 빛나고 밝게 하셨네.
"心之官則思, 思則得之, 不思則不得也." ≪孟子·告子上≫
사상을 주관하는 기관은 생각을 하는 곳이다. 생각을 하면 얻을 것이고, 생각을 하지 않으면 얻지 못한다.

[핵심核心] [관심關心] [의심疑心] [의구심疑懼心] [종심從心] [수구초심首丘初心][274] [이심전심以心傳心][275] [허심탄회虛心坦懷]

【胃(밥통 위, wèi)】

[說文] : "⼼(胃·胃), 穀府也. 从肉. 図, 象形."

274) '호마망북胡馬望北'. '호마의북풍胡馬依北風'. '호사수구狐死首丘'.

275) '교외별전敎外別傳'. '염화미소拈華微笑'. '염화시중拈華示衆'. 진리가 부처님 마음에서 제자의 마음으로 전해짐. 부처님께서 연꽃 한 송이를 들어 모인 사람들에게 보이자 마하가섭이란 제자만이 그 뜻을 깨닫고 미소를 지음.

胃. 곡물을 소화하는 장부臟腑이다. '肉'과 위를 상징하는 '⊠'으로 이루어진 자이다. '⊠'는 상형자이다.

胃						

	戰國 吉日王舞劍	戰國 郭店楚簡	秦 睡虎地秦簡	西漢 馬王堆帛書	西漢 銀雀山竹簡	說文篆文
	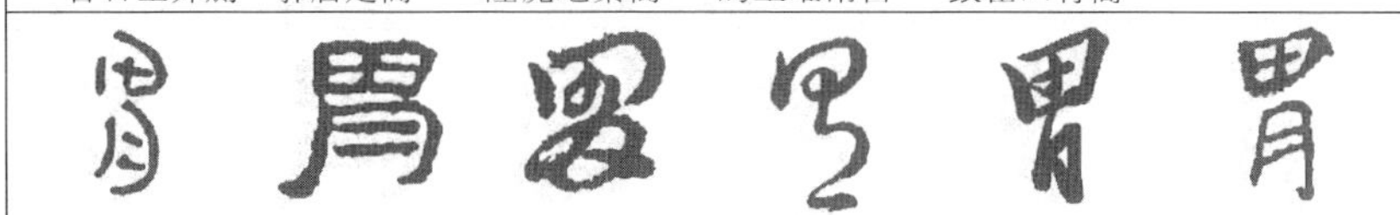					
	西漢 銀雀山竹簡	漢 武威漢簡	吳 皇象 急就章	草韻辨體	北宋 李楗重	北魏 王僧男墓誌

'胃'자는 곡물이 장기에 있는 모양이다. '謂'의 가차자로 쓰인다.

"是胃(謂)貴勝賤." ≪睡虎地·日書乙種≫
이를 귀함이 천함을 능가하는 것이라는 것이다.

[비위脾胃] [위장胃腸] [위암胃癌] [위궤양胃潰瘍][276] [비위난정脾胃難定][277]

【肉(고기 육, ròu)】

[說文] : "?(肉), 胾肉。象形."

肉. 큰 덩어리의 고기. 상형자이다.

肉						
	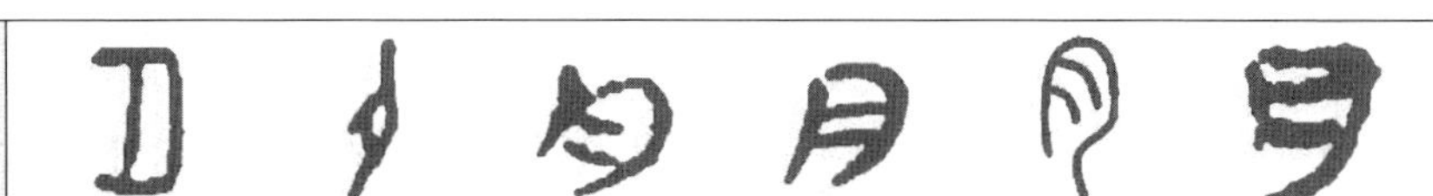					
	商 甲骨文	商 甲骨文	戰國 包山楚簡	秦 睡虎地秦簡	說文篆文	西漢 馬王堆帛書
	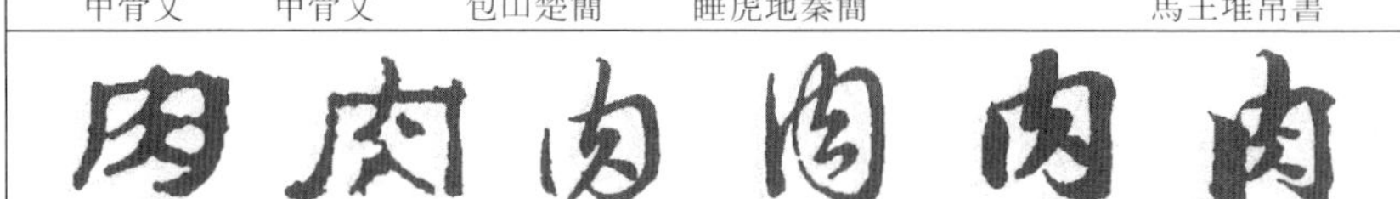					
	漢 武威漢簡	東漢 武氏祠畫像題字	唐李懷林 絶交書	草韻辨體	北宋 蘇軾	南宋張卽之 金剛般若經

276) 위벽의 궤양潰瘍.
277) 비위가 뒤집혀 가라앉지 아니한다. 밉살스런 꼴을 보고 마음이 아니꼽움.

'胾(고깃점 자, zì)'는 '크게 썰은 고기 덩어리'라는 뜻이다. '肉'자는 '月'자와 비슷한 형태로 쓰인다.

"貞乎(呼)取(肉)." (≪合集≫6507)
짐승의 고기를 가져 오도록 할까요?

[근육筋肉] [육체肉體] [육신肉身] [어동육서魚東肉西] [양두구육羊頭狗肉] [육박肉薄][278] [주지육림酒池肉林] [골육상잔骨肉相殘]

【骨(뼈 골, gǔ,gū)】

[說文] : "(骨), 肉之覈也. 从冎, 有肉."
骨. 살 속의 핵이다. '冎(뼈 발라낼 과, guǎ)'와 그 위에 붙어 있는 '肉'으로 이루어진 회의자이다.

骨	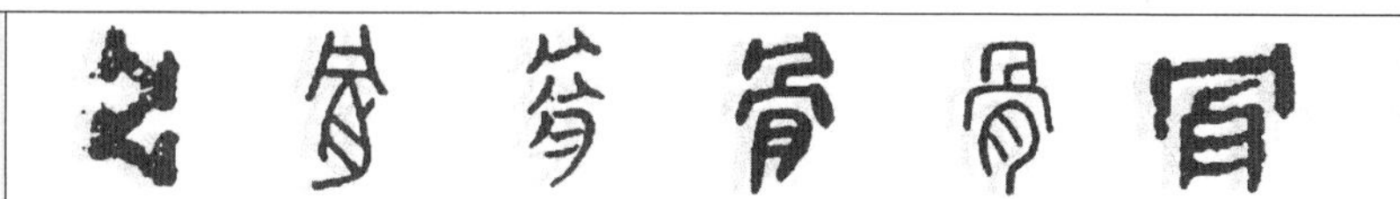					
	商 甲骨文	古璽	戰國 郭店楚簡	秦 睡虎地秦簡	說文篆文	西漢 馬王堆帛書

	漢 武威漢簡	隸辨	吳皇象 急就章	唐孫過庭 書譜	東晉王羲之 興福寺斷碑	隋 美人董氏墓誌

'骨'은 뼈(冎)와 살(肉)로 이루어진 회의자이다. '(冎)'자는 '骨'자의 초문이다.

"鬬折脊項骨." ≪睡虎地秦簡·法律答問≫
싸워 등목뼈가 부러지다.

[골자骨子] [노골적露骨的] [슬개골膝蓋骨] [갑골문자甲骨文字] [각골난망刻骨難忘] [환골탈태換骨奪胎] [분골쇄신粉骨碎身][279] [계란유골鷄卵有骨][280]

---

278) 높거나 대단한 기준基準이나 수치數値에 거의 가깝게 다가가다. 공격攻擊하기 위해 몸으로 돌진突進하다.
279) 뼈가 가루가 되고 몸이 부서진다는 뜻으로 어떤 일에 온 힘을 다해 노력하는 것.
280) '계란유골'은 '계란이 곯았다'는 말로, 늘 운수 나쁜 사람이 모처럼 좋은 기회를 만나도 역시 일이 잘 안 됨을 이른다.

【歹(부서진 뼈 알, dǎi,è)】

[說文] : “(歹), 㓫(列)骨之殘也. 从半冎. 讀若櫱岸之櫱. (𣦵), 古文歺.”

歹. 부서진 뼈이다. ‘冎(뼈 과, guǎ)’의 일부분으로 이루어진 자이다. 음은 ‘櫱(그루터기 얼, niè,è)’자와 같다. 고문은 ‘𣦵’로 쓴다.

歺				
	商 甲骨文	西周 大盂鼎	西周 金文	說文篆文

“从半冎”란 ‘冎’자의 윗부분 ‘冂’을 생략하여 ‘’자로 쓴다는 뜻이다. ‘’자는 원래 ‘’으로 썼으나 후에 변화한 형태이다.

[알신歹信][281]

【死(죽을 사, sǐ) 殺(죽일 살, shā)】

[說文] : “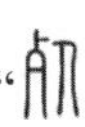(死), 澌也. 人所離也. 从歺, 从人. (𣦸), 古文死如此.”

死. 다하다. 사람이 이승을 떠나다는 뜻이다. ‘歺’와 ‘人’로 이루어진 회의자이다. ‘死’자의 고문은 ‘𣦸’로 쓴다.

殺	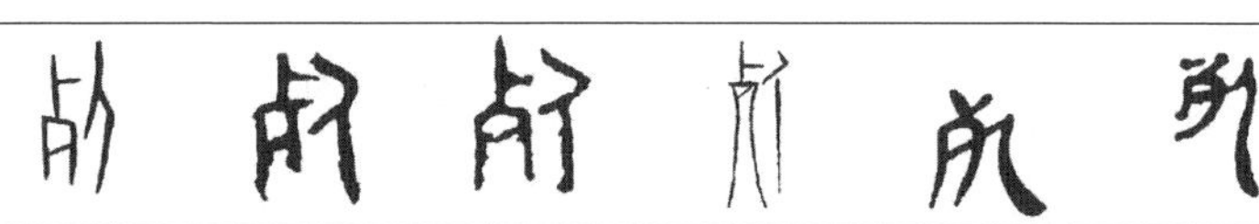					
	商 甲骨文	西周 大盂鼎	西周 金文	戰國 中山王鼎	秦 睡虎地秦簡	西漢 銀雀山竹簡

	西漢 馬王堆帛書	東漢 乙瑛碑	西晉 衛瓘	唐賀知章 孝經	東晉王羲之 蘭亭序	隋唐 房山雲居寺石經

281) 언짢은 기별이나 소식.

'死'자는 '歹(歺)'과 '人'로 이루어진 자이다. 갑골문은 ''으로 쓰기도 한다. 왼쪽부분은 시체가 몸이 구부려져 안장된 형상이다. '歹'은 살이 없는 뼈의 모습이다. 혹은 '屍(주검 시, shī)'의 본자라는 주장도 있다.

"戊午, 貞不死." (≪合集≫22049)
무오일에 점쳐 묻습니다. 죽지 않을까요?
"用祈壽老母(毋)死." ≪齊侯鎛≫
이를 가지고 영원히 죽지 않고 장수하기를 기원하고자 한다.
"隹(唯)九月既死霸." ≪作冊夨令簋≫ 구월 기사패 날에.

[사망死亡] [사각지대死角地帶] [사장死藏] [인사유명人死留名] [토사구팽兎死狗烹][282)]
[사후약방문死後藥方文] [호사유피虎死留皮][283)]

282) '팽狗烹'.
283) '호사유피인사유명虎死留皮人死留名'.

○ 금문과 금문의 서예작품

금문이란 은상殷商시기, 동주東周시기, 서주西周시기, 진한秦漢시기의 청동기 위에 새겨진 문자를 가리키며, 금속을 총칭하여 '금金'이라 한다. 청동기靑銅器는 그 용도에 따라 크게 예기禮器와 악기樂器로 나눌 수 있다. 정鼎(솥)이 예기禮器를 대표할 수 있고, 종鐘이 악기樂器 중에서 대표적이라 할 수 있다. 따라서 금문을 종정문鐘鼎文이라고도 하며, 관지款識를 추가하여 종정문관지문자鐘鼎款識文字라고도 한다. '관款'이란 양각이나 혹은 기물의 내부에 새겨진 문자를 말하고, 지識는 음각이나 혹은 외부에 새겨진 문자를 말한다. 청동기는 주로 제사祭祀를 지낼 때 종묘宗廟에서 사용하는 기물이다. 따라서 청동기를 이기彝器라고도 칭한다. '이彝'는 종묘에서 사용하는 제기의 총칭이다.[284] 그래서 금문을 이기문자彝器文字 혹은 이기관지彝器款識라고 부르기도 한다. 금석金石에 새겨진 문자를 '명銘'이라 한다. 따라서 청동기명문靑銅器銘文이라 부르며, 명문銘文 중에 "易(賜)吉金"[285] 혹은 "擇其吉金"[286]라는 구절이 보이기 때문에 길금문자吉金文字라고도 한다. '길금吉金' 중의 '吉'은 '길상吉祥·길리吉利(상스럽다)'와 '결실하다'나 '견고하다'의 의미이다. '길금吉金'이란 '견고하고 질 좋은'이라는 뜻이다. '길금문자吉金文字'를 줄여서 '금문金文'이라하고, '금문'이 가장 일반적인 명칭으로 쓰이고 있다.

지금까지 출토된 문물 중에서는 감숙성甘肅省 마가요馬家窑와 마창문화馬廠文化에서 발견된 두개의 청동도靑銅刀가 가장 이른 시기의 것으로 약 5000년에서 4300년 전에 것으로 추정된다. 이외에도 신석기 시기의 제가문화齊家文化와 화소구문화火燒溝文化의 유적지에서 청동靑銅·황동黃銅과 홍동紅銅 등의 청동문물이 발견되었고, 하대夏代 문물 중에는 이리두二里頭문화 유적지에서 다양한 청동기물들이 발견되었다. 그러나 이때까지는 아직 청동기의 명문銘文이 발견되지 않았다.

상商 나라에 이르러 청동기는 제련기술이나 조형공예 혹은 장식무늬 등 각 방면에서 상당히 높은 수준에 이르게 되었다. 상나라 초기에는 정鼎·역鬲·언甗·궤簋·가斝·고觚·화盉·반盤·유卣·잔爵·준尊이나 뇌罍와 같은 기물이 있으며, 장식무늬는 도철문饕餮紋(짐

284) 갑골문은 '彝'자를 '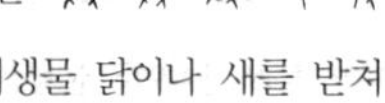' 등으로, 금문은 '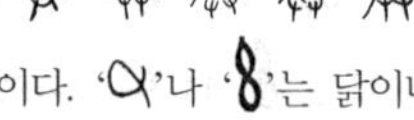' 등으로 쓴다. 두 손으로 제사 지낼 희생물 닭이나 새를 받쳐 들고 있는 형상이다. ''나 ''는 닭이나 새의 두 날개를 묶은 모습으로 후에 '糸'로 변했고, 부리 앞의 ''이나 ''은 鬱鬯을 표시하고, 후에 '米'로 변했다(李孝定, ≪甲骨文集釋≫, 13卷, 3889-3895 쪽 참고).

285) "좋은 청동을 하사하다."

286) "질 좋은 청동을 택하다."

승의 얼굴 장식 무늬)이 주를 이루었으나, 명문은 매우 적다. 상나라 후기에 이르러 초기보다 종류가 더욱 다양해져 우盂·각角·호壺·굉觥·비匕·작勺·요鐃·주冑·산鏟·경鏡·두豆·치觶·조俎·액軶 등과 같은 기물들이 출현하였고, 40자 이상의 긴 명문도 출현하였다.

주周 나라에 이르러서는 수적으로나 질적, 양적 면에서 상나라 때보다 장족의 발전을 하였고, 명문이 있는 청동기의 숫자가 훨씬 많아졌으며, 명문의 자수도 100 여자가 넘는 장편이 많이 보인다.

사회적으로 대 변혁기에 해당되는 춘추시대는 제후나 경대부卿大夫가 제작한 청동기가 많아졌고, 문자 또한 장식성이 강하고, 기물의 표면에 새긴 것이 많으며, 중기 즈음에는 조충서鳥蟲書와 착금서錯金書가 등장하기 시작하였다. 전국戰國시기는 제련 기술이 더욱 발전하여 철기鐵器가 보편적으로 사용됨에 따라 일상생활용품이나 병기들이 주로 제작되었고, 청동기는 쇠퇴기에 접어들었다. 이 시기의 청동기물은 주로 전폐錢幣·새인璽印이나 부절符節 등과 같은 작은 물건들이 주를 이루었고, 서체는 길고 가느다란 문자가 주를 이루며, 장편으로 된 명문도 그다지 많지 않게 되었다.

서주西周의 금문은 분량이나 내용 체제 등 각 방면에 있어 최고의 극성기라 할 수 있다. ≪[illegible]尊(하존何尊)≫은 12행 119자, ≪대우정大盂鼎≫은 19행 291자, ≪대극정大克鼎≫은 28행 290자, ≪측인반夨人盤(산씨반散氏盤)≫은 19행 305자이고, ≪도정舀鼎(물정曶鼎)≫은 24행 380자, ≪모공정毛公鼎(厝鼎)≫은 32행 479자 등과 같이 서주 명문은 분량이 긴 것들이 많다. ≪모공정≫은 479자로 현재 발견된 명문 중 가장 글자가 많다.

금문은 서체의 유형적 구별로는 명문銘文을 일반적으로 대전大篆(주문籒文)이나 고주古籒라고도 칭한다. 그러나 이러한 칭호보다는 금문은 금문만이 가지는 독자적인 형체와 역사적 배경을 지니고 있기 때문에 그냥 금문이라고 부르는 것이 옳겠다. 왜냐하면, 대전 혹은 주문 등에 대한 정의에 대해서도 아직 완전한 일치를 보이지 못한 상태이기 때문이다. 그래서 청동기 명문銘文을 총체적으로 금문이라 칭하고, 이를 다시 역사적으로 세분해야 되는 경우엔 은상殷商시기 금문, 서주西周금문, 동주東周금문, 진한秦漢금문 등으로 칭하면 될 것이다.

상나라에서 진秦나라 통일하기 이전까지를 아래와 같이 아홉 단계로 시기를 구분할 수 있다. 동주東周는 일반적으로 BC 221까지로 말한다. 동주는 다시 일반적으로 춘추春秋시기(BC 770-BC 476)와, 전국戰國시기(BC 475-BC 221)로 나눈다.

1. 상 초기(BC 1600~BC 1300年): 성탕成湯이 하夏를 멸한 후~반경盤庚이 은殷으로 천도한 시기
2. 상 후기(BC 1300~BC 1046年): 반경이 천도한 때~은주殷紂의 멸망
3. 서주 초기(BC 1046~BC 995年): 무왕武王이 은주殷紂을 멸한 후~소왕昭王
4. 서주 중기(BC 995~BC 885年): 목왕穆王~이왕夷王
5. 서주 말기(BC 885~BC 771年): 여왕厲王~유왕幽王
6. 춘추 초기(BC 771~BC 651年): 주 평왕平王~주 혜왕惠王
7. 춘추 후기(BC 651~BC 453年): 주 양왕襄王~주 경왕敬王
8. 전국 초기(BC 453~BC 368年): 주 정정왕貞定王~주 열왕烈王
9. 전국 말기(BC 368~BC 221年): 주 현왕顯王~진秦 왕정王政 26년

지금까지 발견된 청동기 가운데 명문이 있는 것은 모두 약 8000여 점이 넘고, 글자가 적은 것은 한 두 글자에서 많게는 500여 자에 이른다. 그중에서 5000여 점이 서주시기의 것이며, 10자 이상인 청동기는 약 700여 점에 이른다. 용경容庚 ≪금문편金文編≫에 의하면 청동기 문자는 모두 4000여 자가 넘으며 알 수 있는 자는 약 2400여 자라 하였다.

금문은 갑골문과는 달리 주조를 하였기 때문에 쇳물이 흘러 들어가 굳을 때 생기는 특수한 효과로 생기는 금문만이 가지는 웅장한 심미적 특징을 지니고 있다.

금문의 자료 중 현재 가장 영향력 있는 저서는 1984년에 중국사회과학원고고연구소中國社會科學院考古硏究所가 편찬한 ≪은주금문집성殷周金文集成≫이다. 이 ≪집성集成≫은 모두 18책으로 되어 있는데, 제 1책은 1984년 8월에 출간되었고, 제 18책은 1994년 12월 출간되었다. 이 책은 모두 11983의 명문 탁본을 수록하고 있는데, 이는 전세계적으로 이른바 1980년대까지 볼 수 있는 모든 명문은 모두 수록하고 있다고 볼 수 있다. 매 책冊 뒤편에 각 명문의 출처와 기물의 문자 수, 기물의 형태들을 설명하고 있어 매우 유용한 참고자료이다. 석문과 명문에 대한 색인은 ≪은주금문집성인득殷周金文集成引得≫(중화서국中華書局)과 ≪금문인득金文引得≫의 <은상서주권殷商西周卷>, <춘추전국권春秋戰國卷> (광서교육출판사廣西敎育出版社)을 참고할 수 있다.

아래에서는 역대 비교적 유명한 서주시기의 ≪산씨반≫과 ≪모공정≫ 명문을 감상하기로 한다.

1. ≪毛公鼎≫(≪集成≫ '2841')

≪모공정毛公鼎≫은 ≪음정𢉅鼎≫ 혹은 ≪모공음정毛公𢉅鼎≫이라고도 부른다.

≪모공정≫은 서주 선왕宣王 시대의 작품으로 청나라 도광道光 연간인 1850년 섬서성陝西省 기현岐縣에서 출토되었다. 명문은 금문 가운데 가장 긴 32행 479자이며 모공음이 주나라 선왕에게 정치에 힘써 국가의 태평 성세를 도모할 것을 권하고 후한 상을 받은 사실과 문왕과 문왕의 선대 업적, 그리고 모공 가문을 찬양한 내용이다.

모공정은 글자가 많고 청동기의 바닥에 주조하여 그림과 같이 둥근 바닥의 모양에 따라 곡선의 세로 행을 이루고 있는 것이 특징이다. 자형은 전체의 모양과 조화를 이루기 위하여 조금씩 기울어져 있으나 균형을 전혀 잃지 않았다. 서체는 ≪산씨반≫처럼 자유스럽고 소박하지는 않지만 깔끔하면서도 우아한 미감을 갖추고 있다. 필체가 유창하고 결구의 조화가 뛰어나며 가로줄을 맞추지 않고, 획수의 많고 적음에 따라 포치하여 단아한 가운데서도 자연스러운 예술적 미를 갖추고 있다.

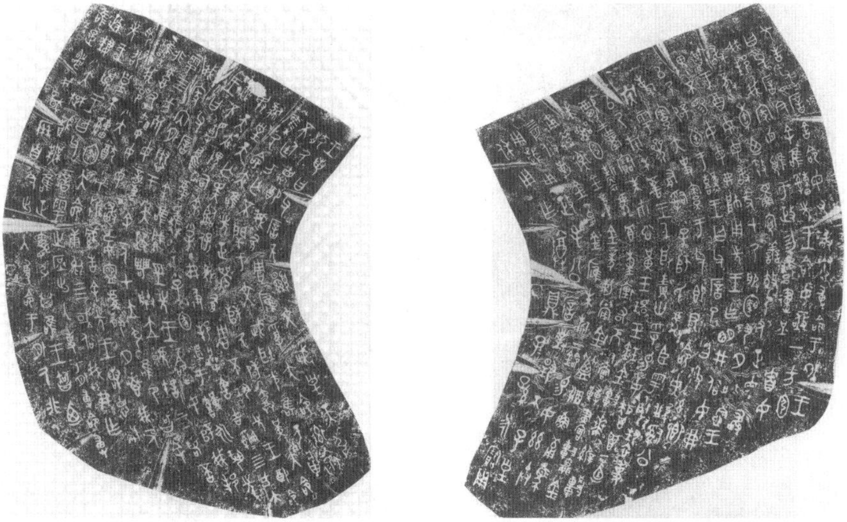

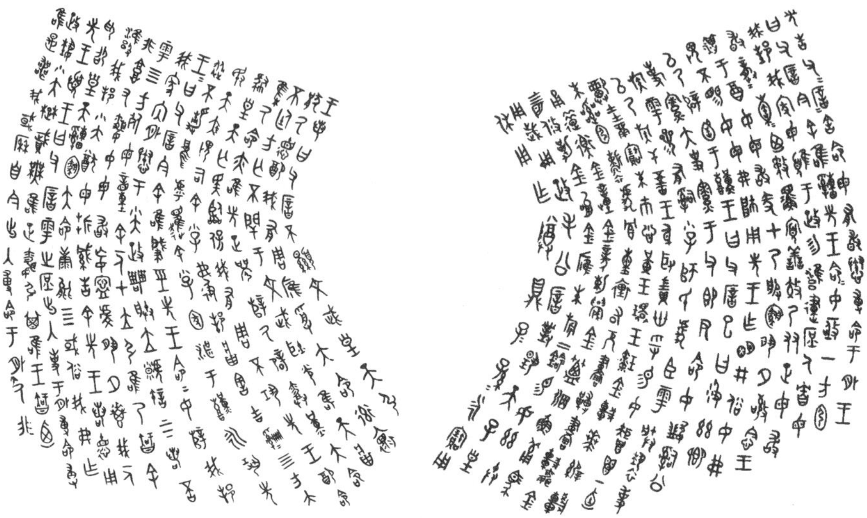

【석문】

王若曰:“父厝, 不(丕)顯文武, 皇天引
猒(厭)氒(厥)德配我有周. 雁(膺)受大命, 衒(率)褱(懷)
不廷方, 亡(無)不閈(覲)于文武耿光. 唯天𨊠(將)
集氒(厥)命, 亦唯先正𧨟(襄)辥(嬖)氒(厥)辟, 𦑨(恪)堇(勤)大命,
肆(肆)皇天亡(無)旲(斁), 臨保我有周, 不(丕)巩(鞏)先王配命.
敃(旻)天疾畏(威), 司(嗣)余小子(小子)弗彶, 邦𨊠(將)害(曷)吉, 䨣=(跚跚)三(四)方, 大
從(縱)不静(靖). 烏(嗚)虖(呼), 䍜(矍)余小子(小子)圂湛于囏(艱), 永巩(共)先
王=(王.”王)曰:“父厝,〔今〕余唯肇(肇)巠(經)先王命=(命, 命)女(汝)辥(嬖)我邦
我家內外, 𢚸(惷)于尖(小大)政. 䢓(屏)朕立(位), 虩許亖(上下)若否
雩(與)三(四)方, 死(尸)母(毋)童(動)余一人(一人)在立(位), 引唯乃智(知)余
非[19]·𦎧(庸)又(有)𦖞(昏). 女(汝)母(毋)敢妄(荒)寧, 虔夙(夙)夕, 叀(惠)我一人(一人),
雝(雍)我邦尖(小大)猷, 母(毋)折臧(緘), 告余先王若德, 用
印(仰)卲(昭)皇天, 𤔲(緟)𦑨(恪)大命, 康能三(四)國, 俗(欲)我弗乍(作)
先王憂(憂).”王曰:“父厝, 雩(越)之庶出入事于外, 尃(敷)命尃(敷)
政, 埶(藝)尖(小大)楚賦. 無唯正𦖞(昏), 引𠀠(其)唯王智(智), 迺
唯是喪我或(國). 厤(歷)自今, 出入尃(敷)命于外, 氒(厥)非
先告父=厝=(父厝, 父厝)舍(捨)命, 母(毋)又敢𢚸(惷)尃(敷)命于外.”王
曰:“父厝, 今余唯𤔲(緟)先王命=(命, 命)女(汝)亟(極)一方弘(宏)
我邦我家. 母(毋)顀(推)于政. 勿雝(雍)建(建)庶□賓(貯). 母(毋)
敢龏=橐=(拱苞, 拱苞)迺敄(侮)鰥寡. 譱(善)效乃友正, 母(毋)敢
湛(湎)于酒, 女(汝)母(毋)敢豕(墜)才(在)乃服. 𦑨(恪)夙(夙)夕, 敬念王
畏(威)不睗(易). 女(汝)母(毋)弗帥用先王乍(作)明井(刑), 俗(欲)女(汝)弗
㠯(以)乃辟圅(陷)于囏(艱).”王曰:“父厝, 巳, 曰及丝(茲)卿
事寮(寮)·大史寮(寮)于父即尹. 命女(汝)䍙(兼)𤔲(司)公
族·雩(與)参有𤔲(司)·小子(小子)·師氏·虎臣, 雩(與)朕埶(褻)事,
㠯(以)乃族干(扞)吾(敔)王身. 取賷(徵)卅寽(爰). 易(賜)女(汝)𩰫(秬)鬯一卣,
祼(祼)圭(珪)鬲(瓚)寶·朱市悤(蔥)黃(衡)·玉環·玉琭(琭)·金車·桒(賁)𦄼(縟)較(較)·
朱𩌏(鞹)𩏑(鞃)靳(靳)·虎冟(幎)熏(纁)裏·厷(靷)厄(軛)·畫轉(縛)·畫𩌦(幐)·金
甬(鐘)·遣(錯)衡·金嶂(踵)·金豙(轙)·約(約)𩍿(轄)·金簟(簟)弼(笰)·魚葡(箙)·馬

匸(四匹)· 攸(鋚)勒·金巤(鉤)·金雁(膺)·朱旂二鈴(鈴). 易(賜)女丝(兹)关(賸).
用歲用政(征).” 毛公厝對䍩(揚)天子皇
休. 用乍(作)隮(尊)鼎, 子=(子子)孫=(孫孫)永寶用.

【해석解釋】

왕이 말하였다: 보음父厝(毛公)이여! 위대하고 영명하신 문왕과 무왕이여! 하늘은 문왕과 무왕의 덕에 크게 만족하시어 우리 주나라에게 큰 덕을 베풀어 주시니, 문왕과 무왕은 진심으로 하늘의 대명을 잘 받들어서 조견하지 않는 주변 국가들을 회유하여 문왕과 무왕의 빛나는 업적을 찬양하지 않은 자가 없었다. 하늘은 문왕과 무왕에게 주신 大命을 성공케 하시고, 이전 대신들이 그들의 주군을 보필하며 하늘의 큰 명을 공경하고 부지런하게 받드니 하늘은 미워하지 않으시고, 우리 周를 굽어 살펴 보우하시어 선왕께서 받드신 천명을 더욱 공고하게 하였다. 인자하신 하늘이 돌연히 위엄을 보이실 때, 왕위를 계승받은 내가 미처 이를 인식하지 못하면, 나라가 어찌 장차 이롭지 않겠으며, 혼란한 천하는 크게 방종하고 불안하게 되지 않겠는가. 아! 큰 어려움에 처해있는 가엾은 소자는 선왕의 대명을 영원히 받들고자 한다.”

왕이 말하였다: 보음父厝이여! 지금 나는 선왕의 명령을 계승하고 잘 실행하고자 우리나라와 왕실의 내외 정무를 다스리고 크고 작은 모든 정사에 충실히 실행할 것을 명한다. 아울러 나의 왕위를 지키고 조정의 상하가 천하의 따르는 국가와 화목하게 지낼 수 있도록 하며 나의 왕위가 흔들림이 없도록 나를 지켜 주어야 한다. 또한 나의 잘못과 어리석음을 인식할 수 있도록 인도해 주어라. 너는 감히 경거망동하거나 안일함을 추구하지 말고 언제나 밤낮으로 경건한 마음으로 임하며, 나에게 은혜로움을 주어서 우리나라의 모든 일들의 계획을 옹호하고, 지나치게 언사를 삼가지 말 것이며 선왕의 명명한 덕을 나에게 알리어라. 그렇게 함으로써 하늘의 뜻에 잘 따르고, 하늘의 명을 지속적으로 받들어 온 천하를 안락하고 화목하게 하며 내가 선왕께 누(漏)가 되지 않도록 잘 이끌도록 하라.

왕이 말하였다: 보음父厝이여! 집정 관료들이 대외적으로 실행하고, 왕명을 공포하고 정책을 실행하는 일과 일반관리들을 관리 감독하는 일 등에 있어 나의 혼란함을 바로 잡지 않고 왕이 지혜롭다고만 말한다면, 이는 우리나라의 망국을 자초하는 일이다. 지금부터 대외로 명령을 실행하는 일을 사전에 그대 보음父厝에게 명령한 것이 아니면 보음父厝 그대는 명령을 실행함에 있어 함부로 대외를 명령을 집행하지 마라.

왕이 말하였다. 보음父厝이여! 지금 나는 선왕의 명을 계승하고 한 국가를 진심진력으로 다스리며 명령하며, 우리나라 국가와 가족을 더욱 광대하게 하도록 명령한다. 그대는 정사에 있어서 성실하게 이행하고, 백성들의 재산에 옹색하게 조세집행을 하지 말며 거둬들인 부세를 착복하지 말라. 착복은 홀아비와 과부들과 같은 궁핍한 사람들을 속이는 행위이다. 또한 관속들을 잘 가르치고 인도하고 술을 탐닉하지 말며, 그대의 직무에 태만하지 말지어라. 삼가 밤낮으로 왕의 위엄이 결코 가볍지 않음을 항상 경건하게 유념하고, 너의 선왕이 만든 현명한 법도를 이행함에 어긋남이 없도록 하여 너의 주군이 어려움에 빠지지 않도록 하라."

왕이 말하였다: 보음父厝이여! 아! 경사료卿事寮와 태사료大史寮는 그대에 소속되어 관직을 수행하도록 하노라. 그대에게 공족公族·삼유사參有司·소자小子·사씨師氏·호신虎臣과 나의 집사執事를 함께 관리하며, 너의 종족들을 거느리고 나를 보호하도록 명령하며 삼십 열鋝을 하사하노라. 너에게 향주 한 항아리, 강신제용 보기 규찬珪瓚, 붉은색의 폐슬, 청색의 횡대橫帶, 노리개 옥환, 옥홀을 하사한다. 청동의 수레, 양측이 장식된 수레 횡목 덮개, 붉은 가죽으로 된 수레 장식 덮개, 붉고 고운 가죽, 끌채에 쓰는 손잡이와 말 앞을 장식할 가죽, 오랑이 무늬의 수레 덮개 천와 붉은 색의 안감, 멍에, 장식이 있는 차 아래 끈, 탑승 칸과 차축을 연결하는 장식된 가죽 끈, 동으로 된 수레 굴대빗장, 격자무늬의 가름대, 동으로 만든 차상 뒷부분의 막대, 동으로 만든 바퀴 고정 대, 형衡을 묶는 가죽 끈, 마차의 깔개와 뒷 덮개, 물고기 가죽으로 만든 화살 통, 말 네 필, 장식이 달린 고삐와 재갈, 금으로 된 깃털 마관, 금으로 된 말의 이마 장식물, 방울이 둘 달린 붉은 색 지휘 깃발 등을 그대에게 하사하여 세제와 정벌에 사용하는데 편하도록 하고자 한다.

모공은 이러한 기물을 받고서 천자의 영명한 미덕을 보답하기 위하여 보정을 주조하니, 자손만대로 영원히 보배롭게 사용할지어다.

 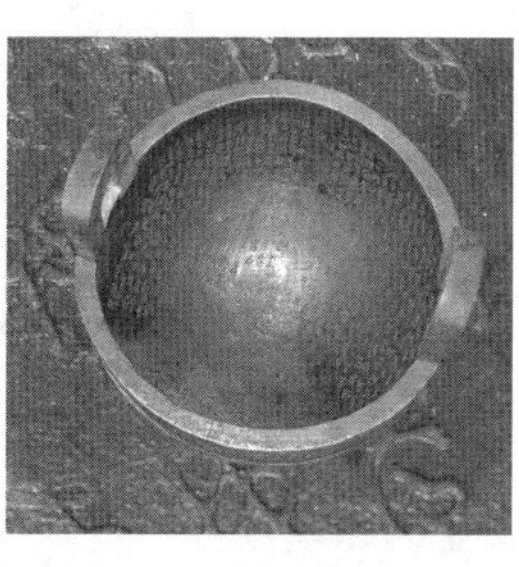

(1)

王若曰："父厝, 不(丕)顯文武, 皇天引猒(厭)氒(厥)德配我有周. 雁(膺)受大命, 衒(率)褱(懷)不廷方, 亡(無)不閈(覲)于文武耿

(2)

光. 唯天䑣(將)集氒(厥)命, 亦唯先正䍧(襄)辥(嬖)氒(厥)辟, 𩰫(恪)堇(謹)大命,䋖(肆)皇天亡(無)昊(斁), 臨保我有周, 不(丕)巩(共)先王配命.

(3)

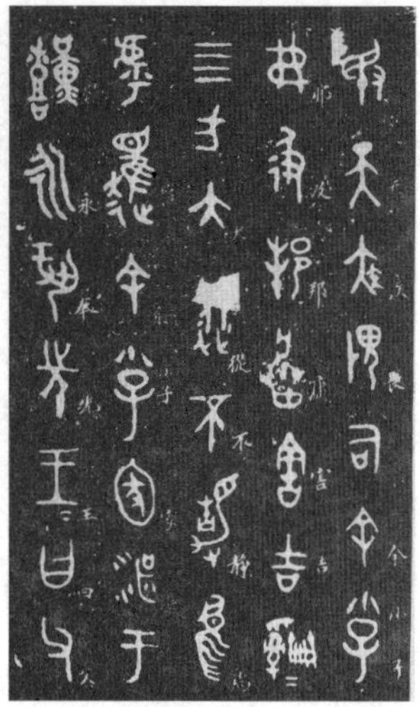

敃(旻)天疾愄(威), 司余𡭘(小子)弗彶, 邦𣪘(將)害(曷)吉, 䚫=(蹦蹦)四方, 大從(縱)不靜. 烏(嗚)虖(呼), 䍿(矍)余小子圂湛于囏(艱), 永巩(共)先王=(王." 王)曰: "父

(4)

䎽, 〔今〕余唯肈(肇)巠(經)先王命=(命, 命)女(汝)辥(乂)我邦我家內外, 惷(惷)于小大政. 甹(屏)朕立(位), 虩許上下若否雩(與)四方, 死(尸)毋(毋)童(動)

(5)

余一人在立(位), 引唯乃智(知)余非, 亯(庸)又(有)䎽(昏). 女(汝)毋(毋)敢妄(荒)寧, 虔夙(夙)夕, 惠我一人, 雝(雍)我邦小大猷, 毋(毋)折緘(緘), 告余先

(6)

王若德, 用印(仰)邵(昭)皇天, 醽(緟)圝(恪)大命, 康能亖(四)國, 俗(欲)我弗乍(作)先王憂." 王曰: "父厝, 雩(越)之庶出入事于外, 尃(敷)

(7)

命尃(敷)政，埶(藝)大小楚賦. 無唯正䎽(昏)，引亓(其)唯王𥏼(智)，廼唯是喪我或(國). 厤(歷)自今，出入尃(敷)命于外，厥非先告父=厝=(父厝，父厝)舍(予)

(8)

命，母(毋)又敢𢙇(惷)尃(敷)命于外.” 王曰: “父厝，今余唯𤔲(踵)先王命，命女(汝)亟(極)一方，弘(宏)我邦我家. 母(毋)顀(推)于政. 勿雝(壅)建(楗)庶□

(9)

賓(貯). 母(毋)敢龏(拱)=橐(苞)=(拱苞, 拱苞)迺敄(侮)鰥寡. 譱(善)效乃友正, 母(毋)敢湎(湎)于酒, 女(汝)母(毋)敢豕(墜)才(在)乃服. 圀(恪)夙(夙)夕, 敬念王畏(威)不睗(易).

(10)

女(汝)母(毋)弗帥用先王乍(作)明井(刑), 俗(欲)女(汝)弗目(以)乃辟圅(陷)于藷(艱)." 王曰: "父厝, 巳, 曰及丝(茲)卿事寮(寮) · 大史寮(寮)于父

(11)

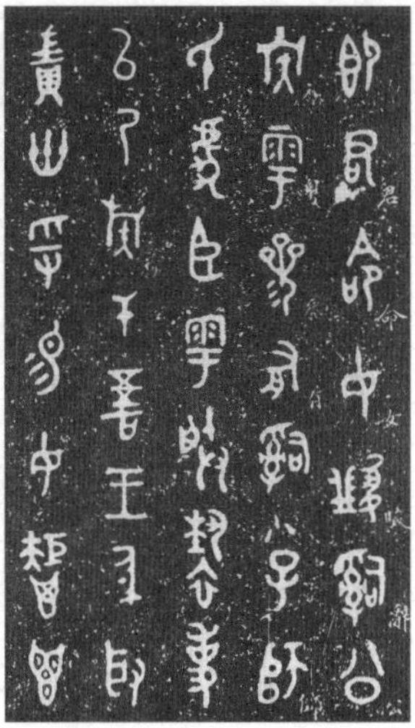

卽尹. 命女(汝)
(兼)嗣(司)公族 · 雩參有嗣(司) · 小子 · 師氏 · 虎臣, 雩朕執(褻)事, 㠯(以)乃族干(扞)吾(敔)王身. 取𧷤(徵)卅寽(爰). 易(賜)女(汝)
(秬)鬯

(12)

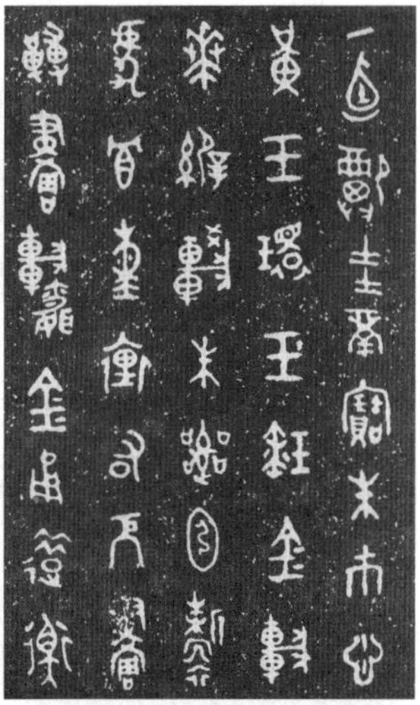

一卣,
(祼)圭(珪)
(瓚)寶 · 朱市悤(蔥)黃(衡) · 玉環 · 玉
(琜) · 金車 · 桒(賁)
(縩)較(較) · 朱
(鞹)
(鞃)
(靳) · 虎冟(幎)熏(纁)裏 · 右厄(軛) · 畫轉(縛) · 畫
(轄) · 金甬(鐘) · 造(錯)衡

(13)

金嶂(踵)·金家(柅)·朾(約)𩬞(軝)·金簟(簟)弼(笰)·魚葡(箙)·馬𠃢(四匹)·攸(鋚)勒·金𡁵(鑾)·金雁(膺)朱旂二鈴(鈴). 易(賜)女兹(兹)关(賸). 用歲用政(征).” 毛公𢉩對𩱇(揚)

(14)

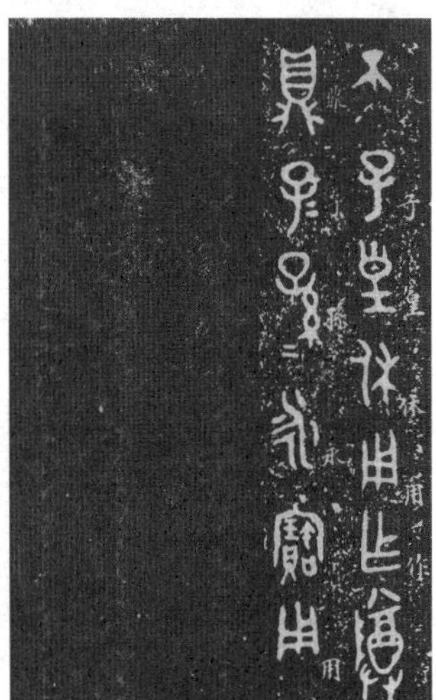

天子皇休. 用乍(作)障(尊)鼎, 子=(子子)孫=(孫孫)永寶用.

2. ≪산반散盤≫(≪集成≫ '10176')

≪산반≫ 이외에도 ≪측인반夨人盤≫·≪산씨반散氏盤≫·≪을묘정乙卯鼎≫·≪서궁반西宮盤≫ 등으로 불린다.

주나라 여왕厲王 때 측夨나라가 산散나라의 토지를 침략하자 그 토지를 반환하고 배상하는 서약하는 내용이다. 산 나라에게 반환하는 미경郿境과 정읍井邑의 경계지역을 상세히 기록하고 이 일을 교섭하는 양국 관리의 이름을 상세하게 기록하고 있다. 중앙에서는 이 현장에 증인 중농仲農을 파견하였는데 중농은 새로운 경계를 정하고 이를 지도에 표기하여 측夨나라 군주에게 보관토록 하는 내용이다.

≪산반≫의 서예풍격은 서주 후기의 대표적인 금문이며 이전에는 거의 찾아볼 수 없는 독자적 서풍으로 당시의 서예 수준을 대표하는 격조 높은 작품이다. 금문은 새겨진 다음 주조할 때 쇳물의 흐름으로 생겨나는 우연한 효과가 마치 화선지에 먹물이 번지는 것처럼 매우 자연스럽고 오묘한 심미감을 준다. ≪산반≫은 세로 줄을 맞추어도 기계적이지 않고 가로 줄은 맞추지 않았으나 산만하지 않은 지극히 자연스러운 포치布置와 장법章法으로 되어 있다. 결자結字와 결구結構로 글자 본래의 크기와 형세에 따라 크기와 방향이 정해져서 변화가 풍부하고 자유스럽다. 전체적으로 질박하고 천지하면서도 서주 금문의 고유한 특징인 장엄하고 단아한 멋이 있다.

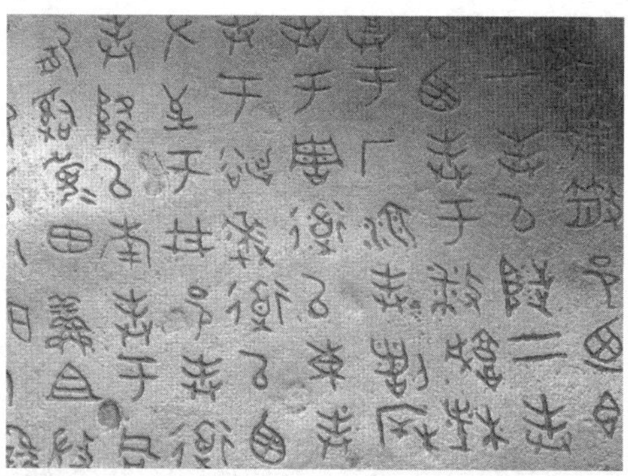

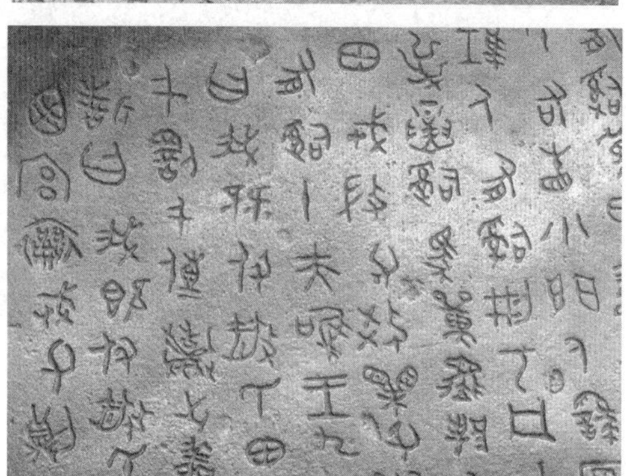

【석문】

用夨䢞(薄)散邑，迺即散用田．眉(堳)：自瀗涉以南，至于大
沽，一弄(封)．以陟，二弄(封)，至于邊柳．復涉瀗，陟雩(越)𠭯䜌隟
以西，弄(封)于敽䌘(城)楮木，弄(封)于芻·逨，弄(封)于芻衜(道)．內
(入)陟芻，
登于厂湶，弄(封)剳麻(桩)·隟陵·剛(崗)麻(桩)，弄(封)䧹(單)于衜(道)，弄
(封)于原衜(道)，
弄(封)于周衜(道)．以東，弄(封)于𣗲東彊(疆)，石(〈右〉)還，弄(封)于
眉(郿)衜(道)．以南，
弄(封)于𦊒·逨衜(道)．以西，至于㫃莫．眉(郿)井邑田．自根木衜(道)
ナ(左)至于井邑，弄(封)．衜(道)以東一弄(封)，還，以西一弄(封)，
陟剛(崗)三
弄(封)．降以南，弄(封)于同衜(道)．陟州剛(崗)，𤼷(登)麻(桩)，降棫，
二弄(封)．夨人
有𤔲(司)眉(堳)田：鮮·且·𢼸·武父·西宮襄；豆人虞丂，彔貞·師
氏右眚·小門人䌛·原人虞䒼(艿)淮·𤔲(司)工虎[illegible]·𠕁豐父·
㫃人有𤔲(司)刑丂，凡十又五夫，正眉(堳)夨舍散田．𤔲(司)土(徒)
屰(逆)[illegible]·𤔲(司)馬䧹(單)𧯠·𩁹人𤔲(司)工騌君·宰德父·散人𡥆(小子)眉(堳)
田戎·𢼸(微)父·𢽞𣓌父·襄之有𤔲(司)橐·州𠅿焂從鬲，凡散
有𤔲(司)十夫．唯王九月，辰才(在)乙卯，夨卑(俾)鮮且·𩃞旅誓(誓)，
曰："我既(既)付散氏田，器有爽實，余有散氏心賊，則爰

千罰千，傳棄之.” 鮮且·𢀷旅𠟭(則)𣏟(誓). 廼卑西宮襄·武父𣏟(誓)，曰:“我𣪘(旣)付散氏溼(隰)田𤔲田，余有爽𢑴，爰千罰千.” 西宮襄·武父𠟭(則)𣏟(誓). 氒(厥)爲圖，夨王于豆新宮東廷. 氒(厥)𠂇(左)執緌，史正中𨑳(農).

【해석】

측국夨國이 산散 지방을 침략하였기 때문에 그 토지를 산국에게 반환하여야 한다. 그 토지 경계를 아래와 같이 한다. 헌수濾水를 건너서 남쪽으로 대고大沽에 이르는 곳 까지가 첫 번째 경계다. 앞으로 쭉 올라가서 두 번째 경계를 정하는데, 그 곳은 변유邊柳와 맞닿는다. 다시 헌수濾水를 건너올라 조䖒(徂)·원𥄳(邍)·미㴱(美)를 지나서 서쪽으로 파성𢿌(播)𩫖(城)과 저목楮木을 경계로 하고, 추芻와 요逨(遼)를 경계로 하며 추읍芻邑의 대도大道 옆으로 봉토를 쌓아 경계로 한다. 안쪽으로는 추읍芻邑을 오르고 다시 엄천厂湶을 올라서 제간𠛬(諸)𣏟(杆)과 미릉㴱(美)陵과 강간𠛬(崗)𣏟(杆) 지방에 봉토를 쌓아 경계로 삼고, 단읍䵼(單)邑·원읍原邑과 주읍周邑의 큰 길 옆으로 봉토를 쌓아 경계로 삼는다. 동쪽으로는 탁𩏂 지방의 동쪽 변방을 경계로 하고 오른쪽을 돌아 미眉(郿) 지방의 큰 길을 경계로 한다. 남쪽으로는 저𦃃와 요읍逨(遼)邑의 큰 도로를 옆으로 경계를 삼는다. 서쪽으로는 홍막唯(鴻)莫 지역이다.

정읍井邑 토지의 전계田界는 아래와 같이 설정한다. 낭목根木 큰 길로부터 좌측으로는 정읍井邑에 이르는 곳까지를 경계로 하고, 대도大道 동쪽으로도 한 경계가 있으며 돌아서 서쪽으로도 경계가 있고, 산등성이를 오르는 쪽으로 세 번째 경계가 있다. 그 곳에서 내려와 남쪽으로 동읍同邑의 대도를 경계로 하며 주읍州邑의 산등성이를 올라 다시 간𣏟(杆)을 올라갔다가 다시 역棫으로 내려오는 곳을 두 번째 경계로 삼았다.

측인夨人의 속관으로 전지田地의 경계를 정한 사람은 아래와 같다. 선차鮮且·미散(微)·무보武父·서궁약西宮襄(龠)과 두인豆人의 산림담당관리인 교丂(巧)·녹彔·정貞·사씨師氏·우생右眚·소문인小門人 요䌛, 원인原人 산림담당인 잉艿(艿)과 회淮, 사공司工인 호효虎[illegible](孝), 약사龠(龠)師인 풍부豐父, 홍인唯(鴻)人의 관리인 유사有司 형교刑丂 등 모두 열다섯 사람 있었다. 이 사람들은 측국夨國이 산국散國에게 교부하는 전지를 정식으로 감정 확정하였다.

사도司徒 역逆[illegible], 사마司馬 당입䵼(單)𤰈, 황인䡨人 사공司工 경군駷君, 재宰 덕보德父,

산인散人의 소자小子 관이면서 전지를 감정하는 융戎과 미보敚(微)父, 교效(教)의 직책을 맡고 있는 관보䅭父, 양襄 지방 유사有司인 탁櫜(橐), 주읍州邑의 용亯(墉)과 숙종부焂從鬲(鬴) 등 산씨散氏 속관은 이상의 10명이다.

주왕周王 구월九月 을묘乙卯 일에 측矢이 선차鮮且와 공여𢍰旅에게 서약하도록 하였다. "우리는 이미 산씨散氏에게 토지를 넘겨주었다. 만약에 약속을 실천하지 않고 산씨에게 나쁜 마음을 품는 다면, 언제든지 벌을 받겠으며 아울러 나를 멀리 추방해도 된다." 선차鮮且와 공여𢍰旅는 서약을 마치고 난 후에 서궁약西宮褱과 무부武夫에게도 서약하게 하기를 "나는 이미 산씨에게 습지의 전지와 비옥한 땅을 주었다. 만약 내가 잘못하거나 약속을 어긴다면, 언제든지 벌을 받겠다."라 했다. 토지 관리인 서궁약西宮褱(襝)과 무보武父가 서약을 마치고, (중농中農은) 두씨豆氏 신궁新宮의 동정東廷에서 전지의 경계도境界圖를 측矢왕에게 주었다.

전지 경계도의 부분은 계약 중계인 사정史正 중농中農이 보존한다.

(1)

用夨𢦚(薄)散邑迺卽散用　田眉(堳)自瀗涉㠯(以)南至　于大沽一弄(封)㠯(以)陟二弄(封) 至于邊桺(柳)復涉瀗陟雩(越) 歔𩰫𨸏㠯(以)西弄(封)于敎𢦟(城)

(2)

楮木弄(封)于芻逨弄(封)于芻　衟(道)內(入)陟芻登于厂湶　弄(封)剖𣏟(桁)𨸏陵剛(崗)𣏟(桁)弄(封)　𩰫(單)于衟(道)弄(封)于原衟(道)弄(封)于周　衟(道)㠯(以)東弄(封)于䡅東彊(疆)石(〈右〉)

(3)

還弄(封)于眉(郿)衟(道)㠯(以)南弄(封)　于𩰫·逨衟(道)㠯(以)西至于唯　莫眉(郿)井邑田自根木衟(道) ナ(左)至于井邑弄(封)衟(道)㠯(以)東　一弄(封)還㠯(以)西一弄(封)陟剛(崗)

(4)

三弄(封)降㠯(以)南弄(封)于同衟(道)　陟州剛(崗)𦨶(登)厤(桥)降棫二弄(封)矢人有𤔲(司)眉(堳)田鮮且散　武父西宮襄豆人虞丂　彔貞師氏右眚小門人

(5)

豩原人虞芬(艿)淮𤔲(司)工虎　孛冊豐父唯人有𤔲(司)刑　丂凡十又五夫正眉(堳) 矢舍散田 𤔲(司)土(徒)屰(逆)[illegible]𤔲(司)馬 巢(單)𧯞䫲人𤔲(司)工駷君宰

(6)

德父散人孛(小子)眉(堳)田戎　敚(微)父效𣎼父襄之有𤔲(司)　橐州𠅆𤈦從鬲凡散有 𤔲(司)十夫唯王九月辰才(在)乙 卯矢卑(俾)鮮且·罪旅誓(誓)曰

(7)

我既(旣)付散氏田器有爽　實余有散氏心賊則爰　千罰千傳棄之鮮且𢍰旅鼎(則)誓(誓)　迺卑西宮襄武父　誓(誓)曰我既(旣)付散氏溼(濕)田𤲞

(8)

田余有爽𤔲爰千罰千　西宮襄武父鼎(則)誓(誓)氒(厥)爲　圖夨王于豆新宮東廷　氒(厥)𠂇(左)執纆史正中農(農)

(4) 생물체

아래에서는 생물체와 관련이 있는 문자에 대하여 살펴보기로 한다. 나무나 혹은 어류, 동물과 관련된 한자이다.

【木(나무 목, mù)】

[說文] : "(木), 冒也, 冒地而生. 東方之行. 从屮, 下象其根."

木. 뚫다. 덮여있는 땅을 뚫고 생장하다. 동방을 대표한다. 위는 '屮'이고, 아래는 뿌리의 모양이다.

木	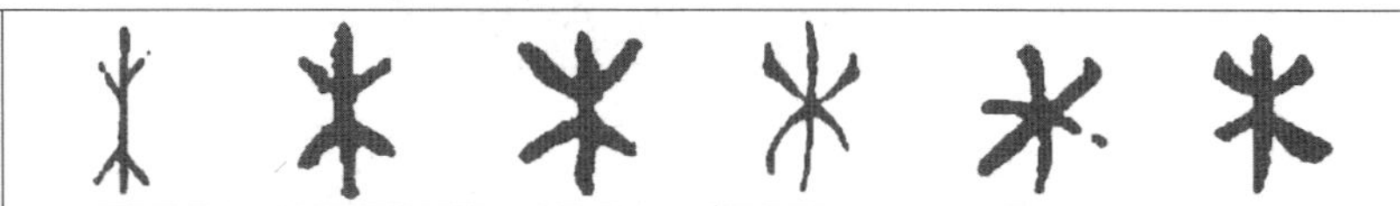					
	商 甲骨文	西周 智鼎	西周 散氏盤	春秋 侯馬盟書	戰國 包山楚簡	秦 睡虎地秦簡
	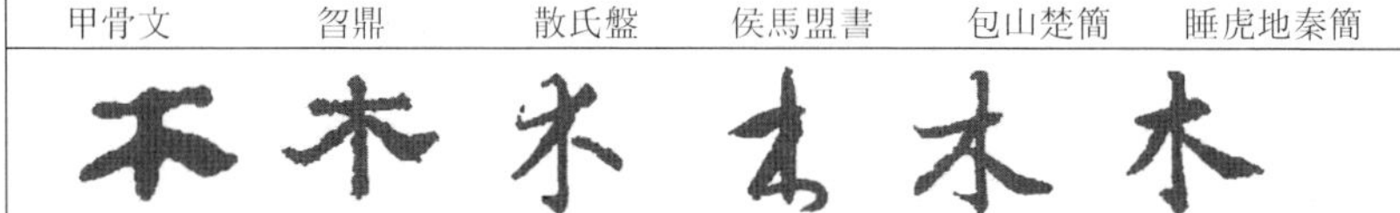					
	西漢 馬王堆帛書	東漢 西狹頌	隋智永 關中本千字文	唐 孫過庭 書譜	唐陸柬之 文賦	隋智永 關中本千字文

'木'은 위로 뻗은 나무 가지와 아래로 처진 나뭇가지의 모양이다.

[초목草木] [목공木工] [목재木材] [연목구어緣木求魚][287] [십벌지목十伐之木][288] [이목지신移木之信][289] [건목생수乾木生水][290]

【本(밑 본, běn)】

[說文] : "(本), 木下曰本. 从木, 一在其下. (楍), 古文."

本. 나무의 아래를 '本'이라 한다. '木'자 아래 '一'이 있다. 고문은 '楍'로 쓴다.

---

287) '사어지천射魚指天'. '상산구어上山求魚'. '여호모피與虎謀皮'.

288) 열 번 찍어 아니 넘어가는 나무가 없다. '마부위침磨斧爲針'. '산류천석山溜穿石'. '수적성천水積成川'. '우공이산 愚公移山'.

289) 위정자爲政者가 나무 옮기기로 백성百姓을 믿게 한다. 신용信用을 지키다. 진秦나라 상앙商鞅이 나무를 옮긴 사람에게 오십금五十金을 주겠다하고, 옮긴 사람에게 그 약속約束을 지켰다는 고사에서 유래.

290) 마른 나무에서 물을 짜 내려 한다. 사리事理에 맞지 아니하다.

本					
	西周 金文	西周 金文	戰國 子彈庫楚帛書	秦 睡虎地秦簡	西漢 馬王堆帛書
	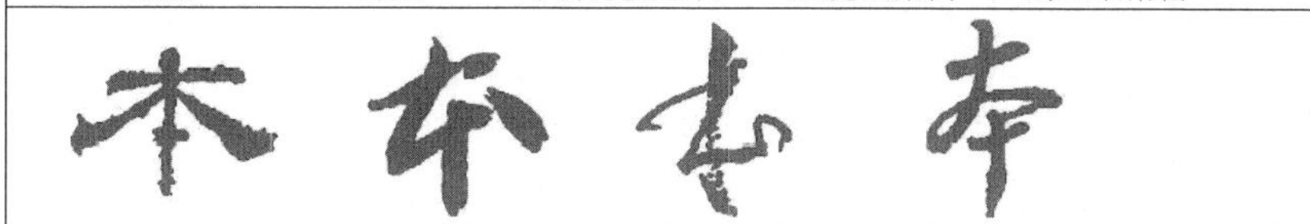				
	東漢 華山廟碑	隋智永 眞草千字文	唐孫過庭 書譜	隋 蘇孝慈墓誌	

'一'은 '뜻을 부여하는 부호 역할'을 한다. '本'·'末'과 '朱'자 중의 '一'은 모두 같은 의미를 나타낸다.

[일본日本] [근본根本] [자본資本] [기본基本] [발본색원拔本塞源][291] [본제입납本第入納] [괄불본마재출刮佛本麻滓出][292]

【末(끝 말, mò)】

[說文] : "(末), 木上曰末. 从木, 一在其上."

末, 나무의 윗부분을 '末'이라 한다. '木'자 위에 '一'이 있다.

末	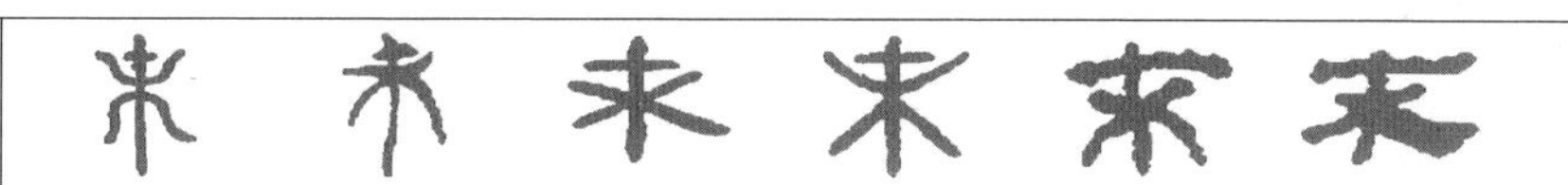					
	戰國 金文	戰國 郭店楚簡	秦 睡虎地秦簡	秦 睡虎地秦簡	西漢 馬王堆帛書	西漢 馬王堆帛書
	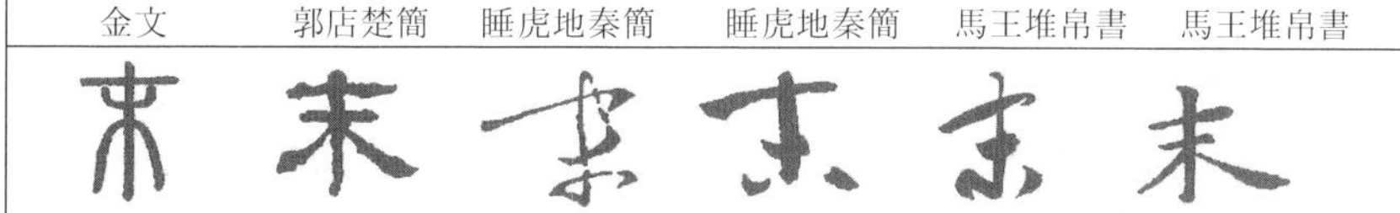					
	說文篆文	東漢 白石神君碑	東晉王羲之 澄淸堂帖	唐孫過庭 書譜	北宋 米芾	唐虞世南 破邪論序

'末'은 나무의 끝가지라는 뜻이다. '一 '은 끝가지가 있는 부분이라는 뜻이다.

291) 근본根本을 빼내고 원천源泉을 막아 버린다. 사물事物의 폐단弊端을 없애기 위해서 그 뿌리째 뽑아 버리다.

292) 부처 밑도 긁으면 삼오라기가 나온다. 점잖은 사람도 속을 들추어보면 지저분한 일들이 없지 않다.

[말단末端] [주말週末] [종말終末] [전말顚末][293] [강노지말强弩之末][294] [추호지말秋毫之末][295]

【朱(붉을 주, zhū)】

[說文] : "(朱), 赤心木, 松柏屬. 从木, 一在其中."

朱. 적심목. 송백종류에 속한다. '木' 위에 '一'은 나무의 가운데를 표시한다.

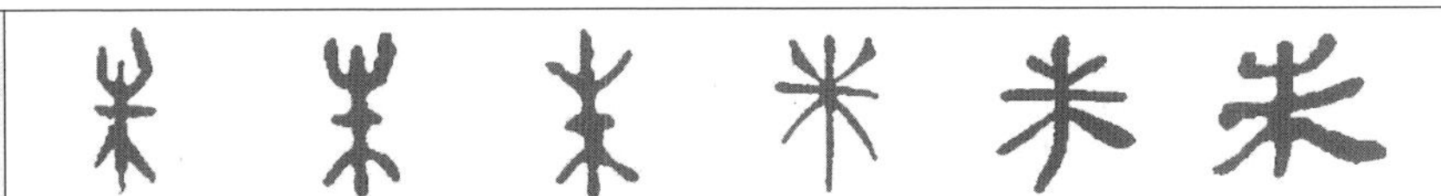

朱					
商 甲骨文	西周 史頌簋	西周 毛公鼎	春秋 侯馬盟書	秦 睡虎地秦簡	西漢 銀雀山竹簡

東漢 北海相景君碑	吳 皇象 急就章	東晉王羲之 十七帖	唐懷素 自敘帖	東晉王羲之 興福寺斷碑	唐歐陽通 泉男生墓誌

'朱'자는 '株(그루 주, zhū)'자의 초문이다. 나무의 가운데라는 뜻이다. 후에 나무의 중심부분이 '붉은 색'의 '赤心木'이란 뜻으로 쓰여 '붉다'라는 뜻으로 확대되어 쓰인다.

[주목朱木] [주몽朱蒙][296] [무주茂朱] [근주자적近朱者赤][297] [주순호치朱脣皓齒] [주순백치朱脣白齒][298]

【林(수풀 림, lín)】

[說文] : "(林), 平土有叢木曰林. 从二木."

林. 평평한 땅에 나무들이 무더기로 자라는 것을 '林'이라 한다. 두 개의 '木'으로 이루어진 회의자이다.

---

293) 일의 처음부터 끝까지의 경과經過. 본말本末.

294) 힘찬 활에서 튕겨 나온 화살도 마지막에는 힘이 떨어져 비단緋緞조차 구멍을 뚫지 못한다. 아무리 강强한 힘도 마지막에는 결국 쇠퇴衰退하고 만다.

295) 가을철에 털갈이하여 가늘어진 짐승의 털끝. 매우 가는 것.

296) 동명성왕東明聖王.

297) 붉은빛에 가까이 하면 반드시 붉게 된다. 주위周圍 환경環境이 중요重要하다.

298) 붉은 입술에 흰 이. 아름다운 여인.

林				

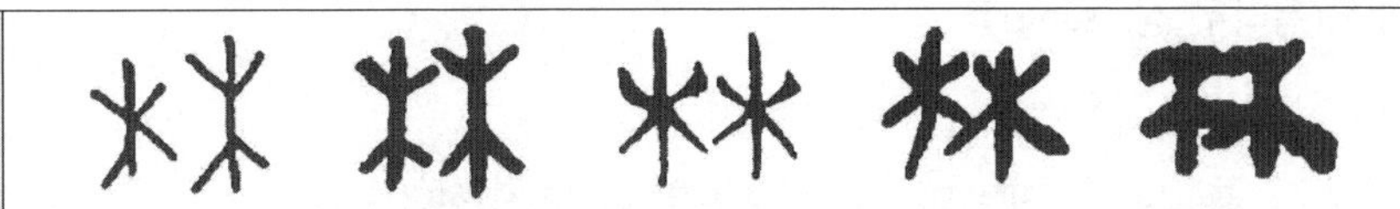

商 甲骨文	西周 金文	春秋 侯馬盟書	秦 睡虎地秦簡	西漢 馬王堆帛書

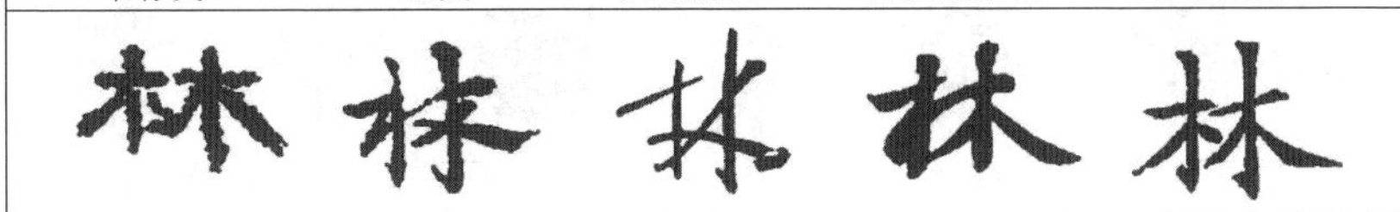

東漢 張遷碑	吳 皇象 急就章	唐孫過庭 書譜	東晉王羲之 蘭亭序	隋 蘇孝慈墓誌

갑골문에서는 지명으로 쓰인다.

"乎(呼)取(娶)女于林."(≪合集≫9741正)

임 지방에서 여인을 맞이하도록 명령하다.

[삼림森林] [산림山林] [주지육림酒池肉林] [계림일지桂林一枝][299]

【森(나무 빽빽할 삼, sēn)】

[說文]: "(森), 木多皃. 从林, 从木. 讀若曾參之參."

森. 나무가 많은 모양. '林'과 '木'으로 이루어진 회의자이다. 음은 '曾參(zēngshēn)'의 '參(shēn)'자의 음과 같다.

森					

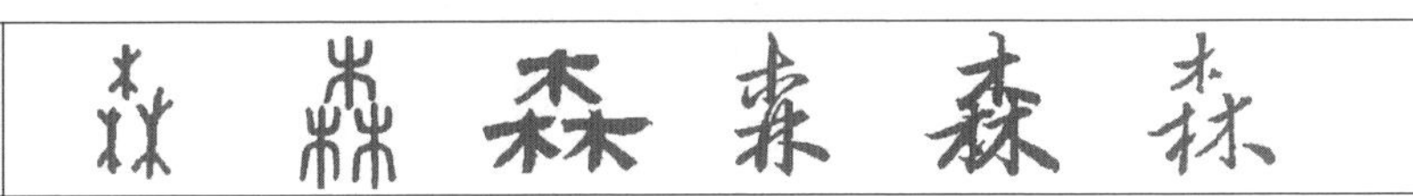

商 甲骨文	說文篆文	隸辨	草韻辨體	唐陸柬之 文賦	唐褚遂良 枯樹賦

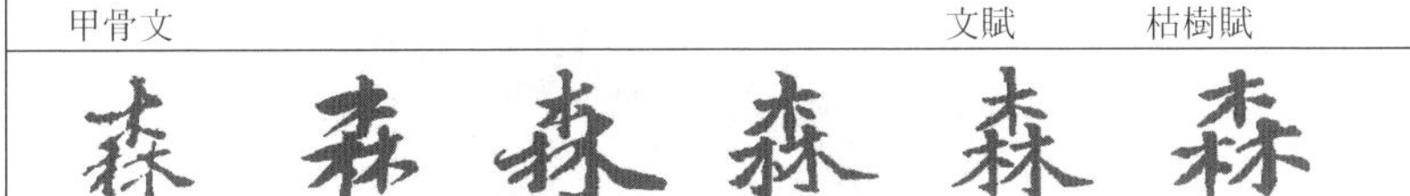

唐 李邕 麓山寺碑	北宋黃庭堅 王史二墓誌	南宋 范成大	北魏 元彦墓誌	隋 蘇孝慈墓誌	唐 鄧勖墓誌

[삼엄森嚴] [삼림森林] [삼림욕森林浴] [삼라만상參羅萬像][300]

299) 계수나무 숲의 한 가지. 사람됨이 비범非凡하면서도 겸손謙遜함. 대수롭지 않은 출세出世의 비유.

300) 우주 안에 있는 온갖 사물과 현상. '만휘군상萬彙群象'. '우주만물宇宙萬物'.

【桑(뽕나무 상, sāng)】

[說文] : "(桑), 蠶所食葉木. 从叒·木."

桑. 누에가 먹는 잎. '叒'와 '木'으로 이루어진 회의자이다.

桑	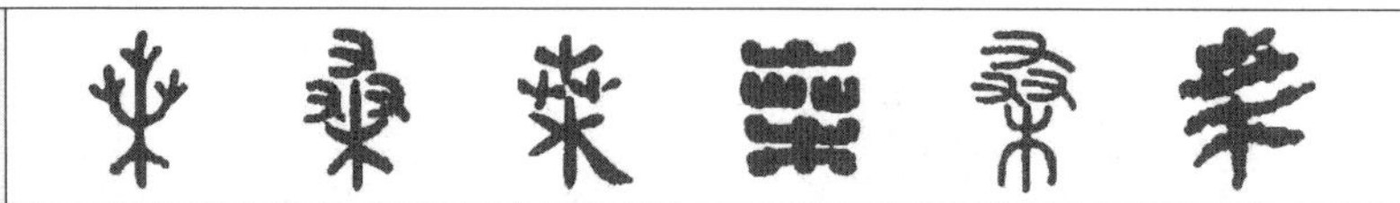					
	商 甲骨文	西周 金文	秦 睡虎地秦簡	漢印	說文篆文	西漢 馬王堆帛書

	東漢 禮器碑	明 宋克	明 張瑞圖	北宋米芾 蜀素帖	唐虞世南 孔子廟堂碑	唐褚遂良 倪寬傳贊

갑골문에서 '喪'자는 '桑'자가 소리부로 쓰인다고 주장하는 학자가 있다. 갑골문에서는 지명으로 쓰인다.

"貞王[田]桑往來[亡災]." (≪合集≫37494)

상 지역으로 왔다갔다하며 사냥을 하면 재난이 없을까요?

[상문桑門][301] [상호桑弧][302] [상전벽해桑田碧海] [창상지변滄桑之變] [창해상전滄海桑田] [상해지변桑海之變]

청淸 마원어馬元馭 桑椹蠶蛾(대만고궁박물관 소장)

301) 佛門. 중.
302) 뽕나무로 만든 활.

【果(실과 과, guŏ)】

[說文]：“(果), 木實也. 象果形在木之上.”

果, 나무의 열매. 과실이 나무 잎에 달려 있는 모양.

<table>
<tr><td rowspan="4">果</td><td colspan="5">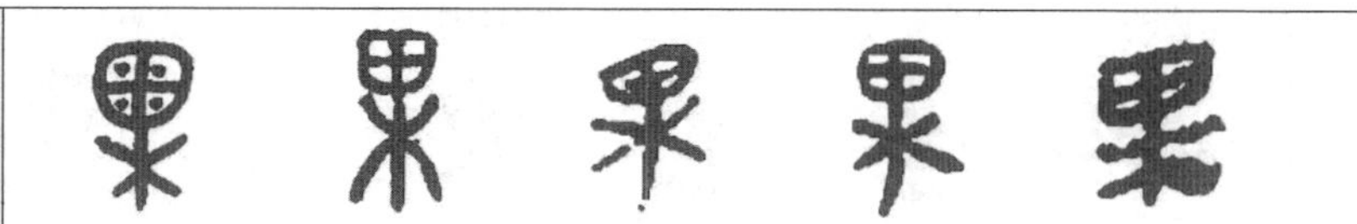</td></tr>
<tr><td>西周
金文</td><td>古璽</td><td>戰國
郭店楚簡</td><td>秦
睡虎地秦簡</td><td>西漢
馬王堆帛書</td></tr>
<tr><td colspan="5"></td></tr>
<tr><td>隸辨</td><td>東晉王羲之
十七帖</td><td>唐孫過庭
書譜</td><td>唐顔眞卿
送劉太沖序</td><td>唐
昭仁寺碑</td></tr>
</table>

“善者果而已, 不以取强. 果而弗𤼲(伐), 果而弗喬(驕), 果而弗矜(矜), 是胃(謂)果而不强.” ≪郭店楚簡·老子甲≫

보필을 잘하는 사람은 어려움을 잘 해결하여 성공적 결과만을 고려할 뿐이지 강한 힘으로 취하지 않는다. 훌륭한 성과를 이루고도 공적을 내세우지 않고, 훌륭한 성과를 거두고서도 교만하지 않으며, 훌륭한 성과를 이루고도 자만하지도 않는 것은 성공적 결과를 얻었으나 강함을 드러내지 않는 것을 말한다.

[결과結果] [과감果敢] [성과成果] [인과응보因果應報][303]

【栗(밤나무 율, lì)】

[說文]：“(㮚), 木也. 从木, 其實下垂, 故从卤. (䵤), 古文㮚从西·从二卤. 徐巡說. 木至西方戰㮚.”

栗. 나무의 이름. ‘木’과 그 과실이 아래로 늘어져 있는 모양인 ‘卤’로 이뤄진 자이다. 고문은 ‘西’와 두 개의 ‘卤’로 이루어진 ‘䵤’로 쓴다. 서순徐巡은 ‘나무가 서쪽 지방으로 옮기면 전율戰慄을 느낀다’는 뜻과 관련이 있다하였다.

303) ‘인과보응因果報應’.

栗						
	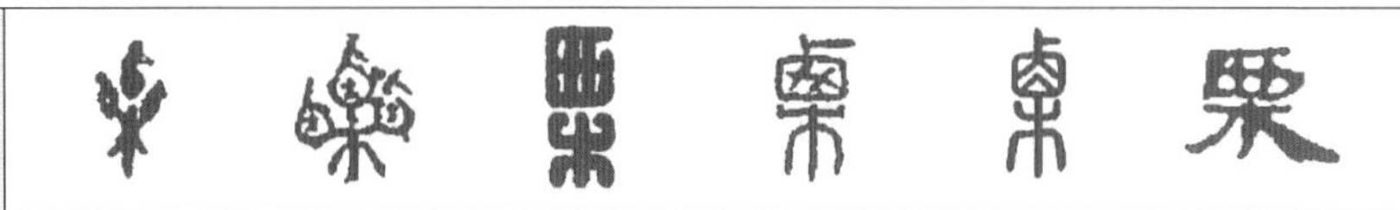					
	商 甲骨文	戰國 石鼓文	古璽	魏 正始石經	說文篆文	漢 武威漢簡
	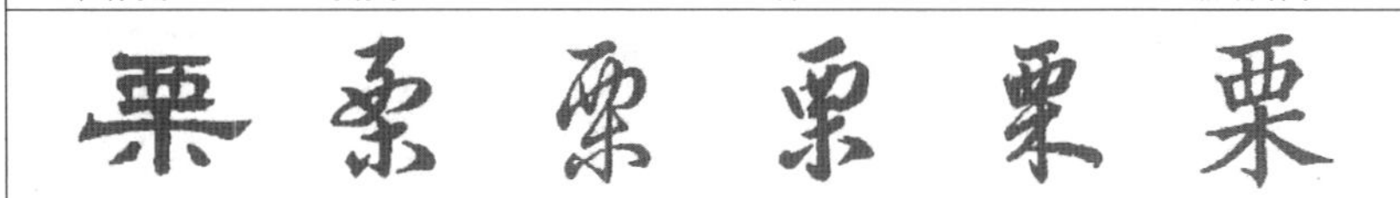					
	魏 正始石經	明 宋克	草韻辨體	北宋 趙令畤	元趙孟頫	唐 五經文字

"皋陶曰: '寬而栗, 柔而立, 願而恭, 亂而敬, 擾而毅, 直而溫, 簡而廉, 剛而塞, 強而義. "≪尙書·皐陶謨≫

고요皐陶가 말했다. (아홉가지 덕은) 관홍寬弘하고도 장률莊栗하고, 유순柔順하고도 흔들리지 않고, 근엄하고도 공순하고, 치재治才가 있고도 경외敬畏하고, 순요馴擾하고도 과의果毅하고, 경직徑直하고도 온화하고, 간이簡易하고도 염우廉隅하고, 강건剛健하고도 독실篤實하고, 강용彊勇하고도 의義를 좋아하는 것입니다.

[율곡栗谷] [생율生栗] [조율棗栗][304] [조율이시棗栗梨柿][305] [타인지연왈리왈률他人之宴日梨日栗][306]

【米(쌀 미, mǐ)】

[說文] : "米(米), 粟實也. 象禾實之形."

米. 벼의 열매이다. 벼의 열매의 형상을 그린 것이다.

米						
	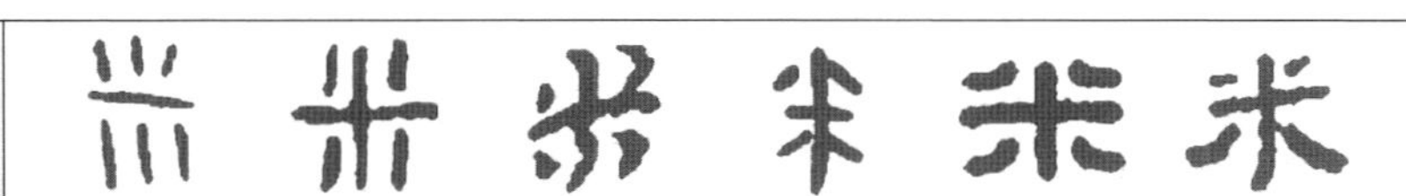					
	商 甲骨文	商 甲骨文	戰國 包山楚簡	秦 睡虎地秦簡	漢印	漢 居延漢簡

	草韻辨體	南宋 薛紹彭	北宋 米芾	元 趙孟頫	唐 李邕 李思訓碑	唐歐陽詢 皇甫誕碑

304) 대추와 밤

305) 제사祭祀의 제물祭物을 진열할 때 동편에서부터 대추, 밤, 배, 감 순으로 놓는다.

306) 남의 잔치에 배 놓아라 밤 놓아라 한다. 남의 일에 공연히 쓸데없는 참견參見을 한다.

[백미白米] [현미玄米] [미곡米穀] [미수米壽] [미주신계米珠薪桂][307)]

【禾(벼 화, hé)】

[說文] : "(禾), 嘉穀也. 二月始生, 八月而孰, 得時之中, 故謂之禾. 禾, 木也. 木王而生, 金王而死. 从木, 从𠂹省, 𠂹象其穗."

禾. 보기 좋은 곡식. 이월에 생장을 시작하여 팔월에 익는다. 시기적절한 때에 수확하는 하는 곡물이라 '禾(和)'라 한다. '禾'는 오행 중 '木'에 속한다. '木'은 봄에 왕성하게 생장하고 '金'은 가을에 왕성하게 자라다가 시든다. '木'과 '𠂹'의 생략형으로 이루어진 자이고, '𠂹'은 벼 이삭의 모양이다.

禾

商 甲骨文	商 金文	西周 曶鼎	春秋 金文	古璽	秦 睡虎地秦簡

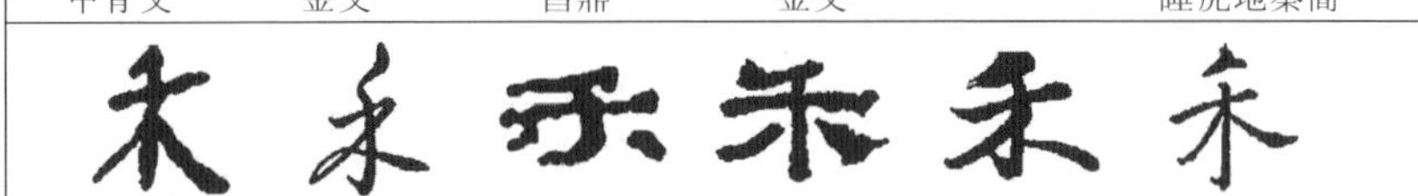

西漢 馬王堆帛書	草韻辨體	漢 居延漢簡	東漢 西狹頌	南宋 陸游	唐殷玄祚 契苾明碑

'禾'자의 윗부분은 이삭의 모양이고 아랫부분은 뿌리줄기의 모양으로 회의자가 아니라 상형자이다.

갑골문에서 '禾'·'黍'와 '來'자는 각각 해당 식물의 형태를 그린 것이다.

[화리禾利][308)] [화리부답禾利付畓][309)]

"乙未卜貞受禾." ≪英2429≫

을미일에 점을 쳐 묻습니다. 벼가 풍년이 들까요?

307) 쌀은 구슬보다 비싸고, 땔감은 계수나무보다 비싸다. 물가가 치솟아 생활生活하기 어렵다.
308) 논의 경작권을 매매의 대상으로 삼음, 수확이 예상되는 벼를 매매의 대상)으로 삼음.
309) 화리의 소작小作 관행이 행해지던 논.

【來(올 래, lái,lài)】

[說文] : “(來), 周所受瑞麥來麰, 一來二縫. 象芒朿之形. 天所來也, 故為行來之來.”

來. 주나라 지역은 질 좋은 보리, ‘來’와 ‘麰(보리모, móu)’를 받아 들였다. 하나의 뿌리에 두 개의 보리 이삭이 달려 있고, 이삭은 길고 가느다란 털의 달려 있는 형상이다. 보리는 하늘이 준 선물이기 때문에 오고가다라는 ‘來’의 의미로 쓰인다. ≪시경≫에서는 “나에게 보리와 밀을 보내주네”[310]라 하였다.

來

商	商	西周	秦	漢
甲骨文	小臣艅犧尊	史牆盤	睡虎地秦簡	武威漢簡

東漢	東晉王羲之	東晉王羲之	東晉王羲之	唐
乙瑛碑	十七帖	平安帖	集字聖教序	李壽墓誌

‘來’자는 ‘麥’자의 초문이다. 상형자이다. 벼와 다른 점은 보리는 이삭부분이 날카로고 강한 모양을 띤다. 후에 오다라는 가차자로 쓰인다. 후에 ‘夊’를 추가하여 ‘麥’으로 쓴다. ‘麥’자는 고음에서 ‘ML’의 복성모음이 아닌가한다. 주법고周法高는 ‘麥’자의 상고음을 ‘mrwək’으로 표기하였다.

[미래未來] [내세來世] [내세來歲] [내래왕왕來來往往]

“于來日己酒, 大吉.” ≪屯南4240≫

오는 기일己日에 주제를 지내면 크게 길할까요?

【黍(기장 서, shǔ)】

[說文] : “(黍), 禾屬而黏者也. 以大暑而種, 故謂之黍. 从禾, 雨省聲. 孔子曰: 黍可為酒, 禾入水也.”

黍. 벼과에 속하며, 좀 더 찰지다. 한 여름에 성숙하기 때문에 黍(暑)라 한다. 의미부

310) ≪廣雅≫: ‘大麥, 麰也. 小麥, 麳(밀래, lái)也’.

'禾'와 '雨'의 생략형이 소리부인 형성자이다. 공자는 "기장은 술을 만드는 곡식이라 '禾'·'入'·'水'로 이루어진 자이다"라 하였다.

黍						
	商 甲骨文	商 甲骨文	西周 金文	秦 睡虎地秦簡	說文篆文	漢 武威漢簡

	漢 居延漢簡	隋智永 眞草千字文	東漢 白石神君碑	明 程南雲	唐歐陽詢 行書千字文	唐 五經文字

'黍'자는 기장의 줄기와 뿌리, 이삭으로 이루어진 자이다. 혹은 '水'을 추가하여 술을 만들 수 있는 곡식을 표시한다.

"庚申卜, 我受黍年? [庚申]卜, 我不其受黍年?" (≪合集≫10020)

경신일에 점쳐 묻습니다. 우리 지방은 기장이 풍년이 들까요? (경신일)묻습니다. 우리 지방은 기장이 풍년이 들지 않을까요?

[옥촉서玉蜀黍][311] [당서唐黍][312] [서속黍粟][313] [서리지탄黍離之歎][314] [맥수서유麥秀黍油][315]

淸 蔡景淸의 畵册(대만고궁박물관 소장)

311) 옥수수.
312) 수수. 옥수수.
313) 기장과 조.
314) 나라가 멸망滅亡하여 궁궐터에 기장만이 자라 황폐荒廢해진 것을 보고 하는 탄식歎息하다. '서리지탄黍離之嘆'.
315) 보리의 이삭과 기장의 윤기. 고국의 멸망滅亡을 탄식歎息하다.

【屮(풀자랄 철, chè】

[說文] : “Ψ(屮), 艸木初生也. 象丨出形, 有枝莖也. 古文或以為艸字. 讀若徹.”

屮. 초목이 막 자라나다. ‘丨’은 땅에서 풀이 자나라는 모양이고, 가지와 줄기가 있는 형상이다. 고문은 혹은 ‘艸’로 쓴다. 음은 ‘徹(뚫을 철, chè)’과 같다.

屮				
	商 甲骨文	商 甲骨文	商 金文	說文篆文

‘屮’자와 ‘艸’자는 같은 자이다. 초목이 홀로 자라는 모양 ‘屮’이고 초목이 무더기로 함께 자란 모양은 ‘艸’이다. 후에 ‘草’자로 쓴다.

【艸(풀 초, cǎo) 草(풀 초, cǎo, zào)】

[說文] : “艸(艸). 百芔也. 从二屮.”

艸. 많은 초목. 두 개의 屮로 이루어진 자이다.

[說文] : “草. 草斗, 櫟實也. 一曰: 象(橡)斗子. 从艸, 早聲.”

草. 검은 색은 껍질로 쌓여진 작은 열매 즉 상수리 나무의 열매이다. 혹은 상수리 나무의 작은 열매라고도 한다. 의미부 ‘艸’와 소리부 ‘早’로 이루어진 자이다.

艸	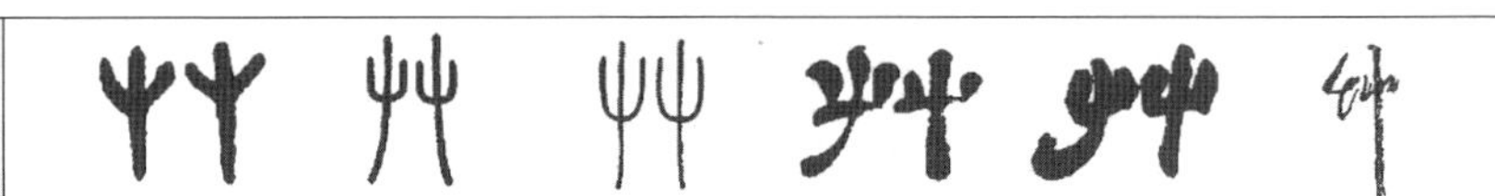					
	淸 吳大澂	說文篆文	淸 錢坫	淸 王時敏	淸 趙之謙	淸 石濤

	淸 翁方綱	北宋 蘇軾	明 黃周星	明 黃道周	淸 鄧石如	唐 五經文字
草						
	戰國 石鼓文	秦 睡虎地秦簡	西漢 馬王堆帛書	西漢 馬王堆帛書	漢 武威漢簡	

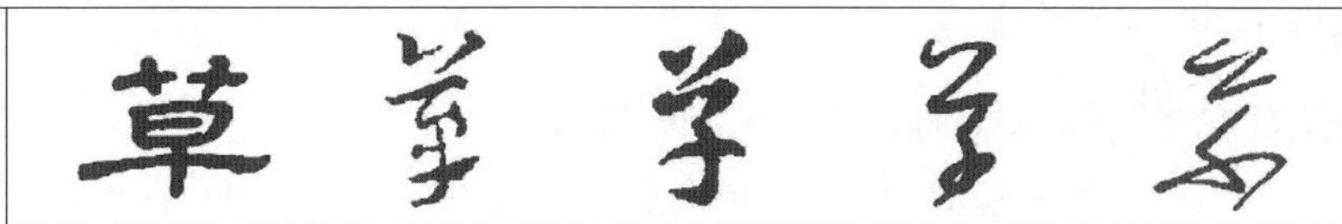

隸辨	西晉索靖 月儀帖	隋 智永 關中本千字文	唐孫過庭 書譜	唐 懷素 自敘帖

‘艸’자는 ‘草’자의 초문이다. 후에 음성부 ‘早’를 추가하여 쓴 형태이다. ≪설문해자≫에 의하면 ‘艸’자와 ‘草’자는 본래 각각 다른 자이다. 음이 비슷하기 때문에 후에 혼동하기 쉬운 ‘艸’자 대신 ‘草’자를 쓰게 되었다.

갑골문에서 ‘艸’자를 ‘’·‘’ 등으로 쓴다. ‘早’자의 가차자로 쓰인다.

> “舜佢(居)於艸(草)茅之中而不亙(憂)，身爲天子而不喬(驕)．”
> ≪郭店楚簡·唐虞之道≫
> 옛 순왕은 신분이 비천하여 초가집에 살았지만 근심이 없었고, 임금이 되어서는 교만하지 않았다.

[초록草綠] [초안草案] [감초甘草] [결초보은結草報恩] [삼고초려三顧草廬] [초록동색草綠同色][316] [전초제근剪草除根][317]

【卉(풀 훼, huì)】

[說文]：“(卉), 艸之總名也. 从艸·屮.”

卉. 초목의 총명이다. ‘艸’와 ‘屮’로 이루어진 자이다.

卉 

說文篆文	東晉王羲之 集字聖敎序	北宋 米芾	北宋 黃庭堅	北朝 華嶽頌	唐褚遂良 雁塔聖敎序

세 개의 ‘屮’로 이루어진 자이다.

[화훼花卉] [방훼芳卉] [천화만훼千花萬卉][318]

316) 풀빛과 녹색綠色은 같은 빛깔. 같은 처지處地의 사람과 어울리거나 기우는 것.
317) 풀을 베고 뿌리를 캐내다. 미리 폐단弊端의 근본根本을 없애다.

【麻(삼 마, má,mā)】

[說文] : "(麻), 與𣏟同, 人所治在屋下. 从广从𣏟."

麻. '𣏟'자와 의미가 같다. 사람이 집안에서 가공하는 삼이란 식물이다. '广'과 '𣏟'로 이루어진 회의자이다.

麻					
	春秋 金文	春秋 侯馬盟書	秦 睡虎地秦簡	西漢 馬王堆帛書	漢 武威漢簡
	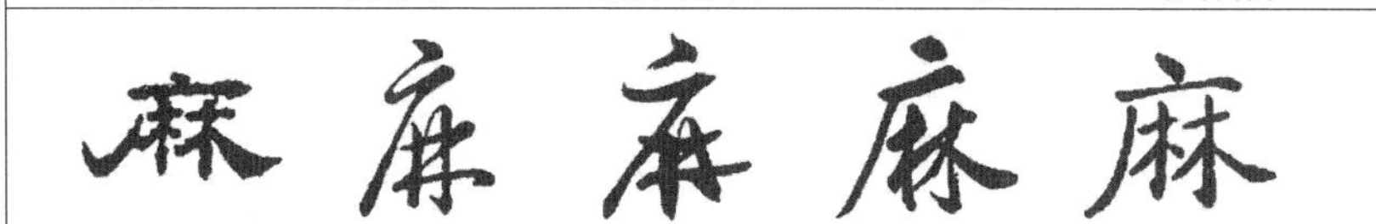				
	唐 玄宗 石臺孝經	草韻辨體	明 張瑞圖	元 鮮于樞	唐敬客 王居士塼塔銘

'麻'는 '𣏟'자와 같은 상형자이다. '𣏟'는 삼을 묶어 햇빛에 말리는 모양이고, 후에 '厂'이나 '广'을 추가하여 '집안에서 삼을 다듬다'는 의미를 표시한다.

[대마大麻] [마중지봉麻中之蓬][319] [쾌도난마快刀亂麻][320]

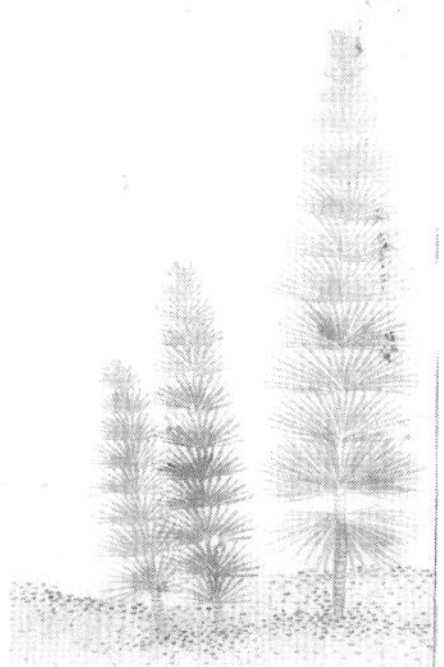

마麻

318) 온갖 종류種類의 화초花草.

319) 삼밭에 나는 쑥. 구부러진 쑥도 삼밭에 나면 저절로 꼿꼿하게 자라듯이 좋은 환경環境에 있거나 좋은 벗과 사귀면 자연自然히 주위周圍의 감화感化를 받아서 선인善人이 된다. '근묵자흑近墨者黑'. '근주자적近朱者赤'.

320) 헝클어진 삼을 잘 드는 칼로 자른다. 복잡複雜하게 얽힌 사물事物이나 비꼬인 문제問題들을 솜씨 있고 바르게 처리處理하다. '쾌도참난마快刀斬亂麻'.

【棘(멧대추나무 극, jí)】

[說文] : “(棘), 小棗叢生者. 从並朿.”

棘. 무리를 지어 자라는 신 맛이 나는 작은 대추나무이다. 두 개의 ‘朿’로 이루어진 자이다.

棘						

	秦 睡虎地秦簡	漢印	說文篆文	漢 武威漢簡	隸辨	隸辨

	吳 皇象 急就章	唐 張旭 古詩四帖	明 宋克	明 王守仁	北宋米芾 蜀素帖	唐歐陽通 泉男生墓誌

큰 대추는 ‘棗(대추나무 조, zǎo)’자로 쓰고, 작은 대추는 ‘棘’자라 하기도 한다. 또 ‘棘’자는 가시가 달리 나무라고 설명하기도 한다. ≪설문해자≫는 ‘戟(창 극, jǐ)’자와 ‘戛(창 알, jiá)’자는 모두 음성이 ‘棘’자와 같다하였다. 모두 날카로운 병기이다. ‘棘’은 가시가 있는 나무이기 때문에 고대에 싸움을 하는 병기로도 사용하였다. ≪곽점초간≫에서는 ‘早’자를 ‘㫓’자로 쓰기도 한다. ‘㫓’자는 ‘曩’자의 이체자이며, 의미 부분이 ‘日’이고, 소리부가 ‘棗’이다. ‘棗’와 ‘早’는 음이 같다.

“夫唯嗇, 是以㫓(早)備(服).” ≪郭店楚簡·老子乙≫

오직 아낄 줄 알기 때문에 미리 받든다는 순리에 따를 수 있다.[321)]

[조율棗栗][322)] [조율이시棗栗梨柿][323)] [조동율서棗東栗西][324)]

【竹(대 죽, zhú)】

[說文] : “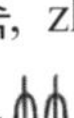(竹), 冬生艸也. 象形. 下垂者, 箁箬也.”

321) “聖人雖未見禍患之形, 虛無服從於道理, 以稱蚤服. 故曰: 夫謂嗇, 是以蚤服.”(韓非子·解老)(성인은 비록 우환이나 재난의 형태가 나타나지 않더라도 허무의 자세로 도리에 따르려 하므로 미리받는다는 뜻의 조복早服이라 일컫게 된다. 그러므로 노자에 말하기를 ‘오직 아끼기 때문에 이를 미리 받는다’라고 하는 것이다.)

322) 대추와 밤, 또는 신부新婦가 시부모媤父母에게 드리는 폐백幣帛.

323) 제사祭祀의 제물祭物을 놓을 때 동편에서부터 대추, 밤, 배, 감 순으로 놓는다.

324) 제물祭物을 차릴 때 대추는 동쪽에 밤은 서쪽에 놓는다.

竹. 겨울에도 파랗게 자라는 초목이다. 상형자이다. 아래로 내려와 있는 부분은 대나무 껍질이다.

竹

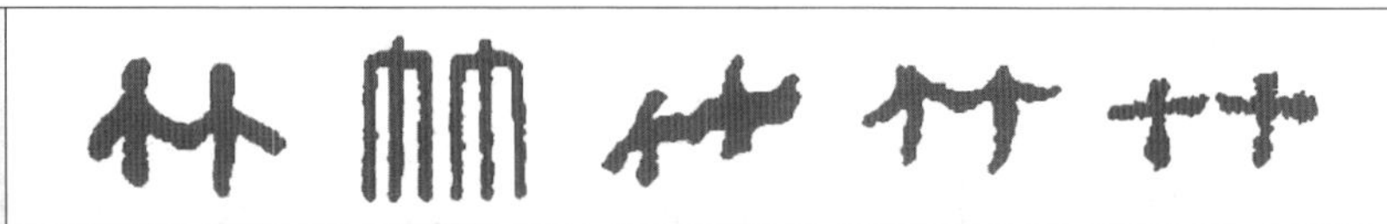

西漢 馬王堆帛書	漢印	西漢 馬王堆帛書	漢 武威漢簡	東漢 張景造土牛碑

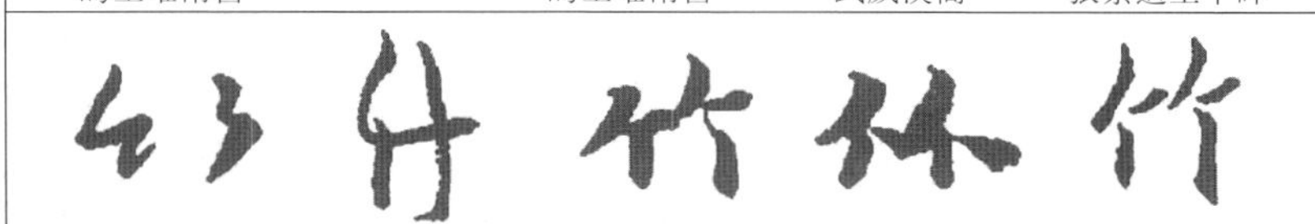

東晉王羲之 十七帖	明 張瑞圖	東晉王羲之 蘭亭序	北魏 妙法蓮華經普門品	唐殷玄祚 契苾明碑

'竹'자는 댓잎이 아래로 처져 있는 몇 개의 대나무의 모습니다. '篤'자의 가차자로 쓰이기도 한다.

[폭죽爆竹] [죽창竹槍] [파죽지세破竹之勢] [죽마고우竹馬故友][325] [죽장망혜竹杖芒鞋][326]

【屯(진 칠 둔, tún,zhūn)】

[說文] : "(屯), 難也. 象屮木之初生, 屯然而難. 从屮貫一, 一, 地也. 尾曲. ≪易≫曰: '屯, 剛柔始交而難生'."

屯. 어렵게 나오는 모양이다. 초목이 처음 땅에 힘들게 곡선을 그리며 자라나는 형상. '屮'는 '一'을 뚫고 나오는 모양이며, '一'은 땅을 의미한다. 아랫부분은 뿌리가 곡선을 그리면 나오는 모양이다. ≪주역≫에서는 "둔괘屯卦는 음양이 서로 교합을 하여 힘들게 생장하는 형상"이라 하였다.

屯

商 甲骨文	西周 史牆盤	西周 史頌簋	春秋 秦公鎛	戰國 郭店楚簡	漢印

325) '죽마고우竹馬之友'.

326) 대지팡이와 짚신. 먼 길을 떠날 때의 간편簡便한 차림.

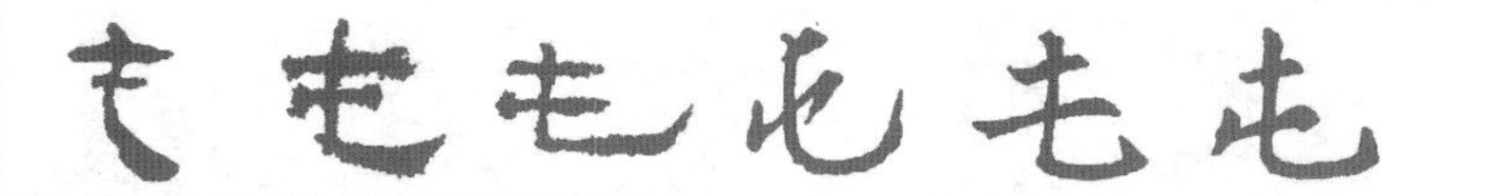

西漢	東漢	東漢	北宋	北魏	唐虞世南
馬王堆帛書	魯峻碑	沈府君神道闕	沈遘	司馬昞墓誌	孔子廟堂碑

‘屯’은 씨앗이 땅에서 솟아나오는 형상이다. 윗부분 씨앗 모양이 후에 ‘一’ 모양으로 변했다. 초죽서에서는 ‘混’의 가차자로 쓰이기도 한다.

“屯虖(乎)其奴(若)樸, 坉虖(乎)其奴(若)濁.” ≪郭店楚簡·老子甲≫
돈독하기는 樸나무(통나무) 같기도 하고, 혼탁하기는 탁한 물과 같다.

[주둔駐屯] [대둔산大屯山] [봉둔蜂屯][327]

‘屯’, 종자가 땅을 뚫고 솟아나는 모양.

【在(있을 재, zài) 才(재주 재, cái)】

[說文] : “(在), 存也. 从土, 才聲.”

在. ‘존재하다’의 의미. 의미부 ‘土’와 소리부 ‘才’로 이루어진 형성자이다.

[說文] : “(才), 艸木之初也. 从丨上貫一, 將生枝葉. 一, 地也.”

才. 초목이 처음 나오는 모양. ‘丨’이 위로 ‘一’을 뚫고 나오는 형상. ‘丨’은 나오는 가지 잎이고, ‘一’은 땅의 형상이다.

在

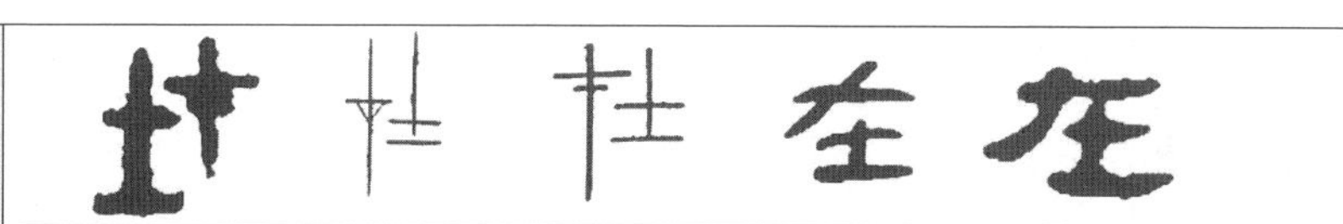

商	戰國	秦	秦	西漢
甲骨文	中山王方壺	嶧山刻石	睡虎地秦簡	馬王堆帛書

327) 벌떼가 모여 있다. 벌떼처럼 무리 지어 모이다.

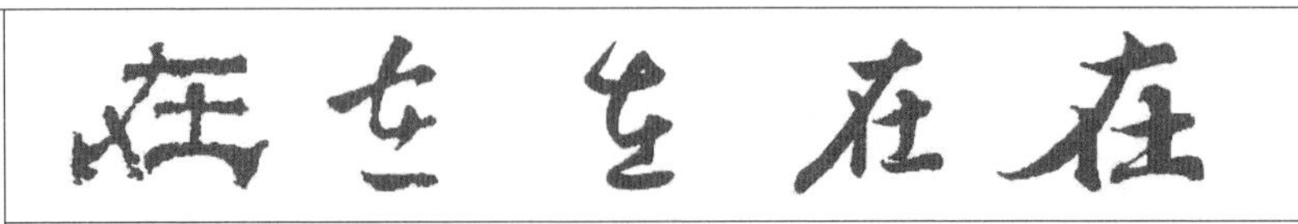

東漢	西晉索靖	唐孫過庭	東晉王羲之	唐
西嶽華山廟碑	出師頌	書譜	蘭亭序	世說新書

才

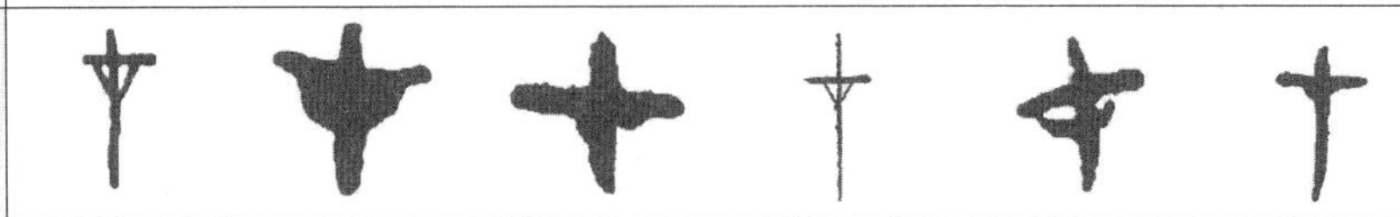

商	西周	西周	戰國	戰國	秦
甲骨文	何尊	散氏盤	中山王鼎	郭店楚簡	睡虎地秦簡

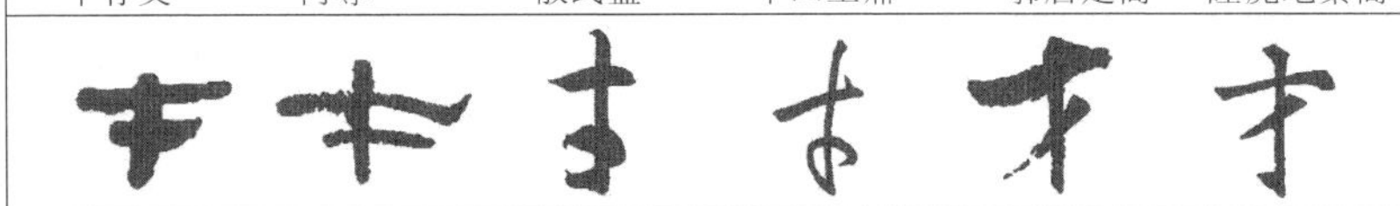

西漢	東漢	隋智永	唐孫過庭	北宋米芾	隋唐
馬王堆帛書	曹全碑陰	眞草千字文	書譜	蜀素帖	房山雲居寺石經

'才'자는 '在'자의 초문이다. '在'자는 '才'자에 '土'를 추가하여 쓴 자이다. '才'자는 초목의 뿌리가 땅에서 위를 향해 자라나는 형상이다. '才'자는 갑골문에서 '在'나 혹은 '災'·'𢦏'의 가차자로 쓰이고 금문에서는 '在'나 감탄사 '哉'로 쓰인다. 혹자는 '才'자는 '弋'자의 초문이라고 주장하기도 한다. '弋'자는 '杙(말뚝 익, yì)'자와 같은 자이다.

"彝才(在)中丁宗. 才(在)三月."(≪合集≫38223)
중정中丁 종묘에서 이제를 드릴까요. 삼월에.
"王其狩亡(無)才(災)."(≪屯南≫1128)
왕이 수렵을 하는데 재난이 없을까요?

[재능才能] [재질才質] [수재秀才] [삼재三才][328] [개세지재蓋世之才] [현재現在] [잠재력潛在力] [존재存在] [명재경각命在頃刻] [명재조석命在朝夕] [재차일거在此一擧][329]

【否(아닐 부, fǒu,pǐ)】

[說文] : "否(否), 不也. 从口, 从不, 不亦聲."
否. '아니다'는 뜻이다. 'ㅁ'와 '不'로 이루어진 회의자이며, '不'는 또한 소리부이다.

328) 만물萬物을 제재制裁한다는 뜻. 하늘(天)과 땅(地)과 사람(人). 관상觀相에서 이마와 코와 턱.
329) 이 한번으로 담판談判을 짓는다. 단 한 번의 거사擧事로 흥하거나 망亡하거나 끝장을 낸다.

[說文] : "不, 鳥飛上翔不下來也. 从一, 一猶天也. 象形."

不. 새가 위로 날아가서 아래로 내려오지 않는 모양이다. '一'로 이루어진 자이다. '一'을 하늘을 뜻한다. 상형자이다.

否	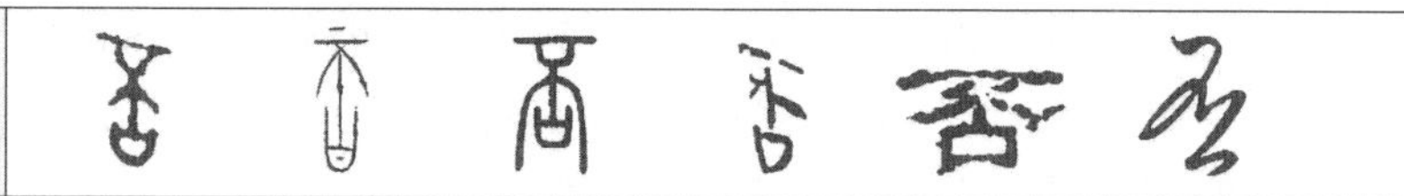					
	西周 毛公鼎	戰國 中山王鼎	說文篆文	西漢 銀雀山竹簡	東漢 子游殘碑	北宋 米芾
	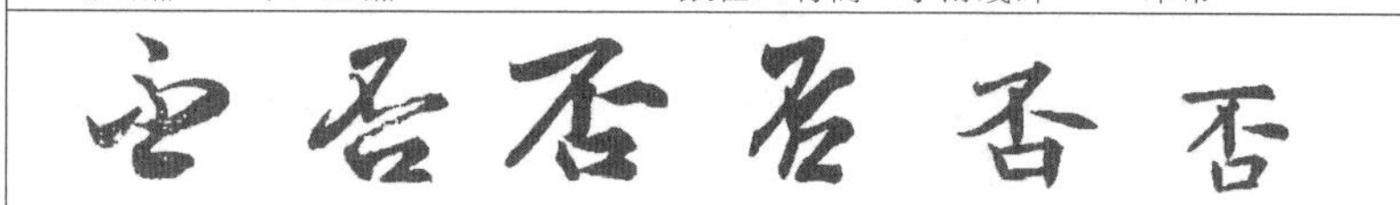					
	南宋 薛紹彭	東晉 王羲之	北宋 黃庭堅	北宋 米芾	北魏 穆玉容墓誌	唐虞世南 孔子廟堂碑

'不'자에 대하여 또는 '꽃받침(柎, 꽃받침 부, fū)'의 형상이라고 주장하기도 한다. 갑골문은 ''로 쓰고, 금문은 '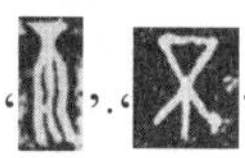'로 쓴다. 후에 부정부사 '不'로 가차되어 쓰인다. 또한 소리부 '口'가 추가되어 '否'자가 생기게 되었다. 금문에서 '不'자는 '丕'·'否'·'弗'·'邳' 등의 의미로 쓰인다.

"三年靜(靖)東或(國), 亡不成, 䀌天愧(威), 否(不)畀屯(純)陟." ≪班簋≫
(모백毛伯을 도와서) 3년 내에 동국들을 평정시켜야 하지만, 만약 그렇지 않으면 하늘의 위엄을 훼손시키는 경우가 되어 하늘은 이후에 계속해서 은덕을 베풀지 않을 것이다.

[불가피不可避] [불구不拘] [부동산不動產] [부족不足] [불혹不惑] [과유불급過猶不及] [목불식정目不識丁] [자욕양이친부대子欲養而親不待][330] [부정否定] [비극반태否極反泰][331] [비래태거否來泰去][332]

꽃받침

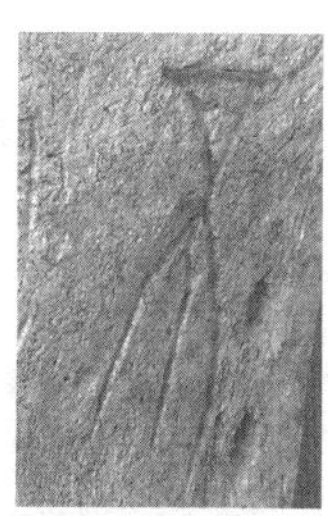
갑골문의 '不'자

330) 자식子息이 부모에게 봉양奉養하고자 하나 부모父母는 기다려 주지 않는다.
331) 비운非運이 극한極限에 다다르면 행운幸運이 돌아오다.
332) 좋은 운수運數는 가고, 나쁜 운수運數가 돌아오다.

【帝(임금 제, dì)】

[說文] : (帝), 諦也. 王天下之號也. 从丄, 朿聲. 帝, 古文帝(). 古文諸丄字皆从一, 篆文皆从二. 二, 古文上字."

帝. '자세히 살피다'의 뜻이다. 혹은 천하를 통치하는 군주를 뜻한다. 의미부 '丄'와 소리부 '朿'로 이루어진 형성자이다. 고문은 '帝'로 쓴다. 고문에서 '丄'는 모두 '一'로 쓰고, 전문에서는 모두 '二'로 쓴다. '二'은 고문의 '上'자이다.

帝	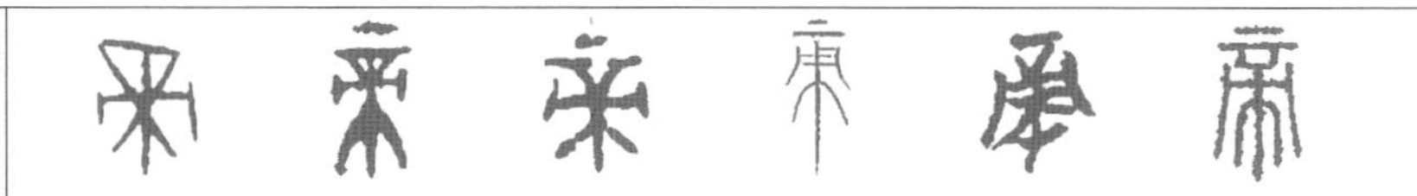					
	商 甲骨文	商 金文	西周 金文	戰國 中山王方壺	戰國 包山楚簡	秦 琅琊台刻石

	西漢 馬王堆帛書	東漢 石門頌	東晉王羲之 十七帖	隋智永 關中本千字文	王羲之 集字聖教序	唐歐陽詢 九成宮醴泉銘

'帝'자는 원래 '蒂(꽃받침 체, dì,chài)'자가 본자이다. 후에 천제라는 의미로 가차되어 쓰인다. 혹은 신주神主의 모양이라고 주장하기도 한다. 갑골문에서는 제명 '禘'의 의미로 쓰이기도 한다.

"帝(禘)于河."(≪合集≫14531) 황하의 신에게 체제禘祭를 드리다.

"克奔走上下帝無冬(終)令于有周, 追考(孝)對, 不敢彖."≪[illegible]簋(周公簋·邢侯簋·榮作周公簋≫

능히 주나라에 내려지는 상제와 하제와 같은 모든 신의 명령에 따라 분주히 노력하며 효행을 잘 실천하여 감히 실수가 없도록 노력하고자 한다.

[황제黃帝] [삼신황제三神上帝][333] [옥황상제玉皇上帝]

꽃받침(花蒂)

333) 아기 낳는 일을 맡은 삼신三神.

【魚(고기 어, yú) 漁(고기 잡을 어, yú)】

[說文] : “(魚), 水蟲也. 象形. 魚尾與燕尾相似.”

魚. 물에서 사는 동물이다. 상형자이다. 고기의 꼬리는 제비의 꼬리와 비슷하다.

魚						
	商 甲骨文	商 金文	西周 毛公鼎	春秋 侯馬盟書	戰國 包山楚簡	秦 睡虎地秦簡

	西漢 馬王堆帛書	東漢 張遷碑	王羲之 淳化閣帖	唐 懷素 自敘帖	王羲之 興福寺斷碑	隋 元公夫人姬氏墓誌

‘魚’는 고기의 형상이고, ‘漁’는 의미부 ‘水’와 소리부 ‘魚’로 이루어진 형성자로 ‘고기를 잡다’라는 뜻이다. 금문은 ‘魚’자를 ‘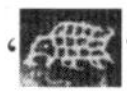’로 쓰기도 한다. ‘魯’자는 ‘魚’와 ‘口’ 혹은 ‘甘’으로 이루어진 자이다. 고기의 맛이 신선하고 맛있음을 말한다. 따라서 ‘吉魯’나 ‘魯令(命)’ 중의 ‘魯’는 ‘훌륭하다’·‘아름답다’는 뜻이 있다.

[연목구어緣木求魚] [어동육서魚東肉西] [수어지교水魚之交][334] [어부漁夫] [어선漁船] [농어촌農漁村] [어부지리漁父(夫)之利][335]

淸 낭세녕郎世寧 畵魚藻(대만 고궁박물관 소장)

334) 물고기와 물과의 관계. 임금과 신하臣下 또는 부부夫婦 사이가 친밀親密함을 말한다. ‘유어유수猷魚有水’.
335) ‘어부지리漁父之利’. ‘어부지리漁夫之利’. ‘어인득리漁人得利’. ‘어인지리漁人之利’.

【龜(거북 구(귀, 균), guī,jūn,qiū)】

[說文] : “(龜), 舊也, 外骨內肉者也. 从它, 龜頭與它頭同, 天地之性, 廣肩無雄. 龜鼈之類, 以它為雄. 象足·甲·尾之形. (𠁴), 古文龜.”

龜. ‘오랫동안 사는 동물’. 외부의 껍데기와 내부의 육질로 되어 있는 동물. 거북이의 머리와 뱀(它)의 머리 부분이 같다. 자연의 본성 중 넓은 어깨와 허리가 있는 동물은 돌출 나온 부분이 없는데, 거북이 종류와 자라 종류는 머리 부분이 남성의 성기처럼 돌출되어 있다. ‘龜’자는 다리·등껍질과 꼬리 부분의 형상이고, 고문 ‘𠁴’자는 위에서 바라보는 모습이다.

갑골문의 ‘龜’자는 옆에서 본 모양이고, 금문은 위에서 본 모양이다. 갑골문은 거북이 껍데기를 이용하여 점을 치고 기록한 내용이다.

“用龜.”(≪合集≫9001) 거북점을 치다.

“龜峕(筮)猷(猶)弗智(知), 而皇(況)於人虐(乎)?” ≪郭店楚簡·緇衣≫
이러한 사람은 귀서龜筮도 알 수가 없는 것인데, 하물며 사람은 어찌하겠는가.

[균(구)열龜裂] [균탁龜坼][336] [귀감龜鑑][337] [귀배괄모龜背刮毛][338] [맹귀우목盲龜遇木][339]

336) 거북의 등에 있는 무늬처럼 갈라져서 터지다. 친親한 사이에 틈이 생기다.
337) 거북 등과 거울. 사물事物의 본보기.
338) 없는 거북 등의 털을 벗겨 뜯는다. 없는 것을 애써 구求하려고 하다.
339) 눈먼 거북이 물에 뜬 나무를 만났다. 어려운 지경地境에 뜻밖의 행운幸運을 만나 어려움을 면하게 되다.

【貝(조개 패, bèi)】

[說文] : “(貝), 海介蟲也. 居陸名猋, 在水名蜬. 象形. 古者貨貝而寶龜, 周而有泉, 至秦廢貝行錢.”

貝. 바닷물에 사는 딱딱한 껍질을 지닌 동물이다. 육지에 사는 것을 ‘猋(개 달리는 모양 표, biāo)’라 하고, 물에 사는 것을 ‘蜬(작은 소라 함, hán)’이라 한다. 상형자이다. 고대에는 화패貨貝로 사용하였고, 귀갑을 소중하게 여겼다. 주나라 시기에서 화폐제도로 천泉을 사용하면서도 화패를 여전히 사용하였고 진秦나라 시기에 이르러 패貝를 사용하지 않고 돈(錢)을 사용하였다.

貝					
	商 甲骨文	商 戍嗣子鼎	西周 金文	戰國 包山楚簡	秦 睡虎地秦簡
	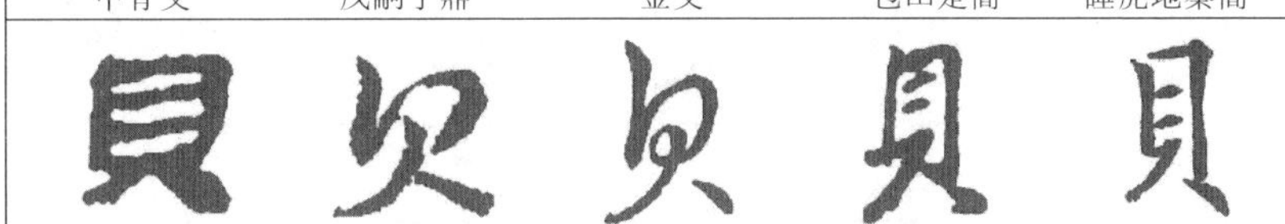				
	西漢 馬王堆帛書	吳 皇象 急就章	草韻辨體	東晉王羲之 集字聖教序	唐殷玄祚 契苾明碑

‘貝’는 고대의 화폐이다. ‘泉’과 ‘錢’자는 고대의 음이 같고 같은 의미로 쓰인다. ‘泉’은 물처럼 통하지 않는 곳이 없다는 뜻이다. ‘貞’·‘則’자 등의 ‘貝’자는 원래 ‘鼎’자이지만 형태가 유사하여 와전된 것이다.

“禱貝于帚(婦).”(≪合集≫5648)

해패海貝를 부인婦人에게 바쳐 획제禱祭를 지낼까요?

“易(賜)貝二朋.”(≪合集≫40073) 두 묶음의 화폐를 하사하다.

“𠨘〈邲〉𠀠(其)易(賜)貝, 才(在)亖(四)月.” ≪四祀𠨘其卣≫

필기邲其에게 화패貝를 하사하였다. 때는 4월.

[패물貝物] [어패魚貝] [패류貝類] [패각貝殼]

【虫(虺, 살무사 훼, huǐ)【蟲(벌레 충, chóng)】

[說文]：“(虫), 一名蝮, 博三寸, 首大如擘指. 象其卧形. 物之微細, 或行, 或毛, 或蠃, 或介, 或鱗, 以虫為象.”

虫. 다른 이름으로 ‘蝮(살무사 복, fù)’이라고도 한다. 폭은 3촌 쯤 되고, 머리의 크기는 엄지손가락만 한다. 이 자는 살무사가 엎드려 있는 모양이다. 동물 중 가늘고 작으며, 어떤 것은 기어 다니고, 어떤 것은 털이 달려 있으며, 어떤 것은 연체동물처럼 생겼고 어떤 것은 단단한 껍질이 있거나 비늘이 있는 것도 있다. 이러한 동물을 총체적으로 ‘虫’이라 한다.

[說文]：“(蟲), 有足謂之蟲, 無足謂之豸. 从三虫.”

蟲. 다리가 있는 동물을 ‘蟲’이라 한다. 다리가 없는 동물을 ‘豸(발 없는 벌레 치, zhì)’라 한다. 세 개의 ‘虫’으로 이루어진 자이다.

虫

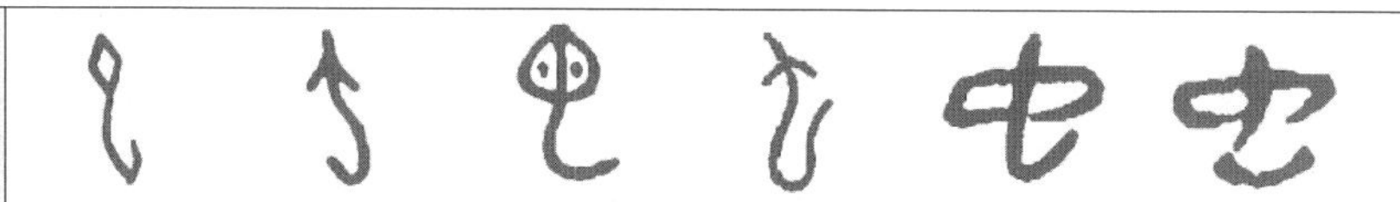

商 甲骨文	商 甲骨文	西周 金文	戰國 金文	秦 睡虎地秦簡	西漢 馬王堆帛書

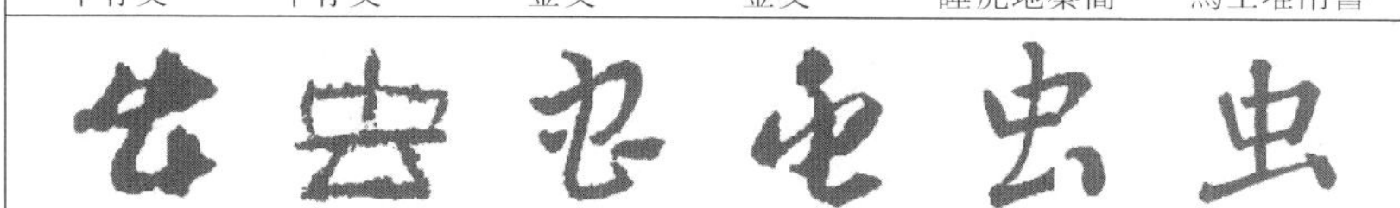

漢 武威漢簡	東漢 石門頌	吳皇象 急就章	明 傅山	唐褚遂良 枯樹賦	唐顏眞卿 放生池帖

≪설문해자≫는 ‘虫’자와 ‘蟲’자를 구별하여 쓰고 있으나, 사실상 고문자에서 ‘虫’·‘䖵’과 ‘蟲’자는 모두 같은 자이다. ≪說文解字≫의 ‘虫’자에 대한 설명이 곧 ‘它(蛇)’자에 대한 설명이다.

갑골문에서 ‘虫’자는 모두 ‘재화災禍’라는 ‘它’의 의미로 쓰인다. 후에 분화되어 ‘虫’자는 ‘벌레의 총칭’으로 쓰이고, ‘它’는 ‘蛇(뱀 사, shé,yí)’의 의미로 쓰인다. 그러나 갑골문에 ‘它’자는 ‘’·‘’로 쓰고 ‘虫’자는 ‘’·‘’으로 써서, 뱀과 작은 벌레의 차이라고 주장하기도 한다.

‘它’자가 후에 대사代詞로 가차되어 쓰이자, 본래의 의미인 ‘虫’자를 추가하여 ‘蛇(뱀 사, shé,yí)’로 쓴다.

‘䖵’과 ‘蟲’은 여러 마리의 벌레라는 것을 표시한다. 이는 ‘屮’와 ‘艸’자의 관계와 같다.

"弗它雨." (≪屯南≫644) 비의 재난이 없을까요?

"酓(含)悳(德)之厚者, 比於赤子, 蟲(螝)蠆蟲它(蛇)弗蓋(螫)." ≪郭店楚簡·老子甲≫

덕이 중후한 자는 마치 어린아이와 같다. 고슴도치·전갈·살모사·뱀 등도 물지 않는다.

[곤충昆蟲] [기생충寄生蟲] [파충류爬蟲類] [동충하초冬蟲夏草]

【它(다를 타{뱀 사}, tā)】

[說文] : "(它), 虫也. 从虫而長, 象冤曲垂尾形. 上古艸居患它, 故相問無它乎. (蛇), 它或从虫."

它, 살무사. '虫'자 중 꼬리부분이 긴 모양이며, 구부러진 몸체와 꼬리부분이 위로 휘어진 형태로 이루어진 자이다. 옛날 옛적 초가지붕을 짓고 살던 시기에 뱀의 피해를 두려워하였기 때문에 '뱀을 보지 않았나요?'[340]라고 서로 안부를 물었다. 혹은 '虫'자를 써서 '蛇'로 쓴다.

它	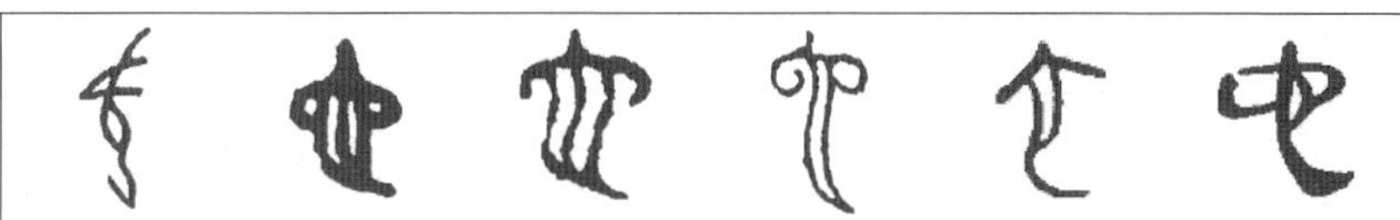					
	商 甲骨文	西周 金文	西周 金文	西周 金文	戰國 郭店楚簡	秦 睡虎地秦簡
	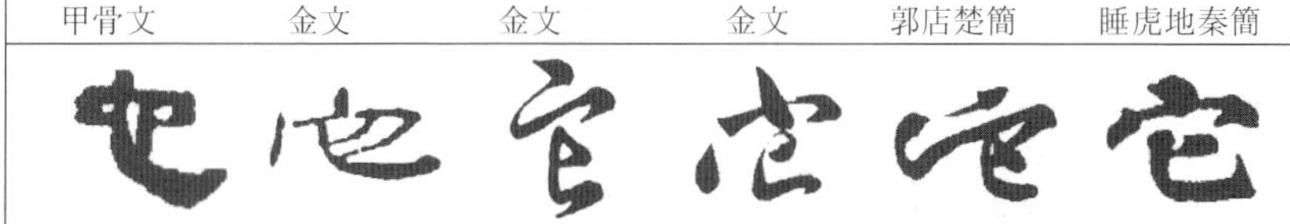					
	西漢 馬王堆帛書	漢 居延漢簡	草韻辨體	北宋 張舜民	北宋黃庭堅 寒食詩卷跋	唐周易 王弼注

'它'자는 '蛇(뱀 사, shé,yí)'자의 초문이다. 후에 3인칭대사 '它'나 '他' 혹은 '其他'라는 가차자로 쓰인다. 대사의 '它'자는 처음에는 기타其他라는 의미로 쓰이고, 당나라 초기에 이르러 비로소 제3인칭 대사로 쓰이기 시작하였다.

"乙酉卜岳弗它禾." (≪合集≫20332)

을유일에 점 칩니다. 악신岳神이 벼에 해를 끼치지 않을까요?

"它山之石, 可以攻玉." ≪詩經·小雅·鶴鳴≫

다른 산의 돌은 옥을 다듬는데 사용할 수 있다네.

340) 갑골문에 "亡它?"라는 문장이 자주 보인다.

"可貴天然物，覓他無伴侶，覓他不可見，出入無門戶."≪寒山詩集≫

가장 귀중하는 한 것은 천지 자연물이라네. 그대를 찾아도 어떤 동반자도 찾아낼 수 없고, 그대를 찾아도 볼 수가 없다네. 출입하는 대문도 방문도 없다네.

"蜧(蝟)蠆蟲它(蛇)弗蓋."≪郭店簡·老子甲≫

고슴도치·전갈·살모사·뱀도 물지 않는다.

"南方之旗以它(蛇)."≪上博竹書二·容成氏≫

남방의 깃발은 뱀이 그려져 있다.

[타산지석它(他)山之石][341] [타계他界] [타인지연왈리왈률他人之宴日梨日栗][342] [염불급타念不及他][343]

【旬(열흘 순, xún)】

[說文]："(旬), 徧也. 十日為旬. 从勹·日. (訇), 古文."

'旬', '두루 널리'라는 뜻이다. '열흘을 일순'이라 한다. '勹'와 '日'로 이루어진 회의자이다. 고문은 '訇'으로 쓴다.

旬

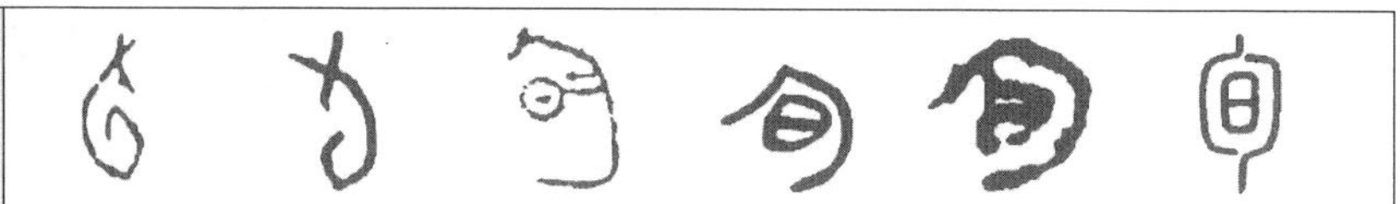

商 甲骨文	商 甲骨文	春秋 王孫遺者鐘	秦 睡虎地秦簡	西漢 馬王堆帛書	說文篆文

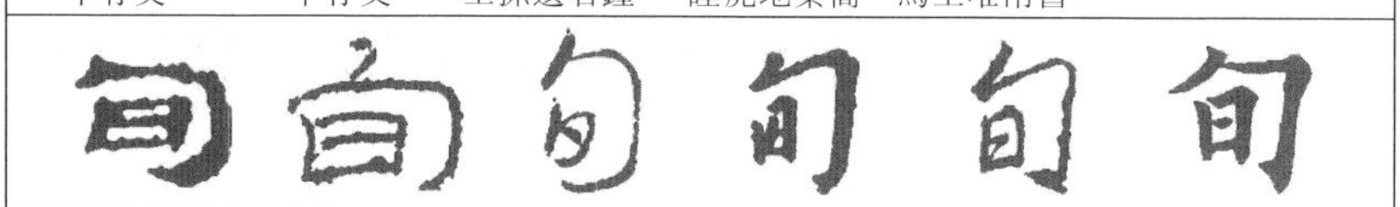

漢 武威漢簡	東漢 石門頌	唐 月儀帖	東晉王羲之 集字聖教序	唐李邕 李思訓碑	唐歐陽詢 道因法師碑

≪설문해자≫는 한 바퀴 돈 모양이라고 하였다.

'旬'자는 '勹(螾, 지렁이 인, yín,yǐn,yìn)'자의 초문이라고 설명하기도 한다. 벌레나 뱀이 똬리를 틀고 있는 형상이다. 후에 '日'을 추가하여 '일순─旬'이라는 의미로 쓴다. 갑골문에서는 "旬亡禍?"[344]라 하였다.

341) '타산지석他山之石'.

342) 남의 잔치에 배 놓아라 밤 놓아라 한다. 남의 일에 공연히 쓸데없는 참견參見을 한다.

343) 바빠서 다른 생각을 할 겨를이 없다.

344) "旬亡禍?"(십여일 동안 화가 없을까요?)

"旬又四日." ≪新邑鼎≫ 십일 하고 사일.

"旬又一日." ≪繁卣≫ 십일 하고 일일.

[중순中旬] [하순下旬] [육순六旬] [삼순구식三旬九食][345]

【强(굳셀 강, qiáng,jiàng,qiǎng)】

[說文] : "(強), 蚚也. 从虫, 弘聲. (蠠), 籒文強, 从蚰从彊."

强, 쌀바구니 벌레. 의미부 '虫'과 소리부 '弘'으로 이루어진 형성자이다. 주문은 '蚰'과 '彊'을 써서 '蠠'으로 쓴다.

强				
	戰國 包山楚簡	秦 睡虎地秦簡	西漢 銀雀山竹簡	東漢 北海相景君碑

	東晉王羲之 淳敍帖	唐孫過庭 書譜	北宋 蔡襄	唐歐陽詢 皇甫誕碑

'强'은 원래 '쌀벌레'라는 뜻이다. 후에 가차되어 '강장强壯'·'강행强行' 등의 뜻으로 쓰인다.

"不谷(欲)以兵强." ≪郭店楚簡·老子甲≫

군대로써 천하에 강함을 드러내지 않는다.

[강조强調] [강화强化] [강경剛勁] [강제强制] [견강부회牽强附會] [강노지말强弩之末][346]

쌀벌레

345) 삼순, 곧 한 달에 아홉 번 밥을 먹는다.

346) 힘찬 활에서 튕겨나온 화살도 마지막에는 힘이 떨어져 비단緋緞조차 구멍을 뚫지 못한다.

【龍(용 룡, lóng)】

[說文] : "龍(龍), 鱗蟲之長. 能幽能明, 能細能巨, 能短能長, 春分而登天, 秋分而潛淵. 从肉, 飛之形, 童省聲."

龍. 비늘이 있는 파충류 중 수장에 속한다. 천지를 어둡게 할 수도 있고, 빛을 나게 할 수 있다. 몸을 가늘게 할 수도 있고 크게 할 수 있고, 짧게 할 수도 있고 길게 할 수도 있다. 춘분에 하늘로 올라갔다가 추분 때 깊은 연못으로 잠입한다. '肉'은 용 몸의 모양이고, 왼쪽 부분은 날아가는 모양이다. '童'자의 생략형이 소리부이다.

갑골문은 윗부분은 뿔, 중간부분은 벌린 입, 아랫부분은 용의 몸체의 모양이다. 후에 '입'은 '肉(月)'으로 변했다. 금문은 '龍'으로 쓰기도 한다.

"其乍(作)龍于凡田, 又(有)雨." (≪合集≫29990)

반전凡田에서 토룡土龍을 만들어 하늘에 기원을 하면 비가 올까요.

[등용문登龍門] [화룡점정畵龍點睛] [용두사미龍頭蛇尾] [거수마룡車水馬龍][347]

【隹(새 추, zhuī)】

[說文] : "隹(隹), 鳥之短尾總名也. 象形."

隹. 꼬리가 짧은 새의 총칭이다. 상형자이다.

347) 수레는 흐르는 물과 같고 말의 움직임은 하늘을 오르는 용과 같다. 수레와 말의 왕래往來가 많아 매우 떠들석한 상황狀況. 행렬行列이 성대(盛大)한 모양模樣.

隹	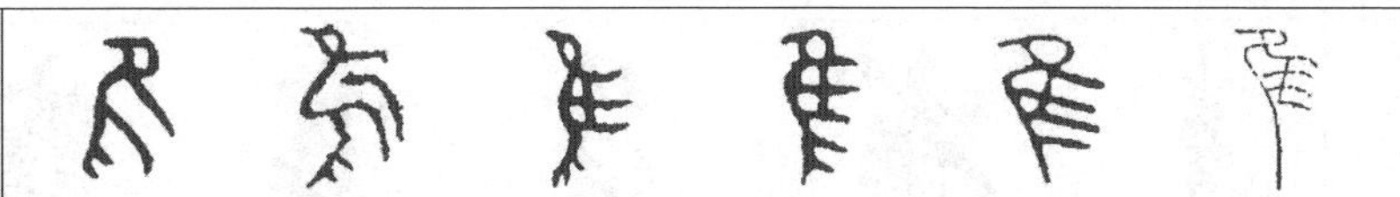					
	商 甲骨文	商 戌嗣子鼎	商 金文	西周 大盂鼎	西周 史頌鼎	春秋 金文
	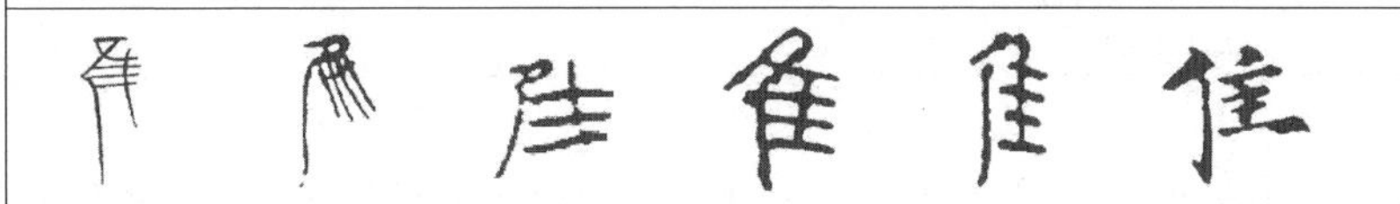					
	戰國 中山王鼎	戰國 金文	戰國 郭店楚簡	戰國 石鼓文	西漢 銀雀山竹簡	元 姚樞

갑골문에서 "獲隹一百四十八"348)라 하였듯이 '새'라는 의미로 쓰인다. 고문에서 '鳥'자는 꼬리가 긴 새이고, '隹'자는 꼬리가 짧은 새의 모양이라 설명하기도 한다. 후에는 '唯'·'惟'·'維'의 가차자나 '雖'·'誰'의 통가자로 쓰인다. 금문은 ''·''로 쓰기도 한다.

"珷(武)征商, 隹(唯)甲子朝歲鼎." ≪利簋≫

무왕이 상나라를 정벌한 때는 갑자 일의 아침으로 세성歲星이 마침 출현한 시기이다.

"隹(惟)尹夋及康(湯), 咸(咸)又(有)一悳(德)." ≪上博楚簡·緇衣≫

나 이윤과 탕은 모두 한결같은 덕이 있다.

【雀(참새 작, què,qiāo,qiǎo)】

[說文] : "(雀), 依人小鳥也. 从小·隹. 讀與爵同."

雀. 사람이 사는 집에 사는 작은 새. '小'와 '隹'로 이루어진 회의자이다. 음은 '爵(잔 작, jué)'과 같다.

雀	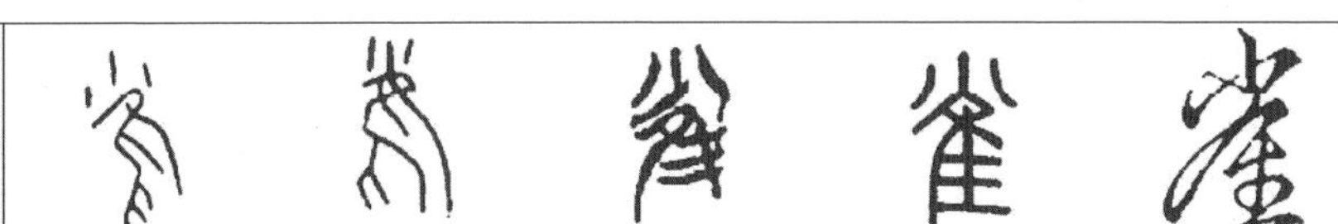				
	商 甲骨文	商 甲骨文	戰國 郭店楚簡	說文篆文	草韻辨體

---

348) "獲隹一百四十八."(148 마리의 새를 잡다.)

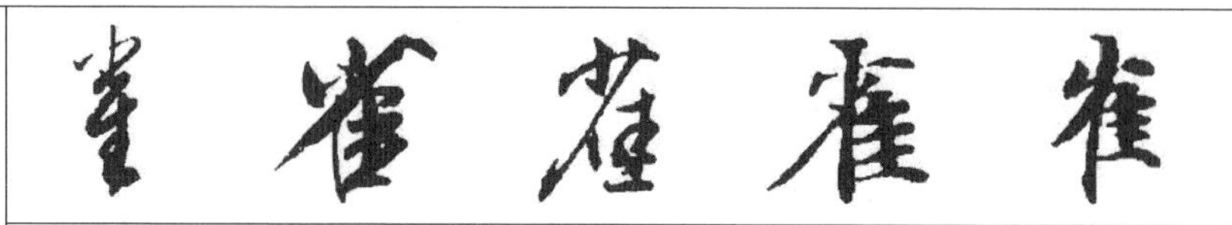

平安 藤原行成 本能寺切	北宋 米芾	元 馮子振	北魏 金光明經	唐 無上秘要

'雀'은 '작은 새'라는 뜻이다. 갑골문에서는 지명으로 쓰이고, 전국戰國시대에는 '爵' 자의 통가자로 쓰인다.

"雀入(納)二百五十."(≪合集≫722反)

작雀이 250개의 갑골을 공납하다.

"貞乎(呼)雀伐望(戉)."(≪合集≫6983)

작으로 하여금 망월望戉 지역을 토벌하도록 할까요?

[작설차雀舌茶][349] [주작朱雀][350] [문전작라門前雀羅][351] [환호작약歡呼雀躍][352] [수주탄작隨珠彈雀][353]

【鷄(닭 계, jī)(雞)】

[說文]: "雞(雞), 知時畜也. 从隹, 奚聲. 鷄(鷄), 籒文雞从鳥."

鷄, 시간을 알려주는 가축이다. 의미부 '隹'와 소리부 '奚'로 이루어진 형성자이다. 주문은 '鳥'를 써서 '鷄'자로 쓴다.

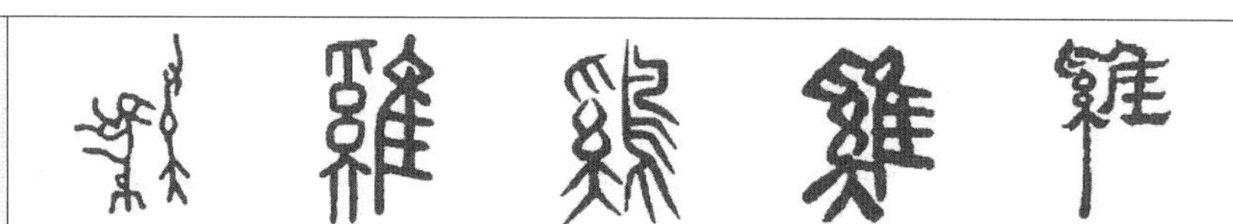

鷄	商 甲骨文	說文篆文	說文籒文	秦 睡虎地秦簡	西漢 馬王堆帛書

349) 갓 눈이 튼 차茶나무의 새싹을 따서 만든 차茶.

350) 남쪽 방위方位를 맡고 있다는 신을 상징象徵하는 짐승.

351) 문 밖에 새 그물을 쳐놓을 만큼 손님들의 발길이 끊어지다. 권세權勢가 약弱해지면 방문객訪問客들이 끊어진다.

352) 기뻐서 소리치며 날뛰다.

353) 수후隨侯의 구슬로 새를 잡는다. 작은 것을 얻으려다 큰 것을 손해 보게 되다. '명주탄작明珠彈雀'. '소탐대실小貪大失'.

東漢 武氏祠畫像題字	隋智永 關中本千字文	唐懷素 草書千字文	東晉王羲之 興福寺斷碑	唐 昭仁寺碑

갑골문에서 지명으로 쓰인다.

"貞田雞, 往來亡(無)災." (≪合集≫37363)

계 지방에서 사냥을 하면 재화가 없을까요?

[계륵鷄肋] [군계일학群鷄一鶴] [학립계군鶴立鷄群] [가계야치家鷄野雉][354]

【鳥(새 조, niǎo,diǎo)】

[說文] : "(鳥), 長尾禽總名也. 象形, 鳥之足似匕, 从匕."

鳥. 꼬리가 긴 새의 총명이다. 상형자이다. 새의 다리 부분은 '匕'의 형태와 비슷하기 때문에 자부 '匕'를 쓴다.

鳥

商 甲骨文	商 金文	秦 睡虎地秦簡	說文篆文	西漢 銀雀山竹簡

隸辨	隋智永 關中本千字文	明 祝允明	北宋 蘇軾	唐 歐陽通 道因法師碑

고대 문자 중의 '鳥'는 상형자이다. 전체적으로 새의 부리·머리·날개·꼬리와 다리의 모양을 형상하고 있다. 금문은 '', '', ''로 쓰기도 한다. 고문자에서 '鳥'자는 꼬리가 긴 새이고, '隹'는 꼬리가 짧은 새라고 주장하기도 한다.

354) 집의 닭을 미워하고 들의 꿩을 사랑한다. 아내를 소박疏薄하고 첩을 좋아하다.

"攫鳥䣱(猛)獸弗扣, 骨溺(弱)菫(筋)秫(柔)而捉固." ≪郭店楚簡·老子甲≫
사나운 새나 맹수도 덤벼들지 않고 뼈도 약하고 근육도 부드럽지만 쥐는 힘이 세다.

[조감도鳥瞰圖] [백조白鳥] [일석이조一石二鳥] [조족지혈鳥足之血]355) [경궁지조驚弓之鳥]356)

【鳳(봉새 봉, fèng)】

[說文] : "(鳳), 神鳥也. 天老曰: 鳳之象也, 鴻前麐後, 蛇頸魚尾, 鸛顙鴛思, 龍文虎背, 燕頷雞喙, 五色備舉. 出於東方君子之國, 翶翔四海之外, 過崐崘, 飲砥柱, 濯羽弱水, 莫宿風穴, 見則天下大安寧. 从鳥, 凡聲. (𠌰), 古文鳳, 象形. 鳳飛羣鳥從以萬數, 故以為朋黨字. (鵬), 亦古文鳳."

鳳. 신령스러운 새이다. 황제의 신하인 천노天老가 말하였다. 봉황의 모양은 앞은 큰 기러기와 같고 뒤는 기린과 같으며, 뱀과 같은 긴 목을 지니고 있고, 물고기와 유사한 꼬리를 지니고 있다. 황새의 이마와 원앙의 목덜미, 용의 무늬와 호랑이의 등, 제비의 아래턱과 닭의 주둥이와 비슷한 모양을 가지고 있다. 다섯 가지 색깔을 지니고 있고 동쪽 군자의 나라에서 태어나 사해를 날아 곤륜산을 지나 황하의 돌기둥에서 물을 마시고 약수弱水에서 깃털을 씻고, 밤에는 바람의 굴에서 잔다. 일단 봉황이 출현하면 천하가 안정이 된다. 의미부'鳥'와 소리부 '凡'으로 이루어진 형성자이다. 고문은 '(𠌰)'으로 쓰고 상형자이다. 봉황이 날면 다른 새들이 무리를 지어 뒤 따라 날고, 그 새 무리는 만 이상의 숫자로 계산된다. 그래서 '붕당朋黨'의 '朋'자의 가차자로 쓰인다. 고문은 또한 '(鵬)'으로 쓴다.

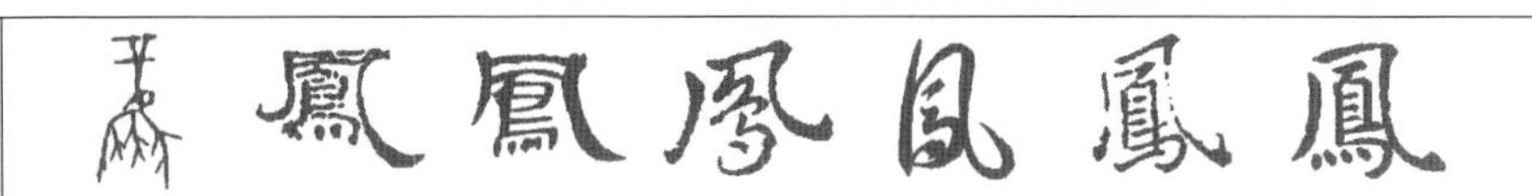

鳳							
	商 甲骨文	漢 敦煌漢簡	東漢 曹全碑	吳皇象 急就章	隋智永 眞草千字文	唐褚遂良 枯樹賦	唐虞世南 孔子廟堂

갑골문은 '', ''으로 쓰고, 금문은 '', ''으로 쓰기도 한다. 갑골문에서 '風'의 가차자로 쓰인다.

---

355) '구우일모九牛一毛'. '대해일속大海一粟'. '대해일적大海一滴'. '제잠蹄涔'. '창해일속滄海一粟'. '창해일적滄海一滴'.

356) 한 번 화살에 놀란 새는 구부러진 나무만 보아도 놀란다.

“辛未卜王貞，今辛未大鳳(風)不惟囚(禍)．”(≪合集≫21019)

신미일에 왕이 점을 쳐 묻습니다. 올 신미일에 큰 바람이 불어 재난이 발생하지 않을까요?

[봉황鳳凰] [와룡봉추臥龍鳳雛][357]

≪毛詩品物圖考·“鳳凰于飛”.≫대만고궁박물관소장)

갑골문의 ‘鳳’자는 큰 벼슬과 화사한 깃털, 큰 꼬리를 형상하고 있다. 후에 소리부 ‘凡’을 추가하여 형성자 ‘鳳’자가 되었다.

【羽(깃 우, yǔ)】

[說文] : “(羽), 鳥長毛也. 象形.”

羽. 새의 긴 털이다. 상형자이다.

羽						
	商 甲骨文	戰國 包山楚簡	秦 睡虎地秦簡	漢印	西漢 馬王堆帛書	漢 居延漢簡
	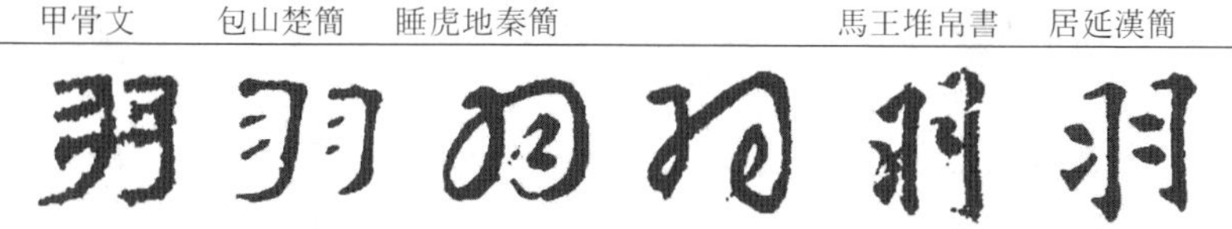					
	東漢 北海相景君碑陰	東漢曹全碑	隋智永 關中本千字文	唐懷素 草書千字文	北宋米芾 蜀素帖	唐歐陽詢 溫彦博碑

357) ‘복룡봉추伏龍鳳雛’.

고문자 '羽'는 서 있는 새가 날개 짓을 하지 않는 상태의 양쪽 날개 모양이다. 초죽서에서는 '羽'자를 '翆'자로 쓰기도 한다.

"能遲沱(池)其翆(羽), 肰(然)句(後)能至哀. 君子訢(愼)其獨也."
≪郭店楚簡·五行≫

능히 (제비들이)끊임없이 날개 짓을 한 후에야 비통의 극치에 닿을 수 있듯이 군자는 초지일관初志一貫 오로지 하나에 뜻을 두어야 한다.

[항우項羽] [궁상각치우宮商角徵羽] [우화등선羽化登仙][358] [모우미성毛羽未成][359] [적우침주積羽沈舟][360]

【飛(날 비, fēi)】【非(아닐 비, fēi)】

[說文] : "(飛), 鳥翥(날아오를 저, zhù)也. 象形."

飛. 새가 날아오르다. 상형자이다.

[說文] : "(非), 違也. 从飛下翄(날개 시, chì), 取其相背."

非. 양 날개가 서로 마주하다. '非'자의 아랫부분은 날개이다. 날개가 서로 마주 보고 있는 모양을 취한 문자이다.

358) 날개가 돋아 신선神仙이 되어 하늘에 오른다. 술이 거나하게 취醉하여 기분氣分이 좋다.
359) 새의 깃이 덜 자라서 아직 날지 못한다. 사람이 성숙成熟되지 못하고 아직 어리다.
360) 새털처럼 가벼운 것도 많이 실으면 배가 가라앉는다, 작은 일도 쌓이고 쌓이면 큰 일이 된다. 또 작은 것, 힘없는 것도 많이 모이면 큰 힘이 된다.

‘非’자는 혹은 새가 앉을 때 양쪽 날개를 펴지는 형상이라고 주장하기도 한다. 두 날개가 서로 마주하기 때문에 후에는 ‘상배相背’·‘위배違背’라는 뜻의 부정사로 쓰이게 된다. ‘非’와 ‘飛’자는 원래 같은 의미이나 점차 분화하여 쓰이게 되었다. 또한 ‘飛’와 ‘非’자는 모두 ‘騑(곁마 비, fēi)’자의 통가자로 쓰인다.

> “貞非囚(禍).”(≪合集≫16927) 재난이 없을까요?
> “引唯乃智(知)余非，庸又(有)聞.”≪毛公鼎≫
> 네가 나의 잘못을 안다면 인도하고 자주 나에게 잘못을 들려주기 바란다.

[비행기飛行機] [비약적飛躍的] [오비이락烏飛梨落] [풍비박산風飛雹散] [삼년불비불명三年不飛不鳴][361] [비난非難] [시비是非] [비상非常] [비리非理] [사시이비似是而非][362] [비일비재非一非再]

【烏(까마귀 오, wū,wù)(於(어조사 어, yú,wú,yū)】

[說文] : “(烏). 孝鳥也. 象形. 孔子曰: ‘烏, 盱呼也.’ 取其助气, 故以爲烏呼. (𦣇), 古文烏, 象形. (於), 象古文烏省.”

烏. 효심이 지극한 새이다. 까마귀를 형상한 자이다. 孔子는 ‘烏자는 숨을 내 쉬고 소리를 지르는 뜻이다’라 하였다. 까마귀가 내는 소리와 같은 음성을 통하여 어감을 조절하기 때문에 ‘오호烏呼’라는 뜻으로 가차되어 쓰인다. 고문은 ‘𦣇’로 쓴다. 상형자이다. 고문은 또 ‘於’자로도 쓰는데 ‘烏’자가 생략된 형태다.

烏	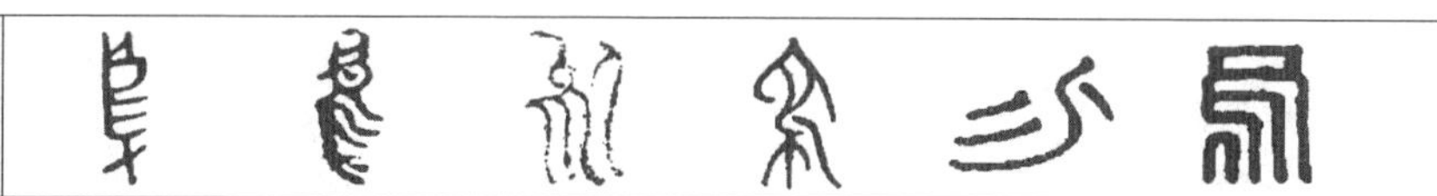					
	西周 金文	西周 毛公鼎	春秋 金文	春秋 侯馬盟書	戰國 信陽楚簡	漢印
	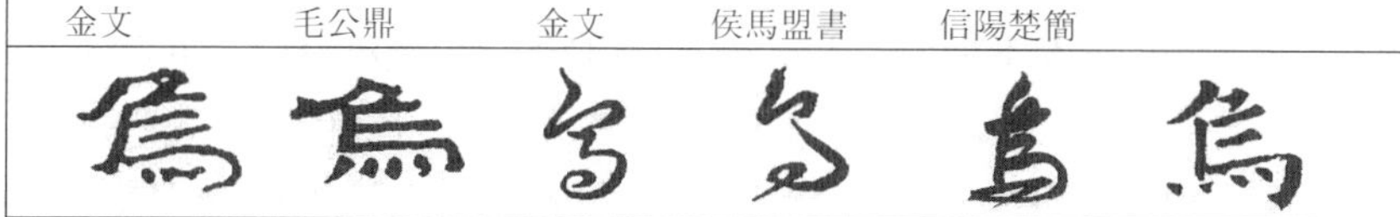					
	漢 居延漢簡	魏 正始石經	草韻辨體	明 祝允明	北宋蘇軾	唐歐陽詢 九成宮醴泉銘

361) 새가 삼 년 간을 날지도 않고 울지도 않는다. 뒷날에 큰일을 하기 위하여 침착沈着하게 때를 기다리다.
362) ‘사이비似而非’.

於	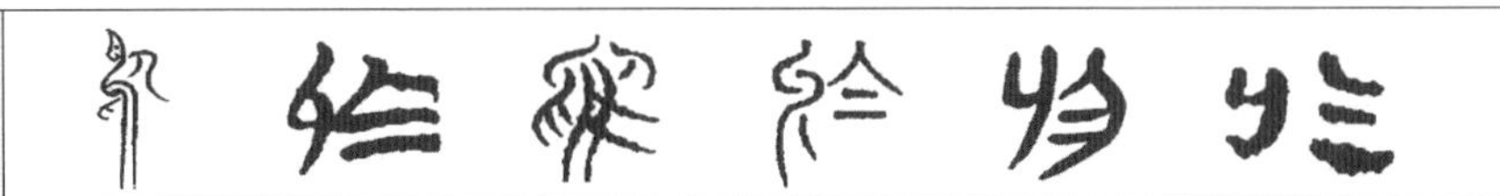					
	戰國 中山王鼎	戰國 包山楚簡	魏 正始石經	魏 正始石經	秦 睡虎地秦簡	漢 居延漢簡
	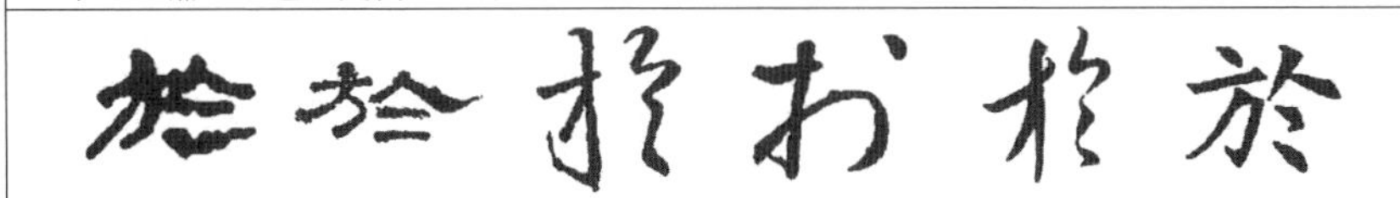					
	漢 敦煌漢簡	東漢 張景造土牛碑	東晉王羲之 十七帖	唐懷素 聖母帖	東晉王羲之 蘭亭序	隋 太僕卿元公墓誌

금문은 '烏'자와 '於'자는 같은 자이다. 옆에서 바라본 새의 형상이다. 전국戰國 이후에 날개와 새의 몸통을 분리하여 '於'자로 썼다. 감탄사 '嗚呼'·'烏乎'로 쓰거나 혹은 '於戲'로 쓴다. 갑골문에는 '于'자만 보이고 '於'자는 보이지 않는다. '于'자를 갑골문은 ''·''로 쓰고, 금문은 ''·''로 쓴다. '于'·'乎'·'兮'·'号'자는 모두 '吁(숨을 내쉴 우, yū,xū,yù)'자와 관련이 있는 것이 아닌가 한다. '于'자는 '於'자와 음성이 같기 때문에 통가자로 쓰인다.

"烏(嗚)虖(呼), 爾有唯(雖)小子亡(無)戠(識)." ≪𣪘尊(何尊)≫
오호라! 너 소자는 아직 견식이 없어 천명을 알 수 없다.

[오죽헌烏竹軒] [오매烏梅] [오합지졸烏合之卒] [오비이락烏飛梨落]

【焉(어찌 언, yān)】

[說文] : "(焉), 鳥, 黃色, 出於江淮. 象形. 凡字朋者羽蟲之屬, 烏者日中之禽, 舄者知太歲之所在, 燕者請子之候, 作巢避戊己, 所貴者, 故皆象形. 焉亦是也."

焉. 새의 일종이다. 황색의 새이다. 장강과 회수淮水 지방에서 자란다. 상형자이다. 일반적으로 '朋(鳳)'자는 봉황을 형상화한 새의 일종이고, '까마귀(烏)'는 신화에서 태양 속을 나는 새이며, '舄(까치 석, xì)'은 태세성太歲星의 위치를 아는 새이고, '燕'은 장차 자녀의 출산을 알려주며 흙으로 새집을 짓고 戊己日을 피하는 새이다. 이러한 새는 모두 인간이 귀중하게 여기는 새들이다. 모두 상형자이다. '焉'자도 역시 그렇다.

焉

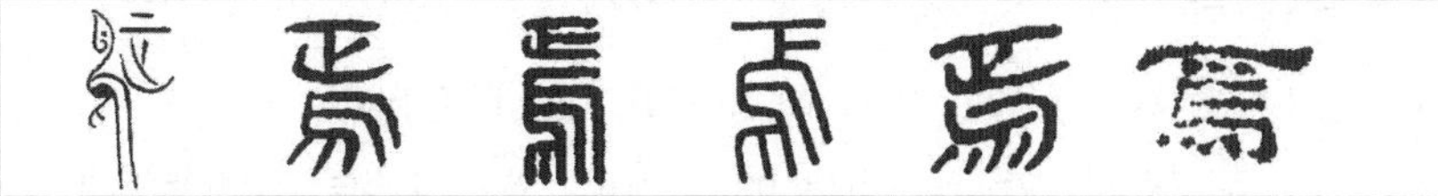

戰國 中山王方壺	秦 睡虎地秦簡	漢印	說文篆文	西漢 銀雀山竹簡	東漢 西嶽華山廟碑

東漢 孔宙碑	隋智永 關中本千字文	唐孫過庭 書譜	唐懷素 自敘帖	東晉王羲之 興福寺斷碑	唐歐陽詢 九成宮醴泉銘

전국시대 ≪중산왕방호中山王方壺≫에서는 의미부 '鳥'와 소리부 '正'으로 쓴다. 혹은 새의 머리 부분이 '正'으로 변한 것이 아닌가 한다. 어기사나 대사(於之, 於是)의 용법으로 쓰인다.

"薄疑謂直簡主曰: '君之國中飽.' 簡主欣然而喜曰: '何如焉?' 對曰: '府庫空虛于上, 百姓貧餓于下, 然而奸吏富矣.'" ≪韓非子·外儲說右下≫

박의가 조 간주에게 말하기를 "군주의 나라 안이 배부릅니다('中飽')."라고 하였다. 간주가 홀연히 좋아하여 말하기를 "어떻다는 것인가?"라고 물었다. 대답하기를 "위로는 창고가 텅 비어있고, 아래로는 백성들이 가난에 굶주리고 있는데도 간약한 세리들은 배부릅니다.

"子曰: 君子食無求飽, 居無求安, 敏於事而愼於言, 就有道而正焉, 可謂好學也已." ≪論語·學而≫

공자는 말하였다. 군자로서 식사는 배부르기를 바라지 않고, 거처는 편안하기를 바라지 않으며, 일에 민첩하고 말을 조심하며, 인격을 갖춘 사람에게 나가 자신을 바로잡는다면 배우기를 좋아한다고 할 수 있다.

[어언간於焉間][363] [어언於焉][364] [결언缺焉][365] [언감생심焉敢生心][366] [언재호야焉哉乎也] [할계언용우도割鷄焉用牛刀][367]

363) 알지 못하는 사이에 어느덧.
364) 벌써, 어느새
365) 있어야 할 것이 없거나 모자라다.
366) '언감焉敢'.
367) 닭을 가르는 데에 소 잡는 큰 칼을 쓸 필요까지는 없다.

【雚(황새 관, guān) 觀(볼 관, guān,guàn)】

[說文] : “(雚), 小爵也. 从萑, 吅聲. ≪詩≫曰: 雚鳴于垤.”

雚, 물가에 사는 작은 새(雀)이다. 의미부 ‘萑’과 소리부 ‘吅(부르짖을 훤, xuān)’으로 이루어진 형성자이다. ≪시경≫은 ‘물새(雚)가 개밋둑에서 우네.’라 했다.

[說文] : “(觀), 諦視也. 从見, 雚聲. (䙺), 古文觀从囧”

觀. ‘자세히 보다’. 의미부 ‘見’과 소리부 ‘雚’으로 이루어진 형성자이다. 고문은 ‘囧’을 써서 ‘䙺’으로 쓴다.

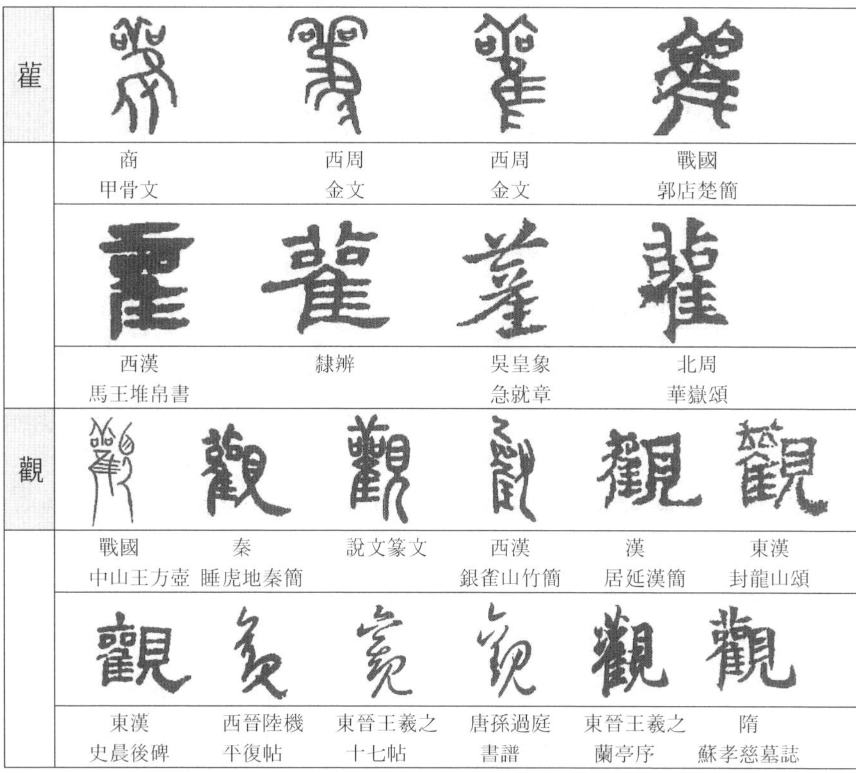

‘萑’과 ‘雚’자는 ‘觀’자의 초문이다. 갑골문의 ‘雚’자는 올빼미 정면의 모습이다. 금문에서는 ‘見’을 추가하여 ‘觀’자로 쓴다. ‘雚’자 중 ‘吅’의 올빼미 눈을 나타내며, 또한 소리부 역할도 한다. 고문자에서 ‘雚’자는 ‘보다’의 의미 외에 제명으로 쓰인다.

‘觀’자는 금문에서 ‘ ’으로 쓰고, 초죽서에서는 ‘ ’으로 쓰기도 한다.

“王其雚(觀)日出.”(≪屯南≫2232) 왕이 장차 일출을 볼까요?

"王才(在)圃, 雚(灌)京." (御尊)

왕은 밭에서 주나라 경성京城을 향하여 관제灌祭를 올리다.[368)]

"王雚(觀)于嘗." ≪效卣≫ 왕은 상지嘗地를 유람하였다.

[관광觀光] [관측觀測] [객관적客觀的] [관찰觀察] [수수방관袖手傍觀] [좌정관천坐井觀天][369)] [명약관화明若觀火] [관과지인觀過知仁][370)]

【毛(털 모, máo)】【毳(솜털 취, cuì,chuì)】

[說文] : "(毛), 眉髮之屬及獸毛也. 象形."

毛. 사람의 눈썹·수염·머리털이나 짐승의 털. 상형자이다.

[說文] : "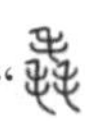(毳), 獸細毛也. 从三毛.

毳. 짐승의 가늘고 긴 털. 세 개의 '毛'로 이루어진 자이다.

毛	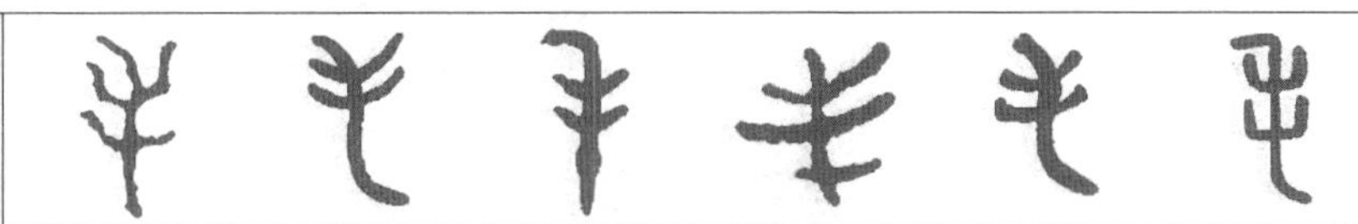					
	西周 毛公鼎	西周 金文	西周 金文	戰國 包山楚簡	秦 睡虎地秦簡	說文篆文
	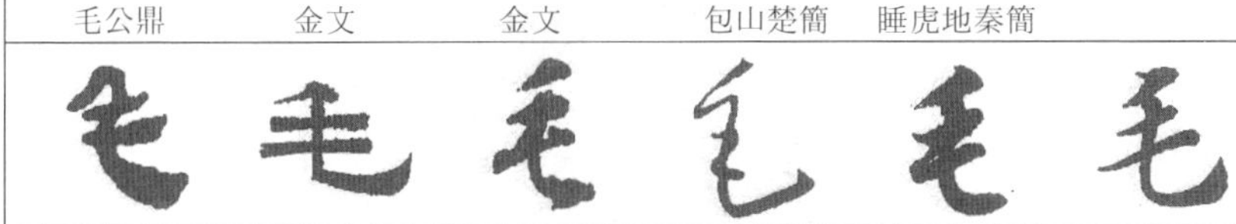					
	西漢 馬王堆帛書	魏 曹眞殘碑	隋智永 關中本千字文	唐懷素 草書千字文	唐歐陽詢 行書千字文	隋智永 眞草千字文
毳	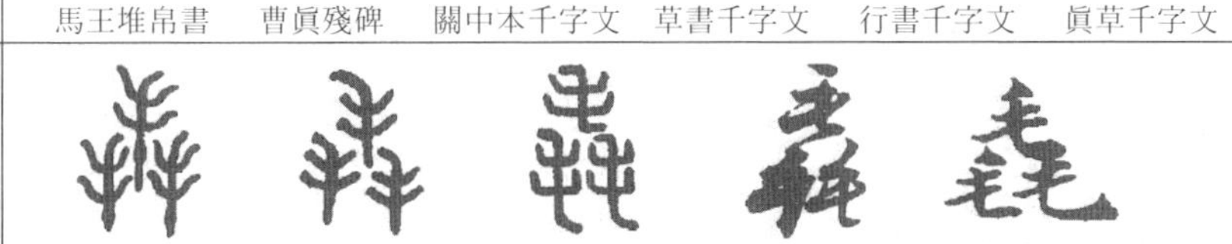					
	西周 金文	西周 金文	說文篆文	元 馮子振	唐 老子經下	

'毛'자는 위로 향한 동물의 꼬리털의 모양이다. 후에 의미가 확대되어 지상의 식물을 통칭하거나('不毛之地'), 털처럼 가느다란 상태를 가리키거나('毛毛雨'), 혹은 거친 물건

368) '관제灌祭'는 '祼(강신제 관, guàn)'제와 같다.

369) '정저지와井底之蛙'. '정중관천井中觀天'. '정중시성井中視星'. '정중지와井中之蛙'.

370) 그 사람의 과실을 보고 불인함을 알 수 있다. 인仁과 불인不仁은 곧 알 수 있다.

을 가리킨다('毛樣'·'毛坯'). 털이 무성한 상태는 '毳'자를 쓴다.

"王令毛白(伯)更(賡)虢城公服." ≪班簋≫

왕은 모백에게 괵성의 직무를 계승하여 이행토록 하였다.

"召白(伯)毛乍(作)王母尊鬲." ≪召伯毛鬲≫

소백모는 왕모王母에게 제사드릴 때 사용할 존귀한 솥을 만들다.

勝地初相引, 餘行得自娛. 見輕吹鳥毳, 隨意數花須. 細草稱偏坐, 香醪懶再酤. 醉歸應犯夜, 可怕李金吾. (杜甫, ≪陪李金吾花下飲≫)

경치 좋은 곳에 처음 같이 가자하여, 여유롭게 가니 절로 즐겁네. 가벼워 보이는 새털 불어도 보고, 마음 가는대로 꽃도 헤아려보네. 보드라운 풀에 치우쳐 앉아보니, 잘 익은 막걸리도 또 사러가기는 귀찮네. 취해 돌아갈 때 마땅히 통금시간 어기니, 집금오執金吾 이씨李氏 두려워지네.

[구우일모九牛一毛] [모수자천毛遂自薦][371)] [이모지년二毛之年][372)] [취융毳絨][373)]

전선錢選 도지송서桃枝松鼠(대만고궁박물관 소장)

【角(뿔 각, jiǎo,jué)】

[說文] : "(角), 獸角也. 象形, 角與刀魚相似."

角. 짐승의 뿔이다. 상형자이다. 전서에서 角·刀와 魚자의 윗부분이 비슷하다.

371) 모수毛遂가 스스로 천거薦擧하다. 자기自己가 자기를 추천推薦하는 것. 일의 앞뒤도 모르고 나서는 사람을 비유하기도 하다.

372) 센 털이 나기 시작始作하는 나이. 32살을 이르는 말.

373) 아주 보드라운 솜털이 일어나게 짠 융.

角						
	商 甲骨文	西周 金文	古璽	戰國 包山楚簡	戰國 石鼓文	秦 睡虎地秦簡
	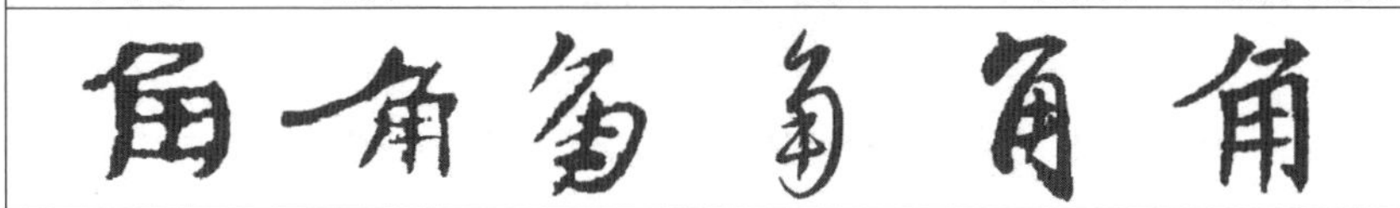					
	漢 武威漢簡	東漢 曹全碑	西晉索靖 月儀帖	元 康里巎巎	元 馮子振	隋 美人董氏墓誌

'角'자 중 중간 부분은 뿔의 무늬를 나타낸다. 금문은 ''으로 쓰기도 한다. 금문에서는 '祿'자의 가차자로 쓰이기도 한다.

"櫅(茨)角(祿)䊮(熾)光, 義(宜)甘(其)禋祀." ≪牆盤(史牆盤)≫
하늘같이 높은 복록福祿이 매우 많으니 응당히 성스럽게 감사의 제사를 올려야 한다.

[각도角度] [각궁반장角弓反張][374] [교각살우矯角殺牛][375] [각축角逐] [와각지쟁蝸角之爭][376] [오동단각梧桐斷角오동단각][377]

【牛(소 우, niú)】

[說文] : "(牛), 大牲也,[378] 象角頭三, 封·尾之形."

牛. 큰 소. 윗부분은 두 개의 뿔과 머리의 형상이고, 아랫부분은 소의 엉덩이 부분과 꼬리의 모양이다.

牛	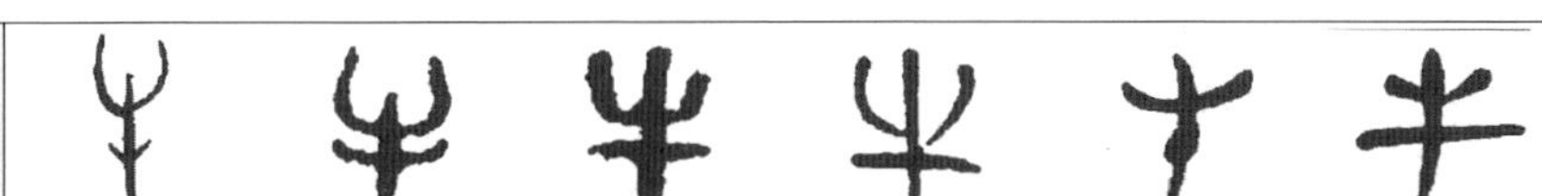					
	商 甲骨文	西周 令方鼎	西周 曶鼎	春秋 侯馬盟書	戰國 郭店楚簡	秦 睡虎地秦簡

374) 물건物件이 뒤틀어진 형태形態. 중풍中風으로 얼굴이 비뚤어지거나 반신불수가 된 상태.
375) 쇠뿔을 바로 잡으려다 소를 죽인다. 결점缺點이나 흠을 고치려다 수단手段이 지나쳐 도리어 일을 그르치다. '소탐대실小貪大失'.
376) 달팽이의 촉각觸角 위에서 싸운다. 작은 나라끼리의 싸움. 하찮은 일로 승강이하는 짓.
377) 무른 오동나무가 견고堅固한 뿔을 자른다. 부드러운 것이 능히 강强한 것을 이긴다.
378) ≪대서본≫은 본 구절 뒤에 "牛件也. 件, 事理也"라는 구절이 보이나, 후에 추가된 문장으로 문자의 자형에 대한 설명과 관련이 없다.

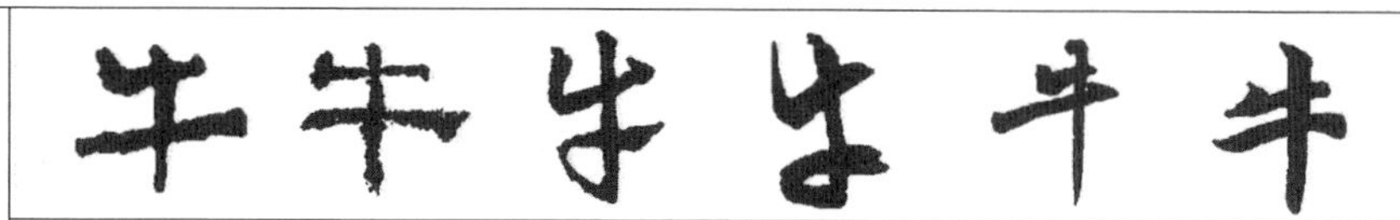

漢 武威漢簡	東漢 乙瑛碑	吳皇象 急就章	明 陳淳	北宋 蘇軾	唐周易 王弼注

‘牛’자는 소의 머리 부분의 형상이다. 금문은 ‘ ’로 쓰기도 한다.

“易(賜)牛三.” ≪友簋≫ 소 세 마리를 하사하다.

[광우병狂牛病] [모우牡(暮)牛][379] [교각살우矯角殺牛] [구우일모九牛一毛] [우이독경牛耳讀經][380] [면장우피面張牛皮][381]

西周, ‘牛’자 형태의 옥패玉珮(고궁박물관 소장)

【羊(양 양, yáng)】

[說文] : “羊(羊), 祥也. 从𦍌, 象頭角足尾之形. 孔子曰: 牛羊之字, 以形擧也.”

羊. 길상의 동물이다. ‘𦍌’으로 이루어진 자이고, ‘羊’은 머리·뿔·다리와 꼬리의 형상이다. 공자는 ‘소와 양은 동물의 모양의 본떠 만든 문자이다’라 하였다.

379) 소의 수컷. 수소.

380) ‘대우탄금對牛彈琴’. ‘마이동풍馬耳東風’. ‘우이송경牛耳誦經’.

381) 얼굴에 쇠가죽을 발랐다는 뜻으로, 몹시 뻔뻔스럽다. ‘과렴선치寡廉鮮恥’. ‘면장우피面帳牛皮’. ‘면피후面皮厚’. ‘박면피剝面皮’. ‘철면피鐵面皮’. ‘후안무치厚顔無恥’.

羊	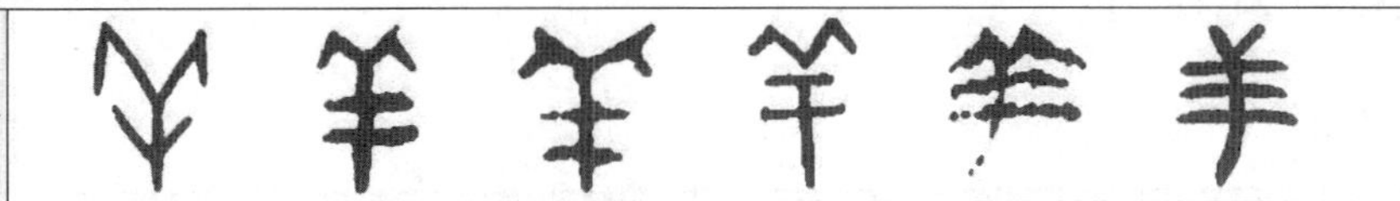					
	商 甲骨文	西周 曶鼎	西周 金文	戰國 金文	戰國 包山楚簡	秦 睡虎地秦簡

	西漢 銀雀山竹簡	漢 居延漢簡	隋智永 關中本千字文	唐孫過庭 書譜	北宋 蔡襄	唐虞世南 孔子廟堂碑

고문자 '羊'은 양의 머리와 뿔의 모습이다. 금문은 ''으로 쓰기도 한다.

"貞今日尞(燎)三羊·二豕·三犬."(≪合集≫738正)
오늘 세 마리의 양, 두 마리의 돼지, 세 마리의 개를 희생물로 사용하여 요제를 지낼까요?

[양모羊毛] [산양피山羊皮] [마양보뢰亡羊補牢][382] [양두구육羊頭狗肉][383] [다기망양多岐亡羊] [망양지탄亡羊之歎][384]

羊銅羊車(대만고궁박물관소장)

---

382) '만시지탄晩時之歎'. '망우보뢰亡牛補牢'. '사후약방문死後藥方文'. '사후청심환死後淸心丸'. '실마치구失馬治廐'. '실우치구失牛治廐'. '십일지국十日之菊'. '우후송산雨後送傘'. '대한색구大寒索裘'.

383) '소리장도笑裏藏刀'. '소면호笑面虎'. '소중유검笑中有劍'. '양질호피羊質虎皮'. '표리부동表裏不同'. '현양두매마포懸羊頭賣馬脯'.

384) 달아난 양을 찾다가 여러 갈래 길에 이르러 길을 잃었다. 학문學問의 길이 여러 갈래로 나뉘어져 있어 진리眞理를 찾기 어렵다. 방침方針이 많아 할 바를 모르다.

【鼠(쥐 서, shǔ)】

[說文] : “(鼠), 穴蟲之總名也, 象形.”

鼠. 구멍에서 사는 짐승의 총명이다. 상형자이다.

鼠	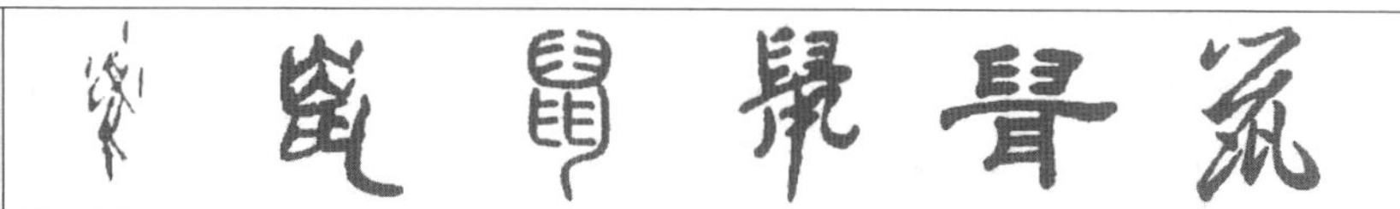					
	商 甲骨文	秦 睡虎地秦簡	說文篆文	漢 敦煌漢簡	隸辨	東晉王羲之 十七帖
	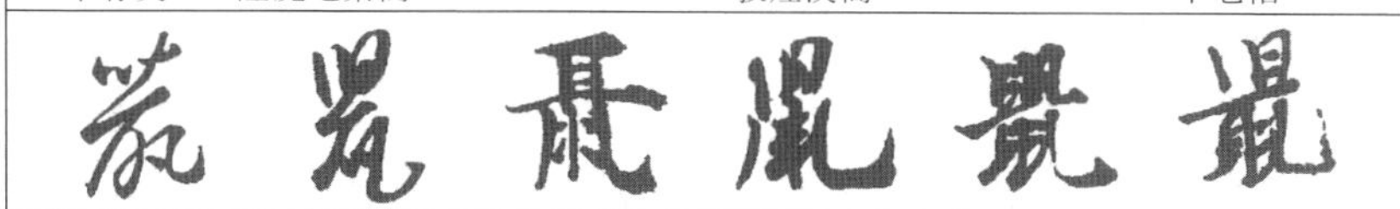					
	唐王懷琳 絶交書	明 王鐸	西晉 諸佛要集經	北宋 米芾	奈良聖武天皇 雜集	平安宇多天皇 周易抄

갑골문 중의 작은 점(点)은 작은 짐승이라는 의미를 나타낸다.

[궁서설묘窮鼠嚙猫][385] [궁서막추窮鼠莫追][386] [수서양단首鼠兩端][387]

【兔(兎, 토끼 토, tù)】

[說文] : “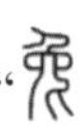(兔), 獸名. 象踞, 後其尾形, 兔頭與㲋頭同.”

兔. 짐승의 명칭이다. 웅크리고 앉아 있는 형상이다. 뒷부분은 꼬리의 모양이다. 토끼의 머리 부분과 ‘착㲋’의 머리 부분의 형태는 같다.

兔	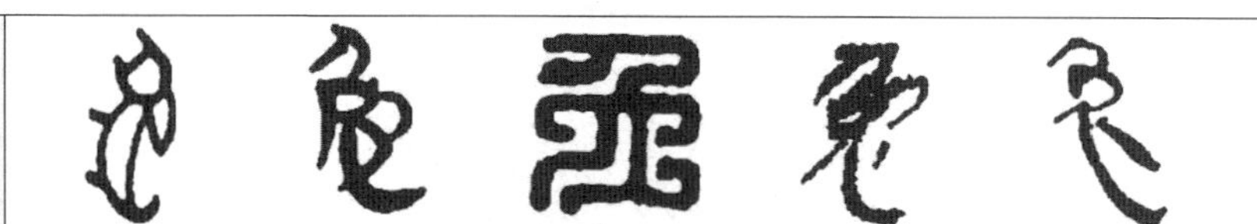				
	商 甲骨文	秦 睡虎地秦簡	漢印	西漢 馬王堆帛書	西漢 銀雀山竹簡

385) 궁지窮地에 몰린 쥐가 기를 쓰고 고양이를 물어 뜯는다. 사지死地에 몰린 약자가 강적强敵에게 필사적必死的으로 반항反抗함을 비유. ‘궁서설묘窮鼠齧猫’.

386) 피할 곳 없는 쥐를 쫓지 말라는 뜻. 궁지窮地에 몰린 적을 모질게 다루면 해를 입기 쉬우니 지나치게 다그치지 말라는 말.

387) 구멍 속에서 목을 내민 쥐가 나갈까 말까 망설인다. 거취去就를 결정決定하지 못하고 망설이는 모양模樣. 어느 쪽으로도 붙지 않고 양다리를 걸치는 것을 이르다.

隸辨	吳皇象 急就章	明 莫是龍	明 陳淳	唐歐陽通 道因寺法碑

갑골문 '兎'자는 토끼가 서 있는 형상이다. 갑골문은 ''·''로 쓴다.

"王其往逐兔."(≪合集≫14295)

왕이 사냥을 가서 추적하여 토끼를 잡다.

"函皇父乍(作)琱妘尊兔鼎."(≪函皇父鼎≫)

함황보는 조운琱妘에게 제사드릴 때 사용할 토끼를 삶는 정을 만들다.

宋 山花墨兎의 일부(대만고궁박물관 소장)

[토사구팽兎死狗烹][388) [견토지쟁犬免之爭][389)

【豕(돼지 시, shǐ)】

[說文] : "(豕), 彘也, 竭其尾, 故謂之豕, 象(毛)[頭四]足而後有尾, 讀與豨同. 布, 古文."

豕. 돼지. 돼지는 화가 나면 꼬리를 치켜세우기 때문에 '豕'자의 형태로 쓴다. 머리와 네 다리와 꼬리의 형상이다. '豨(멧돼지 희, xī)'자의 음과 같다. 고문은 '布'로 쓴다.

---

388) '교토사주구팽狡兔死走狗烹'. '적국파모신망敵國破謀臣亡'.

389) 개와 토끼의 다투다. 두 사람의 싸움에 제삼자第三者가 이익利益을 봄을 이르는 말. '어부지리漁父之利'.

豕					
商 甲骨文	西周 金文	秦 睡虎地秦簡	說文篆文	西漢 馬王堆帛書	漢 武威漢簡

東漢 封龍山頌	草韻辨體	草韻辨體	奈良光明皇后 杜家立成雜書要略	唐昭仁寺碑	唐周易 王弼注

‘豕’자는 측면으로 서 있는 돼지의 모습이다. 고문자에서 ‘犬’자의 꼬리 부분은 위로 올라가 있으나, ‘豕’자는 아래로 내려 쓴다.

“逐豕，隻(獲).”(≪合集≫390反) 돼지를 추격하여 잡다.

【犬(개 견, quǎn)】(猋)

[說文] : “(犬), 狗之有縣蹏者也. 象形. 孔子曰: ‘視犬之字如畫狗也.’”

犬. 앞발을 세워 땅에 닿지 않게 서있는 개의 모양이다. 상형자이다. 공자는 “‘犬’자를 보니 개의 모양의 본떠 만든 자이다.”라 하였다.

犬				
商 甲骨文	戰國 包山楚簡	西周 毛公鼎	說文篆文	秦 睡虎地秦簡

西漢 馬王堆帛書	東漢 乙瑛碑	東晉王羲之 澄清堂帖	草韻辨體	唐裴休 圭峰禪師碑

猋	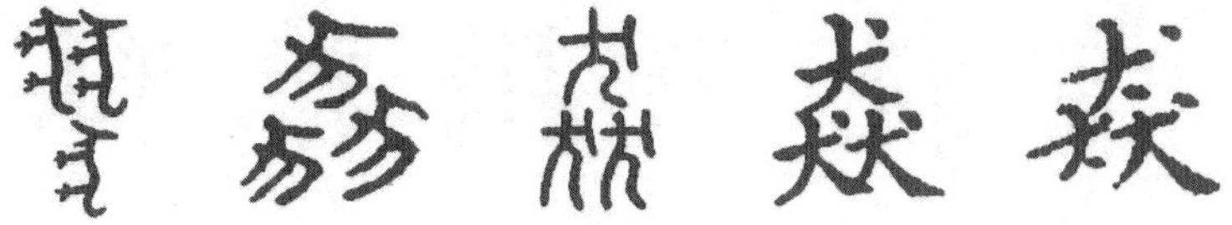				
	西周 金文	西漢 銀雀山竹簡	說文篆文	唐 九經字樣	明 文徵明

고문자의 '犬'은 옆에서 바라본 서 있는 개의 모습이다. 꼬리 부분이 위로 올라가있는 것이 특징이다. '猋(개 달리는 모양 표, biāo,piāo)'는 개가 무리를 지어 달리는 모습이다. '飆'자와 같은 자이다. '犬'은 큰 개이고, '狗'는 강아지이다. 금문은 ''·''자로 쓰기도 한다. 금문에서 '協'자는 세 마리의 개(犬)를 써서 ''·''으로 쓰고, 갑골문은 두 마리를 써서 ''으로 쓴다.

"今日尞(燎)三羊二豕三犬."(≪合集≫738正)

오늘 세 마리의 양, 두 마리의 돼지 세 마리의 개를 희생물로 사용하여 요제를 드릴까요.

"乎(呼)多犬网(網)鹿于農(農)."(≪合集≫10976正)

다견多犬으로 하여금 농農 지역에서 망으로 사슴을 잡게 할까요.

"王令員執犬."≪員方鼎≫

왕은 원에게 개를 관리하도록 하다.

[충견忠犬] [견원지간犬猿之間][390] [견마지로犬馬之勞][391] [견토지쟁犬兎之爭][392] [계견상문鷄犬相聞][393]

【猴(원숭이 후, hóu)】

[說文] : "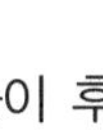(猴), 夒也. 从犬, 侯聲."

猴. 일종의 긴 팔을 가진 원숭이다. 의미부 '犬'과 소리부 '侯'로 이루어진 형성자이다.

---

390) 개와 원숭이의 사이처럼, 매우 사이가 나쁜 관계關係.

391) 개나 말의 하찮은 힘. 임금이나 나라에 충성忠誠을 다하는 노력하다. 윗사람에게 바치는 자기의 노력努力을 낮추어 말할 때 쓰는 말.

392) 개와 토끼의 다툼. 양자兩者의 싸움에서 제3자가 이익利益을 보다. '어부지리漁父之利'.

393) 동쪽 닭과 서쪽 개가 우는 소리가 들린다. 닭 우는 소리와 개가 짖는 소리가 여기저기에서 들린다하여, 인가人家가 잇대어 있음을 이르는 말이다.

猴	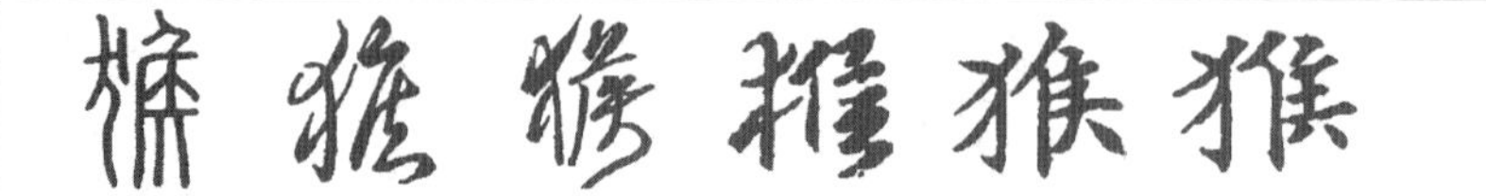					
	說文篆文	草韻辨體	明 王鐸	明 傅山	隋唐 房山雲居寺石經	唐歐陽通 道因法師碑

갑골문의 '猴'자는 '원숭이'의 모습을 그리고 있다. '猴'로 쓰기도 한다.

[미후獼猴] [목후이관沐猴而冠]394)

갑골문 중의 '猴'자

【馬(말 마, mǎ)】

[說文] : "(馬), 怒也 ; 武也. 象馬頭髦尾四足之形. (影), 古文. 影, 籀文馬與影同, 有髦."

馬. 놀란 눈을 하고 있는 동물이다. 무용武勇을 상징하는 동물이다. 말의 머리와 말갈기, 꼬리와 네 발을 가진 동물의 형상이다. 고문은 '影'으로 쓰고, 주문은 '影'자와 같이 말갈기가 있는 형태이다.

馬						
	商 甲骨文	商 金文	西周 毛公鼎	春秋 侯馬盟書	戰國 包山楚簡	秦 睡虎地秦簡
	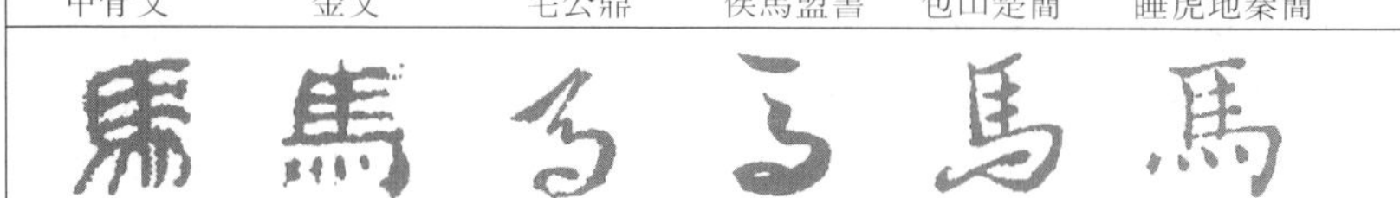					
	西漢 馬王堆帛書	東漢 史晨後碑	東晉王羲之 十七帖	南宋 薛紹彭	唐褚遂良 枯樹賦	唐褚遂良 倪寬傳贊

394) 원숭이(沐猴)가 관을 썼다. 옷은 훌륭하나 마음은 사람답지 못하다. 초楚나라 사람은 원숭이의 무리이면서 갓을 쓰고 있다. 겉만 번드레하고, 실질實質이 이에 따르지 않음을 비유. '초인목후이관楚人沐猴而冠'.

고문자 '馬'는 긴 머리 부분과 꼬리가 특징이다. 전국문자는 몸 부분을 생략하여 '二'의 형태로 쓴다. 갑골문 중 '다마多馬'는 관직명이다.

"乎(呼)多馬逐鹿, 隻(獲)."(≪合集≫5775正)
관리 다마多馬로 하여금 사슴을 추격하도록 하여 잡도록 할까요?
"甲申卜, 爭貞我伐馬方, 帝受我又(祐)."(≪合集≫6664正)
우리나라가 마방馬方 지역을 정벌하면 하느님께서는 우리나라를 보우해 주실까요?

[출마出馬] [거마車馬] [기마騎馬] [새옹지마塞翁之馬][395] [마이동풍馬耳東風] [지록위마指鹿爲馬] [천고마비天高馬肥]

【鹿(사슴 록, lù)】

[說文] : "(鹿), 獸也. 象頭角四足之形. 鳥·鹿足相似, 从匕."

鹿. 짐승의 일종이다. 머리와 뿔, 네 발을 그린 형상이다. 다리는 '鳥'·'鹿'자의 다리 형태와 모두 비슷하다. 모두 '匕'를 쓴다.

鹿

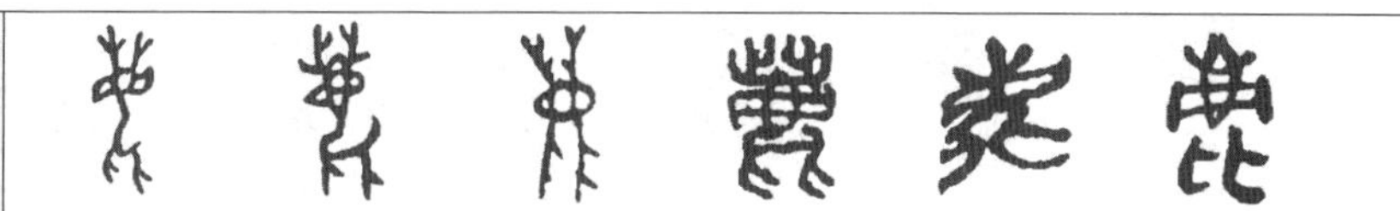

商 甲骨文	西周 金文	西周 金文	戰國 石鼓文	戰國 包山楚簡	秦 睡虎地秦簡

東漢 武氏祠畫像題字	東漢孔宙碑	吳皇象 急就章	明 倪元璐	東晉王羲之 集字聖敎序	唐殷玄祚 契苾明碑

고문자 '鹿'은 긴 뿔과 짧은 다리가 특징이다.

"隻(獲)鹿五."(≪合集≫10410正)
사냥하여 사슴 다섯 마리를 잡다.
"王令(命)士衜(道)歸(饋)貉子鹿三."≪貉子卣≫
왕은 사도士道로 하여금 세 마리의 사슴을 맥자貉子에게 하사하도록 하다.

395) '전화위복轉禍爲福'.

[백록담白鹿潭] [소록도小鹿島] [녹용鹿茸] [지록위마指鹿爲馬][396] [중원축록中原逐鹿][397]

【麗(고울 려, lì,lí)】

[說文] : "(麗), 旅行也. 鹿之性見食急則必旅行. 从鹿, 丽聲. 禮: '麗皮納聘', 蓋鹿皮也. (丽), 古文 ; (䏍), 篆文麗字."

麗. 짝을 이루어 걸어가다. 사슴은 먹이를 발견하여 상황이 급한 경우일지라도 동료와 함께 짝을 이루어 걸어간다. 의미부 '鹿'과 소리부 '丽'로 이루어진 형성자이다. 고대 의례 중 약혼을 할 때 두 장의 사슴 가죽을 선물로 상호 교환한다하였는데, '麗'는 사슴의 가죽을 말한다. 고문은 '丽'로 쓰고 전문은 '䏍'로 쓴다.

麗						
	西周 金文	西周 金文	魏 正始石經	魏 正始石經	秦 睡虎地秦簡	漢 武威漢簡
					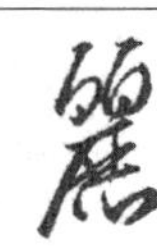	
	東漢 石門頌	隋智永 眞草千字文	唐孫過庭 書譜	唐懷素 草書千字文	東晉王羲之 集字聖敎序	唐 五經文字

고문자 '麗'자는 쌍을 이루고 있는 뿔을 형상이다. '麗'자를 갑골문은 ''로 쓰고 금문은 ''·''로 쓴다. 후에 '아름답다'·'훌륭하다'의 뜻으로 쓰이게 된다.

[고구려高句麗] [화려華麗] [미사여구美辭麗句] [산명수려山明水麗] [산자수려山紫水麗][398]

396) '이록위마以鹿爲馬'.
397) 사슴을 좇다. 정권 또는 지위를 위기 위해 다투다. 영웅英雄들이 다투어 천하天下는 얻고자 함을 뜻한다. 중원中原은 중국中國 또는 천하天下를 말한다. 축록逐鹿은 서로 경쟁競爭한다는 뜻이다. '축록逐鹿'
398) 산의 초목이 자줏빛으로 선명하고 물은 깨끗하다. 경치가 아름답다.

【麋(큰사슴 미, mí)】

[說文] : "䴢(麋), 鹿屬. 从鹿, 米聲. 麋, 冬至解其角."

麋. 사슴의 일종 고라니이다. 의미부 '鹿'과 소리부 '米'로 이루어진 형성자이다. '麋'는 겨울에는 두 뿔이 빠진다.

麋	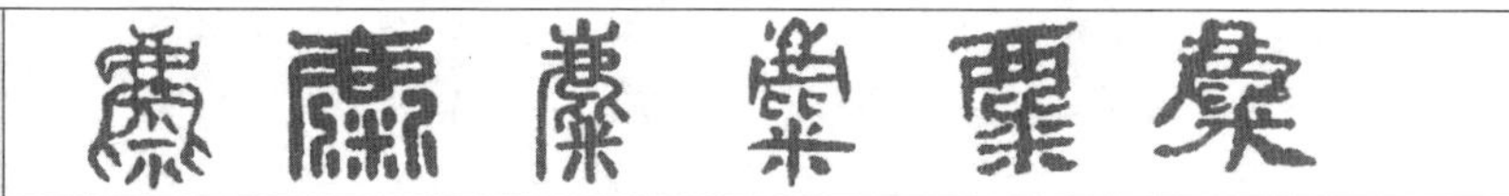					
	戰國 石鼓文	漢印	說文篆文	秦 睡虎地秦簡	西漢 馬王堆帛書	漢 武威漢簡

	東漢 曹全碑	吳皇象 急就章	明 宋克	北宋蘇軾 赤壁賦	明 張瑞圖	唐 五經文字

석고문 등은 모두 소리부 '米'를 추가하여 쓴다. 갑골문은 소리부가 '眉'인 '眉'자로 쓴다하였다. '麋'는 다른 사슴과는 달리 눈썹이 달린 사슴이라 하였다. ≪수호지진간睡虎地秦簡≫에서는 '眉'의 가차자로 쓰이기도 한다.

"或與人鬪, 縛而盡拔其鬚麋(眉), 論可(何)殹(也)?" ≪睡虎地秦簡·法律答問≫
어떤 사람이 다른 사람과 다투면 묶어놓고 그 수염과 눈썹을 다 뽑고 어떻게 처벌하여야 하는가.

[미록麋鹿][399] [축미지구불고토逐麋之狗不顧兔][400]

【象(코끼리 상, xiàng)】

[說文] : "象(象), 長鼻牙, 南越大獸, 三年一乳. 象耳牙四足之形."

象. 코가 길고 이가 긴 동물이다. 남쪽 월 지방에 사는 큰 짐승이다. 삼년에 한 번 새끼를 낳는다. 귀, 이빨, 네 개의 다리의 형상이다.

399) 고라니와 사슴. 촌스러운 행동行動을 비유.
400) 고라니를 쫓는 개는 토끼를 돌아보지 않는다. 일확천금一攫千金을 꿈꾸는 사람은 소소한 이익利益은 안중에 두지 않는다.

象					

商 甲骨文	西周 金文	秦 睡虎地秦簡	說文篆文	西漢 銀雀山竹簡	東漢 乙瑛碑
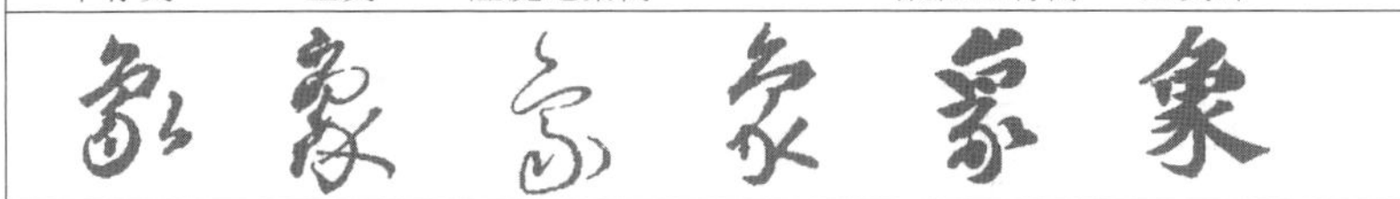					
隋智永 關中本千字文	唐孫過庭 書譜	唐懷素 自敘帖	東晉王羲之 集字聖教序	北宋 黃庭經	唐周易 王弼注

갑골문과 금문 중의 '象'자는 큰 코가 특징이다. 금문은 ''으로 쓰기도 한다. 갑골문에서는 코끼리와 인명 등으로 쓰인다.

"隻(獲)象."(≪合集≫10222) 코끼리를 잡다.
"命象."(≪合集≫10226) 상에게 명령을 할까요?

[대상對象] [현상現象] [상징象徵] [추상적抽象的] [상아탑象牙塔][401] [군맹무상群盲撫(評)象][402]

【虎(범 호, hǔ)】

[說文] : "(虎), 山獸之君. 从虍, 虎足象人足, 象形. (䖈), 古文虎. (𠪚), 亦古文虎."

虎. 산에 사는 짐승 중 최고이다. 호랑이의 다리는 사람의 다리 형태이다. 호랑이가 엎드려 있는 모양을 그린 상형자이다. 고문은 '䖈'로 쓰기도 하고 '𠪚'로도 쓴다.

虎					
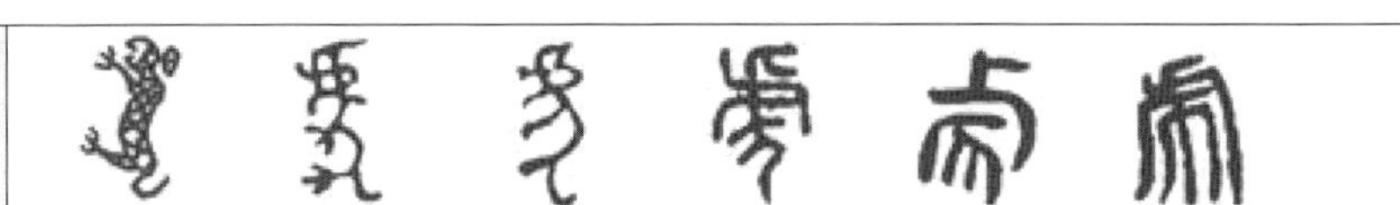					
商 甲骨文	西周 毛公鼎	西周 金文	戰國 石鼓文	秦 睡虎地秦簡	西漢 馬王堆帛書

401) 예술지상주의藝術至上主義의 사람들이 속세俗世를 떠나 정적靜寂한 예술藝術만을 즐기는 경지境地. 학자學者들의 현실現實 도피적이고 관념적觀念的인 학구 생활生活.

402) 여러 맹인盲人이 코끼리를 더듬는다. 자기의 좁은 소견과 주관主觀으로 사물事物을 그릇 판단判斷하다.

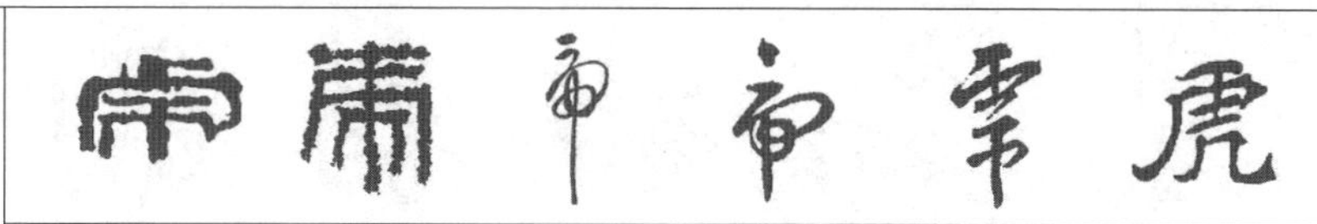

漢 敦煌漢簡	東漢 北海相景君碑	東漢 張芝	東晉王羲之 大觀帖	東晉王羲之 興福寺斷碑	北魏 元虔墓誌

갑골문과 금문 중의 '虎'자는 큰 입과 날카로운 이빨, 호랑이 문신, 긴 꼬리가 특징이다. 금문은 ''로 쓰기도 한다. 금문에서는 또한 '琥(호박 호, hǔ)'의 가차자로 쓰인다.

"王大黹(致), 矩取眚(省)車·較皋(幩)·□虎冟(幎)." ≪九年衛鼎(九年裘衛鼎)≫
왕은 이에 성대하게 치관례致館禮를 베풀어 주었다. 치관례를 주관하는 구백矩伯은 구위裘衛로부터 화려한 수레를 가져왔다. 그 수레의 거여車輿는 가장자리의 장식무늬가 원목으로 되어 있고, 앞턱 가로나무는 호랑이 가죽으로 덮어져 있다.

"矩或(又)取赤虎(琥)兩麀皋(韍)兩皋(韍)鞈一." ≪衛盉(裘衛盉)≫
구백矩伯은 또한 구위裘衛로부터 붉은 색 호피 두 장과 을麀 가죽으로 만든 폐슬 두 장과 장식무늬가 있는 슬갑膝甲 한 장을 가져오다.

[오호장군五虎將軍][403] [맹호猛虎] [호사유피虎死留皮] [호가호위狐假虎威] [양질호피羊質虎皮][404] [소면호笑面虎][405]

【豹(표범 표, bào)】

[說文] : "(豹), 似虎, 圜文. 从豸, 勺聲."

豹. 호랑이와 비슷한 동물이다. 둥근 반점 무늬가 있다. 의미부 '豸'와 소리부 '勺'로 이루어진 형성자이다.

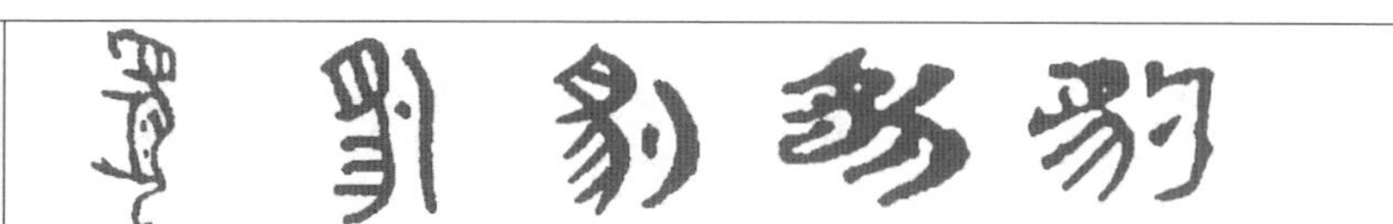

豹	商 甲骨文	古璽	秦 睡虎地秦簡	漢 馬王堆帛書	東漢 熹平石經

403) 촉蜀)라 유비劉備의 무서운 다섯 장군將軍. 관우關羽, 장비張飛, 마초, 황충, 조운.
404) 속은 양羊이고, 거죽은 호랑이. 거죽은 훌륭하나 실속이 없다. '구밀복검口蜜腹劍'. '면종복배面從腹背'. '소리장도笑裏藏刀'.
405) 겉으로는 웃지만 속으로는 딴 마음을 가진 사람. '구밀복검口蜜腹劍'. '면종복배面從腹背'. '소중유검笑中有劍'. '양두구육羊頭狗肉'. '양봉음위陽奉陰違'. '표리부동表裏不同'.

東晉 王獻之	明 宋克	東晉王羲之 興福寺斷碑	北宋 蘇軾	唐顔眞卿 顔氏家廟碑

갑골문의 '豹'자는 몸에 표범의 무늬가 있는 것이 특징이다. 후에는 의미부 '豸'와 소리부'勺'로 쓴다.

[표사유피인사유명豹死留皮人死留名] [관중규표管中窺豹][406]

【能(능할 능, néng)(熊(곰 웅 xióng))】

[說文] : "(能), 熊屬, 足似鹿. 从肉, 㠯聲. 能獸堅中, 故稱賢能, 而彊壯稱能傑也."

能. 곰의 일종이다. 다리가 사슴과 유사하다. 의미부 '肉'과 소리부 '㠯'로 이루어진 형성자이다. 곰이라는 짐승은 뼈가 견고하기 때문에 현능이라는 뜻으로 확대되어 쓰인다. 또한 곰은 강하기 때문에 능력이 뛰어난 준걸이라는 뜻으로 쓰인다.

[說文] : "(熊), 獸, 似豕, 山居, 冬蟄. 从能, 炎省聲."

熊. 짐승으로 돼지와 비슷하다. 산에 사는 동물이다. 겨울에 잠을 잔다. 의미부'能'과 '炎'자의 생략형을 소리부로 이루어진 형성자이다.

能

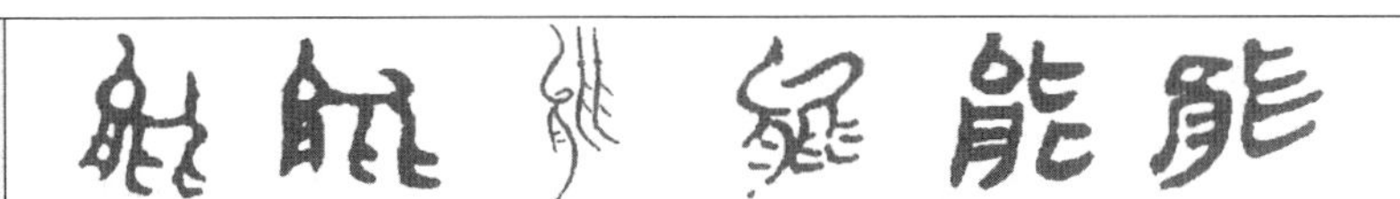

西周 毛公鼎	西周 金文	戰國 中山王鼎	戰國 郭店楚簡	秦 睡虎地秦簡	西漢 銀雀山竹簡

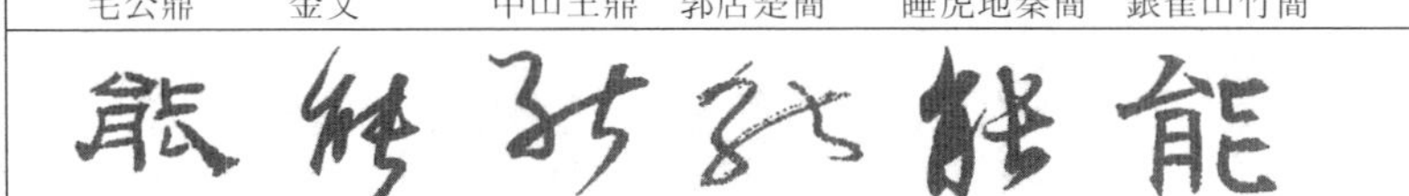

東漢 乙瑛碑	東晉王羲之 哀禍帖	唐孫過庭 書譜	唐懷素 自敍帖	東晉王羲之 蘭亭序	隋 太僕卿元公墓誌

406) 대롱 구멍으로 표범을 보면 표범의 얼룩점 하나밖에 보이지 않는다. 시야視野가 매우 좁다. '관규管窺'. '정중지와井中之蛙'.

熊				
	說文篆文	漢印	漢印	東漢 禮器碑陰
	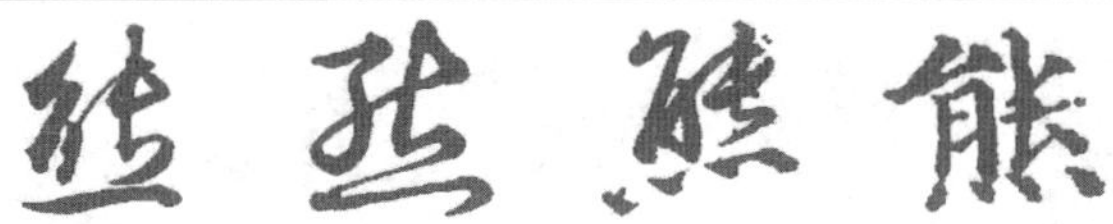			
	平安傳藤原行成 關戶本和漢朗詠集	草韻辨體	元 馮子振	唐顏眞卿 多寶塔碑

금문은 ''이나 '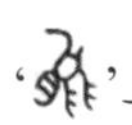'으로 쓴다. '熊'자는 의미부'火'와 소리부 '能'로 이루어진 형성자이다. 불이 활활 타오르다는 뜻이다. 후에 동물을 가리키기 위해 가차되어 쓰인다. '能'자는 원래 짐승 '곰'이라는 뜻이나 후에 '능력'이라는 뜻으로 가차되어 쓰이고, '熊'은 '활활 타오르는 불'이라는 뜻이나 후에 곰이라는 의미로 가차되어 쓰인다.

"自黃帝至舜·禹, 皆同姓而異其國號, 以章明德. 故黃帝爲有熊, 帝顓顼爲高陽, 帝嚳爲高辛, 帝堯爲陶唐, 帝舜爲有虞." ≪史記·五帝本紀≫
황제로부터 순과 우 모두 같은 성씨에서 나왔으나, 그 국호를 각각 달리하여 밝은 덕을 더욱 분명히 밝히고 있다. 황제는 유웅, 전욱은 고양, 제곡은 고신, 요는 도당, 순은 유우라 불러 씨를 달리하였다.

"[江]海之所以能爲百浴(谷)王者, 以其善下之, 是以能爲百浴(谷)王." ≪帛書·老子≫
강과 바다가 모든 계곡의 왕이 될 수 있는 이유는 능히 백곡百谷보다 낮은 자리에 있기 때문이다. 그래서 모든 계곡의 왕이 될 수 있는 것이다.

[可能性] [기능機能] [무소불능無所不能] [능소능대能小能大][407] [능서불택필能書不擇筆][408] [웅담熊膽] [대웅성大熊星][409]

407) 큰 일이나 작은 일이나 임기응변臨機應變으로 잘 처리處理하다. 남들과 사귀는 수완手腕이 능하다.
408) 글씨를 잘 쓰는 이는 붓을 가리지 않는다. 일에 능한 사람은 도구를 탓하지 않는다.
409) 큰 곰자리.

【巢(집 소, cháo)】

[說文] : “(巢), 鳥在木上曰巢, 在穴曰窠. 从木, 象形.”

巢. 새가 나무 위에 지은 집을 ‘巢’라 한다. 굴에 지은 집을 ‘窠(보금자리 과, kē)’라 한다. 나무와 새집 모양으로 이루어진 자이다.

‘巢’자는 나무 위에 있는 새집과 새집 안에 새끼가 있는 모습이다. 금문에서는 지명으로 쓰이기도 한다.

“王令毛白(伯)更虢𢦏(成)公服, 甹(屏)王立(位), 乍(作)亖(四)方亟, 秉緐·蜀·巢令.” ≪班簋≫

왕은 백모毛伯(毛公)에게 괵성공虢成公의 직무를 계승하여, 왕이 오랫동안 재위할 수 있고, 온 천하의 모범이 될 수 있도록 보좌하며, 번緐·촉蜀과 소巢 등에 내리는 정령을 책임지도록 하였다.

[난소卵巢] [귀소본능歸巢本能][410)] [오작통소烏鵲通巢][411)] [소림일지巢林一枝][412)] [소훼난파巢毁卵破][413)] [월조소남지越鳥巢南枝][414)]

410) 동물動物이 자신自身의 서식棲息 장소場所나 산란産卵을 하던 곳에서 멀리 떨어져 있을 경우境遇, 다시 그곳으로 되돌아오는 성질性質.

411) 까마귀와 까치가 둥우리를 같이 쓴다. 서로 다른 무리가 함께 동거同居하다.

412) 새가 둥지를 틀 때에 쓰이는 것은 숲 속의 많은 나무 중 단 한 가지에 지나지 않는다. 작은 집에 살면서 만족滿足하다.

413) 새집이 부서지면 알도 깨진다. 국가國家나 사회社會 또는 조직組織이나 집단集團이 무너지면 그 구성원들도 피해被害를 입게 된다. ‘복소무완란覆巢無完卵’. ≪世說新語·言語≫ : “大人豈見覆巢之下, 復有完卵乎?” ‘復’은 조사의 용법으로 쓰인다.

414) 남쪽 월越나라에서 온 새는 언제나 고향故鄕에 가까운 남쪽 가지에 깃들인다. 고향故鄕을 잊기 어렵다.

【西(서녘 서, xī)】

[說文] : “(西), 鳥在巢上, 象形. 日在西方而鳥棲, 故因以為東西之西. , 西或從木棲.

(卤), 古文西. (卤), 籀文西”

西. 새가 새집에 살다. 상형자이다. 해가 서쪽으로 기울면 새가 서식棲息하기 위해 새집으로 날아든다. 그래서 서식하는 서쪽을 동서東西의 서쪽이라는 의미로 쓴다. 혹자는 ‘木’을 써서 ‘棲’자로 쓴다. 고문은 ‘卤’와 ‘卤’로 쓴다.

西						
	商 甲骨文	西周 散氏盤	春秋 金文	春秋 侯馬盟書	戰國 長沙子彈庫楚帛書	秦睡虎地秦簡

	西漢 銀雀山竹簡	東漢 史晨後碑	東晋王羲之 十七帖	唐懷素 自敍帖	東晉王羲之 興福寺斷碑	唐歐陽詢 九成宮醴泉銘

고문자 ‘西’자는 새집의 모습으로 ‘栖(棲, 살 서, qī,xī)’자의 초문이다. 후에 방향을 나타내는 가차자로 쓰인다.

“貞西土受年.”(≪合集≫09741正) 서쪽 지방이 풍년이 들까요?

“秦白起拔楚西陵, 或拔鄢·郢·夷陵, 燒先王之墓.” ≪戰國策·秦策四≫

진秦나라 백기白起는 초楚나라 서릉을 토벌하고, 다른 한 부대는 언鄢·영郢·이릉夷陵 등을 토벌하고 초나라 선왕의 묘를 불살랐다.

[동서남북東西南北] [두동미서頭東尾西] [어동육서魚東肉西] [홍동백서紅東白西] [동분서주東奔西走]

○ 전국시대와 진나라 서예작품

아래에서는 전국 시대의 일부 작품과 진나라 시기의 서예작품의 일부를 살펴보기로 한다.

- 석고문石鼓文

석고石鼓는 그 모양이 북을 닮았다고 하여 붙여진 이름이다. 내용이 사냥에 관한 서사시이기 때문에 엽갈獵碣이라고도 한다. 갈碣(비 갈, jié)이란 형태가 둥글고 특별한 용도를 목적으로 만든 각석이기 때문에 붙여진 이름이다. 석고문은 당나라 정관貞觀 연간(627-649)에 기주岐州 웅성雄城, 지금의 섬서성陝西省 봉상현鳳翔縣에서 발견되었다고 전해진다. 제작 연대에 대해서는 학자마다 의견이 매우 분분하다. 다만 많은 학자들이 춘추시대 진秦 나라 목공穆公(BC 659)시대부터 환공桓公(BC 577) 시대 사이에 것이라고 주장하기 때문에 제작시대는 춘추시대 목공 시대로부터 경공景公시대 사이의 작품이 아닐까 한다.

석고문은 모두 10점으로 각 석고마다 매 구 사항, 전체 10 수의 운문이 새겨져 있다. 현재까지 훼손되지 않고 남아있는 글자는 약 460자 정도이며 그 내용들은 학자마다 약간씩 차이가 있기도 하다. 10 수 각 편의 제목은 ≪이사而師≫·≪견예汧殹≫·≪영우霝雨≫·≪마천馬薦≫·≪작원作原≫·≪오수吾水≫·≪전차田車≫·≪차공車工≫·≪난차鑾車≫·≪오인吳人≫이다. 아래에서는 ≪車工≫의 내용을 살펴보기로 한다.

석고문은 대전과 소전으로 변천하는 중심에 있는 서체이다. 석고문의 예술성과 그 서예사적 가치는 춘추 전국 시대의 진나라 작품 가운데에서 가장 높이 평가받을 뿐만 아니라 선진시대의 서체로서 가장 많은 영향을 끼치고 있는 작품으로 꼽히고 있다. 석고문의 서체는 금문을 대표하는 대전과 소전의 중간 형태를 갖추고 있기에 그 자형은 대전의 형태를 많이 간직하고 있으나, 필획은 소전의 특징인 원필圓筆의 중봉中峰 운필로 균일한 굵기를 유지하고 있다. 기필起筆과 수필收筆은 역입과 회봉回峰으로 쓰고 있으며, 행필行筆에서는 장봉藏峰의 필세를 취하고 있다. 석고문의 필획이 비록 굵기의 변화가 없어 균일하나, 장두호미藏頭護尾와 장봉의 필세를 지니고 있어 많은 서예가로부터 환영을 받고 있다. 석고문의 장법章法은 행간과 자간을 정확하게 맞추고 필획의 많고 적음에 따라 자연스럽게 글자의 크기를 결정하되 공백의 안배를 철저하게 하였다. 비록 각 글자의 크기는 많은 차이가 나지만 자간과 행간 그리고 포치가 가지런하고 단정하여 보는 이로 하여금 깔끔하면서도 결코 가볍지 않은 느낌을 갖게 한다. 석고문은 필획, 결체와 결구, 포치와 장법이 매우 훌륭한 조화를 이루고 있다는 평가를 받고 있다. 직선과 곡선, 강건함과 온유함, 질박함과 화려함의 심미적 특징을 내외적으로 갖추고 있어 석고문은 양강陽剛과 음유陰柔의 조화를 잘 이루고 있는 작품으로 평가된다.

(1)

(2)

(3)

(4)

라진옥羅振玉 석고문고석石鼓文考釋 ≪遊(吾)車≫ 모사본摹寫本

석문

避(吾)車既工, 避(吾)馬既同, 避(吾)車既好, 避(吾)馬既駘. 君子員=邋=(員員, 邋邋) 員斿, 麀鹿速=(速速). 君子之求, 牸=(牸牸)角弓=(弓. 弓)茲以寺. 避(吾)敺其特, 其來趩=(趩趩), 𢷎=(𢷎𢷎)炱炱. 即避(吾)即時, 麀鹿趚=(趚趚), 其來夾次. 避(吾)敺其樸, 其來遺=(遺遺), 射其豜(豣)蜀.

해석

나의 수레는 견고하게 잘 정비되어 있고, 나의 말들도 가지런히 출발할 준비가 되어 있다. 나의 수레는 훌륭하고 나의 말도 살지고 튼튼하다네. 사냥 나가는 사람들은 많으나 예의 바르고 질서가 있으며 많은 깃발들이 바람에 나부끼네. 암수 사슴들이 놀라 이리저리 달아나니 사냥에 나선 사람들이 구하는 것은 붉은 소의 뿔로 장식할 활일세.

활시위를 당겨 겨냥하며 우리들이 그 황소들을 몰아가네. 그들의 달리는 소리는 척척 거리며, 빨리 달아나니 먼지가 일어 자욱하고 짐승들은 거슬러 뛰어 달아나고 힐끔거리며 달아나는구나. 암수사슴들은 쑥쑥 소리를 내며 달려 좁은 지대로 모여 포위되어 갇혀 있네. 우리들이 그 짐승들을 몰아가니 그 짐승들이 포위되어 날뛰는데, 그 무리 중에서 떨어져 홀로 있는 큰 짐승을 쏘았다네.

○ 전국戰國 초楚나라 문자-곽점초간郭店楚簡

'곽점초간(곽점초묘죽간郭店楚簡竹簡)'이란 1993년 10월 18일부터 24일까지 형문시荊門市 박물관이 중국中國 호북성湖北省 형문시荊門市 사양구沙洋區 사방향四方鄕 곽점촌郭店村에서 발굴한 전국戰國시대(약 BC 475-BC 221)의 초楚나라 죽간竹簡을 말한다. 곽점촌은 초나라의 고도인 기남성紀南城에서 약 9㎞ 떨어진 곳에 위치하며, 전국시대(동주東周)의 초나라 귀족들의 묘장 군락지이다.

우리가 보는 ≪곽점초묘죽간≫ 자료는 형문시박물관荊門市博物館이 곽점촌에서 발굴한 내용을 정리하고 1998年 5월에 문물출판사文物出版社가 출판한 자료를 말한다.

'郭店楚墓竹簡' 간백서의 발견은 문헌학적으로 아주 중요한 가치를 지니고 있다. 근십년 가까이 '곽점촌郭店村 초묘楚墓 전국죽간戰國竹簡'·'상해박물관소장上海博物館 所藏 전국초죽서戰國楚竹書'나 '청화대학소장淸華大學所藏 전국초죽서戰國楚竹書'는 중국뿐만 아니라 전 세계 학술계가 많은 관심을 가지고 연구 결과를 지속적으로 출간하고 있다.

≪곽점초묘죽간≫ (≪곽점초간≫)의 일부 내용은 다른 초죽서와 한간漢簡에도 보이거나, 현재까지 전해 내려오는 현행본 중에도 보인다. 초죽서 자료로는 ≪상해박물관장전국초죽서≫(≪상박초간≫)의 ≪치의紂衣≫와 ≪성정론性情論≫이나 ≪마왕퇴백서馬王堆帛書≫의 ≪노자老子≫ 등이 있고, 현행본으로는 ≪노자≫나 ≪예기禮記·치의緇衣≫ 등이 있다. 이러한 자료를 이용하여 상호 비교 연구하여야 만이 ≪곽점초간≫이나 ≪상박초간≫, ≪마왕퇴백서≫의 가치를 제대로 반영할 수 있다.

'곽점초묘' 죽간竹簡은 804여 매枚의 약 13,000여 자이며, '곽점초묘'의 관곽(棺槨) 두상頭箱에서 발견되었다. 도굴로 인하여 약간 파손된 것도 있지만, 죽간의 길이는 모두 약 15~32.4㎝이고, 너비는 약 0.45~0.65㎝이다. 죽간의 형태는 평평하게 다듬은 것과 사다리 모양으로 다듬은 것 두 종류가 있다. 죽간 중간에는 두 곳 혹은 세 곳을 묶은 편선編線 흔적이 남아 있다.

죽간의 자체는 전국시기戰國時期의 초나라 문자의 특징을 엿볼 수 있는 자료로, 다른 초나라 죽간의 서체와는 확연히 다른 전체적으로 부드럽고 전아典雅하며 수려한 독특한 풍격을 지니고 있다.

아래에서는 ≪곽점초간≫ 중 ≪노자≫의 제1간 에서 제4간 까지의 내용을 살펴보기로 한다.

석문

𢇍(絶)智(知)弃卞(辯)，民利百伓(倍)■. 𢇍(絶)攷(巧)弃利，覜(盜)惻(賊)亡又(有)■. 𢇍(絶)憍(僞)弃慮，民復(復)季〈孝〉子(慈)■. 三言以【1】爲叓(辨)不足，或命(令)之或虖(乎)豆(屬). 視索(素)保僕(樸)，少厶(私)須(寡)欲■. 江海(海)所以爲百浴(谷)王，以其【2】能爲百浴(谷)下，是以能爲百浴(谷)王. 聖人之才(在)民前也，以身後之，其才(在)民上也，以【3】言下之. 其才(在)民上也，民弗厚也，其才(在)民前也，民弗害也. 天下樂進而弗詀(厭).【4】

해석

지모를 단절하고 교묘한 말 재주를 버리면 백성의 이익은 백배로 늘어난다. 교묘함을 단절하고 탐욕을 버리면 도적은 사라진다. 허위를 단절하고 사사로운 걱정을 없애면 백성은 어린아이의 세계와 같은 천진하고 소박한 상태로 다시 돌아간다. 이 세 가지 내용(글)으로는 설명해도 부족하기 때문에, 더욱 더 잘 알려주고자 설명을 덧붙여 알아듣게 하는 말이 있어야 한다. 즉 원래의 바탕(素)을 드러나게 하면서 소박함 그대로를 지니며, 사사로움을 줄이고 욕망을 적게 가져야만 하는 것이다. 강과 바다가 모든 계곡의 왕이 될 수 있는 이유는 능히 백곡보다 낮은 자리에 있기 때문이다. 그래서 모든 계곡의 왕이 될 수 있는 것이다. 성인은 백성들 앞에서 백성을 인도할 때 자신의 몸은 뒤에 있게 하고, 백성들 위에 있으면, 반드시 말을 낮추어야 한다. 그러면 백성들 위에 있어도 백성들은 부담을 느끼지 않으며, 백성의 앞에 있어도 백성들은 해로운 것으로 여기지 않는다. 그래서 천하가 그를 즐거이 받들고도 싫어하지 않는다.

(1)

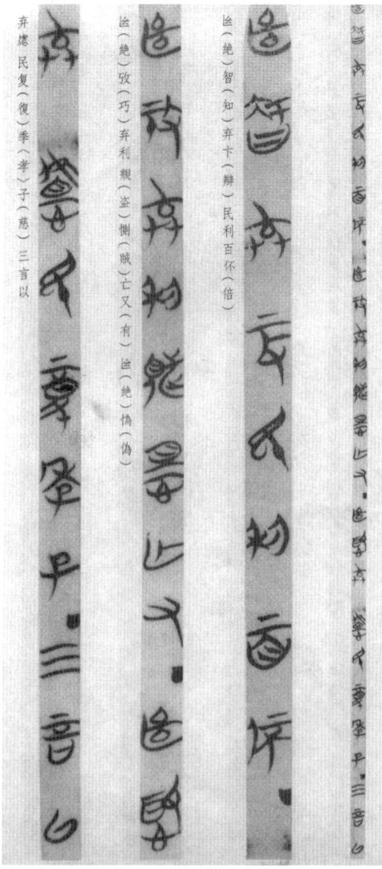

㡭(絕)智(知)弃卞(辯)民利百伓(倍)
㡭(絕)攷(巧)弃利覜(盜)恻(賊)亡又(有)㡭(絕)偽(僞)
弃慮民复(復)季(孝)子(慈)三言以

(2)

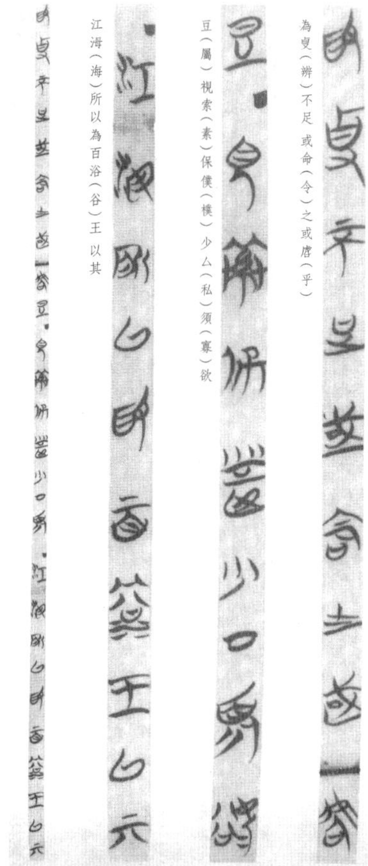

為叏(辨)不足或命(令)之或虐(乎)
豆(屬)視索(素)保僕(樸)少厶(私)須(寡)欲
江海(海)所以為百浴(谷)王以其

(3) (4)

○ 진秦나라 金文(진시황 도량형 조서)

진시황은 육국六國을 통일한 수 국가의 제도를 정비하면서 채택한 정책이 바로 문자의 통일('書同文'), 수레바퀴의 통일('車同軌'), 도량형의 통일('度衡石丈尺')이다. 문자를 통일하여 각 지역간의 교류를 순조롭게 하고, 수레바퀴를 통일하여 교역을 증대시키며, 도량형을 통일하여 상공업을 발전시켜 국가를 부강하게 만드는 것이 제도 개혁의 방침이었다. 세금을 공평하게 거두기 위해서는 되와 말 그리고 저울의 규칙을 정하여 통일하는 것이 중요하였다. 진나라 시대에는 무게를 측정하는 저울과 추를 권權이라 하고, 부피를 측정하는 말(斗)이나 되(升)를 양量이라 하였다. 따라서 무게와 부피를 측정하는 도구를 권량權量이라 부르고 이것들에 쓰여진 문자는 당시에 도량형의 통일과 관련된 조서詔書이므로 조권詔勸 혹은 조량詔量이라 한다.

조판詔版의 서체는 대부분 소전으로 기록되어 있으며 서주西周 시대의 금문과는 달리 주조한 것보다 새긴 것이 더 많으며 양각보다 음각이 많다. 매우 단단한 재료인 청동에 직접 칼이나 정으로 새기거나 쪼아서 이루어진 서체인 까닭에 비록 소전을 기본 자료로 하고 있으나, 각석刻石한 소전 작품과는 달리 필획과 결자結字가 매우 조솔한 것이 특징이다. 결구와 포치도 규칙적이지 않고 대체적인 행간만 맞추었을 뿐 글자의 크기와 자간은 일정한 간격이 없다. 지금까지 발견된 조판은 진시황 시대의 것 이외에 진이세秦二世의 것도 상당히 많다.

≪진시황이십육년조서秦始皇卄六年詔書≫와 진시황 시기의 저울 추

석문

卄六年, 皇帝盡幷兼天/下諸矦(侯). 黔首大安, 立號/爲皇帝, 乃詔丞相狀/綰, 灋度量則不壹/歉疑者, 皆明壹之.

해석

진왕秦王 영정嬴政 이십육년卄六年(BC 221년)에 황제는 모두 천하 제후들을 모두 합병하자 백성들은 크게 평안해졌고, 이에 황제라 칭하였다. 또한 승상 외상隗狀과 왕관王綰은 도량을 법제화 하였는데, 이른바 통일되지 않아 의심나는 부분을 모두 명확하게 통일하여 하나로 하였다.

○ 후마맹서侯馬盟書

산서성山西省 후마시侯馬市의 전국戰國시기의 진국晉國 유적지에서 약 천여 점의 옥편玉片이 발견되었다. 그 중에 문자가 있는 것은 약 육백여점이다. 붉은 색으로 옥편에 기록한 맹서盟書는 '종맹宗盟'·'위질委質'·'납실納室'·'저주詛呪'와 '복서卜筮' 등의 내용이 포함되어 있다. 본문에서 살펴 볼 옥편의 내용은 '종맹宗盟'에 해당된다. 이 옥편은 앞면에 3행 뒤 면에 2행으로 모두 44자(합문 5자)로 되어 있다.

석문

趠敢不閛亓服心，目(以)吏亓宗．而敢不盡从嘉之明，
定宮，平畤之命，而敢或䝿改助及奐，卑不守二宮者，而
敢又志復趙尼及亓孫=；兟痀之孫=，兟直及亓孫=，趙
鋥之孫=，史醜及亓孫=于晉邦之墜者，及羣虖明者，虘
君亓明亟覗之，麻臺非是．

해석

탁趠은 성심성의를 다하여 그 종주宗主를 감히 모시지 않을 수 없다. 만약에 정궁定宮과 평치平畤(時)에서 내려진 훌륭한 맹서盟誓를 순종하지 않는다면, 또한 마음이 변하여 맹세한 내용을 배반하여 '친묘親廟'와 '조묘祖廟'의 종묘를 지켜내지 않는다면, 또한 저주詛呪해야 할 조니趙尼와 그 자손, 선극兟(先)痀과 그 자손, 선직兟(先)直과 그 자손, 통정趙鋥의 자손, 사추史醜와 그 자손을 진晉나라로 감히 되돌려 보내려고 한다면, 패거리를 모아 개인적으로 맹약을 하는 등등의 일이 있다고 한다면, 나의 조상의 신령들이 맹서를 배반하는 자들을 확실하고 엄격하게 주시하여 그 종족을 멸망시키고 말 것이다.

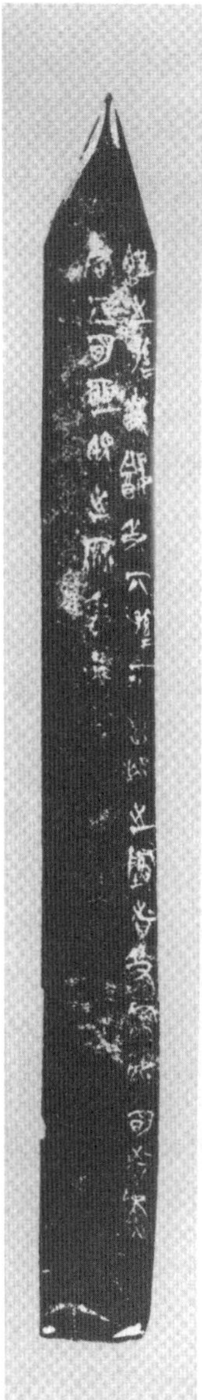

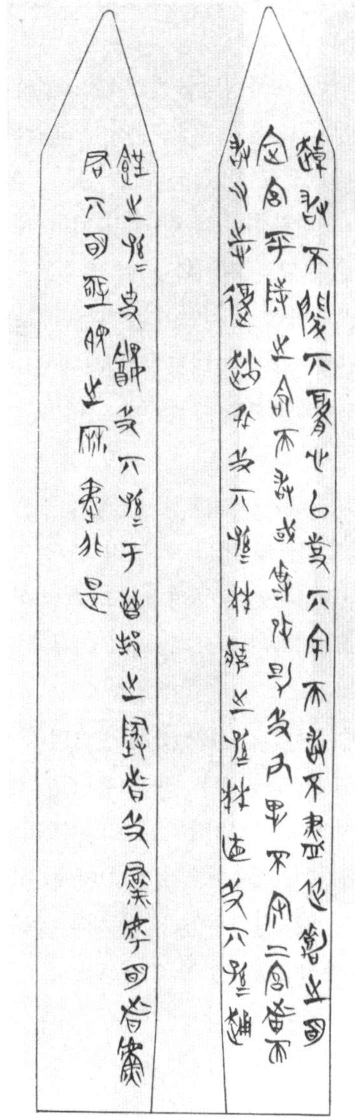

○ 호북湖北 운몽수호지雲夢睡虎地 진간秦簡

1975년 12월에 호북성박물관湖北省博物館과 운몽현雲夢縣 문화부 등이 운몽수호지雲梦縣睡虎地에서 12개의 전국 말기에 해당하는 묘와 진秦 나라시기에 해당하는 묘장을 발굴하였다. 그 중 11호 진묘秦墓에서 대량의 진나라 시대의 죽간을 발견하였다. 발굴된 죽간의 내용이나 수량은 1970년 대 출토 문물 중 최고의 수확이다.

수호지 11호 진묘는 진시황 30년 전후로 추산되는 묘장으로 묘주는 '희喜'라는 사람이다. 단지 몇 간만이 파손되어 문자는 비교적 확실하게 알아볼 수 있으며, 이 죽간의 서체書體는 고예古隸의 형태로 서예사에 중요한 문자적 자료를 제공해 주었다. 이 죽간은 모두 1,155 매枚로 23—27.8㎝이고, 너비는 0.3~0.7㎝이며, 각 죽간마다 중간 세 곳에 묶은 흔적이 있다. 간문의 내용은 기記, 율律, 일서日書 등을 비롯하여 모두 10종에 달한다. ≪편년기編年紀≫·≪어서語書≫·≪진율십팔종秦律十八種≫·≪효율效律≫·≪진율잡초秦律雜抄≫·≪법률답문法律答問≫·≪봉진식封診式≫·≪위리지도爲吏之道≫·≪일서日書≫갑종甲種·≪일서≫을종乙種 등이다. 그 중 ≪어서≫·≪효율≫·≪봉진식≫과 ≪일서≫ 등 네 종류는 모두 제목이 있으며, 기타 다른 편은 정리자들이 내용을 참고하여 붙인 명칭이다.

1977년에 수호지진간睡虎地秦簡 정리팀이 편집한 ≪수호지진묘죽간睡虎地秦墓竹簡≫(문물출판사文物出版社)이란 책에서는 전에 발표되지 않은 ≪일서日書≫갑을종甲乙種을 포함하고 주석하여 출간하였다. 그 후 1978년과 1981년에 각각 이전에 발표된 내용을 보충 출간하였다가, 최종적으로 1990년에 진간 정리팀이 편집하여 ≪수호지진묘죽간≫(문물출판사)란 책을 출간하였다. 이 책은 수호지 진간 11호 진묘에서 출토된 모든 죽서와 도판·석문·주석 등이 있다. 이 도판들은 모두 확대판으로 ≪편년기≫·≪위리지도≫·≪일서≫ 갑을종甲乙種 외에는 모두 현대한어로 번역되어 있다.

(1)

〈法律問答〉 ‘23. 160’

“使者(諸)侯·外臣邦， 其邦徒及僞吏不來， 弗坐.” •可(何)謂“邦徒”·“僞使”？ •徒·[吏與偕使而弗爲私舍人，是謂“邦徒”·“僞使”.]

율문에서 말하기를 “사신으로 제후국 또는 진나라에 신속하는 복속국에 파견되었는데 사신과 함께 외교사절로 간 방도와 위리가 본국으로 돌아오지 않았을 경우, 사신은 이에 연좌되지 아니한다.”라 했다. 무엇을 ‘방도’·‘위리’라 하는가? •사신과 함께 타국에 외교사절로 간 본국의 수행원과 관리로서, 사신의 개인적인 사인舍人이 아닌 자를 ‘방도’·‘위리’라 부른다.

(2)

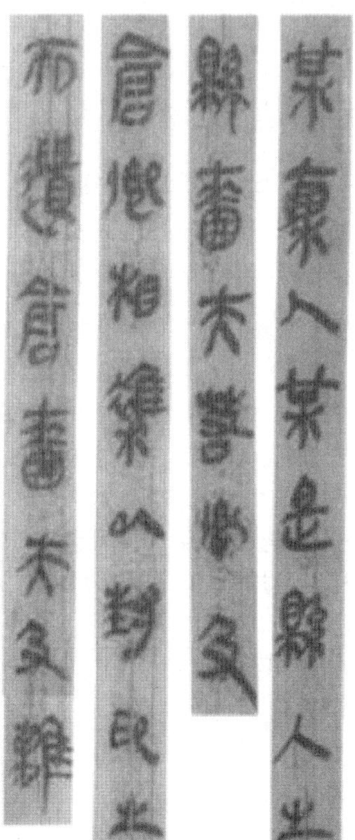

〈效率〉 ‘15. 4’

[“其廥禾若干，倉嗇夫某·佐某·史]某·稟人某.” 是縣之入，縣嗇夫若丞及倉·鄉相雜以封印之，而遺倉嗇夫及離[邑佐主稟者各一户，以氣(餼)人.]

“아무개 창고에 약간 石의 곡물을 저장하며, 창색부 아무개, 좌 아무개, 사 아무개, 늠인 아무개이다‘라고 기록해 둔다. 현에서 곡물을 창고에 들일 때, 현의 색부 혹은 승과 창고를 주관하는 자 및 향에서 곡물 관련 업무를 주관하는 자가 공동으로 창고를 봉인 하고, 창색부 및 향에 설치된 창고의 좌로서 식량 발급을 주관하는 자가 각기 창고의 문을 하나씩 맡아 식량을 방출하게 된다.

(3)

〈法律答問〉 ‘23. 177’

可(何)謂“人貉”? 謂“人貉”者, 其子入養主之謂也. 不入養主, 當收; 雖不養主而入量(粮)者, 不收, 畀其主.]

무엇을 인맥이라 합니까? 인맥이란 그 자식이 주인을 봉양하도록 주인집에 들어가게 하는 것이다. 주인을 봉양하도록 자식을 주인집에 들어가게 하지 않으면 응당 그 자식을 관에서 노비로 몰수하고, 비록 주인을 봉양하지 않더라도 주인에게 양식을 바친 경우는 몰수하지 않고 그 주인에게 되돌려 준다.

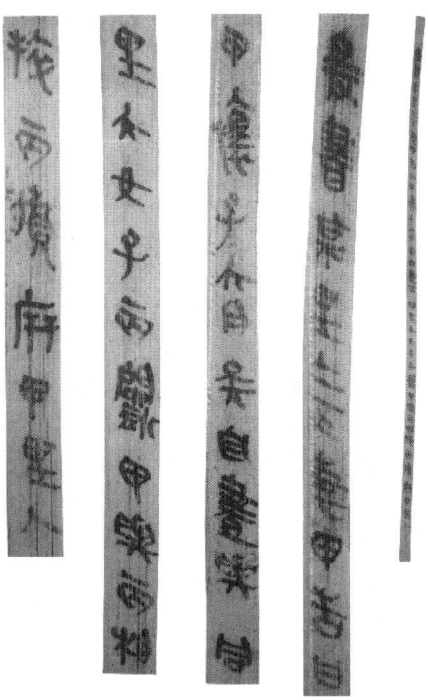

(4)

〈封診式〉

爰書 : 某里士五(伍)妻甲告曰 : “甲懷子六月矣, 自晝與同里大女子丙鬪, 甲與丙相捽, 丙債庰甲. 里人[公士丁數, 别丙·甲.]

원서爰書: 어느 마을의 사오인 아내인 갑이 고소하여 말하였다. 갑은 임신한지 6개월로서 어제 낮에 같은 마을의 큰 여자 병과 싸웠는데, 갑과 병은 서로 머리채를 쥐고 싸우다가 병이 갑을 넘어뜨려 덮쳤다. 같은 마을의 공사公士인 정이 싸움을 말려 병과 갑을 떼어 놓았다.

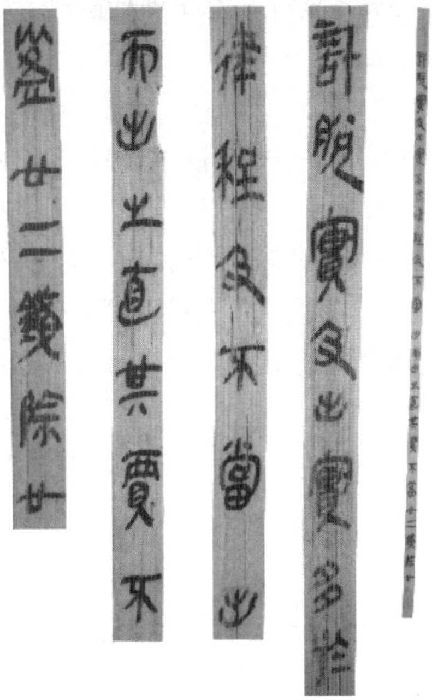

(5)

<效律>

計脫實及出實多於律程, 及不當出而出之, 直其賈, 不盈廿二錢, 除; 廿[二錢以到六百六十錢, 貲官嗇夫一盾.]

회계 장부에 기재된 물자의 숫자가 법률에 규정된 한도보다 부족하거나 또는 초과하여 있는 경우와 장부에서 말소하지 말아야 하는데 이를 말소해 버린 경우에 그 값어치를 계산하여 22전 미만이면 죄를 면죄해주고, 22전에서 660전 미만이면 관색부에게 1순의 벌금을 부과한다.

○ 호남장사湖南 장사시長沙市 마왕퇴馬王堆 한묘漢墓의 죽간과 백서帛書: 〈주역〉

1973년 12월에서 1974년 초까지 호남성 박물관이 장사시 마왕퇴에서 2호와 3호 한漢 나라 묘지 두 기基를 발굴하였다. 그 중 3호 묘지에서 매우 중요한 역사적인 죽간과 백서가 발견되었다. 이 자료는 중국 내외학자들에 신선한 충격을 주었다. 이 묘지에서 출토된 목독木牘 중에 기년紀年에 관한 것이 있어, 그 연대가 한나라 문제文帝 12년(BC168年)이라는 것을 알 수 있다. 이는 2170년 전의 역사를 알 수 있는 고대의 중요한 자료이다.

3호 한묘에서 모두 600여 매의 죽간이 출토되었는데, 고대 의서에 관한 220매 이외에 나머지는 모두 수장기물의 청단清單이다. 이 죽간의 보존 상태가 우수하여 글자도 매우 선명하게 확인할 수 있다.

백서의 발견은 그 수량이나 내용면에서 모두 그 전에 없었던 큰 수확이었다. 백서는 3호의 상자에서 발견되었고 글자는 모두 십만여 자에 달한다. 이 백서의 내용은 대부분이 이미 전해 내려오지 않은지 일천여년이 지난 고대 일서이다. 현행본과는 상당한 차이를 보이고 있어, 고적 연구에 매우 귀중한 자료이다. 이 백서는 ≪老子≫·≪周易≫ 등 20여 종의 고적이다. 중국 고대 사상·역사·군사·천문·역법·지리·의학 등 연구의 다방면에 새로운 자료를 제공한 것이다.

출토된 두 개의 백서 중 하나는 편폭이 48㎝ 쯤 되고, 하나는 24㎝ 쯤 되는 견백에 쓰여진 것으로 나무에 감겨진 권卷의 형식으로 되어 있다. 전자는 변두리 부분이 파손되었으며, 후자는 천과 천이 서로 붙어 있어 파손된 부분이 비교적 많다. 일서 중의 대부분이 편제篇題가 없어 ≪老子≫·≪周易≫·≪전국종횡가서戰國縱橫家書≫와 ≪춘추사어春秋事語≫ 등 내용에 따라 15 종류로 나누었다.

백서 ≪周易≫은 원래 제목이 없었다. 출토 당시 ≪계사繫辭≫를 포함하여 모두 5,200여 자로 괘사卦辭와 효사爻辭가 현행본과 기본적으로 같으나, 64괘의 배열순서는 현행본과 완전히 다르다. 현행본은 ≪周易≫을 상경과 하경으로 나누고 있으나, 백서는 나누지 않았고, '彖'·'象'과 '文言' 부분이 없다.

(1)

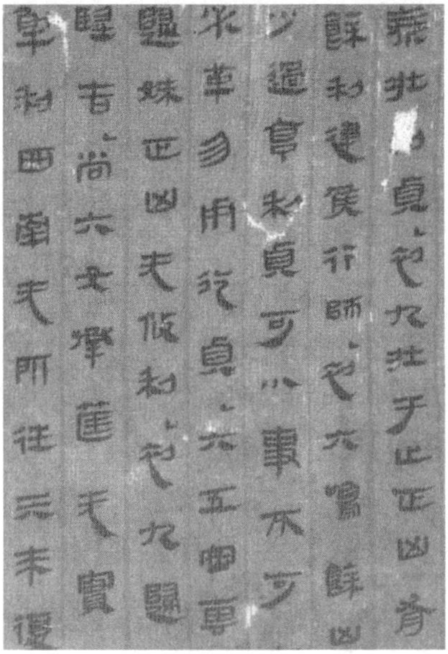

(2)

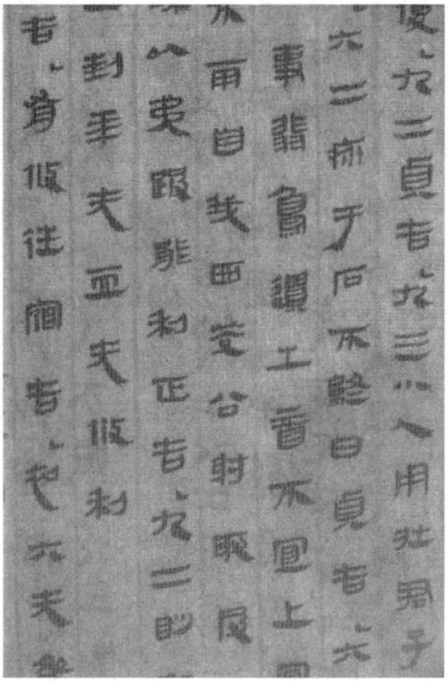

(3)

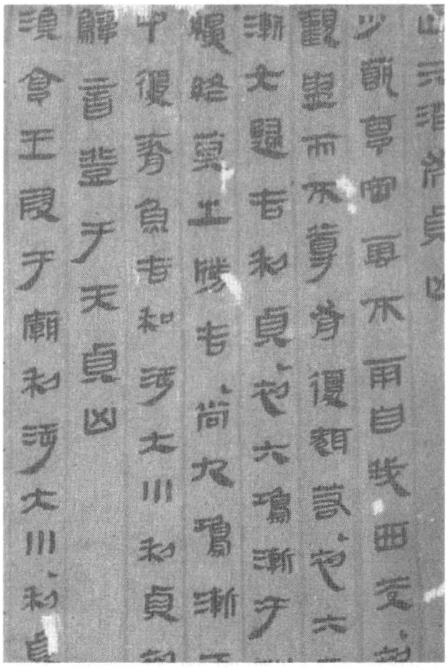

(4)

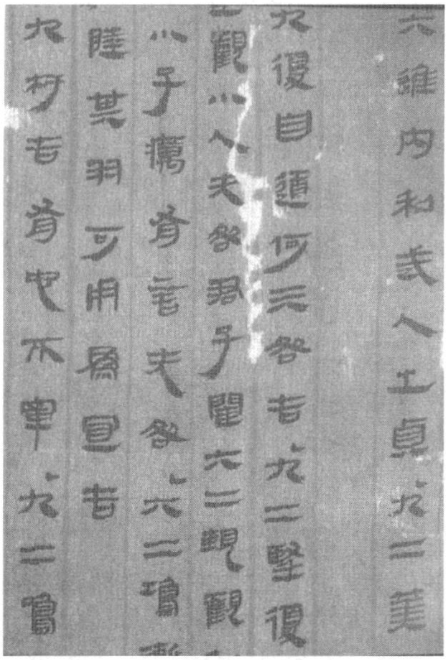

(1)

1 ≪泰壯≫: 利貞. 初九, 壯于止(趾), 正(征)凶; 有[復(孚)].

≪대장大壯≫: 이롭다는 점괘이다. 첫 번째 양효, 발꿈치 아래가 씩씩하니 정복하려 가면 흉하여 벌을 받는다.

2 ≪餘≫: 利建矦行師. 初六, 鳴餘(豫), [凶]

≪예豫≫: 제후를 세우며 군사를 행함이 이롭다. 첫 번째 음효. 즐거움이 지나치니 흉하다.

3 ≪少過≫: 亨, 利貞; 可小事, 不可[大事; 翡鳥遺之音, 不宜上, 宜下, 泰吉].

≪소과小過≫: 형통하니, 이롭다는 점이다. 작은 일은 가하고 큰 일을 불가하다. 나는 새가 소리를 남김에 올라가서는 안 되고 내려온다면 크게 길하리라.

4 [九四: 无咎, 弗過愚之; 往厲,] 必革, 勿用永貞. 六五, 密雲[不雨, 自我西茇; 公射取皮在穴.]

[(≪소과≫) 네 번째 양효: 어리석지 않았을 때 저지하며, 가면 위태로우니 반드시 개혁을 해야 한다. 오랜 기간 점을 쓰지 말라. 다섯 번 째 음효: 큰 비가 오기 전에 우리 서쪽 들에서 짙은 구름이 인다. 공이 새를 쏘아 그 새를 굴에서 취한다.

5 ≪歸妹≫: 正(征)凶, 无攸利. 初九, 歸[妹以弟, 跛能利(履), 正(征)吉].

≪귀매歸妹≫: 정복하면 흉하다. 이로울 바가 없다. 첫 번째 양효: 여자가 시집을 가면서 여동생을 시녀로 데리고 간다. 절름발이가 걸을 수 있으니 정벌하면 길하다.

6 [日月既]望, 吉. 尙六, 女承筐　无實, [士刲羊无血, 无攸利.]

(≪귀매歸妹≫ 다섯 번째 음효:) 보름이 지난 후면 길하다. 제일 위 음효: 여자가 광주리를 들었으나 열매가 없고, [남자가 양을 찔렀으나 피가 없으니 이로울 바가 없다.]

7 ≪解≫: 利西南, 无所往, 亓來復[吉; 有攸往, 宿吉.]

≪해解≫: 서남쪽이 이롭다. 갈 곳이 없다면 돌아오는 것이 길하다. 갈 곳이 있다면 일찍 가는 것이 길하다.

(2)

1 [初九, 利貞. 初九, 壯于止(趾), 正(征)凶; 有]復(孚). 九二, 貞吉. 九三, 小人用壯, 君子[用亡. 貞厲.]

(≪대장大壯≫) [첫 번째 양효: 이롭다는 점괘이다. 첫 번째 양효, 발꿈치 아래가 씩씩하니 정복하려 가면 흉하여] 벌을 받는다. 두 번째 양효: 점을 길하다. 세 번째 양효: 소인은 다치게 되고 군자는 근심하게 되니, 점은 위태롭다.

2 (≪豫(餘)≫)六二, 疥于石, 不終日, 貞吉. 六[三]

두 번째 음효: 돌보다 단단하나 종일을 가지 않으니 점은 길하다. 세 번째 음효.

3 [≪少過≫: 亨, 利貞; 可小事, 不可大]事; 翡鳥遺之音, 不宜[上宜下, 泰吉].

[≪소과小過≫: 형통하니, 이롭다는 점이다. 작은 일은 가하고 큰 일을 불가하다.] 나는 새가 소리를 남김에 올라가서는 안 되고 [내려온다면 크게 길하리라.]

4 [六五, 密雲不]雨, 自我西茭; 公射取皮[在穴].

(≪小過≫) [다섯 번 째 음효: 큰 비가 오기 전에] 우리 서쪽 들에서 짙은 구름이 인다. 공이 새를 쏘아 그 새를 굴에서 취한다.

5 [初九, 歸妹]以弟, 跛能利(履), 正(征)吉. 九二, 眇[能視, 利幽人貞].

(≪귀매歸妹≫) [첫 번째 양효: 여자가 시집을 가면서] 여동생을 시녀로 데리고 간다. 절름발이가 걸을 수 있으니 정벌하면 길하다. 두 번 째 양효: 애꾸가 [볼 수 있으니 갇힌 사람에게 이롭다는 점이다.]

6 [上六, 女承筐无實, 士]刲羊无血, 无攸利.

[(≪귀매歸妹≫)제일 위 음효: 여자가 광주리를 들었으나 열매가 없고, 남자가] 양을 찔렀으나 피가 없으니 이로울 바가 없다.

7 [≪解≫: 利西南, 无所往, 亓來復]吉; 有攸往, 宿吉. 初六, [无咎].

[≪해解≫: 서남쪽이 이롭다. 갈 곳이 없다면 돌아오는 것이] 길하다. 갈 곳이 있다면 일찍 가는 것이 [길하다].

(3)

1 [尚九: 筭(巽)在牀下], 亡(喪)亓溍(資)斧, 貞凶.

≪손巽≫ [제일 위 양효: 상 아래에 엎드려] 재화를 잃으니 점은 흉하다.

2 ≪少(小)埶(畜)≫: 亨, 密雲不雨, 自我西茭.

≪소축小畜≫: 형통하다. 큰 비가 오기 전에 우리 서쪽 들에서 짙은 구름이 인다.

3 ≪觀≫: 盥而不尊(薦), 有復(孚)趄(顒)若. 初六

≪관≫: 제사에 술을 땅에 뿌렸으나 제물을 올리지 않았으니, 큰 포로가 있어 제물로 올린다. 첫 번째 음효.

4 ≪漸≫: 女歸吉, 利貞. 初六, 鳿漸于[淵, 小子癘(厲), 有吉(言), 无咎].

≪점漸≫: 여자가 시집을 가면 길하며, 이롭다는 점이다. 첫 번째 음효: 기러기가 물가에 날아가는데 어린 아이가 물가로 가면 위험하니 꾸짖어면 길하다.

5 [九五, 鳿漸于陵, 婦三歲不繩], 終莫之勝, 吉. 尚九, 鳿漸于[陸, 其羽可用爲宜, 吉].

[≪점漸≫ 다섯 번째 양효: 기러기가 언덕으로 날아가고 부인이 삼년 동안 아이를 갖지 못하나] 끝내 이기지 못하니 길하다. 제일 위 양효: 기러기가 못 위로 날아

가므로 [잡아서 그 날개를 춤추는 도구로 사용할 수 있으니 길하다.]

6 ≪中復(孚)≫: 豚魚吉, 和涉大川, 利貞.

≪中孚≫: 새끼돼지와 물고기 같은 변변치 못한 제사라도 길하다. 큰 내를 건너면 이롭다. 이롭다는 점이다.

7 [尙九], 騿(翰)音登于天, 貞凶. ≪渙≫: 亨, 王叚于廟, 利涉大川. 利[貞].

제일 위 양효: 닭이 하늘로 날아 올라가니 점은 흉하다. ≪환≫: 형통하다. 왕이 친히 종묘에 온다. 큰 내를 건너면 이롭다는 점이다.

(4)

1 [初六], 進內, 利武人之貞. 九二, 筭(巽)[在牀下, 用使巫, 忿若, 吉, 无咎].

≪筭(巽)≫: [첫 번째 음효: 무인이 군대를 안으로 진격시키거나 퇴각시키거나 모두 이롭다는 점이다. 두 번째 양효: 상 아래에 엎드리거나 사무로 하여금 피를 발라 제사를 올리게 하면 길하여 허물이 없다.

2 [初九], 復自道, 何亓咎? 吉. 九二, 堅復, [吉].

≪少(小)蓺(畜)≫ [첫 번째 양효] : 나갔다가 되돌아올 수 있으니, 무슨 허물이 있겠는가? 길하다. 두 번째 양효: 강해져서 돌아오니 길하다.

3 [初六, 童觀], 小人无咎, 君子閵. 六二, 規(闚)觀, [利女貞].

≪관觀≫ [첫번째 음효: 어리게 보니], 소인은 허물이 없으나 군자는 어렵다. 두 번째 음효: 남자를 엿보니 [점은 이롭다].

4 [初六, 鳿漸于淵, 小子]癘(厲), 有吉(言), 无咎. 六二, 鳿漸[于坂, 酒食衍衍, 吉].

≪점漸≫[첫 번째 음효: 기러기가 물가에 날아가는데 어린 아이가 물가로 가면 위험하니 꾸짖으면 길하다. 두 번째 음효: 기러기가 반궁으로 날아가 음식을 먹으며 울음 소리를 내니 길하다.

5 [尙九, 鳿漸于陸], 其羽可用爲宜, 吉.

[제일 위 양효: 기러기가 못 위로 날아가므로] 잡아서 그 날개를 춤추는 도구로 사용할 수 있으니 길하다.

6 [初九], 杅(虞)吉, 有它不寧. 九二, 鳴[鶴在陰, 亓子和之].

≪中復(孚)≫: [첫 번째 양효] 편안하고 길하나, 뜻밖의 환난이 있으면 편안하지 못하다. 두 번째 양효: 우는 [학이 나무 그늘 아래에 있으니, 그 새끼가 화답하네.]

(5) 자연현상

자연 현상의 한자란 한자의 일부가 자연 현상과 관련이 있는 형태를 사용하여 만들어진 문자를 가리킨다.

【日(해 일, rì)】

[說文] : "(日), 實也, 太陽之精不虧. 从口·一, 象形. , 古文, 象形."

日. 광선이 충만하다. 태양이 광채의 빛을 잃지 않다. '口'와 '一'로 이루어진 자이다. 상형자이다. 고문은 ''로 쓴다. 역시 상형자이다.

日						
	商 甲骨文	商 小臣艅犧尊	西周 史牆盤	戰國 包山楚簡	秦 睡虎地秦簡	西漢 馬王堆帛書

	東漢 禮器碑	吳皇象 急就章	東晉王羲之 平安帖	隋智永 關中本千字文	隋智永 關中本千字文	北魏 高貞碑

"丁卯卜, 今日雨, 夕雨." (≪合集≫33871)

정묘일에 점을 칩니다. 오늘 낮에도 비가 오고, 밤에도 비가 올까요?

"丙寅卜, 日風不囚(禍)." (≪合集≫34036)

병인일에 점을 칩니다. 오늘 낮에 바람이 부는데 재난이 없을까요?

"日于父甲." (≪合集≫27463)

부갑에게 일제日祭를 지내다.

[일정日程] [가배일嘉俳日][415] [일취월장日就月將][416] [작심삼일作心三日][417] [고성낙일孤城落日][418] [신일愼日][419]

---

415) 추석.

416) '괄목상대刮目相對', '일장월취日將月就'. '일장월취日將月就'.

417) '고려공사삼일高麗公事三日'. '조개모변朝改暮變'. '조령모개朝令暮改'. '조령석개朝令夕改'.

418) 외딴 성城이 해가 지려고 하는 곳에 있다. 도움이 없이 고립孤立된 상태狀態. 남은 삶이 얼마 남지 않은

【旦(아침 단, dàn)】

[說文] : "旦(旦), 明也. 从日見一上. 一, 地也."

旦. 밝다. 태양이 '一' 위에 나타난다. '一'은 땅을 가리킨다.

旦

西周 金文	古璽	戰國 包山楚簡	秦 睡虎地秦簡	漢 磚文	說文篆文

西漢 馬王堆帛書	東漢 武氏祠畫像題字	東晉王羲之 十七帖	隋智永 關中本千字文	北宋 米芾	北魏 李媛華墓誌

'日' 아래 '一'은 땅이나 지평선을 가리킨다. '一'을 상징적인 의미로 보고 지사자로 보기도 한다. 금문은 'ⓑ'로 쓰기도 하며, 의미부 '日'과 소리부 '丁'으로 이루어진 형성자로 보기도 한다.

"辛亥旦大雨自東." (≪合集≫21025)

신해일 새벽에 동쪽으로부터 큰 비가 내릴까요.

"旦, 王各(格)大(太)室." ≪此鼎≫

날이 밝을 무렵 주나라 왕은 태실에 이르렀다.

[원단元旦] [정단正旦] [세단歲旦] [좌이대단坐以待旦][420]

【早(새벽 조, zǎo)】

[說文] : "早(早), 晨也. 从日在甲上."

早. 이른 아침이다. '日'이 '甲' 위에 있는 형상이다.

쓸쓸한 심경心境. '고립무의孤立無依'. '무원고립無援孤立'. '사고무인四顧無人'. '사고무친四顧無親.'

419) 근신謹愼하여 경거망동을 삼가는 날. 설날.

420) 밤중부터 일어나 앉아서 아침이 되기를 기다린다. 성미性味가 매우 급하다.

早						
	戰國 中山王鼎	秦 睡虎地秦簡	說文篆文	東漢 堂谿典請雨銘	東漢 孔宙碑	隋智永 眞草千字文

	唐孫過庭 草書千字文	唐懷素 自敘帖	唐高閑 草書千字文	南宋 薛紹彭	唐歐陽詢 行書千字文	隋智永 眞草千字文

고문자 '早'자는 '日'과 '甲'으로 이루어진 회의자이거나, 혹은 의미부'日'과 소리부 '棗(대추나무 조, zǎo)'로 이루어진 형성자로 쓴다. '甲'은 십간十干 중에 첫 번째이기 때문에 '처음'이라는 뜻을 나타낸다.

> "以道佐人主者，不以兵强天下. 其事好還. 師之所处，荊棘生焉. 大軍之後，必有凶年. 善有果而已，不敢以取强. 果而勿矜. 果而勿伐. 果而勿驕. 果而不得已. 果而勿强. 物壯則老，是謂不道，不道早已." (老子 30장)
>
> 도로써 임금을 보좌하는 사람은 군사력으로써 천하에 강함을 드러내지 않는다. 이렇게 해야 만이 보필을 잘하는 것이다. 군대가 주둔한 곳엔 가시덤불이 자라게 된다. 큰 전쟁을 치른 뒤에는 반드시 흉년이 든다. 용병을 잘하는 사람은 어려움을 해결할 따름이지, 감히 강한 힘으로 취하려 하지 않는다. 어려움을 해결하되 뽐내지 아니하며, 어려움을 해결하되 자랑하지 않으며, 어려움을 해결하되 교만하지 아니하며, 어려움을 해결하되 부득이할 때만 싸우며, 어려움을 해결하되 강함을 드러내지 않는다. 만물이란 강해지면 늙게 마련이니, 불도不道함이란 것에 이르는 것이다. 불도不道함이란 일찍 멸망하게 되는 것이다.

[조기早期] [조속早速][421] [조만간早晩間] [시기상조時機尙早] [조상부모早喪(失)父母][422] [한불조도恨不早圖] [한부조지恨不早知][423]

421) 매우 이르고도 빠르다.
422) '조실부모早失父母'.
423) 일의 시기時期를 놓쳐 진작 하지 못한 것을 뉘우치다.

【月(달 월, yuè)】

[說文] : “ (月), 闕也, 大陰之精, 象形.”

月. 차고 기울고 한다. 태음의 빛이다. 상형자이다.

月						
	商 甲骨文	西周 大盂鼎	西周 虢季子白盤	春秋 侯馬盟書	戰國 包山楚簡	秦 睡虎地秦簡

	漢 居延漢簡	東漢 乙瑛碑	隋智永 關中本千字文	唐懷素 自敘帖	東晉王羲之 興福寺斷碑	隋 美人董氏墓誌

‘月’은 반달의 모양이다.

“貞: 今十一月帝不其令雨.” (≪合集≫5658正)

점을 쳐 묻습니다. 이번 11월에 상제께서는 비를 내려 주시지 않을까요?

“隹(唯)王元年六月.” ≪曶鼎≫ 왕 재위 원년 유월.

[세월歲月] [월급月給] [화용월태花容月態][424] [강구연월康衢煙月][425] [일취월장日就月將] [당구풍월堂狗風月][426]

【夕(저녁 석, xī)】

[說文] : “ (夕), 莫也. 从月半見.”

夕. 어두운 저녁 무렵이다. ‘月’자가 일부만 보이는 모습이다.

424) 꽃다운 얼굴과 달 같은 자태姿態. 아름다운 여자女子의 고운 자태姿態. ‘경국지세傾國(城)之色(美)’, ‘단순호치丹(朱)脣皓齒’, ‘절세가인絶世(代)佳人’.

425) 강구康衢는 사통오달의 큰길로서 사람의 왕래往來가 많은 거리, 연월煙月은 연기煙氣가 나고 달빛이 비친다는 뜻이다. 태평太平한 세상世上의 평화平和로운 풍경風景.

426) 무식無識쟁이라도 유식한 사람과 사귀면 견문見聞이 넓어진다. 무슨 일 하는 것을 오래 오래 보고 듣고 하면 자연自然히 할 줄 안다. ‘당구삼년취풍월堂狗三年吠風月.’

<table>
<tr><td rowspan="4">月</td><td colspan="6"></td></tr>
<tr><td>商
甲骨文</td><td>西周
大盂鼎</td><td>西周
毛公鼎</td><td>戰國
中山王方壺</td><td>秦
睡虎地秦簡</td><td>漢印</td></tr>
<tr><td colspan="6"></td></tr>
<tr><td>西漢
銀雀山竹簡</td><td>東漢
熹平石經</td><td>東晉
王羲之</td><td>北宋
米芾</td><td>北宋
蔡邕</td><td>唐歐陽詢
九成宮醴泉銘</td></tr>
</table>

갑골문에서 '月'과 '夕'은 같은 형태로 쓰인다. 전후 문맥에 따라 구별하여야 한다.

"貞: 王夕出. 貞: 王勿[夕]出."(≪合集≫6647正)
점을 칩니다. 왕이 저녁에 나갈까요? 왕이 저녁에 나가지 말까요?
"余夙夕虔敬朕祀."≪秦公鐘≫
나는 아침저녁으로 나의 제사를 성실하고 공경스럽게 지내려 한다.

[추석秋夕] [조석朝夕] [조문도석사가의朝聞道夕死可矣] [명재조석命在朝夕][427] [조령석개朝令夕改][428] [조변석개朝變夕改][429]

【晶(밝을 정, jīng)(星(별 성, xīng)】

[說文] : "晶(晶), 精光也. 从三日."

晶. 밝게 빛나다. 세 개의 '日'로 이루어진 자이다.

[說文] : "曐(曐), 萬物之精, 上為列星. 从晶, 生聲. 一曰象形, 从口, 古口復注中, 故與日同. 曑(曑), 古文星. 星(星), 曐或省."

曐. 만물의 정화精華로 하늘에 많은 별들이 줄지어 떠 있는 모양이다. 의미부 '晶'과 소리부 '生'으로 이루어진 형성자이다. 또는 '晶'은 많은 별들의 모습이라 한다. '口'자는 고대 문자에서 가운데에 한 획을 추가하여 쓰기 때문에 '日'자와 동일한 형태로 쓴다. 고문은 '曑'으로 쓰고 혹은 생략하여 '星'으로 쓰기도 한다.

427) 목숨이 경각頃刻에 달렸다. 숨이 곧 끊어질 지경地境에 이르다. 거의 죽게 되다. "명재경각命在頃刻".
428) '조령모개朝令暮改'.
429) 아침, 저녁으로 뜯어고친다. 계획計劃이나 결정決定 따위를 자주 바꾸다. '고려공사삼일高麗公事三日'. '조개석변朝改夕變'. '조변모개早變暮改'.

晶	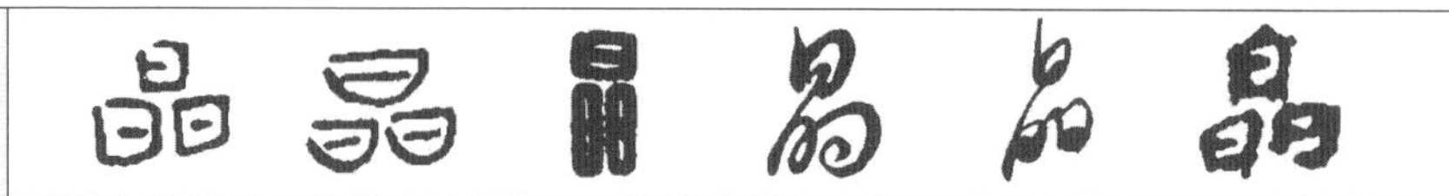					
	商 甲骨文	戰國 信陽楚簡	漢印	草韻辨體	北宋米芾	北魏 賈瑾墓誌
星	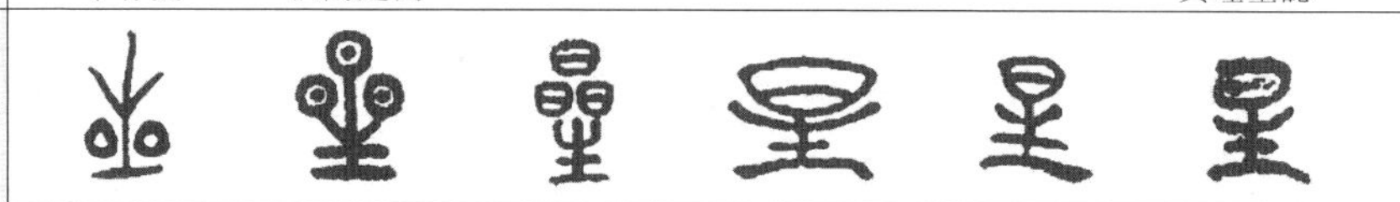					
	商 甲骨文	西周 金文	古璽	戰國 長沙子彈庫楚帛書	秦 睡虎地秦簡	西漢 馬王堆帛書
	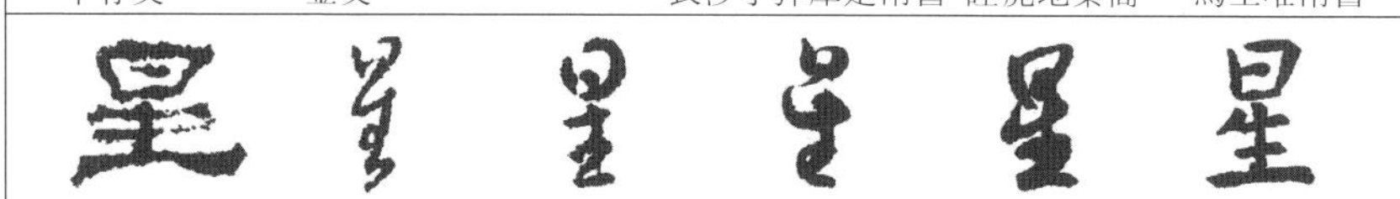					
	商 西嶽華山廟碑	東晉王羲之 澄淸堂帖	隋智永 關中本千字文	唐懷素 草書千字文	北宋米芾 蜀素帖	唐虞世南 孔子廟堂碑

갑골문 '晶'은 하늘에 별이 촘촘히 떠있는 모습으로 '星'의 초문이다. 후에 소리부 '生'이 추가되어 '星'으로 쓴다.

"㞢(有)新大晶(星)竝火."(≪合集≫11503)
하늘에 새로운 큰 별과 화성이 떴다.

[액정液晶] [결정結晶] [수정체水晶體] [위성衛星] [행성行星] [혜성彗星] [항성恒星] [정중시성井中視星][430] [일월성신日月星辰]

【商(헤아릴 상, shāng)】

[說文] : "(商), 从外知內也. 从㕯, 章省聲. (𧶠), 古文商. (𥏫), 亦古文商. (𧷎), 籒文商."

商. 외부에서 안쪽을 헤아릴 수 있는 모습이다. 의미부 '㕯'과 '章'자의 생략형이 소리부인 형성자이다. 고문은 '𧶠'으로 쓰고 또한 '𥏫'으로 쓴다. 주문은 '𧷎'으로 쓴다.

430) '관중규표管中窺豹', '야랑자대夜郎自大', '정저지와井底之蛙', '정중관천井中觀天'.

商

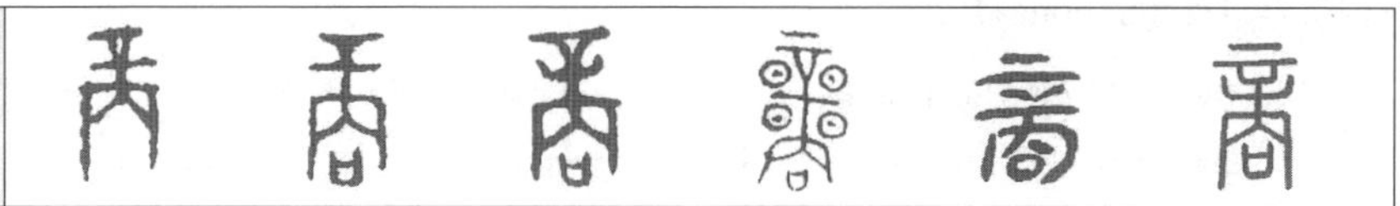

商	商	西周	春秋	秦	說文篆文
甲骨文	戉嗣子鼎	何尊	秦公簋	睡虎地秦簡	

西漢	東漢	平安 小野道風	唐歐陽詢	唐褚遂良	唐虞世南
馬王堆帛書	石門頌	屛風火代	史事帖	哀冊	孔子廟堂碑

'商'자에 대해서는 의견이 분분하다. 고문자 '商'은 별자리와 관련이 있는 자로 보기도 한다. ≪진공궤秦公簋≫의 형태는 별이 촘촘히 떠 있는 모습이다. 혹은 '丙'과 '辛'으로 이루어진 자이고, '辛'은 '薪(섶나무 신, xīn)'자의 생략형으로 보기도 한다. 장작 '辛(薪)'을 놓고 불을 지펴 화성火星에게 제사를 드리는 모습이다. 혹은 받침대 위에 놓여 있는 '술을 담은 그릇'이라고 해석하기도 한다. 갑골문에서는 인명이나 지명으로 쓰인다. 금문에서는 지명이나 '賞'의 가차자로 쓰인다. 후에 상인商人이라는 뜻으로 가차되어 쓰인다.

"才(在)大邑商."(≪合集≫36530)

왕은 대읍大邑 상나라에 있다.

"隹(唯)珷(武)王既克大邑商."≪何尊≫

무왕은 큰 도읍지 상나라를 이미 정벌하였다.

"王商(賞)子黃鬲一·貝百朋."≪子尊≫

왕은 자황에게 시루 하나와 화패 백 묶음을 하사하였다.

[협상協商] [통상通商] [상인商人] [사농공상士農工商] [다문다독다상량多聞多讀多商量]

西周초기. ≪何尊≫. ≪集成≫ '06014', 陝西省 寶鷄市 청동기 박물관

【虹(무지개 홍, hóng)】

[說文] : "(虹), 螮蝀也. 狀似蟲. 从虫, 工聲. 籒文作(蚺)蚺). ≪明堂·月令≫日: '虹始見.'"

虹. 무지개. 모양이 벌레와 같이 구불구불하다. 의미부 '虫'과 소리부 '工'으로 이루어진 형성자이다. 주문은 '蚺'으로 쓴다. ≪명당·월령≫에서는 '무지개가 보이기 시작하다.'라 하였다.

갑골문의 '虹'자는 무지개의 모습이다. 고대 사람들은 무지개는 두 마리의 용이 용트림하는 모습이라 여겼다. 후에 의미부'虫'과 소리부 '工'로 이루어진 형성자 '虹'자가 생겼다. 혹은 패옥의 모양(璜, 두 쪽 패옥 황, huáng)이라고 하기도 하고, 아치형의 다리 모양인 '杠(다리 강; gàng,gāng)'자의 초문이라고 주장하기도 한다.

"晨[亦]㞢(有)出虹自北, 歙(飮)于河."(≪合集≫10405反)
무지개가 북쪽에서 떠서 황하의 물을 마신다.431)

[채홍彩虹] [홍예虹蜺] [홍천虹泉]432) [학무천년수홍비백척교鶴舞千年樹虹飛百尺橋]433)

【雷(우레 뢰, léi)】

[說文] : "(靁), 陰陽薄動靁雨, 生物者也, 从雨, 畾象回轉形. (靁), 古文靁. (䨻), 古文

431) [說文] : "歙, 歠也. 从欠, 酓聲. 㳑, 古文歙从今·水. 飲, 古文歙从今·食."('歙'은 '마시다'의 뜻이다. 의미부 '欠'과 소리부 '酓'으로 이루어진 형성자이다. 고문은 '歙'자의 고문은 '今'과 '水'로 이루어진 '㳑'로 쓰고 또한 '今'과 '食'으로 이루어진 '飲'으로 쓴다.)

432) 폭포.

433) 진자앙陳子昂 ≪춘일등금화관春日登金華觀≫, "천년 묵은 나무는 마치 학이 춤을 추듯, 백 척 되는 무지개 다리 되어 허공에 걸려있네."

靁. (𩆜), 籒文, 靁間有回, 回, 靁聲也.”

靁. 음기와 양기가 서로 충동을 하여 우레와 비가 생기게 된다. 우레와 비는 만물을 자라게 하는 원동력이 된다. 고문은 '䨓'로 쓰고, '𩇓'로 쓴다. 주문은 '靁'자 중간에 '回'자를 써서 '𩆜'로 쓴다. 의미부'回'와 소리부'靁'로 이루어진 형성자이다.

雷						
	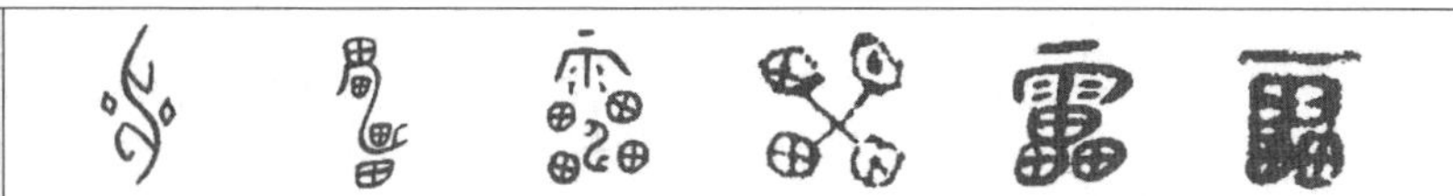					
	商 甲骨文	西周 金文	西周 金文	春秋 金文	秦 睡虎地秦簡	西漢 馬王堆帛書

	漢 武威漢簡	東漢 禮器碑	吳皇象 急就章	唐孫過庭 書譜	唐李邕 李思訓碑	唐歐陽通 道因法師碑

고문자 '畾'자는 '靁'자의 초문이다. 고문자 중 '申'은 번개가 치는 모습이고, '畾'는 천둥 소리의 형상이다. 비와 관련이 있기 때문에 후에 '雨'가 추가되었다. '雷'자는 지명으로도 쓰인다.

“舜耕歷山, 魚雷澤, 陶河濱, 作什器於壽丘, 就時於負夏.” ≪史記·五帝本紀≫

순임금은 역산에서 밭을 일구고, 뇌택雷澤에서 고기를 잡고, 황하 유역에서 도기를 만들고, 수구壽丘에서 몇 가지의 수예품을 만들었고, 잠시 부하負夏에서 장사를 한 적이 있다.

[뇌관雷管] [지뢰地雷] [뇌성雷聲] [부화뇌동附和雷同]434)

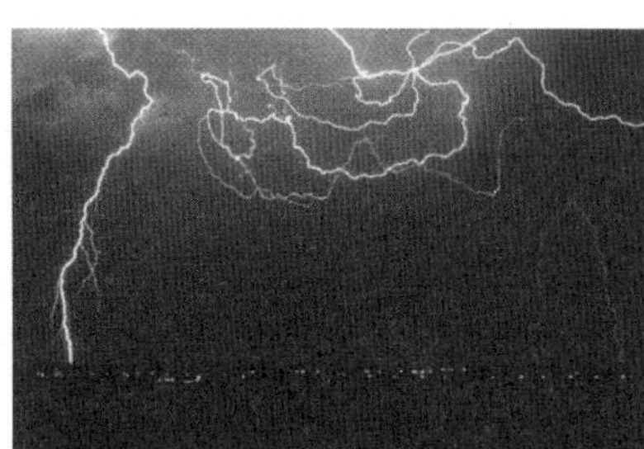

번개치는 모습(雷)

434) '[아부뇌동阿附雷同'. '뇌동부화雷同附和'.

【風(바람 풍, fēng)】

[說文] : “(風), 八風也. 東方曰明庶風 ; 東南曰清明風 ; 南方曰景風 ; 西南曰涼風 ; 西方曰閶闔風 ; 西北曰不周風 ; 北方曰廣莫風 ; 東北曰融風. 風動蟲生, 故蟲八日而化. 从虫, 凡聲. (凬), 古文風.”

風. 여덟 가지 바람이 있다. 동쪽 바람을 명서풍이라 하고, 동남풍을 청명풍이라 하고, 남쪽 바람을 경풍이라 하고, 서남풍을 양풍이라 하고, 서쪽 바람을 창합풍이라 하고, 서북풍을 부주풍이라 하고 북쪽 바람을 광막풍이라 하고, 동북풍을 융풍이라 한다. 바람이 불면 생물이 생장을 하고, 벌레는 팔일이면 성장하여 모양을 갖추게 된다. 의미부 ‘虫’과 소리부 ‘凡’으로 이루어진 형성자이다. 고문은 ‘凬’으로 쓴다.

風

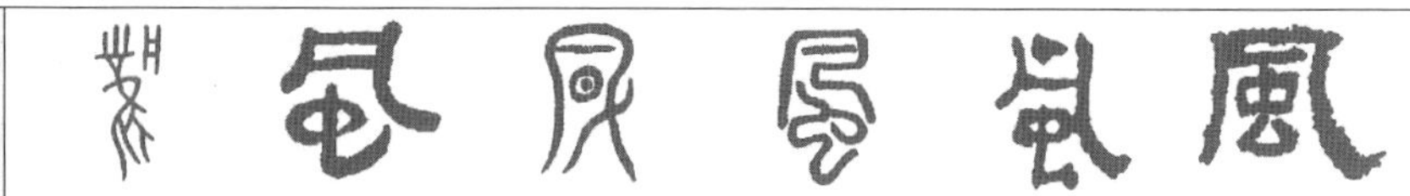

商 甲骨文	秦 睡虎地秦簡	說文古文	說文篆文	西漢 馬王堆竹簡	東漢 西狹頌

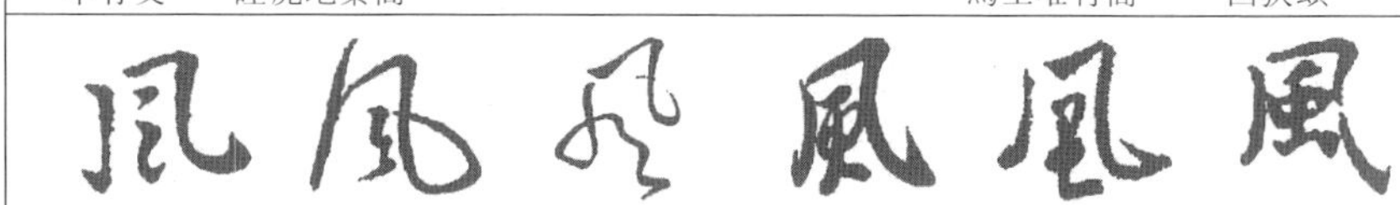

西晉索靖 出師頌	東晉王羲之 淳化閣帖	明 王鐸	東晉王羲之 蘭亭序	北宋米芾 蜀素帖	北魏 張玄墓誌

갑골문에서 ‘風’자는 ‘鳳’자의 초문이다. ‘鳳’자는 의미부 ‘鳥’와 소리부 ‘凡’으로 이루어진 형성자이다. 봄바람이 불면 벌레(虫)가 나오기 때문에 후에 ‘鳥’ 대신 ‘虫’을 추가하였다.

“貞: 亡來鳳(風).”(≪合集≫775正)

바람이 불지 않을까요?

“四海之內, 咸仰朕德, 時乃風.”≪書經·說命下≫

온 세상 사람들이 모두 나의 덕을 우러르게 된다면 그건 바로 그대의 가르침의 덕일 것이다.

[열풍熱風] [풍경風景] [태풍颱風] [풍속風俗] [마이동풍馬耳東風][435] [풍전등화風前燈火][436] [풍수지탄風樹之歎][437] [풍찬노숙風餐露宿][438]

435) ‘대우탄금對牛彈琴’. ‘여풍과이如風過耳’. ‘오불관언吾不關焉’. ‘우이독경牛耳讀經’. ‘우이송경牛耳誦經’.

436) ‘누기累碁’. ‘누란지세累卵之勢’. ‘누란지위累卵之危’. ‘명재경각命在頃刻’. ‘백척간두百尺竿頭’. ‘위여누란危如累卵’. ‘일촉즉발一觸卽發’. ‘초미지급焦眉之急’. ‘풍등風燈’. ‘풍전등촉風前燈燭’. ‘풍전촉화風前

【云(이를 운, yún), 雲(구름 운, yún)】

[說文] : “(雲), 山川气也. 从雨, 云象雲回轉形. (云), 古文省雨. , 亦古文雲.”

雲. 산천의 기운이다. ‘雨’와 ‘云’으로 이루어진 자이다. ‘云’은 구름이 돌고 도는 모양이다. 고문은 ‘雨’를 생략하고 ‘云’으로 쓰고 또한 ‘’으로 쓰기도 한다.

云	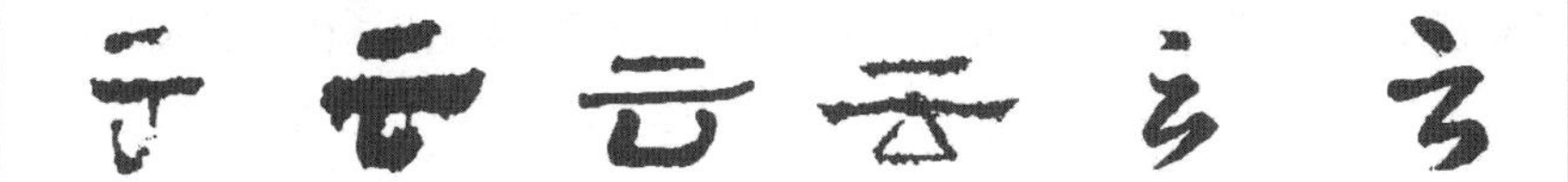					
	西漢 馬王堆帛書	西漢 馬王堆帛書	漢 居延漢簡	東漢 張遷碑	東晉王羲之 十七帖	隋智永 關中本千字文
	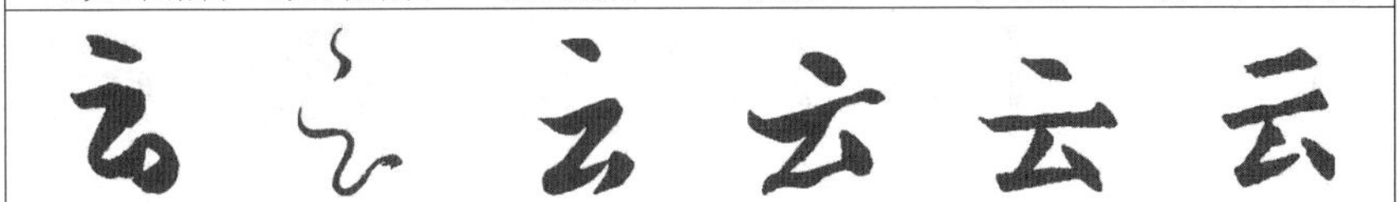					
	唐孫過庭 書譜	唐懷素 自敘帖	東晉王羲之 蘭亭序	北宋米芾 虹縣詩卷	隋 太僕卿元公墓誌	唐歐陽詢 九成宮醴泉銘
雲	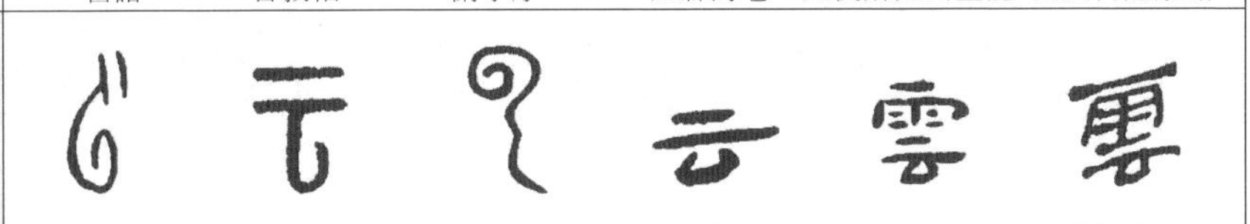					
	商 甲骨文	商 甲骨文	說文古文	秦 睡虎地秦簡	秦 睡虎地秦簡	西漢 銀雀山竹簡
	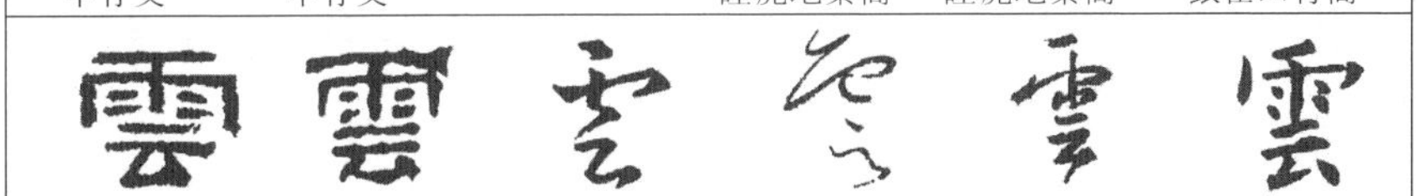					
	東漢 西狹頌	東漢 熹平石經	東晉王羲之 十七帖	唐懷素 自敘帖	東晉王羲之 興福寺斷碑	唐歐陽詢 九成宮醴泉銘

‘云’은 구름의 형상이다. ‘云’은 후에 가차되어 ‘말하다’는 뜻으로 쓰이고, ‘구름’이라는 뜻은 ‘雨’가 추가되어 쓰인다. 초죽서에서는 ‘員’자가 ‘云’의 가차자로 쓰이기도 한다.

“≪寺(詩)≫員(云):『慦(儀)型(刑)文王, 萬邦乍(作)孚.” ≪郭店楚簡緇衣≫
≪시경·大雅·文王≫에 말하기를 “문왕을 본받으면 온 세상이 곧 믿고 따른다.”라 했다.

燭火풍전촉화’.

437) 부모父母에게 효도孝道를 다하려고 생각할 때에는 이미 돌아가셔서 그 뜻을 이룰 수 없다. ‘수욕정이풍부지樹欲靜而風不止, 자욕양이친부대子欲養而親不待’. ‘바람은 고요하고자 하나 바람이 멈추지 않는다’는 뜻이다. 나무는 객관적인 사물이고, 바람은 흘러가는 세월이다. 세월은 사람의 의지와는 상관없이 흘러감을 뜻한다. ‘풍수지탄風樹之嘆’. ‘풍수지감風樹之感’. ‘풍수지비風樹之悲’.

438) 바람에 불리면서 먹고, 이슬을 맞으면서 잔다. 떠돌아다니며 고생苦生스러운 생활生活을 함을 비유. ‘남부여대男負女戴’. ‘문전걸식門前乞食’. ‘즐우櫛雨’. ‘즐풍櫛風’. ‘즐풍목우櫛風沐雨 즐풍목우’.

[청운靑雲][439] [운교雲橋] [청운지지靑雲之志] [망운지정望雲之情][440] [능운지지凌雲之志][441] [운니지차雲泥之差][442]

【雨(비 우, yǔ,yù)】

[說文] : “(雨), 水从雲下也. 一象天, 冂象雲, 水霝其間也. (𩂣), 古文.”

雨. 물이 구름에서 내린다. ‘一’은 하늘이고 ‘冂’은 구름의 모양이다. 수증기가 그 사이에 있다. 고문은 ‘𩂣’으로 쓴다.

雨

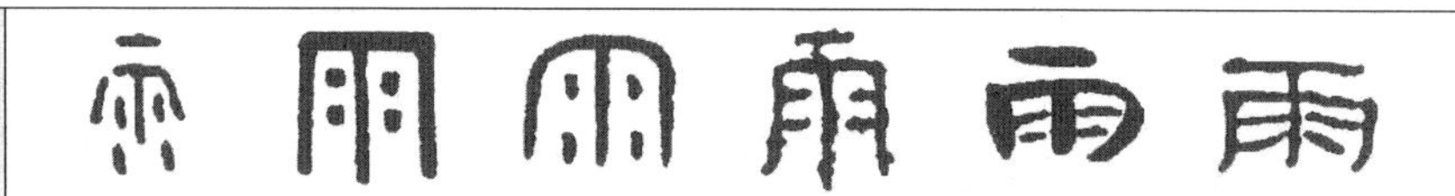

商 甲骨文	商 金文	西周 金文	戰國 石鼓文	秦 睡虎地秦簡	漢 武威漢簡

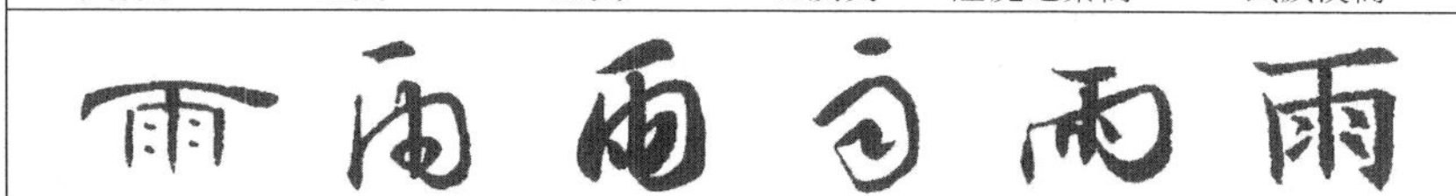

東漢 曹全碑	東晉王羲之 澄淸堂帖	隋智永 眞草千字文	北宋黃庭堅 李白詩卷	北宋 蔡襄	隋 蘇孝慈墓誌

갑골문 금문은 모두 하늘에서 비가 내리는 형상이다. ‘一’은 하늘을 뜻한다. 금문은 ‘’로 쓰기도 한다.

“貞今日雨.”(≪合集≫9757) 오늘 비가 올까요?

“貞今日其大雨. 不冓[雨].”(≪合集≫12598)

오늘 큰 비가 올까요? 비를 만나지 않을까요?

[곡우穀雨][443] [폭풍우暴風雨] [강우降雨] [청경우독晴耕雨讀][444] [즐풍목우櫛風沐雨][445] [우후죽순雨後竹筍] [집중호우集中豪雨]

---

439) 푸른 빛깔의 구름. 높은 이상理想이나 벼슬을 가리키는 말.

440) 구름을 바라보며 그리워한다. 타향他鄕에서 고향故鄕에 계신 부모父母를 생각한다. 멀리 떠나온 자식子息이 어버이를 사모思慕하여 그리는 정. ‘망운지회望雲之懷’. ‘백운고비白雲孤飛’.

441) 높은 구름을 훨씬 넘는 뜻. 속세俗世에 초연超然한 태도態度. 속세俗世를 떠나서 초탈超脫하려는 마음.

442) 구름과 진흙 차이差異. 사정事情이 크게 다르다. ‘소양지간霄壤之間’. ‘소양지차霄壤之差’. ‘소양지판霄壤之判’. ‘천양지간天壤之間’. ‘천양지차天壤之差’. ‘천양지판天壤之判’. ‘천양현격天壤懸隔’. ‘천연지차天淵之差’. ‘천지지차天地之差’.

443) 청명과 입하 사이. 양력 대략 4월 20일경.

444) 갠 날에는 밖에 나가 농사일을 하고, 비오는 날에는 책을 읽는다.

【雪(눈 설, xuě,xuè)】

[說文] : "(雪, 䨮), 凝雨說物者. 从雨, 彗聲."

雪. 빗물의 응고체. 눈이 내리면 만물이 기쁘게 된다. 의미부 '雨'와 소리부 '彗'로 이루어진 형성자이다.

雪					
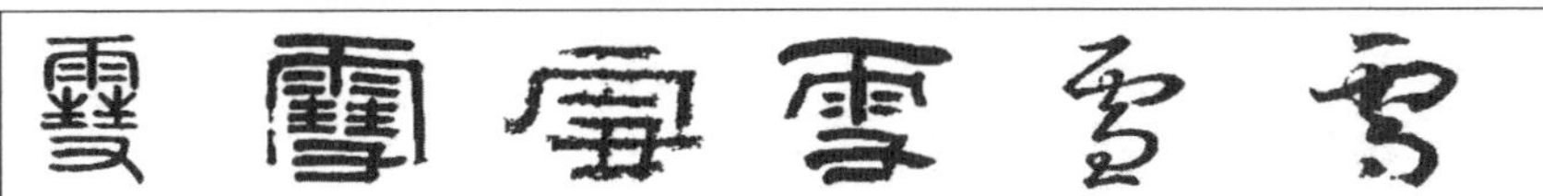					
說文篆文	說文古文	東漢 張遷碑	淸 汪鋆	東晉王羲之 十七帖	唐孫過庭 書譜
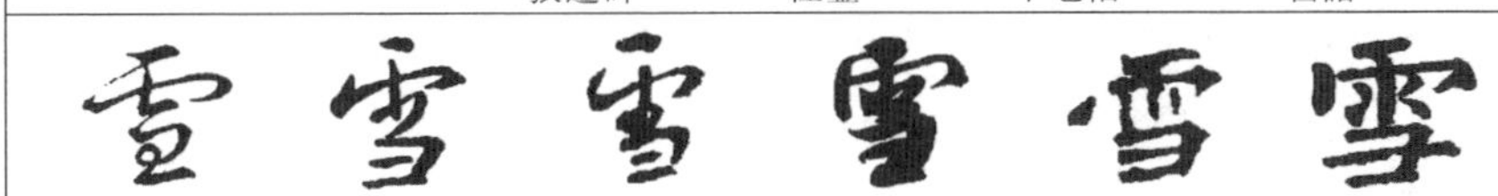					
草韻辨體	東晉王羲之 集字聖敎序	唐太宗 晉祠銘	北宋米芾 苕溪詩卷	北魏 張猛龍碑	唐柳公權 神策軍碑

'雪'자를 갑골문은 ''으로 쓰고, 금문은 ''로 쓴다. 갑골문은 '雨'와 두 개의 '丰' 즉 '彗'의 생략형으로 쓰고, 금문은 의미부'雨'와 소리부'彗(비 혜, huì)'로 쓴다. 초죽서에서 '彗'를 '毳(솜털 취, cuì,chuì)'로 쓴다. 모두가 형성자이다. 갑골문에서는 지명으로 쓰이기도 하고, 금문에서는 눈처럼 '작은 모양'의 물건을 가리키기도 한다.

오대五代 설어도雪漁圖의 일부(대만고궁박물관 소장)

"庚子卜雪."(≪合集≫34039) 경자일에 점을 칩니다. 눈이 내릴까요?

"其燎于雪又(有)大雨."(≪英國≫2366)

설 지방에서 요제를 지내면 큰 비가 올까요?

"白(伯)涄父乍(作)雪毁(簋)."≪伯涄父簋≫

445) 바람에 머리를 빗고, 비에 몸을 씻는다. 긴 세월歲月을 이리저리 떠돌며 갖은 고생苦生을 다하다.

백미보는 작은 궤를 만든다.[446]

[소설小雪] [대설大雪][447] [장설壯雪][448] [형설지공螢雪之功][449] [설상가상雪上加霜][450] [엄동설한嚴冬雪寒]

【冰(冫)얼음 빙, bīng) 凝(엉길 응, níng)】

[說文] : "𡨕(冰), 水堅也. 从仌, 从水. 凝(凝), 俗冰从疑."

冰. 물이 견고하게 된 것이다. '仌'와 '水'로 이루어진 회의자이다. 속체는 '疑'자를 써서 '凝(엉길 응, níng)'으로 쓴다.

'冫(仌)'·'冰'과 '氷'자는 같은 자이다. '仌(冫)'은 얼음 안의 무늬를 나타낸다. 혹은 '凝(엉길 응, níng)'자의 초문으로 해석하기도 한다.

[빙하氷河] 해빙[解氷] [유빙流氷][451] [빙자옥질氷姿玉質][452] [빙탄불상용氷炭不相容][453] [빙탄지간氷炭之間] [여리박빙如履薄氷][454]

---

446) 본 구절에서 '雪'자는 '小'의 의미로 쓰인다.

447) 소설은 대략 양력陽曆 11월 22일 무렵이고, 대설은 양력 12월 8일 무렵.

448) 큰 눈.

449) '손강영설孫康映雪'. '車胤盛螢차윤성형'. '차윤취형車胤聚螢'. '차형손설車螢孫雪'. '형창설안螢窓雪案'. 진晉나라 때 차윤車胤이 반디불을 모아 불을 밝혀 공부를 했고, 송강宋康이 눈(雪) 빛으로 책을 비쳐 공부했다는 유래.

450) '설상가설雪上加雪'. '전호후랑前虎後狼'.

451) 떠돌아다니는 얼음.

452) 얼음같이 투명透明한 모습과 옥과 같이 뛰어난 바탕. 용모容貌와 재주가 모두 뛰어나다. 매화梅花의 다른 이름. '선자옥질仙姿玉質'. '아치고절雅致高節'.

453) 얼음과 불.

【水(물 수, shuǐ)】

[說文]: "𣱱(水), 準也. 北方之行. 象眾水並流, 中有微陽之气也."

水. 평평하게 흐를 물줄기. 북쪽으로 흘러간다. 많은 물이 함께 흘러가는 모양이다. 중간에 양기가 포함되어 있다.

水	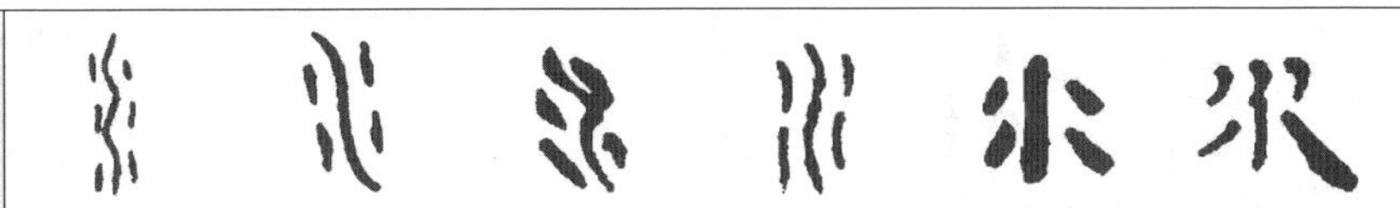					
	商 甲骨文	西周 金文	戰國 包山楚簡	戰國 石鼓文	秦 睡虎地秦簡	西漢 銀雀山竹簡
	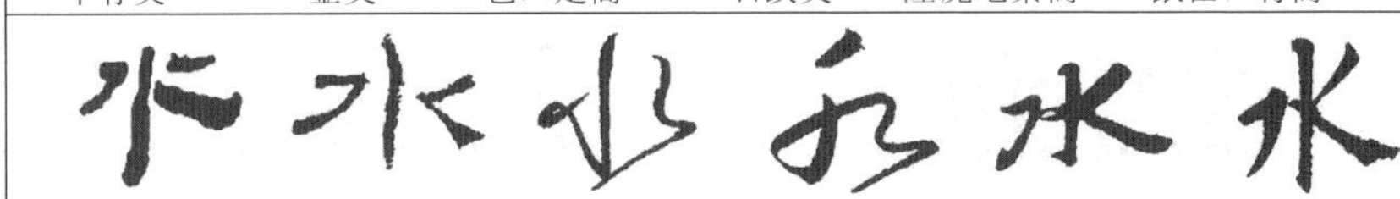					
	漢 居延漢簡	東漢 禮器碑	唐懷素 自敘帖	唐懷素 自敘帖	東晉王羲之 蘭亭序	唐歐陽詢 九成宮醴泉銘

점들은 물을 가리키고, 가운데 'ㅣ'은 물줄기의 형상이다.

"貞其出(有)大水." (≪合集≫10150) 홍수의 재해가 발생할까요?

"子曰: 小人溺于水, 君子溺于口, 大人溺于民, 皆在其所褻也. 夫水近于人而溺人, 德易狎而難親也, 易以溺人. 口费而烦, 易出難悔, 易以溺人. 夫民閉于人, 而有鄙心, 可敬不可慢, 易以溺人. 故君子不可以不愼也." ≪禮記≫

공자가 말하였다. 소인은 물에 빠지고 군자는 입에 빠지고 대인은 백성에게 빠진다. 모두 그 친근한 데 있는 것이다. 대체로 물은 사람에 가까워서 사람을 물에 빠뜨린다. 물의 덕은 가까이 하기는 쉬워도 친하기는 어려워 쉽게 사람을 빠뜨린다. 입은 내기는 쉽지만 뉘우치기는 어렵다. 그래서 남을 빠뜨리기가 쉽다. 백성은 人道를 막고 비루한 마음이 있는 것이니, 공경해야 하고 태만하거나 홀대하지 말아야 한다. 그리고 쉽게 사람을 빠뜨리기 때문에 군자는 삼가지 않을 수 없다.

[수준水準] [홍수洪水] [수어지교水魚之交][455] [아전인수我田引水] [군신수어君臣水魚][456]

---

454) ≪詩經·小雅≫: "戰戰兢兢, 如臨深淵, 如履薄冰."

455) 물과 물고기의 사귐. 임금과 신하臣下 또는 부부夫婦 사이. 매우 친밀親密한 관계關係. '유어유수喩魚有水'. '관포지교管鮑之交'. '군신수어君臣水魚'. '삼고초려三顧草廬'. '수어水魚'. '수어지친水魚之親'. '어수지교魚水之交'. '어수지친魚水之親'. '어수친魚水親'.

456) 임금과 신하臣下. 물과 물고기. 떨어질 수 없는 친밀親密한 관계關係.

【永(길 영, yǒng)】

[說文] : "(永), 長也, 象水巠理之長. ≪詩≫曰: '江之永矣'."

永. 물길이가 길다. 물이 길게 흘러가고 물길이 긴 모습이다. ≪시경≫에서는 '장강이 길게 길게 흐리네.'라 하였다.

永

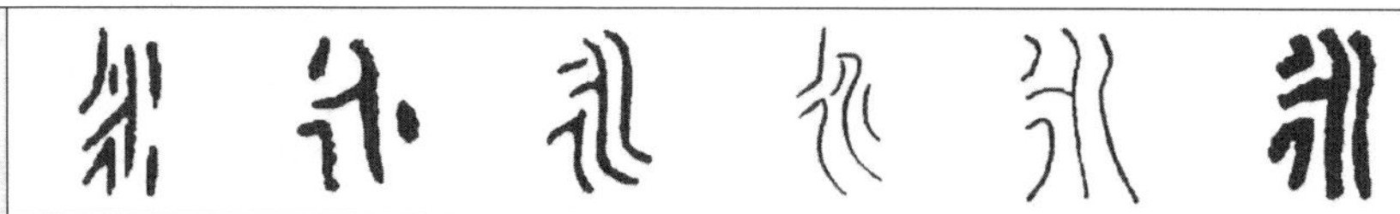

商 甲骨文	西周 史牆盤	西周 金文	戰國 中山王方壺	新 嘉量銘	漢印

漢 居延漢簡	漢東 乙瑛碑	東晉王羲之 十七帖	唐懷素 自敘帖	東晉王羲之 蘭亭序	唐歐陽詢 皇甫誕碑

갑골문의 '永'자는 물 하천을 따라 길게 흘러가는 모양이다. 금문에서는 그 모양이 약간 변화하였다. '泳'자의 초문으로 보기도 한다.

"子子孫孫永寶. 其萬年永〔用〕卿(饗)王出入." ≪小臣宅簋≫

이 이기尊彝를 자손 대대로 영원히 보배로 삼고 왕명을 전달하는 사자使者들과 향연을 베풀 때 사용하고자 한다.

[영겁永劫][457] [영원永遠] [영구永久] [영면永眠] [영원무궁永遠無窮] [불사영생不死永生] [일로영일一勞永逸][458]

【泉(샘 천, quán)】

[說文] : "(泉), 水原也. 象水流出成川形."

泉. 물의 근원이다. 물이 흘러 천을 이루는 형상이다.

457) 영원한 세월.
458) 한때 고생苦生하고 오랫동안 안락安樂을 누리다. 적은 노고勞苦의 보람으로 오랜 이익利益을 보다.

물이 산 계곡에서 흘러나오는 모양이다.

“溥博淵泉，而時出之. 溥博如天，淵泉如淵.”≪中庸≫

두루 넓고 깊이 근원이 있어서 제때에 내놓는다. 두루 넓은 것은 하늘같고, 깊이 근원 있음은 못 같다.

[원천源泉] [온천溫泉] [갈불음도천수渴不飮盜泉水][459] [황천黃泉]

【江(강 강, jiāng)】

[說文] : “(江), 水. 出蜀湔氐徼外崏山, 入海. 从水, 工聲.”

江. 강물의 이름이다. 촉나라 전저의 외각에 있는 민산을 흘러 바다로 들어간다. 의미부 ‘水’와 소리부 ‘工’으로 이루어진 형성자이다.

459) 목이 말라도 도천盜泉의 물은 마시지 않는다. 아무리 궁해도 불의不義는 저지르지 않는다.

‘江’은 장강長江을 가리키고, ‘河’는 황하黃河를 가리킨다.

“逾江，庚彭𢎗(逆)，庚松𨙸(陽)，內(入)瀘(瀘)江，庚爰陵．让江，
內(入)湘，庚䐑，庚𨛜𨙸(陽)，內(入)澬，庚鄗；內(入)𦃚(資)·沅·澧·𣾰；
让江，庚木閘(關)，庚郢．”≪鄂君啓節·舟節≫

다시 장강을 따라 내려와 팽택彭澤과 송양松陽을 지나 여강濾江으로 들어와 다시 원릉爰陵을 경과한다.(이상은 동부지방의 물길에 해당된다.) 다시 장강을 거슬러 올라서 상강湘江으로 들어서, 섭양㵒陽과 도양洮陽을 지나, 다시 상강에서 뇌수澬水로 들어서 비鄙를 경과한 후, 다시 자수資水·원수沅水·풍수澧水와 담수澹水로 들어간다.(이상은 서남西南쪽의 물길에 해당된다.) 장강을 거슬러 올라서 목관木關을 지나 영도郢都를 지나간다.(이상은 서쪽의 물길에 해당된다.)

[강남江南] [한강漢江] [강북江北] [한강투석漢江投石][460] [금수강산錦繡江山] [동주제강同舟濟江][461]

【河(강 이름 하, hé)】

[說文]：“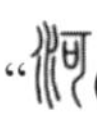(河), 水. 出焞煌塞外昆侖山, 發原注海. 从水, 可聲.”

河. 강물의 명칭이다. 물이 돈황과 그 외각에 있는 곤륜산에서 발원하여 발해로 흘러간다. 의미부 ‘水’와 소리부 ‘可’로 이루어진 형성자이다.

河	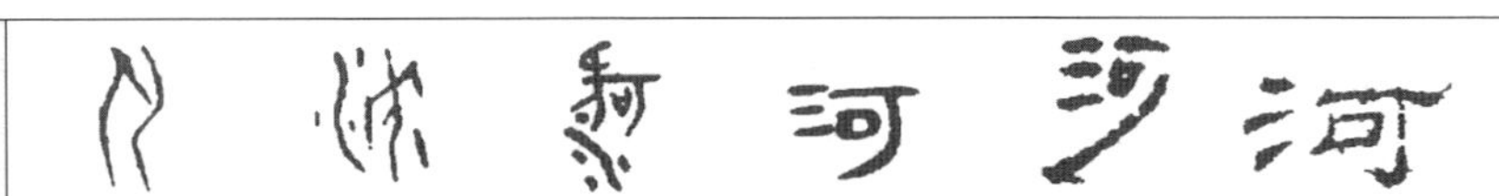					
	商 甲骨文	商 甲骨文	西周 金文	秦 睡虎地秦簡	西漢 馬王堆帛書	東漢 乙瑛碑
	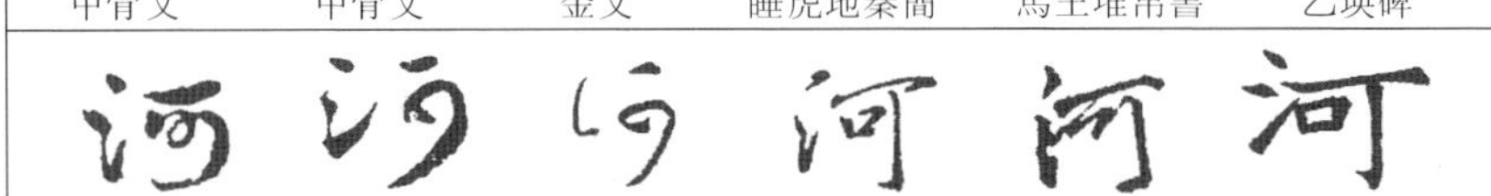					
	吳皇象 急就章	唐懷素 草書千字文	唐 月儀帖	唐褚遂良 枯樹賦	唐李邕 李思訓碑	隋 美人董氏墓誌

갑골문은 소리부‘丂’를 쓰기도 하고, 또한 소리부‘何’를 추가하여 ‘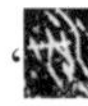’로 쓰기도

460) ‘배수거신杯水車薪’. ‘배수구거杯水救車’. ‘배수여신杯水輿薪’. ‘이란격석以卵擊石’. ‘이란투석以卵投石’. ‘홍로상일점설紅爐上一點雪’. ‘홍로점설紅爐點雪’.

461) 같은 배를 타고 강을 건너간다. 원수怨讐끼리도 공동共同의 목적目的을 위해서는 같은 배를 타고 서로 협조協助하게 된다. ‘동주상구同舟相救’. ‘오월동주吳越同舟’.

한다. 금문은 의미부'水'와 소리부'𣶒'를 써서 '', '', ''로 쓰기도 한다. '河'는 황하를 가리킨다.

"寮(燎)五牛于河."(≪合集≫811反)
다섯 마리를 사용하여 황하에서 요제를 지낼까요?
"導河積石, 至于龍門, 南至于華陰, 東至于砥柱."≪書經·禹貢≫
황하를 인도하여 적석산을 지나 용문산에 이르고, 남쪽으로 화산의 북쪽 기슭에 다다랐고 동쪽으로 저주산에 닿는다.

[하천河川] [빙하氷河] [백년하청百年河清][462] [제하분주濟河焚舟][463]

【回(돌 회, huí)】

[說文] : "(回), 轉也. 从口, 中象回轉形. (囘), 古文."

回. 회전하다. '口'과 중간이 도는 모양으로 이루어진 자이다. 고문은 '囘'로 쓴다.

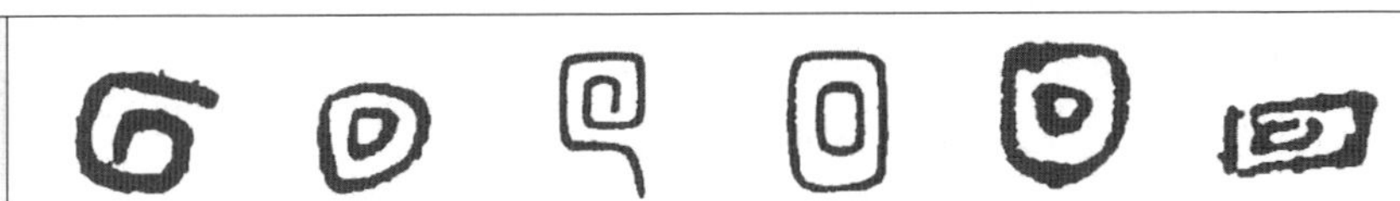

回	商 甲骨文	秦 睡虎地秦簡	說文古文	說文篆文	西漢 馬王堆帛書	漢 敦煌漢簡

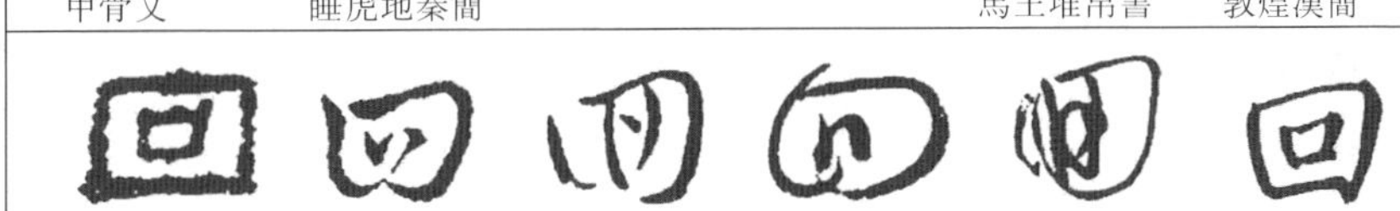

	東漢 甘陵相殘碑	吳皇象 急就章	東晉王羲之 十七帖	南宋 薛紹彭	北宋 蘇舜元	唐顔眞卿 放生池帖

갑골문에서 '回'자와 '亘(걸칠 긍, gèn)'자는 같은 자이다. 물이 소용돌이치는 모양이다. 후에 횟수를 가리키는 양사로 가차되어 쓰인다.

[회복回復] [철회撤回] [만회挽回] [회피回避] [회갑回甲] [기사회생起死回生] [구회지장九回之腸][464]

---

462) 백 년을 기다린다 해도 황하黃河의 흐린 물은 맑아지지 않는다. '하청난의河清難俟'. '부지하세월不知何歲月'. '천년일청千年一清'. '황하천년일청黃河千年一清'.
463) '배수지진背水之陣'. '사량침주捨糧沈舟'. '파부침선破釜沈船'. '파부침주破釜沈舟'.
464) 장이 뒤틀릴 정도程度로 괴롭고 고통苦痛스럽다. 꼬불꼬불 뒤틀려 꼬부라진 모양模樣. '단장斷腸'. '단혼

【火(불 화, huǒ)】

[說文] : "(火), 燬也. 南方之行, 炎而上, 象形."

火. 불이 타는 모양이다. 오행 중 일종의 남방을 가리킨다. 불꽃이 위로 타오르는 모양이다. 상형자이다.

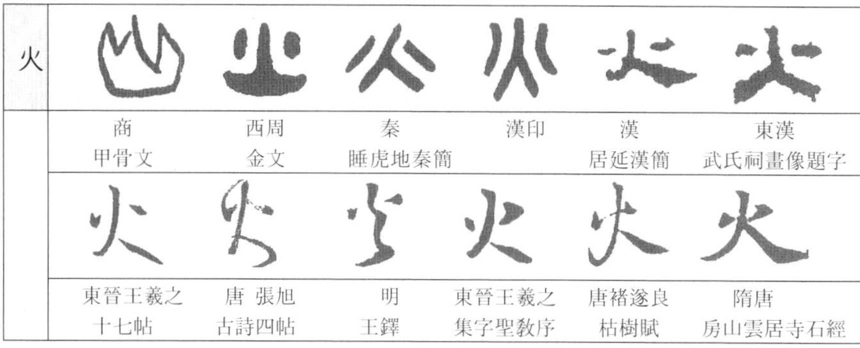

고문자 중에서 '山'과 '火'자의 차이점은 '火'자는 아랫부분이 타원인 방면에 '山'자는 편평한 모양이다. 금문은 '山'자를 ''으로 쓴다.

"ㅁ卯卜火不㐌(延)." (≪合集≫30774)

□묘일에 점을 칩니다. 화재가 계속되지 않을까요?

[화산火山] [분화구噴火口] [풍전등화風前燈火][465] [등화가친燈火可親][466] [명약관화明若觀火][467]

【炎(불탈 염, yán)】

[說文] : "(炎), 火光上也. 从重火."

炎. 불의 빛이 위로 올라가는 모양이다. 두 개의 '火'로 이루어진 자이다.

斷魂'. '참척慘慽'.

465) '누기累碁'. '누란지세累卵之勢'. '누란지위累卵之危'. '명재경각命在頃刻'. '백척간두百尺竿頭'. '위여누란危如累卵'. '일촉즉발一觸卽發'. '초미지급焦眉之急'. '풍등風燈'. '풍전등촉風前燈燭'. '풍전촉화風前燭火'.

466) '신량등화新凉燈火'. '천고마비天高馬肥'. '추고마비秋高馬肥'.

467) '관화觀火'. '불문가지不問可知'.

炎	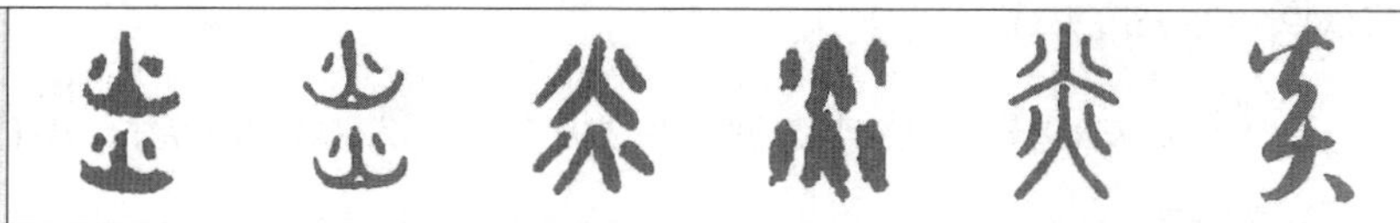					
	周 令簋	西周 召尊	秦 睡虎地秦簡	西漢 馬王堆帛書	說文篆文	唐孫過庭 書譜
	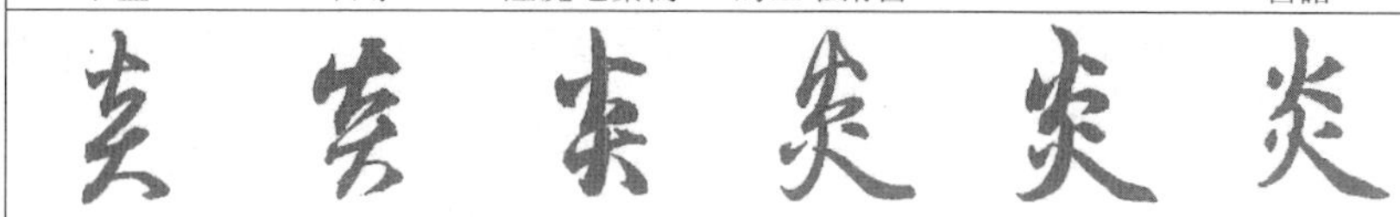					
	唐 月儀帖	北宋 林逋	南宋 薛紹彭	元 鄧文原	元 趙孟頫	唐虞世南 孔子廟堂碑

‘炎’자는 ‘燄(불 댕길 염, yàn)’자와 같은 자이다. 금문에서는 ‘郯(나라 이름 담, tán)’자의 가차자로 쓰인다.

“隹(唯)王來正(征)盂方伯炎.” (≪合集≫36509)

왕이 와서 우방국盂方國의 족령 염炎을 토벌하였다.

“隹(唯)王于伐楚, 白(伯)才(在)炎.” ≪令簋(作冊夨令簋)≫

이때는 이른바 왕(소왕昭王)이 초나라를 정벌하고, 백무보伯懋父가 담郯 지방에 주둔하는 시기이다.

[간염肝炎] [염증炎症] [폐렴肺炎] [인두염咽頭炎] [후두염喉頭炎] [염량세태炎凉世態][468]

화염火焰의 모양

468) 뜨거웠다가 차가워지는 세태世態. 권세權勢가 있을 때에는 아첨阿諂하여 좇고 권세가 떨어지면 푸대접하는 세속世俗. ‘세태염량世態炎凉’.

【災(재앙 재, zāi)(灾)】

[說文] : "栽, 天火曰栽. 从火, 𢦏聲. (灾), 或从宀火 ; (扻), 古文从才 ; (災), 籒文从巛."

栽. 자연적인 화재를 '栽'라 한다. 의미부 '火'와 소리부 '𢦏'로 이루어진 형성자이다. 혹체는 '宀'와 '火'를 써서 '灾'로 쓰고 고문은 '才'를 써서 '扻'로 쓰고, 주문은 '巛'를 써서 '災'로 쓴다.

災

商 甲骨文	商 甲骨文	商 甲骨文	說文篆文	說文或體	說文籒文

東漢 白石神君碑	唐玄宗 石臺孝經	北宋 蔡襄	元 趙孟頫	唐歐陽詢 皇甫誕碑	唐顏眞卿 顏氏家廟碑

고문자 중의 갑골문은 홍수가 범람한 모양과 소리부 '才'로 쓰거나(川+才='巛'), 집안에 화재가 발생한 형상('灾')으로 쓴다. '灾'자는 '宀'과 '火'로 이루어진 회의자이다. 후에 '災'자가 주로 쓰인다. 초죽서나 백서에서는 '材'자의 가차자로 쓰이기도 한다.

"天乃降材(災)." ≪上博竹書五·三德≫ 하늘은 재앙을 내릴 것이다.

"是必為福, 非必為材(災)" ≪馬王堆帛書·經法·名理≫

이는 필히 복이 되는 일이고, 반드시 재앙이 되는 것이 아니다.

[재앙災殃] [이재민罹災民] [재해災害] [복과재생福過災生][469] [천재지변天災地變] [불의지재不意之災]

【氣(기운 기, qì)(气)(汽)(乞)】

[說文] : "(气), 雲气也. 象形."

氣. 구름을 움직이는 기운이다. 상형자이다.

469) '복과화생福過禍生'.

'三(三)'의 형태는 기류가 유동하는 모습을 본 떠 만든 자로 '氣'·'汽(증기 기, qì)'자의 본자이다. '乞'자는 '气'자에서 분화된 자이다. '气'자는 처음 필획과 마지막 필획을 길게 쓰고, 후에 '乞'자는 '气'자의 중간 한 획이 없는 형태로 쓴다. 두 자는 자주 구별 없이 혼용하여 쓴다. '气'자는 '訖(이를 흘, qì)'이나 '迄(이를 흘, qì)'자의 가차자로 쓰인다. 혹은 '餼'·'槩'자로 쓰기도 한다. '乞'자는 후에 주로 '갈구하다'·'구원하다'의 가차자로 쓰인다.

갑골문에서 '气'자는 '迄(이를 흘, qì)'의 가차자로 쓰이고 금문에서는 '乞'의 가차자로 쓰이기도 하며 전국시기에는 부사 '거의'라는 뜻의 '汽'자의 가차자로 쓰이기도 한다.

“气(迄)日酒.”(≪屯南≫2366) 일제日祭 때에 주제酒祭를 거행하다.

“王固曰: ‘疑兹气(迄)雨.’ 之日允雨.”(≪合集≫12532正)

왕이 점괘를 판단하여 말하였다. ‘이번에 비가 아마 내릴 것이다.’ 이날 정말 비가 내렸다.

“洹子孟姜用气(乞)嘉命.” ≪洹子孟姜壺≫

원자맹강은 이로써 가지고 아름다운 장래를 기원하다.

“用气(乞)沬(彌)壽, 萬年無彊(疆).” ≪都公緘鼎≫

이로써 장수를 기원하고 만년 대대로 평안하기를 기원한다.

“气(汔)至, 亦母(毋)繘井, 羸丌(其)缾, 凶.” ≪上博竹書三·周易≫

우물이 진흙으로 거의 막혀 있으며 또한 보수하지 않았고 두레박이 파손되니 흉하다.

[경기景氣] [분위기雰圍氣] [감기感氣] [절기節氣] [호연지기浩然之氣][470] [기고만장氣高萬丈] [역발산기개세力拔山氣蓋世][471]

【土(흙 토, tǔ)】

[說文] : “土(土), 地之吐生物者也. 二象地之下·地之中物出形也.”

土. 생물이 자라는 땅. ‘二’는 땅의 아래와 땅의 중간 부분을 나타내고, 이를 통과하여 생물이 나오는 형상이다.

‘土’자는 땅위에 솟아있는 흙무더기의 형상이다. 혹은 토지 신주로 해석하기도 한다.

470) ‘기염만장氣焰萬丈’. ‘호기만장豪氣萬丈’.

471) 산을 뽑고 세상世上을 덮을 만한 기상氣像. 아주 뛰어난 기운氣運. 놀라운 기상. 항우가 패배를 인정하고 우희를 향해 부르던 노래이다. “力拔山氣蓋世, 時不利兮騅不逝, 騅不逝兮可奈何, 虞兮虞兮奈若何.” (힘은 산을 뽑을 만하고, 기운 또한 세상을 덮을 만하나 때와 운이 불리하니 추 또한 달리지 못하는구나. 추가 달리지 못하니 어찌 해야 한단 말인가? 우여, 우여, 그대를 어떻게 하면 좋단 말이냐?)

후에 '示'를 추가하여 '社'자로 쓴다하였다.

"其安易持, 其未兆易謀. 其脆易泮, 其微易散. 爲之於未有, 治之於未亂. 合抱之木生於毫末. 九層之臺起於累土. 千里之行始於足下. 爲者敗之, 執者失之. 是以聖人無爲故無敗, 無執故無失. 民之從事常於幾成而敗之. 愼終如始則無敗事. 是以聖人欲不欲, 不貴難得之貨. 學不學, 復衆人之所過, 以輔萬物之自然而不敢爲." (≪老子≫ 64장)

고요히 있을 때 유지하기 쉽고 아직 드러나지 않을 때 도모하기 쉬우며, 허약한 것은 쪼개기 쉽고 작은 것은 흐트러뜨리기 쉽다. 아직 있지 않을 때 그것을 위하여 행하고 아직 혼란하지 않을 때 다스린다. 한 아름되는 나무는 털끝만한 것에서 자라고 아홉 층 되는 높은 누각은 한 삼태기의 흙에서 세워지며, 백리나 되는 먼 거리도 발끝에서 시작된다. 억지로 하는 사람은 실패하고 집착하면 잃게 되기 때문에 성인은 억지로 하지 않으니 실패가 없고 집착하지 않으니 잃는 것이 없다. 백성들이 일을 할 때는 항상 일이 다 될 때쯤 잘못되게 마련이다. 그런 까닭에 마지막을 조심하기를 처음과 같이 하고 그렇게 하면 잘못되는 일이 없다. 성인은 탐욕하지 않음을 추구하니 얻기 어려운 재물을 귀하게 여기지 않는다. 가르침이 없는 것으로 가르치면 잘못이 있는 백성들은 스스로 돌아오게 된다. 그런 고로 성인들은 만물의 자연스러움에 의한 것이지 인위적인 행위를 하지 않는다.)

[토대土臺] [영토嶺土] [권토중래捲土重來][472] [적토성산積土成山][473] [극락정토極樂淨土][474]

'土'자의 형상

472) '흙먼지를 날리며 다시오다'. '사회복연死灰復燃'. 당唐나라 두목杜牧(803~852), <제오강정시題烏江亭詩>: "勝敗不可兵家期, 包羞忍恥是男兒. 江東子弟多才俊, 捲土重來未可知."(승패는 병가에서도 기약할 수 없는 것, 부끄러움을 안고 참는 것이 남아로다. 네 고향 강동의 자제 중에 재주 있는 준걸이 많은데, 흙먼지를 날리면서 다시 올 수 있다는 것을 어찌 알지 못하였가.)

473) '토적성산土積成山'. '진합태산塵合泰山'.

474) 아미타불阿彌陀佛이 살고 있다는 정토淨土. 이 세상에서 서쪽으로 십만 억의 불토를 지나서 있으며, 모든 것이 완전히 갖추어 불과佛果를 얻은 사람이 죽어서 이곳에 다시 태어난다.

【阜(언덕 부, fù)】

[說文] : "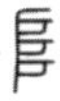(𨸏), 大陸, 山無石者.  古文阜."

阜. 큰 땅덩어리. 산에 돌이 없는 토산이다. 고문은 ''로 쓴다.

阜						
	商 甲骨文	漢印	說文篆文	東漢 魯峻碑	隋智永 眞草千字文	唐歐陽詢 草書千字文

	唐懷素 草書千字文	唐歐陽詢 行書千字文	元 馮子振	北魏 元暉墓誌	北魏 皇甫驎墓誌	東魏 敬史君碑

'𨸏'와 '阜'는 같은 자이다. '阜'자는 제단에 오르기 위해 쌓아 올린 넓고 단단한 흙 계단의 모습이 아닌가 한다. '두텁다'·'크다'나 '성대하다'는 의미로 확대되어 쓰인다.

"五日丁丑, 王嬪中丁, 氒(蹶)陰(仄)在庭(庭)阜" (≪合集≫10405正)

점을 치고 난 후 5일 정축일에 왕이 중정中丁에게 빈제賓祭를 지낼 때 정원의 언덕에서 넘어졌다.

[엄택곡부奄宅曲阜, 미단숙영微旦孰營]475)

제단과 이를 오르내리는 계단. '阜'자의 모양.

475) 주공周公이 큰 공이 있어 백금伯禽을 노(魯, 曲阜)나라에 봉건封建한 후 산동성 곡부曲阜에다 궁전宮殿을 세우다. 천자문 중의 한 구절이다. '奄(가릴 엄, yǎn,yān)'은 부사 '돌연히'·'갑자기'라는 뜻이고, '宅'은 동사로 '거주하다'는 뜻이다. 혹은 '엄택'을 '주거지로 삼다'라는 복합동사로 보기도 한다. '미단숙영微旦孰贏' 중 '微'는 부정의 가설 '아니라면'의 뜻인 연사의 용법으로 쓰이고, '旦'은 주공이다. 전체적으로 '갑자기 곡부로 봉지封地가 내려져 살았으니, 단이 아니면 누가 그곳을 경영했으랴'는 뜻이다.

【山(뫼 산, shān)】

[說文] : “(山), 宣也. 宣气散, 生萬物, 有石而高. 象形.”

山. 임금이 하교下敎를 내리다(선양宣揚하다). 땅의 기운을 펼쳐서 각 지방에 퍼뜨리면 만물이 생장하는 것이다. 돌과 높은 능지가 있다. 상형자이다.

山

商 金文	西周 大克鼎	西周 金文	戰國 中山王鼎	戰國 郭店楚簡	秦 睡虎地秦簡

西漢 馬王堆帛書	東漢 禮器碑陰	西晉索靖 月儀帖	唐懷素 自敘帖	唐顔眞卿 祭姪文稿	隋 美人董氏墓誌

갑골문에서 ‘산악’이나 ‘산신’의 뜻으로 쓰인다.

“壬申卜王陟山.”(≪合集≫20271)

임신 일에 점을 칩니다. 산을 오를까요?

“庚午其桒(祓)雨于山.”(≪合集≫30173)

경오 일에 점을 칩니다. 산신에게 비를 기원하는 볼제祓祭를 지낼까요?

[산양山羊] [부산釜山] [울산蔚山] [금강산金剛山] [우공이산愚公移山][476] [타산지석他山之石][477] [동산재기東山再起][478]

【丘(언덕 구, qiū)】

[說文] : “(丘), 土之高也, 非人所為也. 从北, 从一. 一, 地也. 人居在丘南, 故从北. 中邦之居在崐崘東南. 一日四方高中央下為丘. 象形. (㘳), 古文从土.”

丘. 땅 중 높은 곳이다. 인간이 인위적으로 만든 곳이 아니다. ‘北’과 ‘一’로 이루어진 회의자이다. ‘一’은 땅이다. 사람이 언덕의 남쪽에 거주하기 때문에 ‘北’을 쓴 것이다.

476) ‘마부위침磨斧爲針’. ‘수적천석水滴穿石’. ‘적진성산積塵成山’. ‘십벌지목十伐之木’.

477) 다른 산의 돌. 다른 산에서 나는 거칠고 나쁜 돌이라도 숫돌로 쓰면 자기자신의 옥을 갈 수가 있다. 다른 사람의 하찮은 언행言行이라도 자기자신의 지덕智德을 닦는다.

478) ‘권토중래捲土重來’

중원지방의 사람들은 곤륜산의 동남쪽에 산다. 혹은 사방은 높고 중앙은 낮은 것을 '丘'라고도 한다. 상형자이다. 고문은 '土'를 써서 坔'로 쓴다.

丘					
商 甲骨文	春秋 金文	戰國 金文	秦 睡虎地秦簡	西漢 銀雀山竹簡	東漢 西嶽華山廟碑

東漢 魯峻碑陰	魏 范式碑陰	東晉王羲之 淳化閣帖	唐張旭 古詩四帖	唐褚遂良 哀冊	唐歐陽詢 九成宮醴泉銘

'丘'자는 언덕의 모습이다.

"孔子曰 ; 如垤而進, 吾與之. 如丘而止, 吾已矣." ≪荀子·宥坐≫

작은 개밋둑 같은 모습이라 하더라도 그가 발전하고 있다면 나는 그를 도와줄 것이다. 큰 언덕 같은 모습이라 하더라도 멈춰서 발전하지 않는다면 나는 손을 대지 않을 것이다.

"自𨟻(鄂)㞷(往), 庚昜(陽)丘, 庚邡(方)城, 庚象禾, 庚畐焚, 庚緐(鄱)昜(陽), 庚高丘, 庚下𨟚(蔡), 庚居鄛(巢), 庚郢. 見其金節則毋政(徵), 毋舍桴飤, 不見其金節則政(徵)." ≪鄂君啓節·車節≫

악군鄂郡을 출발하여 양구陽丘·방성方城·상화象禾·복분畐焚·번양緐陽·고구高丘·하채下蔡·거소居巢와 영도郢都 등의 지방을 지나도록 한다. 이 동절銅節을 보면 징세하지 말되, 음식물은 제공할 필요가 없고, 동절을 제시하지 않으면 징세를 하도록 하라.

[구릉丘陵] [수구초심首丘初心] [호사수구狐死首丘][479]

【石(돌 석, shí,dàn)】

[說文] : "(石), 山石也. 在厂之下, 口象形."

石. 산 아래에 있는 돌이다. 돌이 '厂'의 아래에 놓여 있다. '口(위)'는 돌멩이의 모양이다.

479) 여우는 죽을 때가 되면 제가 살던 굴 있는 언덕으로 머리를 돌린다는 뜻. 근본根本을 잊지 않는다. 고향故鄕을 그리워하다. '수구首丘'. '호마망북胡馬望北'. '호마의북풍胡馬依北風'.

石

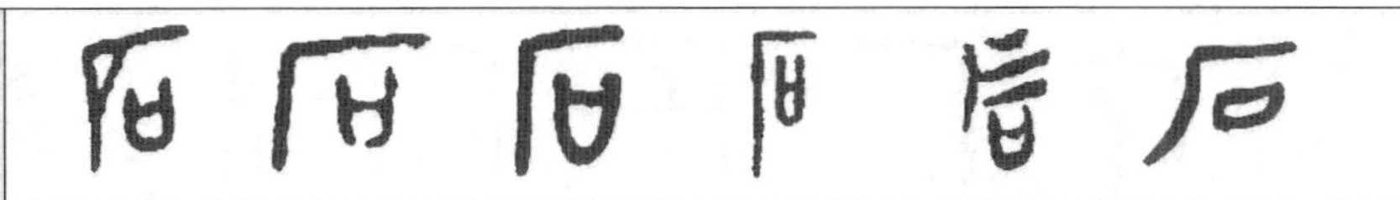

商 甲骨文	西周 金文	春秋 金文	古璽	戰國 郭店楚簡	秦 睡虎地秦簡

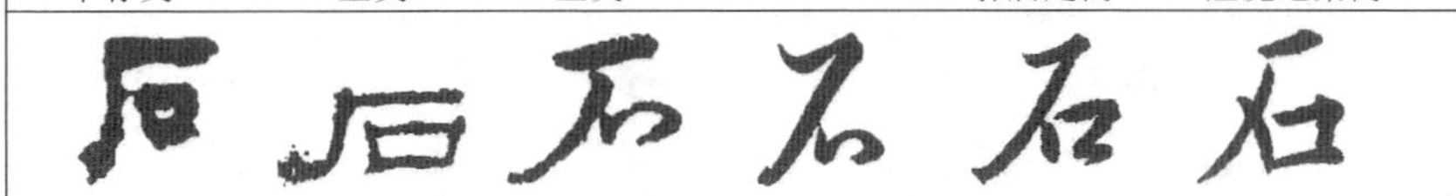

西漢 馬王堆帛書	東漢 禮器碑陰	吳皇象 急就章	唐孫過庭 書譜	東晉王羲之 興福寺斷碑	唐歐陽詢 九成宮醴泉銘

'石'자는 언덕을 표시하는 '厂' 아래 거대한 돌의 모습이다.

≪大虽(雅)≫員(云): "白珪之石, 尚可磿(磨)也; 此言之砧(玷), 不可爲也." ≪郭店楚簡·緇衣≫

≪대아·억抑≫이 말하였다. "흰 구슬의 돌은 흠집(허물)을 갈면 되지만, 말은 흠집(허물)을 어떻게 할 수가 없다네."

[석유石油] [석탄石炭] [운석隕石] [석류石榴] [타산지석他山之石][480] [일석이조一石二鳥][481] [견금여석見金如石] [점적천석點滴穿石][482]

【岸(언덕 안, àn)(厂(기슭 엄{한}, ān,hán,hàn,yán)】

[說文] : "岸(岸), 水厓而高者. 从屵, 干聲."

岸. 물가의 높은 곳이다. 의미부 '屵'와 소리부 '干'으로 이루어진 형성자이다.

[說文] : "厂(厂), 山石之厓巖, 人可居. 象形. 厈(厈), 籀文从干."

厂. 산에 돌들이 쌓여져 이루어진 벼랑. 사람이 거주할 수 있다. 상형자이다. 주문은 '干'을 써서 '厈'으로 쓴다.

480) ≪詩經·小雅·鶴鳴≫: "樂彼之園, 爰有樹檀, 其下維穀. 他山之石, 可以攻玉."(즐거운 저 동산에는 박달나무 심겨 있고, 그 밑에는 닥나무 있네. 다른 산의 돌이라도 이로써 옥을 갈 수 있네.)

481) '일거양득一擧兩得'. '일전쌍조一箭雙鵰'.

482) '수적성천水積成川'. '수적천석水滴穿石'.

岸(厂)

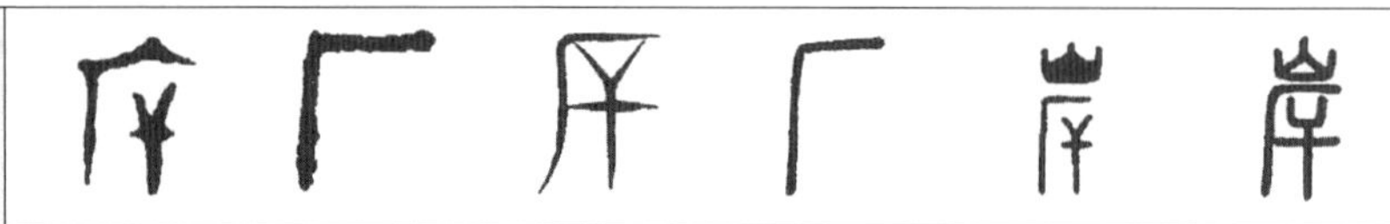

西周 金文	西周 散氏盤	說文籒文	說文篆文	古璽	說文篆文

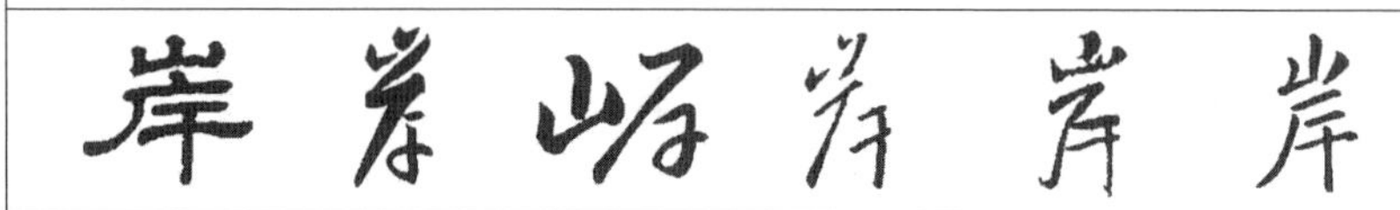

隸辨	唐孫過庭 書譜	元 趙孟頫	東晉王羲之 集字聖敎序	北宋米芾 蜀素帖	唐 敬客 王居士磚塔銘

고문자 '厂'과 '岸'자는 같은 자이다. '厂'자는 '언덕 기슭'의 모양이다. 후에 소리부 '干'이 추가되어 '厈(戸)'으로 쓰고, 의미부 '山'과 소리부 '干'이 추가되어 '岸'자가 되었다.

"三尺之岸而虛車不能登也. 百仞之山任負車登焉, 何則?" ≪荀子·宥坐≫

삼척이 되는 언덕이어도 빈 수레가 오를 수 없고, 백 길이 넘는 산이라도 짐을 실은 수레가 오를 수 있는데, 이는 무엇 때문인가.

"兩岸猿聲啼不住, 輕舟已過萬重山." (唐·李白 ≪早發白帝城≫)

양쪽 강 언덕으로 원숭이 울음소리 그치지 않고 가벼운 배는 이미 만 겹이나 되는 첩첩 산을 지났네.

[연안沿岸] [해안海岸] [안벽岸壁] [오안불손傲岸不遜][483] [대안지화對岸之火][484] [고봉절안孤峯絕岸][485]

금金 무원식武元直 ≪적벽도赤壁圖≫(대만고궁박물관 소장)

483) '오만불손傲慢不遜'.
484) 강건너 불.
485) 우뚝 솟은 산과 깎아지른 낭떠러지.

【穴(구멍 혈, xué)】

[說文] : “(穴), 土室也. 从宀, 八聲.”

穴. 흙 토굴이다. 의미부 ‘宀’과 소리부 ‘八’로 이루어진 형성자이다.

穴

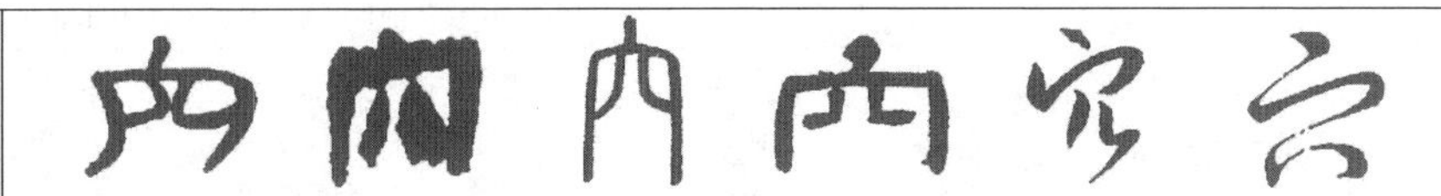

秦 睡虎地秦簡	西漢 馬王堆帛書	說文篆文	魏 王基殘碑	唐孫過庭 書譜	草韻辨體

唐玄宗 溫泉銘	唐高宗 李勣碑	北宋 米芾	北魏鄭道昭 論經書詩	隋 元公夫人姬氏墓誌	唐裵休 圭峰禪師碑

‘穴’자는 흙 토굴의 형상이다.

“古之民未知爲宮室時, 就陵阜而居, 穴而處.” ≪墨子·辭過≫

옛날에 백성들이 궁실을 알지 못하였을 때, 언덕에 거주하였고 토굴을 파서 거처하였다.

[혈거穴居] [경혈經穴][486] [해로동혈偕老同穴][487] [유장천혈窬墻穿穴][488] [불입호혈부득호자不入虎穴不得虎子]

【谷(골 곡, gǔ,yù)】

[說文] : “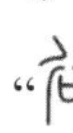(谷), 泉出通川為谷. 从水半見, 出於口.”

谷. 샘에서 물이 나와 하천으로 흘러들어가는 곳을 곡이라 한다. ‘水’의 형태가 반절인 것은 물이 출구에서 나오는 모양이기 때문이다.

486) 경락經絡에 있어서 침을 놓거나 뜸을 뜨기에 알맞은 곳.

487) 부부夫婦가 한평생을 같이 지내며 같이 늙고, 죽어서는 같이 무덤에 묻힌다. 부부夫婦 사랑의 굳은 맹세盟誓를 뜻. 부부夫婦의 금실이 좋아서 함께 늙고 함께 묻히다. ‘백년해로百年偕老’.

488) 담에 구멍을 뚫는다. 재물財物이나 여자에게 탐심을 가지고 몰래 남의 집에 들어가다. ‘양산군자梁山君子’.

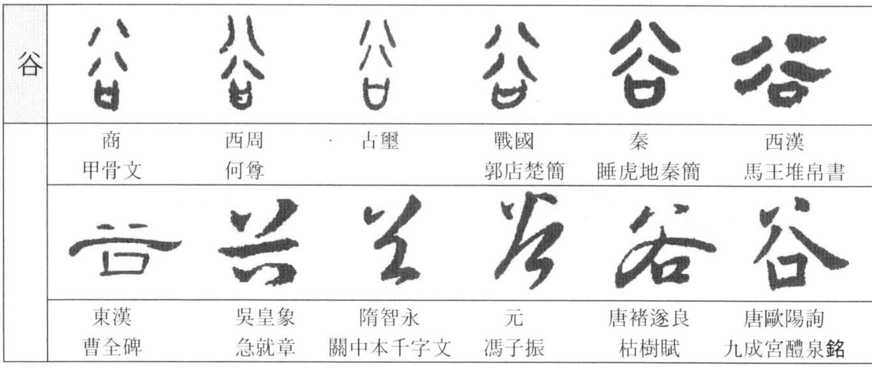

'谷'자는 계곡물이 산에서 흘러내려 평지로 흘러가는 형상이다. 혹은 골짜기의 모습이라고 설명하기도 한다. 초죽서에서는 '浴'자가 '谷'자의 가차자로 쓰이고, '谷'자는 '欲'자의 가차자로도 쓰인다.

"是以能爲百浴(谷)王" ≪郭店楚簡·老子甲≫
그래서 모든 계곡의 왕이 될 수 있는 것이다.
"貴而罷(一)纕, 則民谷(欲)其貴之上也." ≪郭店楚簡·成之聞之≫
존귀하나 겸양함을 제일로 알면 백성들은 그 존귀함이 더욱 늘어나기를 원할 것이다.
"凡悳(憂)患之事谷(欲)扗(任), 樂事谷(欲)後." ≪郭店楚簡·性自命出≫
우화의 일이 있으면 주동적으로 임하고, 즐거운 일이 있으면 먼저 가서 그것을 누리지 말아야 한다.

[계곡溪谷] [칠곡군漆谷郡][489] [율곡栗谷] [진퇴유곡進退維谷][490] [공곡족음空谷足音][491] [심산유곡深山幽谷]

【州(고을 주, zhōu)】

[說文] : "(州), 水中可居曰州. 周遶其旁, 从重川. 昔堯遭洪水, 民居水中高土, 或曰九州. ≪詩≫曰: '在河之州'. 一曰: 州, 疇也. 各疇其土而生之. (𡿧), 古文州."

州. 물 중간에 사람이 거주할 수 있는 곳을 '주州'라 한다. 물이 주위를 맴돌기 때문에 두 개의 천川의 모양이 중첩되어 쓰인다. 옛날 요나라가 홍수를 겪게 되자 백성이 거주하

489) 경상북도 군.
490) '낭패불감狼狽不堪'. '사면초가四面楚歌'. '진퇴무로進退無路'. '진퇴양난進退兩難'.
491) 아무 것도 없는 골짜기에 울리는 사람의 발자국 소리. 쓸쓸할 때 손님이나 기쁜 소식消息이 온다.

는 모래섬을 높이 쌓았는데, 이곳을 '구주九州'라고 부르기도 한다. ≪시경≫에서는 '황하의 모래섬에 있네.'라 하였다. 혹은 '州'는 밭 두둑이라고도 한다. 각자의 땅을 쌓아 경작하면서 생활하는 곳이다. 고문은 '𡿧'로 쓴다.

州					
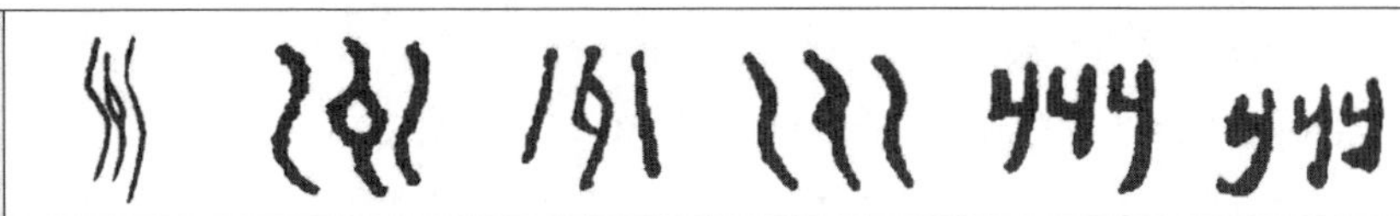					
商 甲骨文	西周 散氏盤	古璽	戰國 信陽楚簡	秦 睡虎地秦簡	漢 居延漢簡
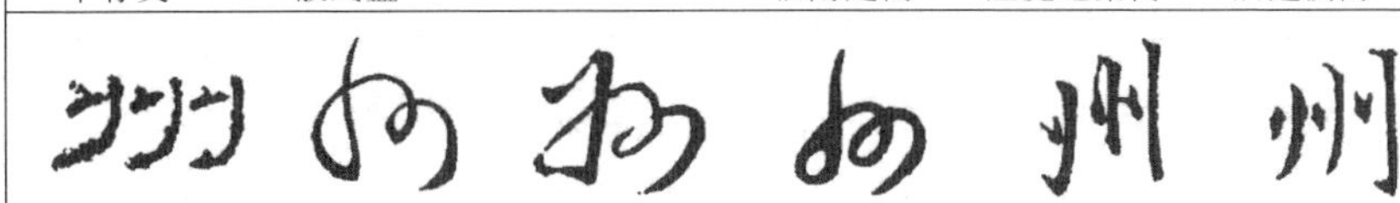					
東漢 禮器碑陰	西晉 武帝	東晉王羲之 二王帖	隋智永 關中本千字文	唐李邕 李思訓碑	唐 昭仁寺碑

수중의 작은 모래톱의 모습이다.

[제주도濟州島] [광주光州] [전주全州] [병주고향并州故鄕]492)

【川(내 천, chuān)】

[說文] : "巛(川), 貫穿通流水也. ≪虞書≫曰: '濬く巜距川', 言深く巜之水會為川也."

川. 물을 통과하여 흘러가게 하는 곳. ≪우서≫ 에서는 '깊고 깊은 도랑을 흘러 큰 천으로 흘러가네.'라 하였다. 깊은 도랑의 물들이 흘러 하천이 된다는 뜻이다.

川					
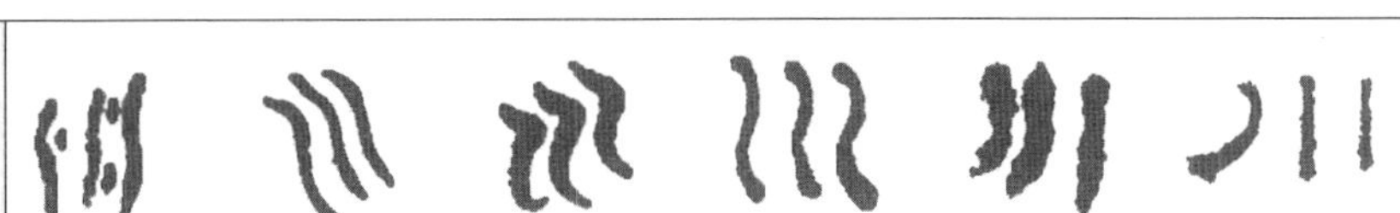					
商 甲骨文	西周 金文	戰國 郭店楚簡	西漢 銀雀山竹簡	西漢 馬王堆帛書	東漢 禮器碑陰

西晉索靖 月儀帖	隋智永 關中本千字文	東晉王羲之 興福寺斷碑	北宋黃庭堅 松風閣詩卷	北魏 于景墓誌	唐歐陽詢 溫彦博碑

---

492) 오래 살던 타향他鄕을 고향故鄕에 견주어 이르는 말. 제2의 고향故鄕. '병주지정竝州之情'. 당나라의 賈島가도가 幷州병주에 오래 살다가 떠날 때 시를 지으며 나온 말이다.

둑 안쪽으로 물이 흘러가는 형상이다. 갑골문에서는 '하신河神'의 뜻으로 쓰이기도 한다. 초죽서에서는 '順'의 가차자로 쓰이기도 한다.

"即川燎, 又(有)雨." (≪合集≫28180)

황하에 이르러 하신河神에게 요제를 지내면 비가 올까요?

"≪寺(詩)≫員(云): 又(有)[illegible]悳(德)行, 四方巛(順)之." ≪郭店楚簡·緇衣≫

≪大雅·抑≫에서 말했다. "바른 덕행을 실행하면 모든 나라가 여기에 순응한다."

"≪峕(詩)≫員(云): 又(有)共悳(德)行, 四或(國)川(順)之." ≪上博楚簡·緇衣≫ "≪詩≫云: 有梏德行, 四國順之." ≪禮記·緇衣≫

"旹(時)事山川, 敎(教)民又(有)敬也." ≪郭店楚簡·唐虞之道≫

무릇 성인은 위로는 하늘을 섬기고 백성을 존경하는 마음을 갖도록 교화하였다.

"是古(故)小人變(亂)天祟(常)以逆大道, 君子訂(治)人侖(倫)以川(順)天悳(德)." ≪郭店楚簡·成之聞之≫

그런고로 소인이 하늘의 법칙을 어기고 어지럽히면, 군자는 하늘의 덕에 순응하며 인륜을 다스린다.

"子在川上曰: 逝者如斯夫, 不舍晝夜." ≪論語·子罕≫

공자가 하천에 서서 말하였다. 가는 것이 저와 같구나. 밤낮으로 끊임없이.

[하천河川] [청계천淸溪川] [인천仁川] [수적성천水積成川][493] [산천의구山川依舊] [산천초목山川草木]

493) '적수성연積水成淵'. '적진성산積塵成山'. '적토성산積土成山'. '점적천석點滴穿石'. '철저성침鐵杵成針'.

○ 동한東漢 시대의 각석刻石 서예와 〈예기비禮器碑〉

한나라 시대의 대표적 서예 자료는 각석刻石과 간독簡牘이 대표적이다. 서한西漢은 각석이 비교적 적고 간독이 많으며, 동한은 각석이 매우 성행하였다. 동한 시대 서예의 가장 두드러진 특징은 비갈碑碣의 성행과 예서의 완성이다. 이 시기에는 또한 장초章草와 금초今草가 성행하였으며 해서와 행서도 점차 제 모습을 찾아가고 있었다. 비갈碑碣을 세우는 풍습은 정치제도와 과학이 발달하고 학문과 문화가 성숙하는 것과 매우 밀접한 관계가 있다. 관료제의 발달과 교육제도의 성숙으로 문하생이나 상급관리에게 영향을 받은 관리는 스승과 윗사람의 공덕을 칭송하게 되었으며, 그 표현 방법으로 비석을 세우게 되었다. 이와 같은 전통을 문생고리門生故吏라 한다.

동한 시대의 서예는 刻石이 주종을 이루고 있고, 또 대부분 예서로 새겨져 있으므로 이 시대의 예서를 보편적으로 한예漢隸라 한다. 한예가 가장 성행하고 완성된 시기는 동한의 후기인 환제桓帝와 영제靈帝시기이다. 지금까지 발견된 각석 가운데 동한 시대의 최초의 예서 각석은 건무建武 28년(52)에 새겨진 <삼노휘자기일기三老諱字忌日記>이다.

동한 후기는 각석 한예가 완성되었고 가장 광범위하게 사용되었을 뿐만 아니라, 예술적 수준이 최고의 경지에 올라 서예사에서 예서의 황금기로 평가된다. 양한兩漢을 합하여 전해지는 각석은 200점이 넘으며, 그 중에서 동한의 것이 170여 점이 된다. 동한의 각석 가운데 예서로 쓰여진 작품은 150점이 넘으며 대다수가 환제桓帝와 영제靈帝시대에 새겨졌다.

동한 후기의 각석을 형식에 따라 구분하면 크게 마애각석摩崖刻石, 비갈碑碣, 석궐石闕, 석경石經 등의 네 종류로 나눌 수 있다. 각석 예서는 祭文, 頌德文, 記事文, 經文 등 공식적인 장소에서 사용된 장중하고 규범적인 서풍과 題記, 題字, 畫像石 등 비교적 사사로운 용도로 쓰여진 조솔한 서풍으로 나눌 수 있다.

표준 한예의 각석 가운데 서체가 편방형偏方形을 기본으로 하였으며 강한 필의로 결구와 장법에 엄격한 법도를 갖추고 있을 뿐만 아니라, 예술성이 뛰어난 작품으로 평가되는 것은 <을영비乙瑛碑><이맹초신사비李孟初神祠碑><공겸비孔謙碑><예기비禮器碑><장경비張景碑><사신비史晨碑><한인명韓仁銘><정고비鄭固碑><화산묘비華山廟碑><조관비趙寬碑><조후소자잔비朝侯小子殘碑><정직잔비正直殘碑> 등이 있다. 편방형의 결구와 엄격한 법도를 갖추고 있으면서 필획이 수려하고 기운氣韻이 단아한 작품으로는 <동백회원묘비桐柏淮源廟碑><공주비孔宙碑><조전비曹全碑><공표비孔彪碑><상용장궐명문上庸長闕銘文> 등이 있다. 표준 한예 가운데도 비교적 조솔한 형태의 서체를 지닌 것으로는 <예기비음禮器碑陰><조전비음曹全碑陰><심부군궐명문沈府君闕銘文> 등이 있다. 방필方筆의 필획이 많이 사용하였으며 강건하고 웅장한 작품으로 <선우황비鮮于璜碑><장수비張壽碑><봉용산송封龍山頌><형방비衡方碑><비치비肥致碑><교관비校官碑><왕사인비王舍人碑><장천비張遷碑> 등이 있다.

<예기비>는 필획이 가늘면서도 강건하며 부드러우면서 강한 탄성을 가지고 있을 뿐만 아니라, 그 변화가 무쌍無雙하여 마치 자연의 음률이 흐르는 것 같다고 할 수 있다. 중복되는 필획과 글자는 각각 다른 필법과 모양으로 배치하였으며, 공간의 배치가 철저하고 필획의 포치가 가지런하다. 파책破磔을 유난히 강조하였으나 오른쪽으로 기울지 않고 균형이 완벽하게 잡혀 있는 것은 보통 사람이 함부로 흉내 낼 수 없다. <예기비>에 대한 평가는 매우 다양하지만, 모두 동한의 각석 예서 가운데 가장 예술적 수준과 가치가 높은 것으로 평가를 받고 있다.

<조전비>는 동한 영제靈帝의 中平 2년(185)에 새겨진 각비로 전체 이름은 <漢郃陽令曹全碑>이다. 명나라 시대의 만력萬歷 년간(1573-1620)에 섬서성 합양현郃陽縣에서 출토되어 현재 서안의 비림에 보관되어져 있다. 비액은 없으나 높이가 253㎝이며 넓이가 123㎝로 비양은 20행으로 매 행마다 45자이고 비음은 5열로 배열되어 있다. 명문에 조전曹全은 자는 景完이며 영제시대의 光和 6년(183)에 효렴孝廉에 천거되어 합양령郃陽令으로 부임하였으며 관직에 있을 때 많은 공적을 쌓고 덕행을 베풀었다고 기록되어 있다. <조전비>는 원필圓筆 한예의 대표작으로 서체의 보존 상태가 거의 완벽하여 刻石 한예의 필법과 각법刻法의 연구에 매우 좋은 자료이다. 원필 예서의 가장 전형적 필획으로 이루어진 <조전비>는 부드럽고 수려한 아름다움이 심미적 특징이다. 가로획이 부드러운 곡선의 형태를 취하여 파책이 마치 순풍에 일어나는 잔잔한 파도 같으며 가로획이 비교적 길게 뻗어 있어 부드러움을 더하고 있다. 편방형 결체結體에 완벽한 균형으로 필획이 가지런하게 안배되어 전아한 품격을 한층 더 돋보인다. 자간과 행간이 뚜렷하며 자간의 넓은 포치와 장법은 한예 장법의 표준 격식이라 할 수 있다. 그러나 자세히 관찰 분석하면 장봉藏峰과 노봉露鋒을 겸비하였고, 원필圓筆을 기본으로 하였으나 방필方筆을 적당히 배합하여 양강과 음유의 미가 함축되어 있음을 알 수 있다. 청 만경萬經은 <分隸偶存>에서 "수려한 아름다움과 날아오르는 것 같은 미감이 있으나 속박되지 않으며 산만하지도 않아 진실로 신품神品의 경지이다"[494]라 하였다. 손승택孫承澤은 <庚子消夏記>에서 "조전비의 서법은 수일秀逸함의 극치를 표현하여 예기비와 함께 찬란하게 빛나며 한나라 각석 예서 중에서 최고의 보배이다."[495]라 하였다.

---

494) 萬經 <分隸偶存>: "秀美飛動, 不束縛, 不馳驟, 洵神品也."
495) 孫承澤 <庚子消夏記>: "字法遒秀逸致, 翩翩與曹全碑前後輝映, 漢石中之至寶也."

〈예기비〉

(1)

(2)

(3)

(4)

惟永壽二年, 青龍在涒嘆, 霜月之靈, 皇極之日. 魯相河南京韓君, 追惟太古, 華胥生皇雄, 顔氏育孔寶, 俱制元道, 百王不改. 孔子近聖, 爲漢定道. 自天王以下, 至于初學, 莫不[馬+豈](冀)思, 嘆仰師镜.

한나라 환제 영수 2년(156) 병신 칠월 초오일에 노나라 집정관 하남경 한군이 지난 날을 회고해 보매, 태고 때의 화저씨는 복희를 낳고 안씨는 공자를 낳아 길렀는데, 이 두 성인은 모두 근본이 되는 도리를 제정하였으니 백대의 왕들이 고칠 수 없다.
특히 공자는 근대의 성인이시어, 한나라의 발전과 원칙이 되었으며, 천자로부터 초학자에 이르기 까지 그리워하고 사모하며 감탄하고 우러러서 모법으로 삼지 않은 자가 없었다.

위의 ≪예기비≫ 탁본 중 잘 보이지 않는 문자의 다른 판본을 살펴보면, '(永)', '(壽)', '(顔)', '(氏)', '(孔)', '(道)', '(具)' 등이 있다.

〈조전비〉

(1)

(2)

(3)

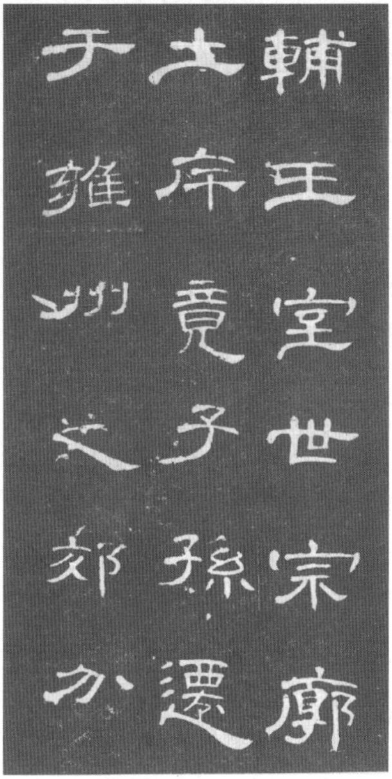

(4)

〈조전비曹全碑〉

君諱全, 字景完, 敦煌效穀人也. 其先蓋周之胄, [武王秉乾之機, 翦伐殷商, 既定爾勛, 福祿攸同,] 封弟叔振鐸于曹國, 因氏焉, 秦漢之際, 曹參夾輔王室, 世宗廓土斥竟, 子孫遷于雍州之郊, 分止右扶風, 或在安定, 或處武都, 或居龍西, 或家(敦煌).

군의 휘자는 전이고 자는 경완이다. 돈황군 효곡현 사람이다. 그의 선조는 주나라 왕조의 후손이다. [옛날에 주나라 무왕 희발이 천리의 명을 받들어 은상殷商을 멸망시킬 때 그 공훈이 인정되어 복록과 관록을 부여 받게 되었다.] 이에 그의 동생 숙진탁叔振鐸이 조나라에 봉해졌다. 이가 곧 조씨의 시조이다. 진나라 말기 한 초에 조전의 선조 조참曹參은 한나라 왕실을 보필하였고 세세로 종족이 땅을 넓히게 되었는데, 그럼으로 인해 그의 자손들이 나누어지게 되었고 그의 자손 중에는 옛날 옹주雍州 근교로 옮겨 살게 되었다. 또한 각각 우부풍右扶風에 나누어져 살기도 하였고, 혹은 안정에 살기도 혹은 무도에 거처하기도 혹은 용서지방에 거주하기도 혹은 돈황에 가정을 두기도 하였다.

(6) 생활도구

일상생활과 관련된 물건을 나타내는 한자 유래를 살펴보기로 한다.

【金(성 김{쇠 금}, jīn)】

[說文] : "(金), 五色金也. 黃為之長, 久薶不生衣, 百鍊不輕, 从革不違. 西方之行, 生於土, 从土, 左右注象金在土中形, 今聲. (金), 古文金."

金. 백청적흑황白靑赤黑黃 등 다섯 가지 색깔을 지닌 금속의 총칭이다. 황금은 가장 대표적인 금속으로 오랫동안 지하에 묻혀 있어도 그 외형이 부식되지 않고, 제련을 해도 그 쉽게 변질되지 않으며, 이를 이용하여 물건을 만들어도 그 본성이 변하지 않는 광물이다. 이는 또한 서쪽지방에서 생산되는 대표적인 광물이다. 땅에서 나기 때문에 '土'를 대표하고, '土'자 옆의 두 점은 금속이 땅 속에 묻혀 있음을 나타낸다. 소리부가 '今'이다. 고문은 '金'으로 쓴다.

金

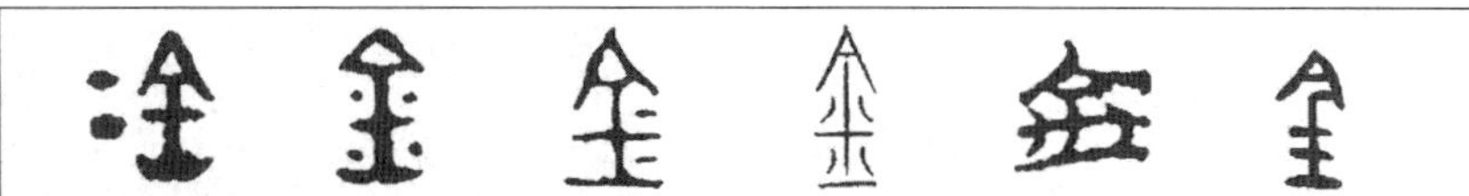

西周 利簋	西周 金文	西周 毛公鼎	戰國 中山王方壺	戰國 包山楚簡	秦 睡虎地秦簡

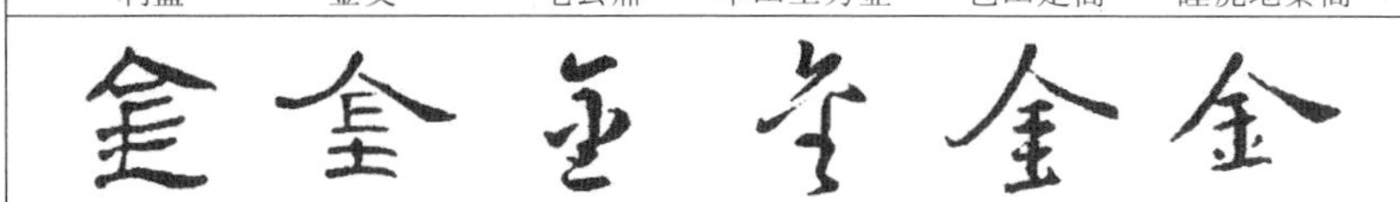

西漢 銀雀山竹簡	東漢 曹全碑	隋智永 關中本千字文	唐孫過庭 草書千字文	東晉王羲之 興福寺斷碑	隋智永 關中本千字文

≪설문해자≫는 '='·'土'와 소리부 '亼(今)'으로 이루어진 형성자로 보았다. 거푸집과 덮는 뚜껑으로 이루어진 자가 아닌가 한다. 점은 흘러내리는 쇠물이다. 금문에서는 주로 청동기의 뜻으로 쓰인다.

"大矩易(賜)豐金·貝." ≪豐乍父辛尊≫

대구大矩가 豐에게 청동기와 화패를 하사하다.

"唯(雖)献(勇)力餌(聞)於邦, 不女(如)材. 金玉涅(盈)室, 不女(如)悔(謀). ≪郭店簡·語叢四≫

용맹이 온 나라에 알려지는 것보다 재주를 갖추는 것이 낫고, 금옥이 온 집안에 가득한 것보다 지략을 갖추는 것이 낫다.

[세금稅金] [금융金融] [임금賃金] [자금資金] [금란지교金蘭之交][496][견금여석見金如石][497]

【皿(그릇 명, mǐn)】

[說文] : "𥁁(皿), 飯食之用器也. 象形, 與豆同意. 讀若猛."

皿. 밥과 음식을 담는 용기이다. 상형자이다. '豆'와 같은 의미이다. '猛'의 음과 비슷하다.

皿					

	商 甲骨文	商 甲骨文	商 甲骨文	商 皿方彝	戰國 貨系

	戰國 金文	說文篆文	草韻辨體	北魏 韓婆娑論	元 趙孟頫

용기의 모양이다. 전국 금문은 금속으로 용기를 만들기 때문에 '金'을 추가하여 쓰기도 한다. 갑골문에서는 지명인 '盟'의 가차자로 쓰인다.

"田于皿."(≪合集≫10964) 맹盟[498] 지역에서 사냥을 할까요?

[기명器皿]

전국시기 반훼문로반蟠虺紋爐盤, 대만고궁박물관 소장.

496) 단단하기가 황금黃金과 같고 아름답기가 난초蘭草 향기香氣와 같은 사귐. '단금지교斷金之交'. '단금지계斷金之契'.

497) 황금黃金 보기를 돌같이 한다.

498) '盟'은 지금은 하남성河南省 맹진현孟津縣 남쪽 부근이다.

【盤(소반 반, pán)(槃)(鎜)】

[說文] : “槃(槃), 承槃也. 从木, 般聲. 鎜(鎜), 古文, 从金. 盤(盤), 籒文, 从皿.”

槃. 물건을 담는 접시이다. 의미부 ‘木’과 소리부 ‘般’으로 이루어진 형성자이다. 고문은 ‘金’을 써서 ‘鎜’으로 쓰고, 주문은 ‘皿’을 써서 ‘盤’으로 쓴다.

盤	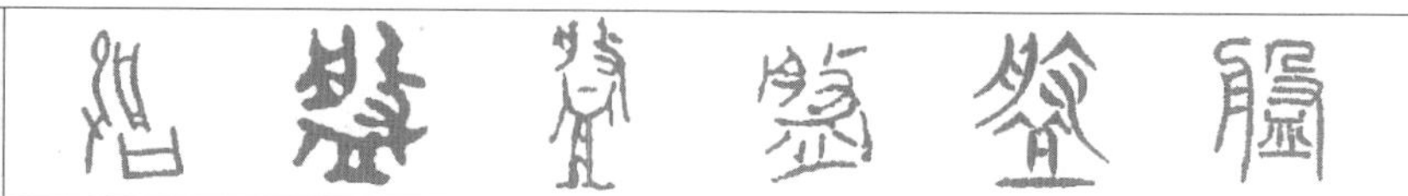					
	商 甲骨文	西周 虢季子白盤	春秋 金文	春秋 金文	魏 正始石經	魏 正始石經

	隸辨	隸辨	唐懷素 自敘帖	明 沈粲	北宋米芾 蜀素帖	唐顏眞卿 多寶塔碑

槃은 의미부‘皿’과 소리부 ‘般(凡)’으로 이루어진 형성자이다. 갑골문의 자부 ‘口’는 ‘皿’이다. ‘凡’이 후에 ‘舟’자로 와전된 것이다. ‘槃’은 나무로 만든 쟁반이다. 금문에서는 일반적으로 물을 담는 용기로 사용되었다.

“白(伯)考父乍(作)寶盤, 其萬年子子孫孫永寶用.” ≪伯考父盤≫

백고보가 보배로운 수반水盤을 만드니 만년 대대로 보배롭게 사용하기 바라노라.

[기반基盤] [지반地盤] [음반音盤] [반계곡경盤溪曲徑][499] [배반낭자杯盤狼藉][500]

서주西周 산씨반散氏盤. 대만고궁박물관 소장

499) 서려 있는 계곡과 구불구불한 길. 일을 바른 길을 좇아서 순탄하게 하지 않고 정당한 방법이 아닌 그릇되고 억지스럽게 함을 이르는 말이다. ‘방기곡경旁岐曲徑’.

500) 술잔과 접시가 마치 이리에게 깔렸던 풀처럼 어지럽게 흩어져 있다. 술을 마시고 한창 노는 모양. 술자리가 파할 무렵 또는 파한 뒤 술잔과 접시가 어지럽게 흩어져 있는 모양. ‘굉주교착觥籌交錯’.

【豆(콩 두, dòu)】

[說文] : "豆(豆), 古食肉器也. 从口, 象形. 㠱(㠱), 古文豆."

豆. 고대 고기를 먹을 사용하는 식기이다. '口'는 식기의 몸체인 상형자이다. '豆'자의 고문은 '㠱'로 쓴다.

豆	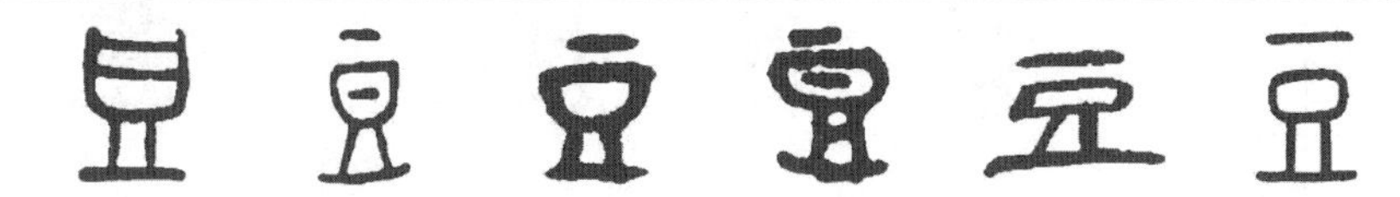					
	商 甲骨文	商 甲骨文	西周 金文	西周 散氏盤	秦 睡虎地秦簡	說文篆文
	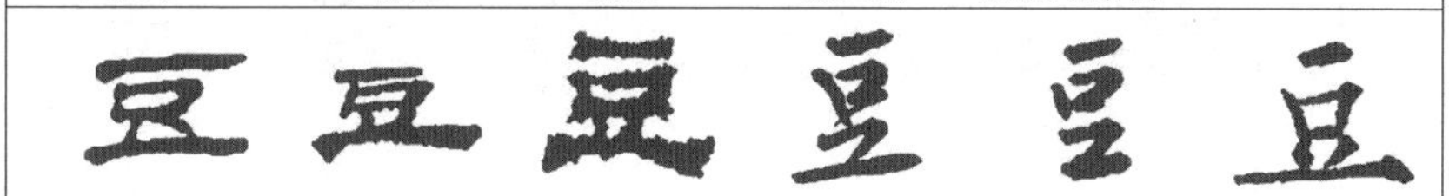					
	西漢 銀雀山竹簡	漢 武威漢簡	魏 孔羨碑	北宋 黃庭堅	魏 鍾繇 薦季直表	唐歐陽詢 泉男生墓誌

'豆'는 음식물을 담는 제기의 상형자이다. 갑골문이 금문에서는 지명이나 제기로 쓰인다.

"王來獸(狩)自豆彔(麓)." ≪宰甫卣≫

왕의 두록豆(郖) 지역의 산기슭에서 와서 사냥을 하다.

"周生乍(作)尊豆." ≪周生豆≫ 주생은 이기彝器 두豆를 만들다.

[두부豆腐] [대두大豆] [녹두綠豆] [종두득두種豆得豆][501] [단사두갱簞食豆羹][502] [자두연기煮豆燃萁][503]

춘추春秋 반훼문두蟠虺紋豆. 대만고궁박물관 소장.

501) '인과보응因果報應'. '인과응보因果應報'. '종과득과種瓜得瓜'.

502) '일단사일두갱一簞食一豆羹'. 대나무로 만든 밥그릇 하나에 담긴 밥과 제기 하나에 떠 놓은 국. 얼마 안 되는 음식. 변변치 못한 음식.

503) 콩을 삶는 데 콩깍지를 태운다. 형제가 서로 시기猜忌하고 싸우다. '골육상잔骨肉相殘'.

【壺(병 호, hú)】

[說文] : “(壺), 昆吾, 圜器也. 象形. 从大, 象其蓋也.”

壺. 훈오라고도 한다. 곁이 둥근 예기이다. 상형자이다. ‘大’는 뚜껑의 모양이다.[504]

壺						
	商 甲骨文	西周 金文	西周 金文	西周 金文	**戰國** 中山王方壺	秦 睡虎地秦簡

	漢 武威漢簡	東漢 禮器碑	吳皇象 急就章	南宋 趙孟堅	北宋 米芾	隋 美人董氏墓誌

갑골문의 윗부분 ‘大’은 뚜껑의 모양이다.

“己侯乍(作)鑄壺.” ≪己侯壺≫ 기후는 호리병을 만들다.

[투호投壺] [호중천壺中天][505]

상商 나라 말기 穿帶銅壺(대만고궁박물관 소장)

504) 王筠≪說文釋例≫: “昆吾者, 壺之別名也. 昆讀如渾, 與壺雙聲, 吾與壺疊韻.”(‘昆吾’는 호의 다른 이름이다. ‘昆’자는 ‘혼渾’으로 읽고 ‘壺’자와는 쌍성이고 ‘吾’자와 ‘壺’자는 음성이 첩운관계이다.

505) 항아리 속의 하늘. 별천지別天地·별세계別世界·선경仙境이라는 뜻. ‘호중천지壺中天地’ ‘호중지천壺中之天’. ‘일호천一壺天’.

【鬲(솥 력, lì,gé)】

[說文] : “(鬲), 鼎屬, 實五㲄, 斗二升曰㲄. 象腹交文, 三足. (䰛), 鬲或从瓦. (㽁), 漢令鬲, 从瓦, 厤聲.”

鬲. 솥의 일종으로 물건을 넣는 공간이 넓은 용기이다. 그 용량은 오곡五斛이다. 1두斗 2승升을 곡斛(㲄)이라 한다. 몸통 부분에 교차된 무늬가 있고 다리가 세 개 달린 취사용 용기이다. 혹은 ‘瓦’를 써서 ‘䰛’으로 쓰거나 혹은 ‘㽁’를 쓴다. ‘㽁’자는 한나라 법령에서 사용하는 문자이다. 의미부 ‘瓦’와 소리부 ‘厤(다스릴 력, lì)’으로 이루어진 형성자이다.

鬲	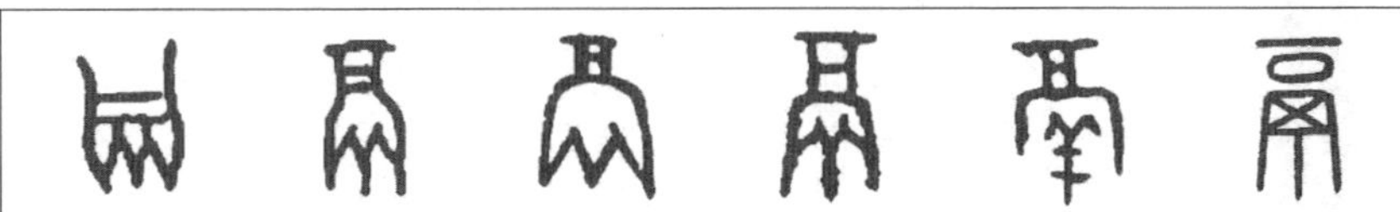					
	商 甲骨文	商 甲骨文	西周 金文	西周 大盂鼎	春秋 金文	說文篆文
	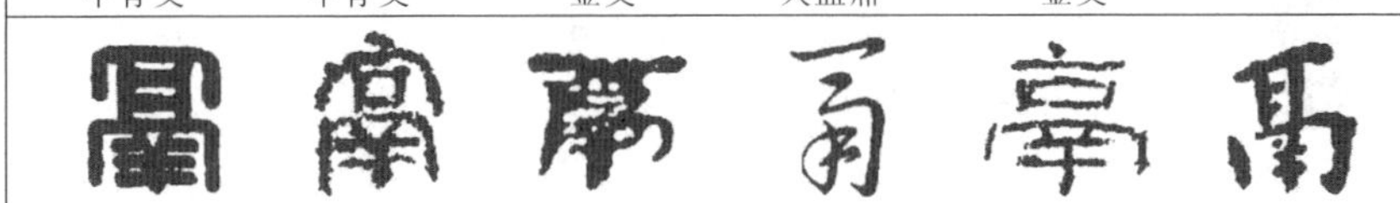					
	漢印	東漢 祀三公山碑	漢 武威漢簡	草韻辨體	東漢 石門頌	北宋蔡襄 荔枝譜

‘鬲’자는 다리가 세 개인 솥이다. ‘鬲(다리 굽은 솥 력, lì)’자의 초문이다. 혹은 ‘䰛’자와 같은 자이다. 금문에서는 취사용 용기나 노예 혹은 ‘歷’[506]의 가차자로 쓰인다.

“中(仲)生父乍(作)井孟姬寶鬲, 其萬年子=孫=永寶用.” ≪仲生父鬲≫
중생보는 정매희를 위하여 보배로운 솥을 만들다. 만년동안 자자손손 영원히 보배롭게 사용하기 바란다.

“臣十家, 鬲百人.” ≪令簋≫ 열 가구와 백 명의 노예를 하사하다.

506) “鬲年”은 ‘歷年’으로 읽는다. ‘역년歷年’은 과거의 오랜 기간이라는 뜻이다.

≪仲生父鬲≫(≪集成≫ 00729) (甘肅省 寧縣 文化村 소장)

【鼎(솥 정, dǐng)】

[說文] : “(鼎), 三足兩耳, 和五味之寶器也. 昔禹收九牧之金, 鑄鼎荊山之下, 入山林川澤, 螭魅蝄蜽, 莫能逢之, 以協承天休. ≪易≫卦, 巽木於(火)下者為鼎, 象析木以炊也. 籒文以鼎為貞字.”

鼎. 다리가 세 개이고 귀가 둘인 솥이다. 여러 가지 맛을 혼합하여 내게 하는 용기이다. 옛날 우임금이 아홉 주의 장들이 받친 청동기를 모아서 형산 아래에서 솥을 주조하였다. 이에 백성들이 산림 속하천과 늪지에 들어가서도 괴상망측한 산이나 물 괴물을 피할 수 있었고, 이를 사용하여 서로 협력하여 일을 도모할 수 있었으며, 백성들은 이로부터 능히 재난을 막을 수 있게 되었다. ≪주역≫에서는 ‘나무를 가지고 불로 들어가는 것이 정괘이다’라 하였다. 나무를 잘라 이를 사용하여 불을 지펴 음식을 삶는 모습이다. ‘鼎’자는 ‘貞’의 가차자로 쓰인다.

鼎			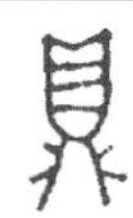			
	商 甲骨文	西周 利簋	西周 毛公鼎	戰國 中山王鼎	戰國 楚王酓忎鼎	說文篆文

	西漢 馬王堆帛書	東漢 武氏祠畫像題字	吳皇象 急就章	明 宋克	東晉王羲之 興福寺斷碑	隋 蘇孝慈墓誌

‘鼎’은 귀가 달린 다리가 셋인 솥이다.

[정담鼎談][507] [정신鼎新][508] [삼국정립三國鼎立][509] [삼자정립三者鼎立][510] [종정문鐘鼎文] [격종정식擊鐘鼎食][511] [불면정조不免鼎俎][512] [문정경중問鼎輕重] [정정대명鼎鼎大名] [정성鼎盛]

507) 세 사람이 솥발처럼 벌려 마주 앉아서 하는 이야기
508) 낡을 것을 새로이 고치다. 혁신革新.
509) 천하天下를 삼분하여 세 나라가 솥발처럼 서로 경쟁을 벌이다.
510) 세 사람이 마치 솥의 발처럼 마주 늘어선 형상이나 상태를 이르는 말.
511) 종을 쳐서 식솔食率을 모아 솥을 걸어 놓고 먹는다. 부유富裕한 생활生活을 이르는 말. ‘[鐘鳴鼎食종명정식’.
512) 솥에 삶아지고 도마에 오른 것을 면치 못하다.

○ 정鼎과 문정問鼎

정鼎은 중국 고대 왕조인 상대商代부터 제작된 예기로, 덕德이 있는 왕조만 소유할 수 있다고 여기던 권력의 상징물이었다. 다리 세 개와 두 개의 귀가 달린 원형 정(원정圓鼎)과 다리가 네 개이면서 두 개의 귀가 달린 방형 정(방정方鼎)이 있으며, 북송 시대 예제 개혁과 관련한 고동기 수집과 감상 분위기 속에 제기에서 향로로 용도가 바뀌었다. 한반도에서도 한漢 문화와 함께 유입되어 같은 기능을 하며 조선시대까지 제작되었다

'문정問鼎'은 정鼎의 크기를 묻는다는 뜻이다. 초楚나라의 장왕莊王(B.C.613~591 재위)이 B.C.606년에 육혼융陸渾戎을 정벌하는 대공大功을 수립한 뒤 낙수雒水(낙수洛水, 황하黃河의 지류) 유역의 주나라 국경 근처에서 대규모 열병식閱兵式을 거행하면서 초나라의 국력과 위엄을 만방에 과시하고자 하였다. 이때 주정왕周定王의 사신으로 참석한 왕손王孫 만滿(양왕襄王의 손자)에게 하夏나라의 우왕이 만들고 상商나라를 거쳐 주 왕실로 전해졌다고 하는 전설상의 구정九鼎의 크기와 무게를 물었다. 이는 장왕은 자신이 구정을 대신 차지해보겠다는 속셈을 말한 것이다. 주나라를 대신해 천하의 새로운 주인이 되어보겠다는 야심을 노골적으로 드러내 보였다. 이에 만은 왕조의 조명祚命과 국가의 안태安泰는 왕도와 덕업德業에 달려 있는 것이지 한낱 정의 무게나 크기에 있지 않다고 점잖으면서도 매섭고 엄하게 장왕을 꾸짖었다.(左傳·宣公二年)[513]

513) "楚子伐陸渾之戎, 遂至于雒, 觀兵于周疆, 定王使王孫滿勞楚子, 楚子問鼎之大小輕重焉."(左傳·宣公二年)

【員(수효 원, yuán)(圓(둥글 원, yuán)】

[說文] : “(員), 物數也. 从貝, 口聲. (鼎), 籒文从鼎.”

員. 물건의 수량이다. 의미부 ‘貝’과 소리부 ‘口’로 이루어진 형성자이다. 주문은 ‘鼎’을 써서 ‘鼎’으로 쓴다.

員	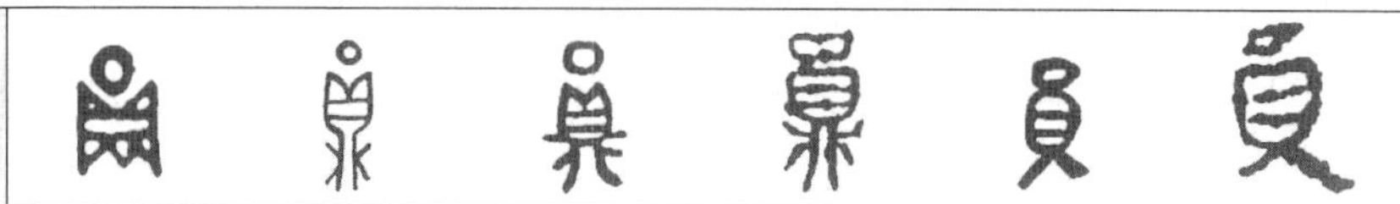					
	商 甲骨文	西周 金文	西周 金文	戰國 石鼓文	秦 睡虎地秦簡	西漢 馬王堆帛書
	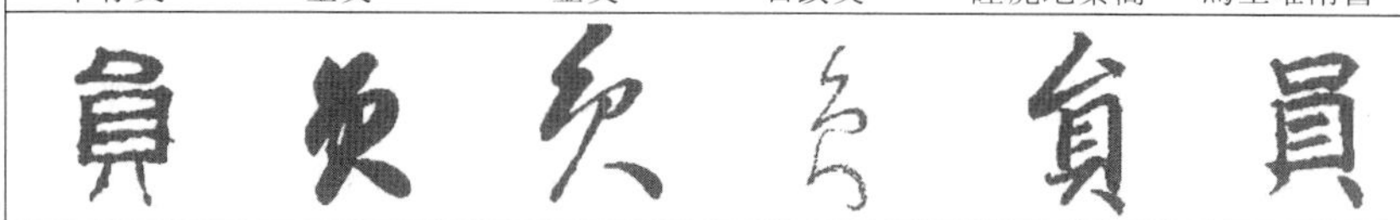					
	東漢 史晨後碑	隋智永 眞草千字文	唐孫過庭 草書千字文	唐懷素 自敘帖	唐陸柬之 文 賦	北魏 元項墓誌
圓	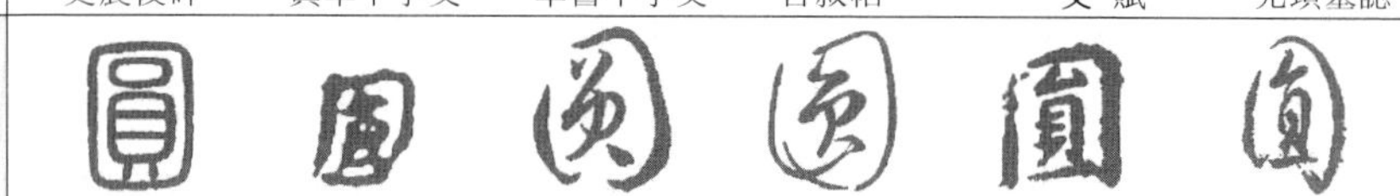					
	說文篆文	漢 居延漢簡	唐孫過庭 書譜	元 康里巎巎	東晉王羲之 興福寺斷碑	唐 杜枚 張好好詩

	北宋 米芾	元 馮子振	劉宋 劉懷民墓誌	隋唐 房山雲居寺石經	唐柳公權 玄祕塔碑	唐 五經文字

‘員’자 중 윗부분 ‘口’는 솥은 입구이고, 아랫부분은 솥의 모양이다. ‘員’자는 ‘圓(둥글 원, yuán)’자의 초문이다. ‘鼎’이 후에 ‘貝’자로 와전되었다. 후에 ‘인원人員’이라는 뜻이나 혹은 ‘云’이라는 가차자로 쓰인다.

“≪寺(詩)≫員(云).” ≪郭店楚簡·緇衣≫

≪시경≫이 이른바 말하다.

[의원議員] [공무원公務員] [직원職員] [위원회委員會]

【尊(술통 존, zūn)尊(높을 존, zūn)】

[說文]：“(𢍜), 酒器也. 从酋, 廾以奉之. ≪周禮≫六尊: 犧尊·象尊·著尊·壺尊·太尊·山尊, 以待祭祀賓客之禮. (尊), 或从寸.”

𢍜. 술통이다. ‘酋’와 두 손(廾)으로 받쳐 들고 있는 모양으로 이루어진 자이다. ≪周禮≫에서는 여섯 가지 준尊이 있다하였다. 희준犧尊·상중象尊·저준著尊·호주壺尊·태준太尊과 산준山尊이 있다. 이를 이용하여 제사를 지내거나 손님을 대접하는 예식에 쓰인다. 혹은 ‘寸’을 써서 ‘尊’으로 쓴다.

尊						
	商 甲骨文	西周 令方鼎	西周 史牆盤	春秋 金文	戰國 郭店楚簡	秦 睡虎地秦簡
	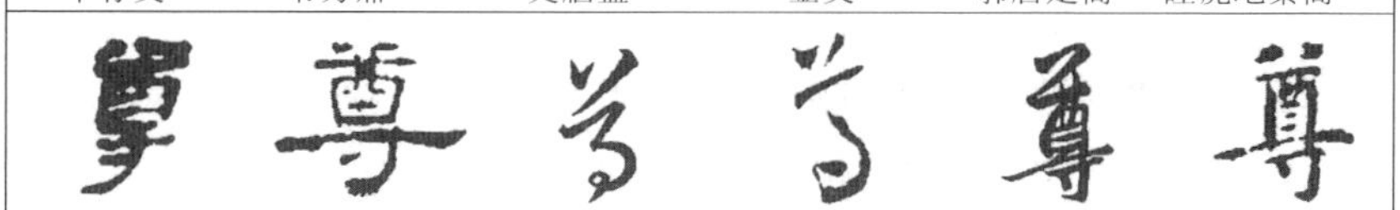					
	西漢 馬王堆帛書	東漢 孔宙碑	東晉王羲之 十七帖	唐懷素 草書千字文	東晉王羲之 如何帖	隋智永 關中本千字文

고문자는 ‘樽(술통 준, zūn)’·‘罇’·‘墫’·‘鐏’자의 초문이다. 두 손으로 술잔을 들어 제사에 받치는 모양이다. ‘廾’은 두 손을 나타낸다. ‘받치다’는 뜻에서 ‘존경하다’는 의미로 확대되어 쓰인다. 금문에서 제기의 총칭으로 ‘준이尊彝’·‘준정尊鼎’·‘준궤尊簋’·‘준력尊鬲’이라 쓴다.

전국시대에는 ‘존경하다’라는 의미로도 쓰인다.

“愛親故孝, 尊賢故禪.” ≪郭店楚簡·唐虞之道≫

요순은 자신의 부모를 사랑하고 효행을 실천하였으며 현인을 존경하고 타인에게 선양하였다.

[존중尊重] [자존심自尊心] [존경尊敬] [존조모尊祖母][514] [영존令尊][515] [유아독존唯我獨尊] [516][왕존장王尊長][517]

514) 남의 할머니에 대한 높인 말이다.
515) 남의 아버지에 대한 높임말.
516) ‘천상천하유아독존天上天下唯我獨尊’. 이 세상에 나보다 존귀한 사람은 없다. 자기만 잘 났다고 자부하는 독선적인 태도.

상대商代 후기 亞醜方尊(대만고궁박물관 소장)

【爵(잔 작, jué)】

[說文] : "(爵), 禮器也. 象爵之形, 中有鬯酒, 又持之也, 所以飮. 器象爵者, 取其鳴節節足足也. (𣪘), 古文爵, 象形."

爵. 예기이다. 윗부분은 작(雀)의 형상이고, 가운데에 울창주가 있고, '손(又)'으로 잡고 술을 마시고자 하는 형상이다. 기물의 모양이 '雀(참새 작, què)'과 같은 것은 술을 따를 때 졸졸 소리가 나기 때문이다. '爵'자의 고문은 '𣪘'으로 쓴다. 상형자이다.

爵		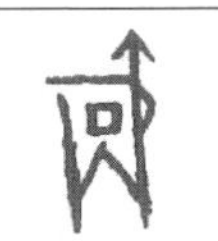				
	商 甲骨文	商 甲骨文	西周 金文	西周 金文	秦 睡虎地秦簡	漢 金文
				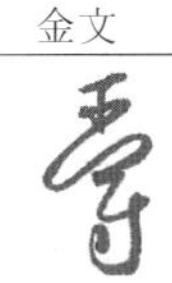		
	漢 武威漢簡	東漢 乙瑛碑	隋智永 關中本千字文	唐懷素 草書千字文	唐顔眞卿 爭座位稿	唐歐陽詢 溫彦博碑

고문자 중의 중간 '口'나 작은 점은 술을 표시한다. '止'·'寸(手)'나 '廾'을 추가하여 술잔을 들고 가서 받치는 뜻을 나타낸다. 후에 '관작官爵'이라는 뜻으로 가차되어 쓰인다. 금문은 ''·''·''으로 쓰기도 하며, 초죽서에서는 '(雀)'으로 쓰고, '작위'라는 의미로 쓰이기도 한다.

517) 남의 할아버지를 일컫는 말. 할아버지와 나이가 비슷한 어른을 일컫는 말. '왕존장王尊丈'.

"枈((祓)燎爵于祖丁." (≪合集≫22184)

조정祖丁에게 불제祓祭·요제燎祭·작제爵祭를 거행할까요?

"賜豕·鼎一·爵一." ≪史獸鼎≫

제를 지낸 고기와 정 한 개와 와 작 한 개를 하사한다.

"古(故)上不可以埶(褻)荎(刑)而翌(輕)雀(爵)." ≪郭店竹簡·緇衣≫

그런고로 윗사람은 형벌을 더럽히고 벼슬을 가볍게 여겨서는 안된다.

[공작公爵] [후작侯爵] [봉작封爵] [고관대작高官大爵] [천작天爵]518)

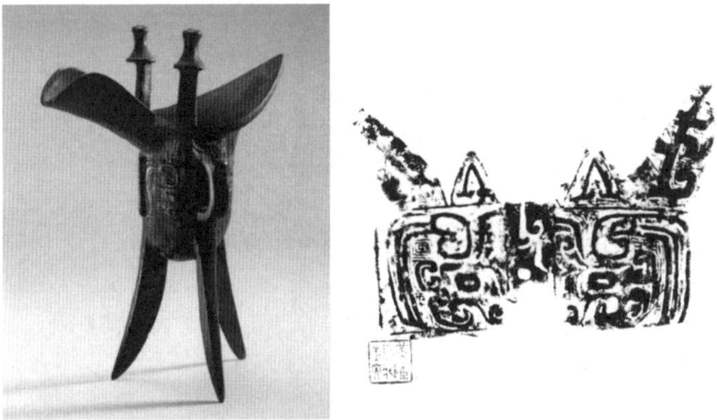

상주商周 시기, 父丁爵(≪集成≫-07908)(상해박물관 소장)

【斗(말 두, dǒu,dòu)】

[說文] : "(斗), 十升也. 象形, 有柄."

斗. 용량이 10승인 용기이다. 자루가 있는 용기의 상형자이다.

斗						
	商 甲骨文	春秋 秦公簋	秦 睡虎地秦簡	戰國 璽彙	西漢 馬王堆帛書	漢 金文

518) 하늘에서 받은 벼슬. 존경尊敬받을 만한 선천적 덕행德行.

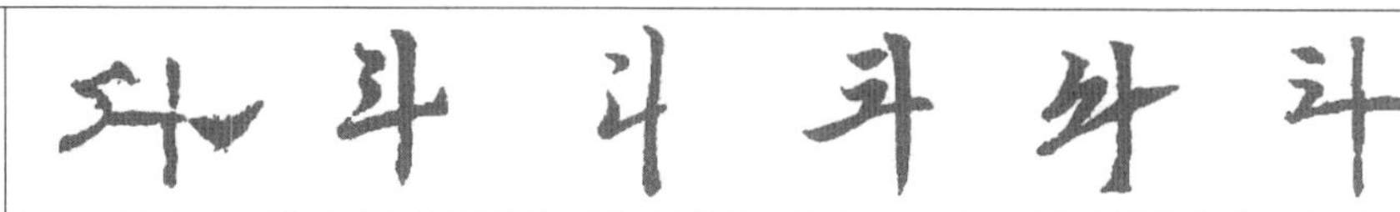

東漢 禮器碑	吳皇象 急就章	唐褚遂良 哀冊	元 趙孟頫	北魏 張整墓誌	唐 昭仁寺碑

'두표斗杓'의 모양이다. 양사로 쓰이거나, '北斗'의 의미로 쓰인다. 십승十升이 일두一斗이고 십두十斗가 일곡一斛이다. '鬥'자의 간체자를 '斗'자로 쓴다.

[태산북도泰山北斗] [북두칠성北斗七星] [거재두량車載斗量][519)]

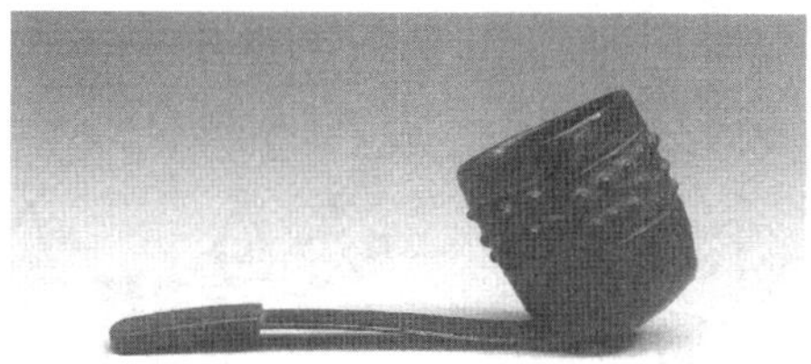

상대 후기, 乳丁紋杓(勺)(대만고궁박물관 소장)

【合(합할 합, hé,gě)】

[說文] : "合(合), 合口也. 从亼, 从口."

合. 두 개의 입이 합쳐지다. '亼'과 '口'로 이루어진 회의자이다.

合

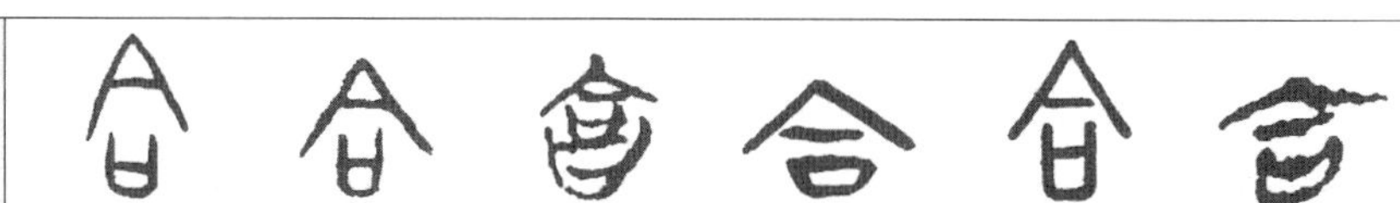

商 甲骨文	春秋 秦公簋	戰國 包山楚簡	秦 睡虎地秦簡	說文篆文	西漢 馬王堆帛書

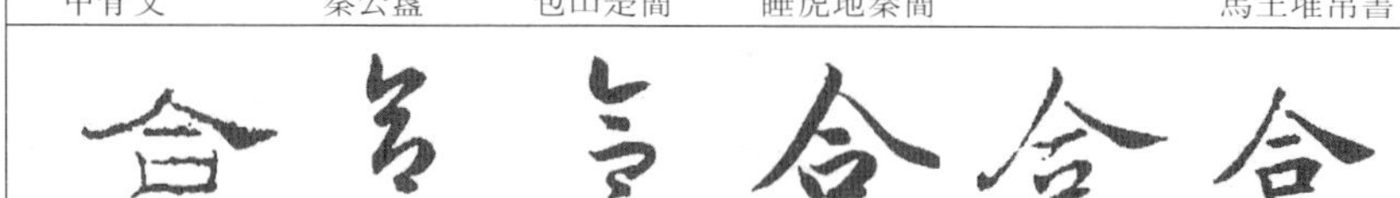

東漢 禮器碑	隋智永 關中本千字文	唐孫過庭 書譜	東晉王羲之 蘭亭序	唐褚遂良 枯樹賦	唐王知敬 李靖碑

519) 수레에 싣고 말(斗)로 될 수 있을 정도이다. 인재人材나 물건이 아주 많다. 오나라 조자趙咨가 조비曹조에게 "오나라에는 저와 같은 인물은 수레에 싣고 말로 될 정도(車載斗量)로 많이 있습니다."라 했다.

‘合’자는 ‘盒(합 합, hé)’의 초문이다. 뚜껑이 덮여져 있는 기물이다. 금문은 ‘’으로 쓰기도 한다. 초죽서에서는 ‘答’의 통가자로 쓰이기도 한다.

“王其以眾合右旅.” (≪屯南≫2350)
상왕은 백성으로 하여금 우려右旅와 회합하도록 하였다.
“隹(唯)五年正月己丑, 琱生(甥)又(有)事, 𠭯(召)來合(會)事.” ≪五年琱生簋≫
5年 정월 기축己丑일에 조생琱生은 집안에 일이 발생하자 도착하였고, 소씨召氏 역시 일을 의논하기 위하여 왔다.
“孔子合(答)曰.” ≪上博竹書二·民之父母≫ 공자가 대답하였다.

[합의合意] [합치合致] [통합統合] [종합綜合] [연합聯合] [오합지졸烏合之卒][520] [진합태산塵合泰山][521] [아부영합阿附迎合][522]

【公(공변될 공, gōng)】

[說文] : “(公), 平分也. 从八·从厶. 八, 猶背也. 韓非曰: ‘背厶(私)為公’.”

公. 공평하게 분배하다는 뜻이다. ‘八’과 ‘厶’로 이루어진 회의자이다. ‘八’는 서로 등을 지다는 뜻이다. 한비자는 ‘사적인(厶)인 이익을 버리고 공공 이익을 꾀하다’라 하였다.

公						
	商 甲骨文	西周 利簋	西周 毛公鼎	春秋 侯馬盟書	戰國 包山楚簡	秦 睡虎地秦簡

	西漢 馬王堆帛書	東漢 子游殘碑	吳皇象 急就章	東晉王羲之 淳化閣帖	東晉王羲之 興福寺斷碑	隋 蘇孝慈墓誌

‘公’자는 ‘八’과 ‘口’로 이루어진 자이다. 혹은 ‘소송하다’의 ‘訟’자의 초문이라고 주장하기도 하고, 옹기甕器의 모양을 본떠 만든 자라고 하기도 한다.

520) ‘오합지중烏合之衆’. ‘와합지졸瓦合之卒’.
521) ‘우공이산愚公移山’. ‘진적위산塵積爲山’. ‘토적성산土積成山’.
522) 자기의 주견主見이 없이 남의 말에 아부阿附하며 동조同調하다. ‘뇌동부화雷同附和’. ‘추우강남追友江南’.

구한말 옹기점과 옹기장수

"彳(勺·礿)歲于多公."(≪合集≫34296)

선공先公들에세 약제礿祭와 세제歲祭를 지낼까요?

"雁(膺)受君公之易(賜)光(貺)."≪叔尸鐘≫ 군왕의 하사품을 받다.

[공무원公務員] [공공公共] [우공이산愚公移山][523] [고려송사삼일高麗公事三日][524] [멸사봉공滅私奉公][525] [공복公僕][526]

【器(그릇 기, qì)(品(물건 품, pǐn)】

[說文] : "品(品), 衆庶也. 从三口."

品. 많다는 뜻이다. 세 개의 'ㅁ'로 이루어진 자이다.

[說文] : "器(器), 皿也. 象器之口, 犬所以守之."

器. 그릇이란 뜻이다. 그릇을 입을 나타내고 개가 그릇을 지킨다는 뜻이다.

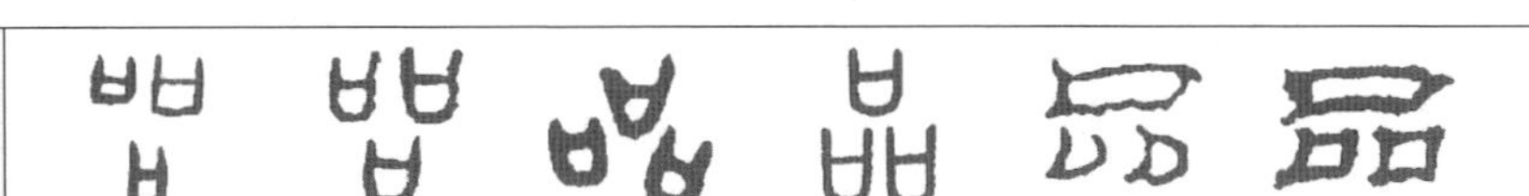

品	商 甲骨文	西周 金文	西周 金文	說文篆文	漢 居延漢簡	東漢 西嶽華山廟碑

523) '마부위침磨斧爲針'. '산류천석山溜穿石'. '수적성천水積成川'. '수적천석水滴穿石'. '십벌지목十伐之木'. '적토성산積土成山'. '진합태산塵合泰山'.

524) 고려高麗의 정책政策이나 법령法令은 사흘 만에 바뀐다. 한 번 시작始作한 일이 오래 계속繼續되어 가지 못하다.

525) 사私를 버리고 공公을 위하여 힘써 일하다. '대의멸친大義滅親'. '왕척직심枉尺直尋'.

526) 공무원公務員은 국가國家·사회社會의 심부름꾼이란 뜻.

	西晉索靖 月儀帖	北宋 米芾	明 屠隆	東晉王羲之 蘭亭序	唐顔眞卿 爭座位稿	唐歐陽詢 九成宮醴泉銘
器						
	西周 金文	西周 散氏盤	春秋 金文	古璽	戰國 郭店楚簡	秦 睡虎地秦簡
	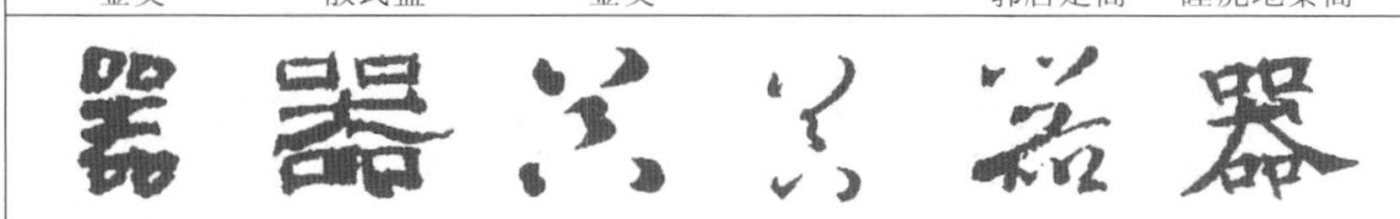					
	西漢 馬王堆帛書	東漢 乙瑛碑	隋智永 眞草千字文	唐孫過庭 書譜	北宋米芾 蜀素帖	唐 昭仁寺碑

'品'자는 그릇이 많이 있는 형상이고, '器'자는 그릇을 진열해 놓은 곳을 개가 지키고 있는 모양이다. '器'자를 혹은 '犾(개 짖는 소리 은)'의 초문으로 보고 '개들이 짖어대다'는 의미로 해석하기도 한다. 갑골문에서 '品'은 제명으로 쓰인다. '品'자는 후에 동사의 용법으로 쓰여 '품평하다'·'따지다'라는 뜻으로 쓰인다.

"貞王賓(儐)品, 亡(無)尤." (≪合集≫38715)
왕이 친히 품제品祭를 지내면 재화가 없을 까요?

"禮道則不然, 人喜則斯陶, 陶斯詠, 詠斯猶, 猶斯舞, 舞斯慍, 慍斯戚, 戚斯嘆, 嘆斯辟, 辟斯踴矣. 品節斯, 斯之謂禮." ≪禮記·檀弓≫
예도는 그렇지 않다. 원래 사람의 마음은 기쁘면 동연해져서 즐거우며, 즐거우면 노래 부르고, 노래 부르면 몸이 움직이고, 움직이면 춤추게 되고, 춤추면 마음이 앙양되고, 마음이 앙양되면 이윽고 마음이 아프고, 마음이 아프면 탄식하고, 탄식하면 가슴을 두들기게 되고, 가슴을 두들기게 되면 가슴은 춤춘다는 식으로 변화한다. 그러므로 이를 따져서 조절하는 것을 예라 한다.

[제품製品] [상품商品] [물품物品] [식품食品] [천하일품天下一品] [품행방정品行方正] [품성品性] [핵무기核武器] [호흡기呼吸器] [제기祭器] [대기만성大器晩成][527] [간국지기幹國之器][528] [파기상접破器相接][529] [동량지기棟梁之器][530]

527) ≪老子≫: "大器晩成, 大音希聲."(큰 그릇은 늦게 완성되고 큰 소리는 작게 들린다.) ≪三国志·魏志·崔琰传≫: "此所謂大器晩成者也. 終必遠至."(임林은 대기만성형의 사람이니 후일에는 반드시 큰 인물이 될 것이다.)

【南(남녘 남, nán)】

[說文]：“南(南), 艸木至南方有枝任也. 从𣎵, 羊聲. 峷(峷), 古文.”

南. 초목이 남방에 심겨지면 가지가 번성한다. 의미부 ‘𣎵’와 소리부 ‘羊’로 이루어진 형성자이다. 고문은 ‘峷’으로 쓴다.

돌이나 도기로 만든 악기의 일종이다. 윗부분 ‘十’은 매달기 위한 새끼줄이다. 고문자에서는 방향사로 쓰인다.

“東土受年, 南土受年, 西土受年, 北土受年.”(≪合集≫36975)

동쪽 지방이 풍년이 들고, 남쪽지방이 풍년이 들고, 서쪽지방이 풍년이 들고, 서쪽이 풍년이 들고, 북쪽이 풍년이 들다.

“王征南尸(夷).”≪無㠱簋≫ 왕은이 남이 지역을 정벌하다.

“王征南淮尸(夷).”≪翏生盨≫ 왕이 남회이 지역을 정벌하다.

“子曰: 宋人有言曰: 人而無恒.”≪上博楚簡·緇衣≫

공자가 말하였다. 송나라의 어떤 사람이 말하기를 “사람이 항상심이 없으면…….”

528) 국가國家를 다스릴 기량器量이 있다.

529) 깨어진 그릇 조각을 서로 맞춘다. 이미 잘못된 일을 바로잡으려고 쓸데없이 애쓰다. ‘파기상종破器相從’.

530) 마룻대와 들보로 쓸 만한 재목材木. 나라의 중임을 맡을 만한 큰 인재人材. ‘간성지재干城之材’. ‘동량지재棟梁之材’. ‘명세지재命世之才’.

清 白玉磬(대만고궁박물관 소장)

[동서남북東西南北] [남용南容][531][남산가이南山可移] [남산지수南山之壽] [나무아미타불南無阿彌陀佛]

【鼓(북 고, gǔ)(彭(성 팽, péng)】

[說文] : "鼓(鼓), 郭也. 春分之音, 萬物郭皮甲而出, 故謂之鼓. 从壴. 支, 象其手擊之也.

≪周禮≫: '六鼓: 靁鼓八面, 靈鼓六面, 路鼓四面, 鼖鼓·皐鼓·晉鼓皆兩面.' 鼓磬, 籒文鼓. 从古聲."

鼓. 가죽을 씌워 만든 악기이다. '鼓'는 춘분 때의 음악으로, 이는 껍데기가 씌워진 씨앗이 땅속에서 이를 벗고 나오기 때문이다. '壴'로 이루어진 자이다. '支'는 손으로 북을 두드린다는 뜻이다. ≪周禮≫에서는 '六鼓'에 대하여 언급하였다. 뇌고는 여덟 면으로 되어 있고, 영고는 여섯 면으로 되어 있고, 노고는 네 개의 면으로 되어있고, 분고鼖鼓·고고皐鼓·진고晉鼓는 모두 두 면으로 되어 있다. '鼓'자의 주문은 소리부가 '古'인 '磬'로 쓴다.

鼓						
	商 甲骨文	商 甲骨文	西周 大克鼎	春秋 金文	秦 睡虎地秦簡	西漢 馬王堆帛書

	西晉 石定墓誌	隋智永 關中本千字文	唐懷素 草書千字文	北宋 黃庭堅	唐虞世南 破邪論序	唐顏眞卿 郭虛己墓誌

531) ≪論語·先進≫:"南容三復白圭, 孔子以其兄之子妻之."

'鼓'자는 손으로 북을 두드리는 형상이다. '彭'자는 북을 두드릴 때 진동하는 모양이다. '彡' 북이 울리는 모양이다. 갑골문에서는 지명·인명이나 제명으로 쓰이고 금문에서는 두드리다는 뜻으로 쓰이기도 한다.

"才(在)鼓."(≪合集≫36527) 고 지방에서.
"枼(世)萬孫子, 永保鼓之."≪王孫遺者鐘≫
만세 동안 자손들은 영원히 이 종을 보존하고 울리지어라.
"伯牙鼓琴."≪呂氏春秋·本味≫ 백아가 거문고를 타다.

[고취鼓吹] [고무鼓舞] [신문고申聞鼓] [고수鼓手] [고복격양鼓腹擊壤][532] [고분지통鼓盆之痛(嘆)][533] [함포고복含哺鼓腹][534]

【鐘(종 종, zhōng)(鍾)】

[說文: "(鐘), 樂鐘也. 秋分之音, 物穜成. 从金, 童聲. 古者垂作鐘. (銿), 鐘或从甬."
鐘. 악기 종이다. 추분의 음이다. 곡물이 성숙하는 시기이다. 의미부 '金'과 소리부 '童'으로 이루어진 형성자이다. 고대에 '수垂'라는 사람이 종을 만들었다한다. '鐘'자는 혹은 '甬'을 써서 '銿'자로 쓴다.

532) 배를 두드리고 흙덩이를 친다. 배불리 먹고 흙덩이를 치는 놀이를 한다. 매우 살기 좋은 시절時節. '강구연월康衢煙月'. '격양지가擊壤之歌'. '요순지절堯舜之節'. '태평성대太平聖代'.
533) 술그릇을 두드리는 아픔. 아내 상喪을 당함 또는 상처喪妻한 슬픔. '고분지통叩盆之痛'.
534) 음식飮食을 먹으며 배를 두드린다. 천하天下가 태평太平하여 즐거운 모양.

鐘						
	西周 害夫鐘	西周 金文	春秋 秦公鎛	春秋 王孫遺者鐘	戰國 信陽楚簡	秦 睡虎地秦簡

	漢 金文	隸辨	草韻辨體	平安傳藤原行成 關戶本和漢朗詠集	北宋 米芾	唐 孔穎達碑

'鐘'자는 '金'과 소리부 '童'으로 이루어진 형성자이다. '童'은 종이 울리는 소리를 나타내는 것이 아닌가 한다. '鐘'자는 '銿'이나 '鍾'과 같은 자이다.

西周 宗周鐘(대만고궁박물관 소장)

"中義乍(作)龢鐘, 其萬年永寶." ≪中義鐘≫

중의는 음질이 좋은 종을 만드니 만년 동안 영원히 보배롭게 여길지어라.

"君子若鐘, 擊之則鳴, 弗擊不鳴." ≪墨子·非儒下≫

군자는 종과 같아 두드리면 울리고, 두드리지 않으면 울리지 않는다.

[경종警鐘] [자명종自鳴鐘] [좌종坐鐘] [괘종卦鐘] [타종打鐘] [종각鐘閣] [격종정식擊鐘鼎食][535] [두고종례杜稾鐘隸][536] [종두지미鐘頭至尾][537]

---

535) 종을 쳐서 식솔食率을 모아 솥을 걸어 놓고 먹는다. 부유富裕한 생활. '종명정식鐘鳴鼎食'.

536) 초서草書를 처음으로 쓴 두고杜稾와 예서隸書를 쓴 종례鐘隸의 글.

537) 처음부터 끝까지. '자두지미自頭至尾'. '자초지종自初至終'.

【刀(칼 도, dāo)】

[說文] : “(刀), 兵也. 象形.”

刀. 병기이다. 상형자이다.

刀						
	商 甲骨文	戰國 包山楚簡	秦 睡虎地秦簡	西漢 馬王堆竹簡	漢 武威漢簡	漢 居延漢簡

	唐李懷琳 絶交書	草韻辨體	北宋米芾 蜀素帖	元 馮子振	北魏 金光明經	唐歐陽詢 泉男生墓誌

금문은 ‘’·‘’로 쓰기도 한다. 갑골문에서는 지명이나 인명으로 쓰인다.

“辛亥貞, 王正(征)刀方.” (≪合集≫33035)

신해 일에 점을 쳐 묻습니다. 왕이 도라는 방국을 정벌할까요?

[은장도銀粧刀][단도短刀]

【方(모 방, fāng)】

[說文] : “(方), 併船也. 象兩舟省總頭形. (汸), 方或从水.”

方. 나란히 있는 배. 두 개의 배가 서로 합쳐진 문자의 생략형이다. 윗부분은 두 개의 뱃머리가 새끼로 동여매어져 모양이다. ‘方’자는 혹은 ‘水’를 써서 ‘汸’으로 쓴다.

方	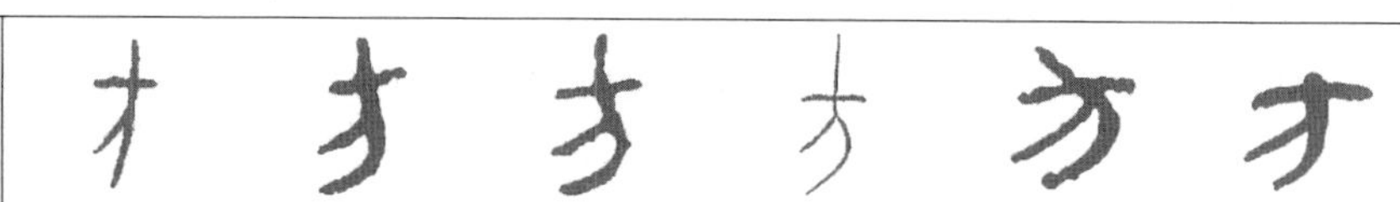					
	商 甲骨文	商 小臣艅犧尊	西周 毛公鼎	戰國 中山王鼎	戰國 郭店楚簡	秦 睡虎地秦簡

	西漢 銀雀山竹簡	東漢 禮器碑	東漢 張芝	隋智永 關中本千字文	東晉王羲之 興福寺斷碑	唐歐陽詢 九成宮醴泉銘

갑골문은 '一'과 '刀'로 이루어진 자이다. '一'은 '刀'의 칼날을 나타낸다. 네모나게 자를 수 있는 칼의 모양으로, '枋(다목 방, fang)'자의 초문이 아닌가 한다. 후에 '地方'·'方國'·'方位' 등의 의미로 쓰인다. 갑골문에서는 '四方'이나 '방국'이라는 뜻으로 가차되어 쓰이고, 초죽서에서는 '並'자의 가차자로 쓰이기도 한다.

"辛卯卜, [illegible](御)彡酒其出(侑)于四方."(≪合集≫30394)

신묘 일에 점을 칩니다. 어제御祭·삼제彡祭·주제酒祭를 지낸 다음 사방에 유제侑祭를 지낼까요?

"其伐方利. 不利."(≪合集≫36536)

방국을 정벌하면 이로울까요? 이롭지 않다.

"史逨乍(作)寶方鼎."≪史逨方鼎≫

사래는 보배로운 네모난 정을 만들다.

"萬勿(物)方(並)复(作), 居以須復也."≪郭店楚簡·老子甲≫

이렇게 되면 만물은 다함께 흥하게 되고 제자리로 반드시 돌아가게 된다.

≪史逨方鼎≫(≪集成≫'02164')(陝西省 歷史博物館 소장)

[방법方法] [방안方案] [방침方針] [사후약방문死後藥方文][538] [방예원조方枘圓鑿][539] [호구지방糊口之方][540]

538) '만시지탄晩時之歎'. '망양보뢰亡羊補牢'. '망우보뢰亡牛補牢'. '사후청심환死後淸心丸'. '실마치구失馬治廐'. '실우치구失牛治廐'. '십일지국十日之菊'. '우후송산雨後送傘'. '대한색구大寒索裘'.

539) 네모난 자루에 둥근 구멍. 사물事物이 서로 맞지 않는다.

540) '호구지책糊口之策'.

【乍(잠깐 사, zhà)(作, 지을 작, zuó,zuō,zuò)】

[說文] : "(乍), 止也. 一曰亡也. 从亡, 从一."

乍. 제지하다의 뜻이다. 혹은 도망하다의 뜻이라 한다. '亡'과 '一'로 이루어진 회의자이다.

[說文] : "(作), 起也. 从人, 从乍."

作. 작용을 하다. '人'과 '乍'으로 이루어진 회의자이다.

作 (乍)						
	商 甲骨文	西周 戍嗣子鼎	西周 䛐夫簋	春秋 郭店楚簡	戰國 郭店楚簡	戰國 石鼓文
	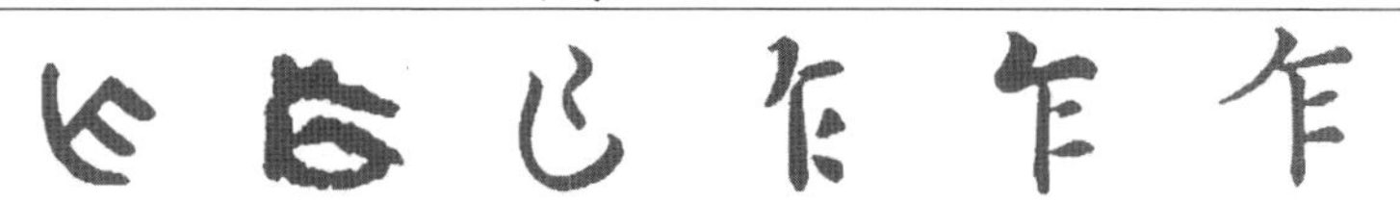					
	秦 睡虎地秦簡	西漢 馬王堆帛書	唐孫過庭 書譜	東晉王羲之 集字聖教序	五代楊凝式 韭花帖	唐 九經字義

'乍'자는 '作'자의 고문자이다. 칼로 '卜'자를 그리는 형태이다. 혹은 '칼로 나무나 풀을 자르다'의 '柞'자의 초문으로 보기도 한다. 고문자에서 '乍'는 '作'의 의미로 쓰인다.

"乍(作)邑." (≪合集≫13509) 성읍城邑을 짓다.

"用乍(作)寶尊彝." ≪史牆盤≫ 보배로운 존이를 만들다.

[시작始作] [부작용副作用] [작용作用] [작업作業] [작심삼일作心三日][541] [마부작침磨斧作針][542] [서근호분사출사입鼠近糊盆乍出乍入][543] [사청乍晴][544]

【卜(점 복, bǔ,bò)(占(차지할 점, zhān,zhàn)】

[說文] : "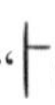(卜), 灼剝龜也. 象灸龜之形. 一曰象龜兆之從橫也. (卜), 古文卜."

卜. 거북이 뼈에 불을 지져 균열을 내어 점을 치다. 거북이의 뼈에 열을 가하는 형상이다. 혹은 거북이 뼈에 가로 세로로 난 흔적이라 한다. 고문 '卜'자를 'ㅏ'으로 쓴다.

541) '조개모변朝改暮變'. '조령모개朝令暮改'. '조령석개朝令夕改'. '고려공사삼일高麗公事三日'.

542) 도끼를 갈아 바늘을 만든다. 아무리 어려운 일이라도 끈기 있게 노력努力하면 이룰 수 있다. '마부작침磨斧作鍼'. '마철저이성침磨鐵杵而成針'. '산류천석山溜穿石'. '수적석천水滴石穿'.

543) 풀 방구리에 쥐 드나들듯. 자주 들락날락하다.

544) 지루하게 내리던 비가 그치고 잠깐 개다.

卜	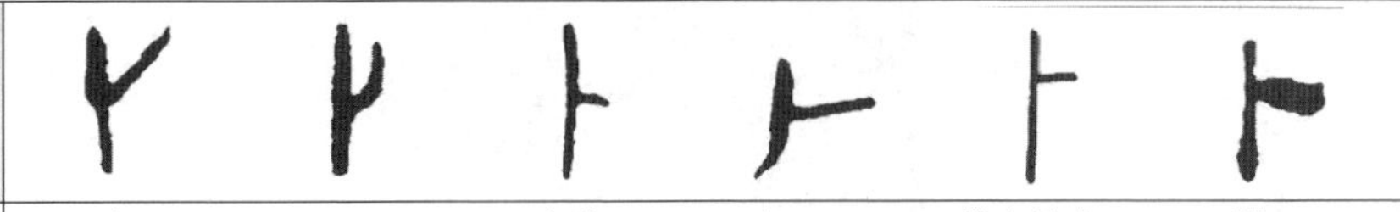					
	商 甲骨文	西周 曶鼎	春秋 侯馬盟書	秦 睡虎地秦簡	說文篆文	西漢 銀雀山竹簡
	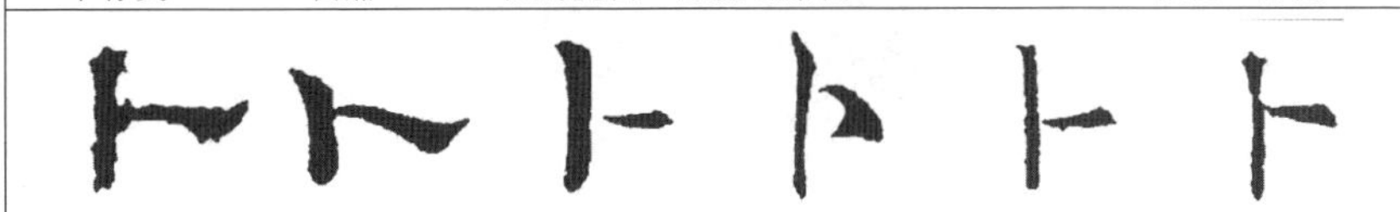					
	東漢 白石神君碑	吳皇象 急就章	唐高宗 李勣碑	北宋 米芾	北魏 元頊墓誌	唐柳公權 劉沔碑
占						
	商 甲骨文	商 甲骨文	戰國 包山楚簡	秦 睡虎地秦簡	說文篆文	西漢 銀雀山竹簡
	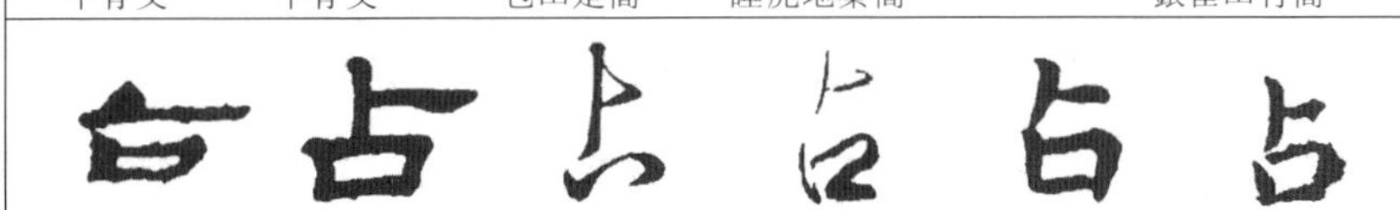					
	漢 武威漢簡	隷辨	草韻辨體	平安藤原行成 白氏詩卷	北魏 馮季華墓誌	唐虞世南 孔子廟堂碑

갑골에 점을 치기 위해 뒷부분에 불을 지펴 앞부분에 나타나게 하는 흔적의 형상이다. 갈라질 때 나는 '뿌' 소리와 발음이 관련이 있다. 후에 '口'가 추가되어 '占(차지할 점, zhān,zhàn)'자로 쓴다. 점쟁이가 길흉을 판단하여 말한다는 뜻이다.

"貞旬三卜, 亡(無)禍."(≪懷特≫1622)
십여 일만에 세 차례 점을 치면 재난이 없을까요?
"令女(汝)更(賡)乃且(祖)考嗣(司)卜事."≪曶鼎≫
너에게 너의 선조 직무인 점복을 치는 일을 계속 이행하도록 명령하노라.

[점복占卜] [복술卜術] [복거卜居][545] [약마복중弱馬卜重][546] [복불습길卜不襲吉][547] [복주복야卜晝卜夜][548]

545) 살 만한 곳을 가려서 정定하다.
546) 약한 말에 무거운 짐을 싣는다. 재주와 힘이 넉넉하지 못한 사람이 크나큰 일을 맡다.
547) 한 번 길조吉兆를 얻으면 다시 더 점占을 칠 필요가 없다.
548) 낮 또는 밤의 길흉吉凶을 점치다. 술 마시고 노는 것이 절도節度가 없이 주야晝夜로 계속繼續되다.

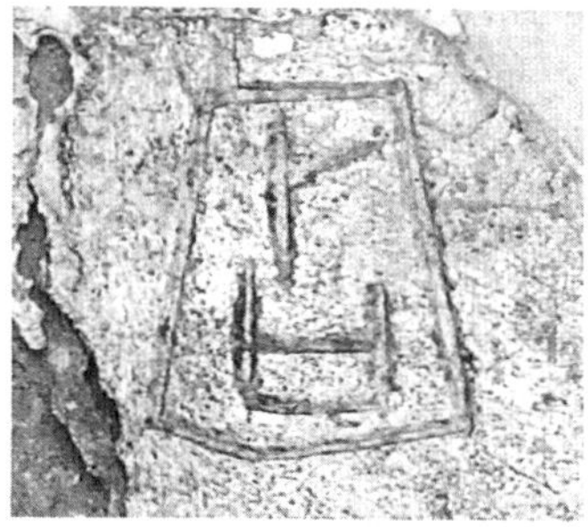

갑골문의 '𠧩'자

【貞(곧을 정, zhēn)】

[說文] : "貞(貞), 卜問也. 从卜, 貝以為贄. 一曰鼎省聲, 京房所說."

貞. 점을 쳐 묻다. '卜'과 '貝'로 이루어진 자이다. '貝'는 점을 치고 난 후 전하는 예물을 뜻한다. 혹은 경방은 '鼎'자의 생략형이 소리부라 하였다.

貞						
	商 甲骨文	西周 散氏盤	古璽	戰國 信陽楚簡	秦 睡虎地秦簡	西漢 馬王堆帛書
	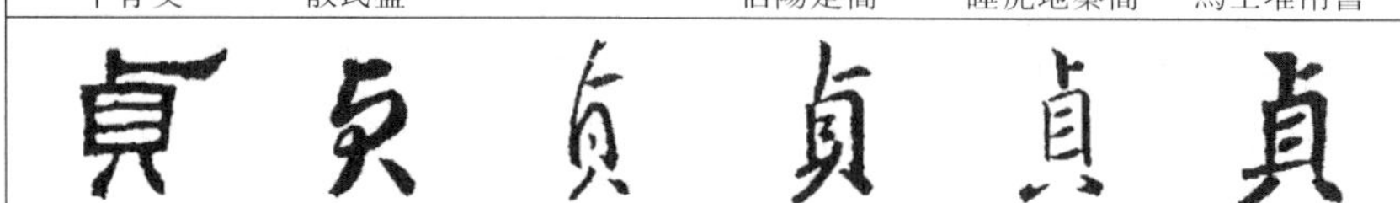					
	東漢 史晨後碑	隋智永 關中本千字文	唐高宗 李勣碑	東晉王羲之 集字聖教序	唐褚遂良 枯樹賦	隋唐 房山雲居寺石經

갑골문에서 '鼎'자가 '貞'의 가차자로 쓰인다. 점과 관련이 있기 때문에 '卜'을 추가하여 형성자인 '鼑(貞)'으로 쓴다. '鼎'이 소리부이다. 고문자 '鼎'과 '貝'의 형태가 비슷하기 때문에 후에 '鼑'자를 '貞'자로 쓴다. 갑골문에서는 '점을 치다라'는 뜻으로 쓰인다. 금문에서는 '鼎'의 의미로도 쓰이고, 초죽서에서는 '鎭'자의 가차자로 쓰이기도 한다.

"貞燎三犬, 三羊." (≪合集≫01621正)

세 마리의 개와 세 마리의 양을 사용하여 요제를 지낼까요?

"𨛜(徐)殿尹盤自乍(作)湯貞(鼎), 𥁕(溫)良聖每(敏), 余敢敬明(盟)祀." ≪䌛(緈)鼎(徐郊尹鼎)≫

서徐 교윤郊尹 사韡 자신은 탕정湯鼎을 만들어 온량하고 성스러우며 민첩하고 영명한 선조에게 공경하는 마음으로 제사를 드리고 한다.

"而萬勿(物)牆(將)自憍(化). 憍(化)而雒(欲)乍(作), 牆(將)貞(鎭)之以亡名之鼞(樸)." ≪郭店楚簡·老子甲≫

만물이 스스로 조화를 이루나 작위作爲를 하려는 욕망이 생기면 이름이 없는 생긴 그대로의 소박함에 의하여 진정되어야 한다.

[정숙貞淑] [동정童貞] [정관정요貞觀政要][549] [원형리정元亨利貞][550] [빙정옥결氷貞玉潔][551] [여모정렬女慕貞烈][552]

갑골문 '鼎'자

【亡(망할 망, wáng,wú)】

[說文] : "(亡), 逃也. 从入, 从乚."

亡. 도망가다의 뜻이다. '入'과 '乚'으로 이루어진 회의자이다.

亡						
	商 甲骨文	西周 何尊	西周 毛公鼎	春秋 侯馬盟書	戰國 包山楚簡	秦 睡虎地秦簡

549) 당唐나라의 태종太宗이 근신近臣들과 정관 시대時代에 행한 정치의 득실得失에 관하여 문답을 모아 놓은 책.

550) 역학易學에서 말하는 천도天道의 원리原理.

551) 얼음처럼 곧고 옥처럼 깨끗하다. 흠이 없이 깨끗한 절개.

552) 여자는 정조貞操를 굳게 지키고 행실行實을 단정端正하게 하다.

西漢	東漢	吳皇象	唐懷素	唐褚遂良	唐張少悌
銀雀山竹簡	北海相景君碑	急就章	草書千字文	枯樹賦	屈元壽墓誌

한쪽 부분이 망가진 모양이나 예리한 칼날이 부러진 모양이라고 설명하기도 한다. 혹은 한쪽 부분이 가려진 모양이라고 설명하기도 한다. 또는 ‘芒(칼 망, máng)’ ‘鋩(서슬 망, máng)’의 초문으로 해석하기도 한다. 갑골문과 금문에서는 ‘無’의 가차자로 쓰인다.

“昊𥿳(昭)亡(無)昊(斁).” ≪史牆盤≫
광명한 하늘이 보호해 주셨다.
“𢇍(絶)攷(巧)弃利, 覜(盜)惻(賊)亡(無又(有).” ≪郭店楚簡·老子甲≫
교묘함을 단절하고 탐욕을 버리면 도적은 사라진다.

[사망死亡] [도망逃亡] [멸망滅亡] [망아亡兒] [망양보뢰亡羊補牢][553] [순망치한脣亡齒寒] [다기망양多岐亡羊][554]

【吉(길할 길, jí)】

[說文] : “(吉), 善也. 从士·口.”

吉. 좋다는 뜻이다. ‘士’와 ‘口’로 이루어진 회의자이다.

吉

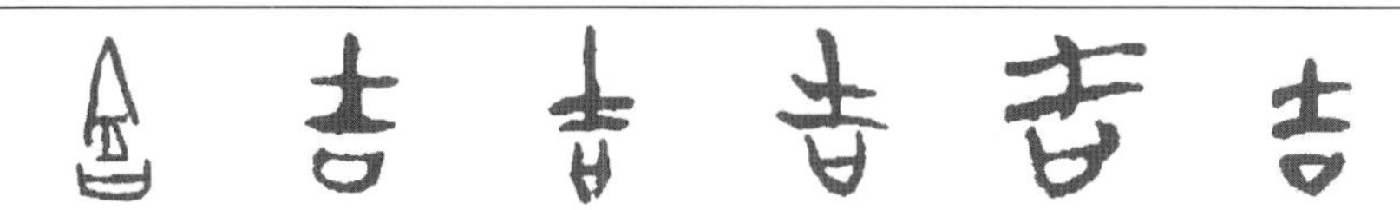

商	西周	西周	春秋	戰國	秦
甲骨文	令方彝	虢季子白盤	侯馬盟書	包山楚簡	睡虎地秦簡

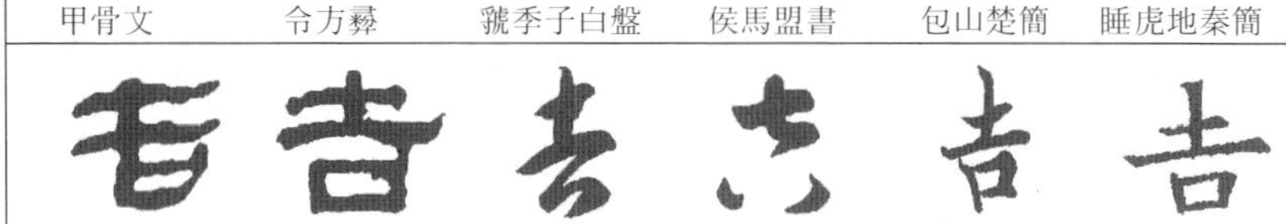

西漢	東漢	隋智永	唐孫過庭	唐歐陽詢	隋
馬王堆帛書	熹平石經	眞草千字文	草書千字文	行書千字文	蘇孝慈墓誌

553) ‘갈이천정渴而穿井’. ‘만시지탄晩時之歎’. ‘실우치구失牛治廐’.
554) 양을 찾다가 여러 갈래 길에 이르러 길을 잃는다. 학문學問의 길이 여러 갈래로 나뉘어져 있어 진리眞理를 찾기 어렵다. ‘망양지탄亡羊之歎’.

네모난 제단에 옥으로 만든 '圭(홀 규, guī)'을 올려놓고 제사를 지내고자 하는 형상이다. '길상吉祥'한 일을 기원하기 때문에 '길조吉兆'라는 의미로 쓰인다. 혹은 윗부분 '士'는 도끼의 모양으로 권력을 나타낸다고 주장하기도 하여, '권위'나 '존귀'하다는 뜻이 '길하다'라는 의미로 확대되어 쓰인다한다.

"用匄眉壽黃耇吉康." ≪師奎父鼎≫

이를 이용하여 영원히 장수하고 오래오래 살며 좋은 일이 있고 건강하기를 기원한다.

"六五: 僮(童)尨(蒙)吉." ≪上博楚簡·周易·尨(蒙)≫

어린 아이의 몽매함이니 길하다.

[길흉吉凶] [길경吉慶] [길조吉兆] [길흉화복吉凶禍福] [입춘대길立春大吉] [길상선사吉祥善事][555] [반흉반길半凶半吉][556]

갑골문 '吉'자

【古(옛 고, gŭ)】

[說文] : "(古), 故也. 从十口. 識前言者也. (𨫼), 古文古."

古. 이전이라는 뜻이다. '十'과 '口'로 이루어진 자이다. 이전의 말을 안다는 뜻이다. '古'자의 고문은 '𨫼'로 쓴다.

555) 매우 기쁘고 좋은 일.

556) 한편 흉하기도 하고 한편 길하기도 하다.

古						
	商 甲骨文	西周 大盂鼎	西周 史牆盤	戰國 中山王方壺	戰國 郭店楚簡	秦 睡虎地秦簡

	西漢 馬王堆帛書	東漢 禮器碑	隋智永 關中本千字文	唐孫過庭 書譜	東晉王羲之 集字聖敎序	唐虞世南 孔子廟堂碑

견고한 병기의 형상으로 '固'자의 초문이 아닌가 한다. 혹은 방패 '十'과 '口'로 이루어진 회의자로 옛날의 전쟁 이야기를 한다는 의미로 해석하기도 한다. '故'의 가차자로 쓰이기도 한다.

"曰古文王, 初𢼸(盭)龢于政." ≪牆盤≫
옛날 문왕께서는 정치를 처음으로 안정되고 화합되게 하였다.
"古(故)天異(翼)臨子(慈)." ≪大盂鼎≫
그런고로 하느님께서 자애로운 마음으로써 도와 주시다.

[고대古代] [고적古蹟] [고희古稀] [인생칠십고래희人生七十古來稀] [만고절색萬古絕色] [미인박명美人薄命] [박고지금博古知今][557] [전고미문前古未聞]

갑골문 '古'자

557) 널리 옛일을 알면 오늘날의 일도 알게 되다.

【干(방패 간, gān,gàn)】

[說文] : "(干), 犯也. 从反入, 从一."

干. 침범하다. 반대 방향으로 들어가는 형상과 '一'로 이루어진 자이다.

干						
	商 甲骨文	西周 毛公鼎	春秋 金文	戰國 包山楚簡	秦 睡虎地秦簡	西漢 馬王堆帛書

	漢 敦煌漢簡	東漢 曹全碑	東晉王羲之 淳化閣帖	東晉 王羲之	北魏 于纂墓誌	隋唐 房山雲居寺石經

금문과 갑골문 '干'자는 나무로 만든 몽둥이의 모양이다. 주로 수렵할 때 사용한다. '간과干戈'란 무기의 뜻이다. 갑골문은 혹은 ''로 쓰기도 한다. '攼(구할 간, gàn)'·'扞(막을 한, hàn,gǎn)'·'捍(막을 한, hàn)'자의 초문이다.

"≪兑命≫曰: 惟口起羞, 惟甲胄起兵, 惟衣裳在笥, 惟干戈省厥躬." ≪禮記·緇衣≫

≪열명≫이 말하였다. 입은 부끄러움을 일으키고 이 갑주甲胄는 전쟁을 일으킨다. 이 의상은 옷 그릇에 있어야 하고, 이 干戈는 그 몸을 돌아다봐야 한다.

"干(扞)吾(禦)王身." ≪毛公鼎≫

왕의 주군이 어려움에 처하지 않도록 보호하도록 하라.

[간섭干涉] [약간若干] [천간天干] [간지干支][558] [구국간성救國干城][559] [무불간섭無不干涉][560]

558) 천간天干과 지지地支. 십간十干과 십이지十二支.

559) 방패防牌와 성. 나라의 밖을 막고 안을 지키는 것. '간성干城'.

560) 자기에게 관계가 있건 없건 무슨 일이고 함부로 나서서 간섭干涉하지 아니함이 없다.

【戈(창 과, gē)】

[說文] : "(戈), 平頭戟也. 从弋, 一橫之, 象形."

戈. 창끝이 편평한 한 병기이다. '弋'과 '一'이 가로지르는 형태로 이루어진 자이다. 상형자이다.

戈						
	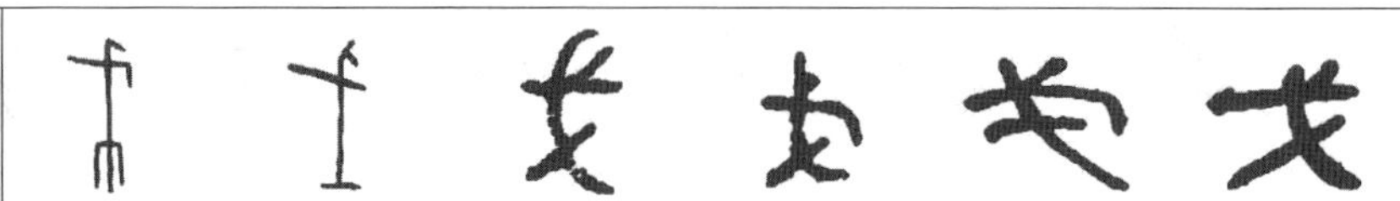					
	商 甲骨文	商 甲骨文	西周 金文	西周 金文	戰國 長沙子彈庫楚帛書	秦 睡虎地秦簡
	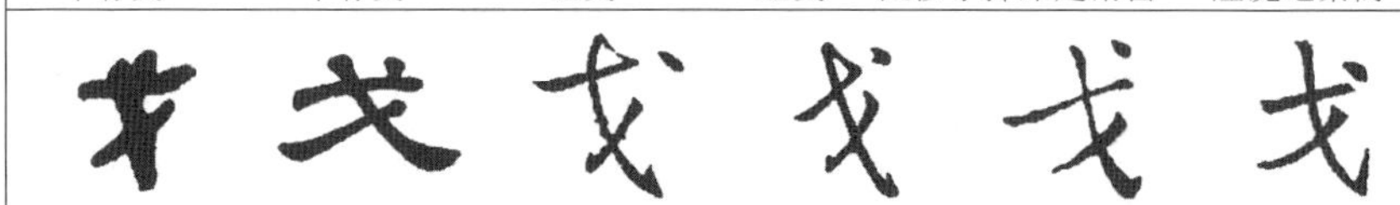					
	西漢 馬王堆帛書	隸辨	唐高宗 李勣碑	草韻辨體	北宋黃庭堅 王純中墓誌	北魏 元熙墓誌

'戈'의 모양이다. '丨'은 자루이고 '一'은 창의 날이다. 금문에서는 '', ''로 쓰기도 한다.

"其𢦔戈一, [glyph](斧)九." (≪合集≫29783)

장차 창 한 개와 도끼 아홉 개를 바칠까요?

"白(伯)賜小臣宅畫盾·戈九." ≪小臣宅毁≫

백무보伯懋父는 그림 장식이 있는 방패와 아홉 개의 戈를 소신택小臣宅에게 하사하였다.

[간과干戈][561)] [과병戈兵] [盾戈][562)] [과갑戈甲][563)] [도치간과倒置干戈][564)] [침과좌갑枕戈坐甲][565)]

561) 창과 방패防牌. 무기의 총칭.

562) 방패防牌와 창槍.

563) 창과 갑옷.

564) 무기武器를 거꾸로 놓는다. 세상世上이 평화平和로워졌음.

565) 창을 베고 갑옷을 깔고 앉는다. 항상 전투태세를 갖추다. '침과대단枕戈待旦'. '침과대적枕戈待敵'. '침과이대枕戈以待'. '침과침갑枕戈寢甲'.

【戉(도끼 월, yuè)】

[說文] : '戉(戉). 斧@也. 从戈, 𠄌聲. ≪司馬法≫日: 夏執玄戉, 殷執白戚, 周左杖黃戉, 右秉白旄."

戉. 도끼. 의미부 '戈'와 소리부 '𠄌'로 이루어진 형성자이다. ≪사마법司馬法≫에서는 '하나라는 검은 홍색의 도끼날을 사용하고, 은나라는 백색의 도끼날을 사용하고, 주나라는 왼쪽에 도끼날이 황색인 도끼를 들고 오른손에 백색의 깃발을 든다.'하였다.

戉	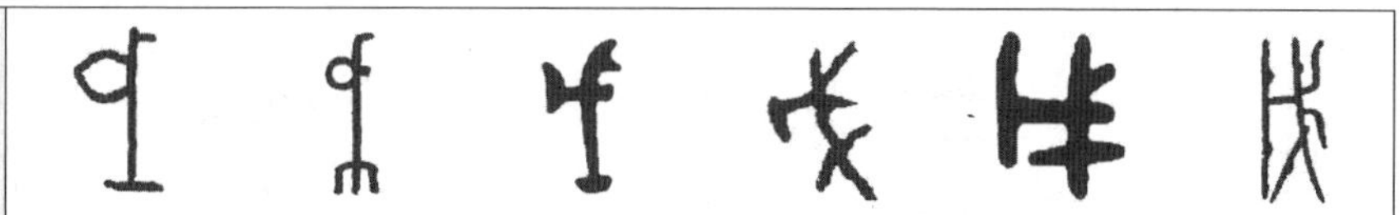					
	商 甲骨文	商 金文	商 司母戊鼎	西周 虢季子白盤	西周 同卣	春秋 金文

	新 嘉量銘	說文篆文	西漢 馬王堆帛書	東漢 熹平石經	草韻辨體	東漢 史晨後碑

≪설문해자≫는 형성자로 설명하고 있으나, 고문자에서 '戉'자는 '戊'자와 같은 자이며, '도끼'의 모양이다. '鉞(도끼 월, yuè)'의 초문이다. '戊'자는 후에 간지干支의 가차자로 쓰이기도 한다. 갑골문에서는 '戉(戉)'자가 '歲'자의 가차자로 쓰이고, 금문에서는 병기나 혹은 국명으로도 쓰인다.

"貞今戉(歲)受禾."(≪合集≫37849) 올해 벼가 풍년이 들까요?

"賜(賜)用戉, 用政(征)䜌(蠻)方." ≪虢季子白盤≫
도끼를 하사하여 만족을 정벌하는데 사용하도록 하다.

"戉(越)王不壽自乍(作)用僉(劍)." ≪越王不壽劍≫
월왕越王 비수丕壽는 스스로 검을 만들다.

주나라 초기의 일곱 개의 구멍이 나있는 '도끼'.(고궁박물관소장)

【王(임금 왕, wáng,wàng)】

[說文] : “王(王), 天下所歸往也. 董仲舒曰: ‘古之造文者, 三畫而連其中謂之王. 三者, 天·地·人也 ; 而參通之者, 王也. ’孔子曰: ‘一貫三為王. ’𤣪(𤣪), 古文王.”

王. 천하가 모두 모이는 대상이다. 동중서는 “옛날의 문자를 만들기를 세 개의 가로획에 세로의 한 획이 관통하는 자가 ‘王’자이다. ‘三’은 하늘(天)·땅(地)·사람(人)을 뜻하며, 이를 통괄하는 것이 왕이다”라 하였다. 공자는 “‘一’이 ‘三’을 관통하는 것이 ‘王’자이다”라 하였다. 고문은 ‘𤣪’로 쓴다.

王	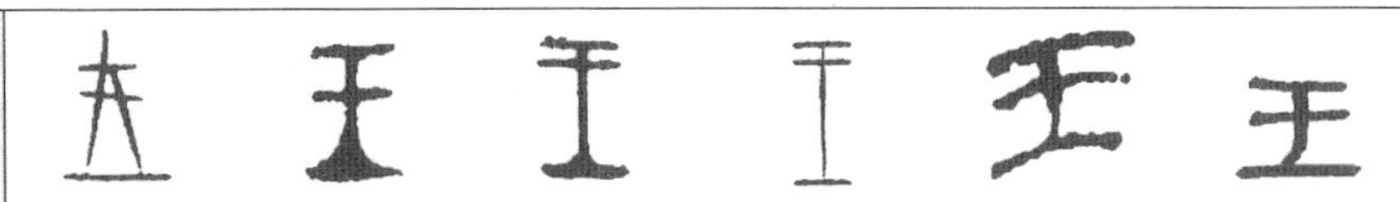					
	商 甲骨文	商 小臣艅犧尊	西周 㝬簋	戰國 中山王鼎	戰國 包山楚簡	秦 睡虎地秦簡
	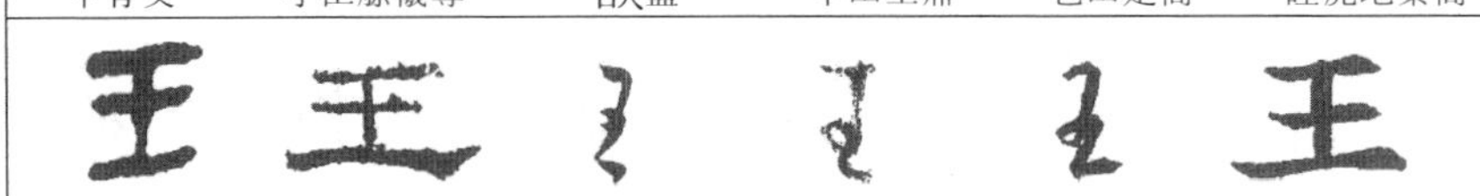					
	西漢 馬王堆帛書	東漢 禮器碑陰	東晉王羲之 得示帖	唐懷素 自敘帖	東晉王羲之 興福寺斷碑	隋 美人董氏墓誌

아랫부분이 날카로운 도끼의 모양이다. 고대에 무기를 들고 법을 집행할 수 있는 자는 ‘왕’이다. 금문은 ‘王’·‘王’·‘王’으로 쓰기도 한다.

“貞: 王歸.”(≪合集≫5193正) 왕은 돌아올까요?

“王各(格)于周廟.” ≪無叀鼎≫ 왕은 주나라 종료에 도착하였다.

“攻吳王夫差, 擇厥吉金, 自乍(作)御鑑.” ≪攻吳王鑑≫
오왕 부차는 질 좋은 청동을 사용하여 일용한 청동거울을 만들었다.

“是古(故)先王之教民也.” ≪郭店簡·六德≫
그런고로 선왕이 백성을 가르치는 것은.

[명왕성冥王星] [왕조王朝] [왕존장王尊丈][566]

상대말기, 獸面紋鉞.(대만고궁박물관 소장)

566) 남의 할아버지. 할아버지와 나이가 비슷한 어른.

【我(나 아, wǒ)】

[說文] : "(我), 施身自謂也. 或說我, 頃頓也. 从戈, 从禾. 禾, 或說古垂字. 一日古殺字. (𢦑), 古文我."

我. 자기 자신을 일컫는 말이다. '我'는 한쪽으로 기울다는 뜻으로 풀이하기도 한다. '戈'와 '禾'로 이루어진 회의자이다. '禾'자는 혹은 '垂'자의 고문자라 하기도 한다. 혹은 '我'자는 고문자의 '殺'자와 같은 자라 하기도 한다. '我'자의 고문은 '𢦑'로 쓴다.

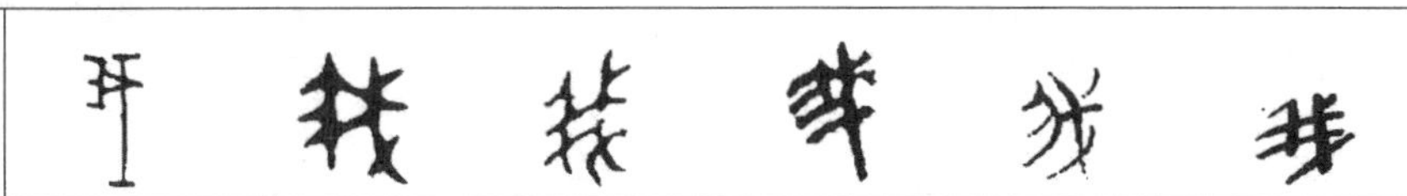

商 甲骨文	商 金文	西周 毛公鼎	春秋 金文	戰國 郭店楚簡	秦 睡虎地秦簡

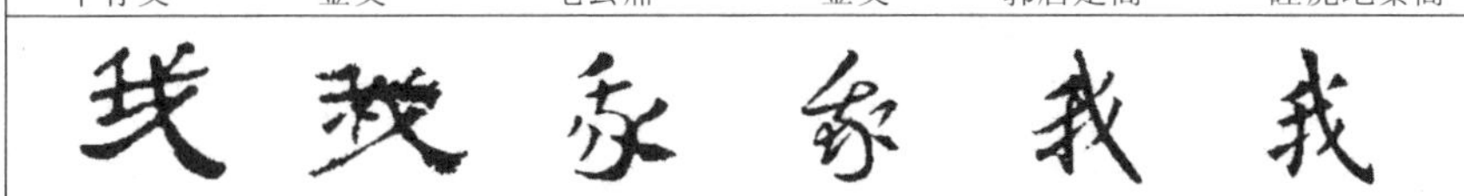

西漢 銀雀山竹簡	東漢 西嶽華山廟碑	西晉索靖 出師頌	東晉王羲之 十七帖	唐歐陽詢 行書千字文	唐歐陽詢 九成宮醴泉銘

갑골문의 세 개의 가지가 있는 병기兵器 '錡(끝 기, qí)' 모양이다. 대사 '我'의 가차자로 쓰인다.

"虔夙夕叀(惠)我一人." ≪毛公鼎≫

조석으로 나 한 사람을 공손하게 보좌하도록 하라.

"是以聖人之言曰: 我無事而民自福(富)." ≪郭店楚簡·老子甲≫

그래서 성인들이 이렇게 말하였다. 내가 일을 만들어 내지 않으니 백성이 저절로 부유해지다.

[아집我執] [자아自我] [아전인수我田引水][567] [무아無我] [유아독존唯我獨尊]

【弓(활 궁, gōng)】

[說文] : "(弓), 以近窮遠. 象形. 古者揮作弓. ≪周禮≫: '六弓: 王弓·弧弓, 以射甲革甚質; 夾弓·庾弓, 以射干侯鳥獸; 唐弓·大弓, 以授學射者."

567) '아전인수격我田引水格.'

弓. 가까운 곳에서 먼 곳의 물체를 쏘는 병기이다. 상형자이다. 옛날에 '휘揮'가 궁을 만들었다한다. ≪주례≫에서는 '여섯 가지 활이 있다. 왕궁과 호궁弧弓은 단단한 가죽으로 만든 과녁에 쏘는 활이고, 협궁과 유궁은 호나라 지방에서 나는 들개나 새 가죽으로 만든 과녁에 쏘는 활이고, 당궁과 대궁은 활쏘기를 배우는 자에게 주어 쏘도록 하는 화살이다.'라 했다.

弓	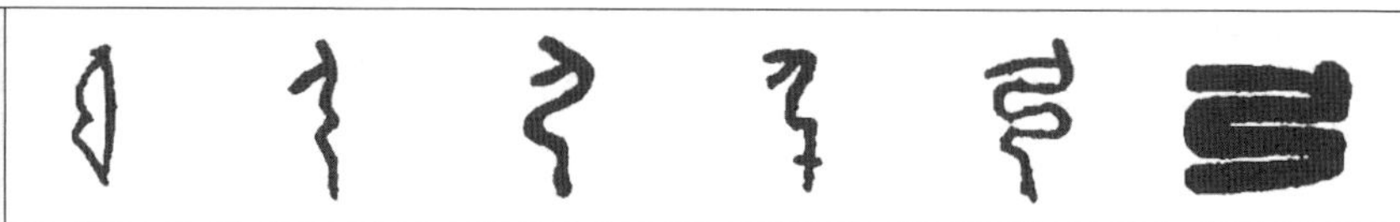					
	商 甲骨文	西周 虢季子白盤	西周 金文	古璽	戰國 石鼓文	漢印
	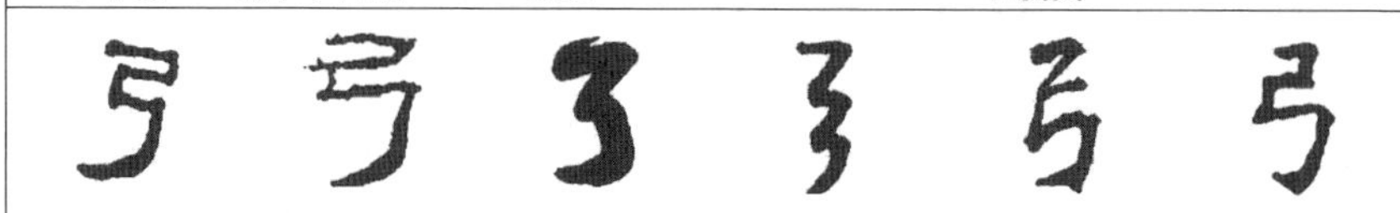					
	西漢 銀雀山竹簡	東漢 禮器碑陰	北宋 黃庭堅	元 馮子振	唐李邕 李思訓碑	唐 永泰公主墓誌

금문은 혹은 ''·''으로 쓰기도 한다.

[경궁지조驚弓之鳥] [상궁지조傷弓之鳥][568] [구궁신시舊弓新矢][569] [타궁막만他弓莫輓][570]

【弗(아닐 불, fú)】

[說文] : "(弗), 撟也. 从丿, 从乀, 从韋省."

弗. 교정하다. '丿'·'乀'과 '韋(양쪽으로 어긋나 있는 형태)'자의 생략형으로 이루어진 자이다.

弗	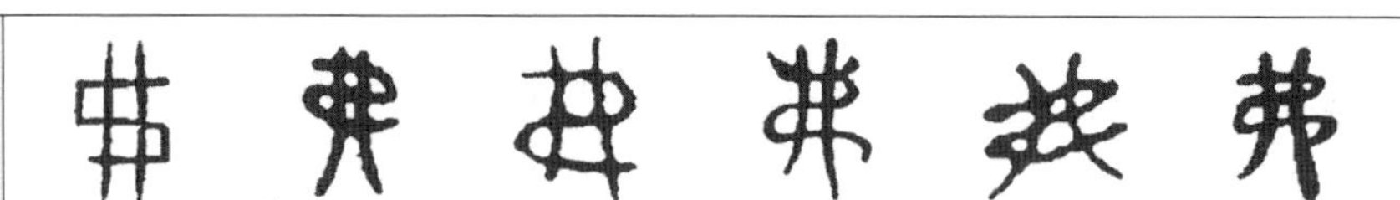					
	商 甲骨文	西周 史牆盤	西周 毛公鼎	春秋 侯馬盟書	戰國 包山楚簡	秦 睡虎地秦簡

568) 한 번 화살에 놀란 새는 구부러진 나무만 보아도 놀란다. 한번 놀란 사람이 조그만 일에도 겁을 내다. '경궁지조驚弓之鳥'. '오우천월吳牛喘月'. '징갱취제懲羹吹虀'.

569) 묵은 활과 새 화살. 그래야만 잘 맞는다는 데서 나온 말.

570) 활을 당겨 쏘지 말라. 무익無益한 일은 하지 말라. 자기自己가 닦은 것을 지켜 딴 데 마음 쓰지 말 것을 이르는 말

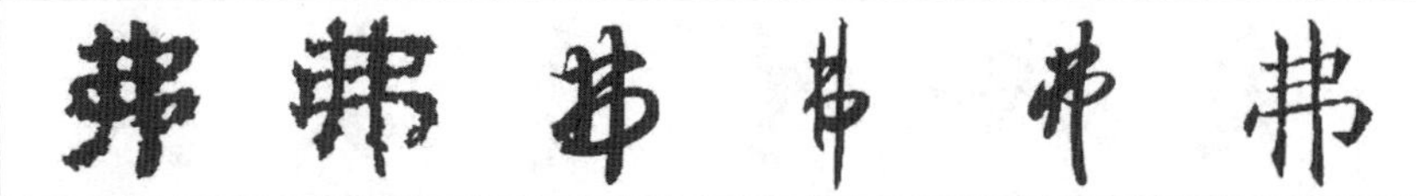

西漢 馬王堆帛書	東漢 北海相景君碑	隋智永 眞草千字文	唐懷素 草書千字文	北宋 米芾	隋 孟顯達碑

구부러진 화살을 곧게 펴는 모양이다. 갑골문은 ''·''로 쓰기도 하고, 금문은 ''로 쓰기도 하고, 초죽서는 ''로 쓴다. ≪설문해자≫에서 설명하는 '撟(들 교, jiǎo)'자는 '矯(바로잡을 교, jiǎo,jiáo)'자의 뜻이다. 후에 부정사로 가차되어 쓰인다.

"其才(在)民上也, 民弗厚也, 其才(在)民前也, 民弗害也. 天下樂進而弗詀(厭)" ≪郭店楚簡·老子甲≫

그러면 백성들 위에 있어도 백성들은 부담을 느끼지 않으며, 백성의 앞에 있어도 백성들은 해로운 것으로 여기지 않는다. 그래서 천하가 그를 즐거이 받들고도 싫어하지 않는다.

"文王孫亡弗褱(懷)井(型), 亡克竟(競)氒刺(烈). " ≪班簋≫

문왕의 왕손들은 선조들이 이루어 놓은 공적을 항상 가슴 속에 간직하고 모범으로 삼고자 하였다.

[불소弗素] [조차불리造次弗離] [중인불승中人弗勝][571)]

【矢(화살 시, shǐ)】

[說文] : "(矢), 弓弩矢也. 从入, 象鏑栝羽之形. 古者夷牟初作矢."

矢. 궁의 화살이다. 윗부분 '入'은 화살촉이고, 중간부분은 화살의 자루이고, 아랫부분은 화살에 매단 깃털이다. 옛날에 이모초가 만들었다.

矢 

商 甲骨文	西周 曶鼎	西周 虢季子白盤	戰國 石鼓文	秦 睡虎地秦簡	西漢 馬王堆帛書

571) 보통普通 사람은 감당堪當하지 못하다.

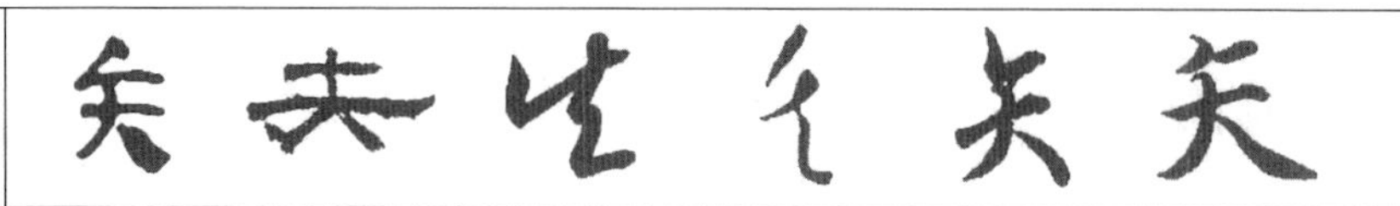

西漢 銀雀山竹簡	東漢 孔宙碑	隋智永 眞草千字文	唐懷素 草書千字文	唐歐陽詢 行書千字文	隋智永 草書千字文

윗부분은 화살촉이고 아랫부분은 화살에 달린 도지개와 깃털이다. 금문은 ''·''로 쓰기도 하고 초죽서는 ''로 쓴다.

"九二: 畋(田)蒦(獲)晶(三)鼬(狐), 旻(得)黃矢. 貞吉." ≪上博楚簡·周易·繲(解)≫
두 번째 양효: 사냥을 해서 새 마리의 여우를 잡고, 누런 빛 화살을 얻는다. 점은 길하다.

[소시례高矢禮][572] [효시嚆矢][573] [중석몰시中石沒矢][574]

【至(이를지, zhì)】

[說文] : "(至), 鳥飛从高下至地也. 从一, 一猶地也. 象形. 不, 上去. 而至, 下來也. (至), 古文至."

至. 나는 새가 높은 곳에서 아래 땅에 내려 앉다의 뜻이다. '一'로 이루어진 자이고, '一'은 땅을 나타낸다. 윗부분은 새가 날아가는 형상이다. '不'자는 위로 날아가는 것이고, '至'자는 아래로 내려오는 것이다. '至'자의 고문은 '𦤳'로 쓴다.

至

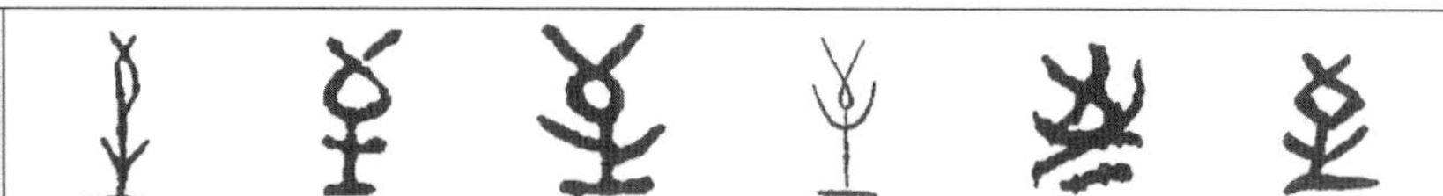

商 甲骨文	西周 令鼎	西周 散氏盤	戰國 中山王鼎	戰國 包山楚簡	秦 睡虎地秦簡

572) 고수레의 잘못. 산이나 들에서 음식飮食을 먹을 때나 무당이 굿을 할 때 귀신鬼神에게 먼저 바치는 예.
573) 전쟁터에서 우는 화살을 쏘아 신호로 삼다. 모든 일의 시초.
574) 쏜 화살이 돌에 박힌다. 정신精神을 집중集中하면 때로는 믿을 수 없을 만한 큰 힘이 나올 수 있다. '중석몰촉中石沒鏃'.

西漢 馬王堆帛書	東漢 禮器碑	東晉王羲之 孔侍中帖	唐孫過庭 書譜	東晉王羲之 蘭亭序	隋 美人董氏墓誌

윗부분은 화살이고, 아래 '一'이 화살이 박힌 장소를 가리킨다.

"自今至于庚申其雨."(≪合集≫12324正)

지금부터 경신 일까지 비가 내릴까요?

"貞多鬼(畏)夢, 不至囚(禍)."(≪合集≫17451)

무서운 꿈을 많이 꾸었는데 재난이 없을 까요?

"至虛, 亙(恒)也, 獸(守)中, 簹(篤)也."≪郭店楚簡·老子甲≫

허정虛靜에 이르게 되면 영항永恒에 이르게 되고, 중용中庸을 지키면 돈독함에 이르게 된다.

[심지어甚至於] [지급至急][575] [지극至極] [수지청즉무어水至淸則無魚] [지어지선止於至善][576] [지성감천至誠感天]

【工(장인 공, gōng)】

[說文] : "工(工), 巧飾也. 象人有規榘也. 與巫同意. 𢒄(𢒄), 古文工从彡."

工. 잘 꾸미다. 사람이 자나 컴퍼스를 들고 있는 모습이다. '巫'자 중의 '工'자의 형태와 같은 뜻이다. '工'자의 고문은 '彡'을 추가하여 '𢒄'로 쓴다.

工

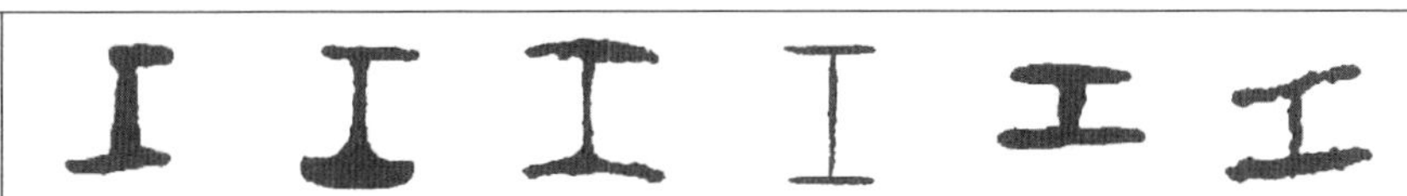

商 甲骨文	西周 令方鼎	西周 虢季子白盤	戰國 中山王鼎	秦 睡虎地秦簡	西漢 馬王堆帛書

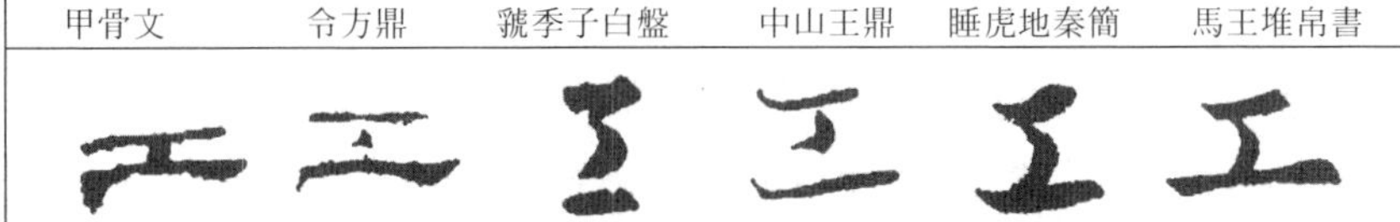

漢 武威漢簡	東漢 禮器碑	隋智永 關中本千字文	唐孫過庭 書譜	唐歐陽詢 行書千字文	唐歐陽詢 九成宮醴泉銘

575) 매우 급하다.

576) 지극至極히 선善한 경지境地에 이르러 움직이지 않는다. 최고의 경지에 도달하다.

'工'은 물건을 놓고 두드릴 때 사용하는 받침대이다. '貢'이나 '功'자로 가차되어 쓰이기도 한다.

"工(貢)典其雚."(≪合集≫38310) 간책을 공납하고 관제를 지내다.

"工(貢)父甲三牛."(≪合集≫27462)

부갑을 위하여 세 마리의 제물로 소를 받치다.

"又(有)城(成)工(功)者可(何)女(如)? 曰: ≪訟(頌)≫氏(是)也." ≪上博竹書一·孔子詩論≫

성공한 자에 찬양한 노래는 어떤 것이 있는가. 대답하기를 ≪頌)≫이다.

[공부工夫] [공장工場] [공업工業] [사농공상士農工商] [동공이체同工異體][577]

【于(어조사 우, yú)】

[說文]: "亏(于), 於也. 象气之舒亐. 从丂, 从一. 一者, 其气平之也."

于. '於'와 같은 뜻이다. 입김이 앞으로 펴져 나가는 모습이다. '丂'와 '一'로 이루어진 회의자이다. '一'은 입김이 퍼져 나가는 형상이다.

<table>
<tr><td rowspan="4">于</td><td colspan="6">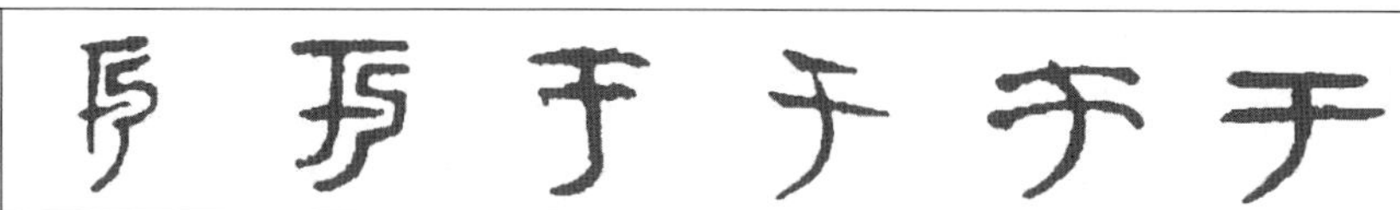</td></tr>
<tr><td>商
甲骨文</td><td>西周
令方彝</td><td>西周
㝬簋</td><td>春秋
侯馬盟書</td><td>戰國
長沙子彈庫楚帛書</td><td>睡虎地秦簡</td></tr>
<tr><td colspan="6"></td></tr>
<tr><td>西漢
銀雀山竹簡</td><td>東漢
乙瑛碑</td><td>唐賀知章
孝經</td><td>唐懷素
自敘帖</td><td>東晉王羲之
蘭亭序</td><td>唐
郭敬墓誌</td></tr>
</table>

≪설문해자≫의 설명은 '吁(탄식할 우, xū,yú)'자의 본자로 보고 있다. ≪설문해자≫ 주장을 따를 만 하다. 갑골문이나 금문의 형태를 혹은 도구를 사용하여 구부러진 곳에 선을 긋는 모양이라고 설명하기도 한다. '竽(피리 우, yú)'자의 본자라고 설명하기도 하고, 혹은 '迂(멀 우, yū)'자의 본자라고 설명하기도 한다. 금문에서는 '雩'자로 쓰기도 하고, 동사 '가다'나 전치사의 용법으로 쓰인다. 서주 말기 이전의 금문에서는 대부분

577) 같은 악공樂工끼리라도 곡조曲調를 달리한다. '동공이곡同工異曲'.

'于'자를 쓰고, 춘추 이후에는 대부분 '於'자로 쓴다.

"執惠㳄各(格)于祼用, 王受祐."(≪合集≫ 27281)

포로는 만약 대왕이 관제祼祭를 드리는 장소에 이르게 되었을 무렵에 사용하여 제사를 지내면 대왕은 보우를 받을 수 있을까요?

"楷伯于遘王."≪獻簋≫

해백이 나아가 왕을 배알하였다.

"隹王于伐楚, 伯在炎(郯)."≪令簋≫

왕이 가서 초나라 제후를 정벌하였을 때 담郯 지방에 있었다.

"之子于歸, 宜其室家."≪周南·桃夭≫[578)]

시집가는 아가씨여, 한 집안을 화락케 하라.

"蔑曆于保, 易(賜)賓."≪征卣(保卣)≫

성왕은 대보의 공적을 포상하고 물품을 하사하였다.

"羞追于京師."≪多友鼎≫ 경사로 출격하다.

"于以采蘩, 于澗之中."≪召南·采蘩≫

산골짜기 시냇가에서 다북쑥을 뜯네.

[무족지언비우천리無足之言飛于千里][579)] [삼세지습지우팔십三歲之習至于八十][580)]

【臼(절구 구, jiù)】

[說文] : "(臼), 舂也. 古者掘地為臼, 其後穿木石. 象形, 中米也."

臼. 찧다. 옛날에 땅을 파내 '臼'의 모양으로 만든 후 나무와 돌로 집어넣어 절구를 만들었다. ''는 절구의 모양이고, 중간의 점은 쌀의 모양이다.

臼						
	戰國 包山楚簡	秦 睡虎地秦簡	西漢 馬王堆帛書	說文篆文	東漢 武氏祠畫像題字	草韻辨體

578) ≪毛傳≫: "于, 往也."
579) 발 없는 말이 천리를 간다.
580) 세 살 버릇 여든까지 간다.

	草韻辨體	元 馮子振	明 董其昌	東晉王羲之 孝女曹娥碑	唐顏眞卿 干祿字書	唐顏眞卿 干祿字書

곡식을 빻는 절구의 모양이다.

[저구지교杵臼之交][581] [불락과구不落窠臼][582] [친조정구親操井臼][583]

'마발磨鉢(절구지)', '臼'

【用(쓸 용, yòng)】

[說文] : "用(用), 可施行也. 从卜, 从中. 衛宏說. 𠂢(𠂢), 古文用."

用. 실행할 수 있다. 위굉은 '卜'과 '中'으로 이루어진 자라 하였다. 고문은 '𠂢'로 쓴다.

用						
	商 甲骨文	西周 利簋	西周 㝬簋	春秋 侯馬盟書	戰國 郭店楚簡	秦 睡虎地秦簡
	西漢 銀雀山竹簡	東漢 郭有道碑	隋智永 關中本千字文	唐孫過庭 書譜	唐李邕 李思訓碑	唐顏師古 等慈寺碑

581) 귀천貴賤을 가리지 않고 사귀다.
582) 독창적인 풍격. 독창적인 풍격을 이루다. 낡은 틀에 얽매이지 않다.
583) 스스로 물을 긷고 쌀을 찧는 일을 맡다. 집안일을 돌보다.

‘用’자는 ‘桶(통 통, tŏng)’자의 초문이 아닌가 한다.

‘用’자는 ‘사용하다’라는 뜻에서 점점 허화되어 전치사 ‘以’의 용법으로 쓰이기도 한다.

“乙子(巳)卜，叀(惠)二牛且(祖)乙. 用.”(≪合集≫1616)

을사일에 점을 쳐 묻습니다. 두 마리의 희생물을 사용하여 조을祖乙에게 제사를 드릴까요? 사용하라.

“癸丑卜：叀(惠)二牢于且(祖)甲. 不用.”(≪花東≫459)

계축일에 점을 쳐 묻습니다. 두 우리에 있는 희생물을 사용하여 조갑에게 제사를 드릴까요. 사용하지 마라.

“易(賜)女(汝)乃且(祖)旂，用事.”≪善鼎≫

너에게 너의 선조가 사용한 깃발을 하사하노니 집무를 수행할 때 사용하여라.

丁未執商(賞)延貝，用作父辛彝≪延作父辛角≫

정미 일에 집執이 상으로 연延에게 조개를 하사하였다. 이에 따라 부신父辛에게 제사 지낼 때 사용하는 예기를 만들었다.

王賜企高呂，用作彝≪企高卣≫

대왕에 기고企高에게 청동 구리덩어리를 주자, 그가 이를 가지고 예기를 만들었다.

[고용雇用] [사용使用] [적용適用] [이용利用] [이용후생利用厚生][584] [절용이애인節用而愛人][585] [무용지물無用之物] [용관규천用管窺天][586]

耕織圖 持穗(대만고궁박물관소장)

584) 기구器具를 편리便利하게 쓰고 먹을 것 입을 것을 넉넉하게 gke. 백성百姓)의 생활生活을 나아지게 하다.
585) 나라의 재물財物을 아껴 쓰는 것이 곧 백성百姓을 사랑하다. ‘절용애인節用愛人’.
586) 대롱을 통해 하늘을 살핀다. 소견所見이나 견문見聞이 좁다.

【曲(굽을 곡; 曰-총6획; qū,qǔ)】

[說文] : “(曲), 象器曲受物之形. 或說, 曲, 蠶薄也. 㔾, 古文曲.”

曲. 중간 부분이 굴곡이 있어 물건을 담은 용기의 모양이다. 혹은 ‘曲’은 양잠을 할 때 사용하는 기물이라고도 한다. 고문은 ‘㔾’으로 쓴다.

曲						
	西周 金文	戰國 郭店楚簡	秦 睡虎地秦簡	秦 睡虎地秦簡	西漢 銀雀山竹簡	漢 居延漢簡

	東漢 石門頌	西晉 索靖	梁 武帝	隋智永 關中本千字文	東晉王羲之 蘭亭序	隋 蘇孝慈墓誌

‘曲’은 굽은 자의 모양이다.

“民產又(有)敬, 不擇貴賤, 宜曲則曲, 宜植(直)則直.” ≪鳥書箴銘帶鈎≫

백성들은 공경하는 마음이 생기도록하고, 응당히 굽을 곳을 굽도록 하고 곧은 곳은 곧도록 해야 한다.

[왜곡歪曲] [완곡婉曲] [간곡懇曲] [희곡戱曲] [구곡간장九曲肝腸][587] [방방곡곡坊坊曲曲] [곡학아세曲學阿世][588] [우여곡절迂餘曲折]

【東(동녘 동, dōng)】

[說文] : “(東), 動也. 从木. 官溥說, 从日在木中.”

東. 움직이다. ‘木’으로 이루어진 자이다. 관부는 ‘태양이 나무 중간에 있는 모습이다’라 하였다.

東						
	商 甲骨文	西周 曶鼎	西周 散氏盤	古璽	戰國 包山楚簡	秦 睡虎地秦簡

587) 아홉 번 구부러진 간과 창자. 굽이굽이 사무친 마음속 또는 깊은 마음속. ‘구절양장九折羊腸’.

588) 학문學問을 굽히어 세상에 아첨阿諂한다. 정도正道를 벗어난 학문學問으로 세상 사람에게 아첨阿諂하다.

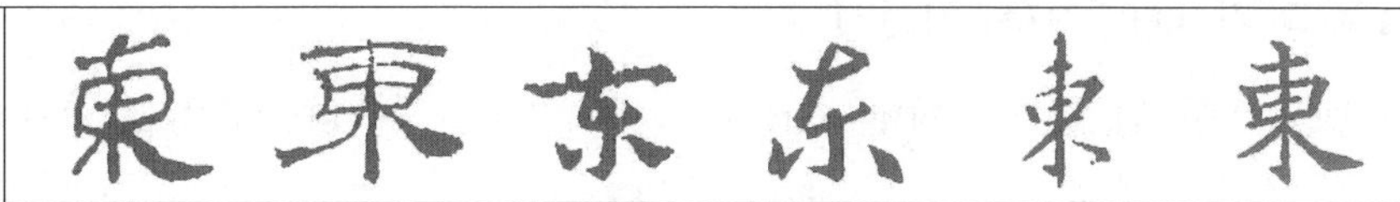

西漢 銀雀山竹簡	東漢 禮器碑	吳皇象 急就章	東晉王羲之 十七帖	東晉王羲之 集字聖敎序	隋 蘇孝慈墓誌

갑골문은 양쪽 끝을 묶은 주머니의 형상이다. ‘橐(전대 탁, tuó)’의 초문이 아닌가 한다. 후에 ‘東西’라는 뜻으로 가차되어 쓰인다. ‘橐’자와 ‘東’자는 음성이 쌍성雙聲관계이다. 금문은 혹은 ‘東’자를 ‘’으로 쓰기도 한다.

“貞東土受年.”(≪合集≫9735) 동쪽 지역은 풍년이 들까요?

“公違省自東, 才(在)新邑.” ≪臣卿鼎≫

공은 먼 지역 동쪽 지방에서 와서 시찰을 하고 신읍에 있다.

[두동미서頭東尾西][589] [어동육서魚東肉西][590] [홍동백서紅東白西][591] [마이동품馬耳東風마이동풍][592]

宋 李嵩 豊年民樂圖(대만고궁박물관소장)

589) 제사祭祀의 제물祭物을 생선生鮮의 머리는 동쪽을 향向하고 꼬리는 서쪽을 향向하게 놓다.

590) 제사상祭祀床을 차릴 때에 어찬魚饌은 동쪽에 육찬肉饌은 서쪽에 놓다.

591) 붉은 과실果實은 동쪽에 흰 과실果實은 서쪽에 차리다.

592) ‘대우탄금對牛彈琴’. ‘여풍과이如風過耳’. ‘오불관언吾不關焉’. ‘우이독경牛耳讀經’. ‘우이송경牛耳誦經’. ‘풍과이風過耳’.

【其(그 기, qí,jī) 箕(키 기, jī)】

[說文] : "(箕), 簸(까불 파)也. 从竹, 𠀠, 象形. 下其丌也. (𠀠), 古文箕省. (𠁿), 亦古文箕. (𠔽), 亦古文箕. 籒文箕, (匩), 籒文箕."

箕. 곡물을 까부는 용구이다. '竹'과 '𠀠'로 이루어진 자이다. '𠀠'는 키의 모양이다. 아랫부분은 '丌'는 받침대이다. 고문은 생략하여 '𠀠'로 쓰고, 또한 '𠁿'나 '𠔽'로 쓴다. 주문은 ''나 '匩'로 쓴다.

其						
	商 甲骨文	西周 大盂鼎	西周 㝬簋	春秋 侯馬盟書	戰國 郭店楚簡	戰國 石鼓文
	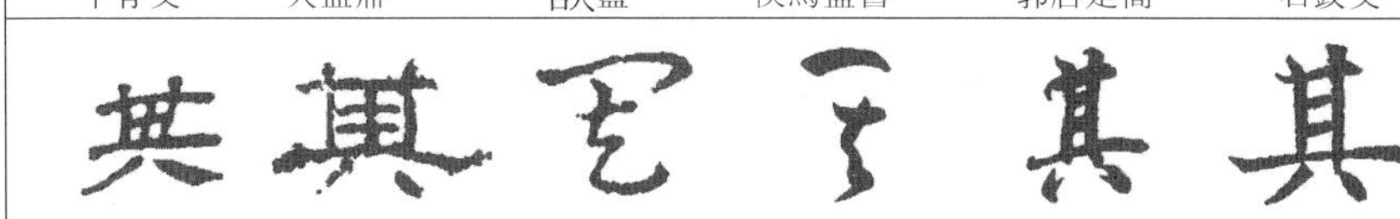					
	西漢 銀雀山竹簡	東漢 石門頌	吳皇象 急就章	唐孫過庭 書譜	東晉王羲之 蘭亭序	隋 蘇孝慈墓誌

갑골문과 금문의 형태는 ≪설문해자≫의 고문古文 '𠀠'자와 유사하다. '其'자는 '箕'자의 초문이다, 후에 대사로 가차되어 쓰이자 '竹'을 추가하여 '箕'자로 쓴다. 금문은 '', '', '', '', ''로 쓰기도 한다. 갑골문에서는 추측이나 당연을 나타내는 어기사로 쓰이기도 하고, 금문에서는 기원이나 희망을 나타내는 어기사로 쓰인다.

"今日其雨？"（≪合集≫00006）오늘 비가 오지 않을까요?

"子子孫孫其萬年永寶用. "≪仲父鬲≫

자자손손 영원히 보배롭게 사용하기 바라네.

"不求者其𠦪(本)而𢦏(攻)者(諸)其末, 弗得㑥(矣). "≪郭店楚簡·成之聞之≫

근본적인 것은 붙잡지 못하고 단지 지엽적인 문제에만 주의를 기울인다면 얻어지는 것은 없을 것이다.

[급기야及其也] [기타其他] [각기各其] [거기지엽去其枝葉][593] [동심지언기취여란同心

593) 가지와 잎을 제거除去한다. 사물事物의 원인原因이 되는 것을 없앤다.

之言其臭如蘭][594] [기취여란其臭如蘭][595] [불승기번不勝其煩][596] [불범기인不乏其人][597] [불계기수不計其數][598]

耕織圖 簸揚(대만고궁박물관 소장)

【帚(비 추, zhǒu)(婦(며느리 부, fù)】

[說文] : "(帚), 糞也. 从又持巾埽冂內. 古者少康初作箕帚秫酒. 少康, 杜康也, 葬長垣."

帚. 소제하다. 손(又)으로 '巾'을 들고 문 안(경冋)'을 청소하는 모습이다. 옛날에 소강이 처음으로 기추箕帚와 출주秫酒를 만들었다. 소강은 두강이고 장원長垣에 묻혔다.

帚						
	商 甲骨文	商 婦好觚	商 婦好醅	西周 比簋	說文篆文	漢 居延漢簡

	吳皇象 急就章	草韻辨體	金 王庭筠	明 宋克	明 文徵明	唐 五經文字

594) 마음을 함께 하는 말은 그 냄새가 난초蘭草와 같다.
595) 절친切親한 친구親舊 사이. '기이단금其利斷金'.
596) 번거로움을 견딜 수 없다. 귀찮아서 견딜 수 없다.
597) 그 같은 사람은 적지 않다.
598) 수가 대단히 많다. 부지기수다. '부지기수不知其數'.

‘帚’자는 ‘빗자루’라는 뜻으로 ‘菷(추, zhǒu)’자의 초문이다. 후에 ‘女’를 추가하여 ‘婦’로 쓴다.

“乙亥卜，帚(婦)ㅁ娩，不[其]妫(嘉).”(≪合集≫14030)
을해 일에 점을 칩니다. 부인이 분만을 하였는데 상태가 좋지 않을까요?

[폐추천금弊帚千金][599] [기추지사箕帚之使][600]

【力(힘 력, lì)】

[說文] : “ 𠩥(力), 筋也. 象人筋之形. 治功日力, 能圉大災.”

力. 힘줄이다. 사람 힘줄의 형상이다. 천하를 다스려 큰 공을 세우는 것을 ‘力’이라 한다. 힘은 능히 큰 재난을 방지할 수 있다.

力	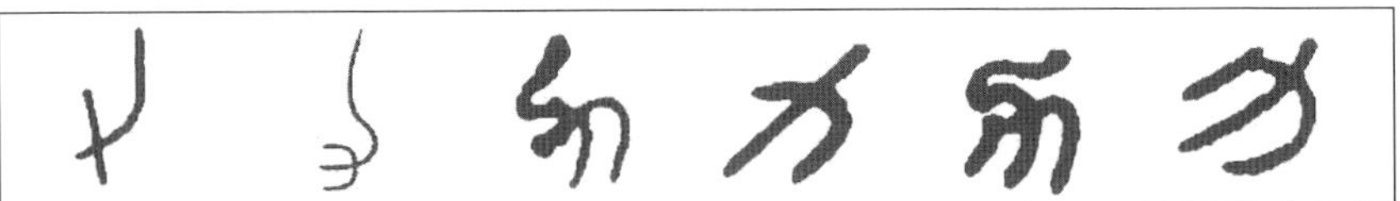					
	商 甲骨文	戰國 中山王鼎	戰國 郭店楚簡	秦 睡虎地秦簡	漢印	西漢 銀雀山竹簡
	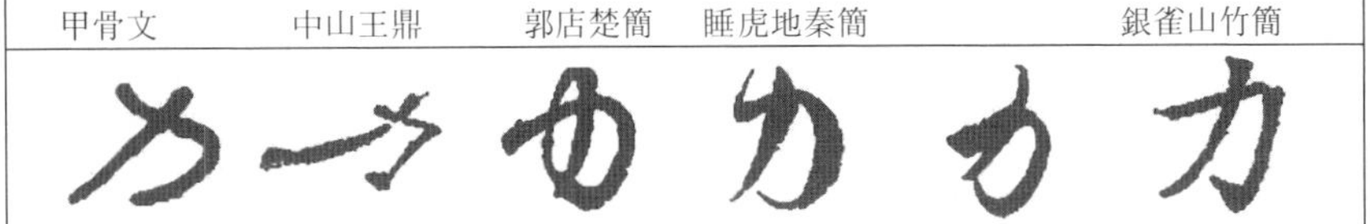					
	西漢 銀雀山竹簡	東漢 史晨前碑	東晉王羲之 澄淸堂帖	唐孫過庭 書譜	東晉王羲之 七月帖	北齊 劉碑造像紀

고문자 ‘力’자는 혹은 농기구 ‘쟁기(耒, 耜)’의 모양이 아닌가 한다. 농기구를 사용할 때 힘이 필요하기 때문에 ‘힘’이라는 뜻으로 확대되어 쓰인다.

“所謂事天者，不極聰明之力，不盡智識于任. 苟極盡，則費神多，費神多，則盲聾悖狂之禍至，是以嗇之.”≪韓非子·解老≫
또 이른바 ‘사천事天’이라 함은 청력이나 시력을 끝까지 쓰지 않고 지혜의 기능을 다하지 않는 것을 말한다. 굳이 끝까지 다하면 정신적인 낭비가 많으며 정신적이 낭비가

599) 몽당비를 천금千金인 양 생각한다. 제 분수分數를 모르는 과실過失이나 제가 가진 것은 다 좋다고 생각하다. ‘폐추천금敝帚千金’.
600) 청소를 담당하다. 자신의 부인을 겸손하게 부르는 말.

많아지면 눈이 멀고 귀 먹고 도리에 어긋난 광적인 화가 닥치게 된다.

[노력努力] [세력勢力] [압력壓力] [능력能力] [역발산기개세力拔山氣蓋世][601] [진충갈력盡忠竭力][602] [전심전력全心全力] [노요지마력사구견인심路遙知馬力事久見人心][603]

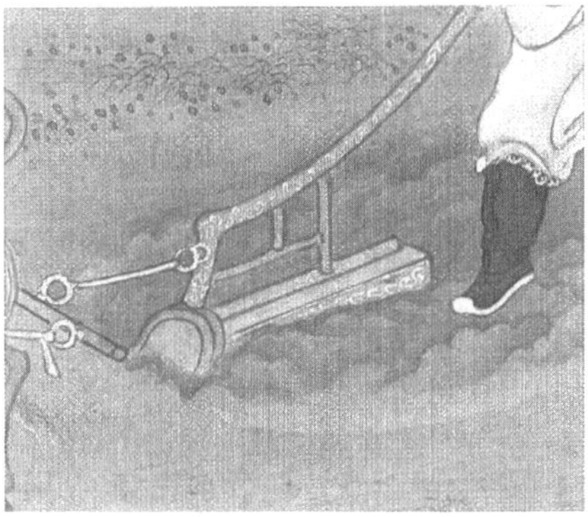

청淸 신사관陳士倌 성제명왕선단록聖帝明王善端錄(대만고궁박물관소장)

【勿(말 물, wù)】

[說文] : “(勿), 州里所建旗. 象其柄, 有三游. 雜帛, 幅半異. 所以趣民, 故遽稱勿勿.

(㫚), 勿或从㫃.”

勿, 대부나 혹은 士가 세워 놓은 기치이다. 오른쪽 부분은 깃발의 봉棒이고 오른쪽 부분은 세 개의 흩날리는 깃발이다. 깃발의 색깔은 잡색이고, 상하의 색깔이 반반씩 각각 다르다. 이 깃발을 이용하여 백성을 집합하도록 인도한다. 따라서 재빨리 조급하게 움직이는 모습이라는 뜻이 있다. 혹체는 '㫃'을 사용하여 '㫚'로 쓴다.

勿						
	商 甲骨文	西周 大盂鼎	西周 大克鼎	春秋 侯馬盟書	戰國 郭店楚簡	秦 睡虎地秦簡

601) 산을 뽑고 세상世上을 덮을 만한 기상氣像.
602) 충성忠誠을 다하고 힘을 다하다.
603) 길이 멀면 말의 힘을 알고, 긴 세월歲月이 지나면 사람의 마음을 본다.

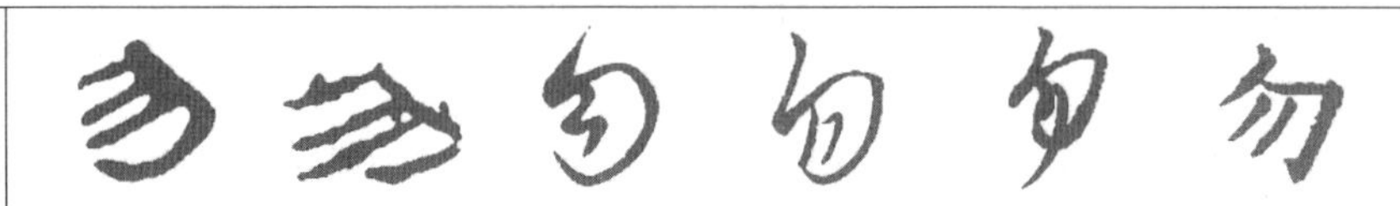

西漢 銀雀山竹簡	東漢 子游殘碑	東漢 元帝	東晉王羲之 十七帖	東晉王羲之 廿九日帖	唐歐陽詢 九成宮醴泉銘

‘勿’자는 ‘物’자의 초문이 아닌가 한다. 농기구 쟁기로 땅을 흙을 갈아 모양이다. 혹은 ‘刎(목 벨 문, wěn)’자의 초문으로 이해하기도 한다. 후에 부정사로 가차되어 쓰인다. 갑골문에서는 ‘物’이나 ‘刎’ 혹은 부정사로 쓰인다. 금문에서는 대부분 부정어로 쓰인다.

‘勿’자는 명사의 용법이외에 갑골문에서 이미 부정사로 쓰인다.

“歲，征(延)酒，叀勿(物)牛，王受祐.” (≪合集≫30727)

세제歲祭를 거행하고 이어서 주제酒祭를 진행하는데, 만약 잡색의 소를 사용하여 희생물로 삼으면 대왕이 보우를 받을 수 있을까요?

“𢦔于東. 勿𢦔于東.”(≪合集≫14199反)

동쪽 신에게 월제𢦔祭를 지낼까요, 동쪽 신에게 월제𢦔祭를 지내지 말까요?”

“☐勿酒，此王受[祐].”(≪合集≫30831)

만약에 주제酒祭를 지내지 않으면 왕이 보우를 받을 수 있을까요?

“勿灋(廢)朕令(命).” ≪白晨鼎≫ 나의 명령을 저버리지 말아라.

[물론勿論] [물망초勿忘草] [궁구물추窮寇勿追][604] [물실호기勿失好機] [과즉물탄개過則勿憚改][605]

갑골문 ‘勿’자

604) [궁구막추窮寇莫追] [궁구물박窮寇勿迫]

605) 잘못을 하면 즉시卽時 고치는 것을 주저躊躇하지 말아야 한다.

【冊(책 책, cè)】

[說文] : "(冊), 符命也, 諸侯進受于王也, 象其札一長一短, 中有二編之形. (笧), 古文冊从竹."

冊. 부신으로 명령하다. 제후는 조정에 나갈 왕으로부터 책명을 받는다. 세로획은 길고 짧은 간책을 가리키고, 중간부분 두 줄로 묶은 새끼줄이다. 고문은 '竹'을 써서 '笧'으로 쓴다.

冊

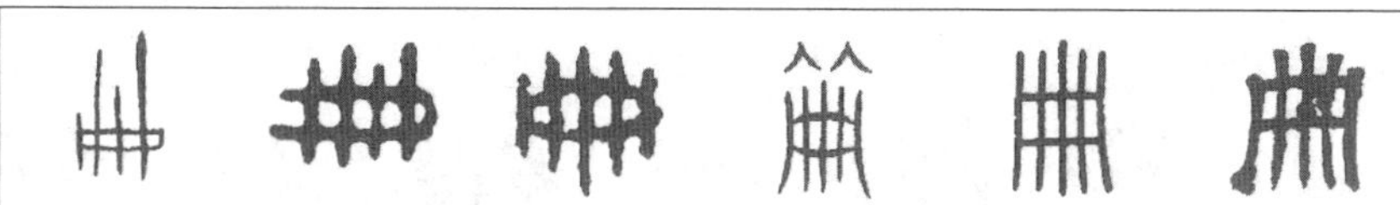

商 甲骨文 | 西周 令方彝 | 春秋 金文 | 說文古文 | 說文篆文 | 魏 王基殘碑

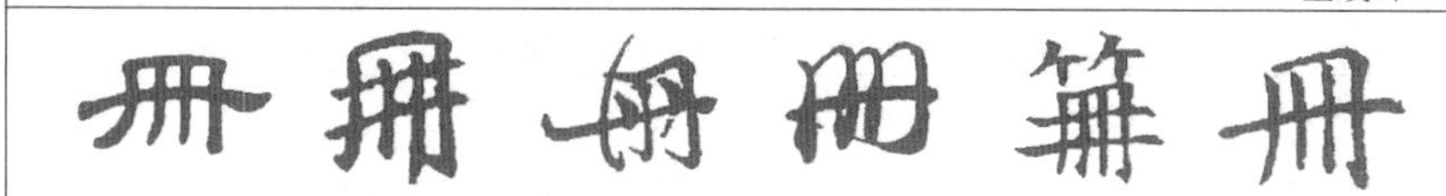

隸辨 | 東晉王羲之 興福寺斷碑 | 北宋 黃庭堅 | 元 趙孟頫 | 隋 元公夫人姬氏墓誌 | 唐虞世南 孔子廟堂碑

'冊'자를 '册'자나 '册'자와 같다. 간책簡册의 뜻이다. 혹은 '柵(울짱 책, zhà,shān)'이라고 주장하기도 한다. 초죽서는 ' '으로 쓴다. 금문에서는 간책이나 책명 혹은 관명으로 쓰인다.

"頌拜稽首, 受令(命)冊." ≪頌鼎≫

송은 두 손을 모으고 머리를 조아려 예를 갖추고 책명을 받다.

"王乎(呼)乍(作)冊尹冊易(賜)癲." ≪十三年癲壺≫

왕은 작책 윤으로 하여금 흥에게 책서에 따라 하사하도록 하다.

"冊命師酉." ≪師酉簋≫ 사유에게 책명에 따라 책봉册封하다.

[책상册床] [당책唐册][606] [책상퇴물册床退物][607]

【朋(벗 붕, péng)(倗(부탁할 붕, péng)】

[說文] : "(倗), 輔也. 从人, 朋聲. 讀若陪位"

倗. 보조하다는 뜻이다. 의미부'人'과 소리부'朋'으로 이루어진 형성자이다. 배위陪位의

606) 중국에서 만든 책.

607) 글만 읽고 세상 물정物情에는 어두운 사람.

'陪(쌓아올릴 배, péi)'자와 음이 비슷하다.

朋						

	商 甲骨文	西周 金文	西周 金文	春秋 王孫鐘	秦 睡虎地秦簡	西漢 馬王堆帛書

	東漢 孔宙碑	吳皇象 急就章	唐高宗 李勣碑	唐杜枚 張好好詩	北魏 元顯儁墓誌	唐顏眞卿 宋璟碑

갑골문이나 금문은 두 줄로 묶은 조개 묶음 '朋貝'의 모양이다. 금문에서는 '倗'자가 친구·무리라는 뜻인 '朋'의 의미로 쓰인다. 갑골문은 '朋'자를 ''·''으로 쓴다. ≪설문해자≫는 '朋'자를 '鳳'자의 고문이라 하였다.[608] 두 자는 가차관계이다. 금문에서는 '朋'자를 '倗'자로 쓰기도 한다.

"叀貝十朋."(≪合集≫29694) 화폐 십 묶음.

"易(賜)貝卅朋."≪何尊≫ 화폐 삼십 묶음을 하사하다.

杜白(伯)乍(作)寶盨, 其用亯(享)孝于皇申(神)且(祖)考·于好倗(朋)友, 用𠦪壽匄永令(命), 其萬年永寶用. ≪杜伯盨≫

두백은 보내로운 수기盨器를 만들다. 이를 사용하여 훌륭하신 선조선부先祖先父에게 제사드릴 때 사용하고자 하면, 좋은 친구와 함께 향연을 베풀 때 사용하고자 하면, 이로써 장수하고 명이 길기를 기원하고자 한다. 만년동안 영원히 보배롭게 간직하고 사용할 지어다.

[붕우유신朋友有信] [붕우책선朋友責善][609] [붕우책선이우보인朋友責善以友補仁][610]

608) [說文] : "朋, 古文鳳, 象形. 鳳飛, 群鳥從以萬數, 故以爲朋黨字."
609) 친구親舊는 서로 착한 일을 권勸한다.
610) 친구끼리 서로 착함을 행하도록 권勸하다. 벗에게서 어짊을 보완補完하다.

西周 朋祖丁鼎(대만고궁박물관소장)

【畢(마칠 필, bì)】

[說文] : “(畢), 田罔也. 从華, 象畢形微也. 或曰由聲.”

畢. 사냥할 때 쓰는 망이다. ‘華’은 촘촘하게 만든 새를 잡는 부분으로 ‘箕(키)’보다 작다. 혹은 ‘由’가 소리부라고 하기도 한다.

畢						

	商 甲骨文	西周 金文	西周 金文	春秋 金文	秦 睡虎地秦簡	漢印

	西漢 馬王堆帛書	東漢 史晨前碑	東晉王羲之 十七帖	唐李懷琳 絶交書	東晉王羲之 蘭亭序	隋 蘇孝慈墓誌

새를 잡을 때 사용하는 망이다. 윗부분은 망이고, 아랫부분은 자루이다.

[필경畢竟][611] [필생畢生][612]

611) 결국. 마침내.
612) 일생.

【糸(가는 실 사{멱}, mì,sī) 絲(실 사, sī)】

[說文] : “(糸). 細絲也. 象束絲之形. 讀若覛. (糹), 古文糸.”

糸. 가느다란 실이다. 실 한 묶음의 모양이다. 음은 ‘覛(몰래 볼 맥, mì)’과 비슷하다. 고문자는 ‘糹’로 쓴다.

[說文] : “(絲), 蠶所吐也. 从二糸.”

絲. 누에가 입으로 내놓은 것이다. 두 개의 ‘糸’로 이루어진 자이다.

糸	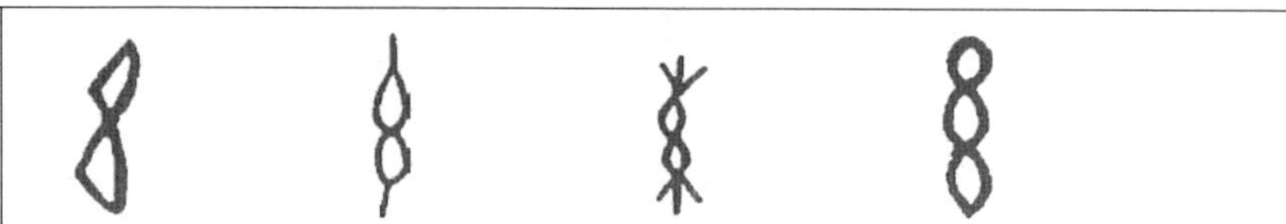					
	商 甲骨文	商 甲骨文	商 甲骨文	商 金文		
	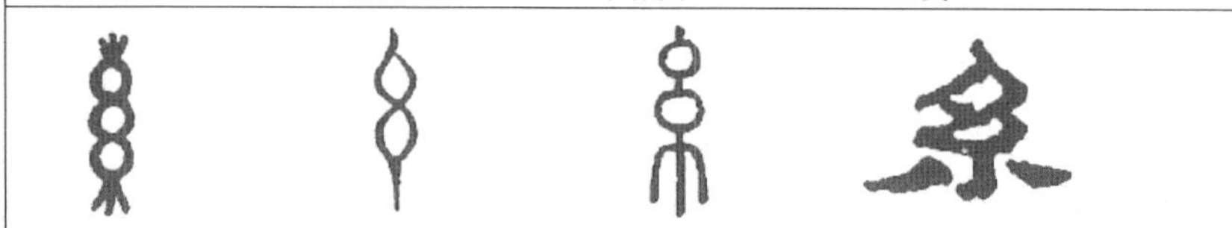					
	西周 金文	說文古文	說文篆文	漢 居延漢簡		
絲	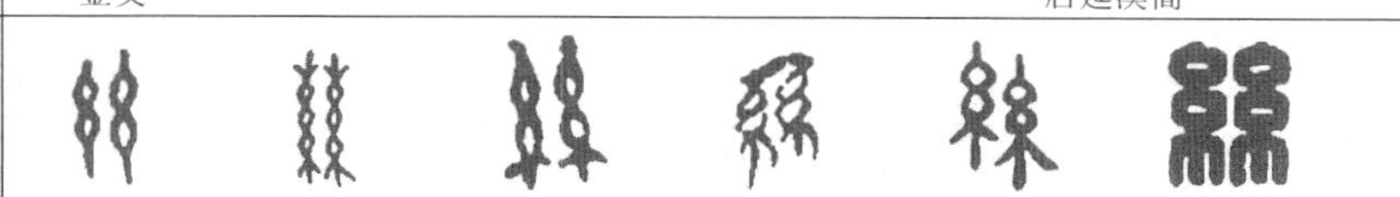					
	商 甲骨文	商 甲骨文	西周 曶鼎	戰國 郭店楚簡	秦 睡虎地秦簡	漢印
	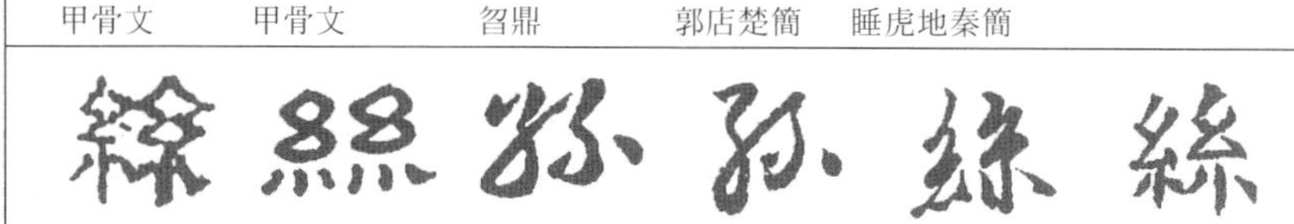					
	漢 居延漢簡	隸辨	隋智永 關中本千字文	唐懷素 草書千字文	東晉王羲之 蘭亭序	北魏 元項墓誌

‘糸’는 한 타래의 실이고, ‘絲’는 두 타래의 실 묶음이다.

子曰: 王言女(如)絲, 其出女(如)絬, 王言女(如)索; 其出女(如)緈(绋). 古(故)大人不昌(倡)流. ≪郭店楚簡 緇衣≫

공자가 말하였다.
왕의 말이 실과 같으나 일단 나오면 이는 ‘綸(굵은 실 윤, lún)’과 같고, 왕의 말이 윤綸과 같으면 일단 나오면 이는 ‘불紼’[613]과 같다. 그런고로 대인은 헛소리를 하지 않는 것이다.

[나사螺絲] [견사絹絲][614] [일사불란一絲不亂] [사불여죽죽불여육絲不如竹竹不如肉][615]

【斷(끊을 단, duàn) 絶(끊을 절, jué)】

[說文] : "(斷), 截也. 从斤, 从㡭. 㡭, 古文絕. (㓰), 古文斷从㠯, (㠯), 古文叀字. ≪周書≫曰: '㓰㓰猗無他技. '剬亦古文."

斷. 끊다. '斤'과 '㡭'으로 이루어진 자이다. '㡭'자는 고문 '絕'자이다. 고문은 '斷'자는 '㠯'을 써서 '㓰'로 쓴다. 혹은 고문은 '㠯'로 쓴다. ≪주서≫에서는 '전심전력하여 성실히 임하다. 그 외에 다른 재능이 없다'라 했다. '斷'자의 고문은 '剬'로 쓴다.

≪중산왕방호中山王方壺≫는 '㡭'자를 '絕'자의 이체자라하고, '刀'와 '丝'로 이루어진 자라고 보았다.

"㡭(絶)智(知)弃卞(辯), 民利百伓(倍). 㡭(絶)攷(巧)弃利, 覜(盜)恻(賊)亡又(有). 㡭(絶)憍(僞)弃慮, 民復(復)季<孝>子(慈)." ≪郭店楚簡·老子甲≫

지모를 단절하고 교묘한 말 재주를 버리면 백성의 이익은 백배로 늘어난다. 교묘함을 단절하고 탐욕을 버리면 도적은 사라진다. 허위를 단절하고 사사로운 걱정을 없애면 백성은 어린아이의 세계와 같은 천진하고 소박한 상태로 다시 돌아간다.

[판단判斷] [차단遮斷] [진단診斷] [단금지교斷金之交][616] [단기지계斷機之戒][617]

---

613) '紼'은 관을 묶는 굵은 새끼줄.

614) 누에고치와 실. 누에고치에서 뽑은 명주실.

615) 현악絃樂은 관악管樂만 같지 못하고, 관악管樂은 사람의 육성肉聲만 못하다. 기악器樂보다는 성악聲樂이 낫다.

616) '단금지계斷金之契'.

617) 베를 끊는 훈계訓戒. 학업을 중도中途에 그만두려하는 것은 함은 짜던 피륙의 날을 끊는 것과 같아 아

【巾(수건 건, jīn)(帛(비단 백, bó)】

[說文] : "巾. 佩巾也. 从冂, 丨象糸也."

巾. 차고 다니는 건백巾帛이다. '冂'과 '丨'로 이루어진 회의자이고, '丨'은 실의 모양이다.

[說文] : "帛(帛), 繒(비단증 zēng,zèng)也. 从巾, 白聲."

帛. 비단이다. 의미부 '巾'과 소리부 '白'로 이루어진 형성자이다.

巾	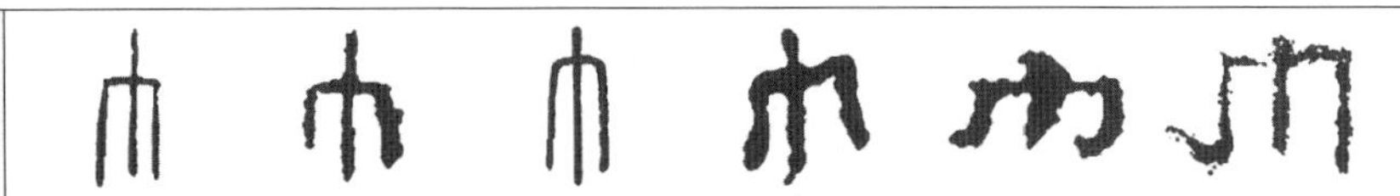					
	商 甲骨文	西周 金文	說文篆文	西漢 馬王堆帛書	漢 武威漢簡	東漢 張遷碑
	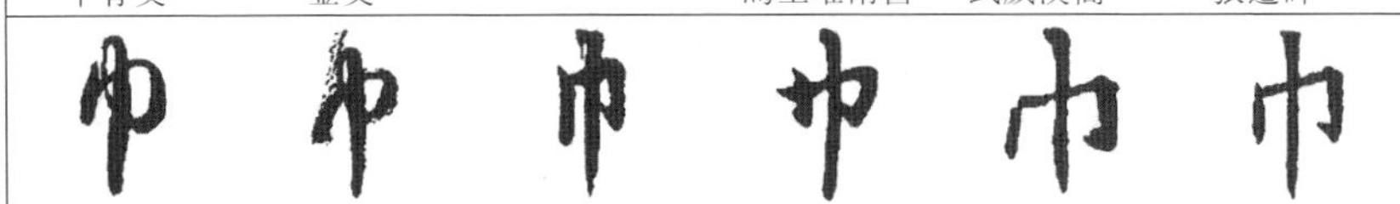					
	隋智永 眞草千字文	唐高閑 草書千字文	唐歐陽詢 行書千字文	元 趙孟頫	北魏 元孟輝墓誌	隋 美人董氏墓誌
帛	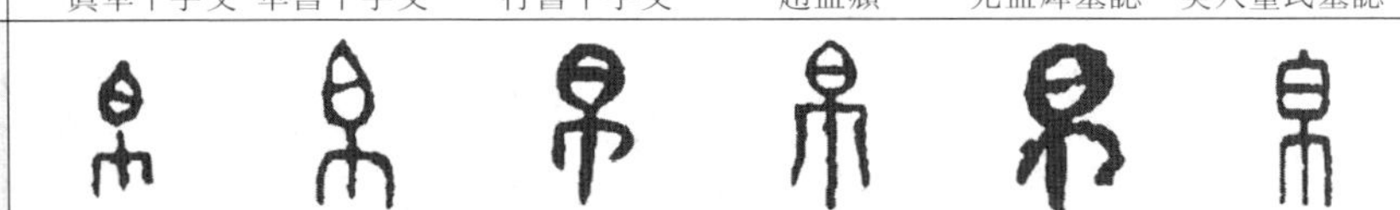					
	商 甲骨文	西周 金文	秦 睡虎地秦簡	戰國 石鼓文	西漢 馬王堆帛書	漢印
	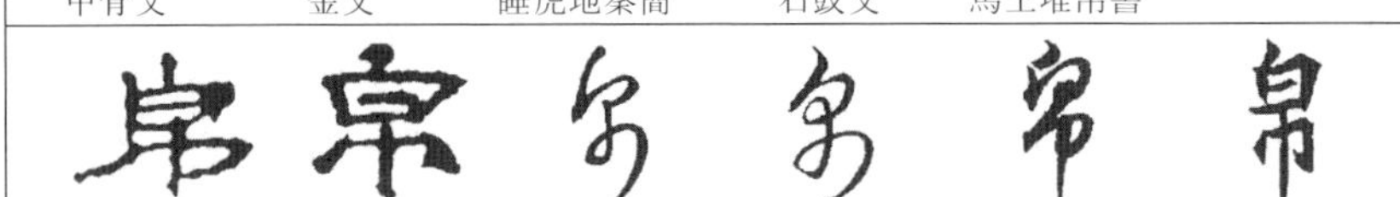					
	漢 居延漢簡	東漢 西嶽華山廟碑	明 王鐸	草韻辨體	元 馮子振	北魏 元顯儁墓誌

'巾'은 물건 위에 덮여 있는 헝겊의 모양이다. 후에 소리부 '白'을 추가하여 '帛'으로 쓴다. '帛'은 비교적 질이 좋은 헝겊이다. 초죽서에서는 '慬'자가 '巾'자의 가차자로 쓰이기도 한다.

"邵(皋)繇(陶)衣胎(枲)蓋(褐)， 冒(帽)⿰衤巠(绖)⿱髟乇(冢)慬(巾)." ≪郭店楚簡·窮達以時≫

고요邵繇(皐陶)는 삼베로 짜서 만든 옷을 입고, 짚에 삼을 감아 만든 둥근 테 수질首經을 머리에 감고, 망건을 머리에 쓰고 석판을 쌓았다.

[황건적黃巾賊] [폐백幣帛]

무런 이익이 없다는 훈계.

【衣(옷 의, yī,yì)】

[說文] : “(衣), 依也. 上曰衣, 下曰裳. 象覆二人之形.”

衣. 부착하다. 상의는 ‘衣’라고 하고 하의는 ‘裳(치마 상)’라 한다. 두 사람의 형체를 덮어 놓은 모양이다.

衣						
	商 甲骨文	西周 大盂鼎	西周 金文	西周 金文	戰國 包山楚簡	秦 睡虎地秦簡
	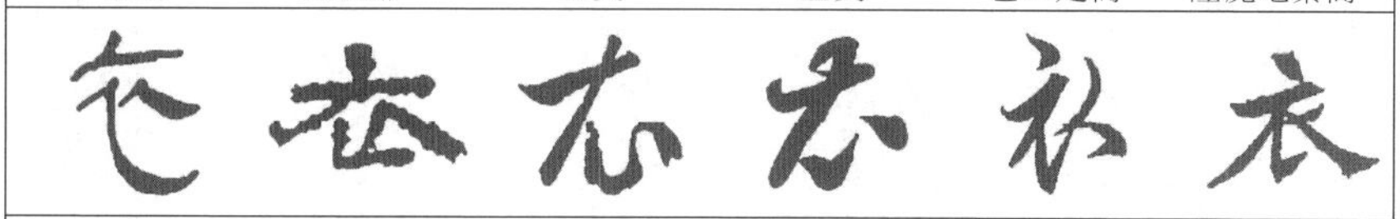					
	西漢 銀雀山竹簡	東漢 武氏祠畫像題字	東晉王羲之 十七帖	隋智永 眞草千字文	唐歐陽詢 行書千字文	唐褚遂良 孟法師碑

‘衣’자는 상의 모습이다. 두 소매와 옷깃 등의 형상이다.

“好媺(美)女(如)好玆(緇)衣. 亞(惡)亞(惡)女(如)渋(巷)白(伯), 則民臧(臧)㐌(它?)而型(刑)不屯.” ≪郭店楚簡·緇衣≫

좋은 일을 좋아하는 것을 ≪치의≫편이 좋아했었던 것 같이 하고, 악한 일을 미워하기를 ≪항백巷伯≫이 미워하는 것과 같이 하면, 백성이 모두 복종하여 형벌을 집결(가할) 할 필요가 없다.

[의복衣服] [의식衣食] [탈의脫衣] [금의야행錦衣夜行] [금의환향錦衣還鄕] [금의옥식錦衣玉食][618]

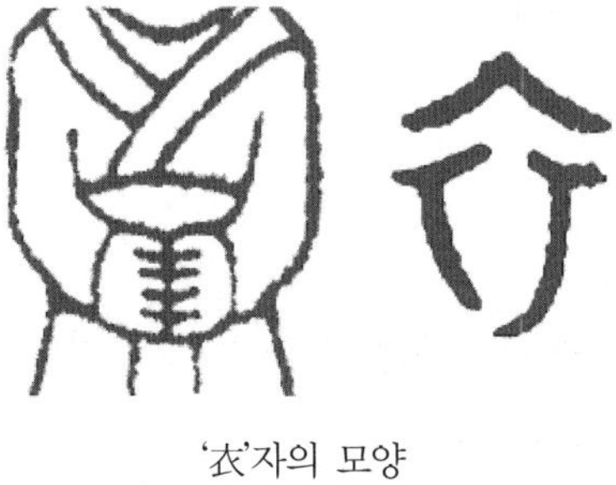

‘衣’자의 모양

618) 비단옷과 흰쌀밥. 사치奢侈스러운 생활生活.

【敝(해질 폐, bì,bié), 㡀(해어진 옷 폐)】

[說文] : "𢾕(敝), 帗(모직물, bō,fú)也. 一曰敗衣. 从攴, 从㡀(해어진옷 폐), 㡀亦聲."

敝. 모직물이다. 혹은 헤진 옷이라 한다. '攴'과 '㡀'로 이루어진 회의자이다. '㡀'는 또한 소리부이다.

㡀	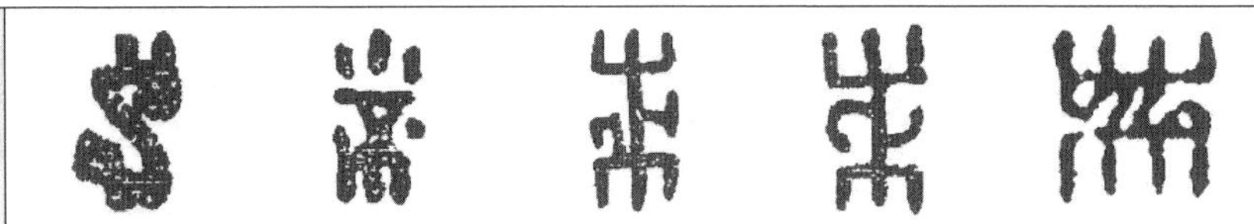				
	商 甲骨文	商 甲骨文	西周 乃孫作祖己鼎	西周 休盤	西周 史頌簋
	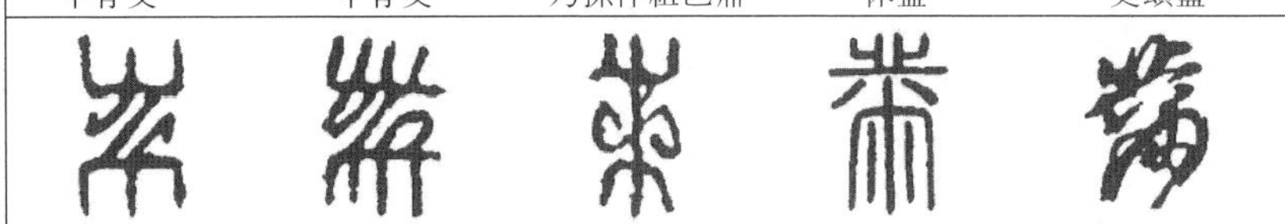				
	西周 㝬簋	西周 金文	春秋 金文	說文篆文	淸 何紹基

고문자 '㡀'자를 수를 놓는 모양이라고도 하고, 혹은 낡아진 헝겊의 모양이라고도 한다. 후에 '攴'를 추가하여 낡은 옷가지를 수신하는 뜻을 나타낸다. 초죽서에서는 '幣'자가 '敝'자의 가차자로 쓰이기도 한다.

子曰: 君子道人以言, 而𠄨(恒)以行. 古(故)言則慮(慮)其所終, 行則䭫(稽)其所幣(敝); 則民𥏆(愼)於言而慬(謹)於行. ≪郭店楚簡·緇衣≫

공자가 말하였다. 군자는 말로써 사람을 인도하고, 행동은 항상심을 잃지 않는다. 그런 까닭에 말은 반드시 그 끝나는 바를 신중하게 여기고, 행동은 반드시 그 폐단되는 바를 생각한다. 그러면 백성은 말을 조심하고 행동을 삼갈 것이다.

[폐의파관敝衣破冠][619] [폐포파립敝袍破笠] [폐의파립敝衣破笠] [의리불폐불경衣履不敝不更][620]

청淸 수놓은 부채(대만고궁박물관 소장)

619) 해어진 옷과 부서진 갓.
620) 옷이나 신발이 낡기 전에는 새것을 쓰지 않는다. 검약儉約함을 말한다.

【中(가운데 중, zhōng,zhòng)】

[說文] : "(中), 內也. 从口丨, 上下通. (𠁧), 古文中. (𠁩), 籒文中."

中. 안쪽이다. '口'와 '丨'로 이루어진 회의자이다. '丨'은 상하를 관통한다는 뜻이다. 고문은 '𠁧'으로 쓰고 주문은 '𠁩'으로 쓴다.

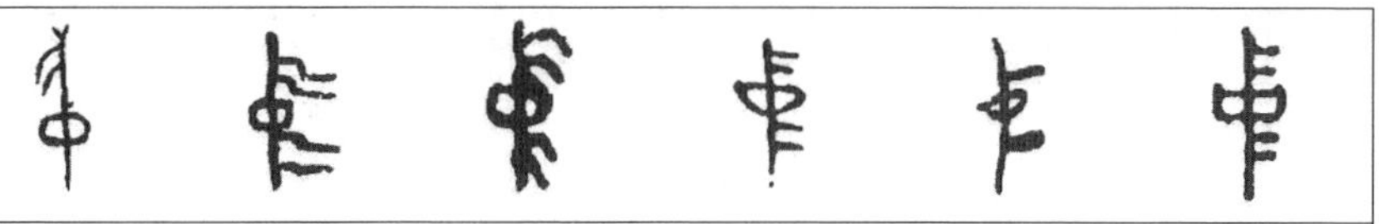

中	商 甲骨文	西周 何尊	西周 大克鼎	春秋 侯馬盟書	戰國 郭店楚簡	戰國 石鼓文

	西漢 馬王堆帛書	東漢 石門頌	東晉王羲之 十七帖	唐懷素 自敘帖	東晉王羲之 孔侍中帖	隋 蘇孝慈墓誌

꽂힌 깃발이 날리는 모양이다.

君子中庸, 小人反中庸. 君子之中庸者也, 君子而時中. 小人之中庸者也, 小人而無忌憚也. " ≪中庸≫

공자가 말씀하셨다. 군자는 중용에 따르고 소인은 중용을 어긴다. 군자가 중용을 따름은 군자로서 때에 맞게 적시에 하는 것이고, 소인이 중용을 어김은 소인으로서 기탄없이 함부로 하는 것이다.

[집중集中] [중단中斷] [중심中心] [낭중지추囊中之錐][621] [오리무중五里霧中] [정중지와井中之蛙][622]

【㫃(깃발이 나부끼는 모양 언, yǎn)】

[說文] : "(㫃), 旌旗之游, 㫃蹇之皃. 从屮曲而下, 垂㫃. 相出入也. 讀若偃. 古人名㫃字子游. (㫃), 古文㫃字象形, 及象旌旗之游."

㫃. 깃발의 천이 나부끼는 모양이다. '屮'은 굴곡지게 아래로 쳐진 막대기이고 오른쪽

621) '군계고학鷄群孤鶴'. '군계일학群鷄一鶴'. '백미白眉'. '추처낭중錐處囊中'.

622) '관중규표管中窺豹', '야랑자대夜郎自大'. '정저지와井底之蛙'. '정중관천井中觀天'. '정중시성井中視星'. '좌정관천坐井觀天'.

부분은 깃발이 쳐져 상하로 움직이는 모습이다. '偃(쓰러질 언, yǎn)'자와 음이 비슷하다. 옛날에는 '㫃'을 '자유子游'라 한다. 고문은 '㫃'으로 쓴다. 상형자이다. '及'은 깃발이 펄럭이는 모습이다.

㫃						
	商 甲骨文	商 㫃鼎	西周 金文	戰國 璽彙	說文古文	說文篆文

'㫃'자는 난간에 꽂힌 깃발이 바람에 날리는 모양이다.

'(旅, 군사 여, lǚ)'자는 '㫃' 아래 많은 사람 '从'이 모여 있는 모양이고,[623] '(族, 겨레 족, zú)'자는 '㫃'자 아래 화살 '矢'가 모여 있는 모습이다.[624] 화살은 무장을 뜻한다. 깃발아래 무장을 하고 적들에 맞서는 무리 즉 가족이라는 뜻이다.

"立㫃."(≪合集≫28207) 깃발을 세울까요?

"䜌(鑾)㫃(旗)." ≪休盤≫ 방울 장식이 달려 있는 깃발을 하사하다.

깃발의 모양

【凡(무릇 범, fán)】

[說文]："(凡), 最括也. 从二. (二), 偶也. 从乃. 乃(), 古文及."

凡. 합하여 묶다. '二'와 '乃'으로 이루어진 회의자이다. '(二)'는 많다라는 뜻이다. '乃()'는 '及'자의 고문이다.

623) [說文]："(旅), 軍之五百人為旅. 从㫃, 从从；从, 俱也. (𣃨), 古文旅. 古文以為魯·衛之魯."
624) [說文]："(族), 矢鋒也, 束之族族也. 从㫃, 从矢."

凡

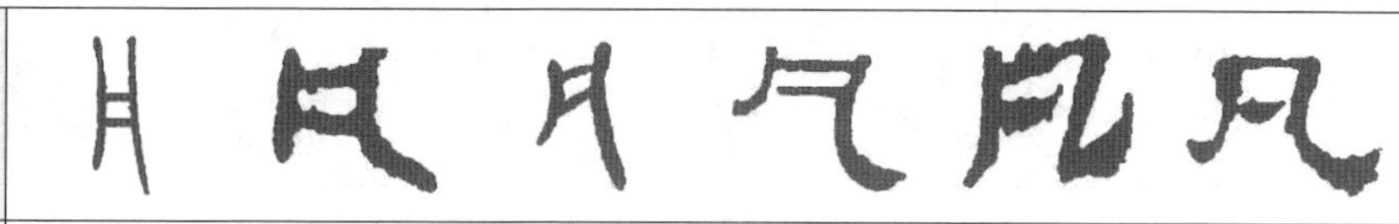

商 甲骨文	商 金文	西周 金文	戰國 金文	戰國	戰國 石鼓文

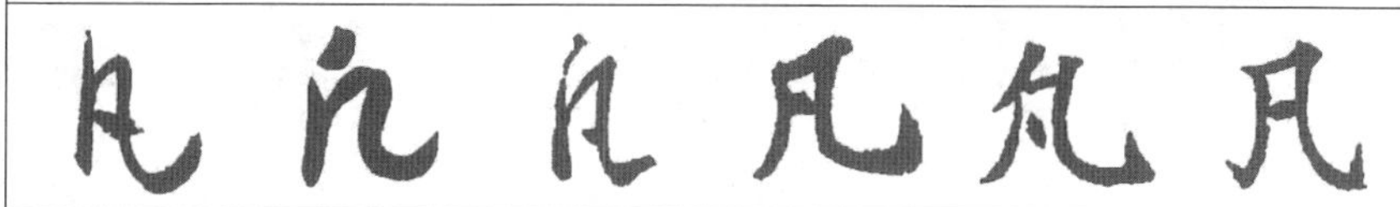

西漢 銀雀山竹簡	東漢 武氏祠畫像題字	唐懷素 自敘帖	元 康里巎巎	北宋米芾 蜀素帖	隋 蘇孝慈墓誌

'凡'자는 '帆(돛 범, fan)'의 초문이다. 혹은 '槃(쟁반 반, pán)'자의 초문이라고도 한다. 갑골문에서는 지명으로 쓰인다. '凡'은 범위 부사로도 쓰인다.

"王至[于]凡田, 湄日亡𢦏(災)." (≪合集≫29383)
왕이 범凡 지역에서 수렵을 하는데, 하루 종일 재난이 없을까요?[625]
"貞: 王其田, 亡𢦏(災), 才(在)." (≪合集≫33568)
왕이 수렵을 하는데 재난이 없을까요. 범 지역에서
"凡勿(物)繇(由)㞢(無)生." ≪郭店楚簡·語叢≫
모든 만물은 무無에서 생긴다.

[평범平凡] [비범非凡] [범인凡人] [출범出凡] [범성불이凡聖不二][626] [무시범부無始凡夫][627]

【舟(배 주, zhōu)】

[說文] : "(舟), 船也. 古者共鼓·貨狄刳木為舟, 剡木為楫, 以濟不通. 象形."

舟. 배. 고대 공고와 화적이 나무를 도려내어 배를 만들고 나무를 깎아 노를 만들어 배로 통할 수 없는 곳을 건널 수 있게 되었다. 상형자이다.

625) '湄'자는 '彌'자의 가차자로 쓰인다. '湄日'은 '종일終日'이라는 뜻이다.
626) 범인凡人과 성인聖人의 구별區別은 있지만, 본성本性은 일체一切 평등平等하다. '범성일여凡聖一如'.
627) 살고 죽는 윤회輪廻의 굴레를 영원永遠히 벗어나지 못하는 인간.

舟

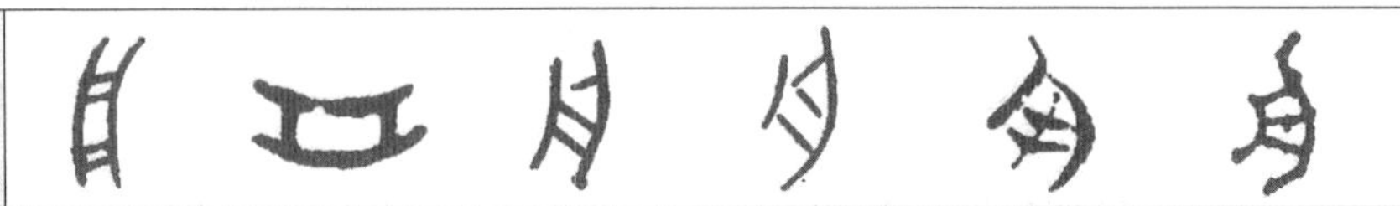

商 甲骨文	商 金文	西周 金文	戰國 金文	戰國 郭店楚簡	戰國 石鼓文

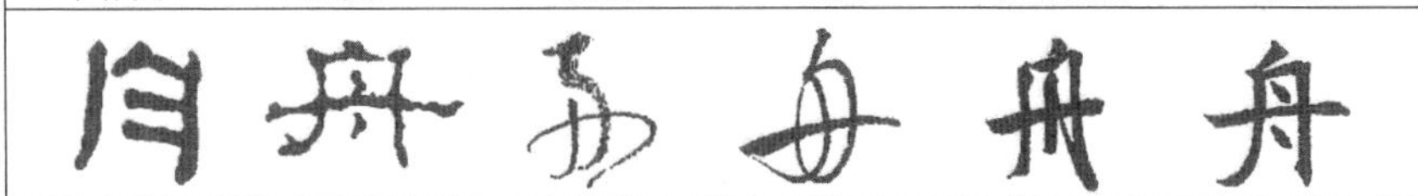

西漢 銀雀山竹簡	東漢 武氏祠畫像題字	唐懷素 自敍帖	元 康里巎巎	北宋米芾 蜀素帖	隋 蘇孝慈墓誌

'배'의 모양이다. 갑골문에서 '舟'자는 제명으로 쓰이고, 금문에서는 선박의 의미로 쓰이기도 한다.

"庚申卜, 舟燎二牢." (≪屯南≫2296)

경신 일에 점을 쳐 묻습니다. 우리의 두 마리 소를 사용하여 주제와 요제를 지낼까요?

"貞王其(尋)舟于河." (≪合集≫24609)

왕은 황하에서 심제尋祭와 주제를 지낼까요?[628]

"屯三舟為一舿." ≪鄂君啟舟節≫

세 척의 배를 한 조로 만들어 운행하다.

[각주구검刻舟求劍][629] [오월동주吳越同舟][630] [불계지주不繫之舟][631] [파부침주破釜沉舟][632]

【率(거느릴 솔(율), shuài, lù)】

[說文] : "(率), 捕鳥畢也. 象絲罔. 上下其竿柄也."

率. 새를 잡는 망. 가운데 부분은 실로 만든 망이고, 위아래는 망을 연결하는 막대기이다.

628) 본 구절 중의 '尋'자를 혹은 '順'의 의미로 보고, "왕은 배를 따고 순조롭게 황하를 건널 수 있을까요?" 라고 해석하기도 한다.

629) 칼을 강물에 떨어뜨리자 뱃전에 그 자리를 표시表示했다가 나중에 그 칼을 찾으려 한다. '각선구검刻船求劍'. '수주守株'. '수주대토守株待兔'.

630) 오吳나라 사람과 월越나라 사람이 한 배에 타다. 어려운 상황狀況에서는 원수怨讐라도 협력하다. 뜻이 전혀 다른 사람들이 한자리에 있게 되다. '동주상구同舟相救'. '동주제강同舟濟江'.

631) 잡아매지 않은 배. 무념무상의 경지. 정처없이 방랑放浪하는 사람을 비유하는 말.

632) 솥을 깨뜨리고 배를 가라 앉힌다. 싸움터로 나가면서 살아 돌아오기를 바라지 않고 결전決戰을 각오覺悟함을 이르는 말. '배수지진背水之陣'. '사량침주捨糧沈舟'. '제하분주濟河焚舟'. '파부침선破釜沈船'.

率					

商 甲骨文	西周 大盂鼎	西周 毛公鼎	戰國 中山王鼎	戰國 金文	漢印

漢 居延漢簡	西晉 石定墓誌	隋智永 關中本千字文	南宋 薛紹彭	北宋米芾	隋 蘇孝慈墓誌

'率'자는 배를 묶어 끌어당기는 새끼줄의 모습이라고 주장하기도 한다. '繂'이나 '綍(동아줄 율, lǜ)'의 초문이다. 갑골문 중의 양쪽의 점은 얕은 물을 뜻한다. '끌어당기다'라는 뜻에서 '이끌다'·'통솔하다'라는 의미가 확대되어 쓰이거나 혹은 부사 '모두'라는 뜻으로 쓰인다.

"率伐不."（≪合集≫6347）통솔하고 가서 정벌하지 말까요?

"貞：今來羌，率用."（≪合集≫248正）

점을 칩니다. 오늘 데리고 온 강족을 모두 제사 희생물로 사용할까요?[633]

貞：弜率款.（≪合集≫25172）

점을 칩니다. 관제款祭를 모두 지낼지 말까요?

[환율換率] [비율比率] [솔직率直] [성장율成長率] [기마욕솔노騎馬欲率奴][634] [솔선수범率先垂範]

【車(수레 차{거}, chē,jū)】

[說文]："車(車), 輿輪之總名. 夏后時奚仲所造. 象形. 𨏥(𨏥), 籒文車."

車. 차상과 바퀴가 구비되어 있는 수레의 총명이다. 하후 시기에 해중이 만들었다. 상형자이다. 주문은 '𨏥'로 쓴다.

633) 본 구절 중의 '率'자는 '모두'·'전부'라는 뜻으로 쓰인다.
634) 말을 타면 노비奴婢를 거느리고 싶다. 말 타면 경마競馬 잡히고 싶다. '거어지탄車魚之歎'. '계학지욕溪壑之慾'. '계학지욕谿壑之慾'. '득롱망촉得隴望蜀'. '장협귀래호長鋏歸來乎'. '차청차규借廳借閨'.

車	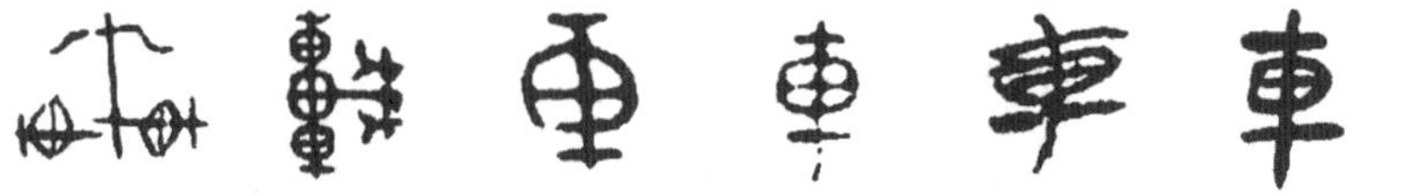					
	商 甲骨文	西周 大盂鼎	西周 金文	古璽	戰國 包山楚簡	睡虎地秦簡

	西漢 馬王堆帛書	東漢 西狹頌	西晉索靖 出師頌	隋智永 眞草千字文	唐褚遂良	隋 蘇孝慈墓誌

갑골문과 금문 중에는 두 바퀴와 끌채 등이 묘사되어 있다. 후에 한 바퀴만으로 수레를 대표하게 되었다.

"旬又一日癸亥車弗捷, 之夕盟, 甲子允捷."(≪合集≫6834正)

십일일이 지난 癸亥에 戰車는 승리를 거두지 못했고, 그날 저녁 맹제盟祭를 지냈는데, 갑자 일에 확실히 승리를 거뒀다.

"易(賜)女(汝)鬯一卣·冖衣·市·舃·車馬. 易(賜)乃且(祖)南公旂."≪大盂鼎≫

너에게 한통의 울창주와 두건·폐슬·나막신·수레와 말을 하사하며, 너에게 적조嫡祖가 사용하였던 깃발을 하사한다.

[차량車輛] [자동차自動車] [열차列車] [견인차牽引車] [거수마룡車水馬龍][635] [전거복철前車覆轍][636]

【戶(지게 호, hù)】

[說文]: "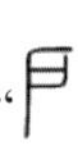(戶), 護也. 半門曰戶, 象形.  戹, 古文戶从木."

戶. 실내를 보호하는 문이다. 문의 반쪽을 '戶'라 한다. 상형자이다. 고문은 '木'을 써서 '戹'으로 쓰기도 한다.

---

635) 수레는 흐르는 물과 같고 말의 움직임은 하늘을 오르는 용과 같다. 수레와 말의 왕래往來가 많아 매우 떠들석한 상황狀況. 행렬行列이 성대盛大한 모양.

636) 앞의 수레가 뒤집히는 것을 보고 뒤의 수레는 미리 경계警戒한다. 앞사람의 실패失敗를 본보기로 하여 뒷사람이 똑같은 실패失敗를 하지 않도록 조심하다. '복거지계覆車之戒'. '전차복후차계前車覆後車戒'. '답복차지철踏覆車之轍'. '답복철踏覆轍'. '전철前轍'.

戶						
	商 甲骨文	睡虎地秦簡	戰國 包山楚簡	西漢 馬王堆帛書	西漢 銀雀山竹簡	東漢 乙瑛碑
	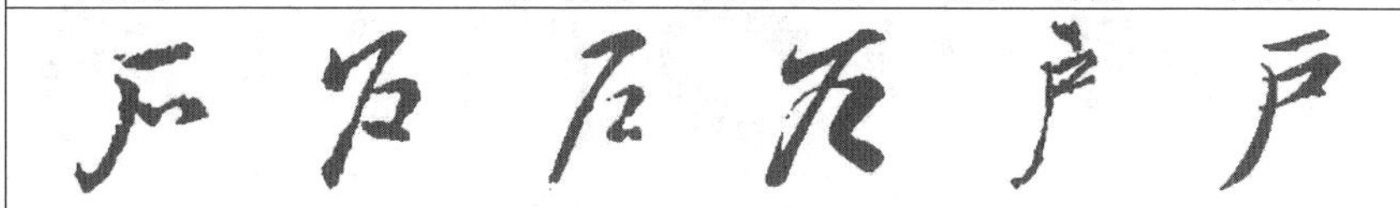					
	吳皇象 急就章	東晉王羲之 淳化閣帖	隋智永 關中本千字文	唐孫過庭 草書千字文	唐李邕 李思訓碑	隋智永 眞草千字文

한 짝으로 되어 있는 문의 모양이다. 금문이나 초죽서에서는 혹은 '木'을 추가하여 '床'로 쓴다. 금문은 혹은 ''·''로 쓴다.

"己巳卜, 其啓廳西戶. 祝于." (≪合集≫30294)

기사 일에 점을 칩니다. 정원의 서쪽 지게문을 열고 축원을 할까요?

"口不誓(愼)而床(戶)之閟(閉), 亞(惡)言復己而死無日." ≪郭店楚簡·語叢四≫

말을 신중히 하지 않는 것은 집안에 문단속을 하지 않은 것과 같다. 악한 말은 자기에게 되돌아와 죽음을 당할 날이 멀지 않다.

[호적戶籍] [호주戶主] [문호門戶] [가가호호家家戶戶] [만호장안萬戶長安][637] [상호桑戶][638] [가유호효家喩戶曉][639] [봉호옹유蓬戶甕牖][640]

【門(문 문, mén)】

[說文] : "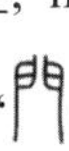(門), 聞也. 从二戶, 象形."

門. 내외 사람이 서로 들을 수 있는 곳이다. 두 개의 '戶'로 이루어진 자이다. 상형자이다.

637) 집이 매우 많은 서울 장안.
638) 뽕나무로 만든 지겟문. 가난한 집.
639) 집집마다 알다.
640) 풀을 엮어 만든 문과 깨진 옹기를 모아 만든 창. 빈곤한 가정, 집.

門	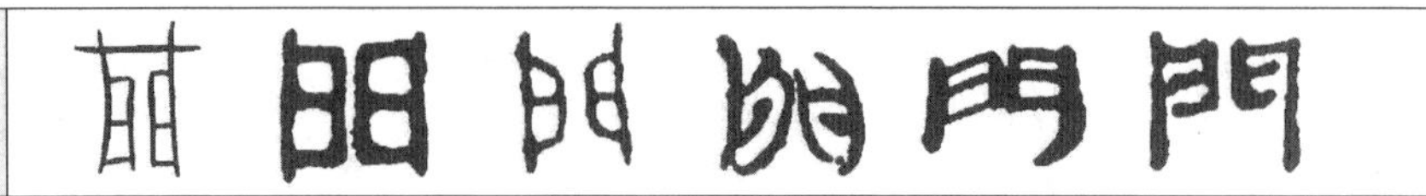					
	商 甲骨文	商 金文	西周 史頌簋	戰國 包山楚簡	秦 睡虎地秦簡	西漢 銀雀山竹簡
	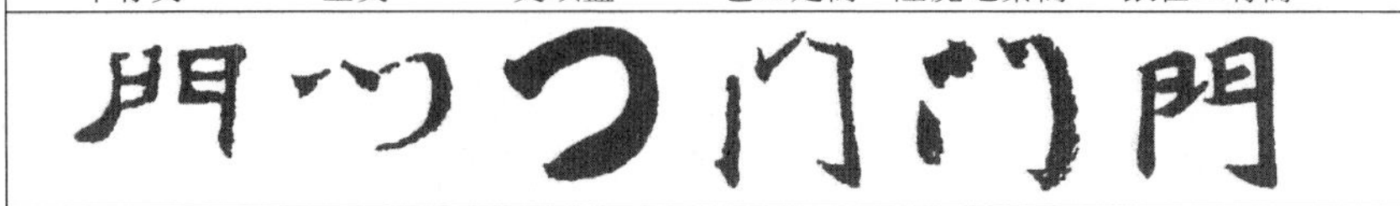					
	東漢 史晨後碑	吳皇象 急就章	隋智永 眞草千字文	東晉王羲之 興福寺斷碑	唐顔眞卿 祭姪文稿	隋唐 房山雲居寺石經

갑골문의 ''자와 비슷한 형태로 금문에서는 ''으로 쓰기도 한다.

"王于宗門逆羌."(≪合集≫32035)

왕이 종묘 문 앞에서 포로 강족과 전지에서 돌아오는 장군을 맞이하다.

[전문가專門家] [창문窓門] [문전성시門前成市][641] [등용문登龍門][642] [문외한門外漢] [의문지망依門之望][643]

상商 나라 말기 '門祖丁簋'.

641) '문전약시門前若市'. '문정약시門庭若市'. '문정여시門庭如市'.

642) '입신양명立身揚名'. '입신출세立身出世'.

643) 어머니가 아들이 돌아오기를 문에 의지하고서 기다린다. 자녀子女가 돌아오기를 기다리는 어머니의 마음을 이르는 말. '의려지망倚閭之望'. '의문이망倚門而望'.

【囧·冏(빛날 경, jiǒng)】

[說文] : “(囧), 窗牖麗廔闓明. 象形. 讀若獷. 賈侍中說讀與明同.”

囧. 창문의 문살 사이사이로 햇빛이 들어와 밝다. 상형자이다. 음은 ‘獷(사나울 광, guǎng)’의 음과 비슷하다. 가시중은 ‘明’과 같은 뜻이라 하였다.

囧					

	商 甲骨文	商 甲骨文	西周 金文	春秋 陳侯囧	說文篆文

	漢印	北魏 南石窟寺碑	北魏 常季繁墓誌	唐顔眞卿 干祿字書	明 黃道周

창문의 창살 모양이다. 문은 빛이 들어오는 곳이기 때문에 밝다는 뜻으로 쓰인다. ‘明’자를 금문은 ‘(朙)’으로 쓴다. 왼쪽부분이 ‘囧’이다. ‘窗(窓)’자는 ‘囱’자와 같은 자이다. ‘囱’자에 대하여 ≪설문해자≫는 “담 남쪽에 난 창을 ‘牖(창 유, yǒu)’라 하고, 지붕 쪽에 난 창문을 ‘囱’이라 한다. 상형자이다. 혹은 ‘穴’을 추가하여 ‘窗’으로 쓰고 고문은 ‘囪’으로 쓴다”644)라 하였다. 따라서 이들의 자는 모두 창문을 가리키는데, 위치에 따라 달리 세분하여 명칭을 달리하였다. 갑골문에서 ‘囧’자는 지명으로 쓰인다.

“黍于囧.”(≪合集≫10) 경 지역에서 기장을 경작할까요?

【宀(집 면, mián)】

[說文] : “(宀), 交覆深屋也. 象形.”

宀. 사방이 높은 지붕으로 덮은 집, 상형자이다.

644) ≪說文解字≫: “囱. 在牆曰牖, 在屋曰囱. 象形. 窗, 或从穴. 囪, 古文.”

宀			
	上 甲骨文	商 甲骨文	說文篆文

갑골문은 두 개의 기둥과 지붕 ‘𠆢’으로 이루어진 자이다. 이 자에 대하여 학자마다 의견이 분분하다. ‘穴’·‘宅’이나 ‘廬(오두막집 려, lú)’자의 초문이라고 주장하기도 한다.

“貞今二月宅東寢.”(≪合集≫13569) 올 2월, 동쪽에 침실을 지을까요?

【向(향할 향, xiàng)】

[說文] : “(向), 北出牖也. 从宀, 从口.”

向. 북쪽으로 난 창문이다. ‘宀’과 ‘口’로 이루어진 회의자이다.

向						
	商 甲骨文	商 金文	西周 金文	魏 正始石經	說文篆文	西漢 馬王堆帛書
	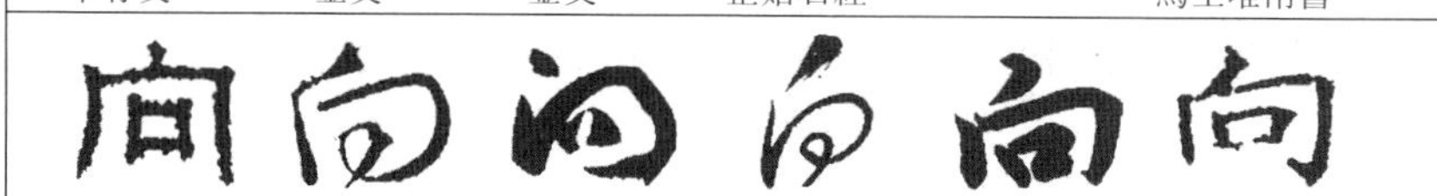					
	東魏 北海相景君碑	東晉王羲之 淳化閣帖	唐孫過庭 書譜	唐懷素 自敘帖	東晉王羲之 蘭亭序	隋 孟顯達碑

집안에 공기가 통하게 하기 위해 만든 작은 창문의 모습이다. 후에 방향이라는 의미로 쓰인다. 갑골문에서는 지명으로 쓰인다. 초죽서에서는 ‘鄕’의 가차자로 쓰이기도 한다.

“貞王田向, 往來亡(無)災.”(≪英國≫2543)
왕이 향 지역에서 사냥을 하는데, 왕래를 할 때 재난이 발생하지 않을까요?
“攸之向(鄕), 其悳(德)乃長.”≪郭店楚簡·老子乙≫
마을을 닦으면 그 덕이 오래 간다.

"古(故)君子之友也又(有)向(鄉), 其亞(惡)又(有)方." ≪郭店楚簡·緇衣≫

그런 까닭에 군자 주위에 있는 인재들은 미혹되지 않으며, 멀리 있는 자들이 그를 의심하지 않는다.

[방향方向] [동향動向] [향후向後] [가구향리폐家狗向裏吠][645] [향우지탄向隅之歎][646] [소향무적所向無敵][647]

【宮(집 궁, gōng)】

[說文] : "(宮), 室也. 从宀, 躳省聲."

宮. 궁실이다. '宀'과 '躳'자의 생략형이 소리부인 형성자이다.

宮						
	商 甲骨文	西周 召尊	西周 散氏盤	春秋 侯馬盟書	戰國 郭店楚簡	秦 睡虎地秦簡

	西漢 馬王堆帛書	東漢 禮器碑陰	隋智永 關中本千字文	唐懷素 聖母帖	東晉王羲之 興福寺斷碑	隋 蘇孝慈墓誌

집안에 궁실이 이어져 있는 모양이다.

[궁궐宮闕] [궁정宮庭] [구중궁궐九重宮闕][648] [宮殿盤鬱궁전반울][649] [월궁항아月宮姮娥][650]

645) 집에서 기르는 개가 집 안쪽을 향해 짖는다. 은혜恩惠를 원수怨讐로 갚다.
646) 자리에 모인 많은 사람들이 다 즐거워하나 자기만은 구석을 향하여 한탄恨歎. 좋은 때를 만나지 못하여 한탄恨歎하다.
647) 나아가는 곳마다 적이 없다.
648) 문이 겹겹이 달린 깊은 대궐大闕.
649) 궁전宮殿은 울창한 나무 사이에 서 있는 듯 하다.
650) 달에 있는 궁宮에 산다는 선녀仙女. 아름다운 여자女子를 비유.

【京(서울 경, jīng)】

[說文] : “(京), 人所為絕高丘也. 从高省, 丨象高形.”

京. 사람이 만든 높은 언덕이다. ‘高’자의 생략형과 ‘丨’으로 이루어진 자이다. ‘丨’은 ‘높다’라는 뜻이다.

京	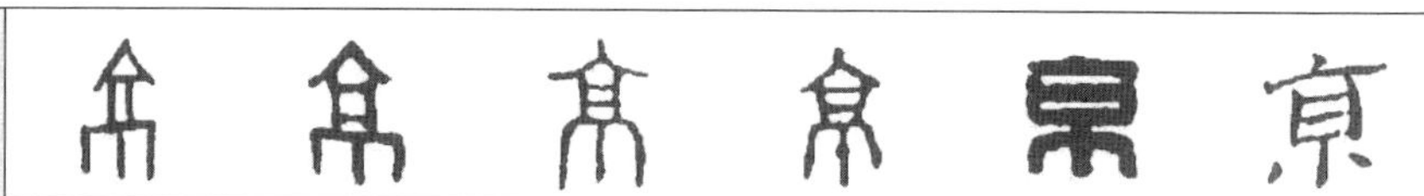					
	商 甲骨文	商 金文	西周 金文	西周 金文	漢印	漢 居延漢簡
	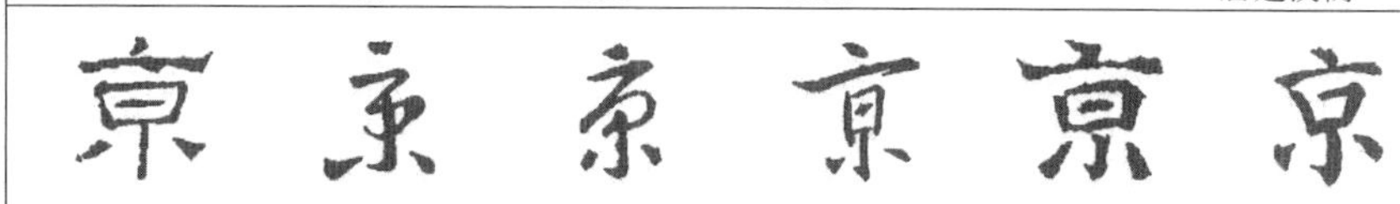					
	東漢 禮器碑	東晉王羲之 十七帖	隋智永 關中本千字文	東晉王羲之 興福寺斷碑	北魏 比丘法生造像記	唐顏眞卿 顏勤禮碑

‘京’자는 ‘높은 성문’의 형상이다. 혹은 우뚝 솟은 건물의 모습이다. ‘크다(大)’라는 의미로 확대되어 쓰인다. 갑골문은 지명으로 쓰인다.

“之日王往于田從㪅京, 允獲鹿二雉十七.” (≪合集≫10921)

그 날 왕이 㪅京 지역을 경유하여 수렵하려 나아가자, 과연 사슴 두 마리와 꿩 열일곱 마리를 잡았다.

“貞于京其尊芻.” (≪合集≫32010)

풀 꼴을 베는 노예를 京 지역에 배치할까요?

[경기京畿][651] [경향京鄉][652] [서경西京][653] [동서이경東西二京][654]

651) 서울을 중심으로 한 가까운 주위周圍의 땅.
652) 서울과 지방. 나라 전체.
653) 고려高麗 때 사경四京의 하나. 지금의 평양平壤.
654) 동과 서에 두 서울. 동경東京은 낙양洛陽이고 서경西京은 장안長安이다.

【亨(형통할 형, hēng,héng)(享, 누릴 향, xiǎng,hēng,héng)】

[說文] : “(亯), 獻也. 从高省. 曰: 象進孰物形. ≪孝經≫曰: ‘祭則鬼亯之.’ 享, 篆文亯.”

亯. 바치다. ‘高’자의 생략으로 이루어진 자이다. 혹은 삶은 음식을 바치는 형상이다. ≪효경≫에서는 ‘제사는 귀신이 향유하게 하는 것이다’라 하였다. ‘亯’자의 전문은 ‘享’으로 쓴다.

亯	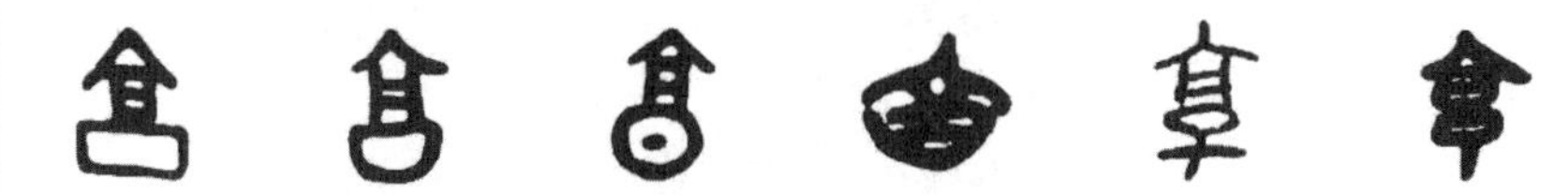					
	商 甲骨文	西周 令簋	西周 師寰簋	戰國	楚竹書	西漢 馬王堆帛書

	西漢 馬王堆帛書	西漢 馬王堆帛書	東漢 張遷碑	唐賀知章 孝經	唐歐陽詢 行書千字文	北魏 元虔墓誌

고문자 ‘亨’은 ‘享’자와 같은 자이다. ‘제사를 지내는 종묘’의 형상이다. 종묘에서 제사를 지내기 때문에 ‘바치다(進獻)’의 뜻으로도 쓰인다. 혹은 ‘팽자烹煮(음식을 삶다)하는 처소’라는 의미로 해석하기도 한다. 초죽서에서는 ‘鄕’자가 ‘亨’의 가차자로 쓰이기도 한다.

“孠(需): 又(有)孚, 光. 卿(亨). 貞吉. 利涉大川.” ≪上博楚簡·周易·需卦≫
≪수需≫: 믿음이 있으니 빛난다. 제사를 지낸다. 점은 길하다. 큰 내를 건너면 이롭다.

[형통亨通] [만사형통萬事亨通] [원형이정元亨利貞] [풍형예대豐亨豫大][655] [향락享樂] [제향祭享] [향사享祀][656] [향년享年][657] [안향부귀安享富貴][658]

655) 세상이 태평성대太平聖代로 백성이 행복幸福을 누리다.
656) 제사.
657) 한평생 살아 누린 나이. 죽은 사람의 나이.
658) 부귀富貴를 평안平安하게 누리다.

宋 景德四圖(대만 고궁박물관 소장)

【高(높을 고, gāo)】

[說文]：“(高), 崇也, 象臺觀高之形. 从冂·口, 與倉舍同意.”

高. 숭고하다. 누대가 높이 솟아 있는 형상이다. ‘冂’과 ‘ㅁ’로 이루어진 회의자이다. 아랫부분은 ‘倉’과 ‘舍’자의 ‘ㅁ’와 같은 뜻이다.

高						
	商 甲骨文	商 金文	西周 史牆盤	春秋 蔡公簋	戰國 郭店楚簡	秦 睡虎地秦簡

	西漢 銀雀山竹簡	東漢 石門頌	吳皇象 急就章	唐孫過庭 書譜	東晉王羲之 集字聖教序	隋 蘇孝慈墓誌

높은 성곽의 모습이다. 갑골문에서는 지명이나 ‘高祖’ 등의 단어로 쓰인다.

“難(難)惕(易)之相成也, 長耑(短)之相型(形)也, 高下之相浧(盈)也, 音聖(聲)之相和也, 先後之相墮(隨)也.” ≪郭店楚簡·老子甲≫

어려운 것과 쉬운 것은 서로 이루어지며, 긴 것과 짧은 것은 서로 형성이 되고, 높은 것과 낮은 것은 서로 채워지기도 하고, 소리는 서로 조화를 이루며, 앞과 뒤는 서로 따르게 된다.

[고구려高句麗] [고령화高齡化] [가고가하可高可下][659] [천고마비天高馬肥] [아치고절雅致高節][660] [등고자비登高自卑][661]

【良(좋을 량, liáng)】

[說文] : “(良), 善也. 从畗省, 亡聲.”

良. 어질다. ‘畗’자의 생략형과 소리부 ‘亡’로 이루어진 형성자이다.

良						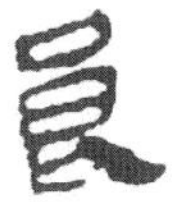
	商 甲骨文	西周 金文	西周 季良父盉	戰國 中山王方壺	秦 睡虎地秦簡	西漢 馬王堆帛書

	漢 居延漢簡	東漢 夏承碑	吳皇象 急就章	唐孫過庭 書譜	東晉王羲之 二謝帖	隋 太僕卿元公墓誌

≪설문해자≫는 형성자로 설명하고 있으나, 고문 ‘良’자는 ‘廊(복도 랑, láng)’의 초문이다. 혹은 나가고 들어가기 좋게 만든 ‘廊’의 형상이라고 설명하기도 한다. 그래서 ‘좋다(良好)’라는 의미로 확대되었다. 갑골문에서는 ‘좋다’라는 의미 이외에 지명으로

659) 높아도 가미하고 낮아도 가미하다. 인자仁者는 벼슬이 높아도 거만倨慢하지 않고 낮아도 두려워하지 않음으로써 직위職位 고하를 가리지 않다.

660) 아담雅淡(雅澹)한 풍치風致나 높은 절개節概(節介). 매화梅花.

661) 높은 곳에 올라가려면 낮은 곳에서부터 오른다. 일은 반드시 차례次例를 밟아야 한다. 지위地位가 높아질수록 스스로를 낮춘다.

쓰이고, 금문에서는 '우수하다'라는 뜻으로 쓰인다.

"貞王其步于良亡[災]." (≪合集≫24472)
왕은 양良 지역을 걸으면 재앙이 없을까요?
"良馬乘." ≪格伯簋≫ 우수한 네 마리가 끄는 마차.
"良金." ≪郐王鼎≫ 질 좋은 청동.
"自乍(作)湯貞(鼎), 𥁕(溫)良聖每(敏), 余敢敬明(盟)祀." ≪𦀚鼎(徐郊尹鼎)≫
자신이 탕정湯鼎을 만들어 선량하고 성스럽고 민첩하게 영명한 선조에게 공경하는 마음으로 제사를 드리다.

[양식良識][662] [개량改良] [양심良心] [불량不良] [양약고구良藥苦口]][663] [미풍양속美風良俗] [가빈사양처家貧思良妻][664] [양금택목良禽擇木][665]

【行(갈 행, xíng,háng)】

[說文]: "𧗠(行), 人之步趨也. 从彳, 从亍."
行. 사람의 빠르고 느린 보행. '彳'과 '亍'으로 이루어진 회의자이다.

行

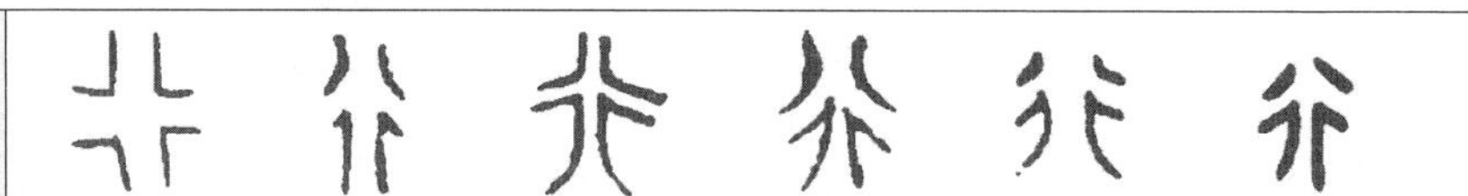

商	西周	西周	春秋	戰國	秦
甲骨文	史牆盤	虢季子白盤	侯馬盟書	郭店楚簡	睡虎地秦簡

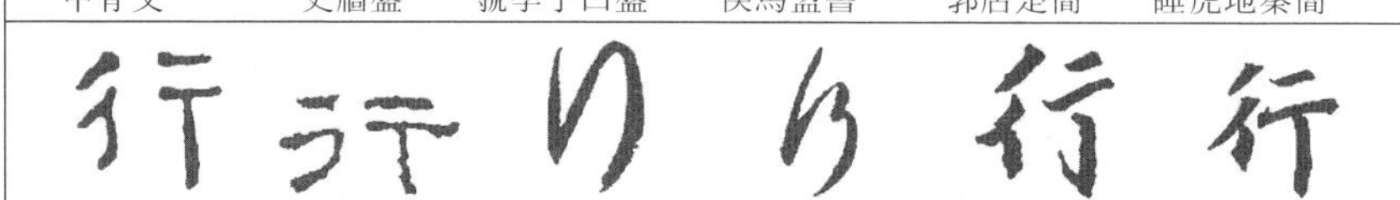

西漢	東漢	東晉王羲之	隋智永	東晉王羲之	隋智永
銀雀山竹簡	禮器碑陰	得示帖	關中本千字文	興福寺斷碑	眞草千字文

'行'자는 네거리의 모양이다.

"仁形於內謂之德之行, 不形於內謂之行. 義形於內謂之德之行, 不形於內謂之行.

662) 양심적 지식.
663) 좋은 약은 입에 쓰다. 충언忠言은 귀에 거슬린다. '양약고어구良藥苦於口'.
664) '가빈즉사양처家貧則思良妻'. 집안이 가난하면 현명한 아내가 생각난다. 나라가 어지러우면 어진 재상宰相을 생각하다. '가빈사현처국난사양상家貧思賢妻國難思良相'.
665) 좋은 새는 나무를 가려서 둥지를 튼다. 어진 사람은 훌륭한 임금을 가려 섬긴다.

禮形於內謂之德之行，不形於內謂之行，智形於內謂之德之行，不形於內謂之行.
聖形於內謂之德之行，不形於內謂之德之行.” ≪郭店楚簡·五行≫

‘仁’이 내심에서 형성된 것을 ‘덕행德行’이라 하고 내심에서 형성되지 않은 것을 ‘행’이라 한다. ‘義’가 내심에서 형성된 것을 ‘덕행’이라 하고, 내심에서 형성되지 않은 것을 ‘행’이라 한다. ‘禮’가 내심에서 형성된 것을 ‘덕행’이라 하고, 내심에서 형성되지 않은 것을 ‘행’이라 한다. ‘智’가 내심에서 형성된 것을 ‘덕행’이라 하고, 내심에서 형성되지 않은 것을 ‘행’이라 한다. ‘聖’이 내심에서 형성된 것을 ‘덕행’이라 하고, 내심에서 형성되지 않은 것을 ‘행’이라 한다.”

[시행施行] [관행慣行] [행위行爲] [금의야행錦衣夜行][666] [안항雁行][667] [지행합일知行合一] [논공행상論功行賞][668]

【舍(집 사, shè,shě)】(余)

[說文]：“(舍), 市居曰舍. 从亼·屮, 象屋也. 口象築也.”

舍. 빈객이 거주하는 집이다. ‘亼’과 ‘屮’로 이루어진 회의자이고, 집의 형상이다. ‘口(圍)’는 담장의 건축물이다.

舍	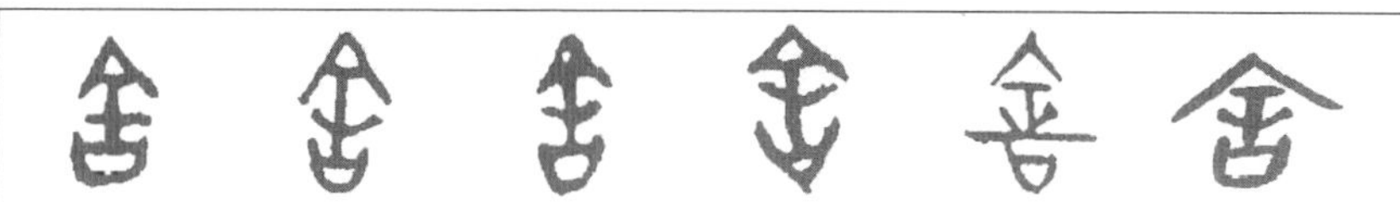					
	西周 令方鼎	西周 史牆盤	西周 毛公鼎	西周 散氏盤	春秋 侯馬盟書	睡虎地秦簡

	西漢 馬王堆帛書	東漢 乙瑛碑	隋智永 眞草千字文	唐懷素 草書千字文	東晉王羲之 蘭亭序	隋智永 眞草千字文
余						
	商 甲骨文	西周 大盂鼎	西周 㝬鐘	春秋 侯馬盟書	戰國 包山楚簡	秦 睡虎地秦

666) 비단옷을 입고 밤길을 간다. 아무 보람 없는 행동.
667) 기러기가 줄지어 날아감. 앞장서서 가다. 남의 형제兄弟의 경칭敬稱. 남의 의좋은 형제兄弟.
668) 공功이 있고 없음이나 크고 작음을 따져 거기에 알맞은 상을 준다.

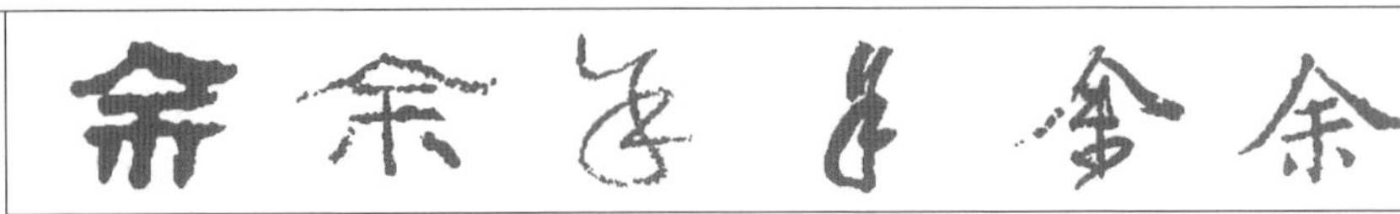

西漢 馬王堆帛書	東漢 石門頌	唐懷素 自敍帖	北宋黃庭堅 李白詩卷	唐顔眞卿 祭姪文稿	東晉王羲之 洛神賦

'舍'는 '口'와 '余'로 이루어진 자이다. '余'는 또는 소리부로 역할을 한다. '余'는 지붕이 덮어져 있는 모양이다. '余'자는 '舍'의 초문이다. 금문에서 '舍'자는 '주다'의 '予'자의 가차자나 일인칭 대사로 쓰이기도 한다.

"余一人."(≪合集≫36181) 나 자신.
"左(佐)右(佑)余一人."≪叔尸鐘≫ 좌우 신하가 나 혼자를 보좌하다.
"余其舍女(汝)臣十家."≪令鼎≫
나는 장차 그대에게 가신 열 가구를 하사하고자 한다.
"含(今)舍(余)方壯智(知)天若否."≪中山王鼎≫
지금 나는 하늘에 순역順逆하는 것이 무엇인가를 인식하였다.

[청사廳舍] [기숙사寄宿舍] [사기종인舍己從人][669] [용행사장用行舍藏][670] [거이소지이소부지인기사저擧爾所知爾所不知人其舍諸][671] [무주공사無主空舍][672] [불사주야不舍晝夜][673]

【倉(곳집 창, cāng)】

[說文]: "(倉), 穀藏也, 倉黃取而藏之, 故謂之倉. 从食省, 口象倉形. (仺), 奇字倉."
倉. 곡식을 넣어 두는 곳이다. 곡식이 누렇게 익었을 때 저장하기 때문에 '倉'이라 한다. 윗부분은 '食'자의 생략형이다. '口'는 창고의 형상이다. '倉'자의 기자를 '仺'으로 쓴다.

669) 자기의 이전 행위를 버리고 타인의 선행善行을 본떠 행하다.
670) 일자리를 얻었을 때에는 나가서 자신이 믿는 바를 행하고, 버리면 물러나 몸을 숨긴다. 나아가고 물러섬이 깨끗하고 분명分明하다.
671) 논어의 구절. 네가 아는 인재를 등용하면, 네가 모르는 인재라고 해서 다른 사람들이 버려 두겠는가? 인재는 얼마든지 있으며, 인재를 등용할 마음만 있으면 등용할 수 있다.
672) '無主空堂무주공당'. 임자가 없는 빈집. '무주공산無主空山'.
673) 낮과 밤을 쉬지 아니하다.

倉	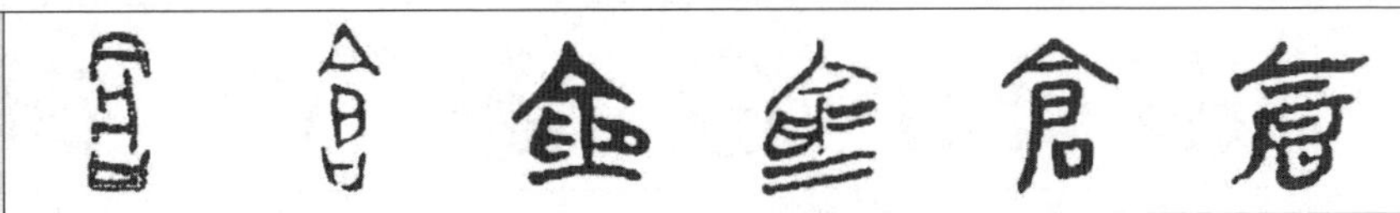					
	商 甲骨文	西周 㝬鐘	戰國 長沙自彈庫帛書	戰國 郭店楚簡	秦 睡虎地秦簡	漢 居延漢簡
	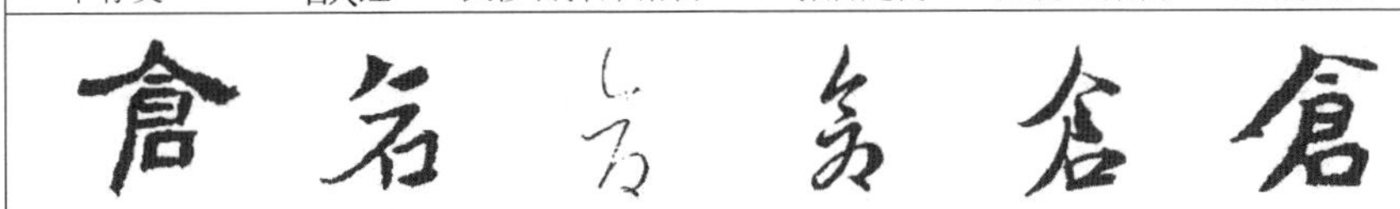					
	東漢 西狹頌	吳皇象 急就章	東晉王羲之 澄清堂帖	草韻辨體	北宋米芾	北魏 陽乾墓誌

'倉'자는 '合'과 '戸'나 '門'으로 이루어진 자이다. 혹은 창고의 모양이라고 설명하기도 한다. 초죽서에서는 '滄'자의 가차자로 쓰이기도 한다.

> "是以成倉(滄)然(熱). 倉(滄)然(熱)復相補(輔)也, 是以成溼澡(燥)." ≪郭店楚簡·太一生水≫
> (사계는 또한 서로 도와) 춥고 더움이 만들어지고, 춥고 더움이 또한 서로 도와 건습이 생성된다.

[참고倉庫] [영창營倉][674] [창름실즉지예절倉廩實則知禮節][675] [창졸지간倉卒之間][676]

【田(밭 전, tián)】

[說文] : "(田), 陳也, 樹穀曰田. 象四口, 十, 阡陌之制也."

田. 정리되어 있는 경작지. 곡식을 심는 곳을 전田이라 한다. '口'는 논밭 주위의 경계이다. '十'은 동서남북의 두렁을 표시한다.

田	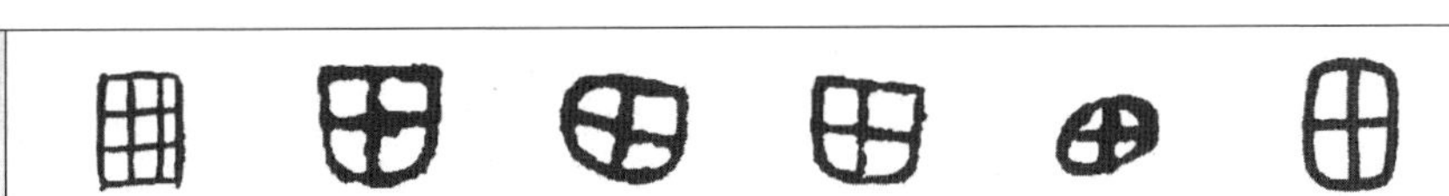					
	商 甲骨文	西周 令方鼎	西周 散氏盤	春秋 金文	秦 睡虎地秦簡	說文篆文

674) 군대軍隊의 감옥.
675) 재산財産이 풍족豊足하고서야 비로소 예절禮節을 알아차린다.
676) 미처 어찌할 수도 없는 사이.

西漢 馬王堆帛書	魏 正始石經	東晉王羲之 十七帖	隋智永 眞草千字文	東晉王羲之 集字聖教序	隋 美人董氏墓誌

갑골문에서는 '논밭'이나 '사냥하다(畋)'는 의미로 쓰인다.

"王其省田."（≪合集≫28628）왕이 논밭을 시찰하였다.

"王其田獸，亡(無)𢦏(災).（≪屯南≫226）

왕이 수렵하면 재난을 당하지 않을까요?

"余舍女(汝)田五田."≪衛鼎≫

내가 너에게 전답 다섯 마지기를 하사한다.

[전답田畓] [유전油田] [전원田園] [상전벽해桑田碧海] [창해상전滄海桑田][677] [아전인수我田引水] [과전불납리瓜田不納履][678]

【里(마을 리, lǐ)】

[說文]："里(里), 居也. 从田, 从土."

里. 사람이 거처하는 곳이다. '田'과 '土'로 이루어진 회의자이다.

里

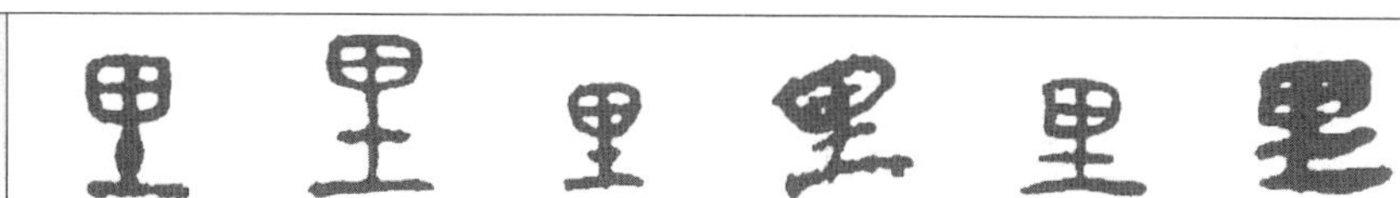

西周 令方彝	西周 史頌鼎	古璽	戰國 包山楚簡	秦 睡虎地秦簡	西漢 馬王堆帛書

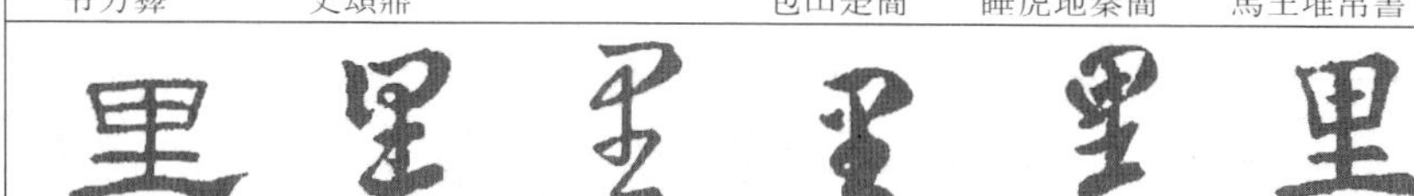

東漢 禮器碑	吳皇象 急就章	東晉王羲之 十七帖	唐孫過庭 書譜	北宋米芾 虹縣詩卷	唐歐陽詢 溫顔博碑

677) 푸른 바다가 변하여 뽕밭이 된다. 덧없는 세상의 변천.

678) 오이 밭에서는 신을 고쳐 신지 않는다. 의심疑心받을 짓은 처음부터 하지 말라.

‘里’는 땅과 밭이 있어 사람이 거주하는 지역이라는 뜻이다. 금문에서 ‘이인里人’이나 ‘이군里君’은 마을에서 주요 업무를 담당하는 관리이다. ‘里’자는 또한 마을과 마을 사이의 거리를 나타내는 단위로 쓰이기도 한다. ≪논어≫에서는 ‘거주하다’는 동사의 의미로 쓰이기도 한다.

“子曰: 里仁爲美. 擇不處仁, 焉得知?” ≪論語·里人≫
공자는 말하였다. 사는 고장은 인후仁厚한 것이 좋다. 사는 집을 택하는 데 있어 인후한 곳에 살지 않는다면 어찌 지혜롭다고 할 수 있겠는가?

[향리鄕里][679] [오리무중五里霧中][680] [붕정만리鵬程萬里][681] [일사천리一瀉千里][682] [불원천리不遠千里][683]

【周(두루 주, zhōu)】

[說文] : “(周), 密也. 从用·口. (𠁥), 古文周字从古文及.”

周. 조밀하다. ‘用’과 ‘口’로 이루어진 회의자이다. ‘周’자의 고문은 고문 ‘乁(及)’을 써서 ‘𠁥’으로 쓴다.

周	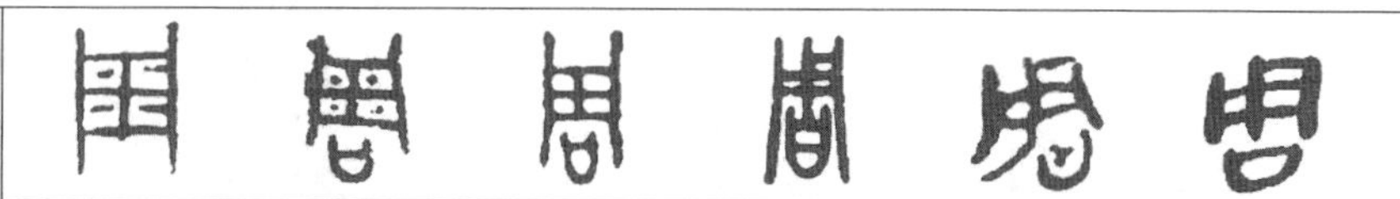					
	商 甲骨文	西周 何尊	西周 史頌簋	古璽	戰國 郭店楚簡	秦 睡虎地秦簡
	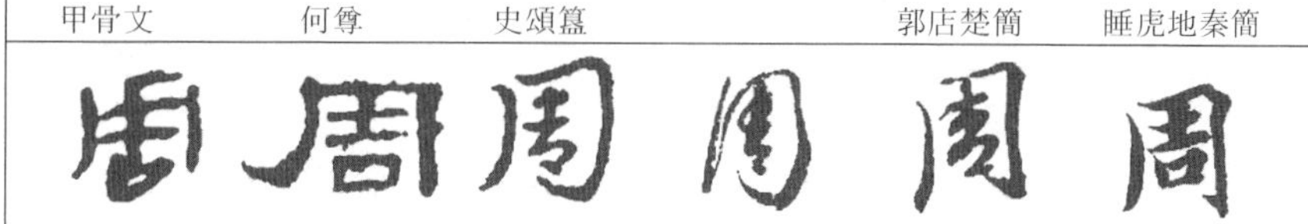					
	西漢 馬王堆帛書	東漢 史晨後碑	吳皇象 草書千字文	唐懷素 草書千字文	東晉王羲之 淳化閣帖	隋智永 眞草千字文

전답에 곡물이 촘촘하게 심어져 있는 형상이다. 점은 곡물을 나타낸다. 혹은 무늬가 있는 옥으로 만든 용기라 하여, ‘彫’·‘琱’자의 초문이라 하기도 한다.

679) 고향.
680) 짙은 안개가 5리나 끼어 있는 속에 있다.
681) 붕새가 날아갈 길이 만리. 머나먼 노정路程. 사람의 앞날이 매우 요원하다.
682) ‘구천직하九天直下’. 하늘에서 땅을 향하여 일직선으로 떨어진다. 조금도 거침없이 빨리 진행되다.
683) 천 리 길도 멀다 하지 않는다. 먼길인데도 개의치 않고 열심히 달려가다.

“貞王叀周方正(征).”(≪合集≫6657正)

점을 칩니다. 왕은 방국 주나라를 정벌할까요?

“王令(命)周公子明保, 尹三事四方.”≪矢令方彝≫

왕은 주나라 공자 명보에게 명령하여 삼사와 사방을 다스리도록 하였다.

[주변周邊] [주지周知] [주위周圍] [장주지몽莊周之夢][684] [비이부주比以不周][685] [만인주지萬人周知] [주발은탕周發殷湯][686]

【畺(지경 강, jiāng) 疆(지경 강, jiāng)】

[說文] : “(畺), 界也. 从畕·三, 其界畫也. (疆), 畺或从彊·土.”

畺. 경계이다. ‘畕’와 ‘三’으로 이루어진 회의자이다. ‘三’은 그 경계를 나누다는 뜻이다. 혹자는 ‘彊’과 ‘土’를 써서 ‘疆’으로 쓴다.

‘畕’·‘畺’·‘彊’은 모두 같은 자로 ‘疆’자의 초문이다. 전답의 경계를 표시한다. 왼쪽 부분은 ‘나누어진 경계가 선’이 후에 ‘弓’자로 와전된 것이다. ‘疆’자는 ‘强(굳셀 강, qiǎng,jiāng)’자의 가차자로 쓰이기도 한다.

“夙(夙)夕䢃(召)我一人㷅(蒸)亖(四)方, 雩(奧)我𠀠(其)遹省先王受民受彊(疆)土.”≪大盂鼎≫

684) 자아自我와 외계外界와의 구별區別을 잊어버린 경계. 사물事物과 자신自身이 한 몸이 된 경지境地. ‘물심일여物心一如’. ‘접몽蝶夢’. ‘주객일체主客一體’. ‘호접몽胡蝶夢’. ‘호접지몽胡蝶之夢’.

685) 소인은 사사私事로움에 치우치므로 특이特異한 사람만 친할 뿐이지 널리 사귀지 못하다.

686) 주발周發은 무왕武王의 이름이고, 은탕殷湯은 왕의 칭호稱號이다.

이른 새벽부터 저녁 늦게까지 나의 통치를 보좌하여야만 한다. 너는 나를 위하여(대신하여) 하늘이 내려 준 인민과 강토를 순시해야 한다.

"不(丕)顯天子, 天子𠀠(其)萬年無彊(疆)." ≪大克鼎≫

영명하신 天子는 만년동안 무강하시어 주나라를 잘 다스릴 뿐만 아니라 천하의 모든 나라를 오랫동안 보살피셨다.

[변강邊疆][687] [강토疆土] [강역疆域][688] [만수무강萬壽無疆][689]

【或(혹 혹, huò), 國(나라 국, guó), 域(지경 역, yù)】

[說文] : "(或), 邦也. 从口, 从戈以守一. 一, 地也. (域), 或又从土."

或. 나라이다. '口'·'戈'와 '一'로 이루어진 회의자이다. '戈'로 '一'을 지킨다는 뜻이다. '一'은 땅이라는 뜻이다. 혹자는 '土'를 추가하여 '域'으로 쓴다.

或						
	商 甲骨文	西周 何尊	西周 毛公鼎	春秋 侯馬盟書	戰國 長沙子彈庫楚帛書	睡虎地秦簡
	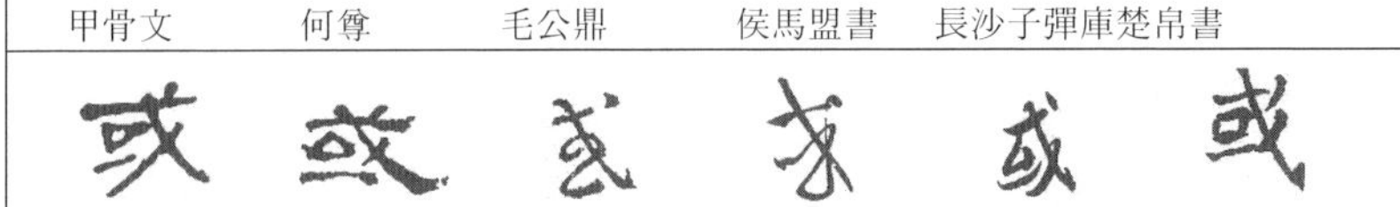					
	西漢 銀雀山竹簡	東漢 西嶽華山廟碑	東晉王羲之 十七帖	唐孫過庭 書譜	東晉王羲之 蘭亭序	北魏 元孟輝墓誌
國						
	西周 金文	西周 金文	春秋 王孫遺者鐘	春秋 侯馬盟書	古璽	西漢 銀雀山竹簡
	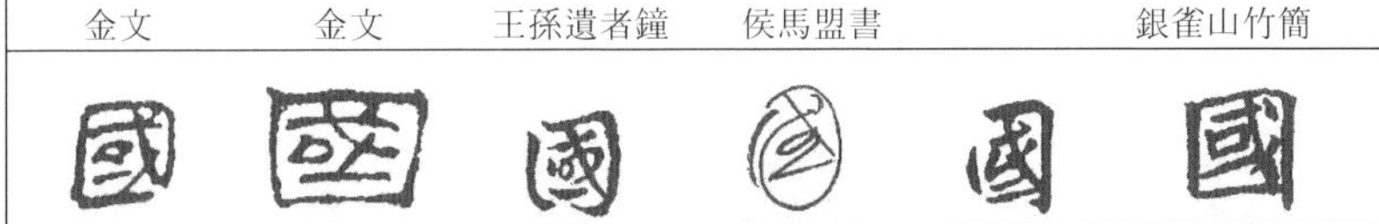					
	西漢 銀雀山竹簡	東漢 史晨前碑	吳皇象 急就章	唐懷素 自敘帖	東晉王羲之 集字聖教序	隋 美人董氏墓誌

'或'·'域'자는 '國'의 본자이다. '口'와 '一'은 영토 지역을 가리키고, '戈'는 무력으로

687) 변경邊境.
688) 한 나라의 통치권統治權이 미치는 지역地域.
689) '만세무강萬世無疆'. '수고무강壽考無疆'.

나라를 지킨다는 뜻이다. '口'은 '圍'의 뜻이다. '或'자는 고문에서 접속사나 대사의 용법으로도 쓰인다.

"宅茲中或(國)" ≪何尊≫ 중원 지역에 거주하다.

"淮尸(夷)敢伐內國." ≪彔卣≫ 회이족이 감히 나라 안을 공격하다.

"作其卽位, 乃或亮陰, 三年不言. 其惟不言, 言乃雍." ≪尙書·無逸≫

그가 즉위할 무렵에는 친상을 당하시어 삼년동안 말을 하지 않았다. 그가 말을 하지 않았으나, 말을 하니 온화하였다.

"且夫駢於拇者, 決之則泣; 枝於手者, 齕之則啼. 二者, 或有餘於數, 或不足於數, 其於憂一也." ≪莊子·駢拇≫

또한 엄지발가락과 둘째 발가락이 붙어 있는 사람은 그것을 쪼개 주면 울 것이다. 육손이 달린 사람은 그것을 잘라 주면 울 것이다. 이 두 가지 사람은 한편은 숫자상 남음이 있고 한편은 숫자상 부족함이 있다. 그러나 그들의 걱정에 있어서는 마찬가지인 것일 것이다.

[국가國家] [한국韓國] [미국美國] [경국지색傾國之色][690] [국토무쌍國土無雙][691]

【畫(그림 화, huà)】

[說文] : "(畫), 界也. 象田四界, 聿所以畫之. (畵), 古文畫省. (劃)亦古文畫."

畫. 경계를 나누다. 아랫부분은 전답이 네 경계로 나누는 형상이다. '聿'은 이른바 '붓'을 이용해서 긋는 것이다. 고문은 '畫'자를 생략하여 '畵'로 쓴다. 고문은 '劃'로 쓴다.

畫						
	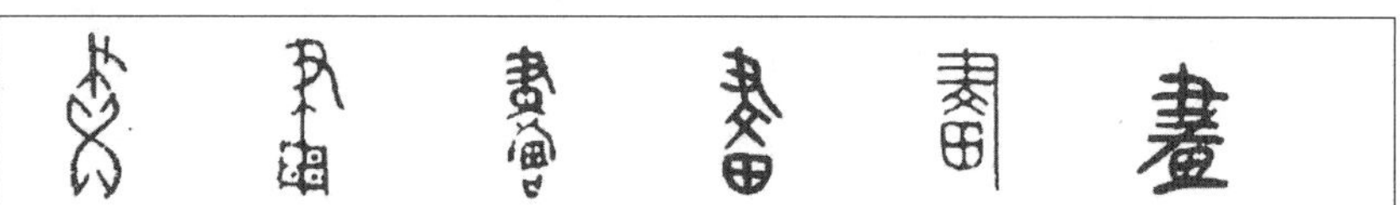					
	商 甲骨文	西周 毛公鼎	戰國 金文	古璽	秦 睡虎地秦簡	西漢 馬王堆竹簡
	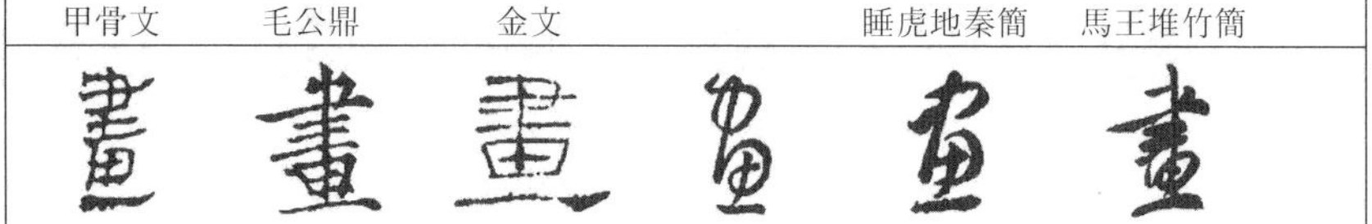					
	東漢 禮器碑	西漢 銀雀山竹簡	東晉王羲之 十七帖	隋智永 關中本千字文	北宋米芾 群玉堂帖	唐薛曜 夏日遊石淙詩

690) '침어낙안沈魚落雁'. '폐월수화閉月羞花'. '해어화解語花'. '호치단순皓齒丹脣'. '화용월태花容月態'. '경성경국傾城傾國'.

691) 그 나라에서 가장 뛰어난 인물人物은 둘도 없다. 매우 뛰어난 인재人材.

갑골문 중 아랫부분은 그려진 도형의 형태이고, 윗부분 '聿'은 손으로 붓을 들고 있는 모습이다.

[만화漫畫] [화룡점정畵龍點睛]

【井(우물 정, jǐng)】

[說文] : "丼(井), 八家一井. 象構韓形. ·, 罋之象也. 古者伯益初作井."

井. 여덟 가정이 하나의 우물을 쓴다. '井'은 나무로 만든 우물 보호대이다. 가운데 점은 물을 긷는 두레박이다. 고대 백익이 처음으로 만들었다.

井						
	商 甲骨文	西周 大盂鼎	西周 散氏盤	西周 毛公鼎	春秋 侯馬盟書	秦 睡虎地秦簡

	西漢 馬王堆帛書	東漢 史晨後碑	東晉王羲之 十七帖	唐孫過庭 書譜	北宋 米芾	唐歐陽詢 九成宮醴泉銘

우물 입구에 설치한 네모난 모양을 나타낸다. 가운데 점은 물이라고 주장하거나 혹은 물을 긷는 기구라고 설명하기도 한다. 혹은 '阱(함정 정, jǐng)'·'穽'의 초문이라고도 한다. 갑골문과 금문에서는 '邢'·'刑'이나 '型'자의 가차자로 쓰인다.

"令(命)女(汝)盂井(型)乃嗣且(祖)南公." ≪盂鼎≫

너 우盂에게 명령하노니, 너의 선조인 남공을 본받도록 하라.

"敢不用令, 鼎刂(則)卽井(型)厦(撲)伐." ≪兮甲盤≫

만약 명령을 따르지 않으면, 형벌을 내려 토벌할 것이다.

"女(汝)母(毋)弗帥用先王乍(作)明井(刑)." ≪毛公鼎≫

너의 선왕이 만든 현명한 법도를 이행함에 어긋남이 없도록 하라.

"荥(井): 攺(改)邑不攺(改)荥(井), 亡(无)尨(喪)亡(无)旻(得), 逹(往)坴(來)荥=(井, 井)气(汔)至. 亦母(毋)纇(繘)荥(井), 羸(羸)丌(其)缾(瓶), 凶." ≪上博楚簡·周易·井卦≫

≪井≫: 읍은 바뀌었으나 정은 고치지지 않으니 잃을 것도 얻은 것도 없다. 오고가며 우물을 긷고자 하나 우물이 거의 말라 있다. 또한 두레박줄은 우물에 닿지 않고 두레박이 파손되어 있으니 흉하다.

[정저지와井底之蛙][692] [갈이천정渴而穿井][693]

【丹(붉을 단, dān)(彤, 붉을 동, tóng)】

[說文] : “(丹), 巴越之赤石也. 象采丹井, 一象丹形. (㫟), 古文丹. (彬), 亦古文丹.”

丹. 파월 지역에선 나는 붉은 색의 돌이다. 붉은 보석을 캐는 정井이고 ‘一’은 ‘단사’의 모양이다. 고문은 ‘㫟’으로 쓰거나 ‘彬’로 쓴다.

[說文] : “(彤), 丹飾也. 从丹, 从彡. 彡其畫也.”

彤. 붉은 색 무늬를 띠는 기물이다. ‘丹’과 ‘彡’으로 이루어진 회의자이다. ‘彡’은 채색을 나타낸다.

井						
	商 甲骨文	西周 金文	戰國 包山楚簡	秦 睡虎地秦簡	西漢 馬王堆帛書	東漢 禮器碑陰

	唐 張旭 古詩四帖	唐懷素 草書千字文	北宋 米芾	明 王鐸	東晉 王獻之	唐褚遂良 伊闕佛龕碑
彤	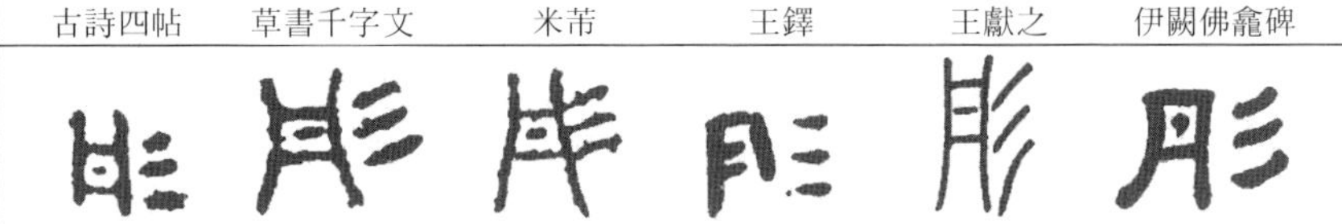					
	西周 金文	西周 虢季子白盤	戰國 石鼓文	漢 金文	說文篆文	隸辨
	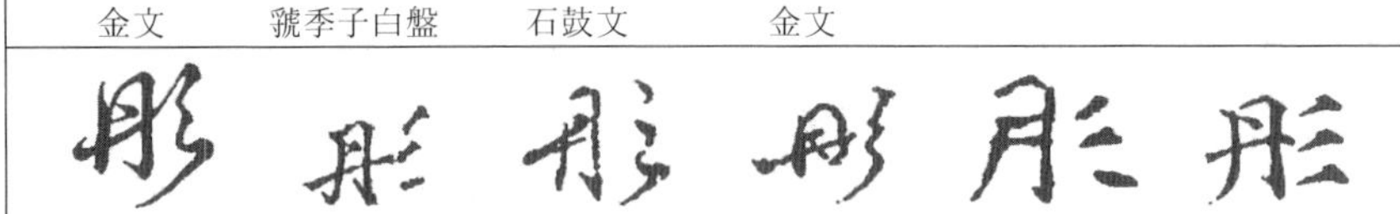					
	草韻辨體	唐李邕 李思訓碑	明 文徵明	淸 何紹基	北魏 王僧男墓誌	唐顔眞卿 多寶塔碑

692) 우물 안 개구리. ‘정중지와井中之蛙’. ‘좌정관천坐井觀天’.

693) 목이 말라야 비로소 샘을 판다. 미리 준비準備를 하지 않고 있다가 일이 지나간 뒤에는 아무리 서둘러 봐도 아무 소용이 없다. 자기가 급해야 서둘러서 일을 하다. ‘망양보뢰亡羊補牢’.

‘丹’은 광산을 의미하는 ‘井’과 채굴하는 광물질 ‘·’으로 이루어진 자이다. ‘彤’ 중의 ‘彡’은 빛나는 광물질을 나타낸다.

“易貝十朋又丹一柝.”≪庚赢卣≫
화패 열 붕과 주사 한 관管을 하사하다.

[모란牡丹] [단장丹粧] [단풍丹楓] [단순호치丹脣皓齒][694] [일편단심一片丹心] [동궁彤弓][695] [동소彤霄][696]

【酒(술 주, jiŭ), 酉(술통 유, yǒu)】

[說文] : “酒(酒), 就也, 所以就人性之善惡. 从水·从酉, 酉亦聲. 一曰造也, 吉凶所造也. 古者儀狄作酒醪, 禹嘗之而美, 逐踈儀狄. 杜康作秫酒.”

酒. 드러나게 하다. 이른바 이를 마시면 사람의 본성이 선하지 악한지를 알 수 있게 하는 물질이다. ‘水’와 ‘酉’로 이루어진 회의자이다. ‘酉’는 또한 소리부이다. 또는 ‘이루다’라는 뜻으로 길한 일과 불길한 일을 일어나게 하는 것이라고 설명하기도 한다. 옛날에 의적儀狄이 술을 처음을 만들었고, 우禹 임금이 이를 맛보고 맛있음을 알고 의적을 멀리하였다고 한다. 두강이 고량주를 만들었다한다.

酒

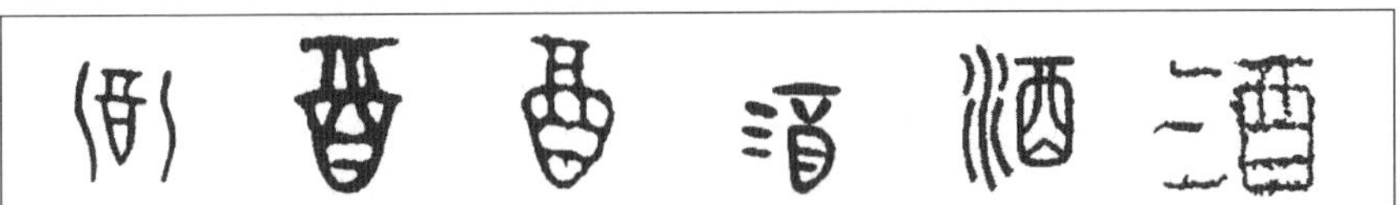

商 甲骨文	西周 大盂鼎	西周 毛公鼎	秦 睡虎地秦簡	說文篆文	漢 金文

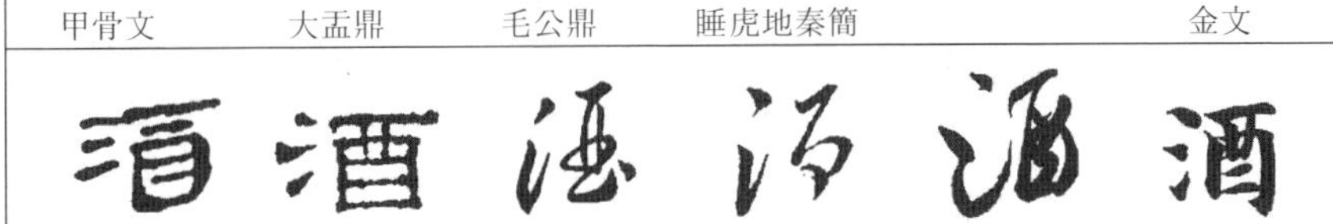

西漢 銀雀山竹簡	東漢 史晨前碑	唐李懷琳 絶交書	唐孫過庭 草書千字文	北宋米芾	隋智永 眞草千字文

‘酉’가 ‘酒’자의 초문이다. 후에 ‘水’가 추가되어 술이 흘러나오는 것을 표시한다.

“甗! 酉(酒)無敢醺(酖), 有粥(祡)䒺(烝)祀, 無敢醿(醻).”≪大盂鼎≫

694) 붉은 입술과 흰 이. 아름다운 여자. ‘호치단순皓齒丹脣’.
695) 붉은 칠을 바른 활.
696) 붉은 하늘. 임금이 거처하는 대궐.

정사를 다스릴 때 술을 탐닉해서는 안 되고, 제사를 지낼 때 술에 취해서는 안 된다.

[소주燒酒] [맥주麥酒] [양주洋酒] [음주飮酒] [주지육림酒池肉林][697] [금곡주수金谷酒數][698] [구맹주산狗猛酒酸][699]

춘추春秋 국차언國差甔, 대만고궁박물관 소장.

【主(주인 주, zhǔ)】

[說文] : “(主), 鐙中火主也. 从冂下土, 象形.从丶, 丶亦聲.”

主. 등잔접시 가운데에 불이 타는 모양. ‘冂’·‘下’·‘土’로 이루어진 자이다. 상형자이다. ‘丶’자로 이루어진 자이고, ‘丶’는 또한 소리부이다.

主	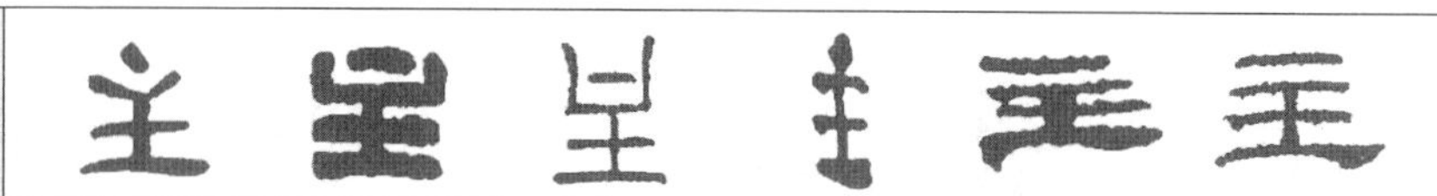					
	秦 睡虎地秦簡	漢印	魏 正始石經	西漢 銀雀山竹簡	漢 武威漢簡	東漢 乙瑛碑
	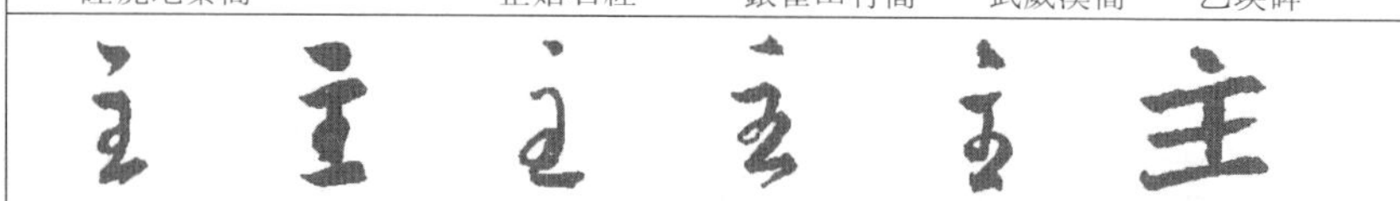					
	東晉王羲之 淳化閣帖	隋 智永 眞草千字文	唐 懷素 草書千字文	東晉王羲之 興福寺斷碑	北宋米芾 群玉堂帖	北魏 于景墓誌

‘主’자의 초문은 ‘ㅜ’으로 쓴다. 제사를 지낼 때 신주의 모습이고, 혹은 윗부분에 장식부호 ‘一’을 추가하여 ‘示’자로 쓴다. 갑골문에서 ‘示’와 ‘主’자가 같은 의미로 쓰인다. 초죽서에서는 ‘主’자를 ‘(宔)’자로 쓴다.

697) ‘육산포림肉山脯林’.

698) 술자리에서 받는 벌주. 진晉나라의 석숭石崇이 금곡 별장에 빈객을 초대하여 잔치를 베풀고 시를 짓지 못하는 이에게 벌주 서 말을 마시게 했다 한다.

699) 개가 사나우면 술이 시어진다. 한 나라에 간신배奸臣輩가 있으면 어진 신하가 모이지 않는다.

"以衍(道)差(佐)人宔(主)者, 不谷(欲)以兵强於天下." ≪郭店楚簡·老子甲≫

도로써 임금을 보좌하는 사람은, 군대로써 천하에 강함을 드러내지 않는다.

[주인主人] [주인공主人公] [주체主體] [주관主管]

【示(보일 시, shì)】

[說文] : "(示), 天垂象, 見吉凶, 所以示人也. 从二 ; 三垂, 日·月·星也. 觀乎天文以察時變, 示, 神事也. (𥘅), 古文示."

示. 하늘에서 아래로 드리운 천상天象을 보고 길흉을 판단한다. 이러한 하늘의 천상은 인간에게 보여주는 일종의 현상이다. '二'는 하늘을 나타내고, 아래로 늘어진 '三'은 태양 달과 별을 표시한다. 하늘의 현상을 살펴서 시기의 변화를 예측한다. '示'는 천신과 지신을 나타낸다. 고문자는 '𥘅'로 쓴다.

示	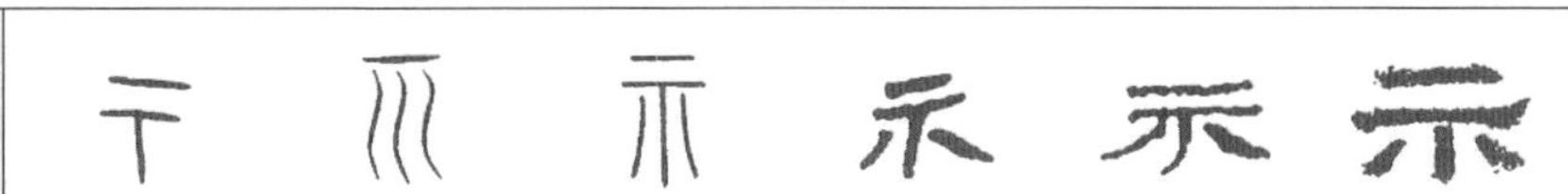					
	商 甲骨文	說文古文	說文篆文	西漢 銀雀山竹簡	漢 武威漢簡	東漢 張遷碑

	東晉王羲之 十七帖	東晉王羲之 瞻近帖	東晉王羲之 淳化閣帖	東晉 王獻之	東晉王羲之 得示帖	隋唐 房山雲居寺石經

갑골문에서 '示'자나 '主'자는 모두 '丅' 형태로 쓴다. '신주'나 혹은 '제단'으로 설명하기도 한다. 후에 '示'와 '主'로 분화되어 쓰인다. 후에 '視'자의 통가자로 쓰인다. 초죽서에서는 '眡'자가 '示'자의 가차자로 쓰인다.

"子曰: 又(有)國者章𡚬(好)章惡, 目(以)眡(示)民厚, 則民情不弋." ≪郭店楚簡·緇衣≫

"子曰: 有國者章善癉惡以示民厚, 則民情不貳." (≪禮記·緇衣≫)

공자가 말하였다. 군주(상급자)는 공명정대하고 투명하여 다른 사람이 보면 바로 알 수 있어야 하며, 신하(하급자)는 각자의 등급에 따라 자신의 직분을 충실히 이행하여 자신의 의지를 밝혀야 한다. 그래야 만이 군주는 신하를 의혹되지 않고, 신하는 그의 군주를 혼동하게 하지 않을 수 있게 된다.

[제시提示] [시위示威] [지시指示] [시사示唆] [염화시중拈華示衆][700] [개시오입開示悟入][701] [효시梟示][702]

갑골문 '示'자

700) 꽃을 따서 무리에게 보인다. 말이나 글에 의하지 않고 이심전심以心傳心으로 뜻을 전하다.
701) 법문法門을 개시開示하여 불교佛教의 깊은 이치理致를 깨닫다.
702) 많은 사람들을 깨우치게 하다. 죄인罪人의 목을 베어 나무 위에 매달아 뭇사람에게 보이다.

○ 위진남북조 시대의 서예와 왕희지의 팔주본八柱本 〈난정서蘭亭序〉

약 45간의 위촉오魏蜀吳의 대립은 서기 265년 사마염司馬炎이 서진西晉(265-316)을 세우면서 잠시 통일된 양상을 보였다. 그러나 중앙 정부의 힘이 강대하지 못한 까닭에 서쪽과 북쪽 방면의 흉노匈奴, 갈羯, 선비鮮卑, 강羌 등 많은 민족들이 세력을 확장하여 점차 남쪽까지 영향을 미치게 되었다. 외세의 힘과 서진 사회의 문벌정치와 통치 계급의 부패 그리고 八王의 난으로 인하여 서진이 멸망하였다. 그 후 서쪽과 북쪽에서는 16국이 흥망을 거듭하게 되었고 동쪽에서는 사마예司馬睿가 동진을 세웠다. 많은 민족이 번갈아 가며 흥망을 거듭하는 16국과 동진도 다른 민족의 끊임없는 침범과 지배계층 내부의 권력 갈등으로 말미암아 남쪽과 북쪽으로 나뉘어 새로운 질서가 생기게 되었다. 남쪽에서는 송제양진宋齊梁陳(420-557)이 차례로 흥성했다가 또 멸망을 하게 되었고, 북쪽에는 탁발씨拓拔氏가 북위北魏(386-534)을 세워 강력한 힘으로 비교적 안정된 정권을 유지하였다. 그러나 북위도 후기에 정치적 혼란과 승려의 득세 그리고 민족의 권력쟁탈로 인하여 동위東魏(550-577)와 서위西魏(535-556)로 분열되고 또 동위는 북제北齊로 서위는 북조北周로 혼란을 거듭하게 되었다. 남쪽과 북쪽으로 갈려서 각각 흥망을 거듭한 이 시기를 남북조시기라고 부른다. 또는 삼국시대부터 남북조시대를 통틀어 위진남북조시대라고도 부른다.

위진남북조시대는 정치와 사회는 물론 문화면에서도 많은 변화를 겪는 시기로서 양한兩漢 시대의 사상적 주류를 형성하고 있던 유교와 경학經學이 붕괴되고 철학사상의 해방을 맞이하였다. 불교가 유입되고 현학이 발전하는 등 매우 다양한 사상적 시대로서 문학과 예술에 찬란한 업적을 남겼다.

위진남북조시대는 몇 천년의 서예사에서 시대적 특유의 미감을 형성하는 큰 획을 그었다. 이 시기 서예의 특징은 한자 서체 변천의 마지막 단계로서 진전秦篆, 한예漢隸의 완성에 이어 해서, 행서, 초서 등 모든 서체가 완성되었다. 한 나라 시대에 이미 보편적으로 사용된 장초章草는 더욱 발전하여 금초今草가 보편적으로 사용되었으며 해서와 행서도 동진시대와 북위시대에 서체로서의 완성되었다.

위진남북조시대 서예가 높은 수준에 오늘 수 있는 요소로 사상적 배경이 큰 작용을 하였지만 서예 용구와 재료의 개선과 폭넓은 사용도 중요한 역할을 하였다. 진한秦漢 시대의 묵적작품을 볼 때, 죽간서나 목독 그리고 약간의 비단이 당시 보편적인 서사書寫 재료였다. 죽간과 목독은 만들고 쓰기에도 불편할 뿐만 아니라 휴대가 어렵고 책을 만들어도 부피가 크기 때문에 보관이 쉽지 않았다. 삼국시대와 서진 시대에는 종이와 간독이 함께 사용되었으며 동진시대로 접어들면서 종이의 사용은 매우 광범위하게 번져 나갔다. 따라서 일상의 서사 활동에도 종이가 보편적으로 사용되었다. 현재까지의 서예사에서 가장 많은 서예들이 동진시대의 서예를 전범典範으로 삼는 것은 종이의 발전과 무관하지 않을 것이다.

위진남북조시대의 사회와 문화의 물질적 환경이 이전 시대와 비교할 때 매우 특수하여 수많은 서예가와 서예 작품을 탄생시켰다. 서예사에서 가장 걸출한 서예가들인 삼국시대 위魏나라의 종요鍾繇, 오나라의 황상皇象, 서진의 위관衛瓘·색정索靖·육기陸機, 동진의 왕희지·왕헌지·사안謝安 등도 바로 이 시대에 탄생하였다.

북위를 중심으로 한 북조에서는 조위曹魏시대의 전통인 금비령의 영향을 받지 않고, 또 불교의 영향으로 인하여 각비刻碑와 조상造像, 묘지墓誌 등 각석 서예작품이 많다. 북조에 비해 남조시대는 금비령으로 각석의 작품이 적지만, 동진시대의 찬보자비爨寶子碑, 유송劉宋 시대의 찬용안비爨龍顔碑, 남양南梁의 예학명瘞鶴銘 등 매우 높은 예술적 가치를 인정받는 비각들을 남겼다.

진晉나라의 문벌 귀족 가문 중에서 가장 융성한 서예 세가世家는 바로 낭야琅琊의 왕씨 가문이다. 낭야 왕씨 가문은 가장 많은 서예가를 배출하였을 뿐만 아니라 서성書聖이라 불리는 왕희지와 왕헌지의 부자를 배출한 가문이다. 이 세가는 동진 시대뿐만 아니라 현재까지 중국 서예사에 가장 큰 영향력을 지닌다.

왕희지王羲之(303-361 혹은 321-379)는 낭야의 임기臨沂(산동성) 사람으로 자는 일소逸少이고 호는 담재澹齋이다. 우군장군右軍將軍과 회계내사會稽內史의 벼슬에 올라 사람들은 왕우군과 왕회계라고 부르기도 한다. 왕인지의 서예는 장지張芝와 종요鍾繇 등을 계승하고, 아들인 왕헌지, 남조南朝 시대의 서예, 수나라의 지영智永, 우세남·구양순 등 초당의 사대가, 미불, 황정견 등 북송 사대가, 원 나라의 조맹부 등으로 이어지는 중국 서맥의 기틀을 다진 가장 뛰어난 서예가로 평가된다.

왕희지의 서예를 연구할 때 가장 어려운 점이 있다면 현재 남아 있는 작품이 쌍구본雙鉤本이거나 임서본臨書本 혹은 모각본摹刻本일 뿐 진적은 한 점도 전하지 않는다는 것이다. 왕희지는 실제로 생전에 매우 많은 작품을 하였고, 그 중에서 비록 진적眞蹟은 아니지만 적지 않은 작품이 전해지고 있다. 후세에 서예가들로부터 가장 많은 사랑을 받는 작품은 자신이 글을 짓고 쓴 <난정서>이다. 소해小楷로 옛 사람의 문장을 쓴 <樂毅論>·<黃庭經>·<東方朔書讚> 등과 초서 작품인 <十七帖>·<得示帖>, 행서 작품인 <喪亂帖>·<快雪時晴帖>과 집자본 <聖教序>가 비교적 유명하다.

<난정서>는 동진시대 목제穆帝 영화永和 9년(353)에 왕희지가 쓴 행서작품이다. 사안謝安, 손작孫綽 등 41명의 벗들이 회계會稽의 난정에서 수계修禊(3월 물가의 제사)의 예를 마치고 흥겹게 술을 마시며 시를 지을 때 서문으로 썼다고 전해진다. <난정서>는

당나라 이전에는 세상에 별로 알려지지 않다가 왕희지 7대 세손인 지영智永의 제자 변재辯才가 소장하고 있는 것을 당 태종이 속여 소장하게 되었고, 진본은 자신이 감상하고 풍승소馮承素 등에게 임모하도록하여 측근에게 나누어 주어 세상에 알려졌다고 한다. 당태종이 임종할 때 고종에게 명령하여 <난정서> 진적을 소릉昭陵에 순장하게 되어 세상에서 자취를 감추었다고 한다. <난정서>는 '天下第一行書'라고 불린다.

<난정서>의 예술적 가치는 바로 이 작품에 당시의 심미적 범주와 작가의 미적 요구가 잘 융화되어 표현되었으며 필세와 자형, 장법 등이 <난정서>만이 가지고 있는 독특한 형태를 갖추고 있다는 점이다. <난정서>의 장법은 글자가 모두 서로 어울려 세상에서 제일 생동감이 있으며 크고 작은 글자가 뜻대로 이루어져 모두 법칙에 맞는다. <난정서>는 장법과 결구가 가장 훌륭한 작품이라 평가된다. 행서 작품으로서 구속되지 아니하며, 산만하지도 않고 온유하면서도 약하지 아니하고 가볍거나 무겁지 않으며, 자연스럽게 중용의 심미적 특징을 가장 잘 표현한 작품으로 뽑힌다.

(1)

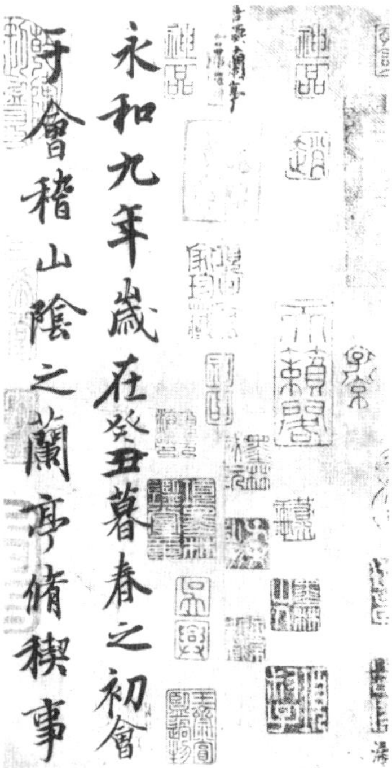

(2)

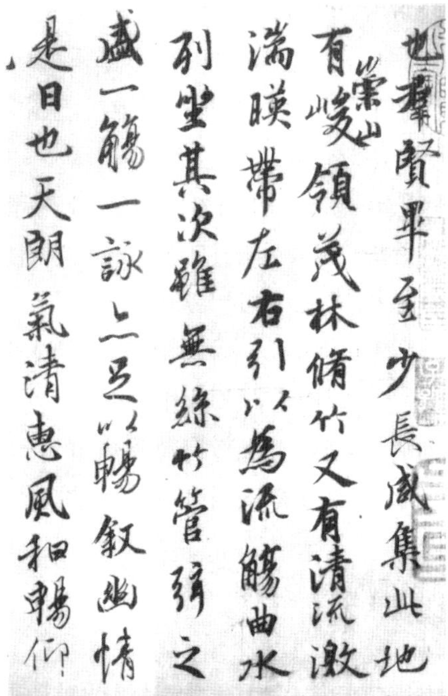

(3)

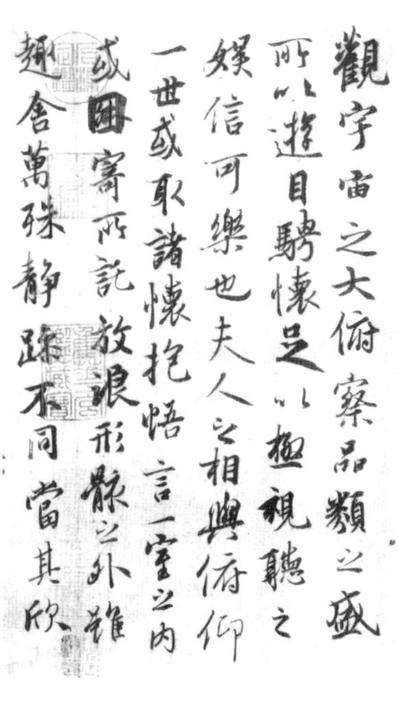

(4)

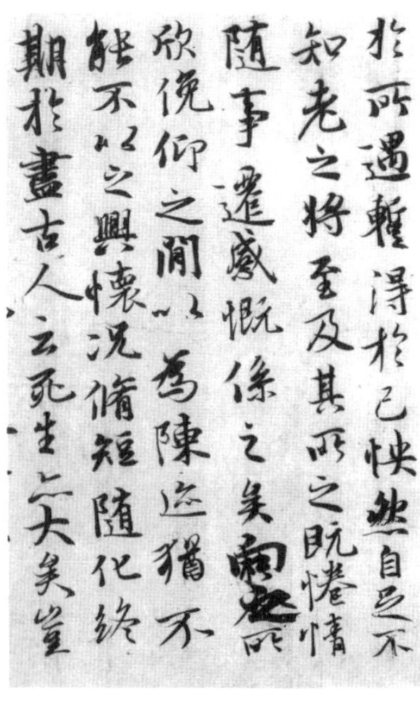

(5)

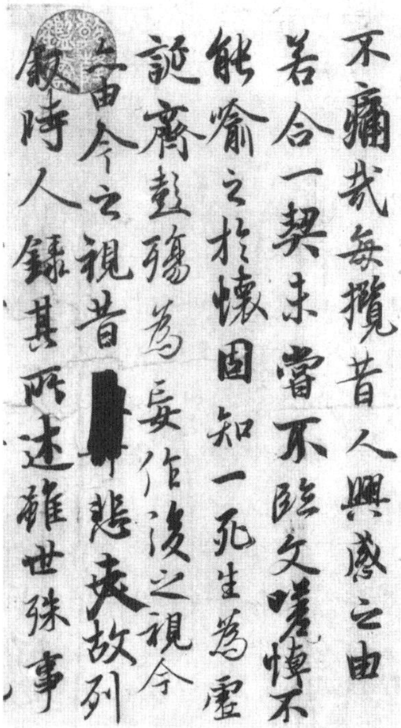

(6)

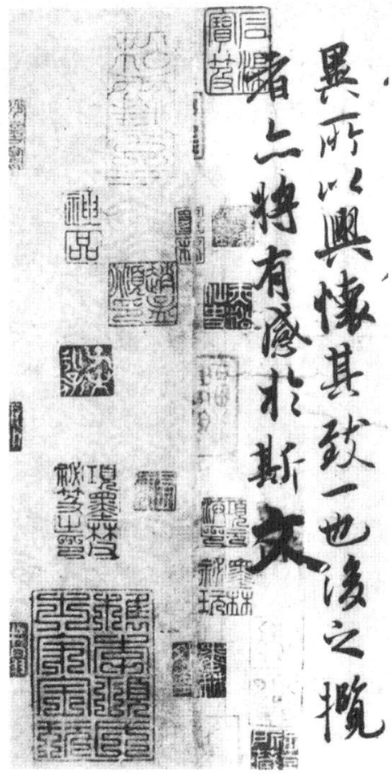

永和九年歲在癸丑暮春之初，會于會稽山陰之蘭亭，修禊事也.

群賢畢至，少長咸集，此地有崇山峻嶺，茂林修竹，又有淸流激湍，映帶左右，引以爲流觴曲水，列坐其次，雖無絲竹管絃之盛，一觴一詠，亦足以暢敍幽情．是日也．天朗氣淸，惠風和暢．仰觀宇宙之大，俯察品類之盛，所以遊目騁懷，足以極視聽之娛，信可樂也.

夫人之相與俯仰一世，或取諸懷抱，悟言一室之內，或因寄所託，放浪形骸之外，雖趣舍萬殊，靜躁不同，當其欣於所遇，暫得於己，快然自足，不知老之將至，及其所之既倦，情隨事遷，感慨係之矣．向之所欣，俯仰之間，以爲陳迹，猶尤不能不以之興懷．況修短隨化，終期於盡!

古人云死生亦大矣，豈不痛哉．每攬昔人興感之由，若合一契，未嘗不臨文嗟悼，不能喩之於懷．固知一死生爲虛誕，齊彭殤爲妄作．後之視今,亦猶今之視昔，悲夫．故列敍時人，錄其所述，雖世殊事異，所以興懷，其致一也．後之覽者，亦將有感於斯文.

영화 9년의 늦은 봄 즉 3월의 사일巳日에 회계會稽 산음山陰에 모두 회합하였다. 이는 계제禊祭의 예를 행하기 위한 것이었던 바 이 때에 모인 자는 태원의 손통승, 공손작, 한광의 왕빈지, 진군의 사안, 안석, 고평의 치담, 태원의 왕온, 위방, 한위, 사등, 사괴 등 당시의 명사들을 비롯하여 왕우군의 아들인 응지, 휘지, 조지 등 41인이었고, 그 중에는 노인도 있었고 왕헌지와 같은 10세 소년도 있었다.

난정이 있는 이 지방에는 높은 산과 험한 고개가 있고, 또 무성한 숲과 수죽脩竹이 있고 그 사이에는 맑은 냇물이 있어 한층 흥취를 돋우었다. 여기서 유상곡수流觴曲水의 연을 베풀게 되었으니 청류를 끌어서 이를 굽이치게 하여 곡수를 만들고 모두 그 물가에 자리 잡고 앉아서 상류에서 흘려보낸 술잔이 자기 앞에 떠내려 오면 잔을 들어 술을 마시며 시를 지으며 하루를 즐겼다. 비록 사죽관현絲竹管絃의 음악은 없었으나 술 한 잔에 시 한 수로 그윽한 정취를 펼치는 데는 역시 부족함이 없었다.

마침 이 날은 하늘은 밝고 공기는 맑으며 혜풍惠風이 불어와서 절로 사람들의 기분도 상쾌해지니 아무 걱정 없이 화평하게 자연을 즐길 수 있었다. 하여 위를 우러러 우주의 광대함을 보고 아래를 굽어 만물의 풍성함을 살피니, 실로 눈을 즐겁게 하고 마음을 위안시키기에 족하여 귀나 눈의 즐거움을 다 누릴 수 있었다. 정말로 즐겁지 아니한가?

무릇 사람이 이 세상에서 서로 살아가는 것을 보면 실로 각인각색으로 그 사람이 품고 있는 생각에 따라서 혹자는 인세人世에 애착을 느끼고 혹자는 부세浮世를 떠나 진외塵外에 초연하고자 하는 등 천차만별이기는 한데, 그 마음이 만족하는 바를 얻어 득의의 시대에는 의기양양하고 그 태도도 교만하며 몸이 노경에 가까워진 것조차 잊을 정도이나 일조에 신변의 사정이 변하거나 혹은 행락에 싫증이 나게 되면 그 마음도 일변하여 과거를 회고하고 장래에 마음을 쓰게 되어 먼저 즐겼던 것도 반드시 진실한 즐거움이 아니고 가치 있는 것이 아니었다는 것을 깨닫게 되어 이를 일장춘몽이라고 보기에 이르면 감개무량하게 되기도 하는 것이다. 하물며 인간의 수명에 장단은 있으나 장수한다는 사람도 결국은 죽지 않으면 안 되는 운명에 놓여 있는 것이다. 고인 즉 장자도 생사도 또한 큰일이라고 말한바, 실로 그대로니 인간의 운명이란 가히 통탄할 것이로다.

옛 사람이 감개를 느끼고 써서 남긴 것, 예컨대 석숭石崇의 금곡시서金谷詩敍 같은 것을 보면 지금 자신이 느끼고 있는 것과 꼭 같아서 그런 글을 읽을 때마다 탄식을 하지 않을 수가 없다. 그러나 생각하여도 소용없는 일로 이것이 인간으로서의 운명이라고 체념하고자 하여도 거기까지 달관할 수도 없어서 여전히 우물쭈물하고 있는 것이다. 혹은 생사는 하나로서 생生은 일어나서 일하는 것이요 사死는 휴식이라고 설하는 회남자나 또 칠백세의 장수를 누렸다는 팽조 같은 이도 이를 대우주의 영원한 생명에서 말하자면 젊어서 죽은 상자殤者와 다름이 없다고 말하는 장자의 설도 억지를 태연한 척 꾸미는 것이지 진실한 인정은 아니다. 생生을 바라고 사死를 싫어함은 모든 인간의 인지상정으로 후세 사람이 지금을 보는 것은 지금에 옛날을 보는 것과 같아 언젠가는 우리들도 또한 과거의 사람이 될 수밖에 없으리라. 생각하면 슬픈 일이로다.

상술한 바와 같으니 기념으로 오늘 이 자리에 열석列席한 제 명사名士의 이름을 기록하고 그들의 시詩를 기재하여 후세에 남기기로 하였다. 세대를 달리하고 사정은 다를지도 모르나 우리가 금곡시서金谷詩敍를 보고 감흥을 일으킴과 같이 후인이 이 시문을 본다면 또한 이에 의하여 같은 감흥을 느끼게 될 것이리라.

(7) 신체와 물체 합성

신체와 물체를 나타내는 자들로 이루어진 자를 살펴보기로 한다. 신체 혹은 인체를 나타내는 자건은 '人'·'大'·'卩'·'女'·'口'·'目'·'又'·'止' 등이 있고, 물체는 '木'·'水'·'宀'·'皿'·'戈'·'矢'·'食'·'爪'·'蚤'·'禾'·'羊' 등이 있다.

【休(쉴 휴, xiū)】

[說文] : "(休), 息止也. 从人依木. (庥), 休或从广."

休. 휴식하다. 사람이 나무에 의지하여 쉬는 모습이다. '休'자는 혹은 '广'을 써서 '庥'로 쓴다.

休

商 甲骨文	西周 史牆盤	西周 史頌簋	戰國 中山王方壺	古璽	東漢 嵩山開母廟石闕銘

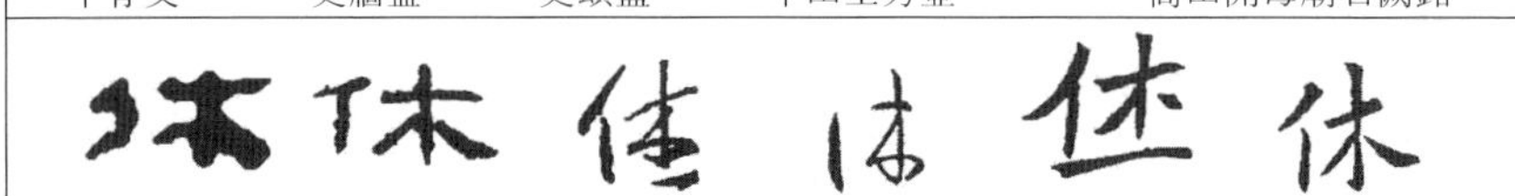

西漢 馬王堆帛書	東漢 曹全碑陰	東晉王羲之 興福寺斷碑	東晉王羲之 淳化閣帖	北魏 元祥墓誌	唐歐陽詢 九成宮醴泉銘

고문자 '休'자는 나무 아래서 사람이 휴식하는 모습이다. '休'자는 고문자에서 다양한 의미로 쓰인다.

"對揚天子不(丕)顯休命." ≪師酉簋≫
천자의 훌륭하신 은덕를 찬양하노라.

"虎拜稽首, 對揚王休." ≪大雅·江漢≫
소호는 엎드려 머리를 조아리며 왕의 은덕을 찬양하였네.

"休又(有)成事." ≪史頌簋≫ 훌륭하게 일을 마치다.

"王休匽(宴), 乃射." ≪䵼侯鼎≫ 향연을 잠시 멈추고 활을 쏘았다.

[만사휴의萬事休矣][703] [불면불휴不眠不休][704] [연중무휴年中無休] [한화휴제閑話休題][705]

703) 만 가지 일이 끝장이라는 뜻. 모든 일이 전혀 가망可望이 없는 절망絶望과 체념諦念의 상태狀態.
704) 자지도 않고 쉬지도 않는다. 조금도 쉬지 않고 애써 일함의 뜻.
705) 쓸데없는 이야기는 그만 하다. 글을 쓸 때 한 동안 본론에서 벗어난 이야기를 써 내려가다가 다시 본론本論으로 돌아갈 때 쓰는 말이다.

明 邵彌 畵山水 樹下獨坐(대만고궁박물관 소장)

【何(어찌 하, hé)】

[說文] : “(何), 儋也. 从人, 可聲.”

荷. 메다. 의미부 ‘人’과 소리부 ‘可’로 이루어진 형성자이다.

何						
	商 甲骨文	西周 何尊	西周 何簋	戰國 十六年戟	古璽	西漢 馬王堆帛書
	東漢 魯峻碑	吳皇象 急就章	東晉王羲之 十七帖	東晉王羲之 喪亂帖	東晉王羲之 興福寺斷碑	唐歐陽詢 九成宮醴泉銘

‘何’자는 ‘荷(멜 하, hé,hè)’자의 초문이다. 즉 ‘何’자는 사람이 ‘戈’를 메고 있는 형상이다. 후에 ‘여하如何’라는 가차자로 쓰인다. 초죽서에서는 ‘可’자가 ‘何’의 가차자로 쓰이기도 한다.

“虛(吾)可(何)以智(知)其肰(然)也. 夫天多期(忌)韋(諱), 而民爾(彌)畔(叛).” ≪郭店楚簡·老子甲≫

내가 어떻게 그런 줄 아는가? 무릇 천하가 꺼리는 것이 많으면 백성이 배반하는 경우가 많아지며, 백성들이 예리한 무기를 많이 가지면 가질수록 나라는 더욱 더 혼란해진다.

[육하원칙六何原則][706] [여하如何] [하등何等] [부3지하세월不知何歲月][707] [정신일도하사불성精神一到何事不成] [무가내하無可奈何][708] [막가내하莫可奈何][709]

明 戴進 春遊晩歸 (대만고궁박물관 소장)

【保(지킬 보, bǎo)】

[說文] : "(保), 養也. 从人, 从孚省. (孚), 古文孚. 禾, 古文保. (保), 古文保不省."

保. 기르다. '人'과 '孚'의 생략형으로 이루어진 자이다. '孚'자의 고문은 '孚'로 쓴다. '禾'자는 '保'자의 고문이다. '保'자의 고문 '保'은 생략하지 않은 형태이다.

保	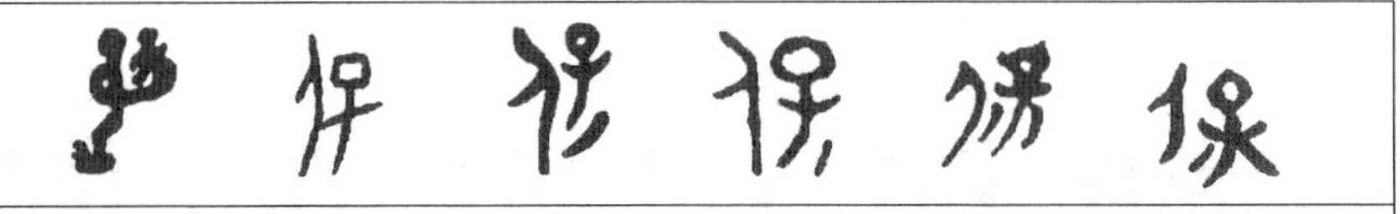					
	商 父子簋	商 甲骨文	商 保卣	西周 㝬鐘	戰國 包山楚簡	秦 睡虎地秦簡
	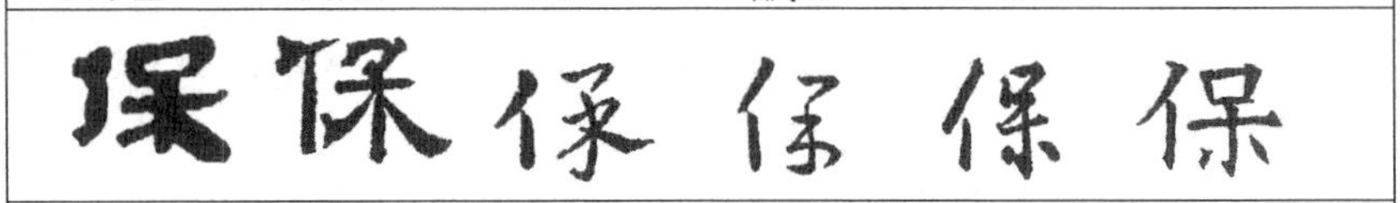					
	西漢 馬王堆帛書	魏 正始石經	吳皇象 急就章	東晉王羲之 十七帖	東晉王羲之 興福寺斷碑	隋 元公夫人姬氏墓誌

706) 누가, 언제, 어디서, 무엇을, 왜, 어떻게.
707) '백년하청百年河清'. '황하천년일청黃河千年一清'.
708) 몹시 고집固執을 부려 어찌할 수가 없다.
709) 도무지 어찌할 수 없다. '막무가내莫無可奈'. '무가내無可奈'.

‘保’자는 등에 아이를 업고 있는 모습이다. 의미가 확대되어 ‘보양保養하다’는 의미로 쓰인다.

“湍而羣之, 不可長保也.” ≪郭店楚簡·老子甲≫
다듬어서 날카롭게 하면 오랫동안 유지할 수 없다.

[보호保護] [보장保障] [확보確保] [보유保有] [보증保證] [안보安保] [명철보신明哲保身][710] [민보어신民保於信][711] [보무타려保無他慮][712]

商 保鼎(대만고궁박물관 소장)

【伐(칠 벌, fá,fā)】

[說文] : “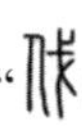(伐), 擊也. 从人持戈. 一曰敗也.”

伐 . 타격하다. ‘人’이 ‘戈’를 잡고 있는 모습이다. 혹은 ‘파괴시키다’는 의미로 해석하기도 한다.

伐						
	商 甲骨文	西周 史牆盤	西周 㝬鐘	春秋 侯馬盟書	戰國 郭店楚簡	秦 睡虎地秦簡

710) 총명聰明하여 도리道理를 좇아 사물事物을 처리處理하고 몸을 온전穩全히 보전保全한다.
711) 백성百姓은 신의信義가 있을 때에 안정安定된다.
712) 조금도 의심疑心할 여지가 없이 아주 확실하다.

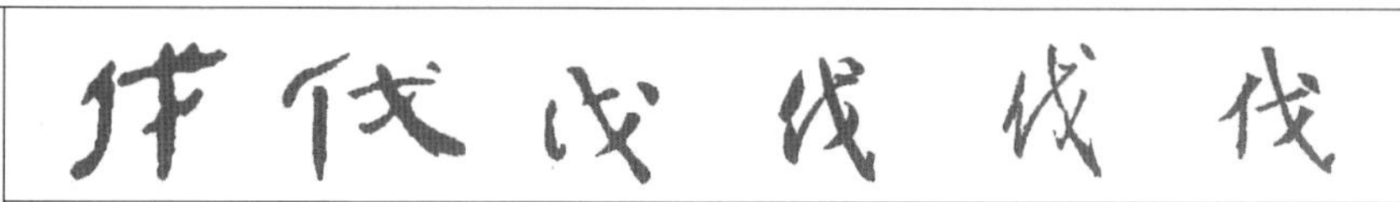

西漢 馬王堆帛書	東漢 曹全碑	西晉索靖 出師頌	隋智永 眞草千字文	唐高宗 李勣碑	隋 蘇孝慈墓誌

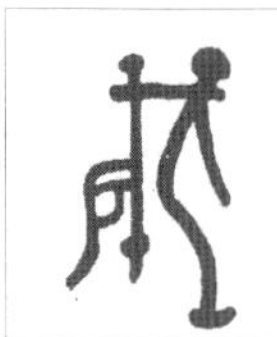

금문 중 '伐'자

갑골문이나 금문은 도끼로 사람을 죽이는 모습이다. 갑골문에서는 '정벌하다'의 의미이나 제명의 의미로 주로 쓰인다.

"貞叀王往伐𢀛方受虫(有[又(祐)]."(≪合集≫6214).
상왕商王이 가서 공국𢀛國을 정벌하며 보우를 받을까요?
"大乙伐十羌又五."(≪屯南≫2293)
대을大乙에게 포로된 강족 열다섯 명을 희생하여 벌제伐祭를 지낼까요?

[토벌討伐] [긍벌矜伐][713] [자벌自伐][714] [정벌征伐] [당동벌이黨同伐異][715]

【美(아름다울 미, měi)】

[說文]: "美(美), 甘也. 从羊, 从大. 羊在六畜, 主給膳也. 美與善同意."

美. 맛이 달콤하다. '羊'과 '大'로 이루어진 회의자이다. 양은 여섯 짐승 중에 중간에 해당되는 동물이고, 사람에게 주로 고기를 제공해 준다. '美'자와 '善'[716]자는 의미가 같다.

美

商 甲骨文	西周 金文	戰國 中山王鼎	古璽	秦 睡虎地秦簡	秦 睡虎地秦簡

713) 겉으로 드러내어서 자랑하다.
714) 자기가 자기를 치다. 자기의 공功을 스스로 드러내어 자랑하다.
715) 옳고 그름을 가리지 않고 같은 의견의 사람끼리 한패가 되고 다른 의견의 사람은 물리친다는 말이다. '동당벌이同黨伐異'. '당벌黨伐'.
716) ≪說文解字≫: "'譱'(善), 吉也. 从誩从羊. 此與義·美同意. 善, 篆文譱从言."

東漢 石門頌	東漢 史晨後碑	隋智永 關中本千字文	唐孫過庭 書譜	唐陸柬之 文賦	唐歐陽通 道因法師碑

머리에 아름답게 장식한 사람의 정면 모습이다. 혹은 양(羊)의 큰 것(大)이 '美'자의 근원이라 하고 사람이 양의 장식을 쓰고 있는 모습이라고 설명하기도 한다.

인디안의 머리 장식

전국戰國 초나라 문자에서는 '媺'자가 '美'의 가차자로 쓰인다.

"好媺如好緇衣." ≪上博竹書一·緇衣≫
아름다움을 좋아하는 것을 마치 검은 색 예복을 좋아하는 것 같이 하다.
"堯聞之而媺(美)丌(其)行." ≪上博竹書二·容成氏≫
요는 이러한 일들에 대하여 듣고 난 후 순의 행위를 칭찬하였다.
"天下皆智(知)𢼸(美)之爲𢼸(美)也, 亞(惡)已, 皆智(知)善, 此其不善已." ≪郭店楚簡·老子甲≫
세상 사람들이 아름다움을 아름다운 것으로만 알면 이는 추한 것이고, 선한 것을 모두가 선한 것으로만 알면 이는 선한 것이 아니다.

[미술美術] [미군美軍] [절세대미絕世代美] [경성지미傾城之美][717] [미인박명美人薄命][718]

717) '경국傾國'. '경국지색傾國之色'. '경성傾城'. '경성지색傾城之色'. '국색國色'. '국향國香'. '단순호치丹脣皓齒'. '만고절색萬古絕色'. '월태화용月態花容'. '일고경성一顧傾城'. '절대가인絕代佳人'. '절세가인絕世佳人'. '절세미인絕世美人'. '주순호치朱脣皓齒'.

718) '가인박명佳人薄命'. '홍안박명紅顏薄命'.

【羌(종족 이름 강, qiāng)】

[說文] : “(羌), 西戎牧羊人也. 从人, 从羊, 羊亦聲. 南方蠻閩从虫, 北方狄从犬, 東方貉从豸, 西方羌从羊, 此六種也. 西南僰人·僬僥从人, 蓋在坤地, 頗有順理之性. 唯東夷从大, 大, 人也. 夷俗仁, 仁者壽, 有君子不死之國. 孔子曰: ‘道不行, 欲之九夷, 乘桴浮於海, 有以也.’ (𦍋), 古文羌如此.”

羌. 서쪽 지방의 양을 기르는 융족戎族이다. ‘人’과 ‘羊’으로 이루어진 자이고, ‘羊’은 또한 음을 표시한다. 남쪽 지방의 ‘만蠻’족과 ‘민閩’족은 모두 자건 ‘虫’을 쓰고, 북방 ‘적狄’족은 자건 ‘犬’을 쓰고, 동방의 ‘맥貉’족은 자건 ‘豸’를 쓰고, 서방‘羌’은 자건 ‘羊’을 쓴다. 이상이 모두 여섯 민족이다. 서남쪽의 ‘僰’인과 ‘초요僬僥’인 모두 자건 ‘人’을 쓴다. 아마도 이 지역 민족들은 인간의 도리를 숭상하는 성품을 지니고 있기 때문일 것이다. ‘동이東夷’족은 자건 ‘大’를 쓴다. ‘大’는 ‘人’과 같다. 동이족은 인의를 숭상하는 풍속을 지니고 있고, 어진 자는 장수하고 군자는 죽지 않는다고 하는 민족이다. 그래서 공자는 ‘도가 실행되지 않으면 바다에 뗏목을 띠워 구이족九夷族에게 타고 가겠노라’라 한 것이다. ‘羌’자의 고문은 ‘𦍋’로 쓴다.

羌						
	商 甲骨文	西周 金文	戰國 金文	東漢 祀三公山碑	漢 敦煌漢簡	魏 曹眞殘碑陰

	隋智永 關中本千字文	唐高宗 李勣碑	唐懷素 草書千字文	西晉 妙法蓮華經	北魏 張猛龍碑	隋智永 眞草千字文

‘羌’자는 ‘羊’과 ‘儿’으로 이루어진 자이다. 갑골문과 금문 중에는 묶을 때 사용하는 새끼 줄 ‘糸’를 추가하여 ‘’·‘’로 쓰기도 한다. 붙잡아서 노예를 쓰거나 희생물로 썼다.

‘姜(성 강, jiāng)’자는 ‘羊’과 ‘女’로 이루어진 자이다. 혹은 고문자에서 ‘羌’자와 같은 자가 아닌가 한다.719) 갑골문에서 ‘姜’자는 ‘’으로 쓰고, 노예나 제사를 지낼 때의 희생용으로 쓰인다.

---

719) [說文] : “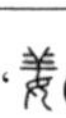(姜), 神農居姜水, 以為姓. 从女, 羊聲.”

“翌甲辰勿酒羌自上甲”（≪合集≫419正）

다음 갑신일에 강족을 희생물로 사용하여 상갑부터 주제酒祭를 드리지 말까요?

呼射弗羌（≪合集≫7076正）

불弗 지역에서 강족에게 화살을 쏘지 말라고 할까요?

[신복융강臣伏戎羌][720]

【奚(어찌 해, xī)】

[說文]：“(奚), 大腹也. 从大, 𦃃省聲. 𦃃, 籀文系字.”

奚. 큰 배. ‘大’와 ‘𦃃’의 생략형이 소리부인 자로 이루어진 자이다. ‘𦃃’는 주문 ‘系’자이다.

奚						
	商 甲骨文	商 金文	西周 金文	漢印	說文篆文	西漢 馬王堆帛書

	東漢 子游殘碑	東漢 曹全碑	唐孫過庭 書譜	唐懷素 自敘帖	北宋 米芾	唐顔眞卿 顔氏家廟碑

고문자에서 ‘奚’자는 ‘大(人, 女)’와 ‘糸’로 이루어진 자이다. 손으로 잡아 묶는 형상이다. 갑골문에서는 노예의 의미로 쓰이고, ‘지명’이나 ‘희생’이라는 의미로도 쓰인다. 후에 ‘何(어찌)’라는 의미로 가차되어 쓰인다.

“壬申卜，貞王田奚，往來亡(無)災.”（≪合集≫37474）

임신 일에 점을 칩니다. 왕이 해지奚地에 가서 수렵을 하면 재난이 없을까요?

“王㞢(侑)三奚于父乙.”（≪合集≫19771）

왕은 세 명의 희생을 사용하여 父乙에게 유제侑祭를 지낼까요.

“或謂孔子曰：子奚不爲政?” 子曰：“書云，‘孝乎惟孝，友于兄弟，施於有政.’是亦爲政，奚其爲爲政?”≪論語·爲政≫

720) (나라를 잘 다스리면 그 덕에) 융戎과 강羌도 항복降伏한다.

어떤 사람이 공자에게 말하였다. “선생님께서는 왜 정치를 하시지 않으십니까?” 공자는 말하였다. “서경에 효도하라, 오직 효도하라, 그리고 형제에게 우애 있게 하라 하였거니와, 이것을 행하는 데에 정치하는 도리가 들어 있으니 이 역시 정치하는 것이라. 일부러 정치한다고 나서서 무엇하겠소?”

[해금奚琴][721] [기해지거祁奚之擧][722]

【執(잡을 집, zhí)】

[說文] : “(執), 捕罪人也. 从丮, 从㚔, 㚔亦聲.”

執. 죄인을 붙잡다. ‘丮’과 ‘㚔’로 이루어진 자이다. ‘㚔’는 또한 음을 나타낸다.

執	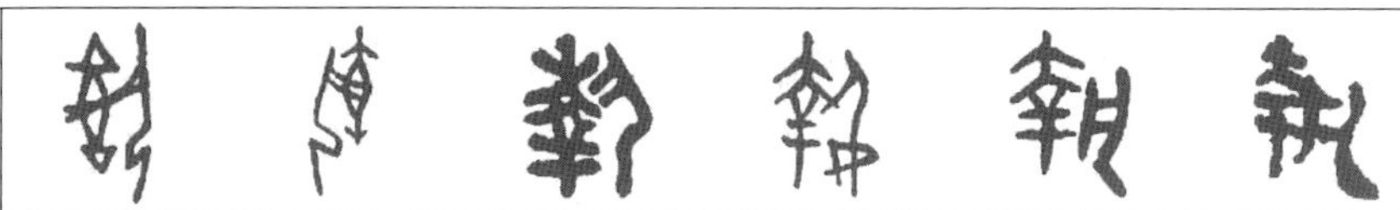					
	商 甲骨文	商 甲骨文	西周 散氏盤	春秋 散氏盤	秦 睡虎地秦簡	西漢 馬王堆帛書
	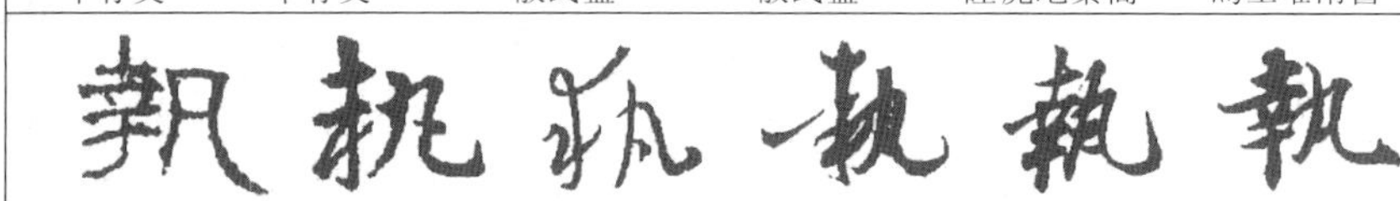					
	東漢 石門頌	吳皇象 急就章	東晉王羲之 淳化閣帖	唐孫過庭 書譜	北宋 米芾	唐 無上秘要卷

‘執’자 중 ‘㚔’은 노예의 손에 채우는 수갑(手械)이다. 즉 ‘拲(수갑 공, gǒng)’자이다. ‘丮’은 꿇어 앉아 두 손을 앞으로 내민 모습이다.

금문에서는 주로 ‘붙잡다’나 ‘(일을) 집행하다’ 등의 의미로 쓰인다.

“執叀饗𢓊各(格)于祼用, 王受又(祐).”(≪合集≫ 27281)

포로는 만약 대왕이 관제祼祭를 드리는 장소에 이르게 되었을 무렵에 사용하여 제사를 지내면 대왕은 보우를 받을 수 있을까요?

“執訊三人.” ≪多友鼎≫ 세 명을 포로로 붙잡다.

[집행執行] [집권執權] [집착執着] [고집固執] [양수집병兩手執餅][723] [고집불통固執不通]

---

721) 빈 둥근 나무에 짐승의 가죽을 메우고 긴 나무를 꽂아 줄을 활 모양인 민속 악기(樂器).

722) ‘기해거자祁奚擧子’. ‘기해지천祁奚之薦’. ‘기해거오祁奚擧午’. 춘추시대의 진晉나라 대부를 지냈던 기해가 자신의 아들인 ‘기오祁午’를 추천하다. 공평무사하게 사심없이 인재를 천거하다.

723) ‘양손에 떡을 쥐었다’는 뜻이다. 가지기도 어렵고 버리기도 어려운 경우.

【年(해 년, nián)】

[說文] : “(年), 穀孰也. 从禾, 千聲.”

年. 곡식이 익다. 의미부 ‘禾’와 소리부 ‘千’으로 이루어진 형성자이다.

年

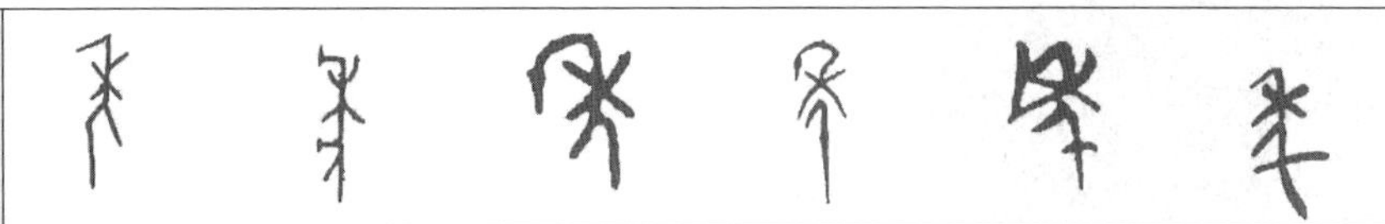

商	西周	西周	戰國	戰國	秦 睡虎地秦簡
甲骨文	召尊	史頌簋	中山王鼎	郭店楚簡	

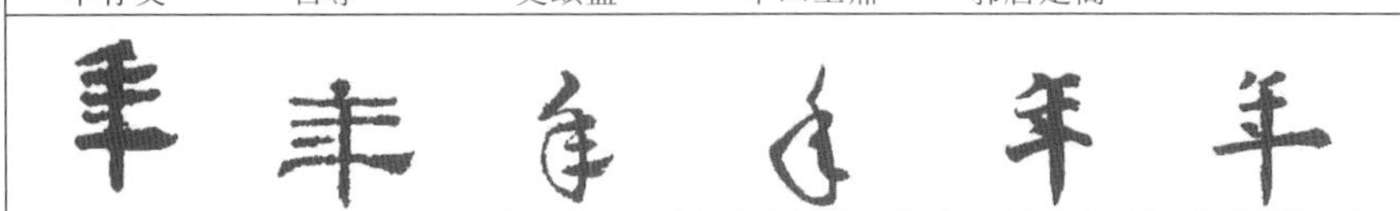

西漢	東漢	吳皇象	隋智永	東晉王羲之	唐歐陽詢
馬王堆帛書	西嶽華山廟碑	急就章	眞草千字文	蘭亭序	九成宮醴泉銘

≪설문해자≫는 ‘年’자를 ‘禾’와 ‘千’으로 이루어진 형성자라 하였다. 그러나 ‘禾’와 ‘人’으로 이루어진 회의자가 아닌가 한다. 한 해 수확된 작물을 등에 진 모습이 아닌가 한다. 후에 ‘年歲’란 의미로 확대 되어 쓰인다. 갑골문에서는 ‘禾’와 ‘人’인 ‘秂’으로 쓰고 “受年(풍년이 들다)”라는 뜻으로 쓰인다. 전국문자 중에서는 ‘千’을 써서 ‘秊’의 형태로 쓰나 ‘千’인 ‘人’이 와전된 것이다.

“貞: 自今十年㞢(有)五.” (≪合集≫24610)

점을 칩니다. 금년 15년부터.

“丁亥卜: 其禱年于大示, 即日, 此有雨. 弜即日.” (≪屯南≫2359)

정해 일에 점을 칩니다. 큰 신주에게 도년제禱年祭를 지내는 바로 그날에 비가 올까요? 즉 그날에 비가 오지 않을까요?

“貞: 我不受年.” (≪合集≫9724)

점을 칩니다. 우리나라는 풍년이 들지 않을까요?

[근하신년謹賀新年] [백년하청百年河淸][724] [방년芳年] [권불십년權不十年]

724) 백 년을 기다린다 해도 황하黃河의 흐린 물은 맑아지지 않는다. ‘부지하세월不知何歲月’. ‘천년일청千年一淸’. ‘하청난사河淸難俟’. ‘황하천년일청黃河千年一淸’.

'年'자의 모습

【藝(심을 예, yì)蓺·埶】

[說文] : "(埶), 種也. 从坴·丮, 持亟種之. ≪書≫曰: 我埶黍稷."725)

埶. 심다. '坴'과 '丮'으로 이루어진 자이다. 묘목을 손에 잡고 바로 심는다는 뜻이다. ≪시경≫은 "나는 기장을 심네"라 했다.

埶	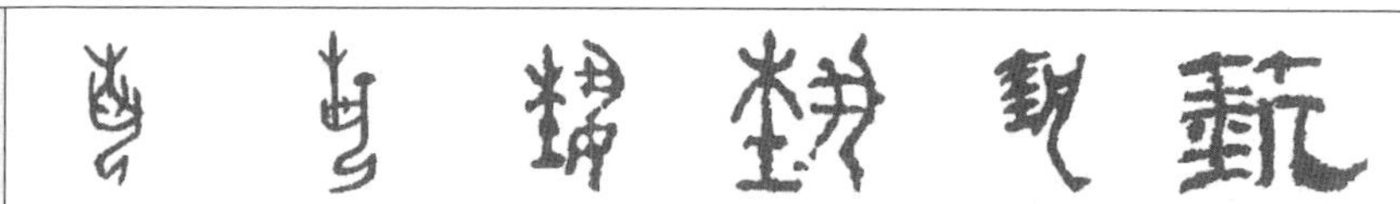					
	商 甲骨文	商 金文	西周 毛公鼎	戰國 毛公鼎	西漢 馬王堆帛書	東漢 乙瑛碑
	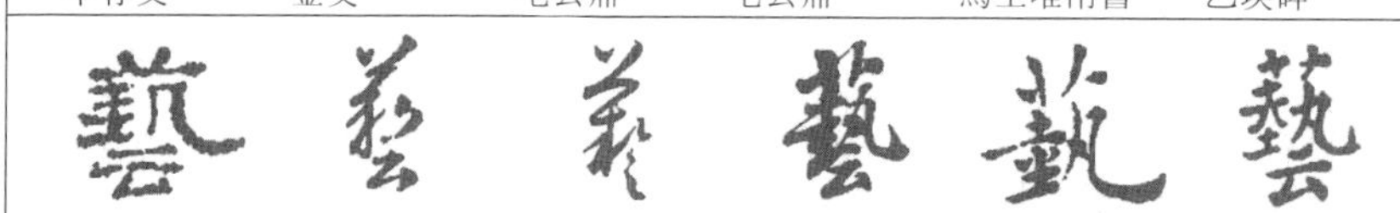					
	東漢 史晨前碑	隋智永 關中本千字文	唐懷素 草書千字文	北宋 米芾	唐褚遂良 倪寬傳贊	唐顔眞卿 干祿字書

'埶'자는 '蓺'·'藝'자의 초문이다. '심다'라는 뜻이다.

갑골문과 금문은 '丮'과 '木(屮)'로 이루어진 자이다. '丮'은 두 손으로 잡는 모양이다. 갑골문은 '','',''로 쓰기도 하고, 금문은 '',''로 쓰기도 하며, 초죽서는 '','',''로 쓴다.

"ㅁ午卜, 𠀠(古)貞: (埶)木." (≪合集≫5749)

□午에 고古가 점을 쳐 묻습니다. 나무를 심을까요?

725) "아예서직我埶黍稷"은 ≪詩經·楚茨≫의 구절이다.

[예술藝術] [기예技藝] [연예인演藝人] [극예술劇藝術] [탐뢰무예貪賂無藝][726] [다재다예多才多藝]

清 姚文瀚 等繪 山水樓臺畫冊 芳亭採花(대만고궁박물관 소장)

【奉(받들 봉, fèng)】

[說文] : “(奉), 承也. 从手从廾, 丰聲.”

奉. 받들다. 의미부 ‘手’·‘廾’과 소리부 ‘丰’로 이루어진 형성자이다.

奉				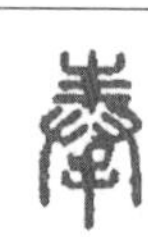		
	西周 散氏盤	古璽	春秋 侯馬盟書	秦 泰山刻石	西漢 銀雀山竹簡	漢 敦煌漢簡

	東漢 禮器碑陰	吳皇象 急就章	東晉王獻之	唐懷素 論書帖	東晉王羲之 如何帖	隋 蘇孝慈墓誌

초죽서에서는 ‘奉’자는 ‘豐’자의 가차자로 쓰이기도 한다.

“攸(修)之邦, 其悳(德)乃奉(豐).” ≪郭店楚簡·老子乙≫

나라를 닦으면 그 덕이 풍성해진다.

726) ‘탐욕무예貪欲無藝’. 뇌물賂物을 탐함에 그 끝이 없다.

[봉사奉事] [봉헌奉獻] [봉양奉養] [양봉음위陽奉陰違][727] [멸사봉공滅私奉公][728]

【旣(이미 기, jì)】

[說文] : "(旣), 小食也. 从皀, 旡聲. ≪論語≫曰: '不使勝食旣.'"

旣. 적은 양의 음식물이다. 의미부 '皀'와 소리부 '旡'로 이루어진 형성자이다. ≪논어향당鄕黨≫에서는 '고기의 양이 곡물의 양을 넘지 않는다.'라 하였다.

旣	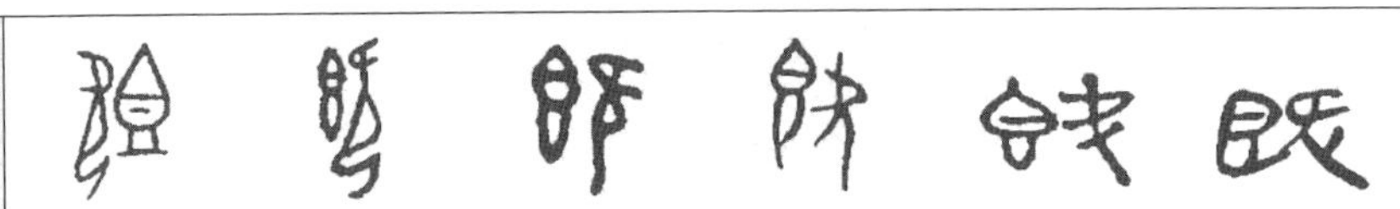
	商 甲骨文 / 商 金文 / 西周 史牆盤 / 春秋 侯馬盟書 / 戰國 長沙子彈庫楚帛書 / 秦 睡虎地秦簡
	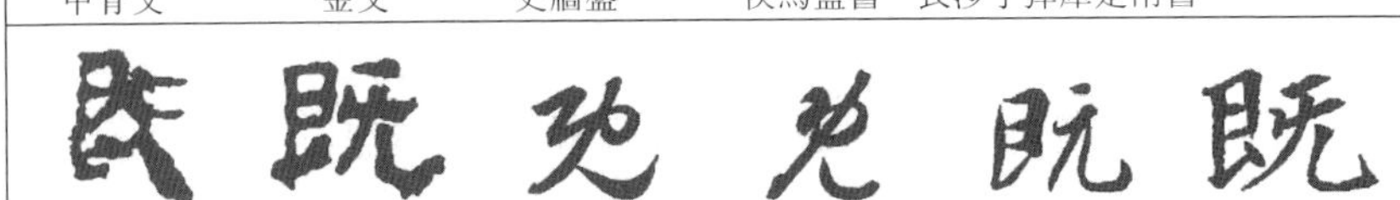
	西漢 馬王堆帛書 / 東漢 白石神君碑 / 東晉王羲之 瞻近帖 / 隋智永 眞草千字文 / 東晉王羲之 蘭亭序 / 隋 美人董氏墓誌

'皀'은 식기이고, '旡'는 또한 '음식을 이미 먹고 머리를 돌리는 모양'이다. '旡'는 음을 나타내기도 한다.

고문자는 사람이 음식을 먹고 난 다음 고개를 돌려 자리를 떠나려 하는 모습이다. 갑골문에서는 '마치다'·'그치다'나 제명으로 쓰인다.

"既伐, 大啟."(≪合集≫5843) 벌제를 마치자 날이 화창이 개였다.

"雨不既."(≪屯南≫665) 비가 개이지 않다.

"貞告既(饎)出(侑)于夔于上甲."(≪合集≫1205)

은나라 선공先公인 기夔와 은나라 선왕先王인 상갑에게 기제饎祭와 유제侑祭를 지낼까요?

"隹珷(武)王既克大邑商, 廾䚈(則)廷告于天."≪䧅尊(何尊)≫

무왕이 대읍 상을 이미 멸한 후 하느님에게 정중케 고하였다.

[기왕불구旣往不咎][729]

---

727) 보는 앞에서는 순종順從하는 체하고, 속으로는 딴마음을 먹는다. '구밀복검口蜜腹劍'. '구유밀복유검口有蜜腹有劍'. '동상각몽同床各夢'. '동상이몽同床異夢'. '면종복배面從腹背'. '사시이비似是而非'. '사이비似而非'. '사이비자似而非者'. '소리장도笑裏藏刀'. '소면호笑面虎'. '소중유검笑中有劍'. '양질호피羊質虎皮'. '표리부동表裏不同'.

728) 사私를 버리고 공公을 위하여 힘써 일하다.

729) 이미 지나간 일은 어찌할 도리가 없다.

【卽(곧 즉, jí)】

[說文] : “(卽), 即食也. 从皀, 卩聲.”

卽. 즉시 음식을 먹으려 하다. 의미부 ‘皀’과 소리부 ‘卩’으로 이루어진 형성자이다.

卽

商 甲骨文	西周 大盂鼎	西周 史頌簋	春秋 中山王方壺	戰國 郭店楚簡	秦 睡虎地秦簡

西漢 馬王堆帛書	東漢 史晨前碑	東晉王羲之 十七帖	隋智永 關中本千字文	東晉王羲之 喪亂帖	隋智永 眞草千字文

‘卩’은 ‘人’과 같은 자이다. ‘卽(即)’은 사람이 막 식사를 하려는 모습이다. 현대 중국어의 ‘就’이라는 뜻이다. 고문자에서는 ‘旣’자와 혼용하여 쓰기도 한다. 금문에서는 ‘도착하다’라는 뜻으로 쓰이기도 한다.

“ㅁ亥卜: 父甲ㅁ歲, 即祖丁歲冊(删). 弜即祖丁歲冊(删).” (≪屯南≫ 2294)

□亥 일에 점을 칩니다. 부갑父甲□에게 세제歲祭를 지내기 위하여, 조정祖丁에게 세제歲祭를 지낼 때 희생물을 잘라 받치는 방식인 산제删祭를 지내면 좋을까요? 조정에게 세제를 지낼 때 희생물을 잘라 받치는 방식인 산제를 지내면 좋지 않을까요?

“女(汝)妹(昧)辰(晨)又(有)大服, 余隹(唯)卽朕小學.” ≪大盂鼎≫

네가 아직 어렸을 때, 중요한 요직을 이미 계승하였고, 나는 (일찍부터 너에게) 나의 소학에 와서 학습하도록 하였다.

[즉각卽刻] [즉시卽時] [즉결심판卽決審判] [즉석卽席] [일촉즉발一觸卽發] [색즉시공色卽是空] [부즉불리不卽不離][730]

730) 사물의 관계가 붙지도 떨어지지도 않은 상태. 멀지도 가깝지도 않은 사이. 좋지도 나쁘지도 않은 사이. 찬성도 하지 않고 그렇다고 반대도 하지 않는다.

【鄕(시골 향, xiāng) 卿(벼슬 경, qīng) 饗(잔치할 향, xiǎng)】

[說文] : "(鄕), 國離邑, 民所封鄕也. 嗇夫別治, 封圻之內六鄕, 六鄕治之. 从䢐, 皀聲."

鄕. 도시 성곽에서 좀 멀리 떨어져 있는 지역으로 백성들이 모여 살거나 귀향하는 지역이다. 색부가 관리를 하고, 국도의 주위를 여섯 향으로 분리하고 경이 각각 관리한다. 의미부 '䢐'와 소리부 '皀'으로 이루어진 형성자이다.

[說文] : "(饗), 鄕人飮酒也. 从食, 从鄕, 鄕亦聲."

饗. 향인들이 서로 맞대고 음식을 먹고 술을 마시다. '食'과 '鄕'으로 이루어진 자이고, '鄕'은 또한 음을 나타낸다.

鄕	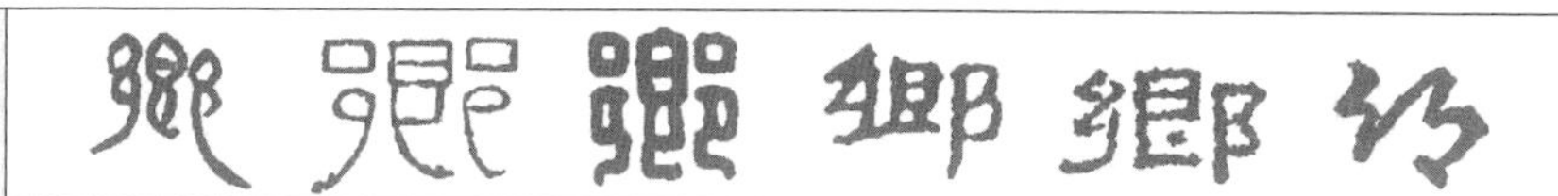					
	秦 睡虎地秦簡	漢 金文	漢印	漢 武威漢簡	東漢 張景造土牛碑	吳皇象 急就章
	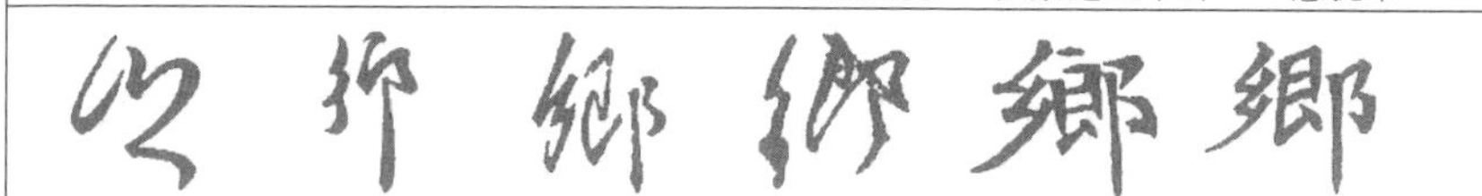					
	東晉王羲之 十七帖	北宋 道潛	唐高宗 李勣碑	唐顏眞卿 爭座位稿	北魏 司馬昞墓誌	隋 美人董氏墓誌
卿	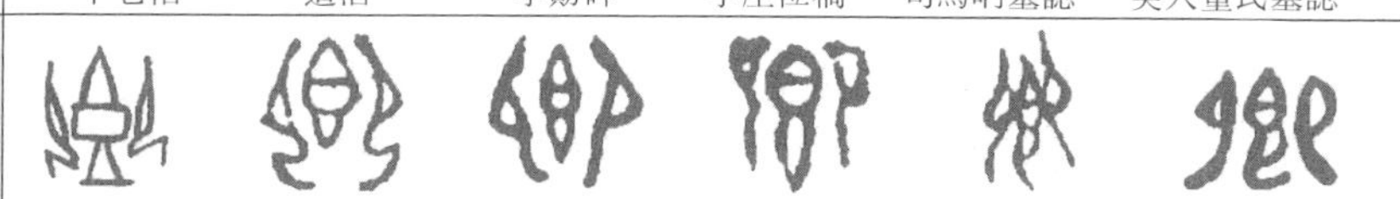					
	商 甲骨文	商 金文	西周 令方鼎	西周 虢季子白盤	戰國 郭店楚簡	秦 睡虎地秦簡

	西漢 馬王堆帛書	東漢 乙瑛碑	吳皇象 急就章	東晉王羲之 十七帖	唐顏眞卿 祭姪文稿	隋 蘇孝慈墓誌

'鄕'은 '饗'자의 초문이다. '卯'와 '皀(食)'으로 이루어진 자이다. 음식을 대면하고 서로 앉아 있는 모습이다. '鄕'자가 고향이라는 뜻으로 쓰이게 되자 '食'자를 추가하여 '饗'자로 쓴다. 후에 '卿(벼슬 경, qīng)'자로 의미가 확대되어 쓰인다. 초죽서에서는 '卿'자가 '亨'의 가차자로 쓰이기도 한다.

상대商代 금문 중의 ''''자를 혹은 '鄕'자로 해석하기도 한다.

"子子孫孫永寶. 其萬年永(用)卿(饗)王出入." ≪小臣宅簋≫

이 이기彝器를 자손 대대로 영원히 보배로 삼고 왕명을 전달하는 사자使者들과 향연을 베풀 때 사용하고자 한다.

"㥞(謙): 卿(亨). 君子又(有)𠬪(終)." ≪上博楚簡·周易·謙卦≫

≪겸謙≫: 제사를 지낸다. 군자는 마침이 있다.

[고향故鄕] [향수鄕愁] [금의환향錦衣還鄕] [향연饗宴] [향응饗應] [상향尙饗][731] [추기경樞機卿][732] [공경대부公卿大夫][733]

【安(편안할 안, ān)】

[說文] : "(安), 靜也. 从女在宀下."

(安). 고요하다. '女'자가 '宀' 아래 있는 형상이다."

安						
	商 甲骨文	西周 金文	春秋 金文	春秋 侯馬盟書	戰國 郭店楚簡	秦 睡虎地秦簡

	西漢 銀雀山竹簡	東漢 西嶽華山廟碑	東晉王羲之 十七帖	唐孫過庭 書譜	東晉王羲之 平安帖	北魏 穆玉容墓誌

단옥재段玉裁는 ≪설문해자주說文解字注≫에서 '靜'자는 '竫(편안할 정, jìng)'자로 고치고, "이 자는 '宓'자와 같은 의미이다."라 하였다. 서개徐鍇 ≪계전繫傳≫은 "'安'은 '멈추다(止)'의 뜻이다. '女'가 '宀' 안에 있는 모습이다."고 하였다.

'安居하다'·'安寧하다'가 '安'자의 본래의 의미이다. '宀' 대신에 '厂'을 쓰기도 한다.[734]

731) '적지만 흠향하옵소서'의 뜻, 축문祝文의 맨 끝에 쓰는 말이다.

732) 로마 교황教皇의 최고最高 고문顧問.

733) 삼공과 구경과 대부 등 고관.

734) [說文] : "(安), 靜也. 从女在宀下." 段玉裁改"靜"作"竫", ≪注≫: "此與宓同意." 徐鍇≪繫傳≫: "安, 止也. 從女在宀中." 按: 安居·安寧當為安本義. 字或 厂.

"爭貞王(腹)不安." (≪合集≫5373)

쟁이 점을 칩니다. 왕의 배가 불편할까요?

[거안사위居安思危][735] [안빈낙도安貧樂道] [안분지족安分知足][736]

【庶(여러 서, shù)】

[說文] : "(庶), 屋下衆也. 从广·炗. 炗, 古文光字."

庶. 집안에 사람이 모여 있다. '广'과 '炗'로 이루어진 자이다. '炗'자는 '光'자의 고문이다.

'庶'자의 고문은 집안에서 돌 아래 불을 피워 음식을 만드는 모습으로 '煮'자의 본자이다. 후에 '庶民'이라는 의미로 가차되어 쓰이게 된다. 금문에서는 '庶人'이란 용어가 많이 쓰이는데 이는 '일반백성'이나 '관리인' 등을 의미한다.

"矩白(伯)庶人取堇(瑾)章(璋)于裘衛." ≪衛盉(裘衛盉)≫

규백의 관리인은 구위裘衛로부터 근옥瑾玉과 장옥璋玉을 취하다.

[서민庶民] [여서黎庶][737] [서민층庶民層] [서정쇄신庶政刷新][738]

735) '안거위사安居危思'.

736) 자기 분수分數에 만족滿足하여 다른 데 마음을 두지 아니하다.

737) '검수黔首'와 같은 뜻으로 일반백성을 가리킨다.

738) 여러 가지 정치政治의 폐단弊端을 말끔히 고쳐 새롭게 하다.

【爽(시원할 상, shuǎng)】

[說文] : "(爽), 明也. 从㸚从大. (奭), 篆文爽."

爽. 명쾌하다의 뜻이다. '㸚'와 '大'로 이루어진 회의자이다. '奭'자는 '爽'자의 전문이다.

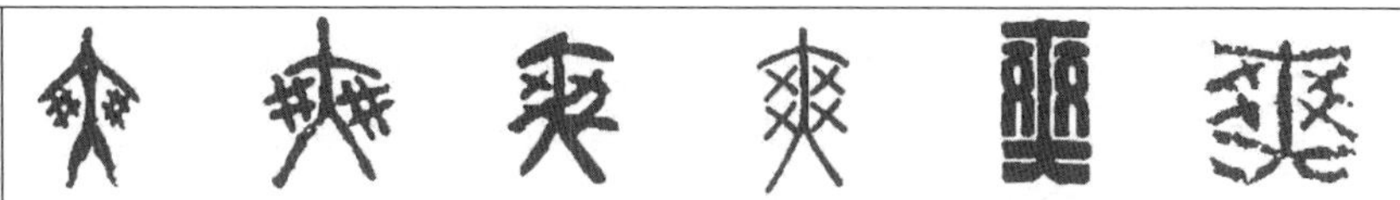

爽						
	商 金文	西周 散氏盤	秦 睡虎地秦簡	說文篆文	漢印	漢 磚文

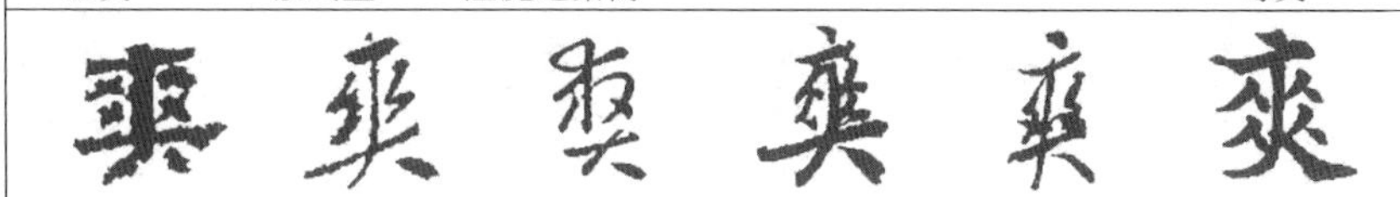

	魏 范式碑	西晉索靖 月儀帖	唐懷素 聖母帖	唐陸柬之 文賦	北宋米芾 蜀素帖	唐歐陽通 道因法師碑

'爽'자는 사람이 춤추는 정면의 모습이다. 금문에서는 '喪'자의 가차자로 쓰이기도 한다.

"我既(旣)付散氏田, 器有爽實, 余有散氏心賊." (夨人盤(散氏盤))

우리는 이미 산씨散氏에게 토지를 넘겨주었다. 만약에 약속을 실천하지 않고, 산씨散氏에게 나쁜 마음을 품는다면.[739]

[상쾌爽快]

739) '器有爽實': '器'자를 '농기구'로 해석하기도 하나, 문장의 내용에 따라 '만약'이라는 의미의 '苟'로 해석하기로 한다. '爽'은 '喪'과 통하여 '失'이나 '誤'의 의미가 있다. ≪詩經·衛風·氓≫에 "女也不爽, 士貳其行(여자가 잘못이 없는데 남자인 그대는 처음과 행동이 다르네)"중의 '爽'의 의미와 같다. '爽實'은 '사실을 어기다'의 의미이다.

【無(舞, 춤출 무, wǔ)】

[說文] : “(橆, 無), 亡也. 从亡, 無聲. 无, 奇字无. 通於元者. 王育說, 天屈西北為无.”

無. 없다. 의미부‘亡’과 소리부 ‘無’로 이루어진 형성자이다. ‘无’는 기자奇字이다. 소전 ‘元’자 중 가운데 부분이 관통된 형태이다. 왕육은 하늘이 서북쪽으로 약간 기울어진 형태가 ‘无’라 하였다.

[說文] : “(舞), 樂也. 用足相背. 从舛, 無聲. (𦏶), 古文舞从羽·亡.”

舞. 음악에 춤을 추다. 다리부분(舛)이 서로 마주하고 있는 모습이다. 의미부‘舛’와 소리부 ‘無’로 이루어진 형성자이다. ‘舞’자의 고문은 ‘羽’와 ‘亡’을 써서 ‘𦏶’으로 쓴다.

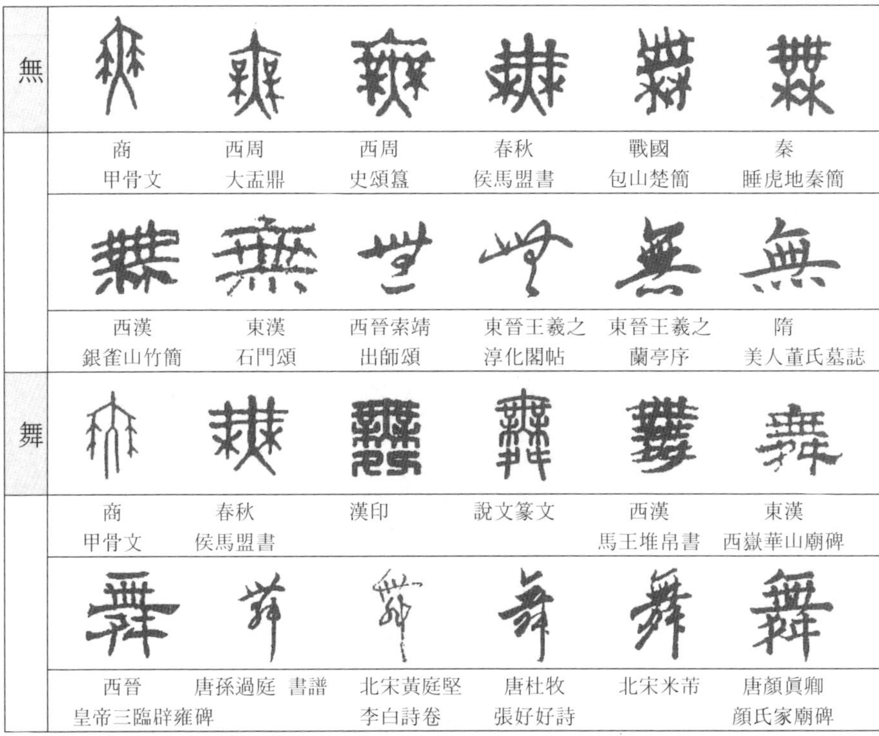

‘無’자는 ‘舞’자의 초문이다. 사람이 양 손에 물건을 들고 춤을 추는 모습이다. ‘無’는 후에 다리 ‘舛’가 추가된 문자이다. 그래서 ‘無’자는 ‘없다’라는 의미로 가차되어 쓰인다.

“頌其萬年無彊(疆), 日遅(揚)天子䫉(耿)令. 子子孫孫永寶用.” ≪史頌鼎≫

이에 사송史頌은 이를 기념하기 위하여 이 이기를 만들고, 영원히 만년 동안 영명하신 천자의 명령을 매일 매일 잘 받들고자 한다. 자손이 영원히 이를 보배스런 기물로 삼고 사용하여라.

"禮道則不然，人喜則斯陶，陶斯詠，詠斯猶，猶斯舞，舞斯慍，慍斯戚，戚斯嘆，嘆斯辟，辟斯踴矣．品節斯，斯之謂禮．" ≪禮記·檀弓≫

예도는 그렇지 않다. 원래 사람의 마음은 기쁘면 동연해져서 즐거우며, 즐거우면 노래 부르고, 노래 부르면 몸이 움직이고, 움직이면 춤추게 되고, 춤추면 마음이 앙양되고, 마음이 앙양되면 이윽고 마음이 아프고, 마음이 아프면 탄식하고, 탄식하면 가슴을 두들기게 되고, 가슴을 두들기게 되면 가슴은 춤춘다는 식으로 변화한다. 그러므로 이를 조절하는 것을 예라 한다.

[무시無視] [무책임無責任] [무조건無條件] [무관無關] [유비무환有備無患] [막무가내莫無可奈] [안하무인眼下無人] [후안무치厚顔無恥][740] [무대舞臺] [고무鼓舞] [무용舞踊] [승무僧舞] [장수선무長袖善舞][741] [고무격려鼓舞激勵]

【異(다를 이, yì)】

[說文]：“(異)，分也．从廾·从畀．畀，予也．”

異. 나누다. '廾'과 '畀'로 이루어진 자이다. '畀'는 '주다'는 뜻이다.

異	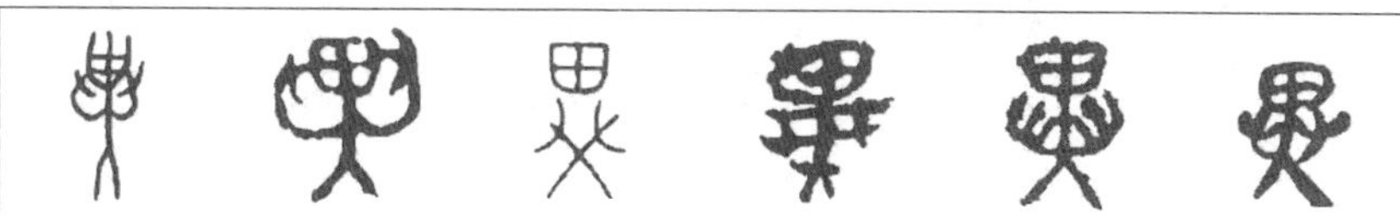
	商 甲骨文 / 西周 金文 / 古璽 / 戰國 包山楚簡 / 戰國 石鼓文 / 秦 睡虎地秦簡
	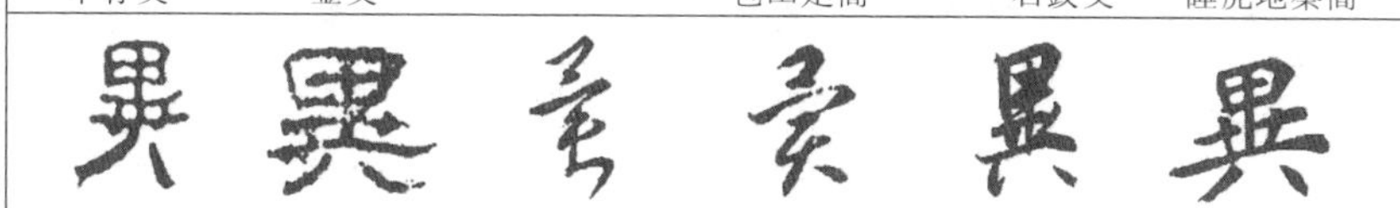
	漢 居延漢簡 / 東漢 石門頌 / 東晉王羲之 淳化閣帖 / 隋智永 關中本千字文 / 東晉王羲之 蘭亭序 / 隋唐 房山雲居寺石經

고문자 '異'자는 '기이한 가면을 쓰고 제사를 지내는 사람'의 모습이다. '祀'자의 통가자로 쓰인다. 혹은 머리를 물건을 이고 있는 '戴'자의 초문이라고 설명하기도 한다.

'異'자는 갑골문에서 가능이나 장차를 나타내는 부사의 용법으로 쓰인다. 금문에서는 '翼'자의 가차자로 쓰이기도 한다.

740) 얼굴이 두껍고 부끄러움이 없다.

741) 소매가 길면 춤을 잘 출 수 있다. 어떤 일을 함에 있어서도 조건條件이 좋은 사람이 유리하다.

"貞王異(翼)其田, 亡災."(≪合集≫30757)

왕이 장차 수렵을 하려는데 재난이 없을까요?

"古(故)天異(翼)臨子, 灋(法)保先王, ㅁ有四方."≪大盂鼎≫

그런고로 천제가 자애의 마음으로 보호해 주시고 선왕을 이끌어 주시니 천하를 얻었다.

[차이差異] [이견異見] [이상異常] [지리산智異山] [동상이몽同床異夢] [당동벌이黨同伐異] [대동소이大同小異]

【畏(두려워할 외, wèi)】

[說文]: "(畏), 惡也. 从甶, 虎省. 鬼頭而虎爪, 可畏也. (𤰈), 古文省."

畏. 무섭고 추악하다. '甶'와 '虎'의 생략형으로 이루어진 자이다. 귀신의 머리와 호랑이의 발톱은 상당히 두려운 존재이다. 고문은 생략된 형태인 '𤰈'로 쓴다.

畏

商 甲骨文	西周 大盂鼎	西周 毛公鼎	戰國 王孫遺者鐘	戰國 郭店楚簡	秦 睡虎地秦簡

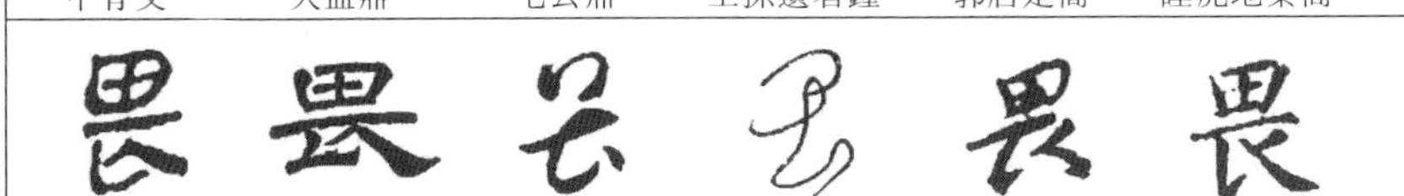

西漢 銀雀山竹簡	唐玄宗 石臺孝經	隋智永 關中本千字文	唐懷素 自敘帖	唐顔眞卿 爭座位稿	隋智永 關中本千字文

얼굴에 가면을 쓴 무사가 귀신을 경외하고 점복을 치는 형상이다. 혹은 괴이한 귀신이 지팡이(卜)을 짚고 있는 모습으로 해석하기도 한다. 초죽서에서는 '愄'자가 '畏'자의 가차자로 쓰이기도 한다.

"奴(若)愄(畏)四叟(隣)."≪郭店楚簡·老子甲≫

사방 이웃을 모두 두려워하는 듯하다.

"處上而民弗重, 居前而民弗害, 天下歸之, 奸邪畏之."≪淮南子·原道≫

득도得道한 군자가 백성 위에 있어도 백성들은 중압감을 느끼지 않고, 백성들 앞에 있어도 백성들에게는 피해가 되지 않는다. 그런고로 천하의 백성들은 모두 그에게 모여들게 되고 사악함은 그를 두려워하게 된다.

[가회可畏] [외경畏敬] [경외敬畏] [무소외無所畏][742] [후생가외後生可畏] [일일지구부지외호一日之狗不知畏虎][743] [경외지심敬畏之心][744]

【衡(저울대 형, héng)】

[說文] : “(衡), 牛觸橫大木其角. 从角从大, 行聲. ≪詩≫日: 設其楅衡. (奧), 古文衡如此.”

衡. 소가 뿔로 받기 때문에 뿔에 큰 막대를 대어 방지한다. 의미부 ‘角’·‘大’와 소리부 ‘行’로 이루어진 형성자이다. ≪시경≫에서는 ‘소의 뿔에 가로대를 대다’를 하였다. ‘衡’자의 고문자를 ‘奧’으로 쓴다.

衡	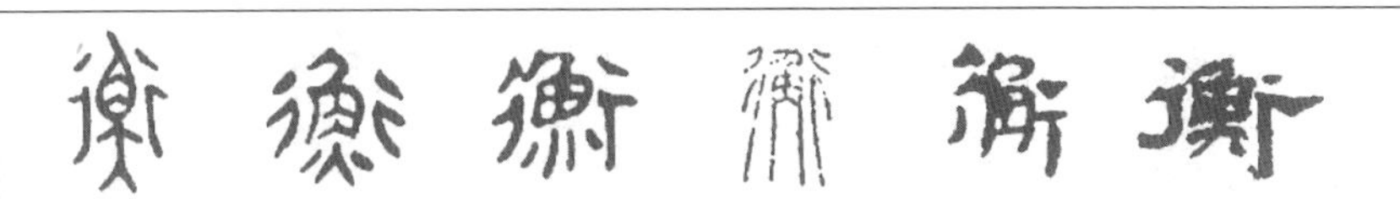					
	西周 金文	秦 睡虎地秦簡	西漢 馬王堆帛書	新 嘉量銘	漢 武威漢簡	東漢 甘陵相殘碑

	隋智永 關中本千字文	唐孫過庭 書譜	明 沈粲	唐歐陽詢 行書千字文	北宋 黃庭堅	唐 馮君衡墓誌

사람이 짐승 뿔로 만든 관을 길(行)에서 산림을 관리하는 모습이다. ‘行’자 가운데 부분은 자건 ‘角’과 ‘大’이다. 혹은 ‘行’을 소리부로 보기도 한다.

“子張問行. 子曰: ‘言忠信, 行篤敬, 雖蠻貊之邦, 行矣. 言不忠信, 行不篤敬, 雖州里, 行乎哉? 立則見其參於前也, 在輿則見其倚於衡也, 夫然後行.’ 子張書諸紳.” ≪論語·衛靈公≫

자장이 사람들 사이에 통할 수 있게 되는 데 관해서 여쭈어 보았다. 공자는 말하였다. “말이 성실하면 신용이 있고, 행동이 진지하고 조심스러우면 미개민족들의 나라에서라 할지라도 통하게 될 것이다. 말이 성실하지 않으면 신용이 없고, 행동이 진지하지 않고 조심스럽지 않다면 제 고장에서라 한들 통하게 되겠느냐? 서 있을 때는 이 말이 네 앞에 늘어서 있음을 보고, 수레 안에 있을 적에는 이 말이 멍에 채에 걸려 있음을 보라. 그렇게 된 후에야 통하게 될 것이다.” 자장은 이 말씀을 띠 자락에다 썼다.

742) 불보살佛菩薩이 대중 가운데서 설법說法하되 태연泰然하여 두려움이 없다.
743) 하룻강아지 범 무서운 줄 모른다.
744) 공경恭敬하고 두려워하는 마음.

[균형均衡] [전형銓衡][745] [형평성衡平性] [합종연횡合從連衡][746]

【虞(헤아릴 우, yú)】

[說文] : "(虞), 騶虞也. 白虎, 黑文, 尾長於身, 仁獸, 食自死之肉. 从虍, 吳聲. ≪詩≫曰: '于嗟乎, 騶虞.'"

虞. 상상의 동물 추우騶虞. 하얀 색 바탕에 검은 색 무늬가 있으며 꼬리가 몸보다 긴 동물. 순한 동물이며, 죽은 동물의 고기를 먹는다. 의미부 '虍'와 소리부 '吳'로 이루어진 형성자이다. ≪시경≫에서는 '아! 정말 추우로다'라 했다.

虞

西周 散盤	古璽	戰國 郭店楚簡	睡虎地秦簡	漢 帛書

東漢 禮器碑	漢 居延漢簡	東晉 淳化閣帖	東晉 臨鍾繇千字文	東晉 曹娥碑

산림山林을 담당하는 관리나 사람을 하는 사람을 '虞人'이라 한다. 의미부 '虎'와 소리부 '吳'로 이루어진 형성자이다. 혹은 '사람을 향해 호랑이와 같이 무서운 호통을 치거나 혹은 동물에게 호랑이처럼 무서운 사람'이기 때문에 자건 '口'와 '虎'를 쓰는 것으로 해석하기도 한다. 초죽서에서는 '吳'자가 '虞'자의 가차자로 쓰이기도 한다.

"湯(唐)吳(虞)之道, 禪(禪)而不傳(傳). 堯舜之王, 利天下而弗利也." ≪郭店楚簡·唐虞之道≫

요순堯舜의 도는 선양禪讓하고, 계승을 하지 않는 것이다.

745) 인물의 됨됨이나 재능才能을 시험試驗하여 뽑는다.

746) 전국시대戰國時代의 외교방식 중의 하나로 합종책合從策과 연횡책連衡策을 말한다.

【処·處(살 처, chù,chǔ)】

[說文]：“(処), 止也. 得几而止. 从几从夂. (處), 処或从虍聲.”

処. 멈추어 쉬다. 걸상(几)을 가져다가 쉬다. ‘几’와 ‘夂’로 이루어진 회의자이다. ‘処’자는 혹은 소리부가 ‘虍’인 ‘處’로 쓴다.

處	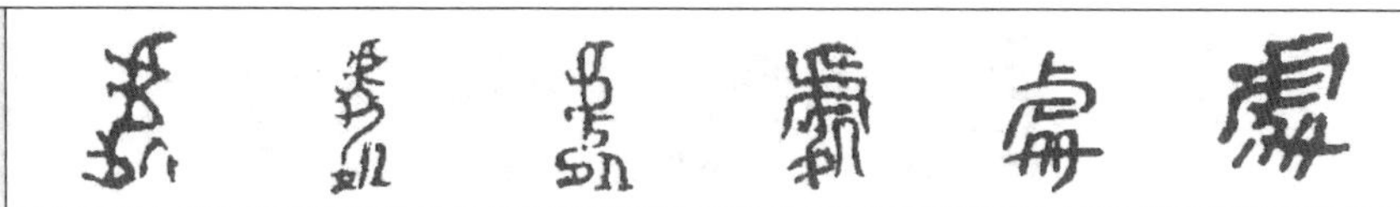					
	西周 史牆盤	西周 曶鼎	西周 金文	戰國 石鼓文	秦睡虎地秦簡	西漢 銀雀山竹簡
	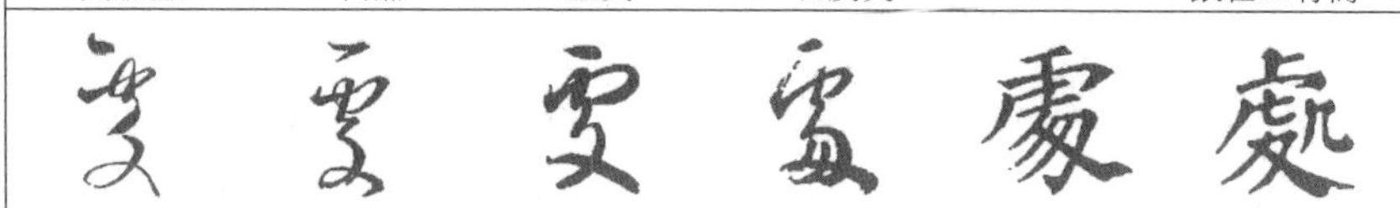					
	東漢 張芝	東晉王羲之 十七帖	隋智永 眞草千字文	東晉王羲之 興福寺斷碑	隋 孟顯達碑	唐顔眞卿 放生池帖

호피를 입거나 혹은 호피로 만든 관을 쓰고 앉아 있는 모습이다.

“雖不能備百善之美，必有處也.” ≪孔子家語·五儀≫

비록 모든 좋은 일을 다 갖추고 있지 않는다 해도, 반드시 거처할 곳이 있다.

“處勢不便，未足以逞其能也.” ≪莊子·山木≫

그가 처해 있는 정세가 불편하여, 그의 능력을 발휘할 수 없는 것이다.

[처리處理] [조처措處] [처벌處罰] [처서處暑][747] [추처낭중錐處囊中] [선후처치善後處置][748] [구중심처九重深處][749] [계견성부도처鷄犬聲不到處]

【邑(고을 읍, yì)】

[說文]：“(邑), 國也. 从囗, 先王之制, 尊卑有大小, 从卩.”

邑. 나라이다. 선왕의 제도에 의하면 ‘나라(囗)’에는 벼슬이 높고 낮음이 있고, 크고 작음이 있기 때문에 아랫부분에 ‘卩’을 쓴다.

747) 입추立秋와 백로白露의 사이에 있는 절기節氣. 양력陽曆 8월 22일쯤.

748) 잘한 뒤에 처리處理하다. 후환이 없도록 그 사물의 다루는 방법을 정한다는 말로서 뒤처리를 잘하는 방법이다.

749) 궁궐宮闕을 이르는 말, 깊숙한 곳.

邑						
	商 甲骨文	商 金文	西周 散氏盤	戰國 包山楚簡	秦 睡虎地秦簡	西漢 馬王堆帛書

	說文篆文	東漢 武氏祠畫像題字	吳皇象 急就章	隋智永 眞草千字文	東晉王羲之 淳化閣帖	隋智永 眞草千字文

‘口(圍)’ 아래 꿇어앉아 있는 읍인의 모습이다. 의미가 확대되어 고을(城邑)이라는 의미로 쓰인다.

> “子曰: “求也, 千室之邑, 百乘之家, 可使爲之宰也, 不知其仁也.” ≪論語·公冶長≫
>
> 염구冉求는 천호千戶 되는 읍이나 백승百乘을 거느리는 경대부의 집에서 읍장邑長이나 가재家宰 노릇을 하도록은 할 수 있으나 그가 인자한지는 모르겠다.”

[읍견군폐邑犬群吠] 750) [도읍화하都邑華夏]751)

【旅(군사 려, lǚ)】

[說文] : “(旅), 軍之五百人爲旅. 从㫃从从. 从, 俱也. (𣥠), 古文旅. 古文以爲魯衛之魯.”

旅. 군대의 오백 명을 여단이라 한다. ‘㫃’와 ‘从’으로 이루어진 회의자이다. ‘从’은 많은 사람이 모이다는 뜻이다. 旅자의 고문은 ‘𣥠’로 쓴다. ‘𣥠’자는 노·위나라의 ‘魯’자의 가차자로 쓰인다.

旅	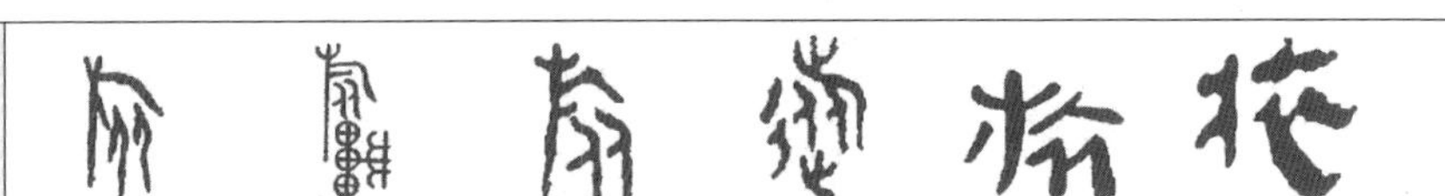					
	商 甲骨文	商 金文	西周 金文	春秋 金文	秦 睡虎地秦簡	西漢 馬王堆帛書

750) 고을 개가 무리지어 짖는다는 뜻이다. 소인들이 남을 비방誹謗함을 말한다.
751) 도읍都邑은 왕성王城의 지위를 말한 것이고, 화하華夏는 당시 중국中國을 가리킨다.

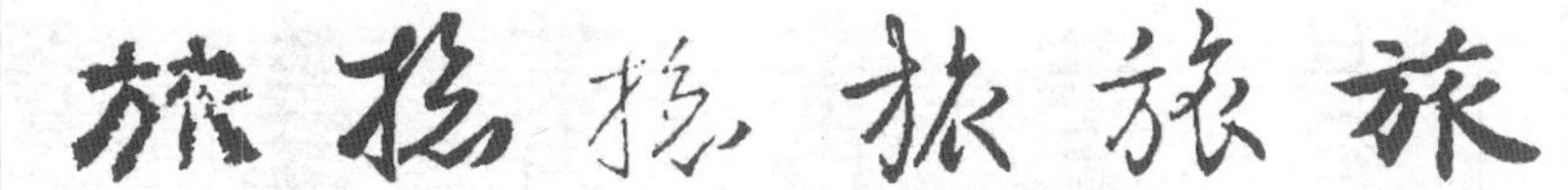

東漢 郙閣頌	唐 月儀帖	唐 月儀帖	東晉王羲之 淳化閣帖	唐褚遂良 枯樹賦	唐 文選

'旅'는 깃발 아래 많은 사람이 모여 있는 모습이다. 혹은 깃발과 마차로 쓰기도 한다. 후에 '辵'을 추가하여 쓰기도 한다. 갑골문에서 '군려軍旅'·'사려師旅'·'행려行旅'라는 뜻으로 쓰인다.

금문은 ''·'' 등으로 쓰기도 한다. '旅'자는 '진열하여 사용하다'라는 의미로 쓰이기도 한다.

"賓之初筵, 左右秩秩, 籩豆有楚, 殽核維旅." ≪小雅·甫田之什·賓之初筵≫
손님 모여 잔치 시작하니 좌우 모두 질서 있네. 음식 그릇 많기도 하며 고기 갈비 벌여 있네.
"用作團宮𣄰(旅)彝." ≪召尊≫
(소공召公은) 이에 단궁에서 사용할 여기旅器[752]를 만들었다.

[여행旅行] [여단旅團] [여권旅券] [여진여퇴旅進旅退][753]

【堇(노란 진흙 근, jǐn,jìn,qín)】

[說文] : "(堇), 黏土也. 从土从黃省. (墐)·(𦰩), 皆古文堇."
堇. 진흙 점토라이다. '土'와 '黃'의 생략형인 자로 이루어진 자이다. 고문을 '墐'이나 '𦰩'으로 쓴다.

堇	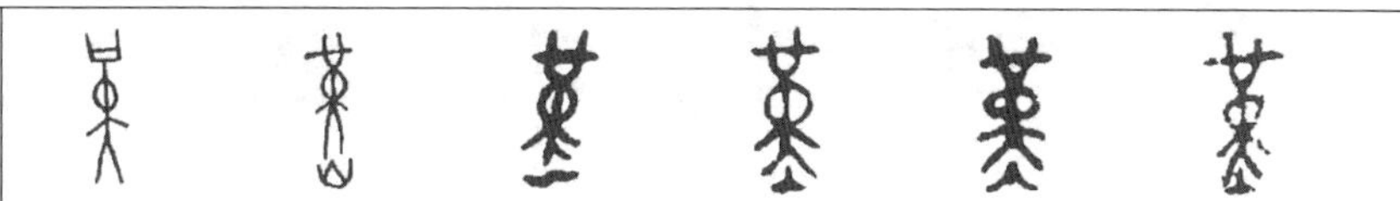					
	商 甲骨文	商 甲骨文	商 金文	西周 㝬鐘	西周 散氏盤	西周 金文

752) '여기旅器'는 혹은 다른 곳으로 이동하여 제례를 거행할 때 사용하는 기물 중의 하나로 해석하기도 한다.
753) '여진여퇴旅進旅退'는 '나란히 나아가고 나란히 물러선다'는 뜻이다. 정견定見이나 절조節操가 없이 다만 남의 의견을 추종追從하다. '부화뇌동附和雷同'.

戰國 郭店楚簡	秦睡虎地秦簡	說文古文	說文篆文	西漢 馬王堆帛書	明 王鐸

고문 ‘㬑(堇)’은 사람이 하늘을 향해 가뭄이나 장마의 재난에 기원을 하는 모습이다. 후에 ‘火’를 추가하여 ‘𡌆’로 쓴다. 갑골문에서는 ‘艱(어려울 간, jiān)’의 의미로 쓰인다. 금문에서는 ‘瑾’·‘覲’·‘勤’·‘謹’ 등의 뜻으로 쓰인다.

“王肇遹眚(省)文武堇(勤)疆土.” ≪㝬鐘≫
왕인 나는 문왕과 무왕의 덕망을 잘 본 받아 강토를 성실하게 다스렸다.

【祝(빌 축, zhù)】(【兄(맏 형, xiōng)】)

[說文] : “(祝), 祭主贊詞者. 从示, 从人·口. 一日从兌省. ≪易≫日: ‘兌, 為口為巫.’”

祝. 신주에게 제사드릴 때 축원하는 사람이다. ‘示’·‘人’과 ‘口’로 이루어진 자이다. 혹은 ‘兄’은 ‘兌’의 생략형이라고도 한다. ≪주역≫에서는 ‘兌괘는 口와 巫를 말한다’라 했다.

[說文] : “(兄), 長也. 从儿, 从口.”

兄. 형이다. ‘儿’과 ‘口’로 이루어진 자이다.

祝

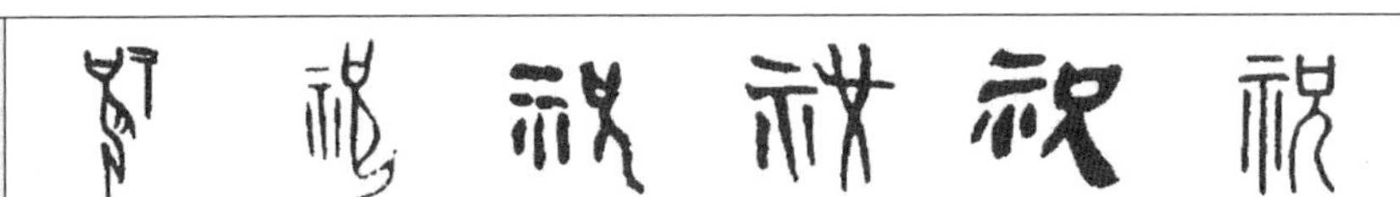

商 甲骨文	西周 金文	商 甲骨文	春秋 侯馬盟書	秦 睡虎地秦簡	說文篆文

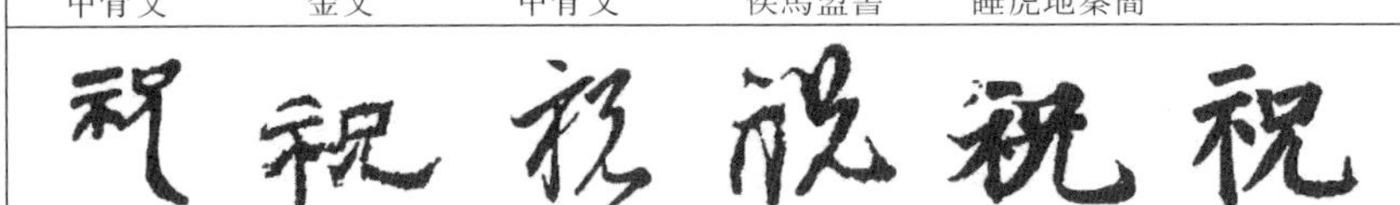

西漢 銀雀山竹簡	東漢 乙瑛碑	唐李懷琳 絶交書	南宋 朱熹	唐 世說新書	唐顔眞卿 顔氏家廟碑

신주(示)에게 제사를 지낼 때 큰 사람(兄)이 주체자로 앞에 나가 입을 벌려 소리를 내어 기원하는 모습이다. 금문은 혹은 ‘’으로 쓰기도 한다. 신주 앞에 꿇어 앉아(卩) 두 손을 모아(廾) 축원하는 모습이다. 갑골문에서 ‘’은 ‘祝’자이고 ‘’은 ‘兄’자로 같

은 자가 아니라고 주장하기도 한다.

"貞兄(祝)于母庚." (≪合集≫13926) 모경母庚에게 축원하다.
"王各(格)廟, 祝." ≪小盂鼎≫ 왕은 사당에 와서 축원을 하였다.

[축하祝賀] [축제祝祭] [경축慶祝] [축하혼祝華婚] [축복祝福] [무축단헌無祝單獻] [무축단잔無祝單盞][754] [앙천축수仰天祝手][755]

【祭(제사 제, jì)】

[說文] : "(祭), 祭祀也. 从示, 以手持肉."

祭. 제사를 지내다. '示'와 손(手)으로 고기(肉)를 들어 바치는 모습이다.

祭	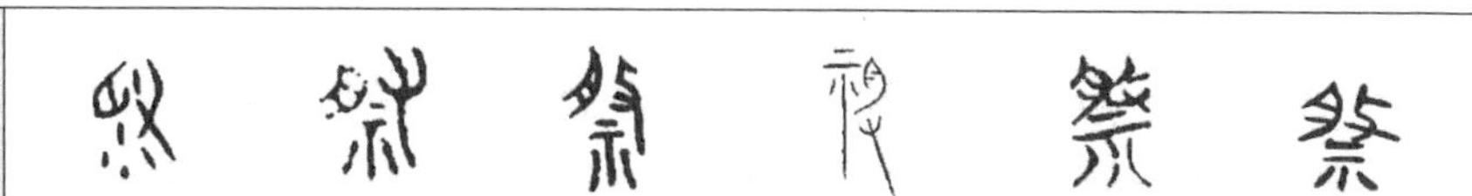					
	商 甲骨文	春秋 金文	春秋 金文	戰國 中山王方壺	戰國 郭店楚簡	秦 睡虎地秦簡
	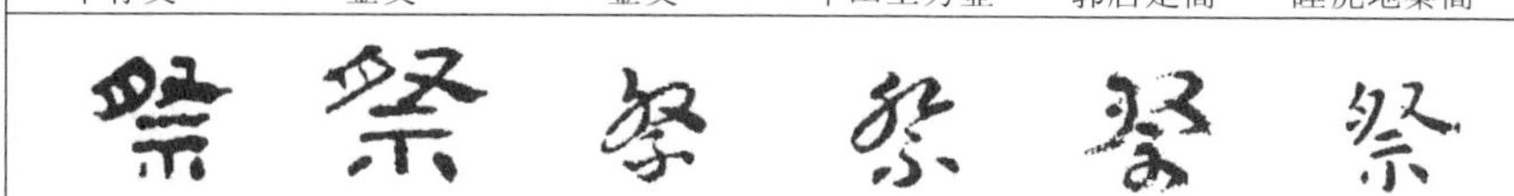					
	西漢 馬王堆帛書	東漢 曹全碑陰	吳皇象 急就章	隋智永 關中本千字文	唐顏眞卿 祭姪文稿	唐虞世南 孔子廟堂碑

손으로 제단에 고기 덩어리를 받쳐 제사를 모시는 모습이다. 갑골문 중의 작은 점들은 고기에서 흐르는 피를 상징한다.

"凡祭有四時. 春祭曰礿, 夏祭曰禘, 秋祭曰嘗, 冬祭曰烝." ≪禮記·祭統≫
사계절에 따라 제사가 각각 있는데, 춘제를 약礿이라 하고, 하제를 체禘라하고, 추제를 상嘗이라하고, 동제를 증烝이라 한다.

[제사祭祀] [축제祝祭] [제기祭器] [영화제映畫祭] [관혼상제冠婚喪祭][756] [제사증상祭祀蒸嘗][757]

754) 제사祭祀 지낼 때에 축문祝文이 없이 술을 한 잔만 올리다.
755) 하늘을 쳐다보며 빌다.
756) 관례冠禮、혼례婚禮、상례喪禮、제례祭禮.

【㱃(술맛이 쓰다 염, yǎn,yàn,yǐn) 歓(마실 음) 飲(마실 음, yǐn)】

[說文] : "㱃(歓), 歠也. 从欠, 酓聲. 古文 · "

歓. 마시다. 의미부 '欠'과 소리부 '酓'으로 이루어진 형성자이다. 고문은 '㕁'과 '飮'으로 쓴다.

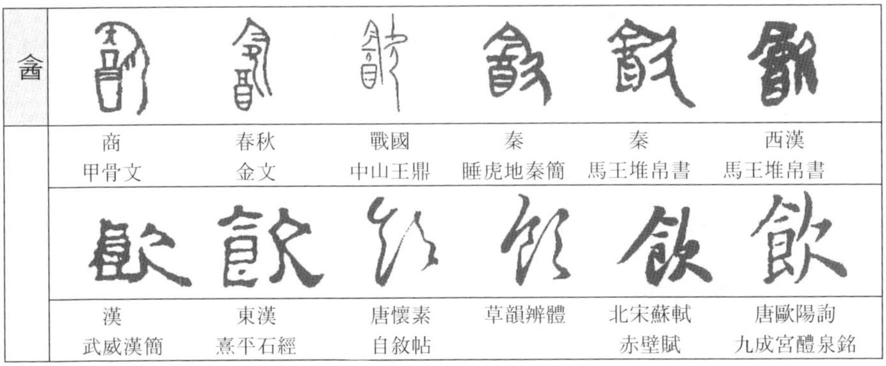

酓. 술의 맛이 쓰다. 의미부 '酉'와 소리부 '今'으로 이루어진 형성자이다.

'酓'자는 '歓(飲)'자를 간략하게 쓴 형태이다. 후에 소리부 '欠'을 추가하여 쓴 형태이다. 갑골문과 금문은 '亼'과 '酉'로 이루어진 자이다. '亼'을 입을 대고 '酉'에 든 술을 마시는 모습이다.

"出虹自北，飲于河."（≪合集≫10405反）

북쪽에서 나타난 무지개가 황하의 물을 마신다.

"王宴，咸酓(飲)"≪鄂侯馭方鼎(鄂侯鼎)≫

왕은 향연을 베풀어 모두 함께 마셨다.

[단사표음簞食瓢飲][758] [갈불음도천수渴不飲盜泉水][759] [경음마식鯨飲馬食][760]

【孫(손자 손, sūn)】

[說文] : "孫(孫), 子之子曰孫. 从子, 从系. 系, 續也."

孫. 아들에 아들을 손이라 한다. '子'와 '系'로 이루어진 회의자이다. '系'는 '잇다'라는 뜻이다.

757) 겨울 제사는 증蒸이라 하고 가을 제사는 상嘗이라 한다.

758) 대그릇의 밥과 표주박의 물. 좋지 못한 적은 음식. '누항단표陋巷簞瓢'. '단표簞瓢'. '단표누항簞瓢陋巷'. ≪論語≫: "子曰: 賢哉回也. 一簞食一瓢飲, 在陋巷, 人不堪其憂, 回也不改其樂. 賢哉回也."

759) 목이 말라도 도천盜泉의 물은 마시지 않는다.

760) 고래가 물을 마시듯 말이 풀을 먹듯이 많이 먹고 많이 마시다. '폭음폭식暴飲暴食'. '우음마식牛飲馬食'.

孫	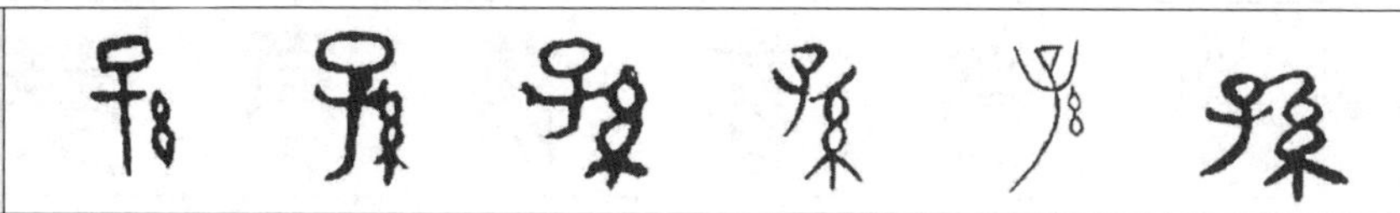					
	商 甲骨文	西周 大克鼎	西周 金文	春秋 侯馬盟書	戰國 中山王鼎	秦 睡虎地秦簡
	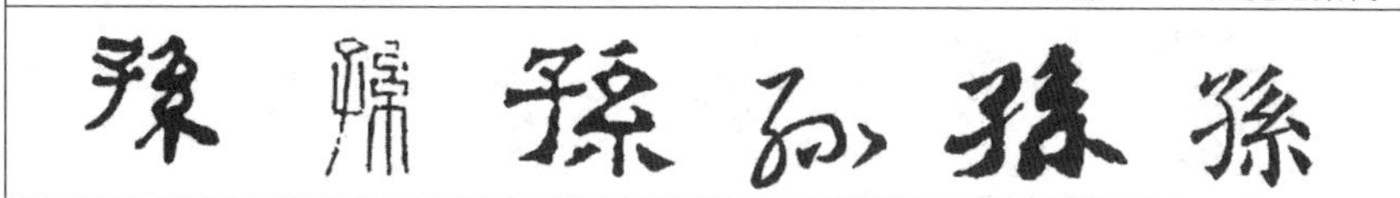					
	西漢 銀雀山竹簡	新 嘉量銘	魏 正始石經	東晉王羲之 十七帖	北宋 蘇軾	唐顔眞卿 郭虛己墓誌

‘幺’와 ‘糸’는 모두 ‘絲’와 같은 자이다. 길게 끊어지지 않고 이어지다는 뜻이다. 갑골문에서는 ‘지명’으로 쓰이고 금문에서는 ‘子子孫孫’이라는 단어로 많이 쓰인다.

“余勿才(在)孫葬.”(≪懷特≫434) 나를 손孫 지방에 매장하지 말아라.

“子子孫孫永寶. 其萬年永〔用〕卿(饗)王出入.”≪小臣宅簋≫

이 이기尊彝를 자손 대대로 영원히 보배로 삼고 왕명을 전달하는 사자使者들과 향연을 베풀 때 사용하고자 한다.

[후손後孫] [자손子孫] [대대손손代代孫孫] [손강영설孫康映雪][761] [차형손설車螢孫雪][762]

【夢(꿈 몽, mèng)】

[說文]：“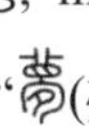(夢), 不明也. 从夕, 瞢省聲.”

夢. 밝지 않다. 의미부 ‘夕’과 ‘瞢’의 생략형이 소리부인 형성자이다.

[說文]：“(㝱), 寐而有覺也. 从宀, 从疒, 夢聲. ≪周禮≫：“以日月星辰占六㝱之吉凶: 一曰正㝱, 二曰噩㝱, 三曰思㝱, 四曰悟㝱, 五曰喜㝱, 六曰懼㝱.”

㝱. 잠을 자는데 자각이 있는 상태이다. 의미부 ‘宀’·‘疒’과 소리부 ‘夢’으로 이루어진 형성자이다. ≪周禮≫에서 ‘일월성신으로 여섯 가지 꿈의 길흉을 점친다. 첫 번째는 정상적인 꿈이고, 두 번째는 놀라서 꾸는 꿈이고, 세 번째는 생각 때문에 꾸는 꿈이고, 깨어 있는데 꾸는 꿈이고, 다섯 번째는 기뻐서 꾸는 꿈이고, 여섯 번째는 놀라서 꾸는 꿈이다.’라 하였다.

761) 고생苦生 속에서 열심히 공부工夫하다.

762) 차윤車胤의 반딧불과 손강孫康의 눈(雪)이라는 뜻이다. 어려운 처지處地에서의 면학勉學하다. ‘손강영설孫康映雪’. ‘차윤성형車胤盛螢’. ‘차윤취형車胤聚螢’. ‘형설지공螢雪之功’. ‘형창설안螢窓雪案’.

夢

商 甲骨文	古璽	秦 睡虎地秦簡	說文篆文	西漢 馬王堆帛書	隸辨

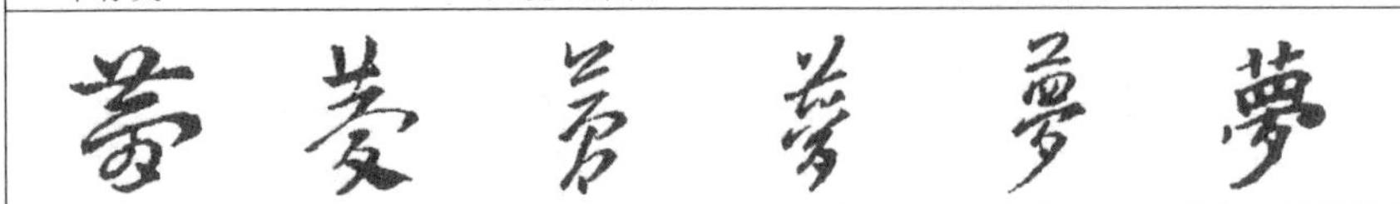

吳皇象 急就章	西晉索靖 月儀帖	東晉王羲之 十七帖	東晉王羲之 集字聖教序	東晉王羲之 興福寺廟碑	北魏 金光明經

‘夢’자는 ‘寢’자와 같은 자이다. 갑골문 중의 ‘夢’자는 잠자리에 기대어 잠을 자면서 꿈을 꾸리는 모습이다. 꿈을 꿀 때 손·눈과 눈썹이 반응을 하고 있는 모습이다. 후에 저녁을 의미하는 ‘夕’이 추가되었다.

“貞: 王夢隹(唯)囚(禍).”(≪合集≫272正)

묻습니다. 왕이 꿈을 꾸었는데 화가 없을까요?

[악몽惡夢] [한단몽邯鄲夢] [한단지몽邯鄲之夢] [몽매夢寐] [남가일몽南柯一夢] [노생지몽盧生之夢][763] [일장춘몽一場春夢]

明 沈周 莊周夢蝶(대만 고궁박물관 소장)

763) 노생盧生의 꿈. 인생의 영고성쇠榮枯盛衰는 한바탕 꿈처럼 덧없다. 한때의 헛된 부귀영화富貴榮華.

【疾(병 질, jí)】

[說文] : "(疾), 病也. 从疒, 矢聲. (疾), 古文疾. (𤵸), 籒文疾."

疾. 질병. 의미부 '疒'와 소리부 '矢'로 이루어진 형성자이다. 고문은 '𤵊'로 쓰고, 주문은 '𤵸'로 쓴다.

疾

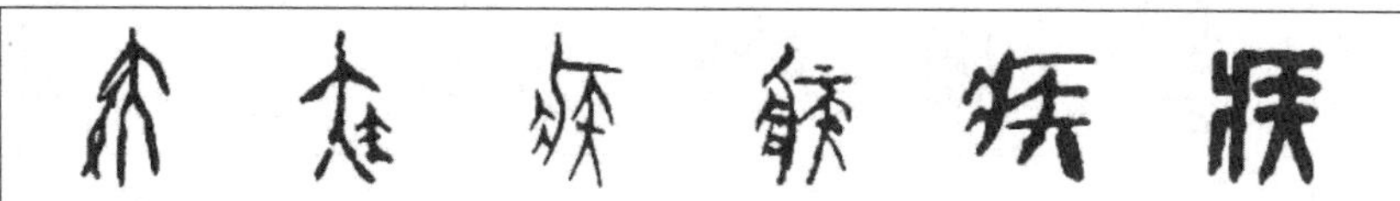

商 甲骨文	西周 毛公鼎	春秋 侯馬盟書	戰國 郭店楚簡	秦 睡虎地秦簡	漢印

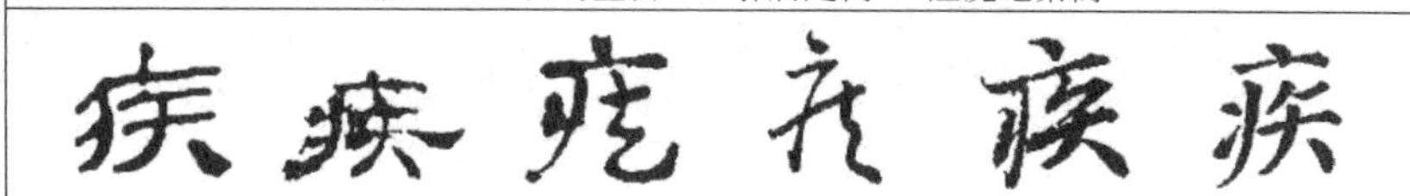

西漢 銀雀山竹簡	東漢 孔宙碑	吳皇象 急就章	東晉王羲之 七月帖	唐陸柬之 文賦	唐顏眞卿 郭虛己墓誌

고문자 '疾'자는 사람이 화상에 다친 모양이다.

"貞亞克興㞢(有)疒." (≪合集≫13754)

점을 칩니다. 아관亞官은 병이 확실히 나아지는 기색이 있을까요?

"敃(旻)天疾畏(威)." ≪毛公鼎≫

인자하신 하늘이 갑자기 위엄을 보이시다.

[고질병痼疾病] [질환疾患] [연하고질煙霞痼疾][764] [고황지질膏肓之疾][765] [질언거색疾言遽色][766]

【夙(일찍 숙, sù)】

[說文] : "(夙), 早敬也. 从丮持事, 雖夕不休, 早敬者也. (㑨), 古文夙从人·㐁. (𠈁), 亦古文夙, 从人·西. 宿从此."

夙. 아침에 일찍 일어나 일에 열중하다. '丮'은 두 손으로 잡고 일 하는 모습이다. 아침에 일어나서 휴식하지 않는 것이 곧 아침에 일에 열중하는 것이다. '夙'자의 고문은 '人'과 '㐁'을 써서 '㑨'으로 쓰고, 또한 '人'과 '西'을 써서 '𠈁'으로 쓰기도 한다. 이들이 모두 '夙'의 고문이다.

764) 산수의 좋은 경치景致(煙霞)를 깊이 사랑하는 마음이 대단히 강해 마치 고치지 못할 병이 든 것 같다.
765) 병균이 고황膏肓, 즉 심장心臟과 횡격막橫膈膜 사이에 침범侵犯한 난치병.
766) 빠른 말과 급히 서두르는 얼굴빛. 당황唐慌하는 말투나 태도.

[說文] : “(宿·㝛), 止也. 从宀, 㐰聲. 㐰, 古文夙.”

宿(㝛). 머무르다. 의미부 ‘宀’과 소리부 ‘㐰’로 이루어진 형성자이다. ‘㐰’자는 고문 ‘夙’자이다.

夙

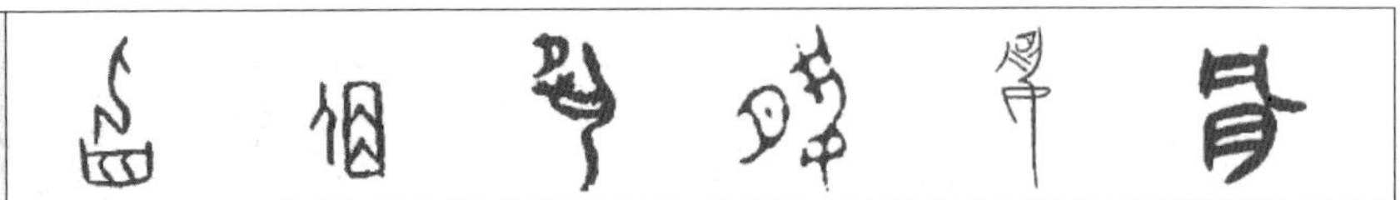

商 甲骨文	商 甲骨文	西周 大盂鼎	西周 金文	戰國 中山王鼎	秦 睡虎地秦簡

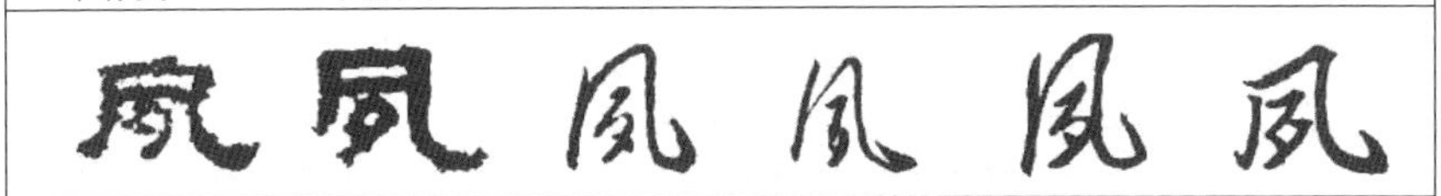

東漢 史晨前碑	吳 谷朗碑	隋智永 關中本千字文	唐懷素 草書千字文	東晉王羲之 集字聖教序	唐顔師古 等慈寺碑

≪설문해자≫는 ‘宿’자를 의미부 ‘宀’과 소리부 ‘夙’로 이루어진 형성자라 하여, ‘宿’자와 ‘夙’자를 각각 다른 자로 보고 있다. 고문자에서 ‘夙’자는 ‘’·‘’·‘’·‘’으로 쓰고, ‘宿’자는 ‘’·‘’·‘’자는 쓰고 있으나, 사실상 모두 ‘새벽’이라는 뜻으로 같은 자이다. 후에 각각 구별하여 전자는 ‘夙’으로 후자는 ‘宿’으로 쓴다. ≪설문해자≫에서 설명하는 ‘夙’자의 이체자 ‘(㐰)’자와 ‘(㐰)’자는 사실상 ‘夙’자의 고문이 아니라 ‘宿’자의 고문이다. 갑골문 중의 ‘夙’자는 아직 자리에서 일어나지 않은 모습이다. 후에 아직은 저녁이라는 의미에서 ‘月’이나 ‘夕’자로 바꾸어 쓰이게 되었다. ‘夙’·‘宿’자는 고전적古典籍에서 통용되어 쓰인다. 예를 들어, ‘夙夜’는 ‘숙야宿夜’로 쓰고, ‘夙願’은 ‘숙원宿願’으로 쓰며, ‘夙昔’은 또한 ‘숙석宿昔’으로 쓴다. ≪逸周書·寤敬≫ “後戒維宿” 구절에 대하여 공조孔晁는 “‘宿’자의 고문은 ‘夙’자로 쓴다.”[767]고 하였다.

“敬夙夜用事, 勿灋(廢)朕令.” ≪大克鼎≫

새벽부터 밤늦게까지 성실히 일하고 나의 명령을 어기지 말라.

“夙夜篚解(懈).” (中山王方壺)

새벽부터 밤까지 게으름을 피지 않고 성실히 일하다.

“夙夜匪解, 以事一人.” ≪詩經·大雅·烝民≫

새벽부터 저녁까지 꾸준히 군주만을 섬기네.

767) 孔晁 ≪逸周書注≫: “宿, 古文夙.”

“珷(武)征商，隹(唯)甲子朝歲鼎. 克𦖞(昏)，𡖊(夙)又(有)商.”(利簋)

무왕이 상나라를 정벌한 이 때는 갑자일 아침으로 세성歲星이 마침 출현한 시기이다. 전쟁에서 혼주昏主인 주紂를 정벌하고 상나라를 신속하게 계승하였다.

“甲午卜，爭貞，王宿𠂤(師)不亡.”(≪合集≫5356)

갑오일에 쟁이 점을 쳐 묻습니다. 왕은 군대를 주둔하면 화가 없을까요?

“句(后)褄(稷)既巳(已)受命，乃飤(食)於埜(野)，佰(宿)於埜(野).”≪上博楚簡·容成氏≫

우임금은 기棄를 농업 관리자(農師) 후직后稷으로 임명하여 백성들을 돌보도록 하였다.

[숙성夙成][768] [숙흥야매夙興夜寐][769] [숙흥온청夙興溫凊][770]

【夜(밤 야, yè)】

[說文]：“(夜), 舍也. 天下休舍也. 从夕, 亦省聲.”

夜. 휴식하다. 온 세상이 휴식하는 때이다. 의미부 ‘夕’과 ‘亦’의 생략형이 소리부인 형성자이다.

夜					
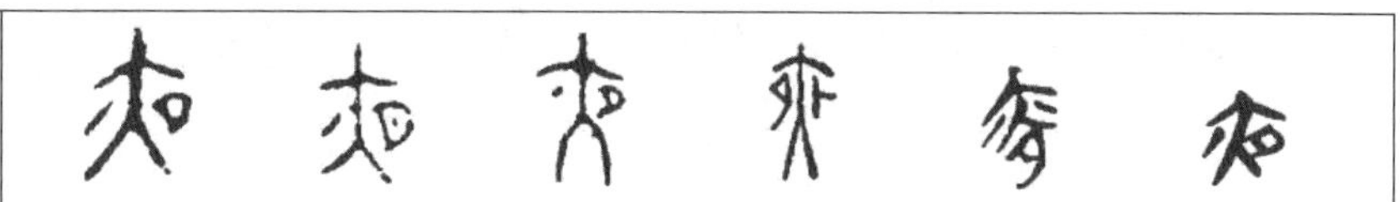					
西周 金文	西周 金文	西周 害夫簋	古璽	戰國 郭店楚簡	秦 睡虎地秦簡
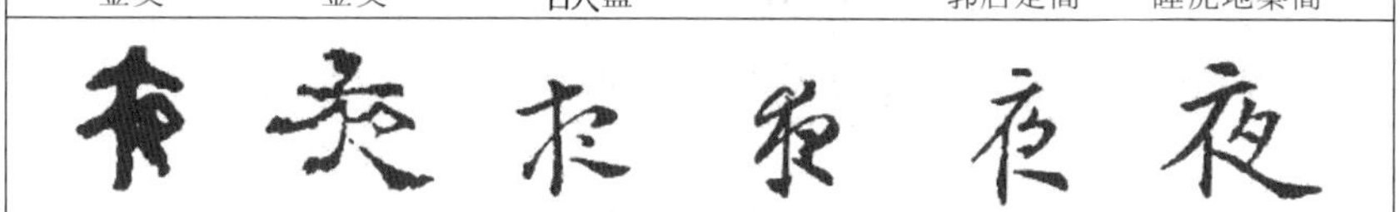					
西漢 馬王堆帛書	東漢 史晨前碑	西晉索靖 出師頌	隋智永 關中本千字文	東晉王羲之 集字聖教序	隋 蘇孝慈墓誌

사람의 겨드랑이에 ‘月’이 있는 모습이다. ‘달(月)’은 밤을 나타낸다. 혹은 ‘月’이 아니고 소리부이면서 의미를 나타내는 ‘夕’이라 설명하기도 한다.

“史牆𡖊(夙)夜不㒸(墜)，㞢(其)日蔑曆，牆弗敢取(沮)，對䣊(揚)天子不(丕)

768) 나이는 어리지만 정신적이나 육체적 발육發育이 빨라 어른스럽다.
769) 아침에 일찍 일어나고 밤에는 늦게 잔다. 부지런히 일하다.
770) 일찍 일어나서 추우면 덥게 더우면 서늘케 하는 것이 부모 섬기는 일이다.

顯休令, 用乍(作)寶隣(尊)彝. ”≪史牆盤≫

그래서 사장史牆은 밤낮으로 조상들이 이룩한 업적이 손상됨이 없도록 매일 매일 힘쓰고 노력하며 감히 태만함이 없도록 하였다. 천자의 혁혁하고 훌륭한 조명詔令을 찬양하기 위하여 이 보배스러운 이기彝器를 만든다.

[주야晝夜] [심야深夜] [철야徹夜] [금의야행錦衣夜行][771] [주경야독晝耕夜讀][772] [야랑자대夜郎自大][773] [야반도수夜半逃走]

【介(끼일 개, jiè,gà)】

[說文] : “介(介), 畫也. 从八, 从人. 人各有介.”

介. 경계를 긋다. '八'과 '人'로 이루어진 회의자이다. 사람마다 각각 자신의 영역을 가진다.

介	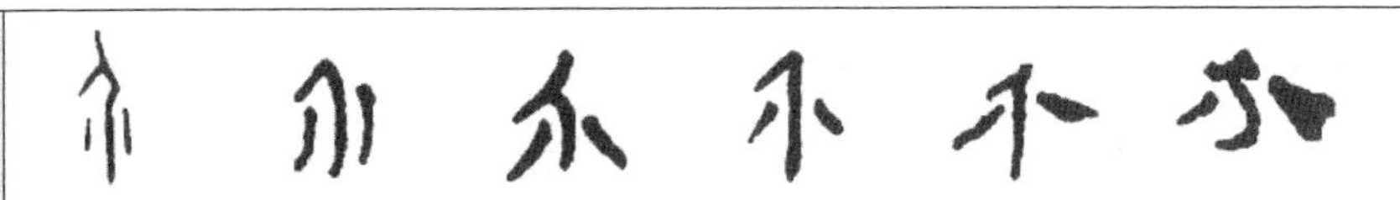					
	商 甲骨文	戰國 信陽楚簡	戰國 長沙自彈庫帛書	秦 睡虎地秦簡	西漢 馬王堆帛書	漢 武威漢簡
	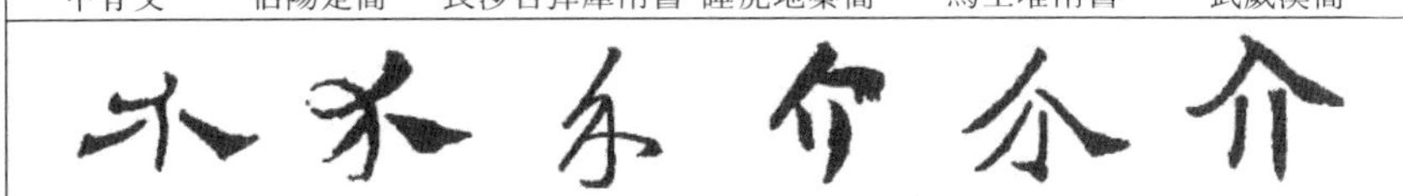					
	東漢 朝侯小子殘碑	西晉索靖 出師頌	唐李懷琳 絶交書	唐顔眞卿 爭座位稿	北魏 弔比干墓文	北魏 李媛華墓誌

'介'자는 사람이 투구나 갑옷(盔甲)을 쓰고 있는 모습이다. '八'·'八'은 갑옷을 나타낸다. 고문에서는 '匃(빌 개, gài)'자의 가차자고 쓰이기도 한다.

“以介眉壽. ”≪詩經·七月≫ 장수를 기원하다.

[개입介入] [소개紹介] [매개媒介] [소불개의少不介意][774] [일개지사一介之士][775] [一介書生일개서생][776]

---

771) '수의야행繡衣夜行'. '야행피수夜行被繡'. '의금야행衣錦夜行'.

772) '청경우독晴耕雨讀'.

773) 야랑이 스스로 크다고 하다. 중국 한漢나라 때의 오랑캐 중에서 야랑국이 가장 세력勢力이 강强하다고 여기 오만傲慢하게 굴다. 용렬庸劣하거나 우매愚昧하다. '감중지와坎中之蛙'. '정저와井底蛙'. '정저지와井底之蛙'. '정중관천井中觀天'. '정중시성井中視星'. '정중와井中蛙'. '정중지와井中之蛙'. '좌정관천坐井觀天'.

774) 조금도 개의하지 아니하다.

775) 보잘것없는 선비. 식견識見이 얕은 완고頑固한 사람.

【監(볼 감, jiān,jiàn)】

[說文] : “(監), 臨下也. 从臥, 㠻省聲. (譼), 古文監从言.”

監. 아래로 내려다보다. 의미부 ‘臥’와 ‘㠻’의 생략형이 소리부인 형성자이다. ‘監’자의 고문은 ‘言’을 써서 ‘譼’로 쓴다.

監						
	商 甲骨文	西周 金文	西周 史頌簋	春秋 金文	秦 睡虎地秦簡	漢 敦煌漢簡
	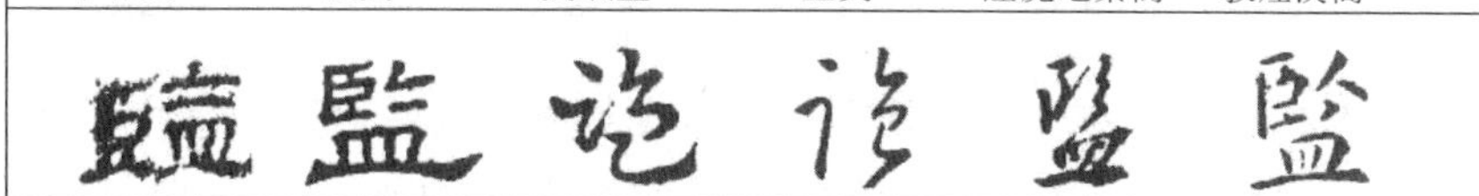					
	東漢 西嶽華山廟碑	魏 正始石經	吳皇象 急就章	唐懷素 聖母帖	東晉王羲之 興福寺斷碑	唐 孔穎達碑

사람이 그릇 안에 담긴 물에 얼굴을 비춰보는 모습이다. ‘鑑(鑒, 거울에 비추어볼, jiàn)’자의 초문이다. 후에 ‘감독監督하다’·‘감시監視하다’라는 뜻으로 쓰인다. ‘監’자에 ‘보다’라는 의미부를 추가하여 ‘覽(볼 람, lǎn)’자로 쓴다.

“監𤔲(司)新寣(造)賮(貯)用宮御.” ≪頌鼎≫

새로 만들거나(혹은 새로 도착한 물건) 궁중에서 사용할 물건을 담당하여 관리하도록 한다.

“既立之監, 或佐之史” ≪小雅·賓之初筵≫

이미 감사監史를 세우고, 또한 사史로 보좌하게 한다.

[감독監督] [감시監視] [감사監査] [감옥監獄] [미궤대감米櫃大監][777]

【民(백성 민, mín)】

[說文] : “(民), 衆萌也. 从古文之象. 古文作 𠈁.”

民. 일반대중이 우둔하고 무지한 모양. 고문를 가지런히 쓴 형태이다. 고문은 ‘𠈁’으로 쓴다.

---

776) 아무 쓸모도 없는 독서인讀書人.

777) 사도세자思悼世子.

民						
	西周 大盂鼎	西周 史牆盤	西周 㝬鐘	戰國 中山王方壺	戰國 郭店楚簡	秦 睡虎地秦簡
	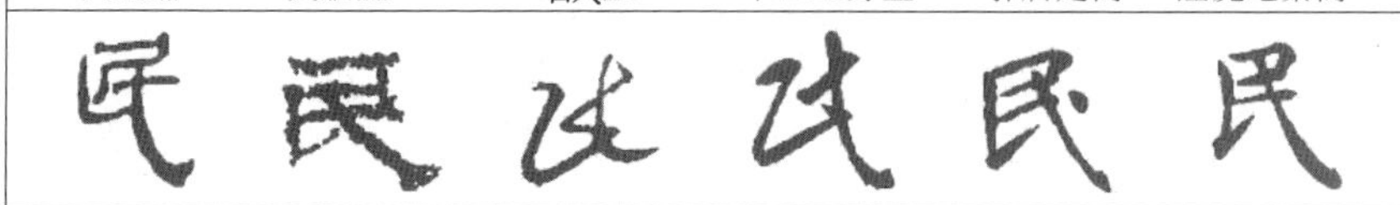					
	西漢 銀雀山竹簡	東漢 北海相景君碑	東晉王羲之 十七帖	隋智永 關中本千字文	隋智永 關中本千字文	唐褚遂良 倪寬傳贊

날카로운 물질로 눈을 찔러 한쪽 눈을 멀게 하여 노예로 삼는 형상이다.[778] 갑골문에서는 희생물로 바치기도 한다. 후에 '백성'이나 '서민'이라는 의미로 쓰인다.

"余𠀠(其)宅兹(玆)中或(國), 自之辥(乂)民." ≪𢓊尊(何尊)≫

중앙 지역인 이곳에서 백성을 다스리고자 한다.

"𢇍(絶)憍(僞)弃慮(慮), 民復(復)季<孝>子(慈)." ≪郭店楚簡·老子甲≫

허위를 단절하고 사사로운 걱정을 없애면 백성은 어린아이의 세계와 같은 천진하고 소박한 상태로 다시 돌아간다.

[서민庶民] [주민住民] [대한민국大韓民國] [경세제민經世濟民][779] [소국과민小國寡民][780] [백의민족白衣民族] [민족상잔民族相殘]

【省(살필 성(생), shěng,xǐng)】

[說文] : "𥄉(省), 視也. 从眉省从屮. 𡮐(𡮐), 古文从少从囧."

省. 관찰하다. '眉'의 생략형과 '屮'로 이루어진 자이다. 고문은 '少'와 '囧'로 이루어진 '𡮐'로 쓴다.

省	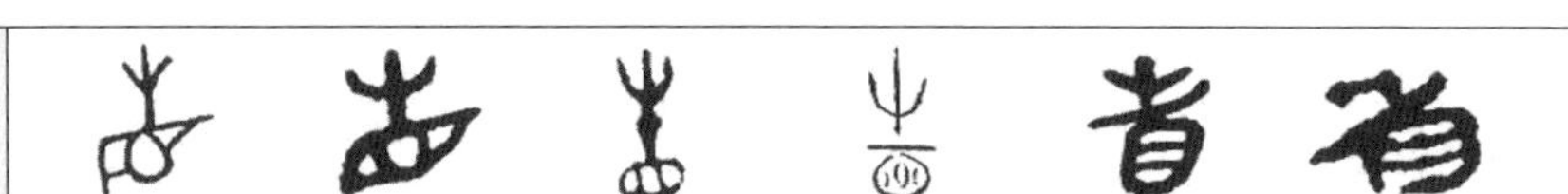					
	商 甲骨文	西周 大盂鼎	西周 㝬鐘	戰國 中山王鼎	秦 睡虎地秦簡	西漢 馬王堆帛書

---

778) 갑골문 "卯民"(≪合集≫20231) 중 '卯'자를 '劉'로 읽는다. '유민劉民'은 '노예를 죽여 희생품으로 삼다'라는 뜻이다.

779) 도탄塗炭에 빠진 백성을 구하다. '경국제세經國濟世'.

780) 작은 나라 적은 백성. 노자老子가 그린 이상 사회나 이상 국가.

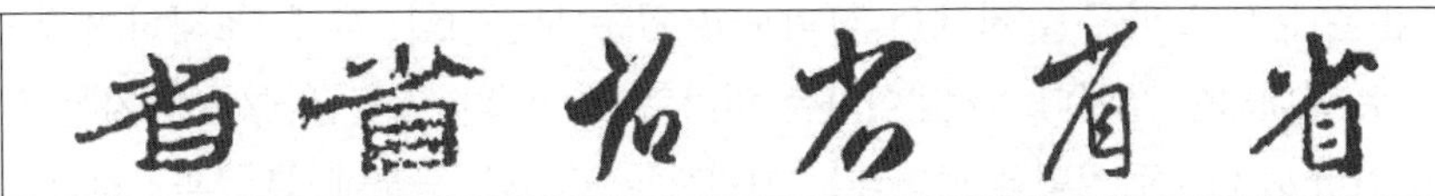

漢 居延漢簡	東漢 張景造土牛碑	東晉王羲之 二謝帖	隋智永 關中本千字文	東晉王羲之 集字聖敎序	隋智永 關中本千字文

갑골문과 금문은 ‘眚’로 쓴다. ‘目’과 ‘屮’로 이루어진 자로 눈으로 자라는 새싹을 자세히 관찰하는 모습이다. 혹은 의미부 ‘目’과 소리부 ‘生’으로 이루어진 형성자로 보기도 한다.

“王省珷(武)王成王伐商圖, 征(延)省東或(國)圖.” ≪宜侯夨簋≫

강왕康王은 무왕과 성왕이 정벌한 지역을 순찰하고, 동시에 동부의 행정지역을 순시하였다.

[반성反省] [성묘省墓] [성찰省察] [생략省略] [혼정신성昏定晨省][781] [삼성오신三省吾身][782] [불성인사不省人事][783] [자아성찰自我省察]

【相(서로 상, xiāng,xiàng)】

[說文] : “相(相), 省視也. 从目, 从木. ≪易≫曰: ‘地可觀者莫可觀於木.’ ≪詩≫曰: ‘相鼠有皮.’”

相. 관찰하다. ‘目’과 ‘木’으로 이루어진 회의자이다. ≪주역≫에서는 ‘지상에서 볼 만한 물건 중에 나무만한 것이 없다’라 하였다. ≪용풍鄘風·상서相鼠≫에서는 ‘쥐를 살펴보면 가죽이 있다.’라 하였다.

相

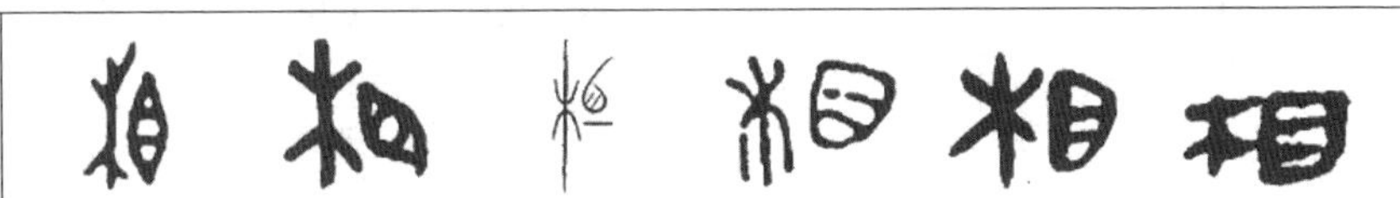

商 甲骨文	西周 金文	戰國 中山王方壺	戰國 信陽楚簡	秦 睡虎地秦簡	西漢 馬王堆帛書

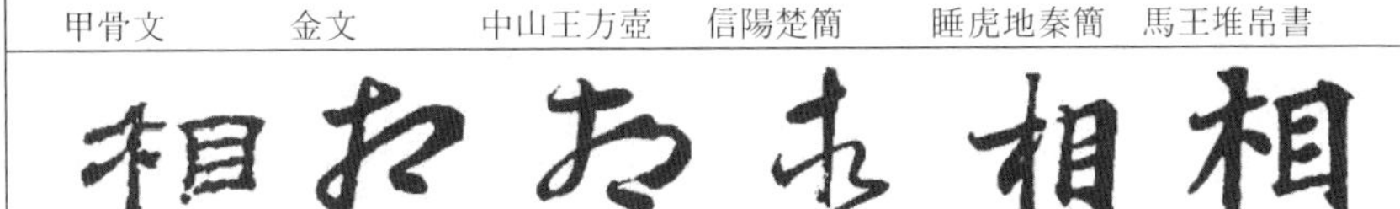

東漢 乙瑛碑	西晉索靖 出師頌	唐孫過庭 書譜	唐懷素 自敍帖	東晉王羲之 蘭亭序	隋唐 房山雲居寺石經

781) 저녁에는 잠자리를 보아 드리고 아침에는 문안問安을 드린다.
782) 날마다 세 번씩 내 몸을 살핀다.
783) 정신精神을 잃고 의식意識을 모르다. 예절을 모르다. ‘인사불성人事不省’. ‘혼수昏睡’.

'相'은 눈으로 나무를 자세히 살펴보고 있는 모습이다. 후에 '보좌하여 돕다'라는 의미로 확대되어 쓰인다. '宰相'이라는 의미로도 쓰인다. 갑골문에서 '相'자는 하남성河南省 안양安陽 서쪽 지역을 나타내는 지명으로 쓰인다. 금문에서는 '관찰하다'·'보좌하다' 등의 의미로 쓰인다.

> "貞王步[于]相[亡]災."(≪合集≫36901)
>
> 점을 칩니다. 왕은 걸어서 상 지역으로 가면 재난이 없을까요?
>
> "民之父母新(親)民易, 叓(使)民相親戁(難)." ≪郭店楚簡·六德≫
>
> 그런 고로 백성의 부모는 백성과 쉽게 친근할 수 있으나, 백성들을 교화하여 서로 친근하게 하는 것은 매우 어렵다.

[양상樣相] [상대相對] [상당相當] [상호相互] [괄목상대刮目相對][784] [간담상조肝膽相照][785] [동병상련同病相憐] [심심상인心心相印][786]

【唐(당나라 당, táng)】

[說文] : "(唐), 大言也. 从口, 庚聲. (啺), 古文唐从口·昜."

> 唐. 큰 소리로 외치다. 의미부 '口'와 소리부 '庚'으로 이루어진 형성자이다. '唐'자의 고문은 '口'와 '昜'을 써서 '啺'으로 쓴다.

唐

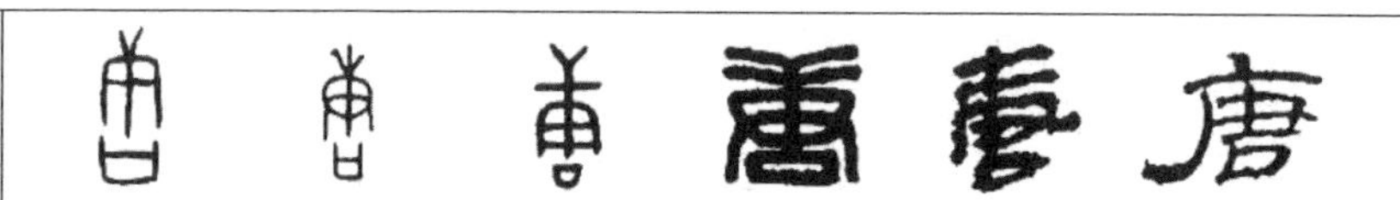

商 甲骨文	商 甲骨文	商 金文	漢印	西漢 馬王堆帛書	漢 居延漢簡

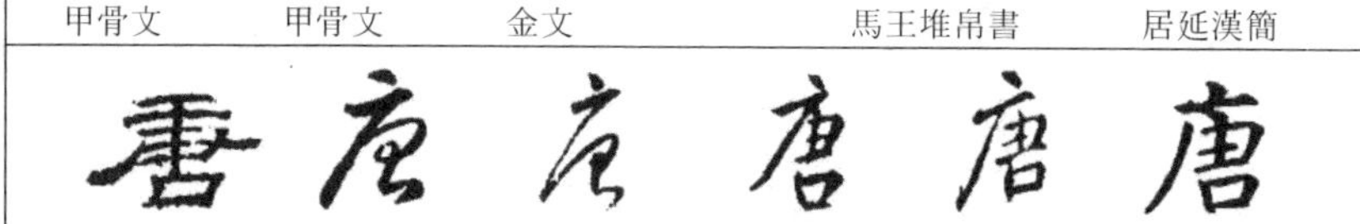

東漢 乙瑛碑	隋智永 關中本千字文	唐懷素 草書千字文	東晉王羲之 集字聖敎序	唐李邕 李思訓碑	唐虞世南 孔子廟堂碑

'唐'자는 '口'와 '庚'으로 이루어진 자이다. '庚'은 흔들어 소리를 내는 악기이고, '口'는 소리를 낸다는 뜻이다. '庚'은 '소리가 크다'라는 의미가 있다. 초죽서 ≪郭店楚簡·唐

784) '일진월보日進月步'. '일취월장日就月將'.

785) 간과 쓸개를 내놓고 서로에게 내보인다. 서로 마음을 터놓고 친밀親密하게 사귀다.

786) 마음에서 마음으로 전한다. 묵묵한 가운데 서로 마음이 통하다.

虞之道≫에서는 '湯'자가 '唐'의 가차자로 쓰인다.

"湯(唐)吳(虞)之道，禪(禪)而不傳(傳)." ≪郭店楚簡·唐虞之道≫
요순堯舜의 도는 선양하고, 계승을 하지 않는 것이다.

[당황唐惶] [황당荒唐] [당돌唐突] [황당무계荒唐無稽][787] [유우도당有虞陶唐][788]

【告(알릴 고, gào)】

[說文]："𠰻(告), 牛觸人, 角箸橫木, 所以告人也. 从口, 从牛. ≪易≫曰: '僮牛之告.'"
告. 소가 사람을 쳐 받기 때문에 뿔에 방지목을 설치하여 사람들에게 경고하는 것이다. '口'와 '牛'로 이루어진 자이다. ≪주역≫에서는 '어린 송아지에 보호막을 설치하다'라 하였다.

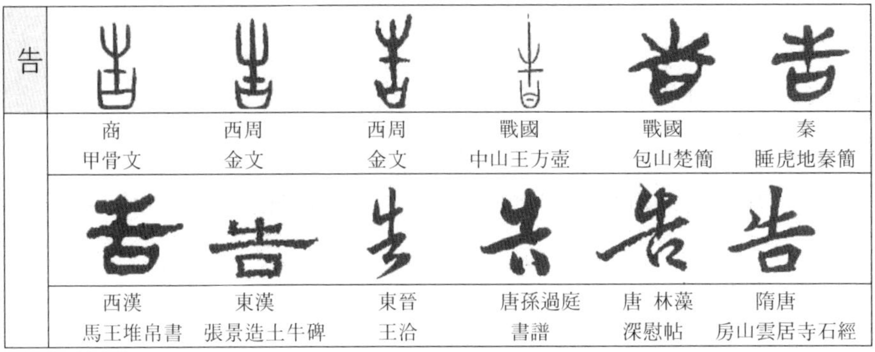

≪설문해자≫는 소의 뿔에 안전을 위해 설치한 가로대라 하였으나, 고문의 '告'자는 '가운데 방울 추가 달려 있는 악기'라고 주장하기도 한다. 혹은 '告'자는 '牿(우리 곡, gù)'자의 초문이라고 설명하기도 한다. 갑골문에서는 제명으로 쓰이고 '祰(조상에게 고하는 제 고, kào)'로 쓰인다.

"乃師或㠯(以)如(汝)告." ≪㑹匜(𠑺匜)≫
너의 상사가 다시 너를 고발하다.
"廣伐京𠂤(師)告追于王." ≪多友鼎≫
경사京師 지방을 크게 혼란하게 하자 왕에게 토벌하는 일을 보고 하였다.

---

787) '황당지언荒唐之言'. '황당지설荒唐之說.'
788) 유우有虞는 순(舜), 도당陶唐은 요堯이다.

商 ≪亞告簋≫(대만고궁박물관 소장)

[경고警告] [광고廣告] [보고報告] [신고申告] [출필고반필면出必告反必面] [출고반면出告反面] [이실고지以實告之][789]

【智(슬기 지, zhì)(知(알지, zhī)】

[說文] : “(𥏼, 智), 識詞也. 从白从亏从知. (𣉻), 古文𥏼.”

智. 지혜를 표시하는 허사이다. ‘白’·‘亏’와 ‘知’로 이루어진 자이다. ‘𥏼’자의 고문 ‘𣉻’로 쓴다.

[說文] : “(知), 詞也. 从口从矢.”

知. 알다[790]. ‘口’와 ‘矢’로 이루어진 회의자이다.

智	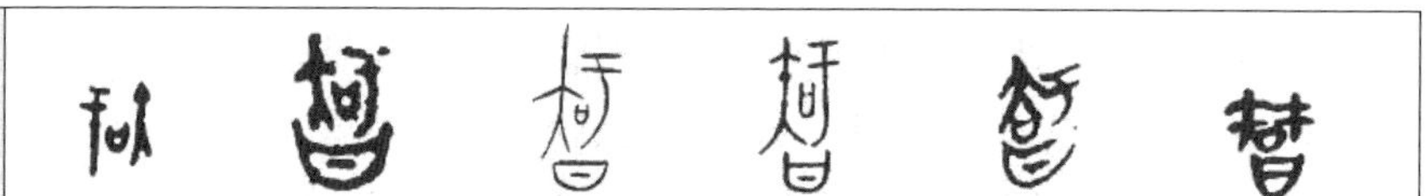
	商 甲骨文 / 西周 毛公鼎 / 戰國 中山王方壺 / 戰國 金文 / 戰國 郭店楚簡 / 秦 睡虎地秦簡
	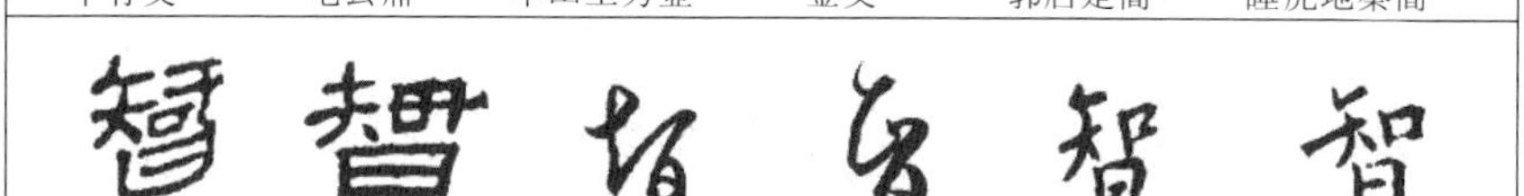
	西漢 銀雀山竹簡 / 東漢 甘陵相殘碑 / 東晉王羲之 澄清堂帖 / 唐孫過庭 書譜 / 東晉王羲之 集字聖教序 / 唐歐陽詢 九成宮醴泉銘

789) ‘실진무휘實陣無諱’. ‘이실고지以實告之’. ‘종실직고從實直告’. ‘진공陳供’.

790) ≪玉篇≫: 識

知						
	秦 睡虎地秦簡	說文篆文	西漢 馬王堆帛書	西漢 銀雀山竹簡	漢 居延漢簡	東漢 石門頌

	東漢 禮器碑	唐孫過庭 書譜	唐 張旭 肚痛帖	東晉王羲之 蘭亭序	隋智永 關中本千字文	東晉王羲之 十七帖

갑골문은 '智'자는 '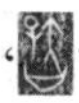'나 ''로 쓴다. 자건 '大'·'口'와 '子'로 쓴다. 혹은 '冊'을 추가하여 쓰기도 한다. 어른이 간책簡冊에 쓰여 진 내용을 입으로 아이에게 전해준다는 뜻이다.

금문 ''는 '大'·'口'·'于'와 '甘'로 쓴다. 갑골문과 후기 금문 중의 '矢'는 '大'가 와변된 것이고 '于'는 '子'가 와변된 것이다. '矢'는 '智'와 음성이 비슷하기 때문에 소리부로 변한 것이다. 금문에서는 '知'자의 통가자로 쓰인다.

금문은 '知'자를 ''·''자로 쓴다. '知'자를 의미부'口'와 소리부 '矢'로 이루어진 형성자로 보거나 혹은 '말(口)'을 화살처럼 빠르게 알다라는 의미로 해석하기도 한다.

"死(尸)母(毋)童(動)余一人在立(位), 引唯乃智(知)余非." ≪毛公鼎≫
나를 지켜서 나의 왕위가 흔들림이 없이 해야 하며, 나의 잘못을 알 수 있도록 인도해 주다.

"無唯正䎽(昏), 引亓(其)唯王智(智), 迺唯是喪我或(國). ≪毛公鼎≫
나의 혼란함을 바로 잡지 않고 왕이 지혜롭다고만 말한다면, 이는 우리나라의 망국을 자초하는 일이다.

"昏(聞)舜孝, 智其能羧(養)天下之老也." ≪郭店楚簡·唐虞之道≫
순이 효孝하다는 것을 듣고, 천하의 노인들을 돌볼 수 있음을 알았다.

"化(禍)莫大虐(乎)不智(知)足. 智(知)足之爲足, 此亙(恒)足矣." ≪郭店楚簡·老子甲≫
화는 만족할 줄 모르는 것보다 더 큰 것이 없다. 그런 까닭에 만족할 줄 앎으로서 만족을 하면, 항상 만족을 하게 되는 것이다.

[지식知識] [주지周知] [도지사道知事] [지혜知慧] [지천명知天命][791] [지기지우知己之友][792] [온고지신溫故知新]

【食(밥 식, shí,sì,yì)】

[說文] : “(食), 一米也. 从皀, 亼聲. 或說亼皀也.”

食. 모여 있는 쌀. 의미부 ‘皀’과 소리부 ‘亼’로 이루어진 형성자이다. 혹은 ‘亼’과 ‘皀’로 이루어진 자이다.

食

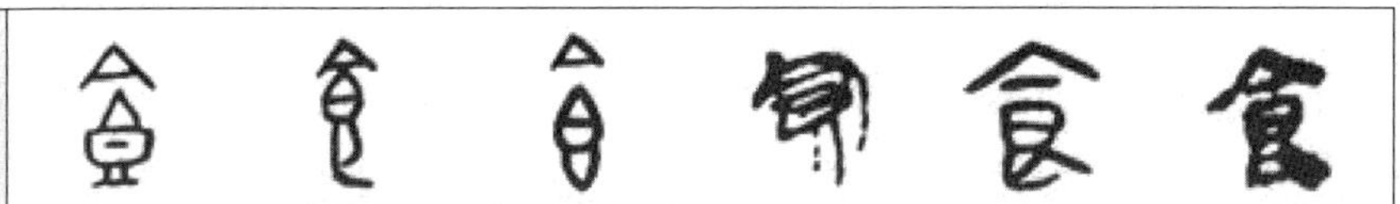

商 甲骨文	西周 金文	西周 金文	戰國 包山楚簡	秦 睡虎地秦簡	西漢 馬王堆帛書

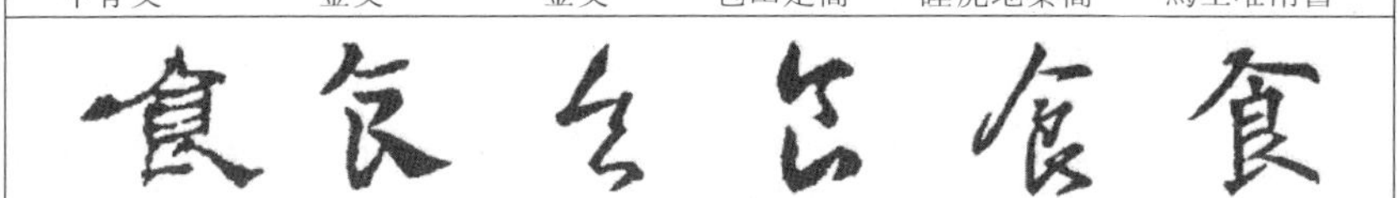

東漢 史晨前碑	吳皇象 急就章	東晉王羲之 十七帖	隋智永 關中本千字文	東晉 王獻之	唐歐陽詢 溫彥博碑

뚜껑 ‘亼’과 ‘皀(식기)’로 이루어진 자이다.

갑골문에서 ‘食日’·‘大食’은 아침 먹는 시간은 지금은 약 9-10시쯤에 해당되고 ‘小食’은 저녁 먹는 시간으로 지금의 약 4-5시 사이이다. 이외에도 ‘일식日蝕’·‘월식月蝕’ 등의 의미로 쓰인다.

“子曰: 君子食無求飽, 居無求安, 敏於事而愼於言, 就有道而正焉, 可謂好學也已.” ≪論語·學而≫

공자는 말하였다. 군자로서 식사하는 데는 배부르기를 바라지 않고, 거처하는 데는 편안하기를 바라지 않고, 일에 민첩하며 말에 조심스럽고, 인격을 갖춘 사람에게 나가 자신을 바로잡는다면 배우기를 좋아한다고 할 수 있다.

“子曰: 賢哉, 回也! 一簞食, 一瓢飮, 在陋巷, 人不堪其憂, 回也不改其樂. 賢哉, 回也!” ≪論語·雍也≫

공자는 말하였다. 훌륭하도다, 안회는. 한 그릇의 밥, 한 쪽박의 물로 빈촌에서 살게

791) 나이 50세.

792) ‘백아절현伯牙絶絃’. ‘유수고산流水高山’.

되면 다른 사람들은 그 근심을 견디어 내지 못하는데, 안회回는 그렇게 살면서도 그의 즐거움이 변하지 않는다. 훌륭하도다. 안회는.

[음식飮食] [식량食糧] [식품食品] [단사표음簞食瓢飮][793] [삼순구식三旬九食][794] [문전걸식門前乞食문전걸식] [금의옥식錦衣玉食][795]

【樂(풍류 악(낙, 요), lè,yào,yuè)】

[說文] : “(樂), 五聲八音總名. 象鼓鞞木虡也.”

樂. 오성이나 팔음의 총칭이다. 윗부분은 북의 모양이고, ‘木’은 쇠북걸이 틀이다.

樂

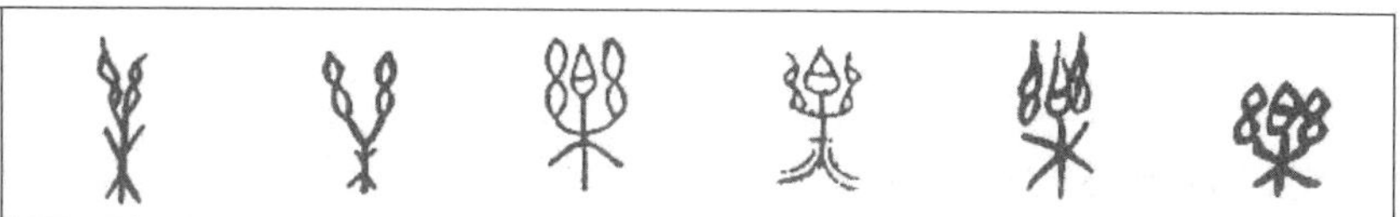

商 甲骨文	西周 金文	春秋 王孫遺者鐘	春秋 侯馬盟書	戰國 郭店楚簡	秦 睡虎地秦簡

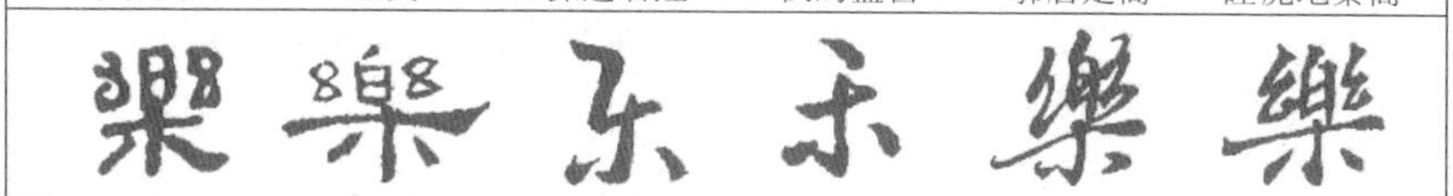

西漢 銀雀山竹簡	東漢 禮器碑	東晉王羲之 淳化閣帖	隋智永 關中本千字文	東晉王羲之 蘭亭敍	北魏 元彦墓誌

‘樂’자는 나무에 줄을 묶어 만든 악기의 모습이다. 가운데 ‘白’의 형태는 손가락으로 현을 켜는 형상이 아닌가 한다.

갑골문에서 지명으로 쓰인다. 금문에서는 ‘연주하다’나 동사의 용법인 ‘기쁘게 하다’라는 뜻으로 쓰인다.

“今日步于樂, 亡(無)災.” (≪合集≫36501)

오늘 악樂지방으로 도보로 가면 재앙이 없을까요?

“其子孫孫永日鼓樂丝(兹)鐘.” ≪井弔鐘≫

자자손손 매일매일 영원히 이 종을 연주하고자 한다.

“用樂嘉賓.” ≪王孫遺者鐘≫

이를 이용하여 훌륭한 객들을 기쁘게 하고자 한다.

---

793) 대그릇의 밥과 표주박의 물. 좋지 못한 적은 음식飮食.

794) 삼순은 한 달이다. 아홉 번 밥을 먹는다. 집안이 가난하여 먹을 것이 없어 굶주린다.

795) 비단옷과 흰쌀밥. 사치奢侈스러운 생활.

“君子有三樂，而王天下不與存焉．父母俱存，兄弟無故，一樂也．仰不愧於天，俯不怍於人，二樂也．得天下英才而教育之，三樂也．君子有三樂，而王天下不與存焉．”≪孟子·盡心上≫

군자에게는 세 가지 즐거움이 있는데, 천하의 왕 노릇하는 것은 거기에 들어 있지 않는다. 부모가 다 생존하고, 형제들에 연고가 없는 것이 첫째의 즐거움이다. 우러러보아서 하늘에 부끄럽지 않고, 굽어보아서 사람에게 부끄럽지 않은 것이 둘째의 즐거움이다. 천하의 뛰어난 인재를 얻어서 교육하는 것이 셋째의 즐거움이다. 군자에게는 세 가지 즐거움이 있으나 천하의 왕 노릇하는 것은 거기에 들어 있지 않다.

[음악音樂] [낙관樂觀] [고락苦樂] [오락娛樂] [군자삼락君子三樂][796] [동고동락同苦同樂]

【尹(다스릴 윤, yǐn)】

[說文]：“(尹), 治也. 从又·ノ, 握事者也. (𦘫), 古文尹.”

尹. 다스리다. ‘又’와 ‘ノ’로 이루어진 회의자이다. 할 일을 붙잡고 있다는 뜻이다. ‘尹’자의 고문은 ‘𦘫’로 쓴다.

尹	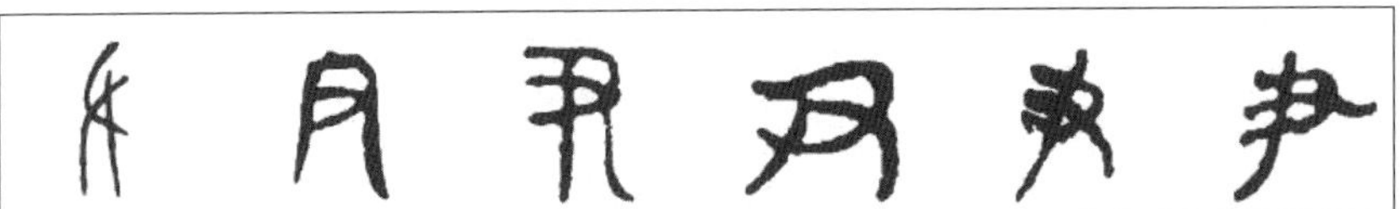					
	商 甲骨文	西周 令方彝	西周 金文	戰國 包山楚簡	西漢 馬王堆帛書	西漢 銀雀山竹簡
	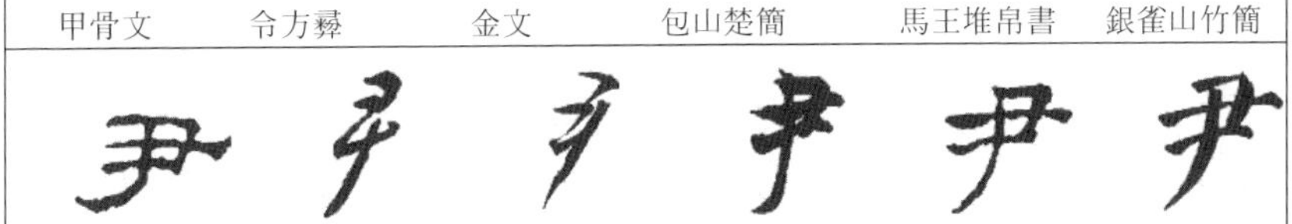					
	東漢 韓仁銘	隋智永 關中本千字文	唐賀知章 孝經	唐歐陽通 行書千字文	唐褚遂良 倪寬傳贊	唐顏眞卿 顏勤禮碑

‘尹’자는 손(又)으로 ‘丨’(필기 도구)를 들고 일을 처리하는 관리의 모습이다. 갑골문에서는 ‘尹’과 ‘君’이 같은 자로 쓰인다.

갑골문에서 관직명으로 쓰이고, 금문에서는 ‘다스리다’는 뜻으로 쓰인다.

796) 군자君子의 세 가지 즐거움. 부모父母가 다 살아 계시고 형제兄弟가 무고無故하고, 하늘과 사람에게 부끄러워할 것이 없는 것이고, 천하天下의 영재를 가르치는 것이다.

“令尹乍(作)大田.”(≪合集≫9472正)

윤尹으로 하여금 큰 논을 경작하도록 하다.

“其令多尹乍(作)王寢.”(≪合集≫32980)

다윤多尹으로 하여금 왕의 침실을 만들도록 하다.

“王令周公子明保尹三事四方.”≪令方彝≫

왕은 주공의 아들인 명보로 하여금 내정과 외무를 담당토록 하였다.[797]

[반계이윤磻溪伊尹][798]

【君(임금 군, jūn)】

[說文] : “(君), 尊也. 从尹; 發號, 故从口. (㖖), 古文象君坐形.”

君. 존귀한 존재이다. ‘尹’은 다스리다의 뜻이고, ‘口’는 명령을 내리다의 뜻이다. 고문 ‘㖖’는 군주가 앉아있는 모습이다.

‘君’은 관리 ‘尹’이 명령(口)을 내린다는 뜻이다. 혹은 ‘尹’을 소리부로 보기도 한다. 갑골문 중의 ‘多君’은 ‘多尹’으로 읽는다.

“余告多君(尹).”(≪合集≫24135) 내가 다윤에게 말하다.

癸亥貞: 王令多尹壅田于西, 受禾. 癸亥貞: 多尹弜作, 受禾.(≪合集≫33209)

---

797) ‘三事’는 ‘三吏’로 쓰기도 한다. 내정을 담당하는 六卿·獄官과 제후를 가리킨다.

798) 주문왕周文王은 반계磻溪에서 강태공姜太公을 맞이하고, 은왕殷王은 신야莘野에서 이윤伊尹을 맞이하다.

계해에 점을 칩니다. 왕이 만약 여러 관리들에게 서쪽지역으로 가서 땅을 평평하게 고르라고 명령한다면 좋은 수확을 할 수 있을까요? 계해에 점을 칩니다. 여러 관리들이 땅을 고르러 가지 않아도 좋은 수확을 할 수 있을까요?

“居處不莊, 非孝也. 事君不忠, 非孝也. 莅官不敬, 非孝也.” ≪呂氏春秋·孝行≫

행동거지가 정중하지 않으면 효가 아니고, 군주를 섬기되 충성을 다하지 않는 것도 불효요, 벼슬을 하면서도 일을 공경하게 처리하지 않는다면 이 또한 불효인 것이다.

[군림君臨][799] [가군家君][800] [선부군先父君][801] [군신수어君臣水魚][802] [양상군자梁上君子][803] [엄군嚴君][804]

【事(史 역사 사; shǐ)(吏 벼슬아치 리, lì) 】

[說文] : “史(史), 記事者也. 从又持中; 中, 正也.”

史. 사건을 기록하는 것이다. 손(又)으로 ‘中’을 쥐고 있는 형상이다. ‘中’은 ‘곧고 바름(中正)’이라는 뜻이다.

[說文] : “事(事), 職[805]也. 从史, 之省聲. 叓(叓), 古文事.”

事. 기록하는 일이다. ‘史’와 ‘之’의 생략형이 소리부인 자로 이루어진 자이다. 고문은 ‘叓’로 쓴다.

[說文] : “吏(吏), 治人者也. 从一, 从史, 史亦聲.”

吏. 사람을 다스리는 관리이다. ‘一’과 ‘史’로 이루어진 자이다. ‘史’는 또한 소리부이다.

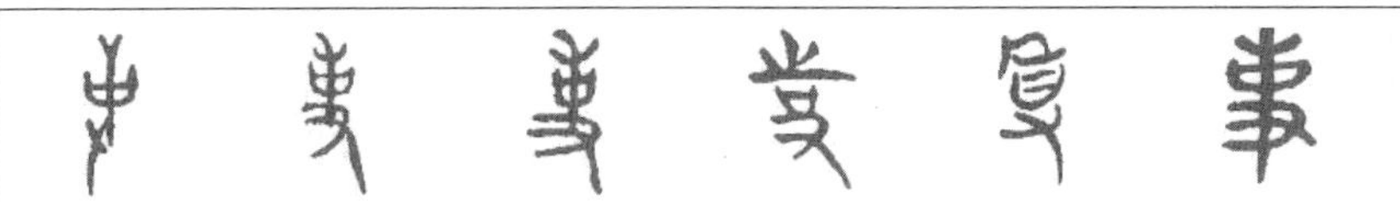

事	商 甲骨文	西周 利簋	西周 史頌鼎	春秋 侯馬盟書	戰國 郭店楚簡	秦 睡虎地秦簡

799) 임금으로서 나라를 다스리다.
800) 자신의 아버지. 선친先親이나 선인先人. 혹은 남편男便을 가리킨다.
801) 선고先考의 높임말.
802) ‘삼고초려三顧草廬’. ‘수어지교魚之交’. ‘수어지친水魚之親’. ‘어수지친魚水之親’. ‘유어유수猶魚有水’.
803) 대들보 위에 있는 군자. 도둑을 미화美化하여 점잖게 부르는 말.
804) 엄하게 길러 주는 어버이.
805) 왕균(王筠)≪句讀≫: 職, 記微也.

	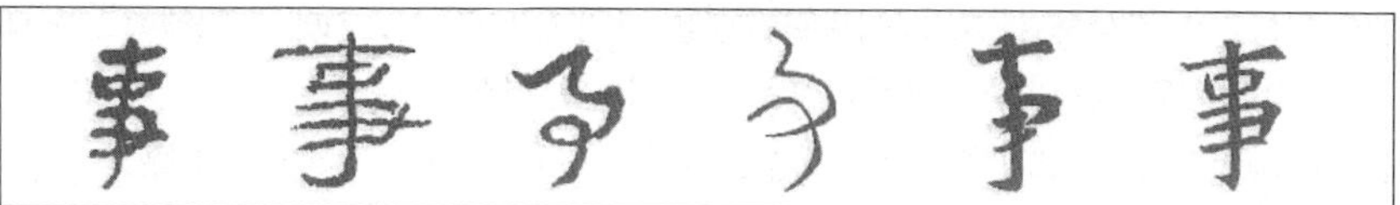					
	西漢 馬王堆帛書	西周 乙瑛碑	吳皇象 急就章	東晉 元帝	東晉王羲之 蘭亭序	隋 蘇孝慈墓誌
史	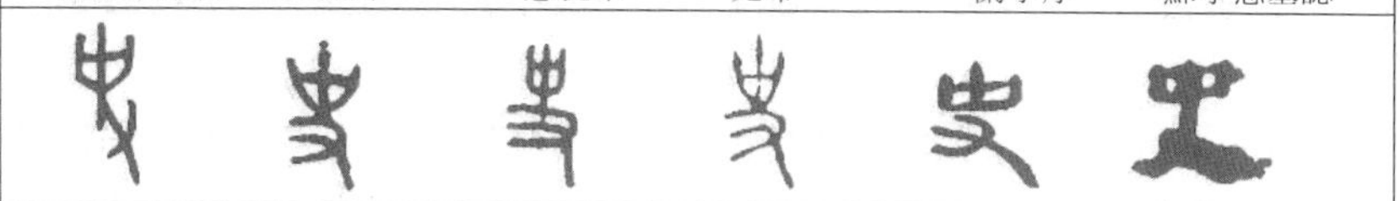					
	商 甲骨文	西周 史牆盤	西周 史頌簋	春秋 金文	秦 睡虎地秦簡	西漢 馬王堆帛書
	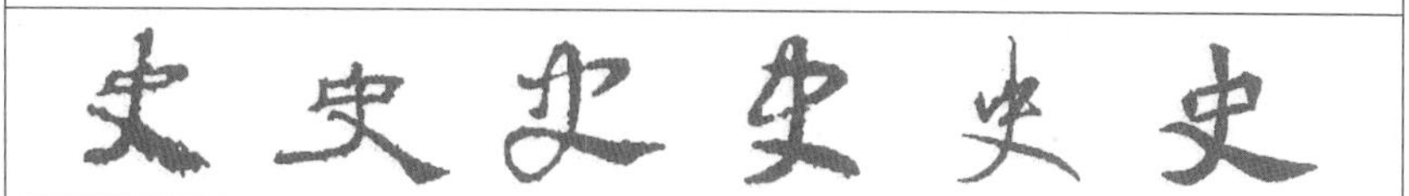					
	漢 武威漢簡	東漢 乙瑛碑	吳皇象 急就章	隋智永 關中本千字文	唐李邕 李思訓碑	北魏 元羽墓誌
吏	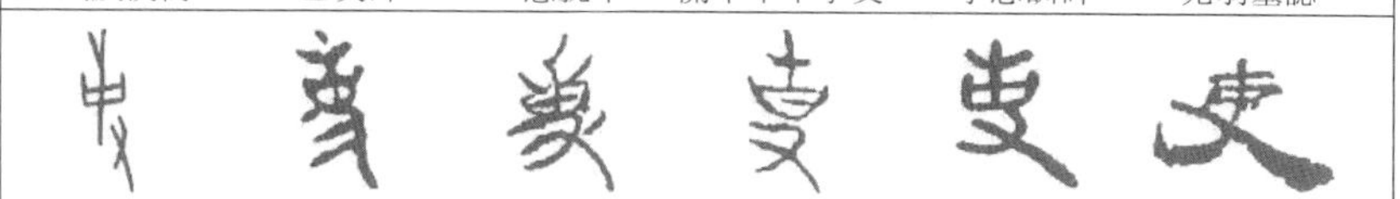					
	商 甲骨文	西周 金文	戰國 楚王酓忎鼎	春秋 侯馬盟書	秦 睡虎地秦簡	漢 居延漢簡
	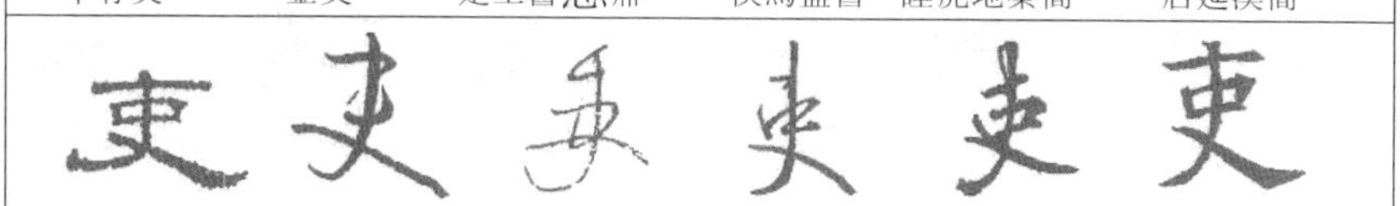					
	東漢 張景造土牛碑	唐孫過庭 書譜	唐懷素 自敘帖	唐高宗 李勣碑	唐李邕 李思訓碑	隋 蘇孝慈墓誌

갑골문과 금문은 손에 병기 방패(干盾)를 들고 방어를 하거나 깃발 '中'을 중심으로 많은 사람이 모여 출정을 하거나 '出使'를 한다는 뜻이다. 또한 이러한 일들을 담당하는 사람이나 이를 기록하는 관리가 '吏'이기 때문에 '吏'자의 의미로도 쓰인다.

갑골문은 ''로 쓰거나, 금문은 ''·''로 쓰기도 한다. '史'·'吏'·'事'·'使'자는 원래 같은 자이나 후에 각각 분화되어 쓰인다. 혹은 '史'자 등의 발음이 복성모複聲母 'sl'이었다가 후에 분화된 것이 아닌가 한다. ≪설문해자≫는 '吏'자는 음성부가 '史'라 하였다.

"余彌心畏誋(忌), 余四事是台(以), 余爲大攻(工)厄(軛)大吏(使)·大遺·大宰, 是辝(以)可事(使)." ≪𩍐鎛(齊侯鎛)≫

진심으로 조심하고, 이 사직관四職官을 나의 임무로 삼았기에 대공액大工軛·대사大使·대미大遺와 대재大宰 직무를 성실히 수행토록 하겠다.

"居處恭, 執事敬, 與人忠. 雖之夷狄, 不可棄也." ≪論語·子路≫

행동거지는 공손하고, 일은 처리는 신중하며, 사람을 대할 때는 온 정성을 다하여야 하는데, 이러한 태도는 비록 오랑캐 나라에 간다하더라도 꼭 간직해야 한다.

[역사歷史] [사기史記] [경사백자經史百子][806] [사실事實] [사건事件] [사례事例] [호사다마好事多魔][807] [사필귀정事必歸正][808] [다사다난多事多難] [탐관오리貪官汚吏] [백주홍인면황금흑리심白酒紅人面黃金黑吏心][809] [사용使用] [노사勞使] [함흥차사咸興差使][810] [백의천사白衣天使]

【丈(어른 장, zhàng)】

[說文] : "(丈), 十尺也. 从又持十."

丈. 길이 십 척이다. '又'가 '十'을 들고 있는 형상이다.

丈						
	戰國 郭店楚簡	秦 睡虎地秦簡	說文篆文	西漢 馬王堆帛書	西漢 馬王堆帛書	西漢 銀雀山竹簡
	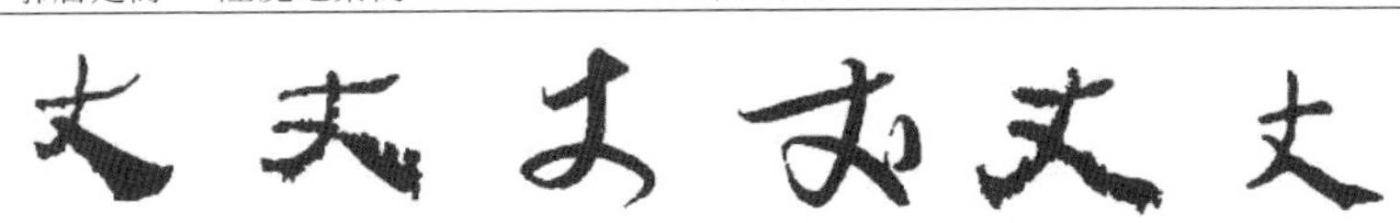					
	漢 居延漢簡	漢 居延漢簡	元 鮮于樞	元 馮子振	北魏 石門頌	唐虞世南 孔子廟堂碑

'丈'은 '杖(지팡이 장, zhàng)'은 초문이다. 손에 지팡이를 들고 있는 모습이다. 후에 도량단위로 쓴다.

806) 경서經書와 사서史書, 제자백가諸子百家의 서書. 많은 책冊.

807) '시어다골鰣魚多骨'. 준치는 맛은 좋으나 가시가 많다. 좋은 일의 한편에는 귀찮은 일도 많다.

808) '사불범정邪不犯正'.

809) 흰 술은 사람의 얼굴을 붉게 하고, 황금黃金은 아전의 마음을 검게 한다.

810) 심부름꾼이 가서 소식消息이 없거나, 또는 회답回答이 더딜 때의 비유. 한번 간 사람이 돌아오지 않거나 소식消息이 없다.

"子路從而後, 遇丈人, 以杖荷蓧." ≪論語·微子≫

자로가 선생님을 따라가다가 뒤떨어졌다. 한 노인을 만났는데 지팡이로 멱서리를 지고 있었다.

[함장函丈][811]　[가유현처장부부조횡사家有賢妻丈夫不遭橫事][812]　[왕존장王尊丈][813]　[기고만장氣高萬丈]

【父(아비 부, fù,fǔ)】

[說文] : "(父), 矩也, 家長率教者. 从又擧杖."

父. 규칙을 지키는 가장. 가장으로 집안의 어른 아이의 교육을 담당하는 사람. 손(又)에 지팡이를 들고 있는 형상이다.

父

商	商	西周	春秋	戰國	秦
甲骨文	戍嗣子鼎	毛公鼎	侯馬盟書	包山楚簡	睡虎地秦簡

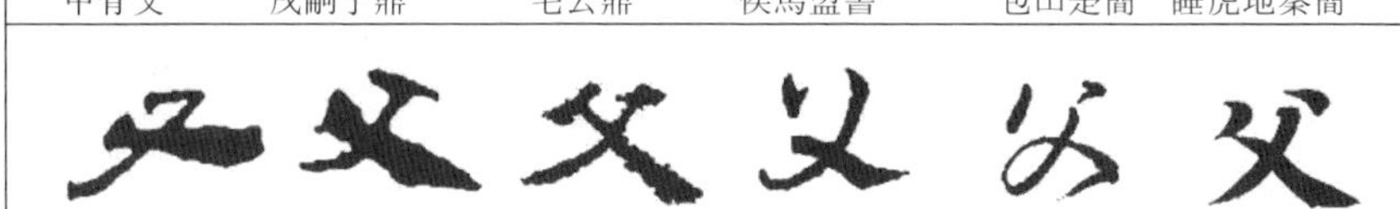

漢	漢	東漢	吳皇象	東晉王羲之	隋智永
居延漢簡	武威漢簡	北海相景君碑	急就章	興福寺斷碑	眞草千字文

손에 '斧(도끼 부, fǔ)'을 들고 있는 형상이다. 혹은 남자가 돌로 만든 도끼(丨)를 들고 있는 모습이라고 설명하기도 한다. '父'자는 '斧'자의 초문이다.

"貞告于三父." (≪合集≫2330)

점을 칩니다. 세 분의 아버지 세대인 숙부들께 고제祰祭를 지낼까요.

"貞勿㞢(侑)于陽甲·父庚·父辛一牛." (≪合集≫6647正)

점을 칩니다. 선조 양갑·부경과 부신에게 한 마리의 소를 희생품으로 바쳐 유제侑祭를 지낼까요.

811) 스승.

812) 가정家庭에 어진 아내가 있으면 남편男便은 부정不正한 일을 하지 않는다.

813) 남의 할아버지. 할아버지와 나이가 비슷한 어른.

[조부祖父] [부주父主][814] [부친父親] [왕부王父][815]

商周 父丁爵(대만고궁박물관 소장)

【采(캘 채, cǎi,cài)】

[說文] : "(采), 捋(집어딸 랄 lǚ,luō)取也. 从木, 从爪."

采. 잡아 뜯다. '木'과 '爪'로 이루어진 회의자이다.

采						
	商 甲骨文	商 甲骨文	西周 金文	古璽	春秋 侯馬盟書	秦 睡虎地秦簡

	西漢 馬王堆帛書	東漢 孔宙碑	南宋 薛紹彭	明 陳繼儒	北宋米芾 苕溪詩卷	北魏 元頊墓誌

'采'자는 나무 위에 달린 과실을 취하는 모습이다. 후에 '손(手)'을 추가하여 '採'자로 쓴다. 초죽서에서는 '彩'자의 가차자로도 쓰인다.

"又(有)其爲人之迦(節)迦(節)女(如)也, 不又(有)夫柬柬之心則采(彩)." ≪郭店楚簡·性自命出≫

814) 아버님.

815) 할아버지. 임금의 아버지.

만약에 사람의 행실 태도가 절도가 있으나 진실 된 마음이 없다면 실질적이지 못하고 꾸밈만이 있다.

[채택採擇] [채용採用] [채취採取] [채신지우採薪之憂][816] [교자채신敎子採薪][817] [채장보단採長補短][818] [박채중의博採衆議][819]

【秉(잡을 병, bǐng)】

[說文] : “(秉), 禾束也. 从又, 持禾.”

秉. 한 중의 벼. ‘又’로 이루어진 자이고, ‘又’가 ‘禾’를 쥐고 있는 모습이다.

秉						
	商 甲骨文	西周 金文	西周 金文	秦 睡虎地秦簡	西漢 馬王堆帛書	東漢 孔宙碑
	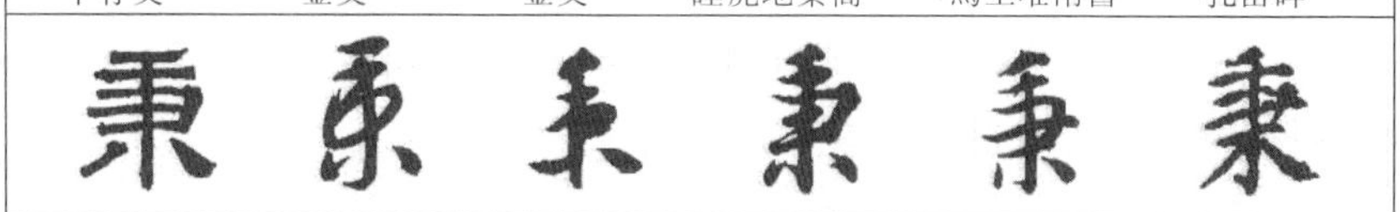					
	魏 正始石經	隋智永 眞草千字文	唐懷素 草書千字文	唐孫過庭 行書千字文	隋智永 眞草千字文	唐顔眞卿 元次山碑

손(又)으로 ‘벼(禾)’를 쥐고 있는 모습이다. 두 개의 ‘禾’를 잡고 있는 모습이 ‘兼’자이다.

“≪寺(詩)≫員(云): 隹(誰)秉宬(國)成, 不自爲貞, 卒裻(勞)百眚(姓).” ≪郭店楚簡·緇衣≫

≪시경≫은 누가 국가의 정무를 주관하는가? 자기 자신이 정직하지 못하면 백성은 더욱 수고스럽게 된다고 말하였다.

[병권秉權] [병촉야유秉燭夜遊][820] [병촉야행秉燭夜行][821]

---

816) 병病이 들어 나무를 할 수 없다. 자기自己의 병病을 겸손謙遜하게 이르는 말.
817) 자식에게 땔나무 캐오는 법을 가르치라. 무슨 일이든 장기적인 안목眼目을 갖고 근본적인 처방處方에 힘쓰다.
818) 장점長點은 취取하고 단점短點은 보완補完.
819) 널리 여러 사람의 의견을 듣다.
820) 촛불을 들고 밤에 논다. 경치景致가 좋은 날 낮에 놀던 흥興이 미진해서 밤중까지 놀다.
821) 촛불을 들고 밤길을 간다. 시기에 늦음을 비유.

【喪(죽을 상, sāng,sàng)】

[說文] : “(喪), 亡也. 从哭, 从亡, 會意. 亡亦聲.”

喪. 죽다. ‘哭’과 ‘亡’으로 이루어진 회의자이다. ‘亡’은 또한 음을 표시한다.

喪	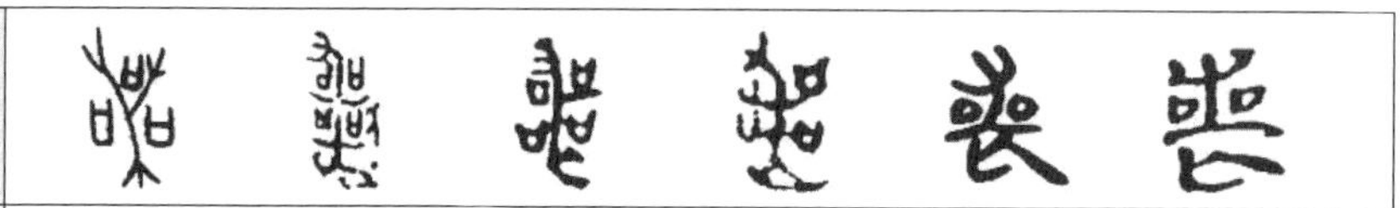					
	商 甲骨文	西周 金文	西周 毛公鼎	春秋 金文	秦 睡虎地秦簡	西漢 銀雀山竹簡
	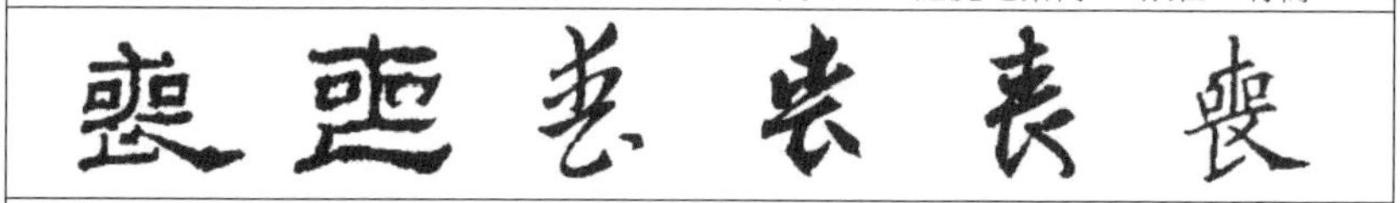					
	東漢 朝侯小子殘碑	東漢 韓仁銘	東漢 張芝	唐 賀知章 孝經	東晉 王羲之 喪亂帖	唐 歐陽詢 皇甫誕碑

‘喪’자는 원래 뽕나무(桑)의 모양이다. 후에 ‘죽다’라는 의미로 가차되어 쓰인다. 갑골문 중의 ‘口’는 뽕을 따는 기구가 아닌가 한다. 금문에서 소리와 의미를 나타내는 ‘亡’이 추가되어 쓰인다. 혹은 몇 개의 의미부‘口’와 소리부‘桑(뽕나무 상, sāng)’으로 이루어진 형성자로 보기도 한다.

“雩(與)殷正百辟，率肄(肆)于酉(酒)，古喪𠂤(師)．”≪大盂鼎≫

그 이유는 은殷나라는 멀리는 제후에서부터 가까이는 조정의 대소관원大小官員이 술에 빠져 군대를 상실했다.

[상가喪家] [상실喪失] [조상弔喪] [상가지구喪家之狗][822] [관혼상제冠婚喪祭] [상례喪禮] [낙담상혼落膽喪魂][823] [완물상지玩物喪志][824]

【芻(꼴 추, chú)】

[說文] : “(芻), 刈艸也. 象包束艸之形.”

芻. 풀을 베다. 풀 묶음을 품안에 안는 모습이다.

822) 별 대접(待接)을 받지 못하는 사람. 여위고 지칠 대로 지친 수척瘦瘠한 사람.
823) 몹시 놀라 얼이 빠지고 정신精神이 없다.
824) 쓸 데 없는 물건을 가지고 노는 데 정신 팔려 소중한 자신의 의지를 잃는다.

芻					
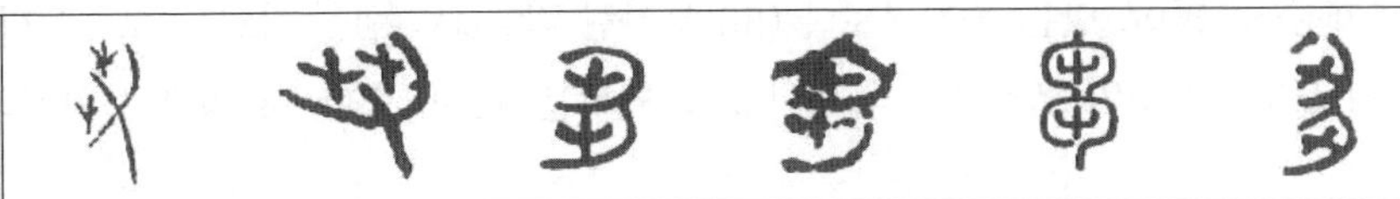					
商 甲骨文	西周 散氏盤	秦 睡虎地秦簡	西漢 馬王堆帛書	說文篆文	西漢 銀雀山竹簡
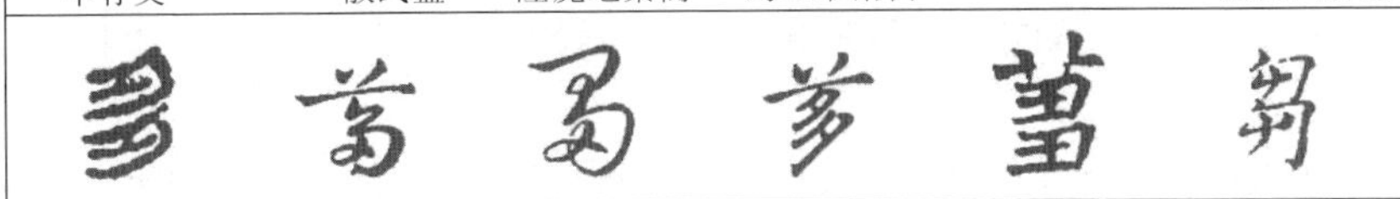					
西漢 馬王堆帛書	吳皇象 急就章	草韻辨體	魏鍾繇 宣示表	北魏 元維墓誌	唐褚遂良 倪寬傳贊

'손(又)'으로 '艸'를 쥐어 잡아 뜯는 형상이다.

> 己丑卜, 㱿貞: 卽以芻, 其五百唯六. 貞: 卽以芻, 不其五百唯六. (≪合集≫93正)
> 己丑일에 㱿이 점을 칩. 卽은 데리고 온 가축은 506마리일까요? 점을 칩니다. 卽은 데리고 온 가축은 506마리가 아닐까요?

[반추反芻][825] [추의芻議][826] [우후투추牛後投芻][827]

【農(농사 농, nóng)】

[說文] : "(農), 耕也. 从晨, 囟聲. (辳), 籒文農从林. (䢉), 古文農; 𦿲, 亦古文農."

農. 경작하다. 의미부 '晨'와 소리부 '囟'으로 이루어진 형성자이다. 주문은 '農'자는 '林'을 써서 '辳'으로 고문은 '䢉'이나 '𦿲'으로 쓴다.

農					
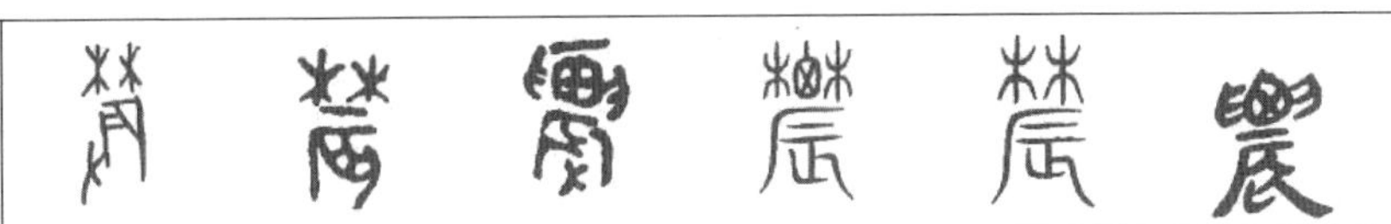					
商 甲骨文	西周 史牆盤	西周 散氏盤	說文籀文	說文古文	秦 睡虎地秦簡

西漢 馬王堆帛書	東漢 武氏祠畫像題字	吳皇象 急就章	隋智永 關中本千字文	隋智永 眞草千字文	隋 美人董氏墓誌

825) 되새김.
826) 초야草野의 언론言論. 천賤한 사람의 말. 자기 의견을 낮추어 이르는 말.
827) 소 궁둥이에 꼴 던지기. 어리석은 사람은 가르쳐도 소용이 없음을 비유.

조개류(辰, 耨)로 만든 농기구로 논(田)에 자란 작물(林, 艸)을 자르는 모습이다. 후에 '林'의 모양이 '臼'의 모양으로 와전되었고, 윗부분 '田'이 또한 '曲'형으로 와전되었다.

"若農服田力穡." ≪尙書·盤庚≫

농사꾼이 밭에서 일하고 힘들여 농사지어야 풍성한 가을이 있는 것과 같다.

[농민農民] [농사農事] [농업農業] [농촌農村] [사농공상士農工商] [농부실시農不失時][828] [농부아사침궐종자農夫餓死枕厥種子][829]

【般(돌 반, bān,bō,pán)】

[說文] : "(般), 辟也. 象舟之旋, 从舟, 从殳. 殳, 所以旋也. (舩), 古文般从支[攴]."

般. 빙빙 돌리다. 자건 '舟'는 배를 돌린다는 뜻이다. 자건 '殳'는 물건을 돌리는 도구이다. 고문은 '攴'을 사용하여 '舩'로 쓴다.

般

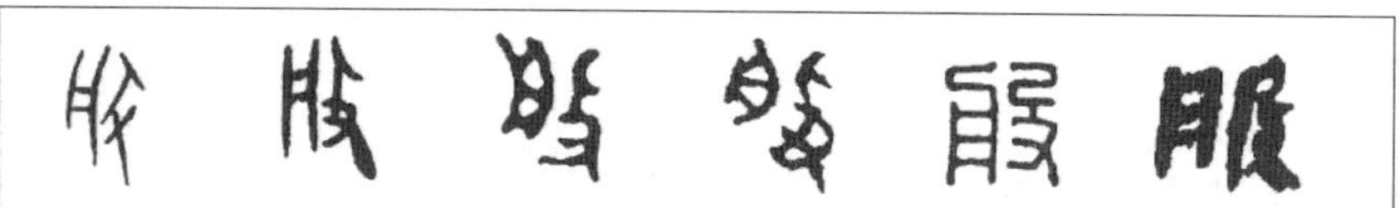

商 甲骨文	商 金文	西周 金文	春秋 金文	漢印	西漢 馬王堆帛書

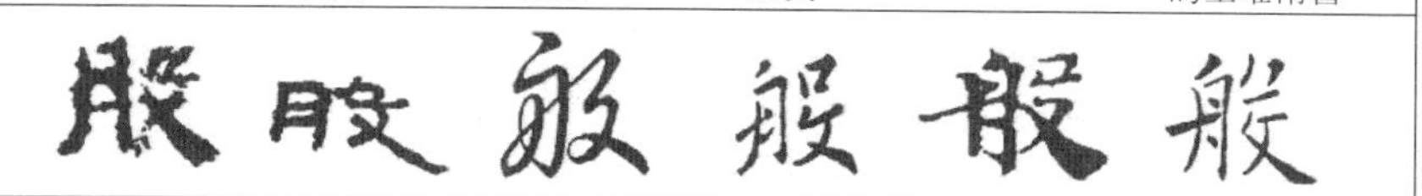

東漢 魯峻陰碑	漢 金文	草韻辨體	東晉王羲之 集字聖教序	梁 律序卷上	唐歐陽詢 九成宮醴泉銘

갑골문이나 금문은 두 손(攴)으로 '凡'('盤'·'槃')을 들고 있는 형상이다. 따라서 '盤'이나 '槃'의 의미로 쓰이기도 한다. '凡'은 후에 '舟'로 와전되었다. 갑골문에서는 선왕의 이름인 반경盤庚의 뜻으로 쓰이고, 금문에서는 인명으로 쓰인다.

"古貞: 般往來亡囚(禍)." (≪合集≫4259正)

고가 점을 칩니다. 반경이 오가는데 재난이 없을까요?

828) 농사農事짓는 일은 제 때를 놓치지 말아야 한다.

829) 농부農夫는 굶어 죽더라도 그 종자를 베고 죽는다. 농부는 죽어도 종자만은 꼭 보관한다. 죽을 때까지 희망을 버리지 않고 앞날을 생각하다. 죽고 나면 재물財物도 소용이 없다.

"王商(賞)乍(作)冊般貝." ≪作冊般甗≫

왕은 작책 반에게 패를 하사하였다.

[일반一般] [전반全般] [금고일반今古一般] [금강반야파라밀경金剛般若波羅密經][830)]
[피차일반彼此一般] [주축일반走逐一般][831)]

【啓(열 계, qǐ)】

[說文] : "启(啟), 教也. 从攴, 启聲. ≪論語≫曰: '不憤不啟.'"

啟. 개도하다. 의미부 '攴'와 소리부 '启'로 이루어진 형성자이다. ≪논어≫에서 '분발하지 않으면 개도하지 않다'라 했다.

손으로 문을 열고 있는 모습인 '攴'자의 갑골문은 '啟'자의 초문이다. 금문은 쇠(戈)와 '口'로 이루어진 '肇(칠 조, zhào)'자의 생략형으로 쓴다. '口'는 문을 연 후의 공간을 표시한다하거나, 혹은 ≪설문해자≫는 의미부 '口'와 소리부 '攴(啟)'로 이루어진 형성자로 보았다.

明 文徵明 赤壁圖(대만고궁박물관 소장)

830) 대승大乘의 반야의 경지에서 공혜로써 체를 삼고 일체법一體法 무아無我의 이치理致를 말한 경문經文.
831) 옳지 못한 일은 앞서갔건 뒤따라갔건 다 마찬가지이다.

[계도啓導] [계몽啓蒙] [계발啓發][832] [복계復啓][833] [경계敬啓][834]

【枚(줄기 매, méi)】

[說文] : “(枚). 榦也. 可爲杖. 从木从攴. ≪詩≫日: 施于條枚.”

枚. 나뭇가지이다. 지팡이로 사용할 수 있는 가지이다. ‘木’과 ‘攴’으로 이루어진 회의자이다. ≪시경≫에서는 ‘잠자리가 나무 가지에 앉다.’라 하였다.[835]

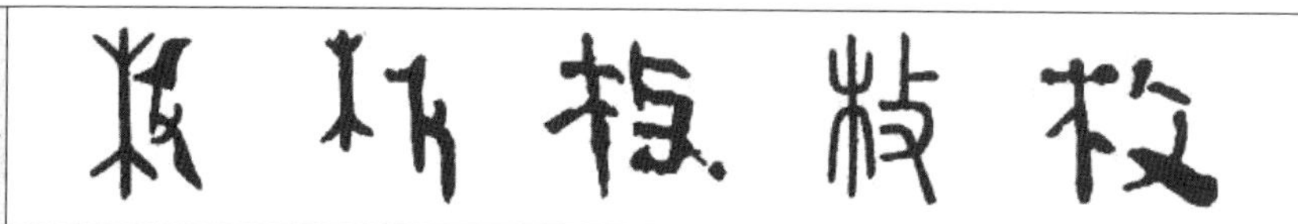

枚				
商 金文	西周 金文	漢 金文	說文篆文	西漢 銀雀山竹簡

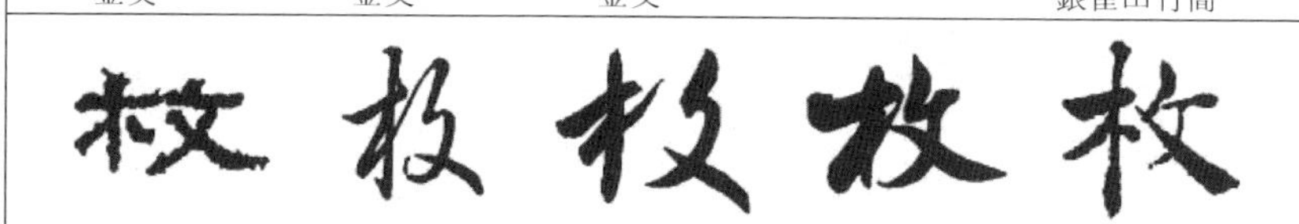

東漢 武氏祠畫像題字	草韻辨體	東晉王羲之 奉橘帖	北宋米芾 苕溪詩卷	唐褚遂良 倪寬傳贊

나무를 잘라 만든 몽둥이로 두드리는 형상이다. 갑골문에서 지명으로 쓰인다.

“令(命)比枚白(伯).”(≪合集≫28094)

목지방의 수령首領에게 연합하도록 명령하다.

[매수枚數] [매보枚報][836]

明 唐寅 畵山水人物, 衣(다듬이질)
(대만고궁박물관 소장)

832) 슬기와 재능才能을 열어 깨우쳐 주다.
833) 공경恭敬하여 답장答狀하다. 회답回答 편지便紙의 첫머리에 쓰는 말.
834) 편지便紙에 첫머리에 쓰는 말로써 삼가 사뢴다는 뜻.
835) ≪시경≫은 ≪大雅·旱麓≫을 가리킨다.
836) 낱낱이 보고함.

【牧(칠 목, mù)】

[說文] : “(牧), 養牛人也. 从攴, 从牛. ≪詩≫曰: ‘牧人乃夢.’”

牧. 소를 기르는 사람. ‘攴’와 ‘牛’로 이루어진 회의자이다. ≪시경≫에서는 ‘목동이 꿈을 꾸다’라 하였다.

牧	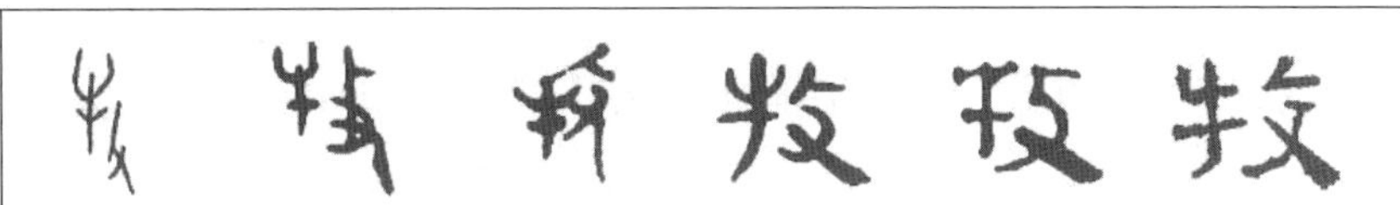					
	商 甲骨文	西周 金文	戰國 郭店楚簡	秦 睡虎地秦簡	西漢 銀雀山竹簡	東漢 西狹頌
	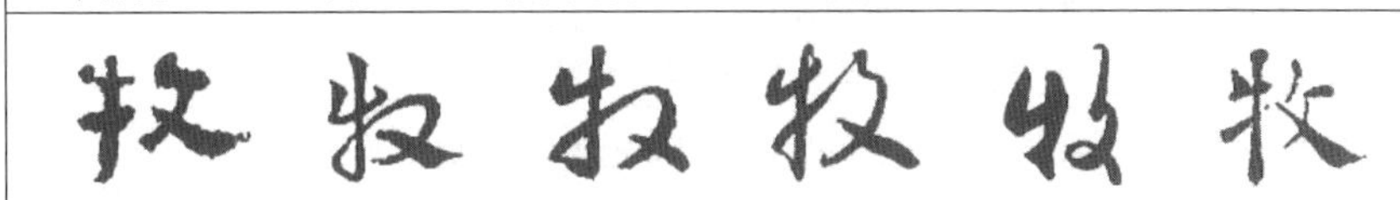					
	東漢 魯峻碑陰	吳皇象 急就章	隋智永 關中本千字文	唐懷素 草書千字文	唐杜牧 張好好詩	唐褚遂良 倪寬傳贊

“又(有)其爲人之快女(如)也, 弗牧不可.” ≪郭店楚簡·性自命出≫

사람이 방자하고 안일한 생활 습관을 가지고 있다면 노력하여 학습하지 않으면 안 된다.[837]

[기전파목起翦頗牧][838] [목민지관牧民之官][839]

【爲(할 위, wéi,wèi)】

[說文] : “(爲), 母猴也, 其爲禽好爪, 爪, 母猴象也. 下腹為母猴形. 王育曰: ‘爪, 象形也.’ (𤓰), 古文爲, 象兩母猴相對形.”

爲. 암놈 원숭이. 습성이 손가락을 잘 사용하는 동물이다. ‘爪’는 암 원숭이를 상징한다. 문자의 아랫부분은 원숭이의 몸체의 형상이다. 왕육은 ‘爪’는 상형이라 하였다. ‘爲’의 고문은 ‘𤓰’로 쓴다. 두 마리의 원숭이가 서로 마주 앉은 모습이다.

爲						
	商 甲骨文	西周 金文	戰國 中山王鼎	戰國 包山楚簡	戰國 石鼓文	秦 睡虎地秦簡

837) ‘(牧)’은 ‘관리하고 다스리다’의 뜻이다.

838) 백기白起와 왕전王剪은 진秦나라 장수將帥, 염파廉頗와 이목李牧은 조趙나라 장수이다.

839) 백성을 다스리는 관리.

西漢	東漢	東晉王羲之	東晉王羲之	東晉王羲之	隋唐
銀雀山竹簡	張景造土牛碑	初月帖	澄清堂帖	蘭亭序	房山雲居寺石經

윗부분 '爪'이고 아랫부분이 '코끼리(象)'이다. '為'자는 코끼리를 부리는 모습이다.

"貞王為巳(祀), 若."(≪合集≫15189)

왕이 제사를 지내면 순조로울까요?

"魯子中(仲)之子歸父為其善(膳)敦."≪歸父敦≫

노자중의 아들 귀보가 음식을 담을 이기彝器를 만들다.

[행위行爲] [위주爲主] [인위人爲] [전화위복轉禍爲福][840] [지록위마指鹿爲馬][841] [마부위침磨斧爲針] [842] [귤화위지橘化爲枳][843]

【隻(새 한 마리 척, zhī)(獲(얻을 획, huò)】

[說文] : "(隻), 鳥一枚也. 从又持隹. 持一隹曰隻, 二隹曰雙."

隻. 새 한 마리. 손(又)으로 새(隹)를 잡는다. 한 마리를 잡는 것이 '隻'이고 두 마리가 '雙'이다.

[說文] : "(獲), 獵所獲也. 从犬, 蒦聲."

獲. 붙잡을 짐승을 사냥하다. 의미부'犬'과 소리부'蒦'로 이루어진 형성자이다.

隻

商	西周	西周	戰國	戰國	說文篆文
甲骨文	丂隻鼎	金文	陳章壺	楚王酓忎鼎	

840) '반화위복反禍爲福'. '새옹득실塞翁得失'. '새옹위복塞翁爲福'. '새옹지마塞翁之馬'. '새옹화복塞翁禍福'. '화전위복禍轉爲福'.

841) 사슴을 가리켜 말이라 하다. 사실事實이 아닌 것을 사실로 만들어 강압强壓적으로 인정認定하게 하다. 윗사람을 농락籠絡하여 권세權勢를 마음대로 하다. '이록위마以鹿爲馬'.

842) 도끼를 갈아 바늘을 만들다.

843) 강남江南의 귤을 강북江北에 심으면 탱자가 된다. 사람도 환경環境에 따라 기질氣質이 변한다. '강남귤화위지江南橘化爲枳'.

	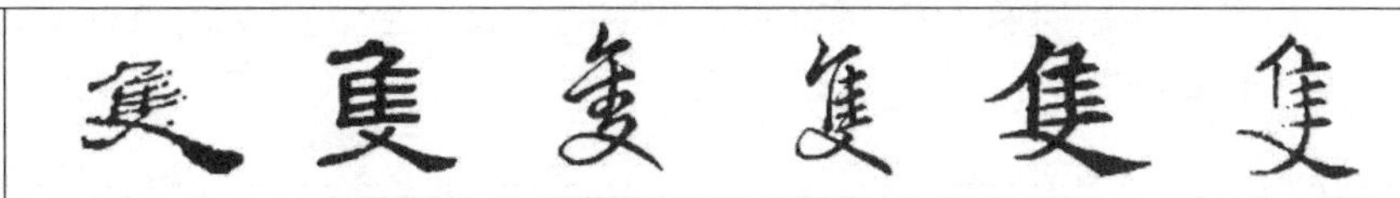					
	漢 居延漢簡	隸辨	草韻辨體	草韻辨體	隋 美人董氏墓誌	唐褚遂良 雁塔聖教序
獲	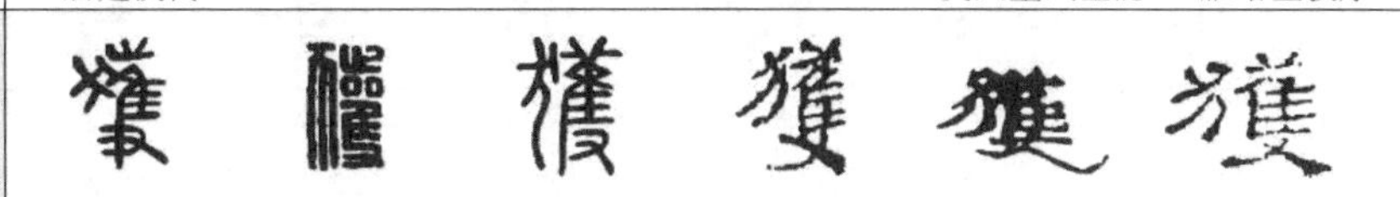					
	秦 睡虎地秦簡	漢印	說文篆文	漢 居延漢簡	漢 武威漢簡	東漢 史晨前碑
	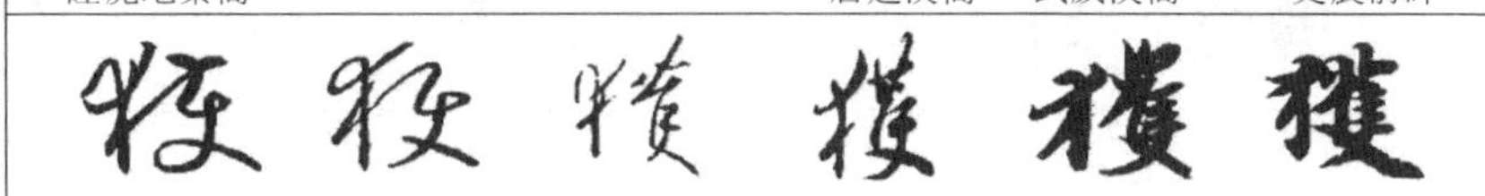					
	東晉王羲之 喪亂帖	唐懷素 聖母帖	東晉王羲之 集字聖教序	東晉王羲之 澄清堂帖	東晉王珣 伯遠帖	隋智永 眞草千字文

'隻'자는 손으로 새(隹)를 잡는 모습으로 '獲'자의 초문이다. 후에 짐승을 표시하는 '犬'을 추가하여 쓴다. 갑골문에서는 '示'를 추가하여 쓰기도 한다.

壬子卜：叀今日集(獲)兕. 弜集(獲)兕. (≪合集≫32631)

임자 일에 점을 칩니다. 오늘 무소를 잡을 수 있을까요? 무소를 잡지 못할까요?

[척수공권隻手空拳][844] [고신척영孤身隻影][845] [편언척구片言隻句][846] [척륜불반隻輪不返][847] [획득獲得] [금획禽獲] [부획俘獲][848] [선난이후획先難而後獲][849]

【射(궁술사, shè)】

[說文]：“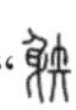(䠶), 弓弩發於身而中於遠也. 从矢, 从身. (射), 篆文䠶从寸. 寸, 法度也, 亦手也.”

䠶. 화살을 몸 쪽에서 쏘아 멀리 있는 물체를 적중하다. '矢'와 '身'으로 이루어진 회의자이

844) 외손에 맨주먹. 아무 것도 가진 것이 없다.
845) 외로운 몸과 하나의 그림자. 몸 붙일 곳 없이 떠도는 외로운 신세身世.
846) 몇 마디 안 되는 짧은 말.
847) 병거兵車가 한 대도 돌아오지 않는다. 참패慘敗.
848) 生獲생획. 생금生擒. 포로捕虜.
849) 공적公的인 일을 먼저하고, 자신自身에게 이익利益이 되는 사적私的인 일은 나중에 하다.

다. 전문은 '寸'을 써서 '射'로 쓴다. '寸'은 활을 쏘는 준칙을 뜻이고, 또한 화살을 쏘는 손을 나타낸다.

射

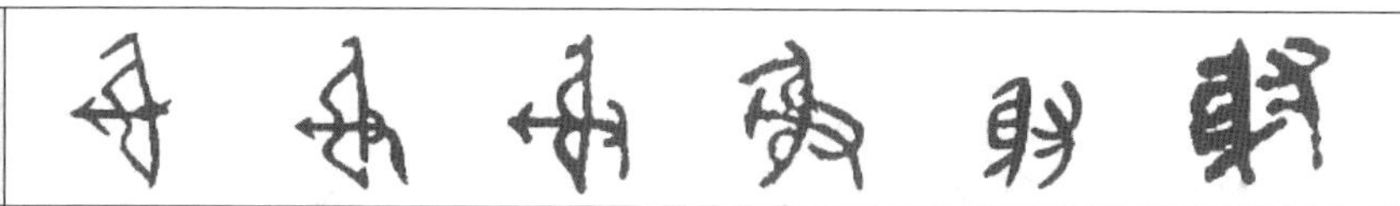

商 甲骨文	商 金文	西周 金文	戰國 石鼓文	秦 睡虎地秦簡	西漢 馬王堆帛書

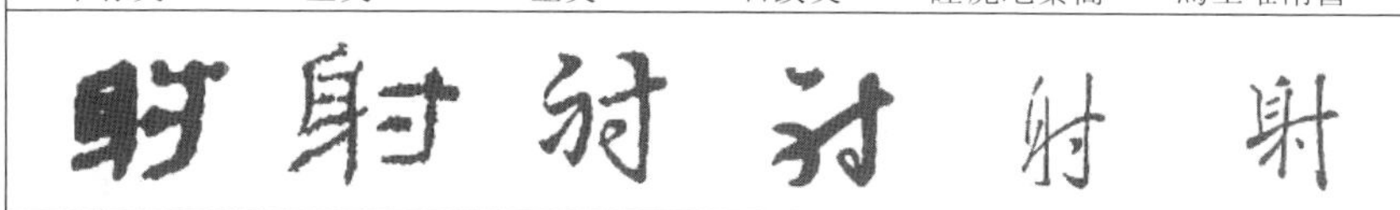

西漢 馬王堆帛書	東漢 封龍山頌	吳皇象 急就章	唐孫過庭 眞草千字文	東晉王羲之 集字聖教序	唐褚遂良 雁塔聖教序

'射'자는 '䠶'자와 같은 자이다. '弓'·'矢'와 '手(又)'로 이루어진 자가 '射'자이다. '身'자는 '弓'의 모양이 와전된 형태이다. '손(手)' 또한 '寸'으로 와전되었다.

"乎射鹿, 隻(獲)."(≪合集≫10276) 사슴을 사냥하여 붙잡도록 할까요?

"勿令多射."(≪合集≫5733) 다사多射에게 명령하지 말까요?

"王才(在)魯, 合即邦君·者(諸)侯·正·有嗣大射."≪義盉蓋≫

왕은 노 지방에서 방군邦君·제후·정正과 유사 등과 회합하여 대사연大射宴을 베풀었다.[850]

[발사發射] [사격射擊] [주사제注射劑] [사어지천射魚指天][851] [사석위호射石爲虎][852] [사공중곡射空中鵠][853] [포사요환布射僚丸][854]

【解(풀 해, jiě,jiè,xiè)】

[說文] : "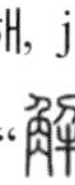(解), 判也. 从刀判牛角. 一曰解廌, 獸也."

解. 분해하다. 자건 '刀'는 소의 뿔을 분해하다는 뜻이다. 혹은 '解'는 짐승 '해치解廌'를 가리키는 것으로 보기도 한다.

850) '合即'은 '회합하다'는 뜻이다. ≪爾雅·釋詁≫: "正·伯, 長也."

851) 고기를 잡으려고 하늘을 향해 쏜다. 고기는 물에서 구해야 하는데 하늘에서 구하다.

852) 돌을 범인 줄 알고 쏘았더니 돌에 화살이 꽂혔다. 성심誠心을 다하면 아니 될 일도 이룰 수 있다. '중석몰촉中石沒鏃'.

853) 무턱대고 쏘아 과녁을 맞혔다. 멋모르고 한 일이 우연偶然히 들어맞아 성공했음을 비유.

854) 한漢나라 여포呂布는 화살을 잘 쐈고, 웅의료熊宜僚는 탄자彈子를 잘 던졌다.

解						
	商 甲骨文	西周 金文	戰國 中山王鼎	戰國 包山楚簡	秦 睡虎地秦簡	西漢 馬王堆帛書

	東漢 禮器碑	吳皇象 急就章	東晉王羲之 十七帖	東晉王羲之 地黃湯帖	北魏 牛橛造像記	唐顔眞卿 郭虛己墓誌

두 손(臼)으로 뿔(角)을 해체하는 형상이다. '점(ソ)'은 해체할 때 생긴 불순물이다. 전국문자는 '臼' 대신 '刅(刀)'을 추가하여 쓴다.

"解子乍(作)旅獻(甗)." ≪解子甗≫ 해가 외출용 솥을 만들다.[855]

"繲(解): 利西南, 亡(无)所㳏(往). 丌(其)逨(來)逿(復), 吉. 又(有)卣(攸)㳏(往), 佰(宿)吉." ≪上博楚簡·周易·解卦≫

해解: 서남쪽이 유리하나 갈 곳이 없다. 돌아와 회복함이 길하다. 갈 곳이 있으면 일찍 가면 길하다.

[해결解決] [이해理解] [해석解釋] [해소解消] [해이解弛] [결자해지結者解之][856] [해어화解語花][857] [불가지해不可知解][858] [와해瓦解][859]

【受(받을 수, shòu)】

[說文] : "(受), 相付也. 从𠬪, 舟省聲."

受. 서로 주고받다. '𠬪'와 '舟'의 생략형이 소리부인 형성자이다.

受						
	商 金文	西周 大盂鼎	西周 史頌鼎	戰國 中山王方壺	戰國 包山楚簡	漢印

855) '解'는 지명으로 지금의 하남河南 낙양洛陽이다.
856) 일을 맺은 사람이 풀어야 한다.
857) 말을 아는 꽃. 미녀美女. 기생妓生. '경국지색傾國之色'.
858) 알 수가 없다.
859) 기와가 깨진다. 사물事物이 깨져 산산이 흩어지다.

西漢 馬王堆帛書	東漢 史晨前碑	吳皇象 急就章	隋智永 眞草千字文	東晉王羲之 集字聖教序	隋 太僕卿元公墓誌

‘’·‘’은 ‘槃(쟁반 반, pán)’이다. 갑골문에서 ‘槃’자를 일반적으로 ‘(凡)’으로 쓴다. 후에 ‘舟’의 형태로 와전되었다. 혹은 ≪설문해자≫와 같이 ‘舟’가 소리부라고 설명하기도 한다. 후에 ‘手’를 추가하여 ‘授’로 쓴다.

“貞今歲受年.”(≪合集≫9649)
점을 쳐 묻습니다. 금년에 풍년이 들까요?
“貞王伐𢀛方, 受㞢(有)又(祐).”(≪合集≫6224)
왕이 공방을 토벌하면 우리나라(아방我方)는 신이 가호를 내릴까요?
“王受(授)乍(作)冊尹者(書).”≪免簋≫
왕은 작책윤作冊尹 서書에게 하사품을 내리다.

[수용受容] [수락受諾] [인수引受] [접수接受] [자작자수自作自受][860] [인수인계引受引繼] [감응납수感應納受][861]

【爭(다툴 쟁,정, zhēng)】

[說文] : “(爭), 引也. 从受·厂.”
爭. 잡아당기다. ‘受’와 ‘厂’으로 이루어진 자이다.

爭	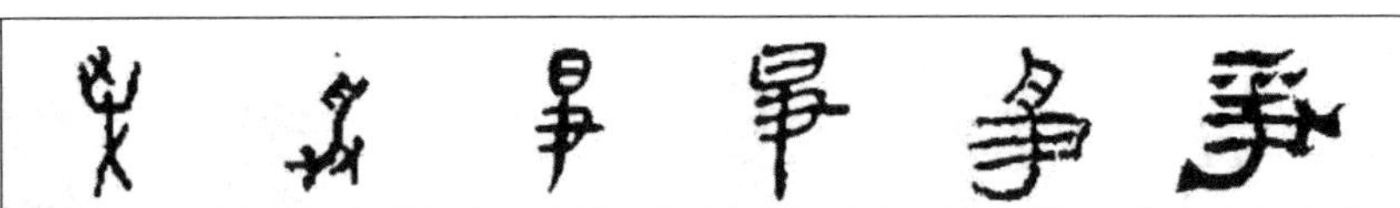					
	商 甲骨文	西周 金文	秦 睡虎地秦簡	西漢 銀雀山竹簡	東漢 石門頌	西晉 皇帝三臨辟雍碑

860) ‘양호유환養虎遺患’. ‘자업자득自業自得’. ‘자업자박自業自縛’. ‘자작지얼自作之孽’.
861) 사람이 불심佛心을 느끼고 부처가 이에 응應함으로써 부처와 중생衆生이 긴밀緊密히 맺어지다.

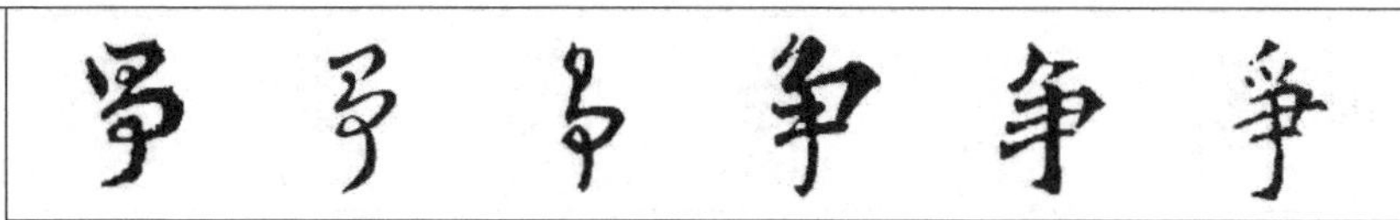

吳皇象 急就章	西晉索靖 淳化閣帖	唐孫過庭 書譜	唐歐陽詢 史事帖	北魏 元彦墓誌	唐 孔穎達碑

'爭'자는 두 손(手)으로 농기구 쟁기(力)를 서로 빼앗는 형상이다. 혹은 서로 힘을 합하여 농기구(犁)를 끄는 모습으로, 힘을 쓰는 일이기 때문에 '경쟁하다'라는 의미로 확대되어 쓰인다고 주장하기도 한다. '爭'은 갑골문에서 제1기 정인貞人 중의 한 명이다. '靜'자의 가차자로 쓰이기도 한다.

> 庚午卜，爭貞：亘不其幸.（≪合集≫6947正）
> 경오 일에 쟁爭이 점을 쳐 묻습니다. 긍亘을 붙잡을 수 없을까요?
>
> "上善若水，水善利萬物而不爭." ≪老子≫
> 최상의 선은 물과 같다. 물의 선함을 만물을 이롭게 해주고 있지만 다투지 아니하며 여러 사람들이 싫어하는 낮은 위치에 처신한다.
>
> "[illegible](教)以埶(藝)，則民埜(野)靜(爭)." ≪郭店楚簡·尊德義≫
> 백성에게 육예六藝의 도를 가르쳐 주면 백성은 곧 상스럽게 다툴 것이다.

[경쟁競爭] [전쟁戰爭] [투쟁鬪爭] [분쟁紛爭] [방휼지쟁蚌鷸之爭][862] [견토지쟁犬兎之爭][863] [와각지쟁蝸角之爭][864] [백가쟁명百家爭鳴][865]

【皮(가죽 피, pí)】

> "(皮), 剝取獸革者謂之皮. 从又, 爲省聲. 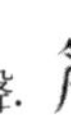(筤), 古文皮. (㞺), 籒文皮."
> 皮. 짐승의 피부를 벗겨 낸 것을 가죽(皮)이라 한다. '又'와 '爲'의 생략형이 소리부인 형성자이다. '皮'의 고문은 '筤'로 쓰고 주문은 '㞺'로 쓴다.

---

862) 도요새가 조개와 다투다가 다 같이 어부에게 잡히고 말다. 제3자만 이롭게 하는 다툼.
863) 개와 토끼의 다툼. 양자兩者의 싸움에서 제3자가 이익利益을 보다.
864) 달팽이의 촉각觸角 위에서 싸운다. 작은 나라끼리의 싸움. 하찮은 일로 승강이하는 짓. '만촉지쟁蠻觸之爭'. '와각저蝸角觝'. '와각지세蝸角之勢'.
865) 많은 학자學者들의 활발活潑한 논쟁.

皮	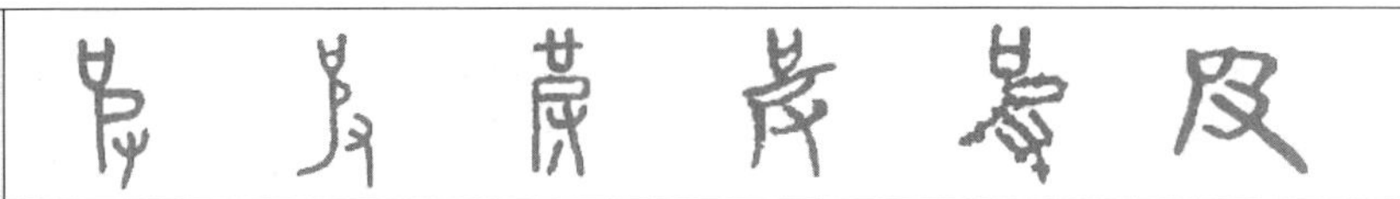					
	西周 金文	春秋 金文	古璽	戰國 郭店楚簡	戰國 石鼓文	秦 睡虎地秦簡
	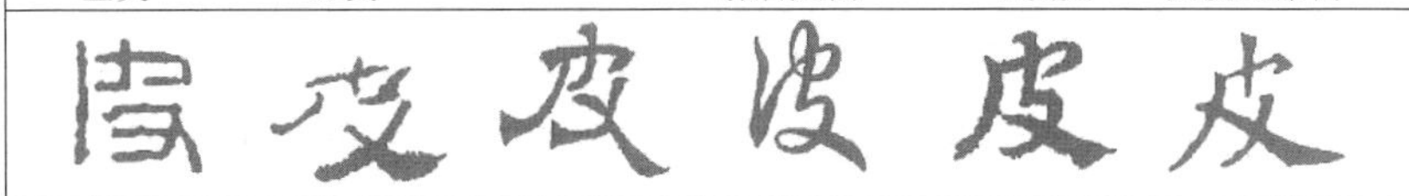					
	漢 金文	東漢 曹全碑陰	西晉 皇帝三臨辟雍碑	草韻辨體	吳皇象 急就章	北魏 王次妃石婉墓誌

≪설문해자≫의 '笢'자와 '㞣'자 중의 '竹'과 '口'는 짐승의 머리 부분이 와전된 것이다. '皮'는 손으로 가죽을 벗겨내는 모습이다. 금문에서는 하사품이나 혹은 대사 '彼'의 가차자로 쓰인다.

"栖皮曰鵠." ≪禮記·射義≫

가죽을 묶어 만든 것을 '과녁(鵠)'이라 한다.

[피부皮膚] [탈피脫皮] [호사유피虎死留皮][866] [양질호피羊質虎皮][867] [면장우피面張牛皮][868] [철면피鐵面皮]

【革(가죽 혁, gé,jí)】

"革(革), 獸皮治去其毛革, 更之. 象古文革之形. 䩑(䩑), 古文革. 从三十, 三十年爲一世而道更也. 臼聲."

革. 짐승의 피부를 손실하여 털을 제거하고 가죽으로 바꾸어 만들다. 고문은 가죽의 모양이다. '革'자의 고문은 '䩑'으로 쓴다. '廾'과 '十'을 합쳐 '三十'을 쓴다. 30년이란 1세를 가리키고, 1세가 되면 세도가 변하는 것이다. 소리부 '臼'을 쓴다.

革	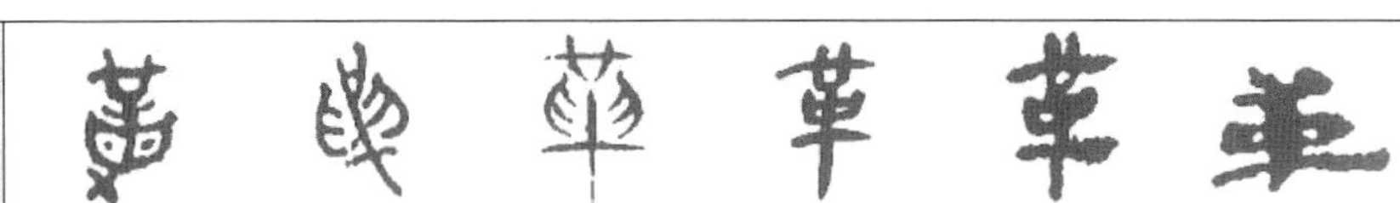					
	西周 金文	戰國 信陽楚簡	魏 正始石經	魏 睡虎地秦簡	西漢 馬王堆帛書	漢 武威漢簡

866) 범이 죽으면 가죽을 남긴다.

867) 속은 양羊이고 거죽은 호랑이. 거죽은 훌륭하나 실속이 없다.

868) 얼굴에 쇠가죽을 발랐다. 몹시 뻔뻔스럽다.

西晉 皇帝三臨辟雍碑	吳皇象 急就章	草韻辨體	唐褚遂良 哀冊	隋 蘇孝慈墓誌	唐 孔穎達碑

양다리가 펼쳐진 짐승 가죽의 형상이다. 금문을 혹은 '[glyph]'자로 쓰기도 한다. 몸 부위가 후에 '臼'로 변하였다.

"鉤膺鞗革." ≪小雅·采芑≫

말 띠엔 고리 달렸고, 말고삐엔 장식 달렸네.

"咎釆内用五型(刑)， 出弋兵革，" ≪郭店楚簡·唐虞之道≫

교요皋陶는 다섯 가지 형벌로 다스렸고, 무기를 가지고 출병하였다.

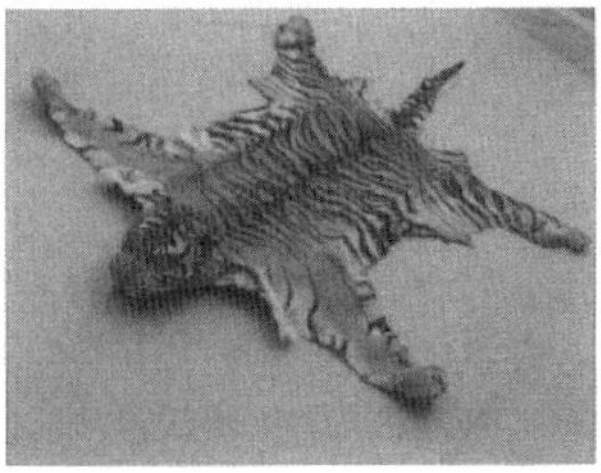

호피虎皮

[개혁改革] [혁신革新] [혁명革命] [혁파革罷][869] [금혁지난金革之難][870] [마혁과시馬革裹屍][871] [역성혁명易姓革命][872]

【棄(버릴 기, qì)】

[說文] : "[glyph](棄), 捐也. 从廾推華棄之, 从𠫓, 𠫓, 逆子也. [glyph](弃), 古文棄. 籒文作[glyph](𠏼)"

棄. 버리다. 두 손(廾)으로 '華'에 싣고 밀어서 버리는 것이다. '𠫓'은 아이가 거꾸로 된 형상이다. '棄'자의 고문은 '弃'로 쓰고 주문은 '𠏼'로 쓴다.

869) 낡아서 못 쓰게 된 것을 개혁改革하여 없애다. 기구機構、제도制度、법령法令 따위를 낡거나 문제가 있어 폐지하다.

870) 전쟁戰爭의 고난苦難.)

871)말의 가죽으로 자신의 시체屍體를 싼다. 전사戰死한 장수將帥의 시체屍體는 말가죽으로 싸다. 전쟁戰爭에 나가 살아 돌아오지 않겠다.

872) 성씨姓氏를 바꿔 천명天命을 혁신革新하다. 덕 있는 사람이 천명天命에 의해 왕위에 오르다.

棄						
	商 甲骨文	西周 散氏盤	戰國 中山王鼎	戰國 郭店楚簡	秦 睡虎地秦簡	西漢 銀雀山竹簡
	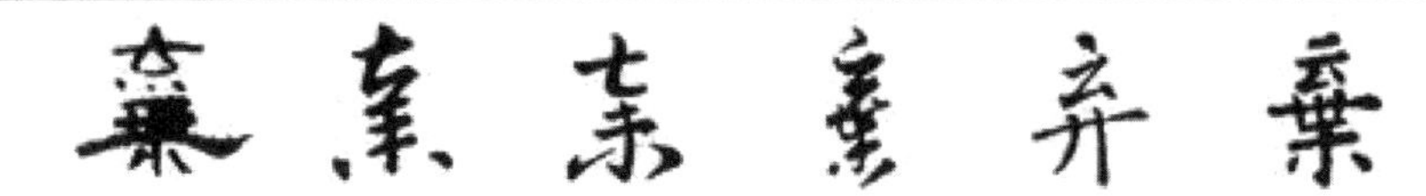					
	東漢 曹全碑	東漢 張芝	西晉索靖 月儀帖	唐孫過庭 書譜	東晉王羲之 淳化閣帖	唐歐陽詢 九成宮醴泉銘

죽은 어린 아이(𠫓, 子)를 거적(𠀠, 箕)에 쌓아 두 손(廾)으로 버리는 형상이다. 윗부분이 거꾸로 된 아이(𠫓)의 모습이다. '毓(育)'자도 자건 '아이(𠫓)'를 쓴다. 갑골문은 ''·'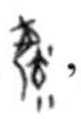'·''·''으로 쓰고, 금문은 '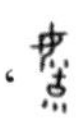'·''로 쓴다. 아이(𠫓)가 엄마 뱃속에서 머리를 내밀고 나오는 모습이다.

> "絶聖棄智, 民利百倍, 絶仁棄義, 民復孝慈, 絶巧棄利, 盜賊無有." ≪老子≫
> 성스러움을 끊어버리고, 지혜를 버리면 백성들의 이익은 백배로 늘어난다. 인을 끊어 버리고 의를 버리면 백성들은 효도와 자애로움으로 되돌아간다. 기교를 끊어버리고 이익을 버리면 도둑들이 존재하지 않을 것이다.

[포기抛棄] [폐기廢棄] [기각棄却][873] [유기遺棄] [자포자기自暴自棄] [배부기가背夫棄家][874]

【具(갖출 구, jù)】

[說文] : "(具), 共置也. 从廾从貝省. 古以貝爲貨."

具. 설치해 놓다. '廾'과 '貝'자의 생략형으로 이루어진 자이다. 옛날에 '貝'는 화폐이었다.

873) 내버려 문제問題 삼지 않는다. 어떤 사물事物을 버리다.
874) 남편男便을 배반背反하고 집에서 나와 버리다.

具

商 甲骨文	西周 金文	西周 曶鼎	春秋 金文	戰國 郭店楚簡	秦 睡虎地秦簡

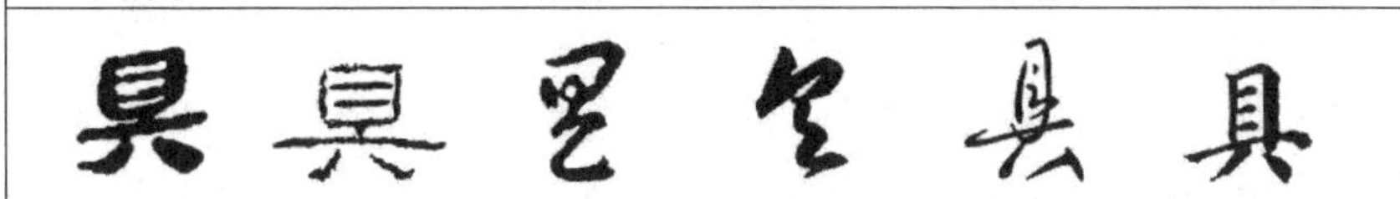

西漢 馬王堆帛書	東漢 石門頌	西晉索靖 月儀帖	東晉王羲之 漢時帖	唐柳公權	唐顔眞卿 多寶塔碑

'具'자는 제사를 지낼 때 사용할 '鼎'을 두 손(廾)으로 들고 있는 모양이다. '鼎'은 후에 '貝'이나 '目'으로 와전되었다. 금문에서 '一具'는 한 세트라는 뜻으로 쓰인다. 후에 '俱(함께 구, jù,jū)'의 가차자로 쓰인다.

"子曰：禹立三年，百姓以仁遂焉，豈必盡仁？≪詩≫云：赫赫師尹，民具尔瞻."≪禮記·緇衣≫

공자가 말하였다. 우禹가 등극한지 삼년 만에 백성들은 인을 실천하였다. 그렇다고 어찌 백성 모두가 어진 자였겠는가? ≪시경·대아·하무下武≫에서 "성왕의 참됨과 믿음성은 부하 백성들에게 모범이 되었네."라고 하였다.

[구체적具體的] [도구道具] [기구器具] [구색친구具色親舊][875]

【登(오를 등, dēng)】

[說文]："(登), 上車也. 从癶·豆, 象登車形. 䇺(𤼴), 籒文登从廾."

登. 수레에 오르다. '癶'와 '豆'로 이루어진 자이다. 두 발로 등받이를 들고 수레에 오르는 모습이다. '登'자의 주문은 '廾'을 써서 '䇺(𤼴)'으로 쓴다.

登

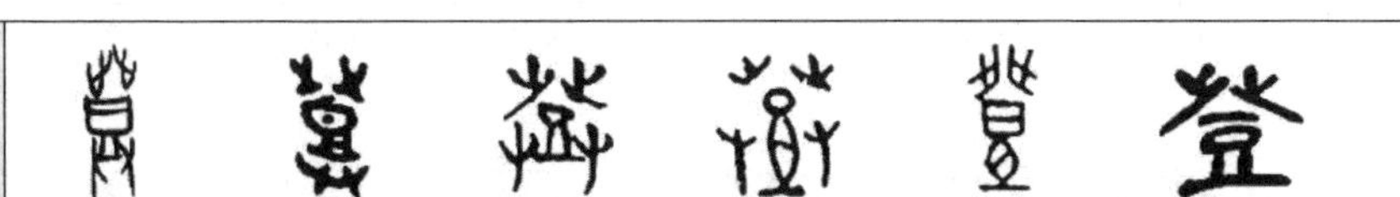

商 甲骨文	西周 散氏盤	春秋 侯馬盟書	戰國 金文	古璽	秦 睡虎地秦簡

875) 각 방면의 사람과 널리 사귀는 친구.

西漢 馬王堆帛書	東漢 西嶽華山廟碑	東晉王羲之 十七帖	隋智永 關中本千字文	唐歐陽詢 行書千字文	唐歐陽詢 九成宮醴泉銘

≪설문해자≫의 설명과는 달리 고문자 '登'자는 제사를 지낼 때 사용할 '鼎'이나 '豆'를 두 손(廾, 収)으로 들고 제단을 오르는(㲼) 모습이다. '豆'는 또한 음성을 표시한다. 후에 '廾(収)'을 생략하여 쓴다. 금문은 혹은 ''·'' 등으로 쓴다. 갑골문에서는 '禾'·'米'와 '黍' 등을 바쳐 조상께 제사를 드린다.

"弜延登. (≪合集≫32454) 계속해서 등제登祭를 지내지 말까요?

"王其登黍二升, 叀𠚤各藝祼酒" (≪屯南≫618)

왕은 기장 이승二升을 받쳐 지내는 등제登祭는 예제藝祭·관제祼祭·주제酒祭를 지내는 곳에 도착할 무렵에 해야 할까요?"

[등장登場] [등록登錄] [등재登載] [등교登校] [등용문登龍門] [등고마비登高自卑] [노기등천怒氣登天] [노기충천怒氣衝天] [우화등선羽化登仙]

【福(복 복, fú)】

[說文] : "(福), 祐也. 从示, 畐聲."

福. 천지신명께 복을 기원하다. 의미부 '示'와 소리부 '畐'으로 이루어진 형성자이다.

福

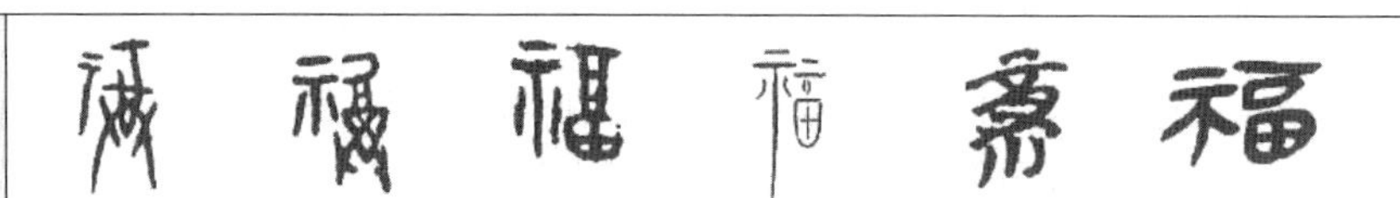

商 甲骨文	西周 何尊	西周 㝬簋	戰國 中山王方壺	戰國 包山楚簡	秦 睡虎地秦簡

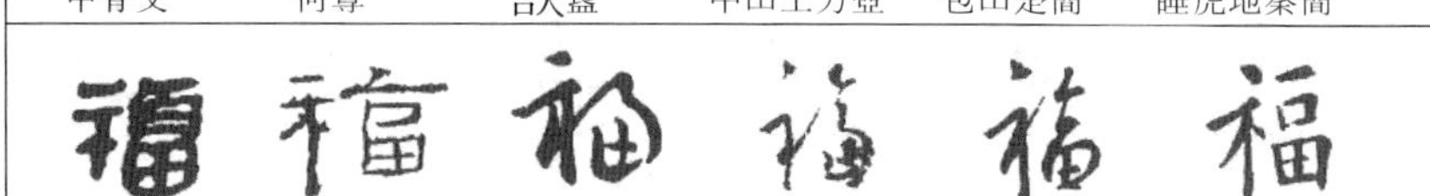

西漢 銀雀山竹簡	東漢 禮器碑	西晉 衛瓘	唐懷素 草書千字文	東晉王羲之 集字聖教序	唐歐陽詢 九成宮醴泉銘

병(畐)에 담긴 술을 담아 두 손(廾)으로 들고 제단(示)에 바쳐 축원을 기원하는 모습이다. '畐'은 또한 음성을 나타낸다.

"用旟(祈)多福, 眉壽無彊(疆)." ≪梁其鼎≫

이로써 많은 복을 내려 주시고 영원히 장수무강하기를 기원한다.

"乃沈子其顠(緬)褱(懷)多公能福." ≪沈子蓋(沈子它簋蓋)≫

이에 나 침자沈子는 장차 많은 선공들이 주신 큰 복과 가우嘉祐를 가슴 속에 계속 간직하고자 한다.

[복지福祉] [행복幸福] [명복冥福] [복권福券] [전화위복轉禍爲福][876]

【彝(떳떳할 이, yí)彝】

[說文]: "(彝), 宗廟常器也. 从糸. 糸, 綦也. 廾持米, 器中實也. 彑聲. 此與爵相似. ≪周禮≫: 六彝: 雞彝·鳥彝·黃彝·虎彝·蟲彝·斝彝, 以待祼將之禮. (䋽)·(𦇮), 皆古文彝."

彝. 종묘에서 자주 사용하는 제기이다. 자건 '糸'는 사직품으로 만든 제기의 덮개이다. 두 손(廾)으로 쌀(米)을 들어 제기에 가득 담아 놓은 형상이다. 소리부는 '彑(고슴도치 머리 계, jì)'이다. 이 자의 형태는 '爵'과 비슷하다. ≪주례≫에서는 여섯 가지 이기彝器는 '계이(닭이 그려진 이기)'·'조이(새가 그려진 이기)'·'황이(황동으로 만든 눈(目)이 그려진 이기)'·'호이(호랑이가 그려진 이기)'·'충이(벌레가 그려진 이기)'·'가이(곡물이 그려진 이기)'가 있다하였다. 이 이기들을 사용하여 술을 담아 선조께 제사를 드린다. 고문 '彝'자는 '䋽'나 '𦇮'로 쓴다.

彝

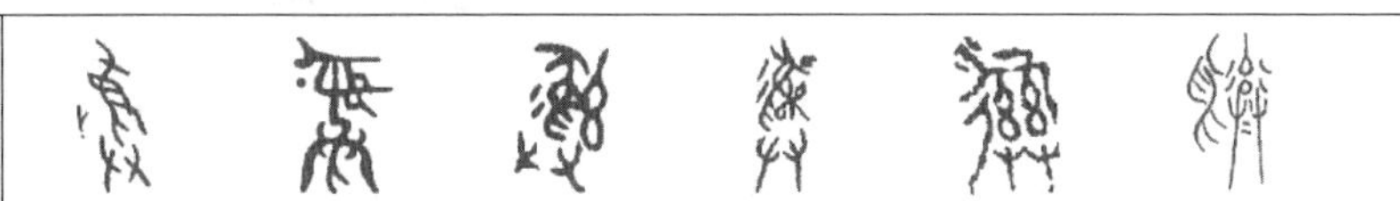

商 甲骨文	商 金文	西周 害夫簋	西周 盉簋	西周 曾姬無卹壺	戰國 中山王方壺

東漢 孔宙碑	魏 正始石經	唐李邕 李思訓碑	唐顏眞卿 爭座位帖	北魏 崔敬邕墓誌	唐歐陽詢 皇甫誕碑

876) '길흉화복吉凶禍福'. '화복禍福'. '새옹화복塞翁禍福'. '새옹위복塞翁爲福'.

희생물(雞이나 鳥)을 새끼(幺·丝)에 묶어 두 손(廾)으로 들어 제단에 바치는 형상이다. 앞부분의 점은 제물의 피고, 후에 '米'형태로 와전되었다. 갑골문에서는 제명으로 쓰이고, 금문에서는 '寶彝'·'尊彝''宗彝'와 같은 '그릇'이란 뜻으로 쓰인다.

"用乍(作)父丁寶隮(尊)彝." ≪令方彝(矢令方彝)≫
또한 이 궤로써 부정父丁을 기념하는 보기로 삼고자 한다.

[이기彝器][877) [비이丕彝][878)

'彝'자. 西周 ≪卯㓝甗≫

"雔, 卯㓝乍(作)母戊彝."(≪卯㓝甗≫, 集成-00907)[879) (대만고궁박물관 소장)

【各(각각 각, gè,gě)】

[說文] : "(各), 異辭也. 从口·夊. 夊者, 有行而止之, 不相聽也."

各.. 다르다. '口'와 '夊'로 이루어진 회의자이다. '夊'는 갈 사람은 가고 머무르고자 하는 사람은 머물러, 각자 의견을 달리하다는 뜻이다.

877) 나라의 의식儀式에 쓰이는 제기祭器.
878) 사람이 지켜야 할 큰 도리.
879) "수족雔族. 묘필卯㓝은 모무母戊에게 제사드릴 때 사용할 제기를 만들다."

各					
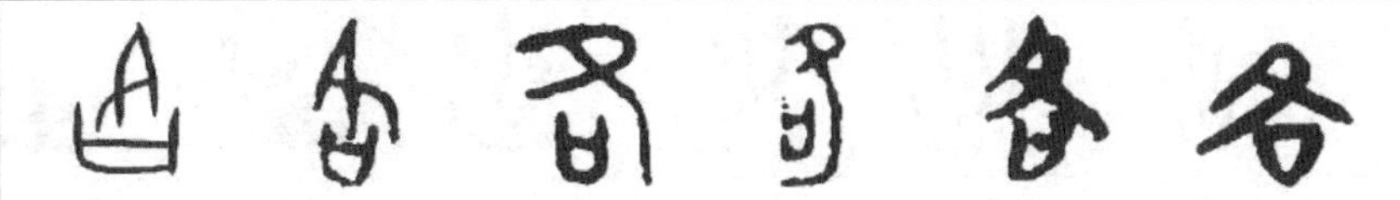					
商 甲骨文	西周 令方彝	西周 㝬簋	古璽	戰國 包山楚簡	秦 睡虎地秦簡
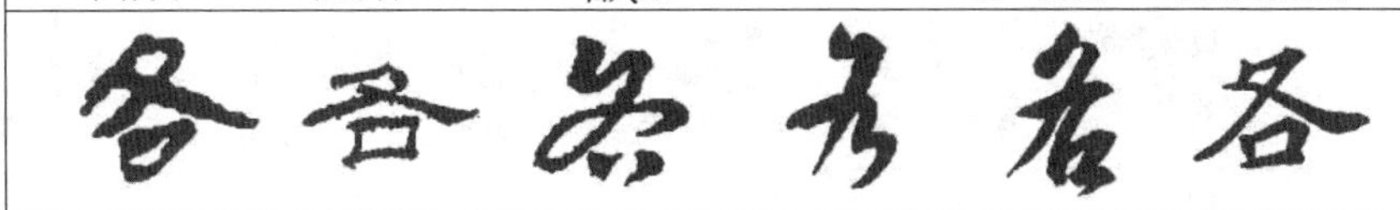					
西漢 馬王堆帛書	東漢 乙瑛碑	吳皇象 急就章	唐孫過庭 書譜	北宋 米芾	隋唐 房山雲居寺石經

'各'자 중 '口'는 사람이 사는 거처이다. 윗부분은 '夊'자이다. '거처하는 곳에 이르러다'라는 뜻이다. '

"大水不各."(≪合集≫33348) 큰 홍수가 없을까요.
"今日有各雨."(≪合集≫24756) 오늘 비가 올까요.
"各云不其雨."(≪合集≫21022) 구름만 끼고 비가 오지 않을까요.
"王才(在)周駒宮, 各(格)廟."≪九年衛鼎(九年裘衛鼎)≫
王은 기거하던 주구궁周駒宮에서 종묘에 이르렀다.

[각종各種] [각별各別] [동상각몽同床各夢] [각자도생各自圖生][880] [각자위정各自爲政][881] [각득기소各得其所][882]

【出(날 출, chū)】

[說文] : "(出), 進也. 象艸木益滋上出達也."

出. 앞으로 나아가다. 초목이 점점 성장하여 크게 된다는 뜻이다.

'出'자는 발(足)이 건물에서 나아가는 모습이다.

---

880) 제각기 살아갈 방법을 도모圖謀하다.
881) 저마다 스스로 정치政治를 하다. 각기 자신이 마음대로 하다. 전체全體와의 조화調和나 타인他人과의 협력協力을 생각하기 어렵게 된다.
882) 모든 것이 그 있어야 할 곳에 있게 되다.

出

商 甲骨文	西周 金文	西周 毛公鼎	春秋 侯馬盟書	戰國 包山楚簡	秦睡虎地秦簡

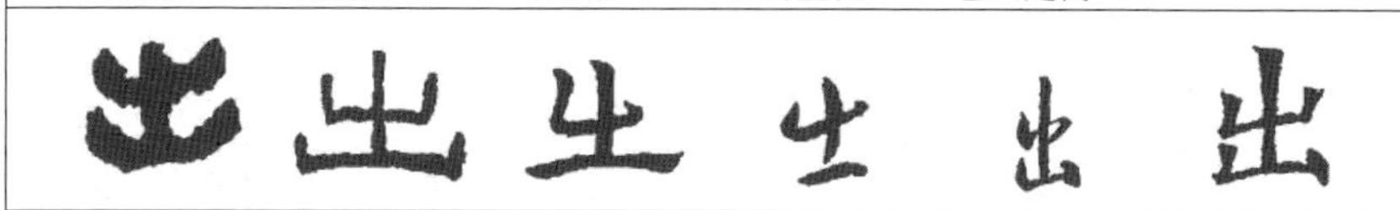

西漢 馬王堆帛書	東漢 乙瑛碑	吳皇象 急就章	隋智永 關中本千字文	東晉王羲之 興福寺斷碑	隋 蘇孝慈墓誌

"貞勿出兵."（≪合集≫7205） 병사를 출동하지 말까요.

"王出獸(狩)南山."≪啟卣≫ 왕이 남산으로 나아가 수렵을 하다.

[수출輸出] [출범出帆] [제출提出] [추출抽出] [청출어람靑出於藍] [입신출세立身出世] [탈영이출脫穎而出][883)]

【往(갈 왕, wǎng)】

[說文] : "䢗(往), 之也. 从彳, 㞷聲. 䢗(迬), 古文从辵."

往. 가다. 의미부 '彳'와 소리부 '㞷'으로 이루어진 형성자이다. 고문은 '辵'을 써서 '迬'으로 쓴다.

往

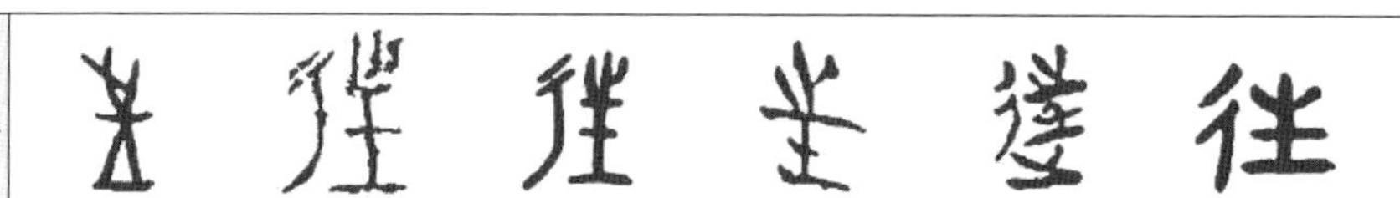

商 甲骨文	春秋 金文	春秋 吴王光鑑	春秋 侯馬盟書	戰國 郭店楚簡	秦睡虎地秦簡

西漢 馬王堆帛書	東漢 熹平石經	西晉陸機 平復帖	東晉王羲之 十七帖	唐高宗 李勣碑	唐 段志玄碑

≪설문해자≫의 의미부 '彳'과 소리부 '王(㞷)'으로 이루어진 형성자라는 주장이 옳다.

883) 뾰족한 송곳 끝이 주머니를 뚫고 나온다. 뛰어나고 훌륭한 재능才能이 밖으로 드러나다.

執大象，天下往．往而不害，安坪(平)大．≪郭店楚簡·老子丙≫
성인이 도를 준칙으로 삼으면 천하가 그에게로 돌아오게 된다. 돌아오되 해치지 않으면, 태평은 크게 성하게 되는 것이다.

[기왕旣往] [왕래往來] [왕복往復] [이왕已往] [우왕좌왕右往左往] [설왕설래說往說來] [기왕불구旣往不咎] [언왕설래言往說來]

【逐(쫓을 축, zhú)】

[說文]：“(逐), 追也. 从辵, 从豚省.”

逐. 추격하다. ‘辵’와 ‘豚’자의 생략형으로 이루어진 회의자이다.

逐	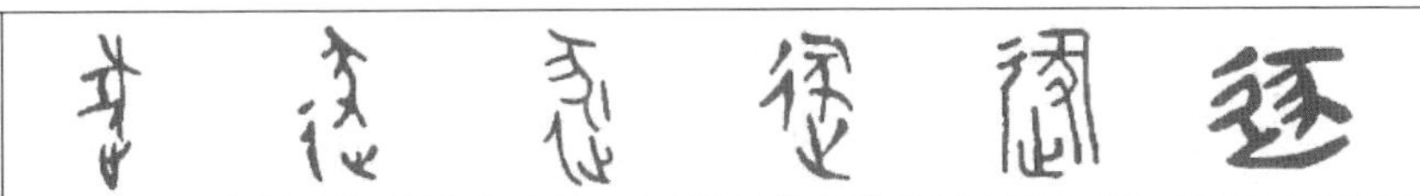					
	商 甲骨文	西周 金文	西周 金文	春秋 侯馬盟書	古璽	秦睡虎地秦簡

	漢 居延漢簡	隸辨	隋智永 關中本千字文	唐張旭 古詩四帖	唐 杜牧 張好好詩	唐 周易 王弼注

고문자는 추격하는 동물은 ‘豕’·‘犬’·‘兔’·‘鹿’을 쓰기도 한다.

“己未卜，亘貞，逐豕，隻(獲)．”(≪合集≫10228正)
을미 일에 긍亘이 점을 쳐 묻습니다. 돼지를 추격하여 사냥을 하면 붙잡을 수 있을까요?
“戊戌卜，貞，王往逐鹿….”(≪合集≫10266正)
무술 일에 점을 쳐 묻습니다. 왕이 나아가 사람을 사냥하면 ……

[각축角逐] [축록逐鹿][884] [축록자불견산逐鹿者不見山][885]

884) 사슴을 쫓는다는 뜻이다. 정권政權 또는 지위地位를 얻기 위해 다투다.
885) 사슴을 쫓는 자는 산을 보지 않는다. 명예名譽나 욕심慾心에 사로잡힌 사람은 도리道理를 저버리거나 눈앞의 위험危險을 돌보지 않는다.

【追(쫓을 추, zhuī)】

[說文] : "(追), 逐也. 从辵, 自聲."

追. 추격하다. 의미부 '辵'과 소리부 '自'로 이루어진 형성자이다.

追	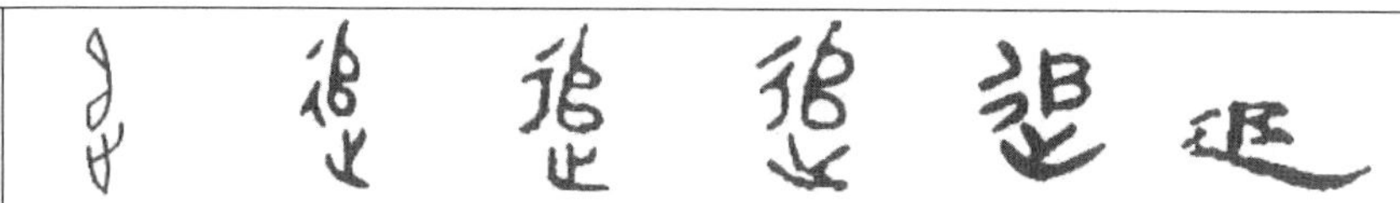					
	商 甲骨文	西周 召尊	西周 史頌簋	春秋 金文	秦 睡虎地秦簡	漢 居延漢簡
	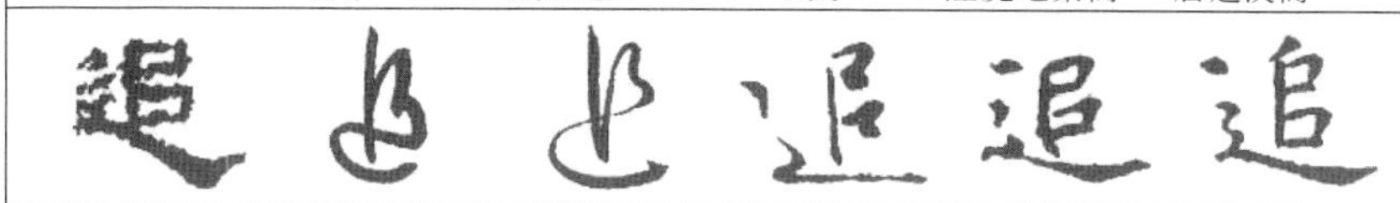					
	東漢 北海相景君碑	唐孫過庭 書譜	唐懷素 自敘帖	東晉王羲之 喪亂帖	北魏 元彦墓誌	唐虞世南 孔子廟堂碑

'𠂤'는 사냥을 할 때 사용하는 도구나 군대를 의미하는 '𠂤(師)'로 해석하기도 한다. '止'와 '辵'을 추가하여 발로 추격함을 나타낸다.

"弜追召方."(≪屯南≫190) 소방을 추격하여 격파하지 말까요?

"命武公遣乃元士羞追于京𠂤(師)." ≪多友鼎≫

무공에게 명령하여 원사元士 수羞를 파견하여 경사京師를 추격하라 하였다.

[추가追加] [추적追跡] [추모追慕] [궁구막추窮寇莫追] [궁서막추窮鼠莫追][886] [추구강남追友江南][887]

【韋(다룸가죽 위, wéi)】

[說文] : "(韋), 相背也. 从舛, 囗聲. 獸皮之韋, 可以束, 枉戾相韋背, 故借以爲皮韋. (𦿔), 古文韋."

韋. 서로 위배하다. 의미부 '舛'과 소리부 '囗(wéi)'로 이루어진 형성자이다. 짐승 가죽이 서로 엇갈려 꼬이게 되면 묶어서 교정을 해서 펴기 때문에 '皮韋'의 '韋(가죽)'자로 가차되어 쓰인다. '韋'자의 고문은 '𦿔'으로 쓴다.

886) 피할 곳 없는 도적이 쥐를 쫓지 말라. 궁지窮地에 몰린 적을 모질게 다루면 해를 입기 쉽다.
887) 친구親舊 따라 강남江南가다. 자기自己의 주견主見이 없이 남의 말에 아부阿附하며 동조同調하다.

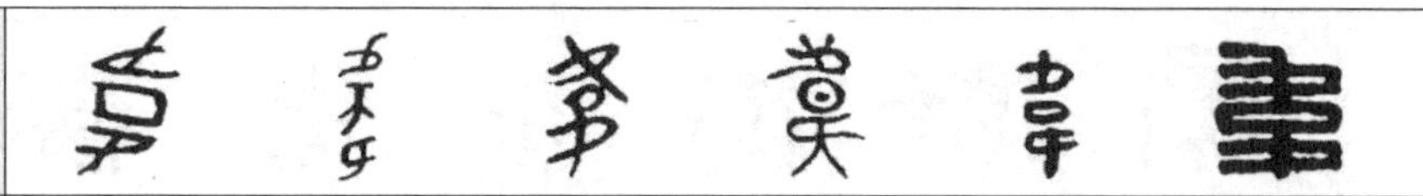

韋	商 甲骨文	西周 金文	戰國 郭店楚簡	魏 正始石經	秦 睡虎地秦簡	漢印

	西漢 銀雀山竹簡	東漢 禮器碑陰	唐懷素 自敍帖	草韻辨體	唐 李邕 李思訓碑	隋唐 房山雲居寺石經

≪설문해자≫의 설명과는 달리 '囗'은 성으로 둘러싸인 성내를 가리킨다. 두 개 혹은 네 개의 '止(趾)'는 성곽을 방위한다는 뜻이다. 고문자 '韋'·'衛'·'圍'자는 같은 자이다. 금문은 혹은 ''·''로 쓴다. '韋'자는 '諱(꺼릴 휘, huì)'자의 가차자로 쓰이기도 한다.

> "夫天多期(忌)韋(諱), 而民爾(彌)畔(叛)."(≪郭店楚簡·老子甲≫30)
> 무릇 천하가 꺼리는 것이 많으면 백성이 배반하는 경우가 많아진다.

[위편삼절韋編三絕][888) [위현지패韋弦之佩][889)

【衛(지킬 위, wèi)】

[說文] : "衞(衞), 宿衞也. 从韋·帀, 从行. 行, 列衞也."

衞. 궁중에서 숙직을 하면서 경계를 하다. '韋'·'帀'과 '行'으로 이루어진 자이다. '行'은 행렬을 하면서 경계를 한다는 뜻이다.

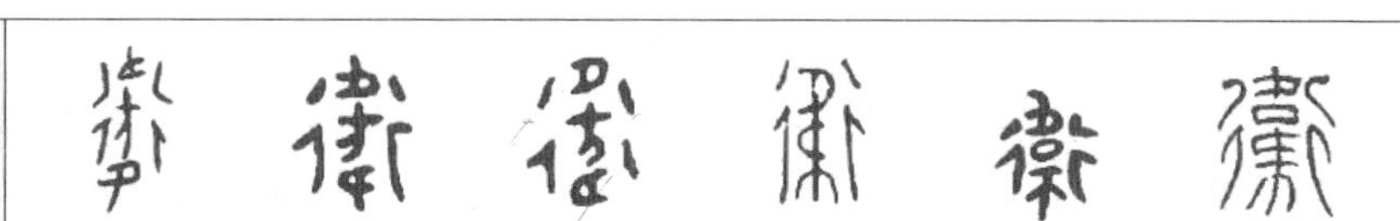

衛	商 甲骨文	西周 金文	西周 金文	古璽	秦 睡虎地秦簡	魏 正始石經

888) 종이가 없던 옛날에는 대나무에 글자를 써서 책으로 만들어 사용했었는데, 공자孔子가 책을 많이 읽어서 엮어 놓은 끈이 세 번이나 끊어졌다는 말.

889) 부드러운 가죽과 팽팽한 활시위를 차고 다닌다는 뜻. 자기의 성질性質을 고치는 경계警戒의 표지.

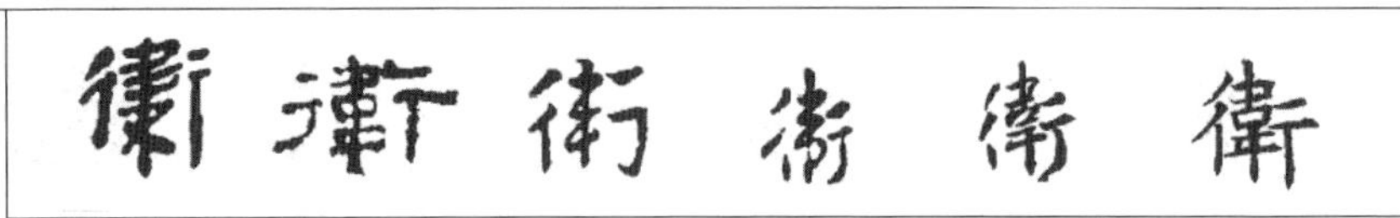

西漢 銀雀山竹簡	東漢 史晨前碑	吳皇象 急就章	唐顏眞卿 祭伯文稿	東晉王羲之 興福寺斷碑	隋 蘇孝慈墓誌

고문자 '韋'·'衛'·'圍'는 같은 자이다. '韋'자에 '行'과 '口'을 추가하여 각각 '衛'와 '圍'로 쓴다. 금문 중의 '方'은 나라 '口'과 같은 뜻이다. ≪설문해자≫는 '방위防圍하다'라는 뜻으로 설명하였다. 후에 서로 자신의 영역을 지키기 위하여 서로 대립을 하기 때문에 '違(어길 위, wéi)'자가 확대되어 쓰인다. '衛'자는 관명으로 쓰이기도 한다.

"甲寅卜, 永貞: 衛以寇率用. 貞: 衛以寇率用." (≪合集≫555正)

갑인 일에 점을 칩니다. 위衛가 보내온 구寇를 전부 사용해야 할까요? 아니면 전부 사용해서는 안 될까요?

"越在外服: 侯·甸·男·衛·邦伯; 越在內服: 百僚·庶尹·惟亞·惟服·宗工." ≪尚書·周書·酒誥≫

외지의 직관職官으로는 후侯·전甸·남男·위衛·방백邦伯 등이 있고, 조정의 직관으로는 백료百僚·서윤庶尹·유아惟亞·유복惟服·종공宗工 등이 있다.

[위성衛星] [인공위성人工衛星] [방위防衛] [시위대侍衛隊][890] [정위전해精衛塡海][891]

【慶(경사 경, qìng)】

[說文] : "(慶), 行賀人也. 从心从夂, 吉禮以鹿皮爲贄, 故从鹿省."

慶. 축하하는 일을 행하는 사람. '心'과 '夂'로 이루어진 회의자이다. 좋은 일이 있을 때, 사슴의 가죽을 예물로 주기 때문에 '鹿'자의 생략형을 썼다.

慶

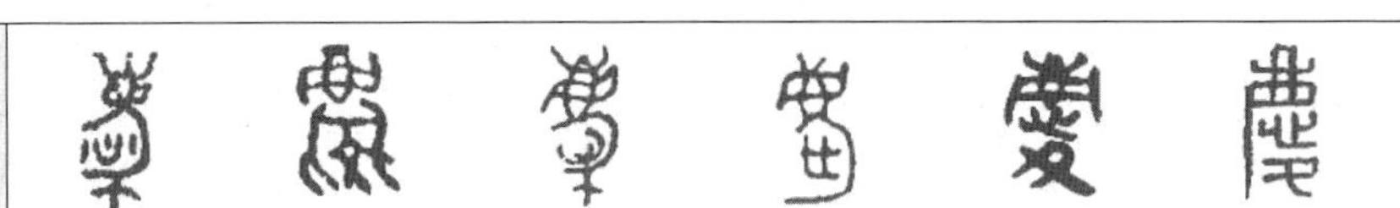

西周 金文	春秋 秦公簋	春秋 金文	古璽	秦睡虎地秦簡	漢 金文

890) 임금을 호위護衛하던 군대軍隊.

891) 작은 새 정위精衛가 바다를 메우려 한다. 가망可望 없을 일에 힘들다. 목적目的을 달성하기 위하여 온갖 고난苦難을 무릅쓰고 노력努力하다.

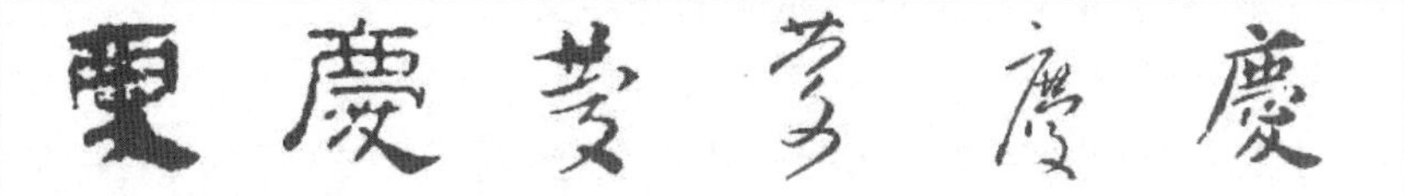

西漢 馬王堆帛書	東漢 熹平石經	西晉索靖 月儀帖	唐懷素 聖母帖	東晉王羲之 集字聖教序	隋智永 關中本千字文

‘慶’자는 ‘鹿(廌)’·‘心’과 ‘夊’로 이루어진 회의자이다. 사냥한 동물을 제물로 받쳐 즐거워하는 마음이다. ≪秦公簋≫ 중의 ‘文’은 ‘心’이 와전되었다. 초죽서는 ‘’로 쓴다.

≪郘(呂)型(刑)≫員(云): “一人又(有)慶, 壤(萬)民贎(賴)之.” ≪郭店楚簡緇衣≫

≪尙書·呂刑≫은 “군왕 한사람이 미덕이 있으면, 만민 모두가 이익을 받네”라고 했다.

呂型(刑) 員(云): “一人又(有)應(慶), 臺(萬)民訞之.” ≪上博楚簡·紂衣≫

≪尙書·呂刑≫은 “군왕 한사람이 미덕이 있으면, 만민 모두가 이익을 받네”라고 했다.

[국경일國慶日] [경사慶事] [경상남도慶尙南道] [농와지경弄瓦之慶][892] [농장지경弄璋之慶][893] [건양다경建陽多慶][894] [앙경화복殃慶禍福][895]

892) 질그릇을 갖고 노는 경사. 딸을 낳은 기쁨.
893) 장璋으로 만든 구기를 갖고 노는 경사慶事. 아들을 낳은 기쁨.
894) 입춘立春을 때 길운吉運을 기원祈願하는 글.
895) 재앙災殃과 경사慶事, 재화災禍와 복록福祿을 아울러 이르는 말.

○ 수隋 지영智永 〈진초천자문眞草千字文〉

수 나라는 37년이라는 짧은 기간 동안 밖에 국가를 유지하지 못하였기 때문에, 수나라에만 활동한 서예가는 없다. 대부분의 서예가는 남북조南北朝 시대에 활동하였다가 수나라의 건국과 함께 이름을 떨친 사람이다. 구양순과 우세남 등은 수나라에서도 활동하였으나 당 나라에서 이름을 크게 떨쳤으므로 당나라 시대의 서예가로 분류한다. 남북조 시대에 활동하다가 수나라 시대에 이름을 떨친 서예가로 가장 유명한 사람은 지영智永이다.

지영智永은 출가한 불승으로 법명法名이 법극法極이다. 그는 왕희지의 7세손으로 일찍이 출가하여 산음山陰(절강성 소흥)의 영흔사永欣寺에서 불법을 연마하였다. 그를 영선사永禪師, 영사永師, '영승永僧'이라 불렀다고 하나 그의 구체적 생졸연대는 알 수 없다.

지영의 서예는 왕희지의 전통을 근본으로 하였으며, 동시의 종요鍾繇와 색정索靖의 서예를 배웠다. 그의 서예는 왕희지와 왕헌지 이후 당나라 시대 이전의 서예가에서 가장 높은 수준으로 평가받는다. 위진남북조시대부터 서예는 완전한 예술의 영역으로 자리를 굳히며 왕희지와 왕헌지에 의해 그 격을 한 층 높이게 되었다. 지영은 이들의 뒤를 이어 자신의 독창적 경지를 개척하였으며 당나라 시대의 서예가 높은 경지에 이를 수 있는 기틀을 다졌다.

지영이 중국 서예사에서 이루어 놓은 공적은 '영자팔법永字八法'과 천자문千字文을 전파하고 후세에 남긴 법칙에서 찾을 수 있다. 영자팔법은 '永'자를 예로 들어 해서의 점과 획을 구성하는 기본 방법을 설명한 이론이다.

천자문은 남북조 시대 남양南梁의 주흥사周興嗣가 지은 문장이라 전한다. 전하는 설에 의하면 양무제梁武帝인 소연蕭衍은 왕희지의 서예를 무척 좋아하여 왕희지 서체 가운데 각기 다른 글자로 천자를 가려 뽑아 급사랑給事郎인 주흥사로 하여금 문장을 짓게 하여 탄생하였다고도 한다. 지영은 수 십년 동안 서예를 연마하는 과정에서 천자문을 가장 많이 썼으며 <진초천자문眞草千字文>은 그의 가장 유명한 작품이 되었다.

지영은 <천자문千字文>을 써서 세상에 유포시키고 난 후에 매우 큰 명성을 얻었으며 지금까지도 많은 영향을 끼치고 있다. 수나라 이후에는 지영의 영향을 받아 천자문을 쓰는 서예가들이 점점 많아져 유명한 서예가는 모두 천자문을 썼다고 할 수 있다. 수당의 구양순, 우세남, 저수량, 손과정, 장욱, 회소 등과 송나라의 사대가를 포함하여 명청 시대까지 수많은 서예가들이 천자문을 썼으며 현재까지 전하는 작품도 많다.

<진초천자문>은 현재까지 묵적본墨跡本과 각첩본閣帖本이 전하고 있으며, 지영의

가장 대표적 작품으로 꼽히고 있다. 당나라 시대의 하연지何延之가 <난정서蘭亭序>에서 기록한 것처럼 지영은 천자문을 800이 넘게 써서 강남江南의 여러 절에 나누어 주었다고 전하고 있다. 중국 서예사에서 한 가지 내용을 이렇게 많이 창작하고 또 고루 나누어 준 예가 거의 없다. 하지만 지금까지 전하고 있는 지영의 <진초천자문>은 한 점의 묵적본과 네 점의 각첩본이 전해질 뿐이다. 묵적본의 <진초천자문>은 203행으로 이루어져 있고, 앞 부분의 몇 행을 제외하고는 상태가 좋은 편이며, 현재 일본에 소장되어 있다.

<진초천자문>은 왕희지 서풍을 이어받아 단아하면서도 수려한 서풍을 특징으로 한다. 해서는 필획과 결구가 충실하고, 초서는 매우 정확한 결자를 이루고 있기 때문에 서예의 학습은 물론 한자를 학습하거나 초서를 익히는 교과서로 애용되었다. 지영의 초서는 역대 서예가들로부터 많은 사랑을 받아왔다.

〈진초천자문眞草千字文〉

(1)

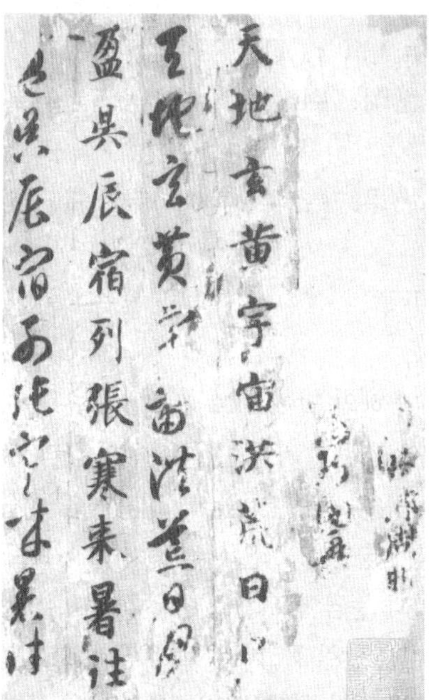

(2)

(3)

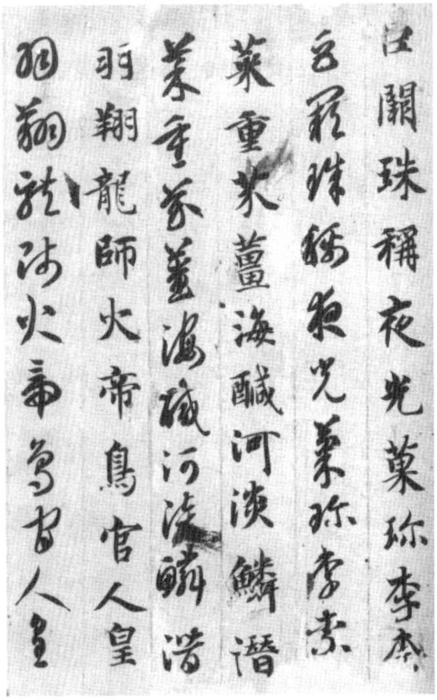

(4)

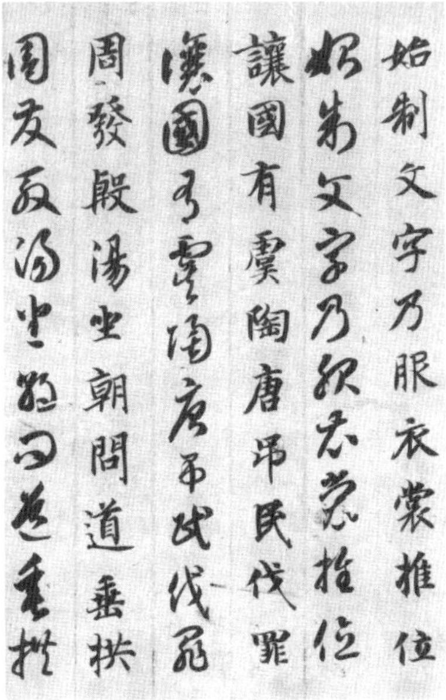

天地玄黃，宇宙洪荒．日月盈昃，辰宿列張．寒來暑往，秋收冬藏．閏餘成歲，律呂調陽．

雲騰致雨，露結爲霜．金生麗水，玉出崑岡．劍號巨闕，珠稱夜光．果珍李柰，菜重芥薑．

海鹹河淡，鱗潛羽翔．龍師火帝，鳥官人皇．始制文字，乃服衣裳．推位讓國，有虞陶唐．

弔民伐罪，周發殷湯．坐朝問道，垂拱平章．

하늘은 검고 땅은 누렇고 우주는 넓고도 크다. 해와 달이 차고 기울며 별은 자리를 잡아 늘어서 있다. 추위가 오고 더위가 가니 가을엔 거두고 겨울엔 갈무리하여 둔다. 윤달을 더하여 한해를 이루고 가락을 맞추어 양기를 돋운다. 구름은 올라가 비가 되고 이슬은 얼어 서리가 된다. 금은 여수에서 나고 옥은 곤강에서 난다. 검은 일컬어 '거궐'이요 구슬은 일컬어 '야광'이라. 과일 가운데 진미는 오얏과 능금이요 채소 가운데 중요한 것은 겨자와 생강이라. 바다는 짜고 강물은 싱거우며 비늘 달린 물고기는 물에 잠기고 깃 달린 새는 높이 난다. 복희씨, 신농씨, 소호와 황제 헌원, 문자를 처음 짓고 옷을 지어 입혔다. 자리를 미루며 나라를 물려주니 유우와 도당이라. 백성을 돕고 죄를 벌하니 주나라 무왕과 은나라 탕왕이라. 조정에 앉아 도를 묻기에 두 손으로 문장을 올리다.

○ 당 나라 서예와 손과정孫過庭의 서보書譜

당나라 시대는 중국 서예사에 있어 창작과 이론의 황금시대로 꼽힌다. 당나라 초기에는 수나라 서풍을 이어받아 해서가 크게 발전하였으며, 초당 사대가四大家인 구양순歐陽詢·우세남虞世南·저수량褚遂良·설직薛稷등의 많은 서예가를 배출하였다. 중기에는 왕희지의 서예를 근본으로 하여 당나라 시대의 서풍을 형성하고 또 자신만의 독특한 서예 세계를 개척한 육간지陸柬之·손과정孫過庭·리옹李邕·하지장賀知章·안진경顏眞卿·장욱張旭·회소懷素·리양빙李陽氷 등 수많은 서예가가 탄생하였다. 후기에는 국가의 제도와 질서가 혼란한 국면에 들어서게 되어 서예의 광범위한 발전은 이루지 못하였다. 류공권柳公權·두목杜牧·류우석劉禹錫 등이 주로 이 시기에 활동하였다. 당 나라 중기에 활동한 손과정孫過庭과 장회관張懷瓘 등이 고대 서론의 기초 위에서 그 체계를 확립한 시대로 서예 이론사에서도 매우 중요한 시대이다.

손과정은 당나라 시대의 매우 걸출한 서예가인 동시에 서예 이론가이다. 그의 생평에 관해서는 확실히 알 수가 없다. 손과정 주로 활동한 시대는 당 나라 고종高宗과 무측천武則天 시대이다. 손과정은 왕희지를 서예의 스승으로 삼고 왕희지의 글씨를 집중적으로 연마하였다.

<서보書譜>는 손과정이 수공垂拱 3년(687)에 쓴 초서로서 그 묵적이 현재까지 전해져 대만 고궁박물관에 소장되어 있다. 첫 줄에 '오군손과정찬吳君孫過庭撰'과 끝줄의 '수공삼년사기垂拱三年寫記'라는 글귀가 작자와 작품을 연대를 알게 한다. <서보>는 모두 366행, 3700자가 넘는다. 그 가운데 중복되거나 잘못된 글자가 약 70자 정도이며, 약 200 여 자가 소실되었다.

<서보>는 중국 서예사에 있어 서론書論과 창작의 '쌍절雙絕'이라 불리는 매우 중요한 작품이다. 모두 서예 이론에 관한 내용으로 학습론, 감상론, 비평론, 작가론 등 서예 이론 체계의 기초를 세웠으며, 예술 철학과 서예 미학의 뛰어난 경지에 올랐다고 평가된다. <서보>의 초서는 왕희지를 모범으로 하여 작가의 뛰어나 해석과 천부적인 예술 감각으로 새로운 심미적 영역을 개척한 작품이다. 금초今草와 장초章草의 필획과 결구를 적절히 조화하여 끊어짐과 이음이 자연스러움의 극치라 할 수 있다. 이어진 필획은 깔끔하고 끊어진 부분은 기운이 흐르고 있으며 유창한 운필 가운데에서도 법도가 엄격하다. 또 점획과 필획, 결구 와 포치에 있어서도 변화와 통일을 유효 적절히 사용하여 반복되는 필획과 글자의 안배가 매우 뛰어나다.

〈서보書譜〉

(1)

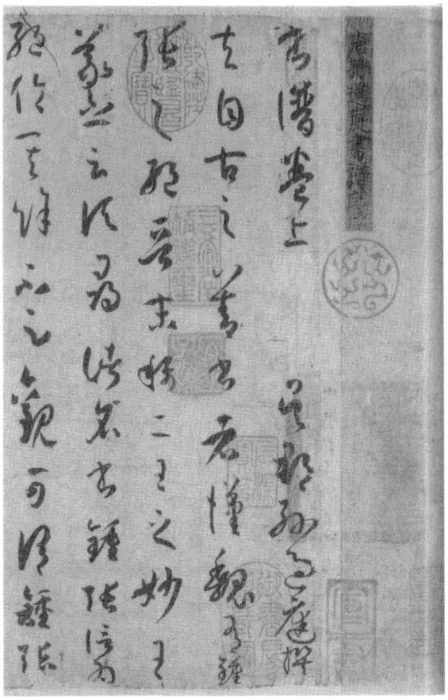

(2)

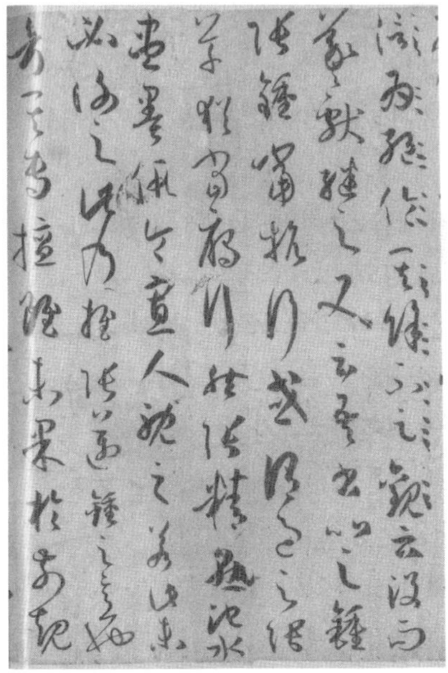

(3)

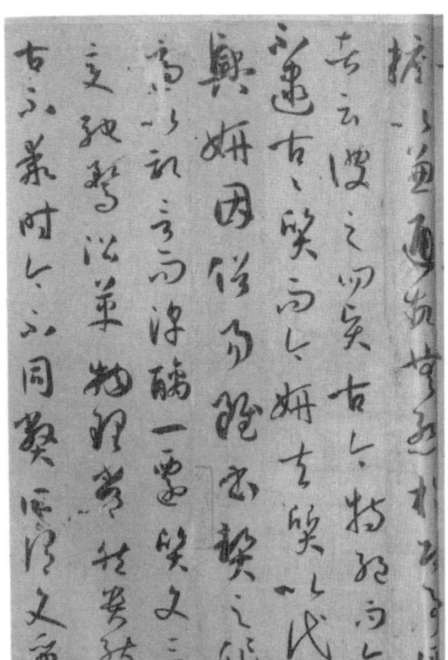

(4)

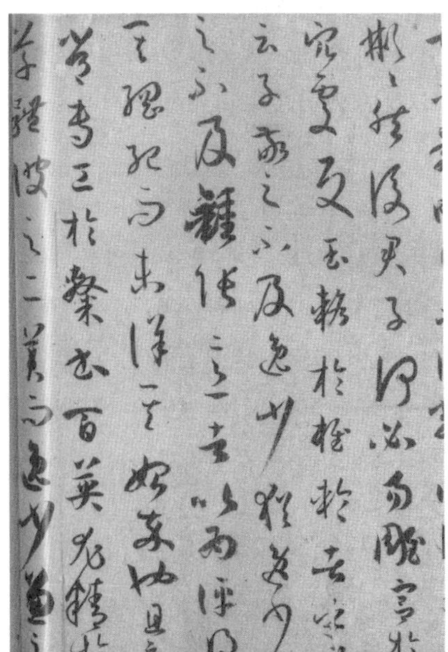

孫過庭 書譜

書譜卷上. 吳郡孫過庭撰.

夫自古之善書者, 漢魏有鍾張之絕, 晉末稱二王之妙. 王羲之云: "頃尋諸名書, 鍾張信為絕倫, 其餘不足觀." 可謂鍾張云沒而羲獻繼之. 又云: "吾書比之鍾張, 鍾當抗行, 或謂過之. 張草猶當鴈行. 然張精熟, 池水盡墨, 假令寡人耽之若此, 未必謝之." 此乃推張邁鍾之意也. 考其專擅, 雖未果於前規. 摭以兼通, 故無慚於即事. 評者云: "彼之四賢, 古今特絕. 而今不逮古, 古質而今妍." 夫質以代興, 妍因俗易. 雖書契之作, 適以記言. 而淳醨一遷, 質文三變. 馳騖沿革, 物理常然. 貴能古不乖時, 今不同弊. 所謂"文質彬彬, 然後君子." 何必易雕宮於穴處, 反玉輅於椎輪者乎. 又云: "子敬之不及逸少. 尤逸少之不及鍾張." 意者以為評得其綱紀, 而未詳其始卒也. 且元常專工於隸書. 百英尤精於草體. 彼之二美, 而逸少兼之.

대저 자고로 글씨를 잘 쓴 선인으로 한위 때에 종요鍾繇와 장지張芝가 서예의 빼어남이 있고, 진晉 나라 말기에는 이왕二王의 정묘함을 든다. 왕희지는 여러 명의 서가를 찾아보았는데, 종요와 장지는 진실로 절윤絕倫하다고 할 것이며, 그 밖에는 볼만한 것이 없다고 말했다. 이는 종요와 장지의 사후에는 왕희지와 왕희지의 헌지만 그 경지에 이를 수 있는 것이라 할 수 있다.

왕희지는 또 글씨를 종요와 장지를 비교하면 종요에게는 어깨를 나란히 할 만하거나 혹은 내가 우위에 있을지 모른다. 그러나 장지의 초서에는 내가 미치지 못한다. 그러나 장지가 정밀한 것은 연못의 물이 모두 먹물로 되었으니, 가령 내가 그토록 맹연습을 했다면 장지에 미치지 못할 바도 아니라고 말했다. 이 말은 그가 장지가 종요보다 우위라고 생각하는 마음이 있는 것이다. 그 왕희지의 정진함을 보면 비록 종요와 장지의 솜씨에는 못 미치지만 여러 서예가의 장점을 취하여 능통함으로 전대의 서예가들에 대해서는 부끄러움이 없다는 뜻이다.

평자들은 말하길 종료·장지·희지와 헌지 사대가는 고금의 서예에 있어 특출하고 절륜하다고 하였다. 그러나 오늘은 옛 것에 미치지 못하는 것은 고인은 소박을 금인은 꾸밈(연려妍麗)을 숭상하기 때문이다. 대개 요즘은 본질은 시대를 이어 흥하고 꾸밈(연妍)은 세속으로 인하여 바뀌는 것이다.

글씨는 비록 단순한 언어표시의 기술이었지만 순박함이 한번 바뀌면 질문質文이 세 번 변하여 변천을 거듭 발전하여 오는 것은 사물의 당연한 이치이다. 고법을 배우되 시대에 위배되지 않고 시대에 따르되 해가 되지 않아 문과 질을 갖추어야 군자라 할 수 있다. 조궁雕宮(담벼락을 조각한 화려한 집)을 혈처穴處(땅 토굴 속에서 삶)로 바꾸며 옥로玉輅를 추륜椎輪으로 바꾸어 탈 필요는 없다. 또한 평자들이 이르기를 자경(왕헌지)이 일소(왕희지)에 미치지 못하는 것은 마치 일소가 종요와 장지에 미치니 못하는 것과 같다 하였는데, 내가 생각하기엔 평론 한 것이 서법의 요점은 말하였다고 할 수 있으나, 서법의 시작과 마침에 대해서는 알지 못하였다고 여긴다. 또 원상(종요)은 예서를 전공하여 잘 썼고, 백영(장지)은 초서체에 더욱 정묘하였으니 저 두 사람의 좋은 점을 일소는 겸비하고 있다.

(8) 물체와 물체

【集(모일 집, jí)】

[說文] : “(雧), 羣鳥在木上也. 从雥, 从木. (集), 雧或省.”

'雧'자는 새들이 나무 위에 모여 있는 모습이다. '雥(새 떼 지어 모일 잡, zá)'과 '木'으로 이루어진 자이다. 혹은 생략하여 '集'으로 쓴다.

集			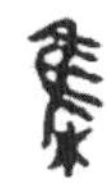			
	商 甲骨文	商 父梟爵	西周 毛公鼎	戰國 金文	戰國 包山楚簡	秦 睡虎地秦簡

	新 嘉量銘	東漢 西嶽華山廟碑	東晉王羲之 淳化閣帖	唐孫過庭 書譜	東晉王羲之 平安帖	隋智永 眞草千字文

'集'자는 혹은 '雧'자로 쓰기도 한다. 나무 위에 앉아 있는 새들이다. 전국 금문 중에는 소리부 '亼(삼합 집, jí)'을 추가하여 쓰기도 한다.

[집단集團] [모집募集]

【霍(빠를 곽, huò)】

[說文] : “(靃), 飛聲也. 雨而雙飛者, 其聲靃然.”

霍. 날아가는 소리이다. 비가 내릴 때 쌍을 지어 나는 새의 '곽곽' 소리이다.

霍						
	商 甲骨文	商 甲骨文	西周 金文	西周 金文	說文篆文	漢 居延漢簡

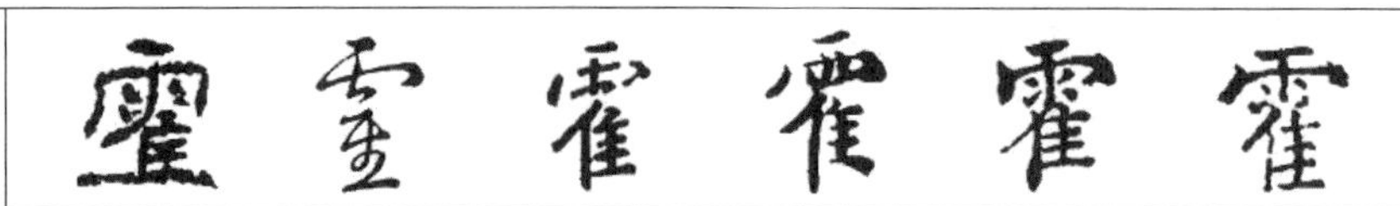

前秦 廣武將軍碑陰	草韻辨體	東晉王羲之 興福寺斷碑	唐 史記殘卷	唐褚遂良 倪寬傳贊	唐顏眞卿 元次山碑

비가 내릴 때 새가 무리를 신속하게 날아가는 형상이다.

[확란霍亂(癨亂)][896] [확연霍然][897]

【雉(꿩 치, zhì)】

[說文] : “(雉), 有十四種: 盧諸雉·喬雉·鳪雉·鷩雉·秩秩海雉·翟山雉·翰雉·卓雉, 伊洛而南曰翬, 江淮而南曰搖, 南方曰𩀬, 東方曰甾, 北方曰稀, 西方曰蹲. 从隹, 矢聲. (鴺), 古文雉从弟”

雉. 꿩은 열 네 종이 있다. 이는 노제치·교치·복치·결치·질질해치·적산치·한치·탁치 등 이다. 또한 이伊와 낙洛의 이남에서는 ‘휘치’라 부르고, 강회 남쪽에서는 ‘요치’라 하며, 남방에서는 ‘𩀬雉’라 하고 남방에서는 ‘치치’라 하며 북방에서는 ‘희치’라 하고 서방에서는 ‘준치’라 부른다. 의미부 ‘隹’와 소리부 ‘矢’로 이루어진 형성자이다. 고문은 ‘弟’를 써서 ‘鴺’로 쓴다.

雉

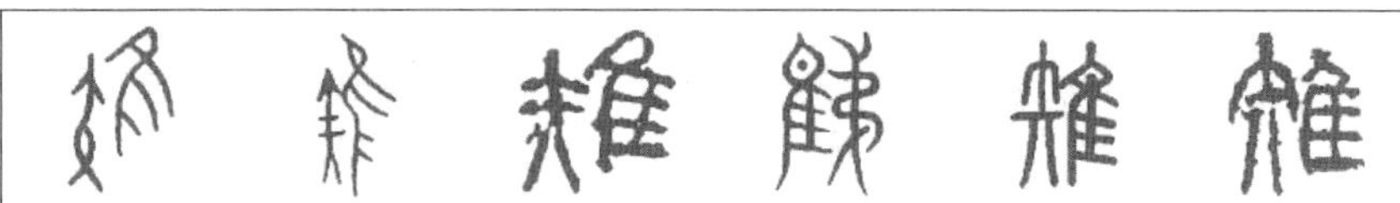

商 甲骨文	商 甲骨文	戰國 石鼓文	說文古文	說文篆文	東漢 嵩山開母廟石闕銘

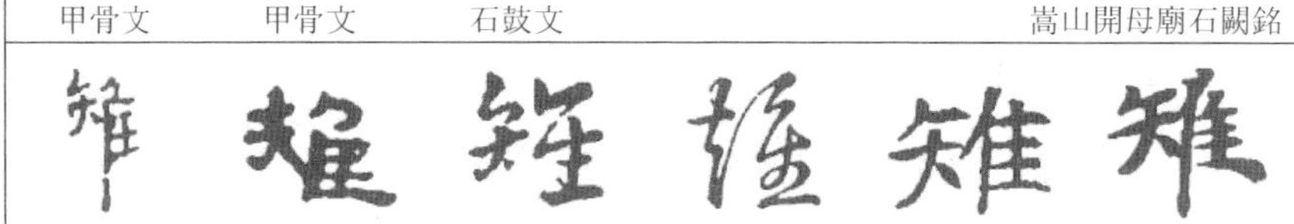

西漢 馬王堆帛書	漢 武威漢簡	吳皇象 急就章	草韻辨體	隋 太僕卿元公墓誌	唐 寫經 春秋穀梁傳集解

‘雉’자는 화살로 ‘隹(새 추, zhuī)’를 쏘는 모습으로 설명하기도 하고, 소리부가 ‘矢’인 형성자로 설명하기도 한다. ‘雉’자는 ‘鴙’로 쓰기도 한다.

896) ‘음식이 체하여 토하고 설사하는 급성 위장병’
897) ‘별안간 사라져 없어짐’. ‘급함’.

[치악산雉嶽山][898]

【彘(돼지 체, zhì)】

[說文] : "(彘), 豕也, 後蹏(발굽 제, tí)廢謂之彘. 从彑, 矢聲, 从二匕. 彘足與鹿足同."

彘. 돼지이다. 뒷다리 발굽이 상한 돼지를 '彘'라 한다. 의미부 '彑'와 소리부 '矢'로 이루어진 형성자이다. 돼지의 두 다리와 사슴의 두 다리는 모두 두 개의 '匕'로 쓴다.

彘					
	商 甲骨文	商 甲骨文	西周 金文	西周 衛盉	漢印

	春秋 侯馬盟書	古璽	說文篆文	吳皇象 急就章	明 宋克

≪설문해자≫는 소리부가 '矢'인 형성자로 설명하고 있으나, 화살로 돼지는 쏘는 형상으로 설명하기도 한다.

明 구영仇英 秋獵圖(대만고궁박물관 소장)

[축피산시병실가체逐彼山豕並失家彘][899] [흑구축체黑狗逐彘][900]

898) '강원도 영월군 태백산맥의 산'.
899) 멧돼지 잡으러 갔다가 집돼지를 잃었다. 너무 욕심을 부리면 이미 가진 것조차도 잃어 버린다는 뜻이다.

【狩(사냥 수, shòu)(獸(짐승 수, shòu)】

[說文] : "(狩), 犬田也. 从犬, 守聲. ≪易≫日: 明夷于南狩."

狩. 개를 사용하여 사냥을 한다. 의미부 '犬'과 소리부 '守'로 이루어진 형성자이다. ≪주역≫에서는 "밝음을 감추고 남쪽 지방에서 사냥을 하다"라 하였다.

[說文] : "(獸), 守備者. 从嘼从犬."

獸. 사냥에서 방비를 담당하는 짐승. '嘼(가축 축, xù)'과 '犬'으로 이루어진 회의자이다.

狩	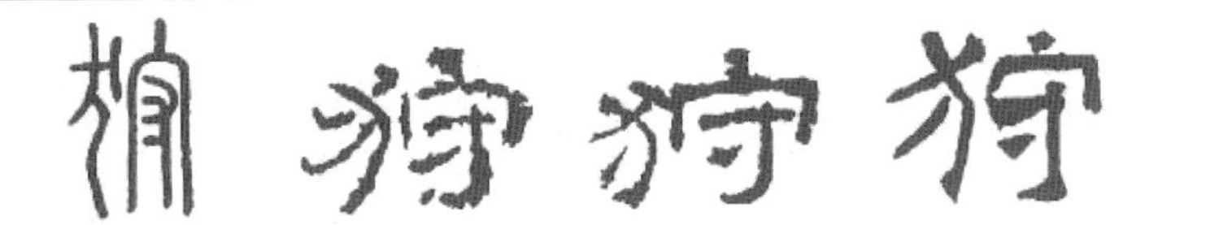				
	說文篆文	東漢 石門頌	東漢 史晨前碑	魏 正始石經	
	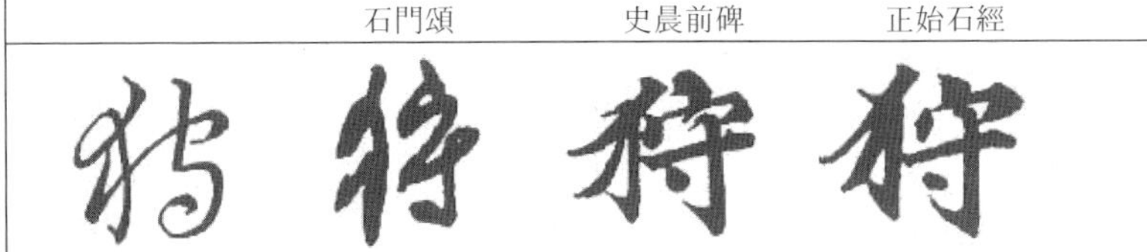				
	草韻辨體	平安 字多天皇 周易抄	唐 世說新書	奈良 中阿含經	
獸	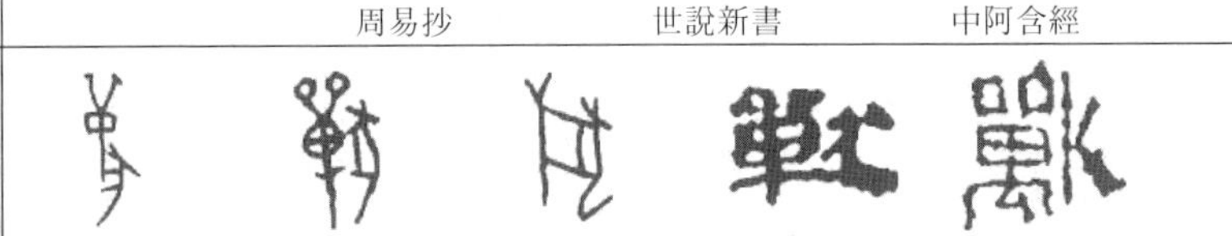				
	商 甲骨文	商 甲骨文	商 甲骨文	漢 武威漢簡	東漢 武氏祠畫像題字

	隸辨	唐歐陽詢 草書千字文	唐懷素 草書千字文	明 王鐸	隋智永 眞草千字文

'狩'와 '獸'자는 원래 같은 자이다. 모두 '사냥하다'는 뜻이다. '獸'는 사냥할 때 사용하는 '干'이나 '單'을 사용하여 개를 데리고 가서 사냥하는 형상이다. 전국시대의 금문에서는 '口'를 추가하여 ''로 쓴다. '單'자를 금문은 ''·''으로 쓴다. 두 개의 가지가 사냥도구이다. 후에 '單'자 아래 수식부호인 '口'를 추가하여 '嘼'로 쓴다.

'捉山猪失家猪'. '獲山猪失家猪'. '山猪捕家猪失'.

900) 검둥개 도야지 편이다. 됨됨이나 형편이 비슷한 사람은 서로 잘 어울리고 감싸주기 쉬운 한 편이다.

[순수巡狩][901] [수어시대狩漁時代][902] [맹수猛獸] [인면수심人面獸心][903]

【犁(얼룩소 리, lí)犂(밭을 갈 리, lí)】

[說文] : "𤘽(犂), 耕也. 从牛黎聲."

犂. 경작하다. 의미부 '牛'와 소리부 '黎'로 이루어진 형성자이다.

犂					
	秦 睡虎地秦簡	漢印	漢印	說文篆文	漢 居延漢簡
	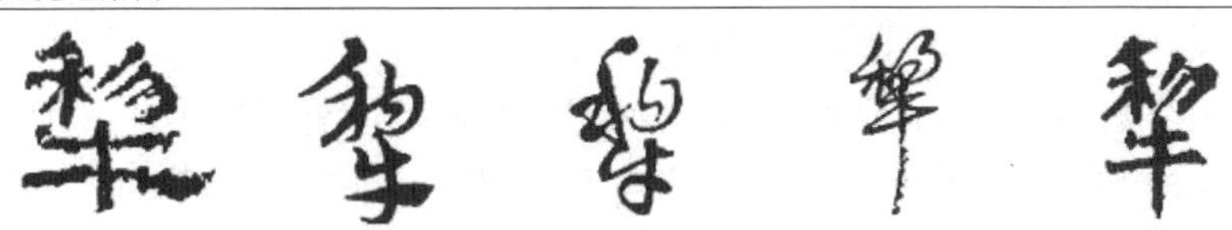				
	東漢 張遷碑	明 宋克	明 王鐸	淸 何紹基	唐柳公權 魏公先廟碑

소를 몰아 농기구로 '禾'가 심어진 전답을 가는 모습이다. 혹은 의미부 '牛'와 소리부 '利'로 이루어진 형성자로 설명하기도 한다. 혹은 '黎(검을 려, lí)'자로 쓰기도 한다.

[이리泥犁][904] [이우지자犁牛之子][905] [여명黎明] [여수黎首][906] [애육여수愛育黎首]

【牢(우리 뢰, láo)】

[說文] : "𡰪(牢), 閑(闌), 養牛馬圈也. 从牛, 冬省, 取其四周帀也."

牢. 가로막아 소나 말을 기르는 우리이다. '牛'와 '冬'자 중 아래 'ソ'을 생략한 형태로 이루어진 자이다. '宀'은 사면 주위를 둘러쳐 막아 놓은 형상이다.

901) '임금이 나라 안을 두루 보살피며 돌아다님'
902) 어렵시대漁獵時代.
903) '얼굴은 사람의 모습을 하였으나 마음은 짐승과 같다는 뜻'
904) '지옥地獄'.
905) '얼룩소의 새끼'.
906) '검수黔首'. '검려黔黎'. '여민黎民'.

牢	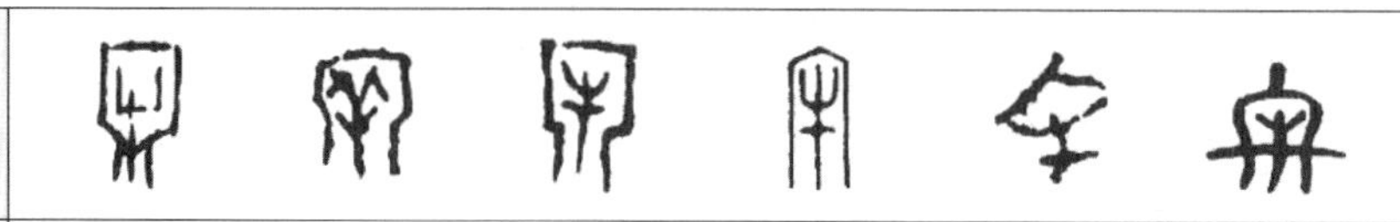					
	商 甲骨文	商 甲骨文	西周 金文	古璽	戰國 包山楚簡	秦 睡虎地秦簡

	漢 武威漢簡	東漢 史晨前碑	吳皇象 急就章	唐陸柬之 文賦	北魏 鄭道昭 鄭羲下碑	唐 段志玄碑

우리에 갇힌 '牛'나 '羊'이다.

"尞(燎)三牢."(≪合集≫21260)

우리에 있는 소 세 마리를 희생물로 사용하여 요제燎祭를 지낼까요.

"王牢于陆."≪貉子卣≫ 왕은 거陆 지역에서 뇌제牢祭를 거행하다.

[망양보뢰亡羊補牢][907] [금석뇌약金石牢約][908]

【牡(수컷 모, mǔ)】

[說文] : "牡, 畜父也. 从牛, 土聲."

牡. 가축 중 수컷이다. 의미부 '牛'와 소리부 '土'로 이루어진 형성자이다.

牡	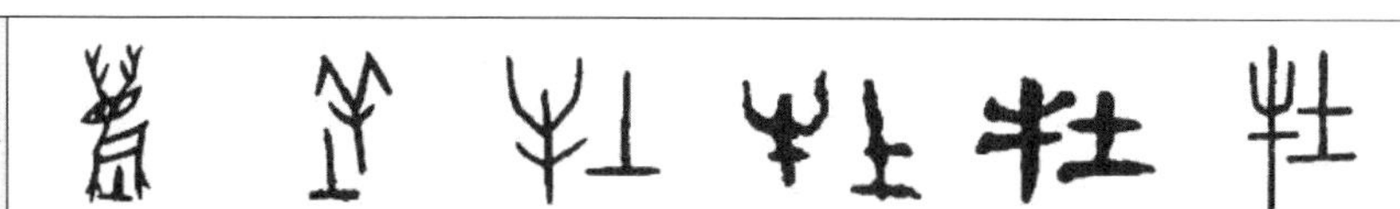					
	商 甲骨文	商 甲骨文	商 甲骨文	西周 金文	秦 睡虎地秦簡	說文篆文

	西漢 馬王堆帛書	隸辨	吳皇象 急就章	草韻辨體	北魏 石門頌	隋 孟顯達碑

907) 양을 잃고서 그 우리를 고친다. '망우보뢰亡牛補牢'.

908) 금과 돌 같은 굳은 언약. '금석맹약金石盟約'. '금석상약金石相約'. '금석지약金石之約'.

갑골문은 '鹿'과 '丄'로 이루어진 자이다. 자건 '羊'·'牛'를 쓰기도 한다. '丄'는 수컷을 상징하는 '丄'는 후에 '土'로 와전되었다. 후에 의미가 확대되어 '목축牧畜'이라는 의미로 쓰인다.

"辛未卜, 卯于祖牡·豼."（≪合≫22101）
신미일에 점을 쳐 묻습니다. 선조에 숫 양과 숫 돼지를 도살하여 제사를 지낼까요.

[모란. 모단牡丹] [모우牡牛][909]

【易(바꿀 역(용이 이), yì)】

[說文] : "(易), 蜥易, 蝘蜓守宮也. 象形. ≪祕書≫說: 日月爲易, 象陰陽也. 一曰: 从勿."

易. 도마뱀. 혹은 언전蝘蜓·수궁守宮이라고도 한다. 상형자이다. ≪祕書≫에서는 "'日'과 '月'로 이루어진 자가 '易'자이다. 음양의 변화를 상징한다."고 하였다. 혹은 아랫부분이 '勿'이라고도 한다.

易						
	商 甲骨文	西周 金文	西周 令方彝	西周 毛公鼎	戰國 中山王鼎	說文篆文
	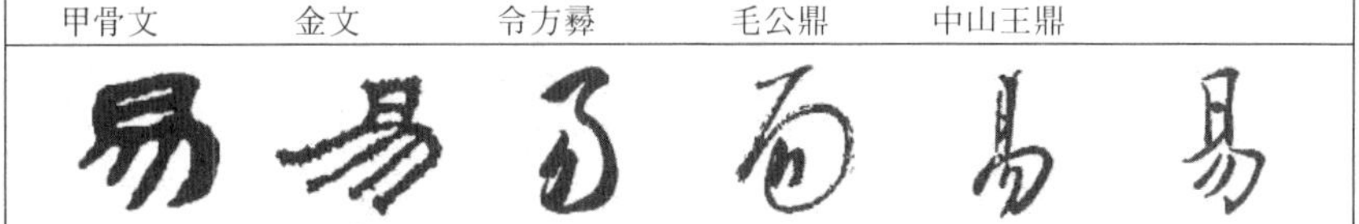					
	西漢 馬王堆帛書	東漢 北海相景君碑	隋智永 眞草千字文	唐懷素 自敍帖	東晉王羲之 集字聖敎序	唐殷玄祚 契苾明碑

≪설문해자≫는 '易'자는 '도마뱀(蜥易)'으로 설명하였다. 그러나 고문자 '易'은 물을 따르는 수기水器가 아닌가 한다. 금문에서는 '錫'이나 '賜'의 가차자로 쓰인다. 쉽게 물을 따를 수 있기 때문에 '용이하다'는 의미로 쓰인다. 또한 물을 다른 그릇으로 옮길 수 있기 때문에 '바꾸다'는 의미로도 쓰인다.

"易(賜)貝二朋."（≪合集≫40073） 패 두 꾸러미를 하사하다.

"王易(賜)兮甲馬四匹." ≪兮甲盤≫ 왕이 혜갑에게 말 네 필을 하사하다.

909) 소의 수컷. 수소.

춘추春秋 기문이虁紋匜　대만 고궁박물관 소장

[무역貿易] [안이安易] [자유무역협정自由貿易協定] [역지사지易地思之] [만고불역萬古不易][910] [소년이노학난성少年易老學難成][911]

【益(더할 익, yì)】

[說文]："㳒(益), 饒也. 从水·皿, 皿益之意也."

益. 넘쳐나다. '水'와 '皿'으로 이루어진 회의자이다. 그릇에서 물이 넘쳐난다는 뜻이다.

益						
	商 甲骨文	西周 金文	春秋 金文	戰國 包山楚簡	秦 睡虎地秦簡	說文篆文
	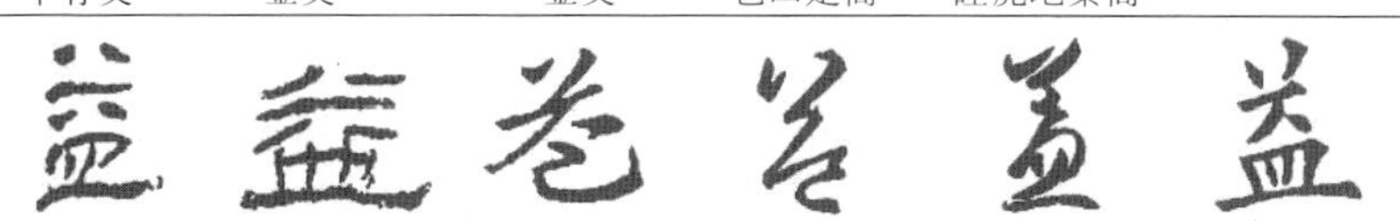					
	西漢 馬王堆帛書	東漢 石門頌	吳皇象 急就章	東晉王羲之 十七帖	東晉王羲之 喪亂帖	唐歐陽詢 溫顔博碑

그릇에 넘치는 물의 형상이다.

[이익利益] [다다익선多多益善][912] [노당익장老當益壯][913]

910) '만대불역萬代不易'. '만세불역萬世不易'. '천고불역千古不易'.
911) 소년少年은 늙기 쉬우나 학문學問을 이루기는 어렵다.
912) 많으면 많을수록 더욱 좋다.

【蠱(독 고, gǔ)】

[說文] : “(蠱), 腹中蟲也. ≪春秋傳≫曰: ‘皿蟲為蠱.’ 晦淫之所生也. 梟桀死之鬼亦為蠱. 从蟲·从皿. 皿, 物之用也.”

蠱. 배 속에서 생겨나는 벌레이다. ≪春秋傳≫에서는 ‘그릇에 벌레가 담겨 있는 것이 蠱자이다’라 하였다. 이러한 해충은 음습한 곳에서 생겨난다. 머리가 잘려 거꾸로 매달려 있는 시체의 귀신이나 사지가 찢겨 죽은 귀신의 몸에서 생겨나는 해충이다. ‘蟲’과 ‘皿’으로 이루어진 회의자이다. ‘皿’은 물질을 담는데 사용하는 용기이다.”

蠱				
	商 甲骨文	春秋 侯馬盟書	漢印	說文篆文
	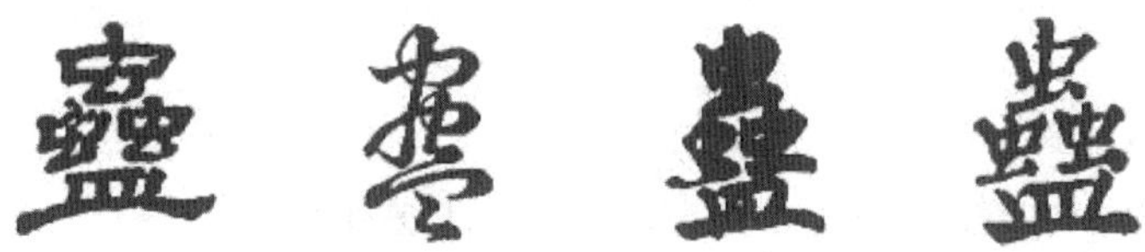			
	隸辨	草韻辨體	平安 字多天皇 周易抄	唐顔眞卿 顔勤禮碑

그릇에 담긴 벌레(虫, 蚰)의 형상이다. 갑골문에서 재화라는 의미로 쓰인다.

“毋丙出(有)蠱.”(≪合集≫2530正) 모병이 재난을 내려줄까요?

[고혹적미蠱惑的美][914] [고혹蠱惑][915]

【陷(빠질 함, xiàn)】

[說文] : “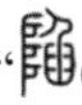(陷), 高下也. 一曰: 陊也. 从𨸏从臽, 臽亦聲.”

陷. 높은 곳에서 아래로 떨어지다. 혹은 ‘무너지다(陊(떨어질 타, duò, zhì)’의 뜻이라 한다. ‘𨸏’와 ‘臽’으로 이루어진 자이며, ‘臽’은 또한 음을 나타낸다.

913) 나이를 먹을수록 기력이 더욱 좋아지다. ‘노익장老益壯’.
914) 고혹蠱惑될 만한 아름다움.
915) 남의 마음을 호려 중용中庸을 잃게 하다. 남을 꾀어 속이다.

陷	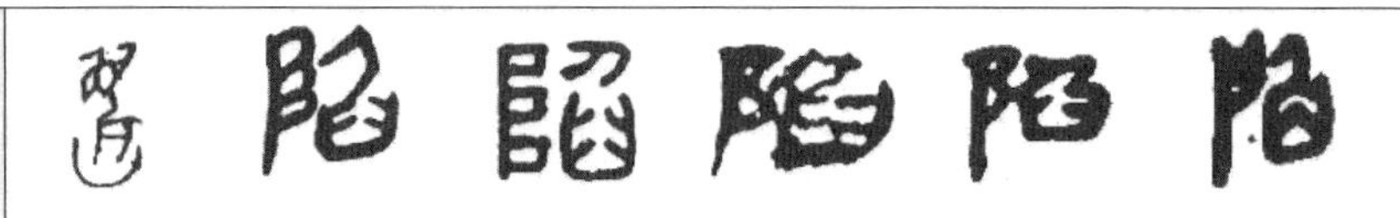					
	商 甲骨文	秦 睡虎地秦簡	漢印	漢 敦煌漢簡	西漢 孫家寨漢簡	西漢 孫臏兵法
	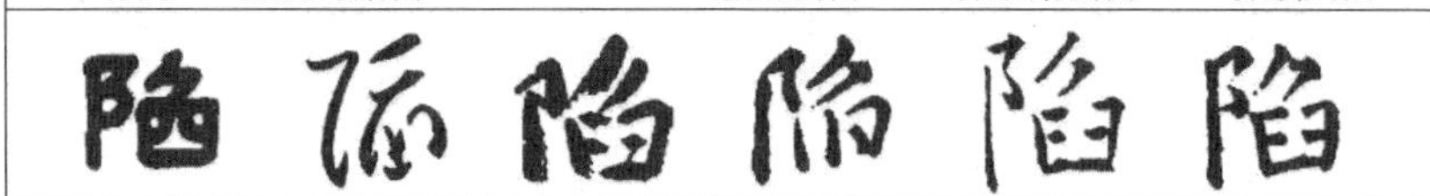					
	唐 樊敏碑	唐賀知章 孝經	唐顏眞卿 祭姪文稿	唐顏眞卿 祭伯文稿	唐薛稷 信行禪師碑	唐顏眞卿 顏氏家廟碑

‘臽’은 ‘陷’자의 초문이다. 후에 ‘阜’를 추가하여 쓴다. ‘阜’은 언덕이고 ‘臽(함정 함, xiàn)’은 함정이다. 함정에 떨어지다는 뜻이다. 금문은 ‘臼’와 ‘人’을 써서 ‘’·‘’으로 쓰기도 한다.

“其陷麋于斿.”(≪合集≫5579正)

유斿 지방에서 사슴을 함정을 이용하여 잡을 수 있을까요?

[결함缺陷] [함정陷穽] [함몰陷沒] [함락陷落] [포호함포咆虎陷浦][916] [취지공비집지공함吹之恐飛執之恐陷][917]

【陳(늘어놓을 진, chén)(陣(줄 진, zhèn)】

[說文]: “(陳), 宛丘, 舜後嬀滿之所封. 从阜从木, 申聲. (陣), 古文陳”

陳. 사방이 높고 중앙이 낮은 산언덕. 순 임금 후에 규만嬀滿의 봉읍지이다. 의미부 ‘阜’·‘木’과 소리부 ‘申’으로 이루어진 형성자이다. 고문은 ‘陣’으로 쓴다.

陳	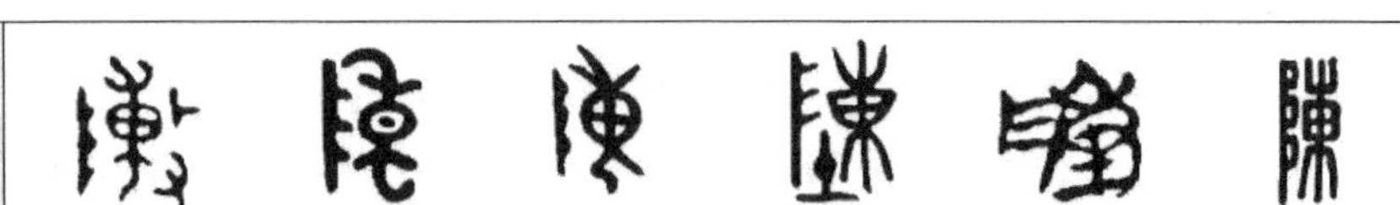					
	西周 金文	西周 九年衛鼎	春秋 陳侯鬲	戰國 陳猷釜	戰國 包山楚簡	秦印

916) 으르렁대기만 하는 범이 개울에 빠진다. 큰소리만 치는 사람은 일을 못하고 도리어 실패失敗한다.
917) 불면 날아갈까 두렵고, 잡으면 꺼질까 두렵다.

陣

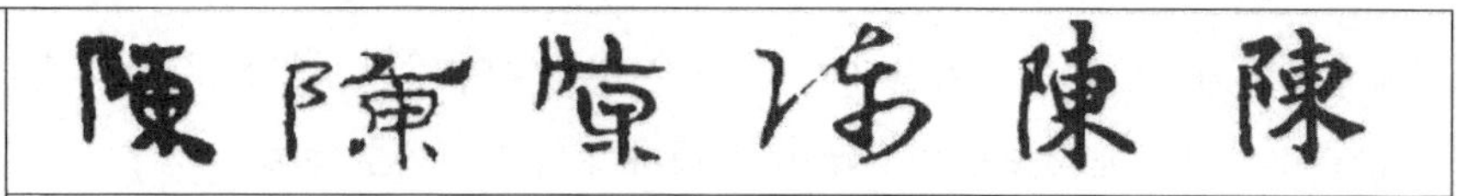

春秋事語	東漢 禮器碑	漢 居延漢簡	東晉 王羲之	唐 歐陽詢	唐 柳公權

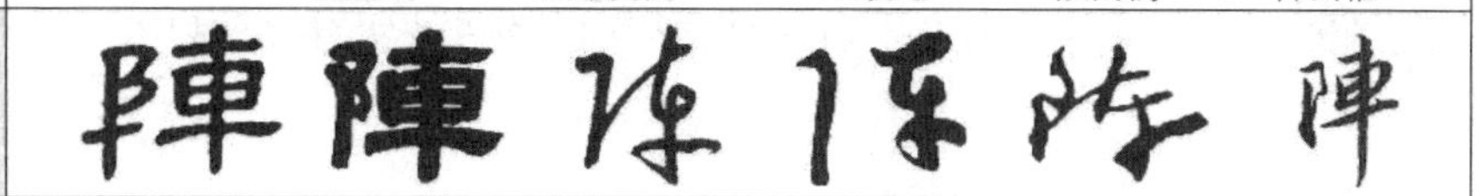

隸辨	淸 鄧石如	唐孫過庭 書譜	唐顔眞卿 裵將軍詩	淸 何紹基	北宋 蔡襄

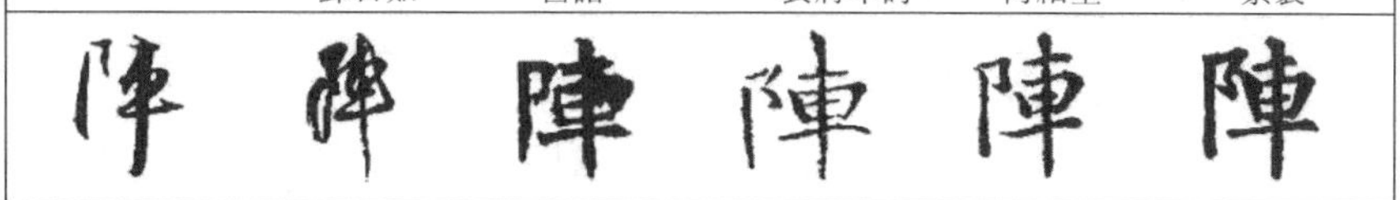

明 陸治	明 傅山	北魏 于景墓誌	隋 龍藏寺碑	唐褚遂良 哀冊	唐 裴休 圭峰禪師碑

'陳'은 '언덕(阜)'에 '東(마대나 혹은 朿)'을 제단 앞에 쌓아놓고 제사를 준비하는 형상이다. '陣'을 언덕에 전차와 같은 전쟁용 수레를 진열해 놓은 모습이다.

[진술陳述] [진열陳列] [진정陳情] [진부陳腐][918] [진채지액陳蔡之厄][919]

【家(집 가, jiā,gū)】

[說文] : "家(家), 居也. 从宀, 豭省聲. 家(家)古文家."

家. 거처하는 곳이다. '宀'과 '豭'자의 생략형이 소리부인 자이다. 고문은 '家'로 쓴다.

家

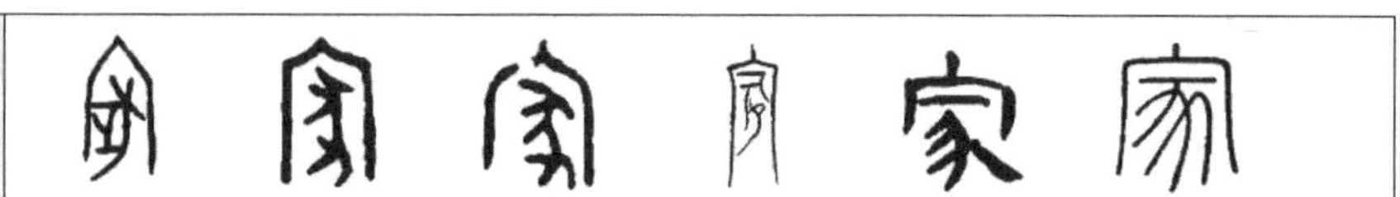

商 甲骨文	商 金文	西周 㝬鐘	戰國 中山王鼎	秦 睡虎地秦簡	秦 嶧山刻石

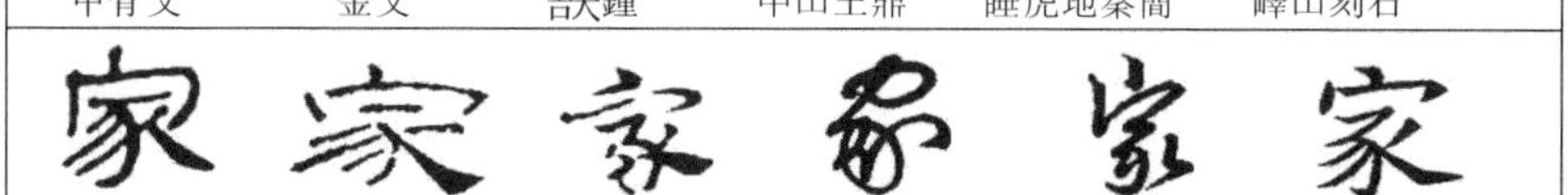

西漢 銀雀山竹簡	東漢 禮器碑	吳皇象 急就章	唐懷素 自敍帖	東晉王羲之 興福寺斷碑	隋 蘇孝慈墓誌

918) 케케묵음. 새롭지 못하다.
919) 공자가 진陳나라와 채蔡나라에서 당한 봉변逢變.

'家'는 '宀'과 '豭'로 이루어진 자이다. 혹은 고문자의 자건 ''은 수퇘지 '豭(수퇘지 가, jiā)'이기 때문에 소리부가 '豭'인 형성자라 주장하기도 한다.

[가계야치家鷄野雉][920] [자가당착自家撞着][921] [가화만사성家和萬事成]

【宅(댁 댁(택), zhái,zhè)】

[說文] : "(宅), 所託也. 从宀, 乇聲. (㡯), 古文宅. (厇), 亦古文宅."

宅. 이른바 기탁하는 곳이다. 의미부 '宀'과 소리부 '乇(부탁할 탁, zhé)'으로 이루어진 형성자이다. 고문은 '㡯'이나 '厇'로 쓴다.

宅	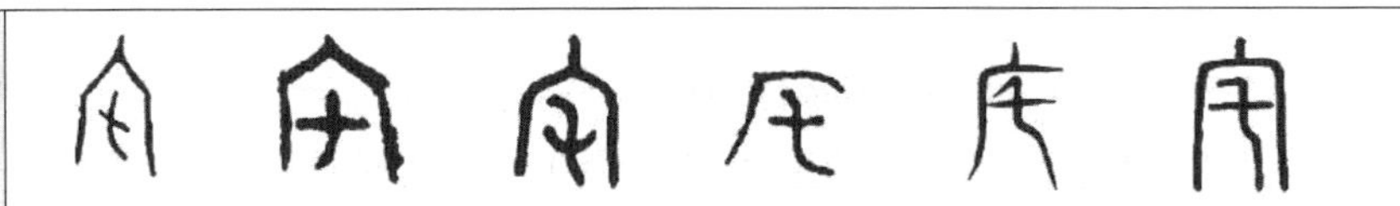					
	商 甲骨文	西周 何尊	西周 金文	戰國 信陽楚簡	說文古文	說文篆文
	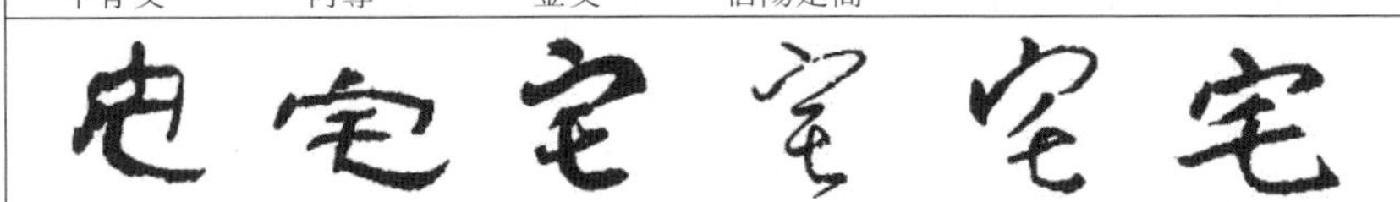					
	西漢 馬王堆帛書	東漢 乙瑛碑	隋智永 眞草千字文	唐顔眞卿 祭姪文稿	東晉王羲之 集字聖教序	隋 孟顯達碑

'乇'은 혹은 뿌리가 달린 식물이 아닌가 한다. 즉 집안에 심어져 있는 나무의 뜻이다.

[촌전척택寸田尺宅][922] [주택住宅] [댁내宅內][923]

920) 집의 닭을 미워하고 들의 꿩을 사랑한다. 아내를 소박疏薄하고 첩을 좋아하다. 좋은 필적筆跡을 버리고 나쁜 필적을 좋아함. 흔한 것을 멀리하고 언제나 새롭고 진귀한 것을 중히 여김. '가계야목家鷄野鶩'.

921) 자기의 언행이 전후 모순되어 일치하지 않는다. '모순당착矛盾撞着'. '이율배반二律背反'. '자기모순自己矛盾'.

922) 좁은 밭과 작은 집. 얼마 안 되는 재산財産이나 자기의 재산을 겸손謙遜하게 하는 말이다.

923) 남의 집안의 존칭.

명明 장굉張宏 포산십경包山十景 자서사子胥祠. 대만고궁박물관 소장.

【室(집 실, shì)】

[說文] : "(室), 實也. 从宀, 从至. 至, 所止也."

室. 실내라는 뜻이다. '宀'과 '至'로 이루어진 회의자이다. '至'는 이른바 멈추는 곳이라는 뜻이다.

室	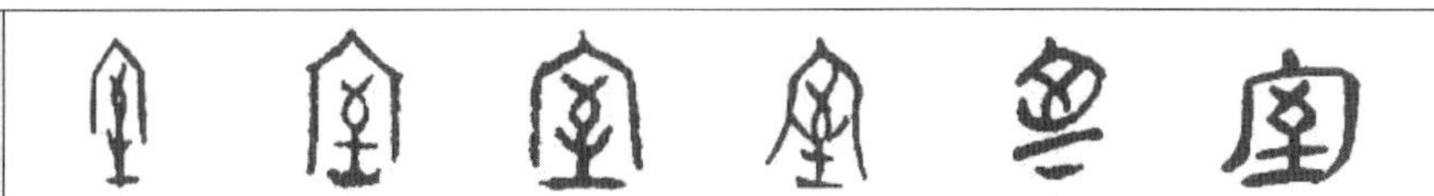					
	商 甲骨文	商 戍嗣子鼎	西周 金文	春秋 侯馬盟書	戰國 郭店楚簡	秦 睡虎地秦簡
	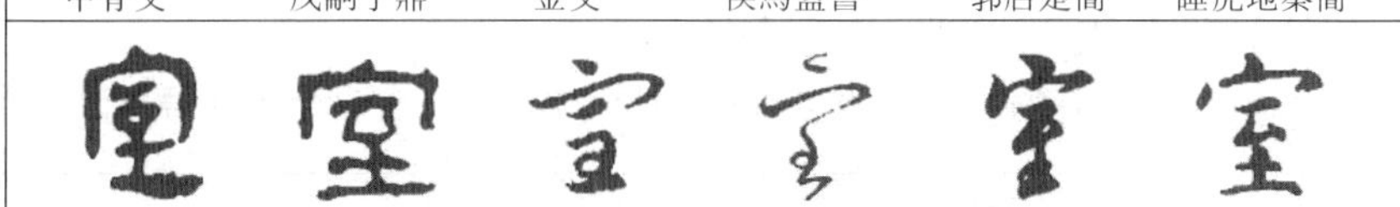					
	西漢 馬王堆帛書	東漢 武氏祠畫像題字	吳皇象 急就章	唐懷素 自敘帖	東晉王羲之 蘭亭序	唐虞世南 孔子廟堂碑

'至'는 화살이 도달하다는 뜻이다. 이른바 도착하여 머무는 곳이 '室'이라는 뜻이다. 혹은 소리부가 '至'인 형성자로 보기도 한다.

[잠실蠶室] [교실敎室] [화장실化粧室] [차청입실借廳入室][924] [허실생백虛室生白][925]

---

924) 남의 대청을 빌려 쓰다가 안방까지 들어간다는 뜻. 남에게 의지하다가 차차 그의 권리까지 침범한다는 뜻. '차청차규借廳借閨'.

925) 방을 비우면 빛이 그 틈새로 들어와 환하다. 무념무상無念無想의 경지境地에 이르면 저절로 진리眞理에 도달到達할 수 있음을 비유.

【宋(송나라 송, sòng)】

[說文] : “(宋), 居也. 从宀, 从木.”

宋. 거처하는 곳이다. ‘宀’과 ‘木’으로 이루어진 회의자이다.

宋						

	商 甲骨文	春秋 金文	古璽	戰國 包山楚簡	秦 睡虎地秦簡	西漢 馬王堆帛書
	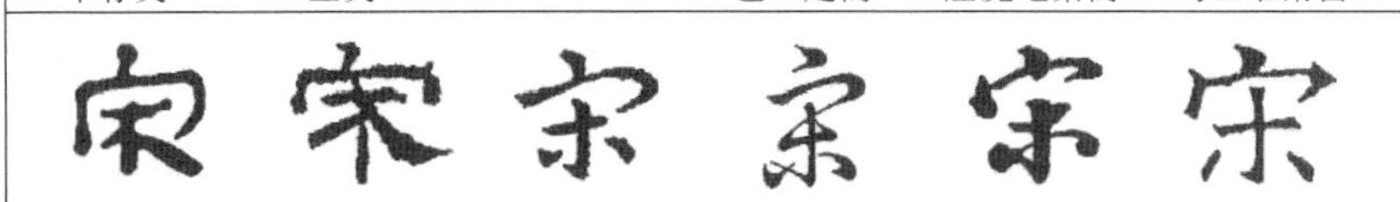					
	西漢 銀雀山竹簡	東漢 禮器碑陰	吳皇象 急就章	草韻辨體	唐顏眞卿 送劉太沖序	唐褚遂良 伊闕佛龕碑

나무 위에 새집의 모양이라고 설명하거나 혹은 기둥이 있는 집이라는 뜻으로 설명하기도 한다. 또는 ‘木’은 기거하는 침구로 설명하기도 한다.

[당송팔가문唐宋八家文] 926)

【宗(마루 종, zōng)】

[說文] : “(宗), 尊祖廟也. 从宀, 从示.”

宗. 조상을 존귀하게 여겨 숭배하기 위한 사당이다. ‘宀’과 ‘示’로 이루어진 회의자이다.

宗						
	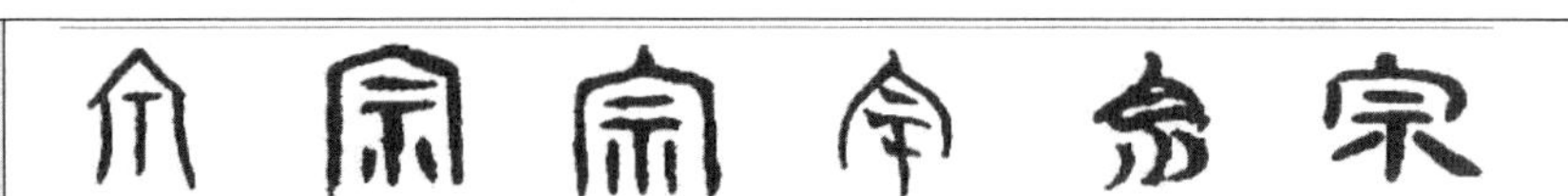					
	商 甲骨文	西周 大盂鼎	西周 金文	春秋 侯馬盟書	戰國 郭店楚簡	秦 睡虎地秦簡
	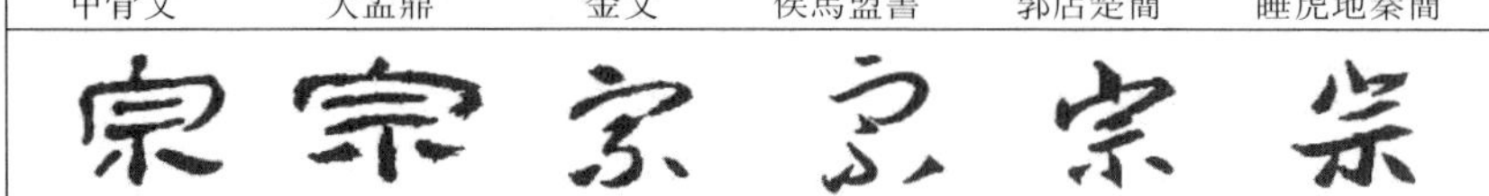					
	西漢 銀雀山竹簡	東漢 乙瑛碑	隋智永 關中本千字文	唐孫過庭 書譜	東晉王羲之 集字聖敎序	北魏 司馬顯姿墓誌

‘示’는 신주神主이다. 신주가 모셔져 있는 종실이라는 뜻이다.

926) 당나라 한유韓愈·유종원柳宗元와 송나라 구양수歐陽修·소순蘇洵·소동파蘇東坡·소철蘇轍·증공曾鞏·왕안석王安石 등을 가리킨다.

[반석지종盤石之宗][927] [종묘사직宗廟社稷][928]

청淸 냉매冷枚 경직도耕織圖. 대만고궁박물관 소장. 신주를 모셔놓고 제사를 지내는 모습

【寧(편안할 녕, níng,nìng)】

[說文] : "(寧), 願詞也. 从丂, 寍聲."

寧. '차라리 ……'와 같이 기원을 나타내는 단어. 의미부 '丂'와 소리부 '寍'으로 이루어진 형성자이다.

寧						
	商 甲骨文	西周 金文	西周 金文	戰國 中山王鼎	秦 睡虎地秦簡	漢 居延漢簡
	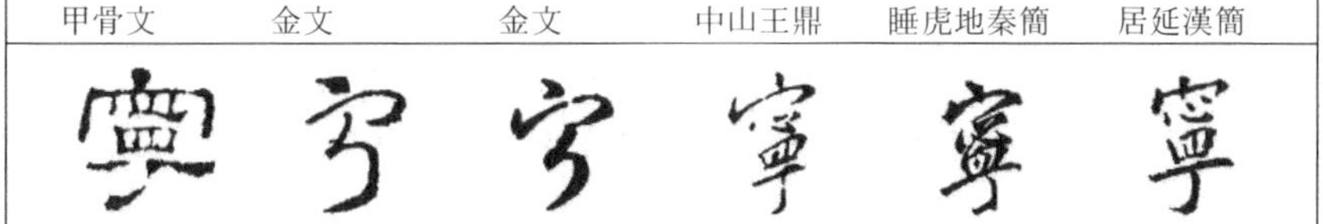					
	東漢 史晨前碑	西晉索靖 月儀帖	隋智永 關中本千字文	東晉王羲之 集字聖教序	唐李邕 李思訓碑	唐歐陽詢 皇甫誕碑

927) 견고堅固한 기초基礎. '반석지안盤石之安'.
928) 왕실王室과 나라.

≪설문해자≫는 의미부 '丂'와 소리부 '寍'으로 이루어진 형성자라 하였다. 혹은 사람이 거처하는 곳에 음식물이 가득하니 마음이 편안하다는 뜻으로 설명하기도 한다. '寧'자는 '寍'과 같은 자이다. 후에 추가한 아랫부분 '丁'은 음식을 놓은 탁자가 아닌가 한다. 혹은 '나무 도끼자루'라고 해석하기도 한다. 음식이 풍부하여 안심하고 기거하는 곳이라는 뜻이다. 후에 '寧'자만 쓰이고 '寍'자는 쓰이지 않게 되었다.

[안녕安寧] [강녕康寧] [영위계구물위우후寧爲鷄口勿爲牛後][929] [수복강녕壽福康寧][930] [다사식녕多士寔寧][931]

【寑(잠잘 침, qǐn) 寢】

[說文]: "(寑), 臥也. 从宀, 侵聲. (𡪢), 籒文寑省."

寑. 눕다. 의미부 '宀'과 소리부 '侵'으로 이루어진 형성자이다. 주문은 '寑'자를 생략하여 '𡪢'으로 쓴다.

寑

商 | 商 | 商 | 西周 | 說文籒文 | 說文篆文

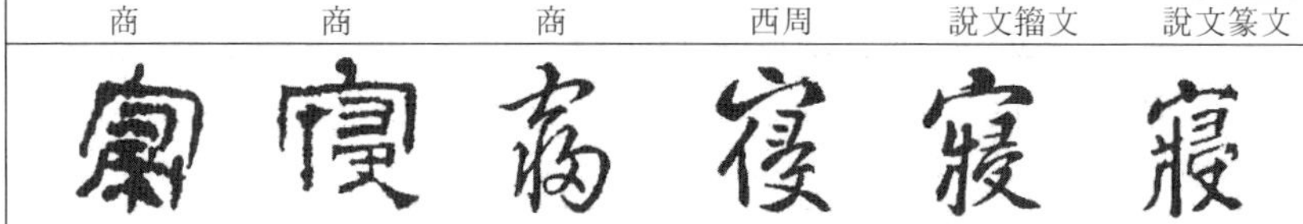
西漢 馬王堆帛書 | 東漢 史晨前碑 | 草韻辨體 | 唐高宗 李勣碑 | 五代楊凝式 韭花帖 | 唐顔眞卿 鮮于氏離堆記

갑골문과 금문은 '宀'과 '帚'로 이루어진 자이다. '帚'자를 잠자는 자리, 혹은 청소를 하는 빗자루로 해석하기도 한다. 후에 '爿(나뭇조각 장, qiǎng)'이 추가하여 잠자는 침실寢室을 나타낸다. '寑'자는 '寢'이나 '𡪢'자와 같은 자이다.

"王以侯內(入)于寝(寑)." ≪麥尊≫

주나라 왕은 제후(邢侯)와 함께 거실에 들어섰다.

929) 닭의 입이 될지언정 소의 꼬리는 되지 말라.
930) 오래 살고 복되며 건강健康하고 편안(便安)하다.
931) 준걸俊傑과 재사才士가 조정朝廷에 많으니 국가國家가 태평太平하다.

[침실寢室] [침대寢臺] [침상寢床] [침수寢睡][932] [침식寢食] [침불안식불안寢不安食不安][933] [주침야소晝寢夜梳][934]

【族(겨레 족, zú)】

[說文] : “(族), 矢鋒也, 束之族族也. 从㫃从矢.”

族. 화살촉. 화살을 촘촘히 묶어놓다. ‘㫃’와 ‘矢’로 이루어진 회의자이다.

族

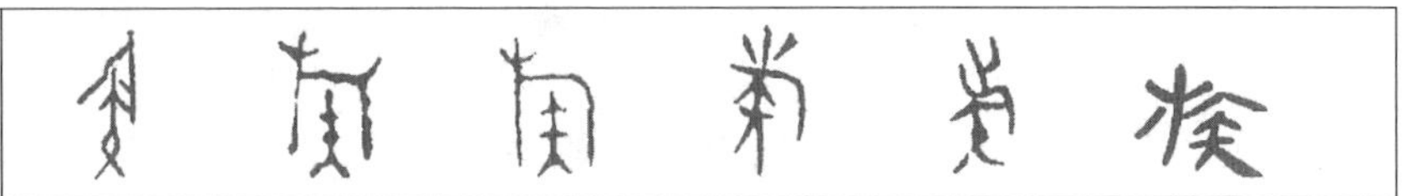

商 甲骨文	西周 毛公鼎	西周 金文	春秋 侯馬盟書	戰國 郭店楚簡	秦 睡虎地秦簡

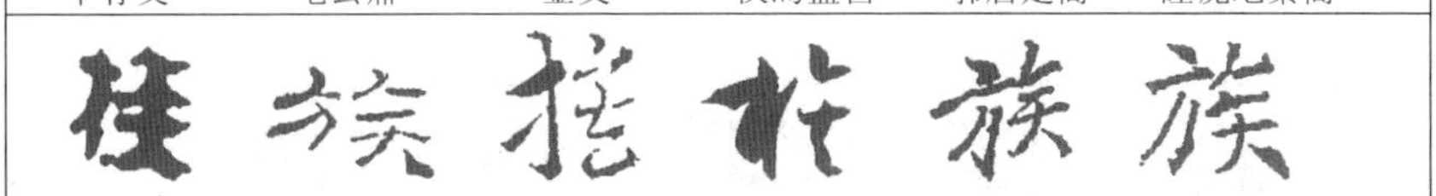

西漢 馬王堆帛書	東漢 禮器碑	西晉索靖 月儀帖	唐孫過庭 書譜	唐李邕 李思訓碑	唐 昭仁寺碑

‘族’자는 깃발 아래 화살이 놓여 있는 형상이다. ‘族’은 원래 군대의 단위를 나타냈으나, 후에 가족이라는 뜻으로 쓰인다. ‘族’자는 혹은 ‘足’자의 가차자로 쓰이기도 한다.

“為宗族瑟(失)朋友, 不為朋友瑟(失)宗族.” ≪郭店簡·六德≫

종족의 장례를 위하여 친구의 장례를 면할 수 있고, 친구의 장례를 위해서는 종족의 장례를 면할 수 없다.

“自視(示)丌(其)所不族(足), 嗌(益).” ≪郭店簡·語叢三≫

자신의 부족함을 드러내면 자신에게 도움이 된다.

[동족상잔同族相殘] [원족근린遠族近隣][935] [민족民族] [가족家族]

---

932) 수면睡眠을 높여서 하는 말.

933) ‘침불안식불감寢不安食不甘’. ‘침식불안寢食不安’.

934) 낮에 자고 밤에 머리를 빗는다는 뜻으로, 자연自然의 섭리에 거스르면 몸에 좋지 아니하다는 뜻이다.

935) 먼 데 있는 친척親戚은 가까운 이웃만 못하다. ‘원수근화遠水近火’.

【侯(과녁 후, hóu,hòu)】

[說文] : "(侯), 春饗所射侯也. 从人从厂, 象張布, 矢在其下. 天子射熊虎豹, 服猛也 ; 諸侯射熊豕虎 ; 大夫射麋, 麋, 惑也 ; 士射鹿豕, 爲田除害也. 其祝曰: 毋若不寧侯, 不朝于王所, 故伉而射汝也. (矦), 古文侯."

侯. 봄에 음주향연을 할 때 사용하는 과녁(후포帿布). '人'과 '厂'으로 이루어진 자로 '厂'은 넓은 천으로 만든 과녁이고, 화살을 그 아래 놓은 모양이다. 천자가 쏘는 화살표적은 곰·호랑이와 표범의 가죽으로 만든다. 이는 용맹을 나타내기 위한 것이다. 제후의 화살표적은 곰·돼지와 호랑이가 그려져 있고, 화살의 표적은 대부분 사슴이 그려져 있다. 사슴은 '미혹됨을 쏘다'라는 뜻을 나타낸다. '士'의 표적은 사슴과 돼지가 그려져 있다. '논밭에 피해는 주는 동물을 쏘다'라는 뜻이다. 화살을 쏠 때 "천자를 배알하러 오지 않는 불안한 제후처럼 굴지 마시오. 그렇지 않으면 당신네들을 화살로 쏘리라."라 축원을 한다. 고문은 '矦'으로 쓴다.

侯	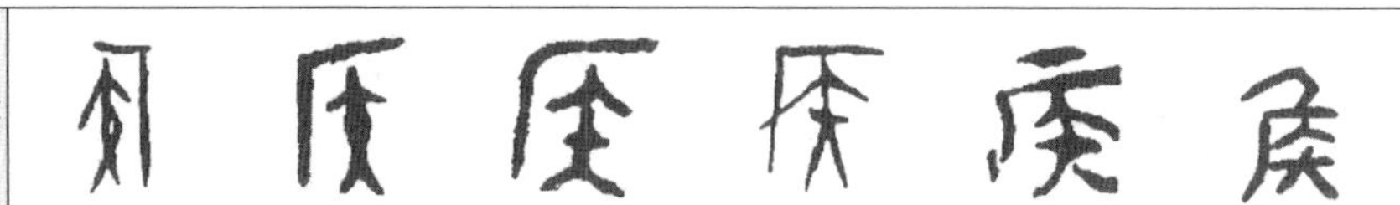					
	商 甲骨文	西周 大盂鼎	西周 金文	春秋 侯馬盟書	戰國 包山楚簡	秦 睡虎地秦簡
	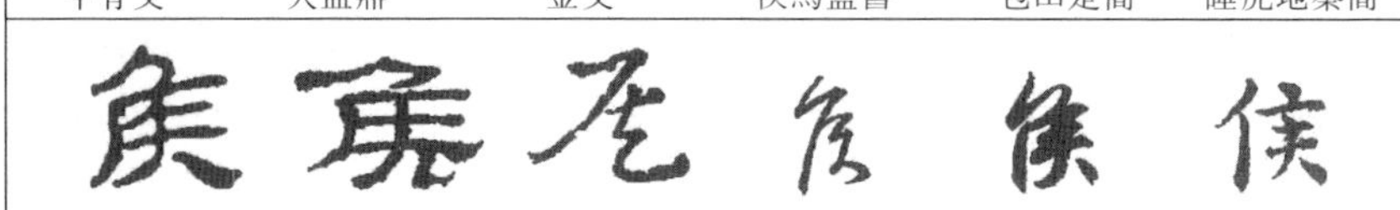					
	西漢 銀雀山竹簡	東漢 乙瑛碑	吳皇象 急就章	東晉王羲之 澄清堂帖	東晉王羲之 快雪時晴帖	唐褚遂良 倪寬傳贊

'广(厂)'은 화살의 과녁이다. 후에 화살을 잘 이용하는 제후라는 뜻으로 쓰인다. 과녁을 관리하는 사람을 표시하기 위하여 후에 '矦'자는 '人'을 추가하여 '侯'로 쓴다.

"眔卿士僚, 眔者(諸)尹·眔里君·眔百工·眔者(諸)侯. 侯·田(甸)·男, 舍四方令(命)." ≪令方彝≫

경사卿士의 요원僚員·백윤百尹·제후·이군里君과 제후에게 (三吏의 명령)공포하고, 후복侯服·전복甸服과 남복男服에게는 사방의 명령을 공포하다.

[제후諸侯] [열후列侯][936] [공후公侯][937]

936) 천자天子에게 조공朝貢을 하는 작은 나라의 임금.
937) 공작公爵과 후작侯爵.

≪康侯方鼎≫(대만고궁박물관소장) "康侯丰作寶彝".

【穅(겨 강, kāng), 康(편안할 강, kāng)】

[說文] : "(穅), 穀皮也. 从禾从米, 庚聲. (康), 穅或省."

穅. 곡물의 껍질이다. 의미부 '禾'·'米'와 소리부 '庚'으로 이루어진 형성자이다. '穅'자를 생략하여 '康'으로 쓰기도 한다.

康						

	商 甲骨文	西周 令方鼎	西周 㝬鐘	古璽	戰國 郭店楚簡	秦 睡虎地秦簡

	西漢 馬王堆帛書	東漢 西嶽華山廟碑	隋智永 關中本千字文	唐懷素 聖母帖	唐高宗 李勣碑	隋智永 關中本千字文

'康'은 '穅'자의 본자이다. 후에 '禾'를 추가하여 '벼의 겨'라는 뜻을 나타낸다. '康'자는 '庚'자 아래 벼의 나락이 있는 모습이다. '庚'자는 작은 북이나 손으로 가지고 노는 작은 북의 일종인 '땡땡이'의 형상이라 하거나 혹은 탈곡을 할 때 사용하는 작대기의 모양이라 설명하기도 한다. 모두 즐거운 일과 관련되어 있기 때문에 '건강健康'·'강락康樂'·'강녕康寧'이라는 의미로 확대되어 쓰인다.

"丙申卜, 鼎(貞): 康且(祖)丁方(祊)其牢."(≪合集≫35995)

병신 일에 점을 쳐 묻습니다. 선조 강정康丁에게 제사를 지내는데 우리 갇힌 소를 희생물로 사용할까요?

“降余魯多福亡(無)疆, 隹(唯)康右(佑)屯(純)魯.” ≪士父鐘≫

나에게 한없는 많은 복을 내려주시고, 기쁨과 안녕하고 도타운 복을 내려주기를 기원한다.

[건강보험健康保險] [강구연월康衢煙月][938] [수복강녕壽福康寧]

【明(밝을 명, míng)】

[說文] : “(朙), 照也. 从月, 从囧. (明), 古文朙, 从日.”

明. 밝게 비추다. ‘月’과 ‘囧’으로 이루어진 회의자이다. ‘朙’자의 고문은 ‘日’을 써서 ‘明’으로 쓴다.

明	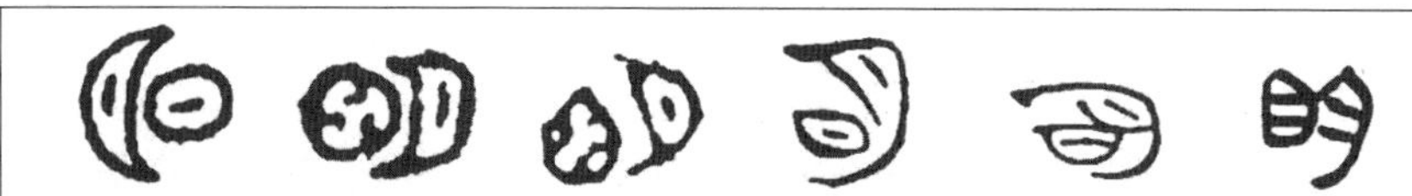					
	商 甲骨文	西周 令方彝	西周 毛公鼎	春秋 侯馬盟書	戰國 長沙子彈庫楚帛書	秦睡虎地秦簡
	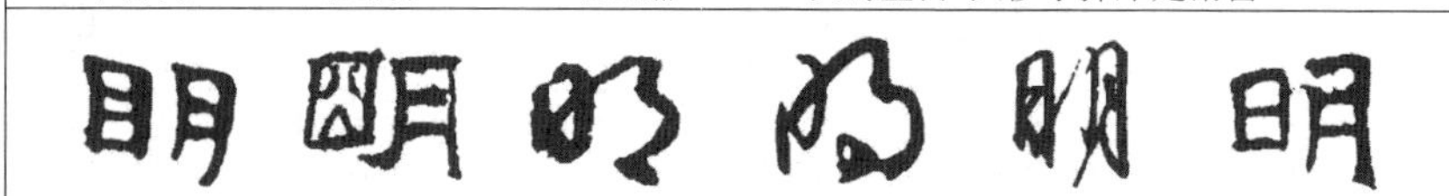					
	西漢 銀雀山竹簡	東漢 乙瑛碑	隋智永 關中本千字文	唐孫過庭 書譜	東晉王羲之 平安帖	北周 華嶽頌

‘朙’자는 ‘明’자의 고문이다. ‘囧(빛날 경, jiǒng)’은 창문이 빛나다는 뜻이다.

‘明’은 해와 달이 같이 있으니 매우 밝음이다. 해과 달의 위치를 바꾸어 금문은 ‘’으로 쓰기도 한다.

“翼其巳明雨.” (≪合集≫6037反) 을사 일에 아침이 밝자 비가 내렸다.

“貞丁未疾目, 不喪朙(明).” (≪合集≫21037)

점을 칩니다. 정미 일에 눈에 병이 났는데 실명을 하지 않을까요?

“明, 王各(格)周廟. ‘≪大盂鼎≫

938) 강구康衢는 사통오달의 큰길로서 사람의 왕래가 많은 거리, 연월煙月은 연기煙氣가 나고 달빛이 비친다는 뜻이다. 태평太平한 세상世上의 평화平和로운 풍경風景을 가리킨다.

날이 밝자 왕이 주 왕실 종묘에 도착하였다.

“用明則之于銘.” ≪厲羌鐘≫

그래서 명확하게 명문銘文 중에 새기고자 한다.[939]

“康誥員(云): 敬明乃罰.” ≪上博竹書一·緇衣≫

강고가 말하였다. 공경하게 하여 형벌을 밝게 하라.

[명약관화明若觀火][940] [등하불명燈下不明] [산자수명山紫水明][941] [명경지수明鏡止水][942]

【萌(싹 맹, méng)】

[說文]: “(萌), 艸芽也. 从艸, 明聲.”

萌. 초목이 새싹이 트다. 의미부 ‘艸’와 소리부 ‘明’으로 이루어진 형성자이다.

‘萌’자는 의미부 ‘艸’와 소리부 ‘明’로 이루어진 형성자이다. 이른 아침에 초목이 발아한다는 뜻이다.

“風習習兮龢煖, 百草萌兮華榮.” (漢 王逸 ≪九思·傷時≫)

바람이 솔솔 불어오니 날씨가 화사하고 따뜻해지니, 온갖 초목이 화려하게 꽃을 피네.

[맹아萌芽][943] [두점방맹杜漸防萌][944]

---

939) ‘則’은 ‘정(鼎, 貝)’과 ‘刀’로 이루어진 자이다. 본 구절에서는 ‘새기다’는 뜻이다.

940) ‘불문가지不問可知’.

941) 산 빛이 곱고 강물이 맑다. 산수山水가 아름답다는 뜻이다.

942) 맑은 거울과 고요한 물. 사념邪念이 전혀 없는 깨끗한 마음. ‘운심월성雲心月性’. ‘평이담백平易淡白’.

943) 식물植物에 새로 트는 싹.

944) 점漸은 사물事物의 처음이란 뜻이고, 맹萌은 싹이다. 애시당초 싹이 나오지 못하도록 막는다.

【莫(없을 막, 맥, mò)】

[說文] : "(莫), 日且冥也. 从日在茻中."

莫. 날이 어둡다. 태양이 풀(茻) 속에 있다.

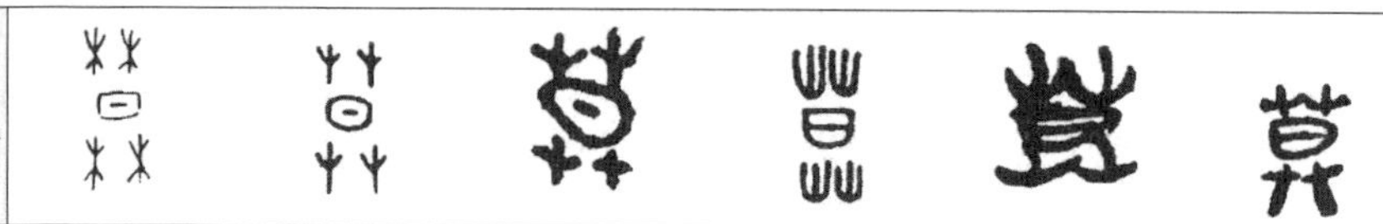

莫	商 甲骨文	商 甲骨文	西周 散氏盤	古璽	戰國 包山楚簡	秦 睡虎地秦簡

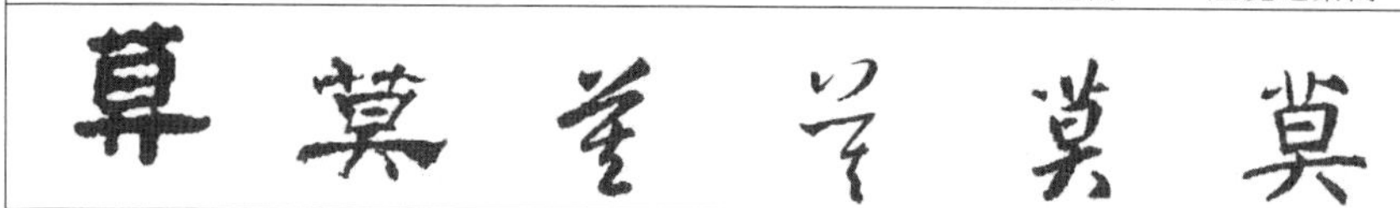

	西漢 馬王堆帛書	東漢 西嶽華山廟碑	隋智永 關中本千字文	唐孫過庭 書譜	東晉王羲之 集字聖教序	唐褚遂良 孟法師碑

'莫'은 '茻'의 이체자이다. 초목(茻)에 태양이 가려져 어둡다는 뜻이다. 후에 '日'을 추가하여 '暮'로 쓴다. 갑골문에서는 '해질 무렵'이나 지명으로 쓰인다. 갑골문은 윗부분에 초목을 써서 ''으로 쓰기도 한다.

"其莫(暮)不冓雨."(≪合集≫29807) 저녁에 비를 만나지 않을까요?

"貞王其田𦽃(莫)亡(無)災."(≪合集≫33545)

왕이 막莫 지방으로 사냥을 나가면 재난이 없을까요.

"不羕(祥)莫大焉."≪中山王方壺≫ 이보다 더 좋은 일이 없다네.

"啻(惕)虐(號), 莫(暮)譽(夜)又(有)戎, 勿卹(恤)."≪上博竹書三·周易≫

경계하고 두려워하며 외치다. 한밤에 적이 쳐들어와도 근심하지 마라.

[막대莫大] [막강莫强] [삭막索莫] [막중莫重] [막무가내莫無可奈][945] [막역지우莫逆之友][946] [궁구막추窮寇莫追][947] [막상막하莫上莫下][948]

945) 도무지 어찌할 수 없다. '막가내하莫可奈何'. '무가내無可奈'. '무가내하無可奈何'.

946) '고산유수高山流水'. '관포지교管鮑之交'. '금란지계金蘭之契'. '금란지교金蘭之交'. '금란지의金蘭之誼'. '금석지계金石之契'. '금석지교金石之交'. '단금지계斷金之契'. '단금지교斷金之交'. '담교淡交'. '담수지교淡水之交'. '문경지교刎頸之交'. '문경지우刎頸之友'. '백아절현伯牙絶絃'. '수어水魚'. '심우心友'. '유수고산流水高山'. '절현絶弦'. '지기知己'. '지기지우知己之友'. '지란지교芝蘭之交'. '지우知友'. '지음知音'.

947) 피할 곳 없는 도적盜賊을 좇지 말라. '곤수유투困獸猶鬪'. '궁구물박窮寇勿迫'. '궁구물추窮寇勿追'. '궁서막추窮鼠莫追'. '궁서설묘窮鼠囓(齧)猫'.

948) '난위형난위제難爲兄難爲弟'. '난형난제難兄難弟'. '백중伯仲'. '백중세伯仲勢'. '백중지간伯仲之間'. '백

【昔(예 석, xī)】

[說文]: “(昔), 乾肉也. 从殘肉, 日以晞之, 與俎同意. (腊), 籒文从肉.”

昔. 마른 육포이다. 윗부분은 고기의 부스러기이다. ‘日’은 ‘햇빛에 말리다’는 뜻이다. 도마 위에 있는 고기부스러기라는 ‘俎’자 중의 ‘仌’의 뜻과 같다. 주문은 ‘肉’을 써서 ‘腊(포 석, xī)’로 쓴다.

昔	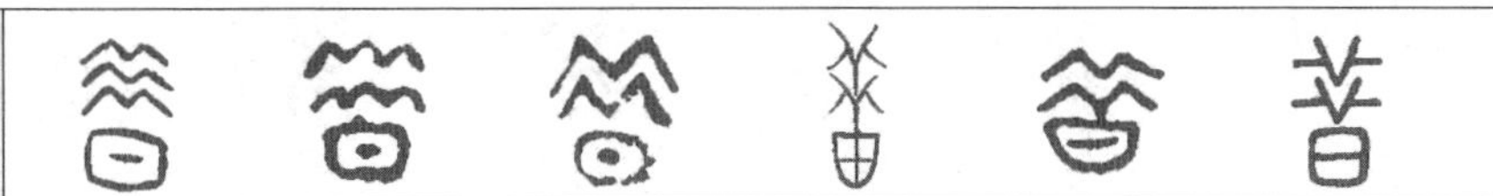					
	商 甲骨文	西周 曶鼎	西周 大克鼎	戰國 中山王鼎	戰國 信陽楚簡	說文篆文
	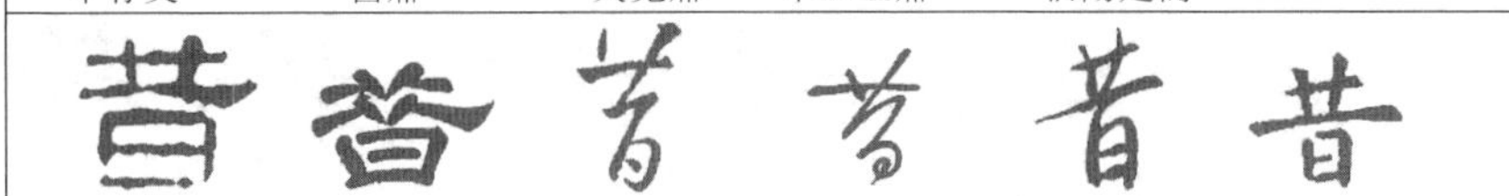					
	東漢 熹平石經	唐玄宗 石臺孝經	東晉王羲之 十七帖	唐懷素 自敘帖	東晉王羲之 蘭亭序	唐虞世南 孔子廟堂碑

‘昔’자는 ‘日’과 ‘巛’로 이루어진 자이다. 혹은 ‘巛’를 소리부로 보기도 한다. ‘巛’는 ‘災’자의 초문이다. 이전에 일어난 수재水災를 잊지 말라는 뜻에서 ‘往昔’이나 ‘昔日’의 뜻으로 확대되어 쓰인다.

≪설문해자≫에서 언급하는 ‘俎(도마 조, zǔ)’는 제향 때 희생물을 얹는 용기이다.[949] ≪설문해자≫의 설명은 사실상 ‘腊(포 석, là,xī)’자에 대한 설명이다.

“昔甲辰.”(≪合集≫137反) 이전 갑신일

“昔乙酉.”(≪合集≫301) 이전 을유일

“昔饉歲, 匡眔氒(厥)臣廿(二十)夫, 寇曶禾十秭.” ≪曶鼎≫

이전 기황饑荒이 있던 해에 광의 하인와 그 신하 무리 20명이 물曶 벼 10 자秭를 훔쳐갔다.

[금석지감今昔之感][950] [숙석지우宿昔之憂][951] [억석당년憶昔當年][952] [비금비석非今非昔][953]

중지세伯仲之勢’. ‘춘란추국春蘭秋菊’. ‘호각지세互角之勢’.

949) ≪설문≫: “俎, 禮俎也. 从半肉在且上.”

950) ‘격세지감隔世之感’.

951) 밤낮으로 잊을 수 없는 근심.

952) 오래 전에 지난 일을 돌이켜 생각하다.

953) 어제 오늘의 일이 아니고 늘 그러하다.

【析(가를 석, xī)】

[說文] : “(析), 破木也. 一曰折也. 从木, 从斤.”

析. 나무를 쪼개다. 혹은 ‘자르다’라는 뜻으로 풀이하기도 한다. ‘木’과 ‘斤’으로 이루어진 회의자이다.

析						
	商 甲骨文	西周 金文	古璽	秦 睡虎地秦簡	漢印	說文篆文

	漢 武威漢簡	東漢 張遷碑	草韻辨體	唐褚遂良 雁塔聖教序	唐歐陽通 道因法師碑	唐顏眞卿 干祿字書

‘析’은 나무를 도끼(斤)로 쪼개는 모습이다. 전국戰國 문자 중에는 혹은 ‘斤’을 ‘片’으로 바꾸어 ‘版“으로 쓰기도 한다. 금문 중에는 손으로 도끼를 잡고 나무를 찍는 ‘’ 형태로 쓰기도 한다. 갑골문에서는 지명으로 쓰인다.

“王才(在)析.”(≪合集≫24359) 왕은 석 지역에 있을까요?

“今之君子, 孚(愎)怭(過)戉(捍)版,[954] 難以納諫.”≪上博竹書三·仲弓≫

지금의 군자들은 과실을 받아들이지 않고 책망을 듣지 않고 간언을 받아들이려 하지 않다.

[분석分析] [해석解析] [이석추호利析秋毫][955]

【柳(버들 류, liŭ)】

[說文] : “柳, 小楊也. 从木, 丣聲. 丣, 古文酉.”

柳. 작은 버드나무이다. 의미부 ‘木’과 소리부 ‘丣’로 이루어진 형성자이다. ‘丣’는 고문 ‘酉’자와 같다.[956]

954) ‘版’자는 ‘析’자와 같은 자이다. ‘비평하다’의 뜻이다. ‘愎過’는 과실을 지적해도 듣지 않고, ‘捍版’은 잘못을 분석하여 지적해 주어도 이를 받아들이지 않는 것이다.

955) 이해利害에 관하여 지극히 작은 것이라도 따진다. 인색吝嗇함을 가리킨다.

956) 증후을묘曾侯乙墓 문자 중에서 ‘柳’자를 ‘栖’자로 쓴다. ‘丣’와 ‘酉’자는 발음이 같다.

柳

西周 金文	西周 散氏盤	戰國 石鼓文	秦 睡虎地秦簡	漢 金文	居延漢簡

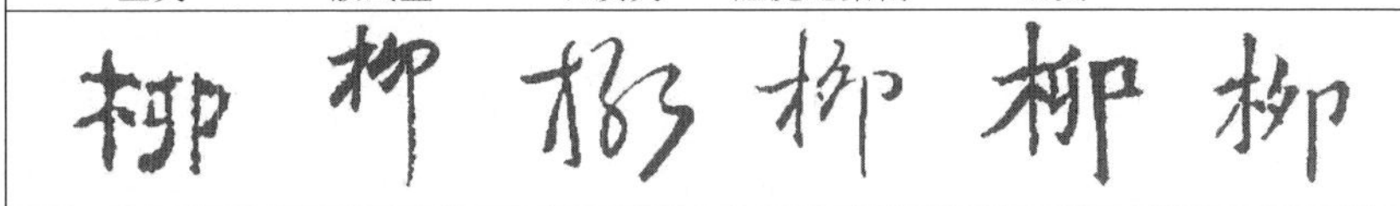

東漢 武氏祠畫像題字	唐 月儀帖	唐 月儀帖(鬱岡齊帖)	唐褚遂良 枯樹賦	隋 蘇孝慈墓誌	唐 樊興碑

'柳'자는 의미부 '木'과 소리부 '卯'로 이루어진 형성자이다. 혹은 '卯'는 둥근모양의 칼 두 개가 서로 등지고 있는 형상으로 버드나무의 줄기를 나타내는 뜻으로 이해할 수 있다. 갑골문에서 '柳'를 ''로 쓰고 지명의 의미로 쓰인다.

"其于七月射柳兕." (≪英藏≫2566)
칠월에 유柳지방의 '兕(외뿔들소 시, sì)'를 화살로 쏘았다.
"王乎(呼)乍(作)册尹册令(命)柳." ≪南宮柳鼎≫
왕은 작책윤作冊尹을 유柳 지방에 책봉토록 명령하였다.[957]

[양류楊柳] [노류장화路柳墻花][958]

【焚(불사를 분, fén)】

[說文] : "(焚), 燒田也. 从火·林, 林亦聲."

焚. 불을 질러 사냥을 하다. '火'와 '楙(울타리 번, fán)'으로 이루어진 자이고 '楙'은 또한 음을 나타낸다.

焚

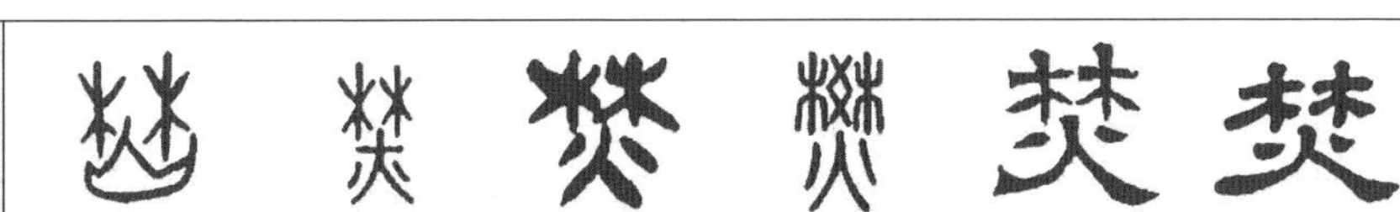

商 甲骨文	戰國 金文	秦 睡虎地秦簡	說文篆文	西晉 皇帝三臨辟雍碑	隸辨

957) '作冊尹'은 책명을 관리하는 수장이다.
958) 길 가의 버들과 담 밑의 꽃은 누구든지 쉽게 만지고 꺾을 수 있다는 뜻. 기생妓生을 나타낸다.

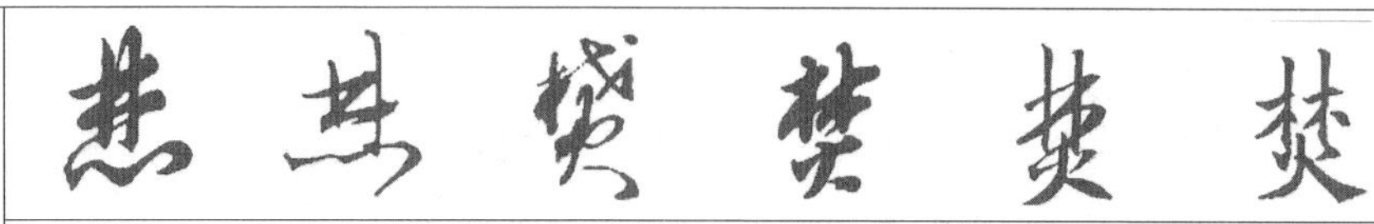

草韻辨體	明 文徵明	平安藤原行成 本能寺切	北宋 蘇軾	北宋 米芾	唐歐陽通 道因法師碑

'燓'은 '焚'과 같은 자이다. 갑골문은 '林'과 '火'로 이루어진 다이다. '𣝐'은 '艸'와 '林'으로 이루어진 자이다. 풀(艸)을 태운다는 뜻이다. 갑골문과 금문에서 '불태우다'라는 뜻으로 쓰인다. 갑골문은 ''으로 쓰기도 하고, 금문은 ''으로 쓰기도 한다.

"王其田淵西，其焚亡災．"(≪屯南≫722)
상나라 왕이 연서淵西의 숲을 태워 농경지를 개간하면 재난이 없을까요?
"翌戊午，焚，擒．"(≪合集≫10198)
다음날 무오戊午일에 수림을 태우고 사냥을 하여 짐승을 잡았다.
"唯孚(俘)車不克以卒焚．"≪多友鼎≫
전쟁을 하여 노획한 전차를 사용할 수 없어서 결국 불살랐다.

[분신焚身] [분사焚死] [분향焚香] [분서갱유焚書坑儒] [제하분주濟河焚舟][959]

【番(갈마들 번, fān,pān)】

[說文]: "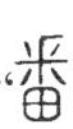(番), 獸足謂之番. 从釆, 田象其掌. (蹞), 番或从足从煩. 𨆌, 古文番."

番. 짐승의 발자국을 番이라 한다. '釆'과 '田'으로 이루어진 자이다. '田'은 짐승의 발자국이다. '番'자의 혹체는 '足'과 '煩'을 써서 '蹞'으로 쓴다.

番

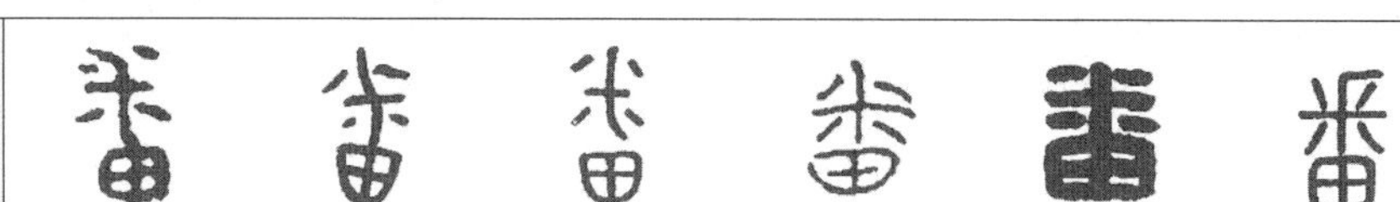

商 金文	春秋 金文	古璽	戰國 信陽楚簡	漢印	說文篆文

959) 적을 치러 가면서 배를 타고 물을 건너고 나서는 그 배를 태워버린다. 필사必死의 각오覺悟로 싸움에 임하다. '배수지진背水之陣', '사량침주捨量沈舟', '파부침선破釜沈船(舟)'.

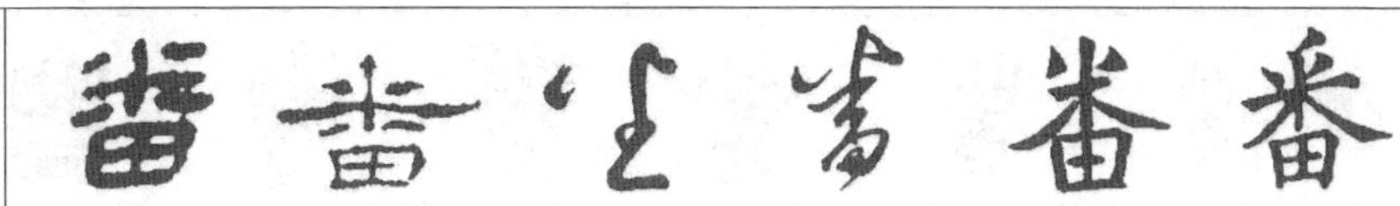

西漢	東漢	元	明	北魏	唐
馬王堆帛書	禮器碑陰	鮮于樞	張弼	元纂墓誌	五經文字

‘番’자는 ‘播(뿌릴 파, bō)’자의 초문이고, ‘釆’은 ‘손으로 씨앗을 파종하다’라는 뜻으로 해석하기도 한다. 초죽간에서 ‘釆’은 ‘ ’·‘ ’로 쓰는데 이는 ≪설문해자≫의 고문 ‘𢂟’와 같다. 혹은 윗부분의 ‘釆(분별할 변, biàn)’자는 ‘辨(분별할 변, biàn)’자와 같은 자이며, ‘분별하다’는 뜻으로 해석하기도 한다. 만약에 ‘辨’자의 뜻으로 해석한다면, 아랫부분 ‘田’은 들판에 박힌 짐승의 발자국을 뜻하는 것이고, 들판에 나있는 짐승을 발자국을 판별하고 그 발자국을 따라 짐승을 추적한다는 ≪설문해자≫의 주장을 따를 만하다.

“番匊生鑄賸(媵)壺.” ≪番匊生壺≫ 번국생은 혼수품 술병을 주조한다.
“番(播)于下土, 施于九州.” ≪馬王堆漢帛書·老子乙本卷前古佚書≫
세상에 전파를 하고 구주에 법을 실행하다.

[번호판番號版] [번호番號] [우편번호郵便番號]

【豐(풍년 풍, fēng)(豊)【禮】

[說文] : “ (豐), 豆之豐滿者也. 从豆, 象形. 一曰鄉飲酒有豐侯者. (𧯷), 古文豐.”
豐. 제기에 음식이 풍성하게 담겨있는 모습이다. 의미부 ‘豆’는 상용자이다. 혹은 ≪향음주례鄉飲酒禮≫에서 ‘豐’은 제후라는 뜻이라 하였다. ‘豐’자의 고문은 ‘𧯷’으로 쓴다.

[說文] : “ (豊), 行禮之器也. 从豆, 象形. 讀與禮同.”
豊. 제례를 행하는 예기이다. ‘豆’는 상형이다. 음은 ‘禮’자와 같다.

[說文] : “ (禮). 履也, 所以事神致福也. 从示从豊, 豊亦聲. (𥘯), 古文禮.”
禮. 이행하다의 뜻이다. 이를 이용하여 신에게 복을 기원하는 일이다. ‘示’와 ‘豊’으로 이루어진 자이다. ‘豊’은 또한 소리부이기도 하다. ‘禮’자의 고문은 ‘𥘯’로 쓴다.

豐	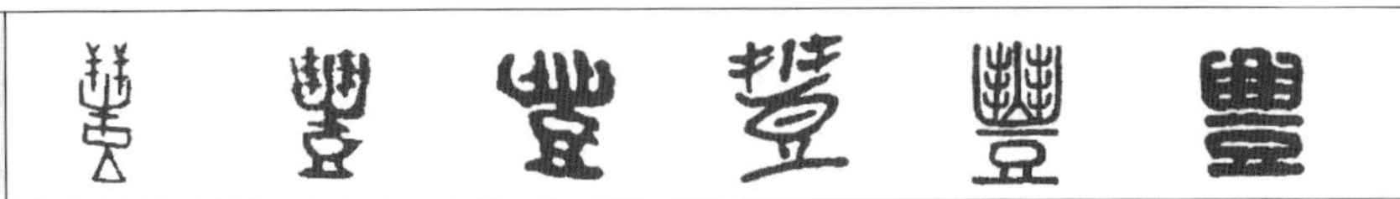					
	商 甲骨文	西周 何尊	西周 散氏盤	戰國 包山楚簡	說文篆文	漢印
	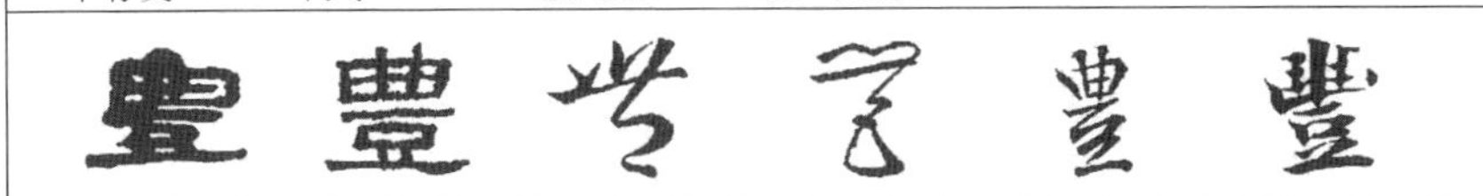					
	漢 敦煌漢簡	東漢 西狹頌	東晉王羲之 十七帖	唐懷素 聖母帖	唐高宗 李勣碑	南宋張即之 李伯嘉墓誌銘稿

≪설문해자≫에 따르면 고문자에서 '豊(굽 높은 그릇 례, lǐ)'자와 '豐(풍년 풍, fēng)' 자는 각각 다른 자이나, 형태가 '豐'과 '豊'이 비슷하기 때문에 자주 혼용하여 쓴다. ≪설문해자≫는 '豐'자의 아랫부분이 '豆'이고, 옥기에 옥과 같은 물건이 가득 담긴 형상이라고 설명하고 있으나 '豐'자는 아랫부분이 '鐘鼓'의 '壴(악기 이름 주, zhǔ)'자의 형태로 악기의 소기가 웅장하게 울려 퍼진다(丰)는 뜻이 아닌가 한다. '禮'자의 자건 '豊'은 예기에 담긴 음식물을 뜻하고, '豐'자의 자건은 악기 '壴'이다. ≪설문해자≫의 '豐'자에 대한 설명은 '豊(굽 높은 그릇 례, lǐ)'의 설명이라고 볼 수 있다.

한편 ≪설문해자≫는 '豐'과 '豊'을 구별하여 설명하지만, '豊'은 원래 복성모960) [FL]이었고, 후에 분화되어 'L'은 '禮'자의 성모의 발음이 되지 않은 것인가 한다.

갑골문은 ''·'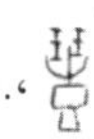'으로 쓰고, 초죽서는 ''·''으로 쓰기도 한다. 갑골문에서는 '큰 북'이라는 뜻으로도 쓰인다.

> 丙戌卜 : 叀新豊用. 叀舊豊用. (≪合集≫ 32536)
> 병술 일에 점을 쳐 묻습니다. 새로운 큰 북을 사용하는 것이 좋을까요? 병술 일에 점을 쳐 묻습니다. 아니면 옛 큰 북을 쓰는 것이 좋을까요?

풍부하게 담긴 팥빙수

960) 복성모란 영어의 'Flow'(흐르다)와 같이 성모 'Fl'를 쓰는 것을 말한다.

[풍부豊富] [풍요豊饒] [풍성豊盛] [풍족豊足] [예절禮節] [온례婚禮] [극기복례克己復禮] [예의범절禮儀凡節] [인의예지仁義禮智] [동방예의지국東方禮儀之國]

【寶(보배 보, bǎo)】

[說文] : "(寶), 珍也. 从宀, 从王, 从貝, 缶聲. (寚), 古文寶省貝."

寶. 진귀하다. 의미부 '宀'·'王'·'貝'와 소리부 '缶'로 이루어진 형성자이다. 고문은 '寶'자를 생략하여 '寚'로 쓴다.

寶						
	商 甲骨文	商 戍嗣子鼎	西周 㝬鐘	春秋 秦公簋	說文篆文	東漢 禮器碑
	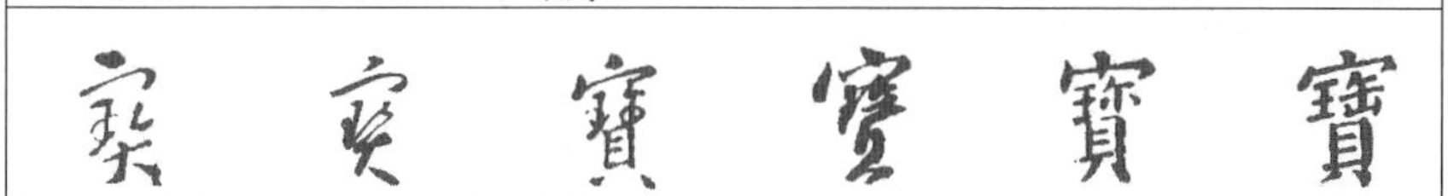					
	西晉索靖 月儀帖	唐懷素 草書千字文	東晉王羲之 集字聖教序	北宋 蘇軾	唐歐陽詢 九成宮醴泉銘	唐顔眞卿 放生池帖

'缶(그릇 부, fǒu)'는 '缽(바리때 발, bō)'의 뜻으로 쓰인다. '寶'자의 고문자는 '寚'로 쓰기도 한다. '缶'는 음성을 나타내기도 하고 의미를 나타내기도 한다. '寶'자는 금문에 자주 쓰이는 자이다.

"用乍父己寶尊彝." ≪我方鼎≫

父己에게 제사드릴 때 사용할 보배롭고 존귀한 이기彝器를 만들다.

"用乍(作)寶䵼障(尊)鼎, 其用夙夜享孝于氒(厥)文且(祖)乙公, 于妣(妣)日戊, 其子子孫孫永寶." ≪㦰鼎(㦰方鼎)≫

그래서 특별히 이를 기념하기 위하여 보배로운 제기祭器 정을 만들어 주야로 문조을공文祖乙公과 비일무妣日戊에게 제사드릴 때 사용하고자 한다. 자손들은 영원히 간직하고 사용하길 바란다.

[국보國寶] [보물寶物] [명심보감明心寶鑑] [보고寶庫] [문방사보文房四寶][961] [객중보체客中寶體][962]

961) 글을 쓰는 네 가지 벗. 종이, 붓, 벼루, 먹.

(9) 인간 사고

【上(위 상, shàng)】

[說文] : “丄(丄), 高也. 此古文上, 指事也. 上(上), 篆文丄.”

上. 높다. 이 자는 고문의 ‘丄’자이다. 지사자이다. 전문은 ‘丄’자를 ‘上’으로 쓴다.

上

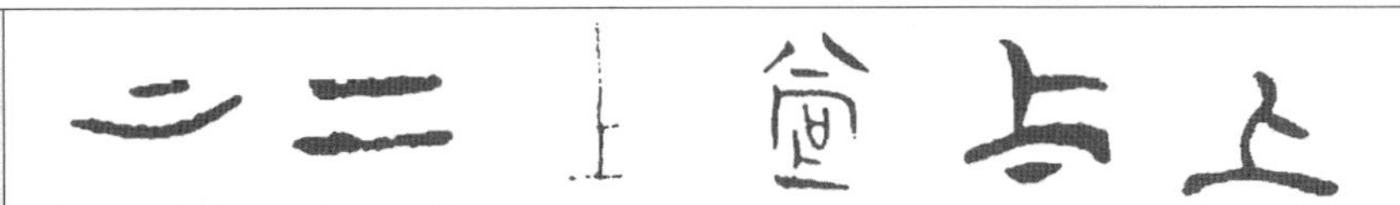

商 甲骨文	西周 金文	春秋 金文	春秋 侯馬盟書	戰國 包山楚簡	秦 睡虎地秦簡

西漢 馬王堆帛書	東漢 乙瑛碑	東晉王獻之	唐孫過庭 書譜	東晉王羲之 集字聖教序	隋唐 房山雲居寺石經

≪설문해자≫에서 설명하는 ‘丄’는 ‘二’와 같다. 즉 ‘上’라는 뜻이다. ≪후마맹서≫는 ‘上’자에 소리부 ‘尚’을 추가하여 쓴다. 또한 ‘上’자 아랫부분에 장식부호 ‘一’을 추가하여 쓰기도 한다.

“上帝降懿德·大甹(屏), 撫有上下.” ≪史墻盤≫

상제는 아름다운 덕과 큰 도움을 내려 주시고, 온천하의 백성을 다스리게 하였다.

“子在川上曰: 逝者如斯夫! 不分晝夜.” ≪論語·子罕≫

공자는 하천의 두둑가에서 말하였다. 가는 것이 이것과 같구나. 주야를 불분하고 없이 흐르네.

[상승上昇] [천상天上] [세상世上] [인상引上] [금상첨화錦上添花] [설상가상雪上加霜][963] [막상막하莫上莫下]

962) 객지客地에 있는 보배로운 보물寶物. 편지便紙 쓸 때에 객지客地에 있는 상대자相對者를 높여 쓰는 말이다.

963) ‘설상가설雪上加雪’. ‘전호후랑前虎後狼’.

【下(아래 하, xià)】

[說文] : "丅(丅), 底也. 指事. 下(下), 篆文丅."

下. 아래 쪽. 지사자. 丅자의 전문은 '下'로 쓴다.

下						
	商 甲骨文	西漢 金文	春秋 金文	戰國 包山楚簡	戰國 包山楚簡	秦 睡虎地秦簡

	西漢 馬王堆帛書	東漢 西嶽華山廟碑	東晉王羲之 省別帖	唐孫過庭 書譜	東晉王羲之 興福寺斷碑	隋唐 房山雲居寺石經

'丅'은 '二'와 같다. '下'라는 뜻이다.

"王下上若(諾), 受(授)我又(祐)." (≪合集≫7428)
왕은 지신과 상제께서 승낙을 내려 주시고, 나에게 도움을 내려 주시네.[964]
"下示五牢." (≪屯南≫1115)
하시下示에게 다섯 우리의 희생물을 받쳐 제사를 드릴까요?[965]
"下上若(諾), 受(授)我又(祐)." (≪合集≫7428)
토지 신령과 하느님이 축복을 해 주시고 우리 나라를 보호해 주실까요?
"廣啟厥孫子于下." ≪番生㲃蓋≫
그대의 세상에 살고 있는 자손들을 널리 깨우쳐 주시네.

[산하傘下] [하강下降] [신하臣下] [하락下落] [안하무인眼下無人][966] [막상막하莫上莫下] [등하불명燈下不明]

【小(작을 소, xiǎo)】

[說文] : "小(小), 物之微也. 从八, 丨見而分之."

'小'. 물체가 작다. '八'은 '나눈다'는 뜻이고, 작은 물질(丨)이 나타나서 분리된다는 뜻이다.

964) '下上'은 지지地祇와 상제上帝를 가리킨다.
965) '下示'는 사당에 모셔놓은 상商나라 선조들의 묘주廟主(신주)를 가리킨다.
966) '방약무인傍若無人'. '안중무인眼中無人'. '오안불손傲岸不遜'.

小

商 甲骨文	西周 金文	西周 散氏盤	秦 睡虎地秦簡	西漢 銀雀山竹簡	東漢 張景造土牛碑

東晉王羲之 十七帖	唐孫過庭 書譜	唐懷素 自敘帖	東晉王羲之 淳化閣帖	唐李邕 李思訓碑	唐裴林 圭峰禪師碑

갑골문은 세 개의 작은 점으로 쓴다. 매우 작다는 뜻이다. '沙(모래 사, shā,shà)'의 초문이다. '小'와 '少'는 본래 같은 자이다. 후에 '小'는 물체의 작음을 '少'는 '물양'의 적음을 나타낸다. 갑골문 중의 '小食'은 오후를 뜻하고 '小采'는 황혼 무렵을 가리킨다.

"小雨."(≪粹≫1004) 적은 양의 비가 내리다.

[축소縮小] [소서小暑][967] [소한小寒] [적소성대積小成大] [소탐대실小貪大失][968] [약팽소선若烹小鮮][969]

【入(들 입, rù)】

[說文]: "⋂(入), 內也. 象从上俱下也."

入. 안으로 들어가다. 위로부터 아래로 내려온 모양이다.

入

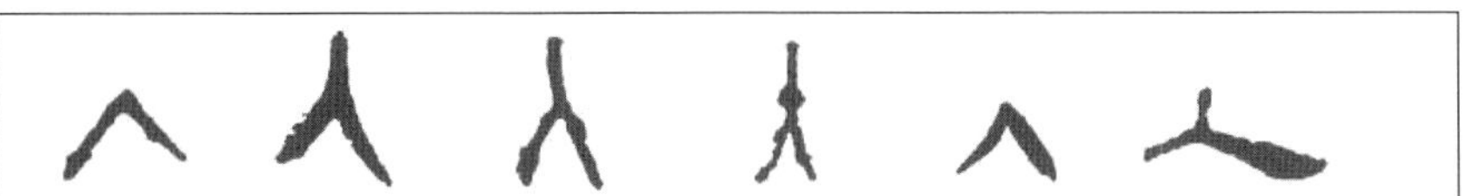

商 甲骨文	西周 大盂鼎	西周 毛公鼎	戰國 金文	秦 睡虎地秦簡	西漢 銀雀山竹簡

東漢 武氏祠畫像題字	吳 谷朗碑	西晉索靖 月儀帖	隋智永 眞草千字文	唐顔眞卿 爭座位稿	隋智永 關中本千字文

967) 24절기 중의 열한 번째. 7월 7일 무렵이며 하지夏至와 대서大暑 사이에 있다.
968) '명주탄작明珠彈雀'. '수주탄작隨珠彈雀'. '이주탄작以珠彈雀'.
969) '치대국약팽소선治大國若烹小鮮'의 준말이다. 큰 나라를 다스리는 것은 작은 생선生鮮을 삶는 것과 같아 무엇이든 가만히 두면서 지켜보는 것이 상책이란 뜻이다.

‘內’자는 지사자이다. 들어가게 파인 곳을 뜻한다. 갑골문에서는 ‘들어가다’나 ‘공납하다’ 등의 뜻으로 쓰인다.

“今夕王入商.”(≪合集≫39990) 오늘 왕이 들어갈까요.

“雀入三十.”(≪合集≫190反)

작족雀族이 삼십 개의 거북이 뼈를 공납하다.

“雩(越)之庶出入事(吏), 于外尃(敷)命尃(敷)政.”≪毛公鼎≫

집정관리들이 왕정王庭을 출입하면서 대내외적으로 일을 실행하고, 왕명을 외부에 공포하고 정책을 실행하다.[970]

[내용內容] [내수內需] [내부內部] [국내國內] [내홍內訌] [외유내강外柔內剛] [내분內紛] [내쟁內爭]

이외에도 지사자로는 ‘血(피 혈, xiě)’과 ‘刃(칼날 인, rèn)’ 등이 있다. ≪설문해자≫는 “‘(血)’은 ‘제사를 지낼 때 사용하는 희생물의 피의 모습’이라는 뜻이다. ‘皿’과 ‘一’로 이루어진 자이다. ‘一’은 ‘피’의 형상이다.”[971]라 하였고, ‘刃’자에 대하여 “‘(刃)’은 ‘날카로운 칼’이라는 뜻이다. ‘칼에 칼날이 있는 형상’이다.”[972]라 하였다. 갑골문은 ‘血’자를 ‘’으로 쓴다. ‘一’과 ‘○’은 그릇 위에 묻어있는 피의 모양이다. ‘刃’자의 갑골문은 ‘’으로 쓴다. ‘ ` ’은 칼 부위 중 ‘날카롭다’를 나타낸다.

“血三羊.”(≪合集≫22231) 세 마리의 양을 사용하여 혈제血祭를 지내다.

“上九: 䆝(渙)丌(其)血欱(去), 易(逖)出.”≪上博楚簡·周易·渙卦≫

제일 위 양효: 그 피를 흩어지게 하고 멀리 나아간다.

[혈맹血盟] [혈액血液] [헌혈獻血] [수혈輸血] [조족지혈鳥足之血][973] [혈기지용血氣之勇][974] [백인白刃][975] [흉인凶刃][976] [상인霜刃][977]

---

970) ‘雩(越)之庶’ 중 ‘雩(越)’은 발어사이고 ‘之’자는 대사의 용법으로 쓰이고 ‘庶’는 집정관리를 가리킨다.

971) ≪說文解字≫: “(血), 祭所薦牲血也. 从皿, 一象血形.”

972) ≪說文解字≫: “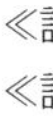(刃), 刀堅也. 象刀有刃之形.”

973) ‘구우일모九牛一毛’. ‘대해일속大海一粟’. ‘대해일적大海一滴’. ‘제잠蹄涔’. ‘창해일속滄海一粟’. ‘창해일적滄海一滴’.

974) 혈기血氣에 찬 기운氣運으로 불끈 뽐내는 한때의 용맹勇猛.

975) 서슬이 번쩍이는 칼.

976) 사람을 해害치려는 칼날.

977) 서슬이 시퍼렇게 선 칼날.

○ 송원명 시기의 서예작품

- 회소懷素, <자서첩自敘帖>

회소는 당나라 시대의 불승이며, 성은 전錢이고 자는 장진藏眞이다. 그는 빈곤한 가정에서 출생하여 불가에 입문하였다. 서예를 몹시 좋아하였으나, 종이를 살 수 없어 파초의 잎에 글씨를 쓰거나 나무를 깎아 서예를 연습하였다고 한다. 회소는 술 마시기를 좋아하고 작은 일에 구속받기를 싫어하였으며 술에 취하여 절의 벽이나 담·옷 등 아무 곳에서 초서를 쓰고 아무 곳에서나 잠을 잤기 때문에 광승狂僧이라고 불렀다고 한다. 회소의 작품 가운데 가장 많이 알려진 작품은 <자서첩>이다. 이외에도 <소초천자문小草千字文>·<식어첩食魚帖>·<고순첩苦筍帖>·<論書帖> 등이 묵적墨跡으로 전하고, <성모첩聖母帖>·<장진첩藏眞帖 >·<율공첩律公帖> 등은 각첩刻帖으로 전하고 있다.

<자서첩>은 회소의 초서 가운데 가장 뛰어난 작품으로 당나라 대종代宗 대력大曆 12년(777) 이후의 작품이라고 알려져 있다. 스스로 서예를 배운 과정과 서예에 대한 이론을 기록한 내용이다. 먼저 안진경顔眞卿이 자신의 초서 작품에 붙여 준 서문을 싣고 자신이 쓴 작품에 대하여 형태, 속도, 우열 들을 나누고, 장위張謂 등이 써 준 시를 기록하고 해설을 달고 있다. 현재 전하는 작품은 진본이 아니라 모본으로 약 700자로 이루어져 있다. 기록에 의하면 송나라 시대에 이미 <자서첩>의 많은 모본이 전하고 있었다고 하나 현재는 대만 고궁박물관에 소장되어 있는 한 점 밖에 없다. 비록 모본이긴 하나 필획이 정교하고 먹색이 조화를 이루고 있어 매우 훌륭한 작품으로 평가받고 있다.

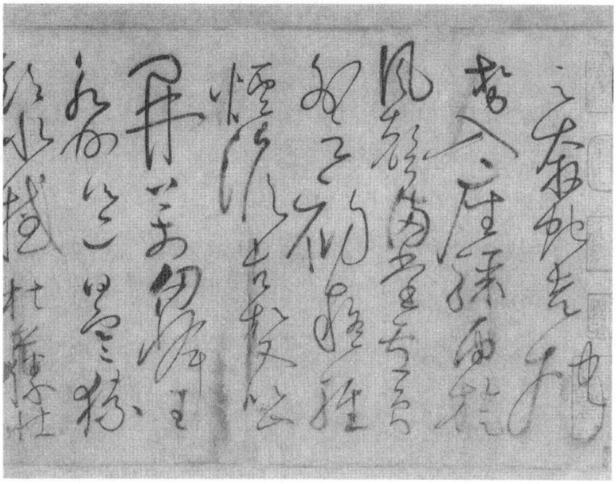

“云: 奔蛇走虺勢入座, 驟雨旋風聲滿堂. 盧員外云: 初疑輕煙澹古松, 又似山開萬仞峰. 王永州邕曰: 寒猿飮水撼枯藤. 壯……”

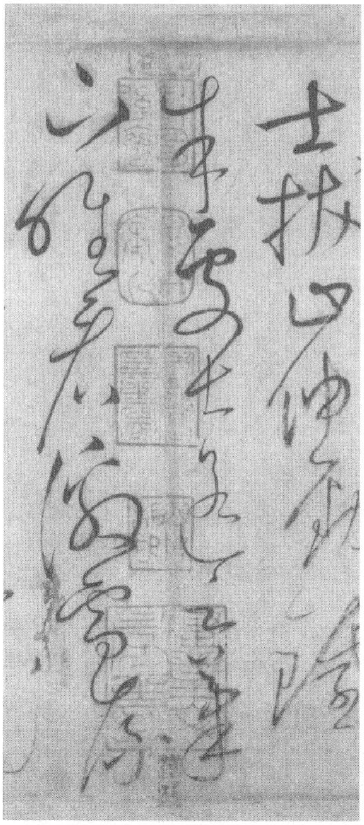

“(壯)士拔山伸勁鐵.” 朱處士遙云: “筆下唯看激電流.” 唐 懷素≪自敘帖≫ 중의 일부.

노원외盧員外(盧象)는 말하였다. 처음에 가벼운 안개는 담담한 고송인가 여기고, 또한 산이 열리게 되니 만 척이나 되는 봉우리와 같다.

왕옹邕은 말하였다. 추운 원숭이는 물을 마시며 마른 등나무를 흔들고 장사가 산을 뽑고 강철을 편다.

주요朱遙는 말하였다. 글을 쓰는 것이 물결이 번개 치듯 흐르는 것을 보는 것과 같다.

○ 송 소식蘇軾(1036-1011)

소식은 사천성四川省 미주眉州 미산眉山 사람이다. 자는 자첨子瞻이고 동파거사東坡居士로 잘 알려져 있다. 남송 시대 고종高宗으로부터 문충文忠이란 시호를 받았다. 소식은 시사詩詞, 문장, 서예, 회화의 여러 방면의 문에 많은 업적을 남겼다. 아버지 소순蘇洵, 동생 소철蘇轍과 함께 삼소三蘇라 불리운다. 북송사대가北宋四大家 소식, 황정견黃庭堅, 미불米芾, 채양蔡襄 중에서 가장 뛰어난 서예가로 알려져 있다.

송나라 시대의 서예는'송서취의宋書取意'라는 '상의尙意'의 심미적 특징으로 요약할 수 있다. 소식은 채양의 기초 위에서 송나라 시대의 상의 서예의 중심에 위치하는 인물로 가장 높은 평가를 받는 서예가이다. 불도佛道를 바탕으로 '無意'·'無所思'·'無我' 등의 철학적 체계를 형성하였으며, '의조무법意造無法'의 심미적 요구와 범주를 갖추어 상의 서예의 표준이 되었다.

소식의 서예 작품은 다른 송나라 시대의 서예가와 마찬가지로 몇 점의 해서 작품이 포함되었을 뿐 대부분이 행서와 초서 작품이다. 그 가운데에서도 초서의 필의가 조금 포함된 행서가 가장 많으며 수준 또한 뛰어나다. 이와 같은 서체는 농묵과 굵은 필획을 위주로 사용하여 풍성하고 윤택한 느낌이 많으며 약간 기운 듯한 결체에 가로로 뻗어 나가는 형세를 취하여 글씨가 누워 있는 체세體勢이다.

<황주한식시첩黃州寒食詩帖>은 소식이 황주로 귀양가 있을 때인 원풍元豐 5년(1082)의 한식을 전후로 하여 쓴 행서작품이다. 모두 17행, 129자이다. 자작시로 귀양살이하는 처량한 생활을 기록한 내용이다. 이 작품은 시로서도 대단히 높은 평가를 받는 걸작이며, 서예에서는 왕희지의 <난정서蘭亭序>와 안진경顔眞卿의 <제질문고祭姪文稿> 다음으로 천하제삼행서天下第三行書로 평가받고 있다. 한식 전후 3일간은 불을 사용하여 음식을 만드는 것을 금지하여 찬 음식을 먹는 관습이 있으나 한식날 음식을 장만하려는 처량한 모습을 표현하였다. 황주에 유배되어 맞은 세 번째 한식날에 타향에서 비가 오고 성묘도 가지 못하는 우울한 심사를 드러낸 시이다.

소식 서예의 특징은 편방형을 위주로 결자 하였으며, 필획과 결구에 변화가 다양하여 포치와 장법에 있어서도 구속됨이 없이 매우 자유스럽다. 소식이 자신의 스승을 "천진난만함이 나의 스승이다"[978]라고 하였듯이, 이 작품은 그의 이와 같은 서예 학습의 철학을 잘 표현하였다고 평가한다. 동기창董其昌은 발문에서 "내가 평생 동안 본 소식의 진적이 30여 점이 넘는데, 그 가운데 이 작품이 가장 뛰어나다"[979]라 하였다.

978) "天眞爛漫是我師."
979) "余平生見東坡先生眞蹟不下三十卷, 必以此爲甲觀."

〈황주한식시첩黃州寒食詩帖〉

(1)

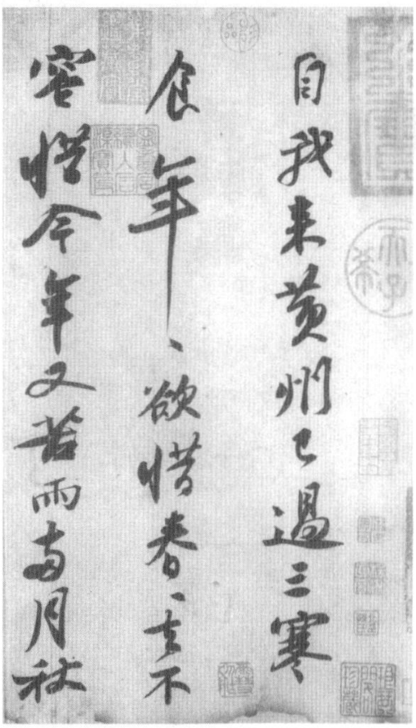

(2)

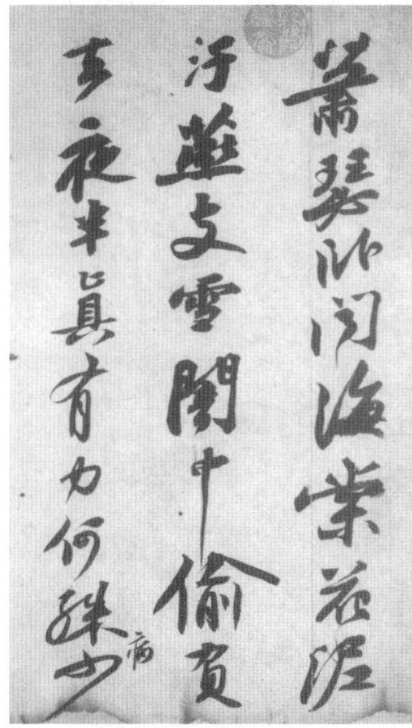

(3)

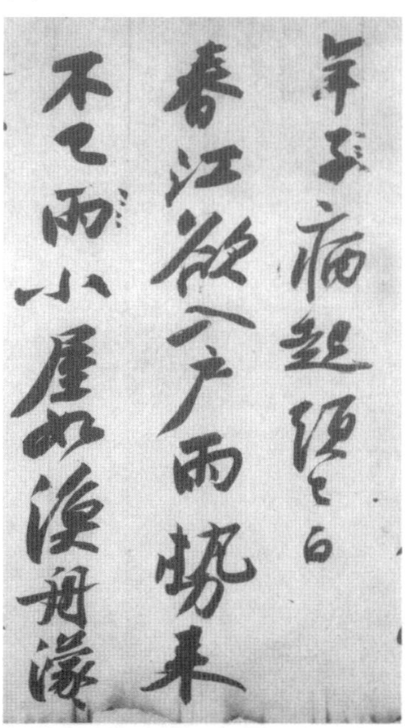

(4)

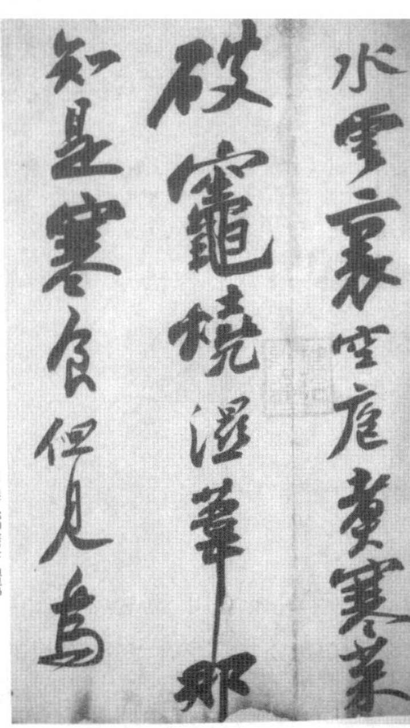

(5)

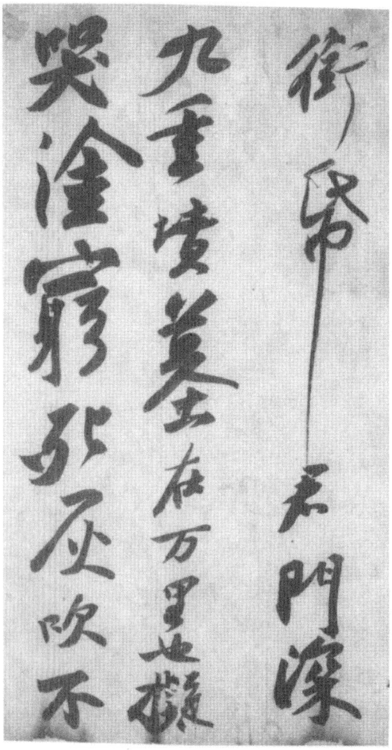

(6)

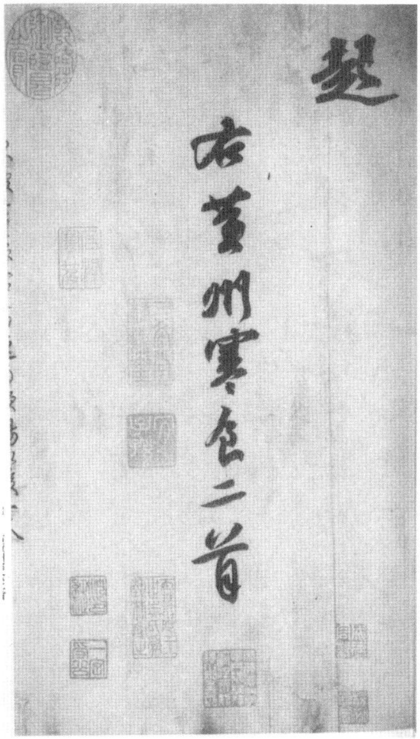

<황주한식시첩 黃州寒食詩帖>

(1)

自我來黃州, 已過三寒食.
年年欲惜春, 春去不容惜.
今年又苦雨, 兩月秋蕭瑟.
臥聞海棠花, 泥汚胭脂雪.
闇中偸負去, 夜半眞有力.
何殊病少年, 病起頭已白.

내가 황주에 온 이래, 이미 세 번째 한식이 지나가네.
해마다 봄을 아끼고 싶었으나, 봄은 떠나며 아쉬운 마음 몰라주네.
올해도 때 아닌 궂은 비 내려, 두 달 동안이나 가을날처럼 으스스하구나.

누워서 해당화 떨어지는 소리를 들으니, 연지 빛 하얀 잎 진흙탕에 더러워졌으리.
어둠 속에서 꽃을 몰래 지고 가버렸으니, 밤중에 참으로 힘센 자가 있었나 보구나.
내 모습 병든 소년과 어찌 다른가, 병에서 일어나니 머리는 이미 백발이 되었구나.

(2)
春江欲入戶, 雨勢來不已.
小屋如漁舟, 濛濛水雲裏.
空庖煮寒菜, 破竈燒濕葦.
那知是寒食, 但見烏銜紙.
君門深九重, 墳墓在萬里.
也擬哭途窮, 死灰吹不起.

봄 강물이 집으로 넘어들려 하고, 비는 계속 내려 그치지 않는구나.
작은 내 집이 고기잡이 배 같아, 물과 구름 속에 자욱하네.
빈 부엌에서 찬 나물이라도 삶으려, 부서진 부뚜막에 젖은 갈대라도 태워보네.
오늘이 한식날인지 어찌 알랴, 다만 까마귀 물고 다니는 명전冥錢을 보고 알았다네.[980)]
임금 계신 곳은 아홉 겹 깊은 문이고, 조상님 분묘는 만 리 먼 곳에 있네.
막다른 길에서 우는 흉내라도 낼까, 식은 재가 불어도 불붙지 않는구나.

980) 까마귀가 물고 다니는 지전紙錢. 지전은 한식날 성묘 가서 제사 지내고 태우는 종이를 말하며 명전冥錢이라고도 한다.

○ 원元 조맹부趙孟頫(1254-1322)

원나라 초기와 중기의 서예가로는 조맹부趙孟頫, 풍자진馮子振, 선우추鮮于樞, 등문원鄧文原, 강리자산康里子山, 우집虞集, 장우張雨 등이 널리 알려져 있다. 그 중에서 가장 뛰어난 서예가는 조맹부라 할 수 있다. 조맹부는 남송의 황족으로 원나라 조정에서 관직을 살았기 때문에 후세 사람들에게 많은 비평을 받았으나, 서예의 수준이 상당한 사실은 부정할 수 없다. 조맹부는 송나라의 尙意를 반대하고 왕희지를 중심으로 한 고전의 복귀를 위해 노력하였다. 그의 서풍은 원나라 뿐만 아니라, 명청 시기의 서예에도 많은 영양을 끼쳤다.

조맹부는 오흥吳興(절강성浙江省 호주湖州) 사람으로 자는 자앙子昂이고 호는 송설도인松雪道人이다. 조맹부는 관직과 학문 그리고 서예의 인생에서 자신의 재능도 큰 역할을 하였으나 그의 부인의 내조도 매우 중요한 작용을 하였다. 그의 부인은 관도승管道升(1262-1319)은 재우와 미모를 겸비하였으며 특히 시문과 서화에 뛰어났다고 한다. 그림은 매란국죽의 사군자와 바위를 잘 그렸으며, 서예는 해서와 행서에 능통했다고 한다.

조맹부는 예술에 있어서 천부적 재주를 갖춘 인물로 서예와 시문은 물론 음악과 회화에도 뛰어났으며, 불학과 도학에도 정통하였다. 또한 전각에도 깊은 관심을 가지고 있어 당시로는 드물게 인장에 관한 문장인 ≪인사서印史序≫를 저술하기도 하였다. 역대 서예가들은 조맹부를 전서, 예서, 해서, 행서, 초서의 모든 서체에서 뛰어났다고 평가하고 있으나, 가장 뛰어난 서체는 소해小諧와 행초이다. 조맹부의 해서 작품 가운데 소해의 작품으로 불경과 도경이 주를 이룬다. 그는 평생 불경과 도경을 즐겨 읽었으며, 경서를 베낌으로서 공덕을 쌓았다고 전해진다. 현재까지 전하는 소해의 대표작으로는 <낙신부洛神賦>·<황정경黃庭經>·<천자문千字文>·<도덕경道德經> 등이 있다.

조맹부의 서예에 대한 역대 서학자들의 평가는 대부분 매우 높은 편이다. 그러나 간혹 필획의 힘이 부족하고 진晉 나라와 당唐 나라 서예의 법칙을 너무 따랐기 때문에 개성이 부족하다는 평가를 받았으며 송나라의 황족이면서 원나라에서 벼슬을 하였기 때문에 서예의 정신이 부족하다는 비판을 받기도 한다. 조맹부는 평생 동안 서예의 법칙을 바로 세우려 노력하였으며 남송南宋 이후 점차 쇠퇴하던 시예의 수준을 한 차원 높이는 등 많은 업적을 남겼다. 또한 그의 서예 작품이 비록 개성이 조금 부족하더라도 왕희지의 서풍을 계승하여 자신의 것으로 소화하였고 후학들에게 진당晉唐의 법칙을 이해할 수 있는 기준을 제시하였다. 당시의 시대적 상황에서 복고주의의 기치를 내걸고 꺼져 가던 서예에 새로운 생명을 불어넣은 그의 업적은 높이 평가되어야 한다.

<낙신부>는 조식曹植(192-232)의 작품이다. 조식은 위魏 무제武帝 조조曹操의 셋째 아들이다. 맏형 조비曹丕와 태자 계승문제로 암투하다가 29세 때 아버지가 죽고 형이 위나라 초대 황제로 즉위한 뒤, 정치적으로 평생 불우하게 지냈다. 아버지 조조 그리고 형 조비와 함께 삼조三曹로 불린다. 건안문학建安文學의 중심적 인물들로 '문학사상의 주공周公·공자孔子'라 칭송받았다. 그는 공융孔融, 진림陳琳 등 건안칠자建安七子들과 사귀어 당시 문학의 중심이 됐고 오언시를 서정시로 완성시켜 문학사상 큰 영향을 끼쳤다. 시문이 성행한 위진魏晉 시대에 조식은 탁월한 재능과 아름다운 문필로 이름을 남겼다. 위진을 거쳐 당나라의 두보杜甫가 나오기까지 그는 시인들의 이상상理想像이기도 했다. 223년 <낙신부洛神賦>를 지었다. 작가와 낙수 여신이 만나 서로 사랑하게 되지만 사람과 신은 서로 달라 가까이할 수 없는 안타까운 심정을 표현했다. 현실과 이상의 심한 괴리에서 오는 실망과 고뇌의 심정을 드러낸 것이다. 낙수 여신은 멀리서 바라보면 "나풀나풀 걸어갈 때면 놀란 기러기요, 유순함은 용이 유영하는 듯하네(翩若驚鴻, 婉若游龍)", 가까이서 보면 "고운 눈을 살짝 흘기면 귀티 나는 보조개가 입가에 피어나네(明眸善睞, 靨輔承權)", 행동을 할 때면 "물결을 밟아 사뿐히 걸으니 버선 끝에 먼지가 이는 듯(陵波微步, 羅襪生塵.)"했다. 보는 사람은 "인간과 신령의 법도가 달라 이 아름다운 나날을 함께 할 수 없음을 한탄하네.(恨人神之道殊兮, 怨盛年之莫當.)"라 하여, 사람과 신은 영원히 떨어져 있는 것이라 서로 통할 수 없음을 한탄하고 있다. 경모하는 마음, 천고의 시름, 그리움에 빠져들게 만든다. 중국 역대 문장 중 여성의 아름다움을 묘사한 최고 절창이라 칭송받는다.

〈낙신부洛神賦〉

(1)

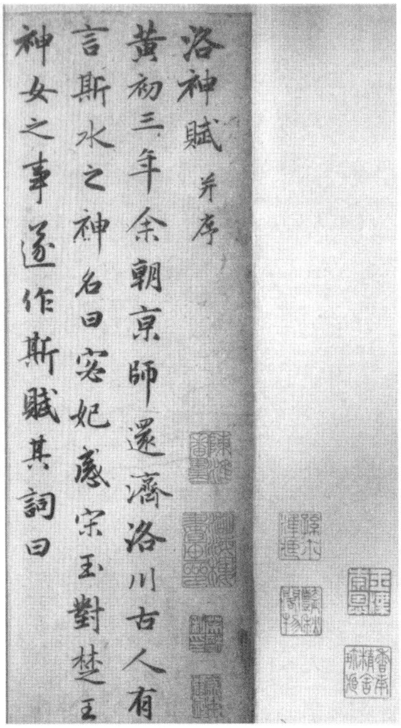

(2)

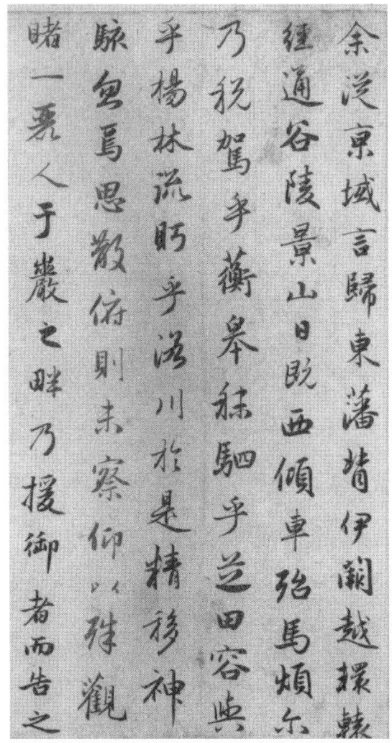

(3)

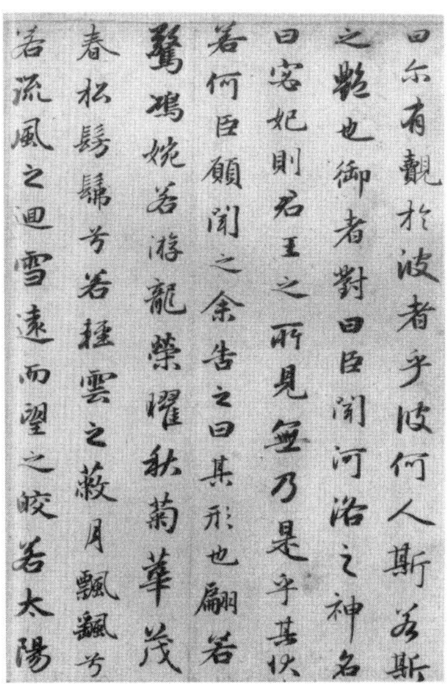

(4)

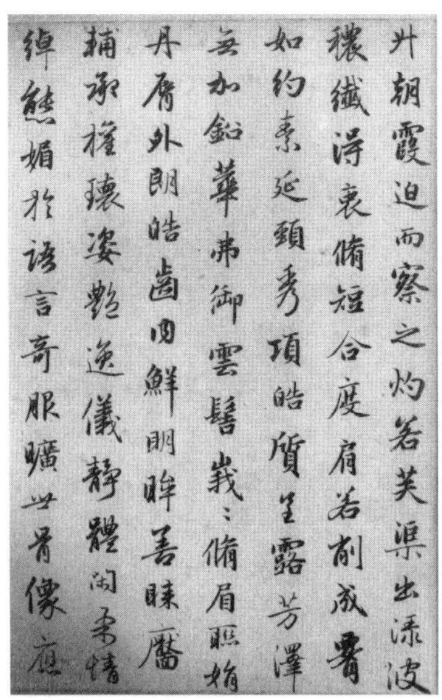

<洛神賦 並序>

黃初三年，余朝京師，還濟洛川．古人有言，斯水之神，名曰宓妃．感宋玉對楚王神女之事，遂作斯賦．其辭曰:

余從京域，言歸東藩．背伊闕，越轘轅，經通谷，陵景山．日既西傾，車殆馬煩．爾乃稅駕乎蘅皐，秣駟乎芝田，容與乎陽林，流眄乎洛川．於是精移神駭，忽焉思散．俯則末察，仰以殊觀，睹一麗人，於岩之畔．乃援御者而告之曰:“爾有覿於彼者乎？彼何人斯？ 若此之豔也!”御者對曰:“臣聞河洛之神，名曰宓妃．然則君王所見，無乃日乎？其狀若何？ 臣願聞之.”余告之曰:“其形也，翩若驚鴻，婉若遊龍．榮曜秋菊，華茂春松．彷彿兮若輕雲之蔽月，飄飄兮若流風之回雪．遠而望之，皎若太陽升朝霞; 迫而察之，灼若芙蕖出淥波．襛纖得衷，修短合度．肩若削成，腰如約素．延頸秀項，皓質呈露．芳澤無加，鉛華弗禦．雲髻峨峨，修眉聯娟．丹唇外朗，皓齒內鮮，明眸善睞，靨輔承權．瑰姿豔逸，儀靜體閑．柔情綽態，媚於語言．奇服曠世，骨像應圖.”

황초 3년(222년)에 경사京師(낙양洛陽)에 입조하여 돌아가는 길에 낙천을 지나가게 되었다.

옛 사람이 이르기를 이 물에 선녀가 있었다는데 이름은 복비라 한다고 한다. 송옥이 초나라 양왕襄王에게 바친 <고당부高堂賦>, <신녀부神女賦>의 무산신녀巫山神女에 대해 느낀 바가 있어 이 부를 짓는다.

그 내용은 다음과 같다.

경사를 떠나 동녘 견성甄城으로 돌아가네. 이궐伊闕산을 등지고 환원산 넘고 통곡을 지나 경산에 올랐네. 이미 해가 저물고, 수레와 말이 지쳐 족두리 풀 무성한 물가 언덕에서 여물을 먹이며 버들 숲에 앉아 흘러가는 낙천을 바라보니 문득 정신이 산란하여 홀연히 생각이 흩어져 굽어보아도 보이지 않고, 우러러 보아도 보이는 것이 없더니 바윗가에 서 있는 한 미인을 보았네.

이에 마부를 불러 묻기를 자네도 저 이가 보이는가. 저 이는 누구이기에 저 토록 이나 고운가. 마부가 답하기를, ‘제가 듣기로 낙수의 신을 복비라 이르는 바, 군왕께서 보신 이가 그 이가 아닐까 하나이다. 그 모습이 어떠한지 소인도 궁금합니다.’ 내 대답하기를 ‘그 자태는 놀란 기러기처럼 날렵하고 노니는 용과도 같이 유연하며, 가을의 국화처럼 소담스럽고 봄날의 소나무처럼 무성하구나. 엷은 구름에 쌓인 달처럼 아련하고 흐르는 바람에 눈이 날리듯 가볍네.
멀리서 바라보니 아침노을 위로 떠오르는 태양과 같고, 가까이서 바라보니 푸른 물결 위로 피어난 연꽃처럼 눈부시네. 섬려한 모습과 아담함이 키가 크지도 작지도 않게 모두가 알맞고 적합하니 그 어깨는 일부러 조각한 듯 하고 그 허리는 흰 비단으로 묶은 것 같구나.
길고 가녀린 목덜미는 절로 드러난 흰 살결은 향기로운 연지도 호사한 분도 바르지 아니하였구나. 구름 같은 머리를 높이 틀어 올리고 그 아미는 가늘고 길게 흐르며 붉은 입술은 밖으로 빛나고 백옥 같은 이는 입술 사이에서 곱구나.
눈웃음치는 눈동자는 아름답고 그 보조개가 능히 마음을 끄나니 그 맵시가 고와 이를 데 없고, 거동이 고요하여 윤기가 흐르니 그 부드러운 마음에 가냘픈 자태에 말투 또한 더욱 아름답구나. 기이한 복색은 지상에는 없으며 그 자태는 그림과 같다네.

Ⅲ. 한자의 현재와 미래

1. 한자의 응용

시대가 흐름에 따라 문자는 다양한 형식으로 응용되어 쓰인다. 그 중의 하나가 합체자이다.

합체合體는 또한 합자合字·연자連字·연결자連結字라고도 한다. 여러 자를 한꺼번에 모아쓰거나, 두 자 이상이 합쳐져 한 자를 만드는 경우를 말한다. 합체자는 모두 광의적 회의자에 속한다. 일반적으로 새해나 혹은 길상적인 일을 축원하는 내용이나 디자인, 싸인이 주 목적을 이룬다. 합체자는 일반적으로, 축원이나 디자인의 합자가 있다. 신년이나 특별한 날을 축원하기 위하여 몇 개의 자를 한 글자처럼 쓰는 자를 말한다. 또는 인명을 위한 싸인도 이에 속한다 할 수 있다.

응용문자로, 두 번째는 해음자를 들 수 있다. 해음자諧音字는 음이 같거나 비슷한 자를 이용하여 또 다른 개념을 표현해내는 문자를 말한다. 일종의 통가자 혹은 가차자의 방법을 응용한 문자의 발생이다. 즉 동음이자同音異字를 이용하여 다른 문자의 뜻을 나타낸다. 해음자는 일상생활 속어로 쓰이기도 한다. 예를 들어, '梨'자는 '離'자로, '傘'은 '散'자로, '鍾'자는 '終'자의 해음자로 쓰여 이들 물건을 서로 선물로 주고받는 것을 삼가하기도 한다. 해음자는 또한 중국 그림 작품에서 응용되어 축원을 나타내기도 한다. 본문에서는 회화작품 속에서 나타내는 해음자에 살펴보기로 한다.

① 축원·디자인 합체

중국 문자에는 합체자가 매우 많다. 먼저 종합적으로 살펴보면 아래와 같다.

[鷄年大吉][紫氣東來][世界和平]

[新年快樂][家有喜事][十全十美]

[紅包拿來][有房有車][心思]

‘홍포나래紅包拿來’는 원래 ‘세뱃돈 주세요’라는 뜻이다. 현대 사회에서 중국 네티즌들 사이에 ‘홍바오(세뱃돈 , 축의금 등)’를 마케팅하고 있다. 알리바바 등 중국 대형 인터넷 결제 업체들은 올해 친지와 함께하는 홍바오 게임을 선보이며 가족애와 우애를 강조하는 감성마케팅에 주력하고 있다. 중국 사회에 ‘홍바오 잡기(창홍바오 搶紅包 세뱃돈 쟁탈전)’는 이미 몇 년 전부터 설 연휴 가장 중요한 이벤트중 하나로 선물 주기 행사 중의 하나이다.

일범풍순一帆風順

자치동래紫氣東來

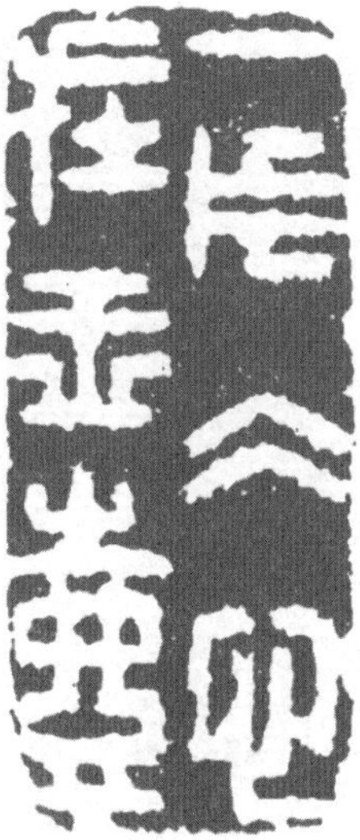

981)壹

[壹片冰心在玉壷]

‘일편빙심재옥호壹片冰心在玉壺’는 ‘한 조각 얼음같은 마음이 옥항아리 속에 있다’는 뜻이다. 이 구절은 왕창령王昌齡(698-755)의 <부용루송신점芙蓉樓送辛漸>라는 시에 나오는 구절이다.[982]

981) 인터넷 사이트 ‘http://www.shufazidian.com/’ 참고.

982) <芙蓉樓送辛漸>(부용루에서 신점을 보내며) 寒雨連江夜入吳 차가운 비 내리는 밤, 강 따라 오나라 땅에 들어, 平明送客楚山孤 새벽에 손님을 보내니 초산도 외로워라. 洛陽親友如相問 낙양 친구들 만약 내 안부 물어보면, 一片冰心在玉壷 한 조각 깨끗한 마음 옥병 속에 있다고 전해주게나.

[天人合一]

[歲歲平安], [五穀豊登], [五福臨門], [恭喜發財], [吉星高照], [春滿人間]
[年年有餘], [招財進寶], [紫氣東來], [日進斗金], [八方來財], [吉祥如意]
[歡聚一堂], [春和景明], [金玉滿堂], [四季平安], [三羊羊泰], [出門見喜]

[年年有餘] [四季安康] [春和景明] [吉星高照] [吉祥如意]
[歲歲平安] [五穀豐登] [春滿人間] [八方來財] [紫氣東來]

【穴言幺幺馬長長心月刀走】

'穴言幺幺馬長長心月刀走'자로 이루어진 자가 '𰻞(biáng)'이다. 필획이 모두 56획이다. 이자의 중국음은 'biáng'이고 '삐이양삐이양면'이다. 혹은 '표표면彪彪麵'으로 쓰기도 한다. 중국 산시성의 국수요리의 이름이다. 면을 만들 때 내리치는 소리를 따서 임의적으로 만든 자이다. 이 글자를 "穴言幺幺馬長長, 心月立刀走之旁."이라고 설명하기도 한다.

이 자를 쓰는 방법은 어떤 젊은 선비가 면집에서 면을 먹고 값을 치를 돈이 없자, 이 가게의 이름 지어 주었다는 유래에서 시작되었다고 한다. 이 자는 "한 점(丶)은 꼭대기에서 휘날리고, 아래에는 황하 같이 길게 양쪽에 구부려져 있네(冖). '팔八'자가 크게 입을 벌리고 있고, '언言'자가 그 안에 들어가 있으니, 좌쪽에서 그를('言') 붙잡아 놓고('幺'), 우측에서 그를 붙잡아 놓네. 서쪽에서 길게 동쪽에서 길게(長) 중간에서 말(馬)의 대왕을 끼고 있네. '심心'자가 아래에 있고, '월月'자가 옆에 있다네. 고리에 깨사탕 메달고 수레를 몰고 몰아 함양으로 들어가네."[983]라는 뜻이 있다한다.

---

983) "一点飛上天, 黃河両邊彎; 八字大張口, 言字往裏走, 左一扭, 右一扭; 西一長, 東一長, 中間夾個馬大王;

‘삐이양’자와 ‘삐이양삐이양면’

【招財進宝】

‘’자는 ‘초재진보招財進寶’의 합서이다. ‘재물을 부르고 보물을 들어오게 하다’라는 염원을 담은 합서이다. 원나라 유당경은 일찍이 ≪강상심降桑椹≫에서 “재물이 들어오고 보물이 들어오니 좋고 상서로운 일들만이 집안에 가득 차니, 온 집안이 편안하고 걱정이 없이 안전하고 평온하다네”984)라 하였다.

아래 그림은 ‘초재진보招財進寶’의 ‘계화桂花’(화전花錢)’이다.

心字底, 月字旁, 留個勾搭挂麻糖; 推着車車進咸陽.”

984) 원元 유당경劉唐卿은 ≪降桑椹≫(第二折)에서 “招財進宝臻佳瑞, 合家無慮保安存.”라 하였다.

【孔孟好学】

‘’은 ‘공맹호학孔孟好學’의 합서이다. ≪논어·학이≫에서 공자는 일찍이 “군자로서 식사하는 데는 배부르기를 바라지 않고, 거처하는 데는 편안하기를 바라지 않고, 일에 민첩하며 말에 조심스럽고, 인격을 갖춘 사람에게 나가 자신을 바로잡는다면 배우기를 좋아한다고 할 수 있다”[985]라고 하였고, 또한 ≪공야장≫에서 자공이 ‘공문자孔文子’는 무엇 때문에 ‘文’이라 부릅니까[986]라고 묻자, 공자는 “아는 것이 빠르고 배우기를 좋아하여, 아랫사람에게 묻기를 두려워하지 않았기 때문에 文이라고 부른 것이다.”[987]라 하여 ‘호학好學’을 강조하였다.

【日進斗金】

“日進斗金”[988]은 “매일매일 천금이 한 말씩 들어오다”라는 뜻이다.

985) “子曰: 君子食無求飽, 居無求安, 敏于事而慎於言, 就有道而正焉, 可謂好学也已.”

986) ≪論語≫: “子貢問曰: 孔文子何以謂之文也?”

987) ≪論語≫: “敏而好学, 不耻下問, 是以謂之文也.”

988) ‘一斗黄金’은 ‘発大財, 十分富有’(돈을 크게 벌어 매우 부유하다)라는 뜻이다.

【囍(쌍희 희, xǐ)】

'희囍'자는 두 개의 '喜'자를 합한 문이다. '쌍희자雙喜字'라고도 한다. 혹은 '대홍쌍희자大紅雙喜字'라고도 하고, 혹은 '희인희喜人喜'라고도 한다.

【只見財来】

'지견재래只見財來'는 '재물만 들어오는 것을 보다'라는 뜻이다.

【黃金萬兩】

'황금만냥黃金萬兩'은 '만냥의 황금'이라는 뜻이다.

아래 그림은 '黃金萬兩'의 '계화桂花'(화전花錢)'이다.

【吉祥如意】

'길상여의吉祥如意'는 '매사에 상서로운 일이 뜻대로 되다'라는 뜻이다. '만사여의萬事如意'와 유사한 뜻이다.

【喜氣滿堂】

喜氣滿堂

위의 도편은 '희기만당喜氣滿堂'의 내용이다. '기쁨이 온 집안에 가득하다'라는 뜻이다.

【唯吾知足】

'유오지족唯吾知足'은 원래 중국 한나라 시기에 화폐 중에 보인다. 이 화폐모양의 장식품은 일반적으로 사용할 수 있는 화폐가 아니라, 소장이나 장식을 목적으로 한 일종의 엑세사리이다. 이를 '玩錢'이라 칭하거나 혹은 통칭으로 '화전花錢'·'패전佩錢'이라 한다. '唯吾知足'은 '지족상락知足常樂'과 같은 뜻이다. '분수를 알고 지켜 항상 즐겁게 산다'는 뜻이다. 예술 작품으로는 아래와 같은 도편이 있다.

이외에도 아래와 같이 다양한 목적으로 위하여 합체자를 쓰기도한다.

【茶馬古道】

[차마고도茶馬古道]

【天官賜福】

[천과사복天官賜福]

‘천과사복天官賜福’은 ‘천제왕이 복을 준다’는 뜻이다. 위의 합체자 중 ‘청기靑氣’는 ‘天’을 뜻하고, ‘남원南員’은 ‘官’을 뜻하고, ‘방편方便’은 ‘賜’를 뜻하고, ‘財主’는 ‘福’을 뜻한다. ‘南員’은 ‘南元’과 같은 뜻이다. 남쪽 지방에서의 장원壯元이라는 뜻이다. ‘방편方便’은 원래의 불교의 용어로 ‘인간에게 복을 주어 생활에 지장이 없도록 하다’라는 뜻이다. ‘재주財主’는 ‘재물의 주인’이라는 뜻으로 ‘복’을 상징한다.

【天長地久】

[天長地久]

제일 오른쪽 자는 ‘靑气’의 합자로 ‘天’을 가리키고, 두 번째 자는 ‘萬丈’의 합체자로 ‘長’을 가리키고, 세 번째 자는 ‘山水土’로 ‘地’을 가리키고, 네 번째 자 ‘多年’는 ‘久’을 나타낸다. ‘천장지구天長地久’는 ‘하늘과 땅처럼 영원토록 변함이 없다’는 뜻으로 장수를 뜻한다.

이외에도 문자와 결합하여 회화적으로 디자인화 하는 경우도 있다.

각각 '견정불굴堅貞不屈'·'득촌진척得寸進尺'·'부광략영浮光掠影'·'냉안방관冷眼旁觀'·'여어득수如魚得水'·'곤과란숙滾瓜爛熟'이라는 내용이다.

'견정불굴'은 '꿋꿋하고 바르게 굴복하지 않는다'는 뜻이고, '득촌진척'은 '많은 이익을 얻고 싶어한다'는 의미로 '욕심이 한도 끝도 없다'는 뜻이고, '부광략영'은 '물에 반사된 햇빛'이라는 의미로 '인상이 깊지 않다'나 '대충대충 관찰하다'는 뜻이고, '냉안방관'은 '냉담하게 방관하다'는 뜻이고, '여어득수'는 '고기가 물을 만난 듯하다'는 뜻이고, '곤과란숙'은 '딴 과일이 잘 익었다'라는 의미로 '능숙하게 잘하다'는 뜻이다.

○ 싸인

이외에도 예술적 미를 가미한 싸인도 넓게 보면 역시 이러한 합자에 속한다 할 수 한다. 이를 '예술설계첨명자藝術設計簽名字'라고도 한다. 몇 개 예를 들면, 아래는 '徐曉玲'·'秦楚冬'·'周志鵬'과 미국 대통령 '트럼프'의 싸인이다.

徐晓玲 秦楚冬 周志鹏

② 해음자

해음자는 중국 회화작품이나 혹은 건축물 회화에 주로 응용되어 표현되어지기도 한다. 일종의 동음이자同音異字의 응용이다. 해음자를 이용하여 자신을 생각을 간접적으로 표현해 낸다.

아래는 김삿갓이 함경감사 조기영趙冀永의 학정을 풍자한 시로 백성의 원망과 풍자가 담겨있는 시다. 낙민루樂民樓와 선화당宣化堂은 모두 함경 감영 내에 있는 실제의 이름이다. 앞 세 자와 뒤 세자의 독음이 각각 같은 자를 쓰고 있다. 이 또한 해음 방식을 응용한 것이다.

樂民樓下落民漏, 낙민루 아래서 백성 눈물 떨어지니,
宣化堂上先禍當. 선화당 위에 화가 먼저 당하리라.
咸鏡道民咸驚逃, 함경도 백성들 모두 놀라 도망가니,
趙基榮家祚豈永. 조기영 집안의 복이 어찌 오래 갈까.

'낙민루樂民樓'는 '낙민루落民漏', '선화당宣化堂'은 '선화당先禍當', '함경도咸鏡道'는 '함경도咸驚逃', '조기영趙基榮'은 '조기영祚豈永'과 우리 말 음이 같다.

우리나라 관습 중 정월 대보름 때 다리 밟기를 하는 것은 다리 '脚(다리 각 jĭao,jué)'와 '橋(다리 교, qĭáo)'가 음이 유사하기 때문에 '다리'를 밟아 '다리'가 편안하기를 바라는 것이라고 한다. 홍문연鴻門宴에서 항우에게 범증范增이 유방을 살해할 것을 암시하는 내용 중에서 "범증이 항우에게 몇 차례 눈짓을 하면서 패옥을 집어 들어, 한 쪽이 일그러진 옥(玦)을 보여 주기를 세 차례라 하였다"[989]라 하였는데, 이 중 '玦(패옥 결, jué)'자는 '決(결단 결, jué)'자와 동음이다. '결단하다'하라는 뜻으로 죽여 없애라는 뜻이다. 결국은 범증의 말을 듣지 않아 천하를 유방에게 넘겨주었다. 이와 같이 동음이자의 응용은 한자의 특징을 잘 나타내고, 실생활 속에 깊이 파고들어 응용되고 있다.

989) "范增数目項王, 挙所佩玉, 玦以示之者三."

【鵲-爵】

아래 민화는 '작호도鵲虎圖'이다. '虎'자가 아니라 사실상 '豹(표범 표, bào)'이어야 한다. '報(갚을 보, bào)'자와 음이 같다. '전해주다'는 뜻이다. '鵲(까치 작, què)'자는 '爵(잔 작, jué)'자와 음이 비슷하다. 까치는 또한 '기쁨'을 뜻하기도 한다. 그래서 이 그림을 '신년보희新年報喜'라는 의미로 해석하기도 한다. '새해에 좋은 소식이 있기를 바라다'는 뜻이다. 또한 '爵'으로 해석하면 '작표鵲豹'는 '작보爵報' 즉 '보작報爵'으로 '벼슬길에 나서는 좋은 소식을 보고 듣다'라는 뜻이다. '까치'는 또한 기쁨 소식이라는 '희喜'의 뜻으로 쓰인다.

고대 그림 중에 '희작등매喜鵲登梅'라는 작품이 많다. '까치가 매화나무에 앉다'라는 뜻이다. '희작喜鵲'은 기쁜 소식을 전달하는 동물이고, '매梅'는 봄소식을 알려주는 꽃으로 네 가지 덕을 갖춘 사군자 중의 하나이다. 따라서 '희작등매'는 '좋은 소식이 전해온다'는 뜻이다. '梅'자는 또한 '眉(눈썹 미, méi)'자와 동음으로 '미수眉壽'를 눈썹이 하얀 늙은이라는 뜻에서 장수를 뜻하기도 한다. '희작등매'는 '희보춘선喜報春先'의 뜻으로 '봄을 맞아 좋은 소식을 제일 먼저 전해온다'는 뜻이다.

희작등매喜鵲登梅

'희상매초喜上梅梢'라는 화제를 쓰기도 한다. '喜'는 까치 '작鵲'을 나타내고, '梅'는 '眉(눈썹 미, méi)'와 음이 유사하고, '梢(나무 끝 초, shāo,sào)'자는 '壽'자와 음이 유사하다. 미수眉壽는 '장수'를 뜻한다. '좋은 소식 듣고, 장수하라'는 뜻이다.

【白鹿-百祿】

옛 선비들을 하얀 사슴 '백록白鹿'을 그려 자신의 생각을 기원하였다. 사슴을 그린 '백록도白鹿圖' 중의 사슴 '록鹿'자가 관리의 녹봉祿俸의 '祿(복 록, lù)'과 발음이 같다. 장생도의 요소인 사슴은 장수를, 녹봉은 높은 관직을 뜻하니 '부귀영화와 장수'의 뜻이다. 사슴 백 마리를 그림을 백록도百祿圖이라한다. '백록'은 '많은 복록'이라는 뜻이다. 옛날 궁중에서는 사슴 백 마리가 그려진 백록도 병풍을 자주 사용하였다.

아래 그림은 중국 명대의 궁중화가宮廷畫家가 그린 백록도이다.

아래 작품은 '寿'·'禄'과 '福'자의 각각 이체자를 쓴 작품이다.

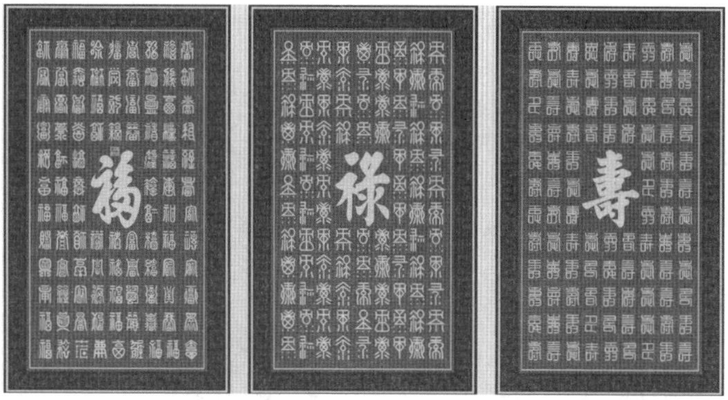

【蝠-福】

'편복蝙蝠'은 박쥐이다. '蝠(박쥐 복, fú)'자는 '복福'자와 동음이자이다. '박쥐'는 각종 장식품에 사용되어 진다. 중국 산서성山西省 교가대원喬家大院의 담 벽에 장식된 박쥐의 모양 '五蝠圖'는 즉 '오복도五福圖'이다. 오복은 '장수長壽', '부귀富貴', '강녕康寧', '호덕好德', 제 명에 마치는 '고종명考終命' 즉 '선종善終'이다.

아래는 오복도五蝠圖가 그려진 그릇이다.

'五蝠'器

【耄耋-猫蝶】

‘모질耄耋(màodié)’은 8,90이 된 ‘늙은이’이라는 뜻이다. ‘묘접猫蝶’의 해음자로 쓰인다. ‘猫(고양이 묘, māo)’는 고양이이고, ‘蝶(나비 접, dié)’는 나비의 뜻이다. ‘모질耄耋’과 ‘묘접猫蝶’이 음이 비슷하기 때문에 장수를 기원하는 그림으로 ‘묘접도猫蝶圖’가 있다. 혹은 ‘모질도耄耋圖’라고도 한다. 시제詩題를 종종 ‘모질부귀耄耋富貴’라고 쓴다.

【蔓帯-万代】

자손이 만대萬代로 이어져 영원히 끊이지 않기를 바라는 염원으로 '石榴'와 '포도葡萄' 혹은 박 등의 넝쿨을 그렸다. 넝쿨은 넝쿨처럼 영원히 끊이지 않기를 바라는 희망이고, 석류와 포도는 씨앗이나 알처럼 자손이 많기를 바라는 뜻이다. '만대蔓帶'는 '덩쿨'이라는 뜻이다. '자손만대子孫萬代'의 '만대萬代'와 음이 같다.

석류와 포도

【魚-餘】

'餘(남을 여, yú)'자와 '魚(고기 어, yú)'자는 음이 유사하기 때문에, '魚'를 그려서 '넉넉하기'를 바라는 축원을 표현한다. '연연유여年年有餘'라는 화제를 자주 쓴다. '蓮'자와 '年'자는 음이 유사하다. '연연蓮蓮有魚'는 '연연유여年年有餘'라는 뜻이다. '해마다 넘쳐나다'는 의미이다. '부귀구어富貴九魚'는 '부귀구여富貴久餘'라는 뜻으로, '부귀가 영원히 넘치다'는 의미이다.

【柿-事】

'사사여의事事如意'·'사사유여事事有余'나 '萬事多吉'990) 중의 '事'자의 음은 '柿(감나무 시, shì)'자와 비슷하다. '시시柿柿'는 '사사事事'로 '만사'의 뜻이다.

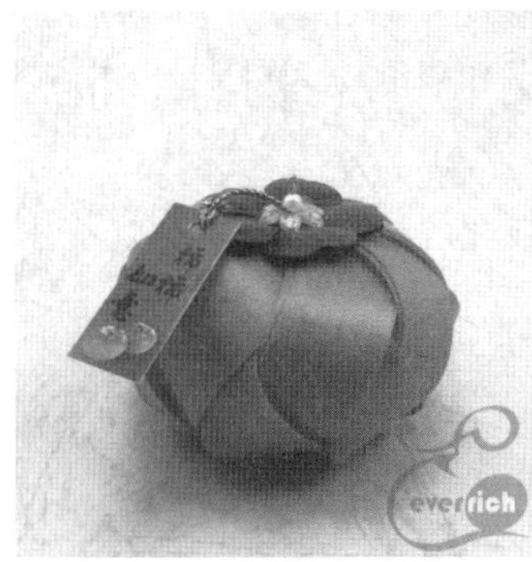

【鱖-闕】

'鱖(쏘가리 궐, guì, jué)'는 '闕(대궐 궐, què)'의 음과 비슷하기 때문에 해음자로 쓰인다. 과거에 급제하여 대궐에 들어가는 장원급제하라는 뜻이다.

990) '사사여의事事如意'는 '모든 일이 뜻대로 되다'의 뜻이고, '사사유여事事有余'는 '만사가 항상 여유롭기를 바라다'는 뜻이고, '만사대길万事多吉'은 '모든 일이 모두 좋은 일이 있기를 바라다'는 뜻이다.

【虾-偕】

새우 '蝦(새우 하, xiā)'자는 '偕(함께 해, xié)'자와 음이 통한다. 새우는 또한 등이 굽었기 때문에 '해노海老'라고도 한다. '海'자는 또한 '偕'자와 음이 통한다. 따라서 '蝦'는 '백년해노'한다는 뜻으로 쓰인다.

제백석齊白石의 그림

【雁-顔】

'雁(기러기 안, yàn)'자는 '顔(얼굴 안, yán)'자와 음이 통한다. '홍안紅顔'은 '젊은이의 혈색이 좋은 얼굴'이라는 뜻이다. '안래홍雁来紅'은 '색비름'이다. 색 비름은 봄에 싹이 나올 때부터 빨간 잎인 것이 기러기가 오는 늦가을까지 빨간색을 띠기 때문에 영원히 늙지 않은 홍안을 상징한다. '雁来紅'은 '안래홍顔来紅'으로, '얼굴이 젊은이의 얼굴처럼 붉다'라는 뜻이다. 장수하라는 뜻이다.

【柳-留】

‘柳(버들 류, liǔ)’자는 ‘留(머무를 류, liú)’자와 음이 통하기 때문에, ‘유희장춘柳喜長春’은 ‘유희장춘留喜長春’으로 읽을 수 있다. 까치는 기쁨 소식의 ‘喜’를 뜻하고, ‘長春’은 ‘월계화月季花’ 즉 ‘장미 꽃’이라는 뜻이다. ‘留喜長春 유희장춘’은 ‘기쁨과 젊음이 오래도록 머물다’는 뜻이다.

‘石’은 또한 ‘수석寿石’으로 장수를 뜻한다.

【佛手-福壽】

불수仏手는 운향과 귤 나무속에 속하는 상록활엽수종으로 열매 모양이 부처님 손을 닮았다 해 불수라 한다. 열매치고는 다소 기괴하나 불佛은 복福을 수手는 수寿와 각각 중국어 발음이 유사해 복과 장수의 의미를 나타낸다. 또 불수는 방향성 식물로 청나라의 서태후가 자금성에 자신만의 공간을 불수로 가득 채워 향수로 애용하기도 했을 정도로 향이 일품이라고 한다. 중국에서는 새해를 맞아 지내는 제사에 불수를 제수로 올리며, 복과 장수를 기원하는 식물이다. 그래서 선인들은 ‘복福’과 ‘수寿’를 염원하기 위해서 불수를 소재로 사용하였다.

백자청화불수문대합白瓷靑花佛手紋大盒, 조선후기

佛手

이 불수는 중국 광동지방에서 주로 자라고 관상으로 집에서 많이 키운다. 일본에서는 매년 1월 1일 복을 가져다준다고 믿어 선물용으로 불수의 열매를 선물하기도 한다고 한다.

이외에도 한자 해음자는 매우 많다. 해음자는 일상생활에서 매우 활달하게 쓰여, 언어의 사용 폭을 매우 넓게 해 주고 생활에 활력을 주고 있다. 70-80년대 우리나라에서 유행한 아재개그 또한 일종의 우리말의 해음자 개그이다. 예를 들어, '세상에서 가장 야한 채소-버섯', '김밥이 죽으면 어디로-김밥천국', '노인이 가장 좋아하는 폭포는-나이야가라', '할아버지가 좋아하는 돈은-할머니', '미국에서 비가 내리면-USB', '추장보다 높은 사람-고추장', '치과의사가 좋아하지 않는 아파트-이편한세상', '어부들이 싫어하는 가수는-배칠수', '세상에서 가장 긴 음식-참기름', '그 다음으로 긴 음식-들기름', '지방흡입의 반대말-수도권배꼽' 등등 또한 음을 이용한 일종의 언어 유희이다.

2. 간체자의 현재와 미래

현재 중국문자의 전체 수량은 4만 여자가 넘는다. 이와 같은 중국 문자의 수량은 중국인 자신에게도 습득에 상당한 부담을 가지게 되었고, 중국 문자에 대한 지식은 일부 지식인들의 전유물처럼 되었다. 복잡한 한자 구조와 필획의 번잡함은 결국 '문자의 개혁' 운동을 불러일으키게 되었다.

문자의 개혁은 '병음문자운동'·'국어로마자 운동'·'중국 라틴화 자모'와 '주음자모 방안' 등의 운동을 가리킨다.

서양의 선교 기독교인들은 문자는 단지 관념과 의식을 전달하는 방법에 불과하다는 인식(교회의 로마자)을 가지고 있고, 아편전쟁阿片戰争(1840~1842년)·신해혁명辛亥革命(1911)과 오사운동五四運動(1919년 5월 4일) 등과 같은 중국의 신민주주의 혁명 사상이 중국 지식인들에게 중국 문자에 각성을 가져오게 되었다. 당시 중국 지식인들은 중국의 당시 서양으로의 부터의 도전과 패전의 원인을 중국 문자로부터 찾기도 하였다. 전현동錢玄同(1887－1939)은 "공자의 학문을 폐지해야 하는데, 그렇게 하기 위해서는 먼저 한자를 없애지 않을 수 없다. 일반백성의 유치하고 반 문맹적인 사상을 없애고자 한자면 또한 먼저 한자를 없애지 않을 수 없다"[991]라 하였고, 노신魯迅은 "한자가 없어지지 않으면 중국은 반드시 망할 것이다"[992]라 하고, 부사년傅斯年는 "한자의 기원은 극히 원시적이다. 그 형태 또한 매우 기이하다. 한자는 인식하기에 매우 불편하고 이를 응용하기에도 매우 불편하다. 한자는 정말로 조잡하고 정교하지도 못하여, 괴상망칙한 문자이다. 이 세상에서 가장 불편한 기구이다"[993]라 하였고, 모택동毛沢東도 "한자는 일종의 매우 낙오된 자체이다. 라틴어처럼 반드시 개혁하여야 한다"[994]라 하였다.

그러나 이러한 문자 운동은 '백화문운동'이나 '국어통일운동'이란 긍정적인 성과를 거두기도 하였지만, 오랜 역사를 걸쳐 발전된 문자체계를 바꾼다는 것은 현실적으로 가능성이 적다는 점, 충분한 이론적 준비 미비, 대중적 기반 부족 등으로 인한 강력한 추진력을 갖추지 못하였다. 즉 병음문자의 추진 가능성에 대한 철저한 연구와 분석이 부족하였고, 한자 체계의 내부적 규율, 한어의 특징, 한어와 한자와의 관계에 대한 기본적 개념에 대한 부족으로 인하여 결국은 실패하고 말았다.

---

991) 錢玄同: "廢孔學, 不可不先廢漢字; 欲驅除一般人之幼稚的·野蠻的思想, 尤不可不先廢漢字"
992) 鲁迅: "漢字不滅, 中國必亡."
993) 傅斯年: "漢字起源是極野蠻, 形狀是極奇異, 認識是極不便, 應用極不經濟, 眞是又笨又粗, 牛鬼蛇神的文字, 眞是天下第一不方便的器具."
994) 毛澤東: "漢字是一種落後的字體" "必須要改革成像拉丁文那樣."

이에 대한 대처 방안은 1949년 신 중국 성립 이후 1956년부터 시작된 ‘문자개혁’인 ‘한자간화방안漢字簡化方案’이다. 1986년에는 <간화자총표簡化字総表>를 발표하여 총 간화자 2235 자를 발표하였다.

第一表: 350개의 간화자(편방으로 쓰이지 않는 것).

A: 碍〔礙〕 肮〔骯〕 袄〔襖〕

B: 坝〔壩〕 板〔闆〕 办〔辦〕 帮〔幫〕 宝〔寶〕 报〔報〕 币〔幣〕 毙〔斃〕 标〔標〕 表〔錶〕 别〔彆〕 卜〔蔔〕 补〔補〕

C: 才〔纔〕 蚕〔蠶〕(1) 灿〔燦〕 层〔層〕 搀〔攙〕 谗〔讒〕 馋〔饞〕 缠〔纏〕(2) 忏〔懺〕 偿〔償〕 厂〔廠〕 彻〔徹〕 尘〔塵〕 衬〔襯〕 称〔稱〕 惩〔懲〕 迟〔遲〕 冲〔衝〕 丑〔醜〕 出〔齣〕 础〔礎〕 处〔處〕 触〔觸〕 辞〔辭〕 聪〔聰〕 丛〔叢〕

D: 担〔擔〕 胆〔膽〕 导〔導〕 灯〔燈〕 邓〔鄧〕 敌〔敵〕 籴〔糴〕 递〔遞〕 点〔點〕 淀〔澱〕 电〔電〕 冬〔鼕〕 斗〔鬥〕 独〔獨〕 吨〔噸〕 夺〔奪〕 堕〔墮〕

E: 儿〔兒〕

F: 矾〔礬〕 范〔範〕 飞〔飛〕 坟〔墳〕 奋〔奮〕 粪〔糞〕 凤〔鳳〕 肤〔膚〕 妇〔婦〕 复〔復·複〕

G: 盖〔蓋〕 干〔乾·幹〕 赶〔趕〕 个〔個〕 巩〔鞏〕 沟〔溝〕 构〔構〕 购〔購〕 谷〔穀〕 顾〔顧〕 刮〔颳〕 关〔關〕 观〔觀〕 柜〔櫃〕

H: 汉〔漢〕 号〔號〕 合〔閤〕 轰〔轟〕 后〔後〕 胡〔鬍〕 壶〔壺〕 沪〔滬〕 护〔護〕 划〔劃〕 怀〔懷〕 坏〔壞〕 欢〔歡〕 环〔環〕 还〔還〕 回〔迴〕 伙〔夥〕 获〔獲·穫〕

J: 击〔擊〕 鸡〔鷄〕 积〔積〕 极〔極〕 际〔際〕 继〔繼〕 家〔傢〕 价〔價〕 艰〔艱〕 歼〔殲〕 茧〔繭〕 拣〔揀〕 硷〔鹼〕 舰〔艦〕 姜〔薑〕 浆〔漿〕 桨〔槳〕 奖〔獎〕 讲〔講〕 酱〔醬〕 胶〔膠〕 阶〔階〕 疖〔癤〕 洁〔潔〕 借〔藉〕 仅〔僅〕 惊〔驚〕 竞〔競〕 旧〔舊〕 剧〔劇〕 据〔據〕 惧〔懼〕 卷〔捲〕

K: 开〔開〕 克〔剋〕 垦〔墾〕 恳〔懇〕 夸〔誇〕 块〔塊〕 亏〔虧〕 困〔睏〕

L: 腊〔臘〕 蜡〔蠟〕 兰〔蘭〕 拦〔攔〕 栏〔欄〕 烂〔爛〕 累〔纍〕 垒〔壘〕 类〔類〕 里〔裏〕 礼〔禮〕 隶〔隷〕 帘〔簾〕 联〔聯〕 怜〔憐〕 炼〔煉〕 练〔練〕 粮〔糧〕 疗〔療〕 辽〔遼〕 了〔瞭〕 猎〔獵〕 临〔臨〕 邻〔鄰〕 岭〔嶺〕(11) 庐〔廬〕 芦〔蘆〕 炉〔爐〕 陆〔陸〕 驴〔驢〕 乱〔亂〕

M: 么〔麽〕 霉〔黴〕 蒙〔矇·濛·懞〕 梦〔夢〕 面〔麵〕 庙〔廟〕 灭〔滅〕 蔑〔衊〕 亩〔畝〕

N: 恼〔惱〕 脑〔腦〕 拟〔擬〕 酿〔釀〕 疟〔瘧〕

P: 盘〔盤〕 辟〔闢〕 苹〔蘋〕 凭〔憑〕 扑〔撲〕 仆〔僕〕 朴〔樸〕

Q: 启〔啓〕 签〔籤〕 千〔韆〕 牵〔牽〕 纤〔縴·纖〕 窍〔竅〕 窃〔竊〕 寝〔寢〕 庆〔慶〕 琼〔瓊〕 秋〔鞦〕 曲〔麯〕 权〔權〕 劝〔勸〕 确〔確〕

R: 让〔讓〕 扰〔擾〕 热〔熱〕 认〔認〕

S: 洒〔灑〕 伞〔傘〕 丧〔喪〕 扫〔掃〕 涩〔澀〕 晒〔曬〕 伤〔傷〕 舍〔捨〕 沈〔瀋〕 声〔聲〕 胜〔勝〕 湿〔濕〕 实〔實〕 适〔適〕 势〔勢〕 兽〔獸〕 书〔書〕 术〔術〕 树〔樹〕 帅〔帥〕 松〔鬆〕 苏〔蘇·囌〕虽〔雖〕 随〔隨〕

T: 台〔臺·檯·颱〕 态〔態〕 坛〔壇·罈〕 叹〔嘆〕 誊〔謄〕 体〔體〕 粜〔糶〕 铁〔鐵〕 听〔聽〕 厅〔廳〕 头〔頭〕 图〔圖〕 涂〔塗〕 团〔團·糰〕椭〔橢〕

W: 洼〔窪〕 袜〔襪〕 网〔網〕 卫〔衛〕 稳〔穩〕 务〔務〕 雾〔霧〕

X: 牺〔犧〕 习〔習〕 系〔係·繫〕 戏〔戲〕 虾〔蝦〕 吓〔嚇〕 咸〔鹹〕 显〔顯〕 宪〔憲〕 县〔縣〕 响〔響〕 向〔嚮〕 协〔協〕 胁〔脅〕 亵〔褻〕 衅〔釁〕 兴〔興〕 须〔鬚〕 悬〔懸〕 选〔選〕 旋〔鏇〕

Y: 压〔壓〕 盐〔鹽〕 阳〔陽〕 养〔養〕 痒〔癢〕 样〔樣〕 钥〔鑰〕 药〔藥〕 爷〔爺〕 叶〔葉〕 医〔醫〕 亿〔億〕 忆〔憶〕 应〔應〕 痈〔癰〕 拥〔擁〕 佣〔傭〕 踊〔踴〕 忧〔憂〕 优〔優〕 邮〔郵〕 余〔餘〕 御〔禦〕 吁〔籲〕 郁〔鬱〕 誉〔譽〕 渊〔淵〕 园〔園〕 远〔遠〕 愿〔願〕 跃〔躍〕 运〔運〕 酝〔醞〕

Z: 杂〔雜〕 赃〔贜〕 脏〔臟·髒〕 凿〔鑿〕 枣〔棗〕 灶〔竈〕 斋〔齋〕 毡〔氈〕 战〔戰〕 赵〔趙〕 折〔摺〕 这〔這〕 征〔徵〕 症〔癥〕 证〔證〕 只〔隻·祇·衹〕 致〔緻〕 制〔製〕 钟〔鐘·鍾〕 肿〔腫〕 种〔種〕 众〔衆〕 昼〔晝〕 朱〔硃〕 烛〔燭〕 筑〔築〕 庄〔莊〕 桩〔樁〕 妆〔妝〕 装〔裝〕 壮〔壯〕 状〔狀〕 准〔準〕 浊〔濁〕 总〔總〕 钻〔鑽〕

第二表

① 132개의 간화자(편방으로 쓸 수 있는 것)

A: 爱〔愛〕

B: 罢〔罷〕 备〔備〕 贝〔貝〕 笔〔筆〕 毕〔畢〕 边〔邊〕 宾〔賓〕

C: 参〔參〕 仓〔倉〕 产〔産〕 长〔長〕 尝〔嘗〕 车〔車〕 齿〔齒〕 虫〔蟲〕 刍〔芻〕 从〔從〕 窜〔竄〕

D: 达〔達〕 带〔帶〕 单〔單〕 当〔當·噹〕 党〔黨〕 东〔東〕 动〔動〕 断〔斷〕 对〔對〕 队〔隊〕

E: 尔〔爾〕

F: 发〔發·髮〕 丰〔豐〕(3) 风〔風〕

G: 冈〔岡〕 广〔廣〕 归〔歸〕 龟〔龜〕 国〔國〕 过〔過〕

H: 华〔華〕 画〔畫〕 汇〔匯·彙〕 会〔會〕

J: 几〔幾〕 夹〔夾〕 戋〔戔〕 监〔監〕 见〔見〕 荐〔薦〕 将〔將〕 节〔節〕 尽〔盡·儘〕 进〔進〕 举〔舉〕

K: 壳〔殼〕

L: 来〔來〕 乐〔樂〕 离〔離〕 历〔歷·曆〕 丽〔麗〕 两〔兩〕 灵〔靈〕 刘〔劉〕 龙〔龍〕 娄〔婁〕 卢〔盧〕 虏〔虜〕 卤〔鹵·滷〕 录〔録〕 虑〔慮〕 仑〔侖〕 罗〔羅〕

M: 马〔馬〕 买〔買〕 卖〔賣〕 麦〔麥〕 门〔門〕 黾〔黽〕

N: 难〔難〕 鸟〔鳥〕 聂〔聶〕 宁〔寧〕 农〔農〕

Q: 齐〔齊〕 岂〔豈〕 气〔氣〕 迁〔遷〕 佥〔僉〕 乔〔喬〕 亲〔親〕 穷〔窮〕 区〔區〕

S: 啬〔嗇〕 杀〔殺〕 审〔審〕 圣〔聖〕 师〔師〕 时〔時〕 寿〔壽〕 属〔屬〕 双〔雙〕 肃〔肅〕 岁〔歲〕 孙〔孫〕

T: 条〔條〕
W: 万〔萬〕 为〔為〕 韦〔韋〕 乌〔烏〕 无〔無〕
X: 献〔獻〕 乡〔鄉〕 写〔寫〕(17) 寻〔尋〕
Y: 亚〔亞〕 严〔嚴〕 厌〔厭〕 尧〔堯〕 业〔業〕 页〔頁〕 义〔義〕 艺〔藝〕 阴〔陰〕 隐〔隱〕 犹〔猶〕 鱼〔魚〕与〔與〕 云〔雲〕
Z: 郑〔鄭〕 执〔執〕 质〔質〕 专〔專〕

② 14개의 간화된 편방偏旁

讠[言], 饣[食], 昜[昜], 纟[糸], 収[臤], 𫇦[𤇾], 临[臥], 只[戠], 钅[金], 𦥑[𰀪], 𠬤[睪], 圣[巠], 亦[䜌], 呙[咼]

第三表

1753개의 간화자(두번째 표에서의 간화자와 간화된 편방을 합쳐서 만든 것)

아래에서는 '간체자의 형성 원칙'에 대하여 몇 가지로 나누어 설명하기로 한다.

(1) 간체자 원리원칙

간체자의 원리는 매우 복잡 다양하다. 아래에서 몇 가지 원리 원칙에 대하여 분류하였으나, 어떤 자는 꼭 어느 한 분류에만 속하지 않는 경우도 있다. 따라서 해당되는 자의 주요 원리원칙을 근거로 하여 분류하기로 한다.

1) 편방偏旁을 간단한 한 부호로 대체한 경우

[又]
对-對(대답할 대, duì)
邓-鄧(나라 이름 등, dèng)
观-觀(볼 관 guān)
欢-歡(기뻐할 환 huān)
叹-嘆(탄식할 탄 tàn)
难-難(어려울 난 nán)
鸡-鷄(닭 계 jī)
聂-聶(소곤거릴 섭 niè)

双-雙(쌍 쌍, shuāng)

[乄]
凤-鳳(봉황새 봉 fèng)
冈-岡(산등성이 강 gāng)
岗-崗(언덕 강 gǎng)
风-風(바람 풍 fēng)
区-區(지경 구, qū)
义-義(옳을 의 yì)
议-議(의논할 의, yì)
仪-儀(거동 의 yí)
蚁-(蚂mǎ)蟻(개미 의 yǐ)

[头]
头-頭(머리 두 tóu)
读-讀(읽을 독 dú,dòu)
卖-賣(팔 매 mài)
續-续(이을 속 xù)

[仑]
仑-侖(둥글 륜 lún)
论-論(말할 논 lùn,lún)
轮-輪(바퀴 윤 lún)
伦-倫(인륜 윤 lún)

[罗]
罗-羅(그물 라 luó)
萝-蘿(무 라 luó)
逻-邏(순행할 라 luó)

[不]
坏-壞(무너질 괴 huài)
还-還(돌아올 환 hái,huán)

[力]
伤-傷(상처 상 shāng)
边-邊(가 변 biān)

위의 예문은 간단한 기호로 대처 된 예문이다. 그러나 일부의 자는 간화된 편방 부분이 일률적이지 않는 경우가 있다.

讲-講(익힐 강 jiǎng)과 构-構(얽을 구 gòu)[995]
团-團(무리 단 tuán)과 专-專(오로지 전 zhuān)
庆-慶(경사 경 qìng)과 荐-薦(천거할 천 jiàn)

2) 자형의 생략

① 자형의 일부분만을 취하는 경우

아래의 예문은 번체자 자형 중에서 일부분만을 취한 경우이다.

广-廣(넓을 광 guǎng)
灭-滅(멸망할 멸 miè)
习-習(익힐 습 xí)
宁-寧(편안할 녕 níng,nìng)
伫-佇(우두커니 저 zhù)
务-務(힘쓸 무 wù)
虽-雖(비록 수 suī)
声-聲(소리 성 shēng)
杀-殺(죽일 살 shā)
医-醫(의원 의 yī)
启-啓(열 계 qǐ)
开-開(열 개 kāi)
亩-畝(이랑 무 mǔ)
类-類(무리 류 lèi)
亲-親(친할 친 qīn)
巩-鞏(알 공 gǒng)
厂-庵(암자 암 ān)(廠, chǎng)
厌-厭(싫어할 염 yàn)
缠-纏(얽힐 전 chán)
乡-鄉(시골 향 xiāng)
条-條(곁가지 조 tiáo)
盘-盤(소반 반 pán)

995) '构' 자는 소리부 '冓' 부분을 음이 유사하면서 간략한 '勾' 자로 바꾸었다.

隶-隸(붙을 례 lì)
壳-殼(껍질 각 ké,qiào)
丽-麗(고울 려 lì,lí)
飞-飛(날 비 fēi)
夺-奪(빼앗을 탈 duó)
竞-競(겨룰 경 jìng)

② 자형의 일부를 생략하거나 일부의 자형을 변형한 경우

번체자의 자형 중 일부분만을 생략하거나, 자형의 일부분을 변형한 경우이다.

妇-婦(지어미 부 fù)
归-歸(돌아올 귀 guī)
显-顯(나타날 현 xiǎn)
宽-寬(너그러울 관 kuān)
扫-掃(쓸 소 sǎo)
凿-鑿(뚫을 착 záo)
旧-舊(예 구 jiù)
稳-穩(평온할 은 wěn)
产-產(낳을 산 chǎn)
严-嚴(엄할 엄 yán)
龙-龍(용룡 lóng)
总-總(거느릴 총 zǒng)
点-點(점 점 diǎn)
关-關(빗장 관 guān)
杂-雜(섞일 잡 zá)
兽-獸(짐승 수 shòu)
县-縣(매달 현 xiàn)
处-處(살 처 chǔ, chù)
聪-聰(귀 밝을 총 cōng)
击-擊(칠 격 jī)
卢-盧(밥그릇 로 lú)

③ 자형의 윤곽이나 일부만을 취하는 경우

'자형의 윤곽이나 일부만을 취하는 경우'는 일부의 형태를 생략 간체자로 볼 수 있으나, 외곽의 형태는 그대로 두고 일부분만을 취한 것이기 때문에 잠시 이 종류로 분류하기로 한다.

龟-龜(거북이 구 guī)
门-門(문 문 mén)
寿-壽(목숨 수 shòu)
齿-齒(이 치 chǐ)
伞-傘(우산 산 sǎn)

3) 초서草書를 해서화楷書化한 경우

书-書(글 서 shū)

长-長(긴 장 cháng,zhǎng)

乐-樂(풍류 악 lè,yuè)

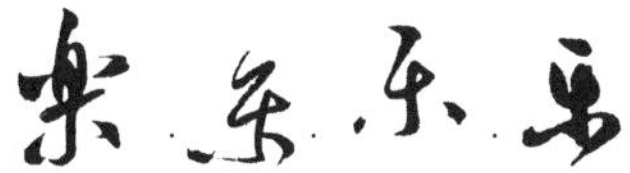

车-車(수레 차 chē,jū)

楼-樓(다락 루 lóu)

兴-興(흥할 흥 xīng,xìng)

发-發(쏠 발, fā,fà)

4) 동음이나 음이 유사한 자로 대체하는 경우.

后-後

干-乾[996], 幹, 榦

·干(방패 간)[997]

·干-乾(마를 건 gān)[998]

·干-幹(줄기 간 gàn)[999]

谷(골 곡 gǔ)-穀(곡식 곡 gǔ)

出(날 출 chū)-齣(단락 척 chū)

卷(쇠뇌 권 juǎn,juàn)-捲(말 권 juǎn,juàn)

里(마을 리 lǐ)-裏(속 리 lǐ)[1000]

占(차지할 점, zhàn)-佔(볼 점, zhàn)

咸(다 함, xián)-鹹(짤 함, xián)

吓(놀랄 혁, 하, xià, hè)-嚇(노할 혁, xià)

姜(성 강, jiāng)-薑(생강 강, jiāng)

复(갈 복 fù)-復(돌아올 복, fù)-複(겹옷 복, fù)

松(소나무 송 sōng)-鬆(더벅머리 송, sōng)

犮-髮(터럭 발, fà,fā)

几(안석 궤 jǐ)-幾(기미 기 jǐ,jī)

向(향할 향 xiàng)-嚮(향할 향 xiàng)

系(이을 계 xì)-係(걸릴 계 xì)-繫(맬 계 xì,jì)

回(돌 회 huí)-迴(돌 회 huí)

蜡(납향 사, là,zhà)-蠟(밀 랍 là)[1001]

听-聽(들을 청 tīng)[1002]

了(마칠 료 liǎo,lē)-瞭(밝을 료 liǎo,liào)

5) 신생 회의자(형성자에서 회의자로)

灶-竈(부엌 조 zào)

岩-巖(바위 암 yán)[1003]

---

996) '乾'자를 응당히 간체자로 써야 하지만, '乾坤(건곤 qiánkūn)'·'乾隆(건융, Qiánlóng)'은 쓰지 않는다.

997) '干戈(gāngē)', 방패와 창.

998) '乾净'-'干净(깨끗하다 gānjìng)'. '干燥(건조 gānzào)'. '干杯(건배 gānbēi)'.

999) '榦'자는 '幹'의 본자이다. '树干(나무 줄기 shùgàn)'. '干部(간부 gànbù)'. '干事'(일하다 gànshì). '說干就干'(한다고 하면 실천하다 shuōgànjiùgàn).

1000) '裏'자는 의미부가 '衣'이고 음성부가 '里'이다. 음성이 같기 때문에 '衣'를 생략하여 쓴다.

1001) '蜡(납향 사 zhà)'는 '세모에 지내는 뜻 제사'라는 뜻으로 '蠟 밀 랍, là)'자는 원래 각기 다른 자이다. '蠟'은 '蠟燭(蜡烛là·zhú, 촛불)이라는 뜻으로 쓰인다. 說干就干'(한다고 하면 실천하다 shuōgànjiùgàn)

1002) ≪說文≫: "笑皃。从口，斤聲。"

1003) ≪說文解字≫: "  (巖), 岸也. 从山嚴聲."('巖'은 언덕이라는 뜻이다. '山'과 소리부 '嚴'으로 이루어진 자이다.) '岩'자는 '巖'자의 일부를 생략한 형태로 볼 수 있으나, '巖'자는 '山'과 소리부 '嚴'으로 이루

笔-筆(붓 필 bǐ)

尘-塵(티끌 진 chén)

6) 필획 적은 고자古字를 취하는 경우

泪-淚(눈물 루 lèi)[1004]

从-從(좇을 종 cóng)[1005]

云-雲(구름 운 yún)[1006]

网-網(그물 망 wǎng)[1007]

与-與(줄 여 yǔ, yú, yù)[1008]

杰-傑(뛰어날 걸 jié)

异[1009]-異[1010](다를 이 yì)

乱-亂(어지러울 난{란} luàn)

递-遞(갈마들 체 dì)

礼-禮(예도 례 lǐ)[1011]

丰-豐(풍년 풍 fēng)[1012]

万-萬(일만 만 wàn)[1013]

电-電(번개 전 diàn,jué)

于-於(어조사 어 yū,yú)[1014]

7) 필획이 적은 이체자를 취하는 경우

猫-貓(고양이 묘, māo)

狸-貍(삵 리, lí)[1015]

어진 자이고, '岩'자는 '山'과 '石'으로 이루어진 자이다.

1004) '淚'는 형성자이고 '泪'자는 회의자이다.

1005) '從'자는 고문은 '从( )'으로 쓴다.

1006) '雲'자의 고문은 '云( )'으로 쓴다.

1007) '網'자의 고문은 '罔( )'으로 쓴다.

1008) '與'자의 고문은 '与( )'자로 쓴다.

1009) ≪說文解字≫: " (异), 舉也. 從廾, 以聲."('异'자는 '들다'라는 뜻이다. '廾'와 소리부 '以'로 이루어진 자이다.)

1010) ≪說文解字≫: " (異), 分也. 从廾从畀. 畀, 予也."('異'는 나누다는 뜻이다. '廾'와 '畀'로 이루어진 자이다. '畀'는 '주다'라는 뜻이다.) 갑골문은 ' '로 쓰고, 금문은 ' '로 쓴다.

1011) ≪설문해자≫: "礼, 古文禮."('禮'자의 고문은 '礼'자로 쓴다.)

1012) ≪설문해자≫는 ' (丰)'자에 대하여 "艸盛丰丰也. 从生, 上下達也."('丰'은 초목이 무성하게 자라는 모양이다. '生'은 상하를 통과한다는 뜻이다.)라 하였다.

1013) '萬'자를 갑골문은 ' (万)'로 쓰기도 하고, 금문은 ' (万)'로 쓰기도 한다.

1014) '于'자와 '於'자는 고문자에서 모두 쓰인다. 서주금문에서는 주로 '于'로 쓰고 춘추 이후에는 '於'로 쓴다. 간체자 제정 당시 두 문자 중 비교적 간단한 형태로 '于'로 쓴다. '從'자와 '从'자 역시 같은 경우이다.

8) 형성자의 소리부를 바꾸는 경우[1016]

‘형성자의 소리부를 바꾸는 경우’는 소리부 부분은 소리가 같거나 비료적 간단하고 유사한 소리부를 바꾸는 경우이다. 간자체 원리 중 이러한 간체자가 가장 많은 부분을 차지한다.

毙-斃(넘어질 폐 bì).
钟-鐘(쇠북 종 zhōng).
邻-隣(이웃 린 lín)
艺-藝(재주 예 yì).
洁-潔(깨끗할 결 jié)
邻-鄰(이웃 린 lín)
坟-墳(무덤 분 fén)
酿-釀(빚을 양 niàng)
战-戰(싸울 전 zhàn)
认-認(인정할 인 rèn)
线-線(실 선 xiàn)
跃-躍(뛸 약 yuè)
惧-懼(두려워할 구 jù)
粮-糧(양식 량, liáng)
忆-憶(생각할 억 yì)
扰-擾(어지러울 요, rǎo)
犹-猶(오히려 유, yóu)
构-構(얽을 구 gòu)
衬-襯(속옷 친, chèn)
拥-擁(안을 옹 yōng)
阶-階(섬돌 계 jiē)
价-價(값 가 jià)
灿-燦(빛날 찬 càn)
厅-廳(관청 청 tīng)
极-極(다할 극 jí)
远-遠(멀 원 yuǎn)
让-讓(사양할 양 ràng)
补-補(기울 보 bǔ)
积-積(쌓을 적 jī)
肤-膚(살갗 부 fū)

1015) 의미부 ‘ (豸,벌레 치, zhì)’를 ‘ (犬)’로 바꾸어 쓴다.
1016) 대부분 후에 형성된 형성자이다.

舰-艦(싸움배 함 jiàn)
响-響(울릴 향 xiǎng)
华-華(화려할 화 huā)
忧-憂(가슴 설렐 우yōu)
忆-憶(생각할 억 yì)
亿-億(억 억 yì)
远-遠(멀 원; yuǎn)
园-園(동산 원 yuán)
扰-擾(어지러울 요, rǎo)
优-優(넉넉할 우 yōu)
忧-憂(근심할 우 yōu)

9) 새로 만들어진 형성자

'형성자의 소리부를 바꾸는 경우'와 다른 점은 의미부도 다른 편방으로 대처한 것이다.

护-護(보호할 호 hù)
惊-驚(놀랄 경 jīng)

10) 편방을 유추해서 만든 경우

'편방을 유추해서 만든 경우'는 문자 중 편방이 같거나 유사한 경우, 같은 형태로 바꾸어 쓰는 경우를 말한다.

[页-頁]
颜-顏(얼굴 안 yán)
颌-頜(아랫볼합, hé)
顺-順(순할 순 shùn)
额-額(이마액, é).
[专-專]
传-傳(전할 전 zhuàn,chuán)
转-轉(구를 전zhuǎn)
砖-磚(벽돌 전 zhuān)
[学-學]
觉-覺(깨달을 각 juě,jiào)
黉-黌(글방 횡 hóng)
[睾]
择-擇(가릴 택 zé)

译-譯(통변할 역 yì)
泽-澤(가릴 택 zé)
驿-驛(정거장 역 yì)
绎-繹(끌어낼 역 yì)
铎-鐸(목탁 탁 duó)
[变-變]
恋-戀(사모할 련 liàn)
銮-鑾(방울 란 luán)
鸾-鸞(난새 란 luán)
孪-孿(쌍둥이 산(련) luán)
挛-攣(걸릴 련 luán)
栾-欒(나무 이름 란 luán)
峦-巒(뫼 만 luán)
脔-臠(저민 고기 련 lián)
蛮-蠻(오랑캐 만 mán)
娈-孌(아름다울 련 luán)
弯-彎(굽을 만 wān)
[执-執]
报-報(갚을 보 bào)
蛰-蟄(숨을 칩 zhé)
挚-摯(잡을 지 zhì)

11) 유추가 불일치하는 경우

아래는 간체자의 일반 상황과 불일치한 경우이다. 혹은 간체자가 다른 간체자와 중복되는 경우가 있기 때문에 간체자의 원리와 불일치한 상황이 생기는 경우이다.

[灌(물 댈 관 guàn)]

'灌'자는 일반적인 간화자의 경우에 의하여 '漢'자와 같이 간화하여야 한다. 그러나 '漢'자와 중복되기 때문에 간화하지 않은 경우도 있다. '雚'자를 간체자로 쓰는 경우의 예를 아래와 같다.

难-難, 汉-漢, 叹-嘆, 滩-灘, 瘫-癱, 摊-攤, 欢-歡, 劝-勸, 观(觀)-权(權)

[澍(단비 주, zhù)] [櫥(부엌 주, chú)]

'樹'자의 간화자를 '树'로 쓴다. 그러나 '澍'자와 '櫥'(厨, 廚)'자의 경우는 간화하여 쓰지 않는다.

[開-开] [鬦-斗]

'開'자의 경우 '门'과 '开'로 이루어진 자로 써야 한다. 하지만 '开'자로만 쓰고 있다. '鬦(문 두, dǒu)'자의 간화자를 '斗'로 쓰는 경우도 마찬가지다. '斗'자는 원래 자신의 '말 두 dǒu'라는 뜻이고 있고, '鬥(鬭)'의 가차자로도 쓰인다. 아래의 경우는 '門'를 간체자로 쓰는 경우이다.

门-門, 闷-悶(번민할 민 mēn), 问-問(물을 문 wèn), 闻-聞(들을 문 wén), 闭-閉(닫을 폐 bì), 闲-閑(한가할 한 xián), 闹-鬧(뇨 nào)

[兴-興(흥할 흥 xīng, xìng)] [誉-譽(기릴 예 yù)] [举-擧(들 거 jǔ)]

위의 자는 '与'와 '與(줄 여 yǔ)'나 '屿(嶼 섬 서 yǔ)'의 간화형태의 경우와 다르다. 윗부분을 '与'의 간체자로 쓸 수 있으나, 행초서의 영향으로 '세 점'으로 바꾸어 쓴다.

[乐-樂(즐길 락 lè, yào, yuè)]

'乐'자는 '樂'자의 간체자이다. '药'자는 '藥(약 약 yào)'자의 간체자이다. 간화형식이 상호 다르다.

(2) 간체자의 장단점

위에서는 간체자의 원리원칙과 일부 간체자가 불일치하는 경우도 살펴보았다. 간체자의 가장 큰 목적은 편리성에 있을 것이다. 그러나 간체자가 반드시 장점만을 지니고 있는 것이 아니다. 아래에서는 우리가 생각하는 간체자의 장점과 단점에 대하여 간략히 살펴보기로 한다.

1) 장점

현대 스피드 시대에 문자는 간략하고 명확하게 표현할 수 있어야 최상의 효과를 거둘 수 있다. 이러한 점에서 간체자는 여러 가지 장점이 있다.

첫째, 한자의 평균 필획이 16에서 10.3으로 감소하였다. 간체자의 가장 큰 장점은 필획이 크게 줄었다는데 있다. 스피드 시대는 간략하고 빠르게 쓸 수 있는 문자가 필요하다.

둘째, 난해한 자 쓰지 않아도 된다는 장점이 있다. 난해자를 간체자로 대체하여 시간을 절약할 수 있다. 예를 들어, '竈'자는 '灶'자로 쓴다.

셋째, 통용하는 한자의 수량이 2000 여 자로 크게 감소하였다.

넷째, 새로 만들어진 형성자의 소리부가 더욱 정확한 발음 역할을 하게 되었다. 예를 들어, '惊'자는 '驚'자의 간체자이다. '心'과 소리부 '京'을 써서 의미와 소리를 더욱 일반화시키고 있다.

다섯째, 필획의 숫자가 줄어들었기 때문에, 학습 시간이 단축되었다.

여섯째, 기억력 부담 감소되었다. 복잡한 번체자를 기억하여야 하는 부담을 다소 감소시켰다.

일곱째, 글자 쓰는 시간 절약할 수 있다. 필획이 적어짐에 따라 글자를 쓰는 시간이 절약되었다.

2) 단점

간체자 여러 장점을 가지고 있음에도 불구하고, 한자는 유구한 역사를 지니고 있기 때문에 이에 따른 문제점도 지니고 있다.

첫째, 간체자는 자부(편방)을 부호 기호로 대체시킴으로써, 한자의 특징인 자부의 소리부와 의미부의 기능을 상실하게 하는 결과를 가져오게 하였다. 예를 들어, '汉-漢'·'权-權'·'鸡-鷄'·'仅-僅'(겨우 근, jǐn)과 '邓-鄧'의 경우는 모두 '又'로 부호화 하였다.

둘째, 간체자의 일부는 규칙적이지 않는 경우가 있다. '灌'자는 간화하지 않는데, '汉-漢'자와 혼동을 피하기 위해서이다. '涡-渦(소용돌이와, wō)'와 '窝-窩(움집와, wō)'와는 달리 '过-過'로 간화 방식 다르다. '脑-腦(뇌 뇌 nǎo)'로 쓰나, '瑙(瑪瑙 노 nǎo)'자는 간화하지 않는다. '听-聽(들을 청, tīng)'으로 쓰나 '厅-廳((관청 청, tīng)'으로 쓴다.

셋째, 일부 하나의 자부(편방)는 몇 개의 의미를 지닌다. '月'의 편방은 '月'·'肉'·'舟'의 의미로 쓰인다. 예를 들어, '肘(팔꿈치 주, zhǒu)'[1017]·'朕(나 짐, zhèn)'[1018] 등이 있다.

넷째, 일부 간체자가 다수의 의미를 포함하는 경우가 있어, 혼란을 야기시킨다. '干'

1017) '(肘)'자는 '肉'과 '寸'으로 이루어진 자이다.

1018) '朕'자를 갑골문은 ''로 쓰고 금문은 ''로 쓴다. '舟'·'丨'과 '廾'로 이루어진 자이다. 두 손으로 물을 들어 배를 손질하는 형상다ㅏ.

은 '乾'과 '幹'의 의미로 쓰고, '面'은 '麵'의 가차자로 쓰이고, '只'는 '隻'[1019]의 가차자고 쓰이고, '复'은 '復'·'覆'·'複'의 간체자로 쓰인다. 또한 '台'는 '臺'·'檯(등대 대, tái)'와 '颱(태풍 태 tái)'의 간체자로 쓰여 혼동을 야기시킨다.

다섯째, 한자는 중국 이외에 한국, 일본, 베트남 등에서 한자를 사용하여 왔다. 이미 각국에서 사용하는 약자(간자)가 있는데, 간체자가 있음으로 해서 더욱더 많은 이체자가 생기게 되었다.

일본의 약자는 '気-氣', '広-廣', '図-圖', '経-經', '黒-黑' 등이 있고, 한국의 약자는 '価-價', '仮-假', '検-檢', '鮮-解', '択-擇' 등이 있다.

여섯째, 한자는 오랜 역사를 가지고 발전해 왔다. 간체자는 일종의 문자 발전과 역행이 된다. 한자의 필획을 일방적으로 간단화한다는 것은 한자의 역사 발전 규율에 맞지 않는다. 예를 들어, '复'자가 '覆'·'複'·'復'자는 간화됨으로써 선인들의 한자 분화로 인한 추가된 의미부를 역행적으로 생략하여 의미전달이 불분명하게 되었다.[1020]

일곱째, 중국 고대 전적典籍의 일부 문자를 오독誤讀하게 경우가 있다. 예를 들어, '後'와 '后', '里'와 '裏'자가 상호 오독하는 경우가 있을 수 있다.

여덟째, 간체자만 추구하게 된다면, 일부 서체를 다양하게 알 수가 없어 서체로의 예술적 표현인 서예는 일부 전문가들만이 향유할 수 있는 특수 분야가 되고 말 것이다.

한자는 갑골문부터 3000여 년의 유구한 역사를 지니고 있다. 갑골문과 금문 등은 다른 민족이 없는, 중국 민족만이 자존심을 가지고 지켜야할 유수한 선인이 남겨 준 문화유산이다. 한자는 외형적 자체만으로 이미 아름다운 예술적 미를 지니고 있다. 문자 형태 그 자체가 예술이다. 갑골문과 금문, 그 후의 각종 서체는 병음문자가 지니지 못하는 예술적 매력을 지니고 있다. 실용성을 강조하는 병음문자와는 달리 한자에는 역사와 문명과 문화가 숨 쉬고 있다.

물론 간체자가 필요한 시대적 역사적 배경이 있었다. 일종의 반성이고 자학이고 몸부림이었다. 지금은 시대가 많이 변했다. 중국인은 중국인 자신만이라도 이제는 다시 전통을 강조하고 한자의 과거를 강조할 때이다. 한자의 매력에 빠져 한 평생을 헤매고 연구하는 외국인 많다는 것을 중국인들은 알아야 한다.

1019) '船只(Ship)' 중의 '只'는 '隻'의 간체자이다.

1020) 한자의 분화란 예를 들어, 고대 문자 갑골문 '又'자는 후에 분화하여 '有'·'右'·'手'·'佑'·'祐' 등의 뜻으로 쓰이고, 후에 의미를 나타내는 자건이 추가된 것이다.

현대 사회는 미디어 시대이다. 한자의 기록을 이제 손으로 빨리 쓰는 시대는 지났다. 컴퓨터로 수록하는데, 한자의 기록 속도나 병음문자의 속도는 이제 같아졌다. 또한 간체자와 문맹율과는 직접적이 관련성이 없다. 사실상 과거 몇 십 년은 중국은 번체자를 쓰는 홍콩이나 대만에 비하여 중국의 문맹률이 더 높았다. 교육의 자원과 교육의 정책이 중요한 것이지 사실상 간화가 중요한 것이 아니다.

현재는 중국에서도 한자의 번체자와 간체자를 혼용하고 있는 실정이다. 이전에는 정치적 목적으로 강압적으로 간체자를 쓰도록 했으나, 지금은 그렇지 않다. 많은 책들이, 특히 고문과 관련된 전문 저서들은 이제 번체자로 출판을 하는 경우가 매우 많아졌다. 고문을 간체자로 읽으면 상당부분 오독이 있을 수 있다. 현재 학자들은 간화자는 '개정한 자'이고, 번체자는 '오랜 역사적 지닌 정통적인 문자'이기 때문에 '식번사간識繁寫簡'을 주장을 하기도 한다. 즉 정식 출판물은 번체자로 출판하고, 손으로 필기를 하는 경우엔 간략한 문자로 쓰자는 것이다. 간체자를 씀으로써 혼란을 야기시키고 전통적 유수한 문화와 멀어지게 된다면 이는 재ㅇ고할 필요가 있다. '鬚-发', '後-后', '鬥-斗', '馀-余' 등이 혼란을 야기 시킨다. 또한 간체자를 씀으로 해서 그 자형에서 한자의 장점인 표의적 역할을 하지 못하는 자로 변신하게 된다면 재고할 필요 있다. '爱-愛', '产-産', '风-鳳', '亲-親'[1021] 등 자가 그렇다. '爱'자는 '사랑'하는 마음 '心'이 없어졌고, '产'자는 생산하는 '生'이 없어졌고, '风'자는 봉황인 새 '鳥'가 보이지 않고, '亲'자는 친히 보다는 '見'이 의미가 사라졌다.

지금은 어느 때보다도 간체자에 대하여 많은 논의가 필요할 때이다.

1021) '親'자를 금문은 ''·''로 쓴다. ≪說文解字≫: "親, 至也. 从見, 亲聲."('친밀하게 다가가다'의 뜻이다. '見'과 소리부 '亲'으로 이루어진 형성자이다.

3. 중첩重疊字와 회의자

한자는 끊임없이 변한다. 인의적이던 자연적이든 한자는 끊임없이 발전 변화된다. 예를 들어, 진나라가 문자를 통일하는 경우와 간체자의 사용은 인의적으로 변화를 꾀한 것이고, 이외에도 시대의 필요에 따라 자연적으로 변화 발전되고 끊임없이 새로운 문자가 발생하게 된다. 그 대표적인 경우가 과학과 관련된 화학기호가 있다. 예를 들어, '气'를 이용한 화학기호는 '氦(He, 헬륨)'·'氖(Ne, 네온)'·'氬(Ar, 아르곤)'·'氪(Kr, 크립톤)'·'氙(Xe, 크세논)'·'氡(Rn, 라돈)'·'氫(H, 수소)' 등이 있고, '金'을 사용하는 경우는 '鐵(Fe, 철)'·'銅(Cu, 구리)'·'鎂(Mg, 마그네슘)'·'鈉(Na, 나트륨)'·'鎢(W, 볼프람)'·'鋁(Al, 알루미늄)'·'鈣Ca, 칼슘'·'鉀(K, 칼륨)' 등이 있고, '石'을 이용한 것은 '硼(B, 붕소)'·'碳(C, 탄소)'·'硅(Si, 실리콘)'·'磷(P, phosphorus)'·'硫(S, 유황)' 등이 있다.

이외에도 중첩자는 신생자와 관련이 많다. 중첩자는 같은 자건字件(편방)을 중첩하여 쓰는 자를 가리킨다. 중첩자는 고대 한자, 예를 들어, '畾(雷)'자와 같은 경우도 있으나, 일반적으로 근대 이후에 만들어진 자가 많다. 중첩자는 언어 중의 중첩重疊(중언)의 낱말과 같은 의미적 역할을 하기도 한다. 예를 들어, '飝(날 비, fēi)'자는 '飛飛'(날아가는 모양)의 의미와 유사하다.

회의자 역시 신생자와 관련이 많다. 고문자에서 사용되는 복잡한 형태의 회의자가 있다. 예를 들어, '鑄(쇠 부어 만들 주, zhù)'자는 손으로 쇠 물 그릇을 들어 거푸집에 붓는 모양이다. 금문은 ''·''·''·''로 쓴다. 이외에도 세대가 흐름에 따라 새로 임의적으로 형성된 회의자 많다. 예를 들어, '嬲(희농할 뇨, niǎo)'자는 여자를 남자 둘이서 가운데 놓고 희롱하는 회의자이다. 신생회의자 중에 문장이 한 글자가 된 경우가 있다. 예를 들어, '不要'가 '嫑(아니할 요, biào)'자로 변하였다. 디자인 합자와 다른 점은 신생 회의자는 이미 한 글자로 변하였으나, 디자인은 한 작품으로 여전히 문장의 형식을 갖추고 있다.

(1) 중첩자

아래에서는 중첩자에 대하여 살펴보기로 한다. 중첩자는 근대 이후에 만들어진 자가 대부분이다. 일반적으로 문장에서 잘 쓰이지 않고, 단독적으로 쓰이거나 혹은 속체俗體로 쓰이는 경우가 많다. 모두 회의자에 속한다.

【龖(용이 가는 모양 답, tà)】
'龖'자는 '용이 가는 모양'·'용이 날아오르는 모습'이라는 뜻이다.

【譮(말씀 화, huà)】
'譮'자는 '말하다'·'이야기하다'라는 뜻이다

【灥(많은 물줄기 천, chuān,quán)】
'灥'자는 '泉'자와 같은 자이다.

【飝(날 비, fēi)】
'飝'자는 '날다'라는 뜻이다.

【讋(말이 유창할 답(집), tà)】
'讋'자는 '말을 유창하게 하다'·'지껄이다'라는 뜻이다.

【鱻(생선 선, xiān)】
'鱻'자는 '鮮'자와 같은 자이다. 이 자는 ≪설문해자≫에도 보이는 자이다. '회로 먹을 수 있는 신선한 고기'이다. 세 개의 '魚'로 이루어진 자이다. 신선하여 색깔이 변하지 않는 고기이다."[1022]라 하였다. 한漢 나라 이후에는 '鱻'자를 쓰지 않고 주로 '鮮'자로 쓴다. 금문에서는 ''·''로 쓴다. 족명이나 '신선하다' 이외에 '적다'라는 뜻으로 쓰인다.

"聒(聞)芺(笑)聖(聲), 則𩦎(鮮)女(如)也斯憙(喜)." ≪郭店楚簡·性精論≫
사람이 웃는 소리를 들으면 확연히 기뻐하듯, 가요를 들으면 기쁨이 넘쳐난다.[1023]
"𠄞(上)句(苟)昌之, 則民鮮不從悘(矣)." ≪郭店楚簡·成之聞之≫
위에 있는 사람이 만일 잘 이끈다면 곧 백성의 복종하지 않음이 매우 적을 것이다.

[조선朝鮮] [신선新鮮] [선명鮮明] [과렴선치過廉鮮恥][1024][약팽소선若烹小鮮][1025] [누견불선屢見不鮮][1026] [미불유초선극유종靡不有初鮮克有終][1027]

1022) ≪說文解字≫: "新魚精也. 从三魚, 不變魚."

1023) '鮮如'는 '粲然(밝고 명랑하게 웃는 모양)'의 뜻이다. '鮮'자를 '(𩦎)'로 쓴다.

1024) '후안무치厚顔無恥', 치욕을 모르는 철면피.

1025) 치대국약팽소선治大國若烹小鮮의 준말. 큰 나라를 다스리는 것은 작은 생선生鮮을 삶는 것과 같이 무엇이든 가만히 두면서 지켜보는 것이 가장 좋은 정치이다.

1026) 자주 대하니 신선함이 없다. 너무 자주 보아 전혀 새롭지 않다.

1027) 처음은 누구나 노력努力하지만 끝까지 계속하는 사람은 적다.

【飍】

'飍(큰 바람 휴, xiū)'자는 '바람이 많이 부는 모양'이나 '놀라 달아나는 모양'이라는 뜻이다. '표휴飄飍(piāoxiū)'는 '맹렬하게 부는 바람'이라는 뜻이다.

【猋(飆(폭풍 표, biāo)】

'猋'자 '飆'자는 같은 자이다. 사실상 원래는 '猋'자와 '飆'자는 완전히 같은 자는 아니다. '猋'자는 '원래 개들이 달려가는 모양'이고, 후에 '風'을 추가하여 '바람이 거세게 부는 모양'을 '飆'자로 쓴다. ≪說文解字≫는 '猋'자에 대하여 "개들이 달려가는 모양. 세 마리 개(犬)로 이루어진 자이다."[1028]라 하였다. '風飆(fēngbiāo)'는 폭풍의 뜻이다.

【羴(羶, 누린 냄새 전, shān)】

'羴'자는 '羶'자와 같은 자이다. '양의 노린내'를 가리킨다. 후에 '膻'자로 쓰기도 한다. ≪설문해자≫는 '羴'자에 대하여 "양의 누린내. 세 마리의 양(羊)으로 이루어진 자이다. '羴'자의 혹체는 '亶'을 써서 '羶'으로 쓴다."[1029]라 하였다. 초죽서에서는 '鱻(鮮)'의 가차자로 쓰이기도 한다. 후에는 '膻(어깨 벗을 단, tǎn)'·'襢(웃통 벗을 단, tǎn)'의 의미로 쓰이고, 또한 가차자로 '袒'자로 쓰기도 한다.

【掱(소매치기 수, pá)】

'掱'는 소매치기를 할 때 '손이 왔다갔다 하는 모양'을 나타낸다. ' '掱手(páshǒu)'는 '배수扒手(páshǒu)'와 같은 뜻이다.

【馫(향기 형(흥), xīn,xīng)】

'馫'자는 '馨(향기 형, xīn)'자와 같은 자이다. ≪說文≫는 '馨'자에 대하여 "향기가 멀리까지 퍼지다. '香'과 소리부 '殸'로 이루어진 자이다. '殸'자는 주문은 '磬'으로 쓴다."[1030]라 하였다.

【驫(말 몰려 달아날 표, piāo)】

'驫'자는 많은 말들이 모여 있는 모양이다. ≪說文≫에서는 '驫'자에 대하여 "많은 말들이 모여 있는 모양. 세 개의 '馬'로 이루어진 자이다."[1031]라 하였다. ≪廣雅≫에서는 "'驫驫'는 말이 달리는 모양"[1032]이라 하였다. 혹은 '厂'를 추가하여 '驫'자로 쓰기도 한다. ≪正字通≫에서는 "'驫'자는 '飄'자와 같다."[1033]라 하였다. 따라서 '驫'자는

1028) ≪說文解字≫: "猋, 犬走皃. 從三犬."
1029) ≪說文解字≫: "羴, 羊臭也. 从三羊. 羴或从亶."
1030) ≪說文≫: "馨, 香之遠聞者. 从香·殸聲, 殸, 籀文磬."
1031) ≪說文≫: "驫, 眾馬也. 从三馬."
1032) ≪廣雅≫: "驫驫, 走皃."

'飃'자로 쓰기도 하고, '飄'의 가차자로 쓰인다.

【厸(작을 마, mó)】
'厸'자는 '麼(잘 마, mė,má,mȧ,mó)'자와 같은 자이다.

【犇(奔, 달릴 분, bēn)】
'犇'자는 '奔'자와 같은 자이다. '소가 놀라 달아나는 모양'이다.

"周厲王出犇于彘."(≪史記·衛康叔世家≫) 주나라 여왕은 체 지방으로 달아났다.
"成犇懷王."(≪史記·韓信盧綰列傳≫) 한韓나라 왕 성成은 초나라 회왕懷王에게 투항하였다.

【惢(蕊, 꽃술 쇄(예),suǒ,ruǐ)】
'쇄惢'자는 '마음이 의심하는 모양'이다. ≪설문≫은 "마음이 의심하다. 세 개의 '心'으로 이루어진 자이다. ≪여괘旅卦≫의 '旅瑣瑣' 중의 '瑣(자질구레할 쇄, suǒ)'자와 음이 유사하다.'1034)"1035)라 하였다. '蕊'와 같은 자이다. '蕊(꽃술 예, ruǐ)'자의 의미로 쓰이기도 한다.

【皛(눈매 예쁠 막, mào,mò)】
'皛'은 '눈매가 깊고 아름다운 모양'을 나타낸다.

【畾, 雷(우레 뢰, léi)】
'畾'자는 '雷'자의 초문이다. 금문은 '雷'자를 ''·''자로 쓴다. '번개가 치는 모습'이다. 사실상 이 자는 회의자 아니고 상형자이다. 번개가 몇 가닥을 이루고 치는 모습을 그린 것이다. 가운데 있는 자는 '(申)'자의 변형이다. 초죽서는 ''으로 쓰기도 한다. 고문자 '申'자는 '電'자의 초문이다. '電'자는 원래 '雨'와 소리부 '申'으로 이루어진 자이다. '電'자를 갑골문은 ''로 쓰고, 금문은 ''으로 쓴다. 혹은 '靁'·'䨻'로 쓰기도 한다.

【孨(삼갈 전, zhuǎn,chán)】
'孨'자는 원래 '홀로 가련한 모양'이나 '나약하다'라는 뜻이다. 그런데 현대는 글자의 모양을 따서, '子'·'孖(쌍둥이 자, zī,mā)'·'孨'은 각각 '방(房子)'·'차(車子)'와 '부인(妻子)'

1033) ≪正字通≫: "飃, 與飄同."
1034) "객인이 의심을 많이 하다."
1035) ≪說文≫: "心疑也. 从三心. 讀若≪易≫:旅瑣瑣."

을 나타낸다. 그대서 이 삼자를 얻어야 만이 성공적인 삶이라고 유행어로 쓰이기도 한다. '전족叞族'이란 이 세 가지를 갖춘 성공적인 사람들이라는 상징적 의미이다.

【垚(堯, 멀 요, yáo)】

'垚'자는 '堯'자와 같은 자이다. '堯'자는 '兀'과 '垚'로 이루어진 자로, '흙이 많이 쌓아 높다란 산 모양'이라는 뜻이다. '兟'로 쓰기도 한다. '金'이 많이 있으면 '鑫(기쁠 흠, xīn,xiōng)'이고, '木'이 많이 있으면 '森(나무 빽빽할 삼, sēn)'이고, 물이 많으면 '淼(넓은 물 묘, miǎo)'이고, '火'가 많으면 '焱(불꽃 염{혁}, yàn)'과 같은 맥락이다.

"天地不昭昭, 大水不潦潦, 大火不燎燎, 王德不堯堯者, 乃千人之長也."
(≪墨子·親士≫)

천지가 밝기만 하지 않고, 큰 홍수가 거세게 몰아치기만 하는 것이 아니고, 큰불이 활활 타는 것만이 아니고, 왕의 덕이 지고무상인 것만 여기지 않는 것은 모두 만인의 수장이기 때문이다.

【槑(매화나무 매, méi,mu)】

'槑'자는 원래 '梅'자의 이체자이다. '某(楳)'자는 '梅'자의 초문이다. 하지만 지금은 '呆(어리석을 매{태}, dāi)'자가 두 개 합쳐진 것으로 '아주 멍청하다'라는 속어로 쓰인다.

【贔(힘쓸 비, bì)】

'贔'자는 원래는 전설 중의 '큰 거북이'라는 뜻이다. 비석 아래 받침대에 조각된 거북이이다. 후에 '힘쓰는 모양'이라는 뜻으로 쓰인다. 혹은 '성내다'·'노하다'의 '奰(성낼 비, bī)'자의 가차자로 쓰인다.

【鑫(기쁠 흠, xīn,xùn)】

'鑫'자는 '金'이 많으니 '기쁜 모양'이다. '많은 재복財福이 취하다'라는 뜻으로 쓰인다.

【燚(불 모양 일, yì)】

'燚'은 '불이 활활 타오는 모양'을 나타낸다.

【麤(거칠 추, cū)】

'麤'는 '사슴이 놀라서 무리를 거치게 뛰어 가는 모습'이다. 지금은 '麄'로 쓰거나 '粗'자의 가차자로 쓰인다.

【壘(垒, 쌓을 루, lěi,lǜ)】

'壘'자는 '垒'자와 같은 자이다. '흙을 쌓아 만든 보루'라는 뜻이다. ≪설문해자≫는

"군대의 보호 벽이다. '土'와 소리부 '畾'로 이루어진 자이다."[1036] '畾(밭 갈피 뢰, léi)'는 '성채'라는 뜻이다.

【灥(근원 원, yuán)】
'灥'자는 '源(근원 원, yuán)'자와 같은 자이다. '물의 근원'이라는 뜻이다. 세 개의 '原'으로 이루어진 자이다. '原'자를 금문은 ''·''으로 쓴다. 후에 '氵'을 추가하여 '源'으로 쓴다. '原'자는 고문에서 '灥'과 '厂'을 써서 '灥'자로 쓰기도 한다. '물이 암벽 사이에서 흘러나오다'는 뜻이다.

【刕(벨 리, lí)】
'刕'은 칼로 '베다'·'가르다'라는 뜻이다. 후에 '칼로 사람을 살인하다'라는 의미로 확대되어 쓰인다.

【叒(땅 이름 약, ruò)】
이 자는 ≪설문해자≫에 보인다. '叒'자는 고문 '若'자과 같은 자이다. 혹은 '𦱖(𦱖)'로 쓰기도 한다. 갑골문은 ''로 쓰고, 금문은 ''·'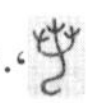'로 쓴다. 꿇어 앉아 머리를 손질하는 형상이다. '순종하다'·'허락하다'하다는 뜻으로 확대되어 쓰인다. 후에 '口'를 추가하여 '若'으로 쓴다.

【叕(연할 철, zhuì) 綴(꿰맬 철, zhuì)】
'叕'자는 '綴(꿰맬 철, zhuì)'자의 초문이다. '叕'자에 대하여 ≪설문해자≫는 "꿰매어 연결하다. 상형자이다."[1037]라 하였다. 금문은 ''로 쓴다.

【毳(솜털 취, cuì,chuì)】
'毳'자는 세 개의 '毛'로 이루어진 자이다. '脆(가벼울 취, cuì)'의 가차자로 쓰인다. ≪說文解字≫는 "짐승의 가느다란 털. 세 개의 '毛'로 이루어진 자이다."[1038]라 하였다.

[취융毳絨]

1036) ≪說文解字≫: "軍壁也. 从土, 畾聲."
1037) ≪說文解字≫: "綴聯也. 象形."
1038) ≪說文解字≫: "獸細毛也, 从三毛."

【讟(원망할 독, dú,tà)】

‘讟’은 ‘원망하다’·‘비방하다’라는 뜻이다. ≪說文解字≫는 ‘讟’자에 대하여 “원통해 하여 원망하다. ‘誩’와 소리부 ‘賣(賫)’로 이루어진 형성자이다.”1039)이라 하였다.

【劦(힘 합할 협, xié)】

‘劦’자는 ‘協(맞을 협, xié)’자의 초문이다. 갑골문은 ‘’으로 쓰거나 ‘口’를 추가하여 ‘’로 쓰고, 금문은 ‘’으로 쓴다. ≪설문해자≫는 ‘劦’자에 대하여 “함께 힘쓰다. 세 개의 ‘力’으로 이루어진 자이다.”1040)라 하였다.

“甲子酒劦. ”(≪合集≫33692) 갑자일에 주제를 다른 제사와 함께 지내다.

【嚞(밝을 철, zhé)】

‘嚞’자는 ‘哲’자의 고문이다. 혹은 ‘喆(사리에 밝을 철, zhé)’으로 쓰기도 한다. ‘총명하다’·‘지혜롭다’는 뜻으로 쓰인다. ‘吉’은 원래 ‘권위가 있다’·‘존귀하다’라는 뜻이다. 의미가 확대되어 ‘길하다’라는 뜻으로 쓰인다. 남에게 존경을 받는 사람은 사리에 밝은 사람이다.

【靐(구름의 모양 빙, bìng)】

‘靐’자는 원래 ‘雷’자 세 개 합쳐져 이루어진 자이다. ‘우레 천둥’소리라는 뜻이다. 현대 사회에서는 심하게 ‘놀라 자빠지다’라는 속어로 쓰인다.

【朤(밝을 랑, lǎng)】

‘朤’자는 네 개의 ‘月’로 이루어진 자이다. ‘朗’과 같은 자이다. ‘매우 밝다’라는 뜻이다. ‘朤’은 회의자이고, ‘郎’은 형성자이다.

【姦(간사할 간, jiān)】

‘姦’자는 세 개의 ‘女’로 이루어진 자이다. 여자들 간에 서로 간사한 짓을 하다는 뜻이다. ‘奸’자와 같은 자이다. ‘姦’은 회의자이고 ‘奸’은 형성자이다.

1039) ≪說文解字≫: “讟, 痛怨也. 从誩, 賣聲.”
1040) ≪설문해자≫: “劦, 同力也. 从三力.”

(2) 회의자

고문자에서 여러 가지 의미를 가진 자건을 결합하여 종합적으로 표현해 내는 경우가 많다. 예를 들어, '鑄'자를 갑골문에서는 ''·''로 쓰고 금문은 ''·''로 쓴다. '臼'·'鬲'·'火'·'皿'으로 이루어진 자이다. 손으로 불로 녹인 쇠물을 거푸집에 부어 기물을 만드는 형상이다. 후에 금문에서는 소리부 '𠷎(壽)'를 추가하여 ''으로 쓰거나 또는 '金'을 추가하여 ''로 쓰기도 한다. 회의자는 시대가 발달함에 따라 각 시대의 사회성을 반영하기도 하여, 필요에 따른 여러 자건(편방)을 조합하여 표현해 낸다. 현대에 들어서 새롭게 만들어진 회의 문자가 아주 많다. 혹은 각 지방에 따라 각각의 회의 문자가 형성되기도 한다. 이러한 회의자가 그 숫자가 아주 많기 때문에 본 단락에서는 몇 자 비교적 특이한 회의자만을 간략하게 살펴보기로 한다.

일부 신생 회의자 중에는 일종의 '문장을 축약형'이 있다. 예를 들어, '甮(甭)'은 문장 '勿用'의 합성어이다.

【凼(웅덩이 당, dàng)】

'凼(저수지 당, dàng)'자를 '氹'로 쓰기도 한다. '풀장'이라는 뜻이다. '凵'과 '水'로 이루어진 자이다. 왼쪽 부분은 '凵'의 변형이다. 웅덩이에 고인 물이다. 광동어 중의 하나이다. 의미가 확대되어 '사람의 얼리다'라는 뜻에서 "氹女仔开心"(여자 친구를 얼리다)과 같은 의미로 쓰인다.

【龑(고명할 엄, yǎn)】

'龑'자는 '龍'과 '天'으로 이루어진 자이다. '하늘을 나는 용(飛龍在天)'라는 뜻이다. '높고 밝은 모양'이라는 뜻으로 쓰인다.

【烎(밝을 음, yín)】

'烎'자는 '开'와 '火'로 이루어진 자이다. '불을 켜다'라는 뜻에서 '밝다'라는 뜻이다. '패기가 넘치다'·'용맹스럽다'·'사납다'라는 뜻으로 확대되어 쓰인다.

【氼(빠질 닉, nì)】

'氼'자는 '水'와 '人'으로 이루어진 자이다. '물에 빠지다'는 뜻이다. '⿰亻水'나 '溺(빠질 닉, nì,niào)'자와 같은 자이다.

【圙(초지 략, lüè】

'圙'자는 원래 '사방으로 둘러 쌓인 한 지역'이라는 뜻이다. '국략囫圙(guólüè)'이나

'고국囫圇(kūlüè)'은 모두 몽고의 지역명이다. 현대는 문자의 모양이 사람의 얼굴과 비슷하기 때문에 '圇'자를 '나이 많은 노인의 얼굴 형태'라는 속어로 쓰인다.

【嬲(희학질할 뇨, niǎo)】

'嬲'자는 두 남자 사이에 한 여자가 끼어 있는 회의자이다. '희롱하다'는 뜻이다.

【嫐(희롱할 뇨, niǎo)】

'嫐'자는 두 여자 사이에 한 남자가 끼어 있는 자이다. '희롱하다'는 뜻이다.

【肏(씹힐 조, cào)】

'肏'자는 '肉'과 '入'으로 이루어진 자이다. '씹다'라는 뜻이다. '성교하다'라는 뜻으로 쓰이기도 한다.

【膥(새안 란, chūn)】

'膥'자는 '肉'과 '未成'으로 이루어진 자이다. '살이 아직 붙지 않은 새알'이라는 뜻이다. '고환'이라는 뜻으로 쓰인다. 광동방언 중의 하나이다.

【奀(작을 망, ēn,dí)】

'奀'자는 '不'과 '大'로 이루어진 자이다. '작다'나 '마르고 약하다'라는 뜻이다. 광동방언 중의 하나이다.

【兲(하늘 천, tiān)】

'兲'자는 원래 '天'자와 같은 자이다. 그런데 현재를 이 자를 '王八'라는 '욕설'의 의미로 해석하기도 한다.

【嘦(단지 원할 교, jiào)】

'嘦'자는 '只'와 '要'로 이루어진 자이다. 현대 중국어 '只要'의 뜻이다. '단지 원하다'라는 뜻이다.

【嫑(아니할 요, biào)】

'嫑'자는 '不'과 '要'로 이루어진 자이다. 현대 중국어 '不要'의 뜻이다. '원치 않다'는 뜻이다.

【怹(그분 탄, tān)】

'怹'자는 '他'와 '心'으로 이루어진 자이다. '您'와 같은 구조이다. '他'의 존칭어이다.

【囧(빛날 경, jiǒng)】

‘囧’자는 원래 ‘빛이 들어오는 창’이라는 뜻에서 ‘밝다’라는 의미로 쓰인다. 금문은 ‘’으로 쓴다. ‘창살이 있는 창’의 모양이다.[1041] 현대에는 문자 형태의 모양이 전체 얼굴과 ‘八(눈썹)’과 ‘口’로 이루어진 모양이기 때문에 ‘난감한 표정’의 뜻으로 해석한다. ‘난감하다’·‘민망하다’·‘슬프다’·‘어찌할 수 없다’라는 의미의 부호적 역할을 한다.

【嫐(남색할 기, jī)】

‘嫐’자는 ‘田’과 ‘女’로 이루어진 자이다. ‘게이 섹스’를 의미한다. ‘嫐儿’은 ‘게이’라는 뜻이다. ‘鷄姦’이라는 뜻이다.

【巭(일꾼 부, gū,pū)】

‘巭’자는 ‘功’과 ‘夫’로 이루어진 자이다. ‘공부하다’라는 뜻이다. 혹은 ‘일꾼’이라는 뜻이나, 혹은 ‘무술 능력을 갖춘 사람’이라는 뜻이다.

【玊(옥 다듬는 장인 숙, sù)】

‘玊’자는 ‘王’과 ‘丶’로 이루어진 자이다. ‘丶’은 소리부이기도 하다. 원래는 ‘옥을 다루는 장인’이라는 뜻이나, 문자의 형태로 인하여 ‘옥에 티 있는 옥’이라는 뜻으로 쓰이기도 한다.

【奣(밝을 앵, wēng)】

‘奣’자는 ‘天’과 ‘明’으로 이루어진 자이다. ‘明’이 소리부이기도 하다. ‘하늘이 청량하게 밝다’라는 뜻이다. 또는 ‘날이 밝다’라는 뜻이다.

1041) ≪설문해자≫는 ‘囧’자에 대하여 “窻牖麗廔闓明. 象形. 凡囧之屬皆从囧. 讀若獷. 賈侍中說: 讀與明同.”(창살 사이로 들어오는 밝은 햇빛. 상형자이다. 이른바 ‘囧’에 속하는 자는 부수 ‘囧’을 따른다. 음은 ‘獷(사나울 광, guǎng)’과 유사한다. 가시는 “음은 ‘明’자와 같다.”라 하였다.)라 하였다.

【㢾(핍박할 강, qiǎng)】

'㢾'자는 '强'과 '力'으로 이루어진 자이다. '强'이 소리부이기도 하다. '강한 힘'이라는 뜻이다. '犟(고집 셀 강, jiàng)'이나 '勥'자와 같은 자이다. '핍박하다'라는 뜻으로 확대되어 쓰인다.

【㤅(욕심낼 호, hào,hǎo)】

'㤅'자는 '好'와 '心'으로 이루어진 자이다. '욕심을 내다'·'좋아하다'라는 뜻이다.

【氼(빠질 닉, nì)】

'氼'자는 '水'와 '人'으로 이루어진 자이다. '人'이 소리부이기도 한다. '물에 빠지다'라는 뜻이다. '休'·'溺'과 같은 자이다. '지나치다'라는 의미로 확대되어 쓰인다.

【忎(사랑할 인, rén)】

'忎'자는 '二'와 '心'으로 이루어진 자이다. '仁'의 이체자이다.

【炛(햇빛 뜨거울 광, guāng)】

'炛'자는 '火'와 '化'로 이루어진 자이다. '光'과 같은 자이다. 혹은 '烡'로 쓰기도 한다. '빛나다'·'맑다'라는 뜻으로 쓰인다.

【覅(말 물, fiào)】

'覅'자는 '要'와 '勿'로 이루어진 자이다. 현대어 '勿要'의 뜻이다. '하지 않다'·'필요없다'는 뜻이다.

【甮(말 용, fèng,béng)】

'甮'잣는 '勿'과 '用'으로 이루어진 자이다. '勿用'의 뜻이다. '甭'자와 같다.

【尜(가; gá)】

'尜'는 완구의 일종이다. '尜'·'尜尜'이라고도 한다. 위아래가 뾰족한 모양의 놀이기구이다.

(3) 형성자

문자는 현재도 발전 진행 중이다. 외국과의 활발한 교류를 통하여 새로운 문화의 언어들이 생기나게 된다. 중량이나 용량 용어에 대하여 대략적으로 소개하면 아래와 같다. 이들은 자는 대부분 쌍음절이다. 즉 '兙'로 쓰고 'shíkè'로 읽는다.

【兙(데카그램 십; shíkè)】
'데카그램(decagram)'이라는 뜻이다. '十克'의 합성어이다. 왼쪽 부분 '克'이 의미부이고, 오른쪽 부분 '十'이 소리부이다.

【兛(킬로그램 천, qiānkè, qiān)】
'千克'의 합성어로 '킬로그램(kilogram)' 이다. 음은 '千''克'의 쌍음절로 읽는다.

【兞(밀리그램 모, háokè, máo)】
'毫克'의 합성어로 '밀리그램(milligram)'이라는 뜻이다. '兞'자 중 '毛'는 '毫'자의 생략형이다.

【兝(데시그램 분, gōngfēn, fēn)】
'分克'의 합성어로 '데시그램'의 뜻이다. 음 '克'와 '分'의 쌍음절로 읽는다.

【兡(헥토그램 백, bǎikè, bǎi)】
'百克'의 합성어로 '헥토그램(hectogram)'이다. 음은 '百'와 '克'의 합성어이다.

【兣(센티그램 리, gōnglǐ, lǐ)】
'厘克'의 합성어로 '센티그램(centigram)'이다. 음은 '克'과 '里'의 쌍음절이다.

【嗧(갤런 륜, jiālún)】
'加侖'의 합성어로 '갤런(gallon)'이다. 영국, 캐나다를 포함한 다른 국가들에서는 4.5리터에 해당되고 미국에서는 3.8리터이다.

【瓩(킬로그램 천, qiānwǎ, qiān)】
'千瓦'의 합성어로 '킬로그램(kilogram)'이나 '킬로와트(kilowatt)'이라는 뜻이다. '킬로와트'인 경우는 쌍음절로서 양쪽 자부가 모두 소리부로 쓰여 '千瓦(qiānwǎ)'로 읽는다.

아래 길이의 단위는 일반적으로 단음절로 읽는다.

【糎(센티미터 리, lí)】
'厘米'의 합성어로 '센티미터'라는 뜻이다.

【吋(인치 촌, cùn)】
길이 '치'의 단위이다. '吋'자는 소리부가 '寸'이다.

【浬(해리 리, lǐ)】
'海里'는 거리의 단위로 1해리는 1,852미터에 해당된다. '浬'자 중 왼쪽 '水'는 '海'를 뜻한다.

【竏(킬로리터 천, qiān)】
'千升'의 합성어로 '킬로리터(kilolitre)'이다.

【竍(데카리터 십, shí)】
'十升'의 합성어로 '데카리터(decaliter)'이다.

【竔(리터 승, shēng)】
'立升'을 결합한 자로 '리터(liter)'를 가리킨다.

【呎(피트 척, chǐ)】
길이의 단위 '피트'이다. '呎'자의 소리부는 '尺'이다.

이외에도 서양 의학의 유입으로 인해 새로 만들어지기도 한다. 예를 들어, '𬌗'자는 '牙'와 '合'자가 결합되어 만들어진 자이다. '合'의 역성이다. 소리부이면서 의미부 역할을 하기도 한다. '이를 상하로 움직이는 동작'이나 '상하 이를 맞부딪치게 하는 동작' 등을 가리킨다.

일부의 자는 사회와 시대를 비유화하여 문자를 만들기도 한다. 예를 들어, '學'자는 '學'과 중국 화폐단위 인민폐 '¥'를 추가하여 만들어진 자이다. 공부는 돈이 들어가는 일이지만, 잘 배우면 돈을 벌 수 있다는 뜻이다. '[illegible]'자는 세 개의 '吃'로 이루어진 자이다. '肥(살찔 비, féi)'와 같은 뜻으로 쓰인다. '많이 먹어 살이 찌다'는 뜻이다. 물론 이러한 자는 정식으로 인정된 자가 아니라 현대 젊은이들이 유희적으로 만들어낸 장다. 문자의 탄생은 현재도 진행 중이다. 특히 표의문자의 특징을 지닌 한자는 더욱 그렇다.

| 편저 |

崔南圭
전북대학교 중문학과 교수

袁曉鵬
전북대학교 중어중문학과 BK21知用合一연구단 연구원

徐眞賢
전북대학교 중어중문학과 강사

金洪臣
中國牡丹江師範大學學院文學院 講師
전북대학교 중어중문학과 박사생

劉磊磊
中國肇慶學院文學院 講師
전북대학교 중어중문학과 박사생

郝建愛
전북대학교 중어중문학과 박사생

葉鑫琼
中國福建師範大學海外教育學院 講師
전북대학교 중어중문학과 박사생

한자의 과거현재미래

초판 1쇄 발행_2022년 8월 31일

편 저 자 • 최남규 외 6인
발 행 인 • 정 현 걸
발　　행 • 신 아 사
인　　쇄 • 대명프린팅
출판등록 • 1956년 1월 5일(제9-52호)
주　　소 • 서울특별시 은평구 녹번동 28-36번지 2F
전　　화 • (02) 382-6411 • 팩스 (02) 382-6401
홈페이지 • www.shinasa.co.kr
E-MAIL • shinasa@daum.net

ISBN 979-11-92428-29-1(93720)

정가 35,000원